Die Vertreibung der deutschen Bevölkerung aus der Tschechoslowakei

Dokumentation der Vertreibung
der Deutschen aus Ost-Mitteleuropa

Band II/I

Bereits erschienen:
Die Vertreibung der deutschen Bevölkerung aus den Gebieten östlich der Oder-Neiße
3 Bände

1

Die Vertreibung der deutschen Bevölkerung aus der Tschechoslowakei

Herausgegeben vom ehemaligen
Bundesministerium für Vertriebene,
Flüchtlinge und Kriegsgeschädigte.

EINE DOKUMENTATION

Weltbild Verlag

Sonderausgabe
Einbandgestaltung: Peter Engel, München
Gesamtherstellung: Ebner Ulm
Printed in Germany
ISBN 3-89350-560-1

VORBEMERKUNG
zu Band II/1

Der hier vorliegende zweiteilige Band gehört zu der Gesamtdokumentation über die Vertreibung deutscher Bevölkerungsgruppen nach dem Zweiten Weltkrieg. Diese Dokumentation wurde im Auftrag des damaligen Bundesministeriums für Heimatvertriebene, Flüchtlinge und Kriegsgeschädigte ab 1950 durch eine unabhängige Historikerkommission erstellt, die sich streng wissenschaftliche Arbeitskriterien vorgab.

Der erste, seinerseits aus den drei Einzelbänden I/1, I/2 und I/3 bestehende Band über die Vertreibung der deutschen Bevölkerung aus den Gebieten östlich der Oder-Neiße ist in gleicher Form wie der vorliegende zweiteilige Band vor kurzem bereits in einer Neuauflage dieses Verlags erschienen. Die Bände II/1 und II/2 beschäftigen sich ebenfalls nur mit einem einzigen geographischen Bereich, nämlich mit der Vertreibung der deutschen Bevölkerung aus dem Staatsgebiet der unmittelbar nach Kriegsende neugegründeten (und inzwischen in dieser Form ja nicht mehr bestehenden) Tschechoslowakei. (Umso sinnvoller erscheint die bereits damals vorgenommene klare, auch sachlich nötige Trennung zwischen den Vorgängen im tschechischen Teil der Republik und in der Slowakei, wovon weiter unten noch die Rede ist.)

Die gewaltsame Vertreibung von insgesamt über 10 Millionen Deutschen aus Ostpreußen, Schlesien und Pommern, aus teilweise sehr alten Siedlungsgebieten im Baltikum, in Polen, Rußland, Ungarn, Rumänien und Jugoslawien, in Böhmen, Mähren und der Slowakei in den Jahren 1944 bis 1947 war eine kollektive Vergeltungsmaßnahme. Außer den direkt aus ihrer Heimat Vertriebenen waren aber viele Menschen in diesen Gebieten schon vor der anrückenden Roten Armee geflohen oder evakuiert worden, und viele wurden danach auch in sowjetische Arbeitslager deportiert, so daß der deutsche Bevölkerungsverlust insgesamt höher ist als durch die eigentliche Vertreibung.

In der Praxis überstieg die vorgesehene "Umsiedlung", wie sie die Siegermächte auf den Konferenzen von Jalta 1943 und Potsdam 1945 vereinbart und festgelegt hatten, die erklärten Absichten bei weitem – sowohl zahlenmäßig wie vor allem in der Form. Speziell auf dem Staatsgebiet der Tschechoslowakei wurden zumindest anfangs die Beschlüsse von Potsdam, soweit sie restriktive und humanitäre Aspekte betrafen, praktisch ignoriert, teils ganz bewußt in dem Bestreben, so rasch wie möglich vollendete und nicht mehr revidierbare Tatsachen zu schaffen, teils als mehr oder minder ausdrückliche Duldung außer Kontrolle geratener Rachegelüste und Exzesse. Wobei man, was letzteres und seine Ursachen angeht, durchaus, auch heute noch, immer im Bewußtsein behalten muß, was der damalige Bundespräsident Theodor Heuß zu Beginn der fünfziger Jahre einmal so formulierte: "*... die Schmach, die Hitler im deutschen Namen über uns brachte, die Untaten, die anderen Völkern angetan wurden, haben einen so glühenden Deutschenhaß erzeugt, daß ihn nach diesem Kriege hunderttausende Deutscher mit ihrem Leben und Millionen mit dem Verlust ihrer Heimat bezahlen mußten – ebenfalls in unser aller Namen...*".

Die Vertreibung, die zwar grundsätzlich völkerrechtlich anfechtbar sein mochte, aber als Siegerrecht nun einmal Fakten schuf (und Siegerrecht hat in der gesamten Weltgeschichte den Ausschlag gegeben!), entsprach also zwar durchaus dem Willen der Sieger, nahm aber (auch dies nicht so ganz unvorhersehbar!) Formen an, die häufig der Kontrolle entglitten und der Willkür, dem Gruppenhaß und Fanatismus und einfach auch der Grausamkeit des Pöbels Tür und Tor öffneten und willkommene Gelegenheit zu Ausschreitungen boten. Neues Unrecht wurde auf altes gesetzt, und vor allem wurden Kollektivleid und Kollektivbuße verhängt – ohne jede Rücksicht auf individuelle Schuld, allein der Gruppenzugehörigkeit wegen. (Daß sich derlei bis auf den heutigen Tag nicht geändert hat, zeigen, nur als ein Beispiel, die Kollektivleiden der Bevölkerung im jugoslawischen Bürgerkrieg der Gegenwart erneut...)

Die Historiker von Rang, welche die damalige Bundesregierung Anfang der fünfziger Jahre mit der Erstellung der Dokumentation über die Vertreibung der Deutschen nach dem Zweiten Weltkrieg betraute, verstanden ihren Auftrag ausdrücklich als den einer Dokumentation. Die historischen Wertungen bedürfen des größeren zeitlichen Abstands. Bereits heute, eine Generation danach, wurden so manche Akzente geklärt, gesetzt und auch verschoben, wie es ja auch ganz selbstverständlich und natürlich ist; wenn auch Ressentiments und Empfindlichkeiten noch längst nicht ganz abgeklungen sind. (Als in jüngster Zeit Staatspräsident Havel – noch während seiner ersten Präsidentschaft in der noch nicht getrennten tschechoslowakischen Republik – erstmals auch eine Entschuldigung für das der deutschen Bevölkerung bei der Vertreibung zweifellos angetane Unrecht aussprach – was ja auch nur jemandem seiner Generation, seiner politischen und humanen Überzeugungen sowie an den damaligen Ereignissen Unbeteiligtem, möglich war –, fand er damit keineswegs einhellige Zustimmung im eigenen Land; auf deutscher Seite wiederum ging manchem selbst diese "äußerste Geste des derzeit Möglichen" nicht weit genug...)

Die Dokumentation der für sich selbst sprechenden Erlebnisberichte von Vertriebenen ist ergänzt durch amtliche Dokumente, die ihrerseits sowohl in ihrem Inhalt als auch in ihren Formulierungen Zeugnisse des Geistes der politisch-staatlichen Absichten und auch der Zeitumstände jener Jahre darstellen. Daß endgültige historische Wertungen späteren Jahrzehnten und Generationen vorbehalten bleiben müssen, heißt nicht, daß keine zusammenfassenden Überblicks-Darstellungen der Ereignisse möglich oder zulässig wären. Sie sind deshalb auch im vorliegenden ersten Teil dieses Bandes enthalten.

Die deutsche Bevölkerung in der Tschechoslowakei war die zahlenmäßig stärkste Gruppe der deutschen Siedlungsgebiete außerhalb der Reichsgrenzen von 1937. Allein dies sorgte dafür, daß die Vertreibung nach 1945 dort neben der aus den Gebieten östlich der Oder und Neiße (s. Band I) ihren zweiten Schwerpunkt hatte.

Die Historiker, die die Dokumentation erstellten und dann veröffentlichten (der vorliegende zweiteilige Band erschien erstmals 1957), hatten sich entschlossen, für diesen Band eine besondere Gliederung vorzunehmen, die aus sachlichen Gründen am Platze schien, nämlich die Trennung in zwei große Bereiche: die Ereignisse im tschechischen Staatsgebiet einerseits und die aus mancherlei Gründen verschiedenen Verhältnisse in der Slowakei andererseits, *“da trotz der am Ende des 2. Weltkriegs wiederhergestellten politischen Verbindung zwischen den beiden Staatsländern die Verschiedenheit der vorausgehenden Entwicklung voneinander abweichende Bedingungen für die Schicksale der Sudetendeutschen und der Karpatendeutschen geschaffen hatte”*.

Zu diesen bereits politisch unterschiedlichen Verhältnissen in den beiden Landesteilen kam noch hinzu, daß die Schicksale der Sudetendeutschen einschließlich ihrer bis ins alte k.u.k. Österreich zurückreichenden Vorgeschichte und der dann folgenden Gründung der 1. Tschechoslowakischen Republik durch Öffentlichkeitsarbeit und auch Literatur sehr viel besser bekannt waren (sie gewannen zudem, zuerst nach 1918 und dann 1938/39, sehr viel größere nationale und internationale Aufmerksamkeit), während dagegen die slowakischen deutschen Siedlungsinseln zahlenmäßig, soziologisch und kulturellpolitisch eine sehr viel geringere Rolle spielten.

Die herausgebenden Historiker sahen ihre Aufgabe nicht zuletzt auch darin, die Vertreibung samt allen ihren offiziell und nicht offiziell gedeckten Exzessen im Licht ihrer Vorgeschichte zu sehen, nämlich in der Politik des Nationalsozialismus auf deutscher und der Staatsidee und Staatspraxis der 1. Tschechoslowakischen Republik auf tschechischer Seite.

Die Erlebnisberichte, von denen in diesem Band im zweiten Teil 137 zusammengestellt sind, sowie die hier im ersten Teil im Anschluß an die Übersichtsartikel wiedergegebenen 38 “Anlagen” amtlicher Dokumente sind eine repräsentative Auswahl. Zusammen ergeben die einander anschaulich ergänzenden amtlichen Dokumente und individuellen Schilderungen privater Schicksale ein Gesamtbild, das in seiner Authentizität nicht ernstlich anzweifelbar ist, zumal es durch bestätigende Dokumente vielfach gedeckt und gesichert ist. Das wesentliche Auswahlkriterium war eine möglichst umfassende Bezeugung aller Ereignisse, wobei, Überlappungen ausgenommen, keine Mehrfachdokumentation der gleichen Vorgänge in einzelnen Orten erforderlich erschien – jedenfalls nicht in der veröffentlichten Auswahl.

An der Sammlung der Dokumente des vorliegenden Bandes haben damals außer dem direkten Arbeitskreis der herausgebenden Historiker zwei Arbeitskreise des Sudetendeutschen Archivs bzw. Sudetendeutschen Rats mitgewirkt, ferner das Institut für Zeitgeschichte in München, das Seliger-Archiv in Stuttgart, das Bohemia-Archiv in Köln und noch weitere einzelne Wissenschaftler (Dr. Friedrich Korkisch, Roman Wirkner u.a.). Außerdem wurden teilweise, soweit zur Zeit der Erstveröffentlichung zugänglich und beschaffbar, Aktenbestände des Süddeutschen Länderrats für die Slowakei, der sog. Himmler Files und der sog. Ullmann-Aktion (die den Abtransport deutscher Sozialdemokraten betraf) verwertet. Weitere Materialauffüllungen waren durch Verwendung internationaler, vor allem angelsächsischer und tschechischer Literatur (Memoiren, Aktenpublikationen, Presseveröffentlichungen) möglich. Bei den statistischen Zahlen und Angaben waren allerdings vielfach nur Annäherungen und Schätzungen möglich, teils aus objektiven, teils aus Gründen praktischer Art wie Beschaffbarkeit exakter Zahlen oder zweckorientierter Zahlenerstellungen.

Die Zusammenstellung dieses Bandes erfolgte durch Prof. Theodor Schieder in Zusammenarbeit mit Dr. Vincent Kroll und Heinrich Smikalla. Der Gesamtinhalt mit Ausnahme dieser Vorbemerkung zur Neuauflage ist ein unveränderter Nachdruck der Erstausgabe von 1957.

W. M. Riegel

Inhaltsverzeichnis

Band II/I

EINLEITENDE DARSTELLUNG

Inhaltsübersicht[1]

Band II/2

DOKUMENTE

[1] Das detaillierte Inhaltsverzeichnis ist dem Band II/2 vorangestellt.

Einleitende Darstellung

A. Die Vertreibung der Sudetendeutschen

I. Siedlungsgebiete und Bevölkerungszahl.

Die Sudetendeutschen sind die größte Gruppe der außerhalb des Reiches in den Grenzen von 1937 ansässigen Deutschen, die nach 1945 aus ihrer Heimat vertrieben wurden. Ihre Siedlungsgebiete, die sich in einem im 11./12. Jahrhundert beginnenden geschichtlichen Prozeß geformt haben, zogen sich in einem bald breiter, bald schmaler werdenden Streifen entlang der Böhmen und Mähren-Schlesien umschließenden Randgebirge; in einzelnen Sprachinseln ragten sie ins Innere Böhmens und Mährens hinein. Während sie in ihrem Hauptbestand einen Teil des geschlossenen deutschen Sprachgebietes bildeten, war das von Deutschen bewohnte Gebiet um Zwittau, Landskron und Mährisch Trübau, der sogenannte Schönhengstgau, durch den tschechisch besiedelten Streifen von Hohenstadt und Senftenberg vom geschlossenen deutschen Sprachgebiet getrennt. Südwestlich davon, auf der Böhmisch-Mährischen Höhe, lag um Stecken und Iglau eine weitere größere Sprachinsel. Kleinere Inseln bildeten noch in Innermähren die geschlossenen Siedlungen bei Konitz, Wischau und südlich von Olmütz und Brünn. Außerdem befanden sich starke Kolonien alteingesessener Deutscher in den städtischen Zentren Prag, Brünn und Olmütz und in den Bezirken um Mährisch Ostrau, Pilsen und Budweis.

Infolge der weiten Verstreutheit ihrer Heimatgebiete mit zum Teil engnachbarlicher Anlehnung an die verschiedenen deutschen Stammlandschaften erhielt sich bei den Sudetendeutschen stammesmäßige Vielfalt und landsmannschaftliche Eigenart. Wenn sie auch in der alten österreichischen Monarchie durch gemeinsame Schicksale verbunden waren, so war doch ihr politisches Bewußtsein bis 1918 mehr gesamtösterreichisch oder gesamtdeutsch als böhmisch oder „sudetendeutsch". Erst nach der Errichtung der Tschechoslowakischen Republik, die sich ohne ihre Beteiligung vollzog, und in der Auseinandersetzung mit deren nationalstaatlichem Zentralismus wurde ein Gemeinschaftsbewußtsein der Deutschen in Böhmen und Mähren-Schlesien geweckt. Jetzt erst setzte sich der Sammelbegriff „Sudetendeutsche" durch, der allerdings schon seit Beginn dieses Jahrhunderts in wissenschaftlichen und politischen Publikationen als Bezeichnung für alle Deutschen in Böhmen und Mähren-Schlesien aufgetaucht war. Mit den in den dreißiger Jahren verstärkt einsetzenden innen- und außenpolitischen Diskussionen um den Status der deutschen Volksgruppe in der ČSR wurde diese Bezeichnung ein fester Begriff der internationalen Publizistik.

Die Sudetenländer — Böhmen und Mähren-Schlesien — sind das klassische Feld des Nationalitätenkampfes innerhalb der österreichisch-ungarischen

Monarchie seit der Revolution von 1848 und später innerhalb der I. Tschechoslowakischen Republik von 1918—1938 gewesen[1]. Eine Lösung ist weder in jener noch in dieser geglückt, abgesehen von Teilentscheidungen wie dem sogenannten Mährischen Ausgleich von 1905. Während es in der alten Monarchie nicht gelang, zwischen dem Anspruch der Tschechen auf das „Böhmische Staatsrecht", d. h. die staatsrechtliche Einheit der Kronländer Böhmen, Mähren und Schlesien und ihre Heraushebung aus den übrigen Ländern der westlichen Reichshälfte, und auf der anderen Seite dem ererbten Führungsanspruch der Deutschen im österreichischen Gesamtstaat einen Ausweg zu finden, ist später das Sudetendeutschtum nicht zum echten Partner der Staatsgründung von 1918/19, höchstens zur tolerierten Minderheit geworden. Das von Eduard Beneš auf der Pariser Friedenskonferenz beschworene Modell einer neuen Schweiz wurde nicht verwirklicht; die tschechische Nation ging grundsätzlich nicht davon ab, den tschechoslowakischen Staat als ihren Nationalstaat zu betrachten und unternahm keine Schritte, ihn zu einem föderalistischen Nationalitätenstaat umzugestalten. Die Sudetendeutschen waren an der Staatsschöpfung der Republik nicht beteiligt worden, und sie lehnten ihrerseits anfangs die Zugehörigkeit zu ihr ab. Sie standen zunächst fast geschlossen auf dem Boden des nationalen Selbstbestimmungsrechtes und gingen später zur Forderung der nationalen Autonomie innerhalb der ČSR über. Seit 1926 beteiligten sich „aktivistische" deutsche Parteien (Bund der Landwirte, Christlichsoziale Volkspartei, Deutsche Sozialdemokratische Arbeiterpartei) an Koalitionsregierungen der Republik; an den staatlichen Grundverhältnissen vermochten sie im Prinzip kaum etwas zu ändern, wenn sich auch einige neue Möglichkeiten für eine Neugestaltung des Verhältnisses der Deutschen zum tschechoslowakischen Staat zu öffnen schienen.

Seit 1933 und dann 1938 begann mit der nationalsozialistischen Expansionspolitik eine neue Phase: Die sudetendeutsche Autonomieforderung, aus der eigenen politischen Tradition erwachsen und lange festgehalten, wird überspielt von Hitlers Willen zur Angliederung der böhmischen Randgebiete an das Reich und zur Zerschlagung der Tschechoslowakei. Das Sudetendeutschtum, das sich bei den Parlamentswahlen von 1935 zu zwei Dritteln zur Sudetendeutschen Partei Konrad Henleins bekannt hatte, hat, enttäuscht von den Erwartungen auf eine Lösung des deutschen Problems im Rahmen der Tschechoslowakischen Republik und in besonderem Maße von der Wirtschaftskrise betroffen, den Gedanken des Anschlusses an das „Großdeutsche Reich" aufgenommen, wenn dies auch — selbst innerhalb der Sudetendeutschen Partei — keineswegs einhellig geschah. Aber spätestens seit dem Frühjahr 1938 hatte die politische Führung des Sudetendeutschtums die Initiative an Hitler und die nationalsozialistische Reichspolitik verloren, die im Münchener Abkommen vom 29. September 1938 die Abtretung der sudetendeutschen Randgebiete an das Reich erzwang.

---

[1] Da das Nationalitätenproblem in Böhmen bis hin zu dem Mächte-Abkommen von München 1938 und bis zur nationalsozialistischen Herrschaft im „Reichsprotektorat Böhmen und Mähren" weit mehr als nur regionale Bedeutung besitzt, wird es eingehend im Zusammenhang der allgemeinen Erörterungen des Schlußbandes behandelt werden.

Das geschlossene deutsche Siedlungsgebiet in Böhmen und Mähren-Schlesien mit einer erheblichen tschechischen Minderheit fiel damit an das Deutsche Reich[1]; nur eine deutsche Minderheit, die hauptsächlich in den

---

[1] Die Entstehung der deutsch-tschechischen Grenze von 1938 läßt sich auf Grund der neuen Publikation „Akten zur Deutschen Auswärtigen Politik" und anderer Veröffentlichungen genauer als bisher, aber noch keineswegs vollständig verfolgen. Die Grundlage der späteren Grenzziehung bildet die zusammen mit dem Godesberger Memorandum vom 23. September 1938 an den britischen Premierminister Sir Neville Chamberlain übergebene Karte (veröffentlicht im Anhang zum Survey of International Affairs 1938, Vol. II: The Crisis over Czechoslowakia. January to September 1938, by R. G. D. Laffan, London 1951). Auf dieser Karte werden die sofort am 1. Oktober zu besetzenden Gebiete und darüber hinaus diejenigen unterschieden, die nicht sofort besetzt, in denen aber noch abgestimmt werden soll. Zugrunde gelegt war offensichtlich die österreichische Volkszählung von 1910. Die Festsetzung einer Volksabstimmung in beiden Zonen, im gesamten sudetendeutschen Gebiet, erscheint noch im Memorandum vom 23. September, nicht mehr aber mit der gleichen Eindeutigkeit im Münchener Abkommen vom 29. September. Hier heißt es in § 5 nur, daß der für die Räumung des sudetendeutschen Gebiets eingesetzte Internationale Ausschuß die Gebiete bestimmen soll, in denen eine Volksabstimmung stattfinden soll. „Diese Gebiete werden bis zum Abschluß der Volksabstimmung durch internationale Formationen besetzt werden. Der gleiche Ausschuß wird die Modalitäten festlegen, unter denen die Volksabstimmung durchgeführt werden soll, wobei die Modalitäten der Saarabstimmung als Grundlage zu betrachten sind." In der 5. Sitzung des Internationalen Ausschusses vom 4. Oktober 1938 (Akten zur Deutschen Auswärtigen Politik, Serie D, Band IV, 1951, Dok. Nr. 24, S. 28ff.) wird die Frage erörtert, in welchen Gebieten eine Abstimmung stattfinden müsse: es bestand Einigkeit, daß es sich dabei um Gebiete handle, in denen keine eindeutige „prépondérance allemande" besteht, sondern nur eine schwache deutsche Mehrheit. Die Deutschen rechneten eine Mehrheit von 51 % unter „prépondérance allemande", die Tschechen erst eine von 75 %, wobei deutscherseits ausdrücklich von der Volkszählung von 1910 ausgegangen wird. Ein Abkommen zwischen dem Reichsaußenminister und den Botschaftern von Großbritannien, Frankreich und Italien vom 5. Oktober (Akten zur Deutschen Auswärtigen Politik, a. a. O., Dok. Nr. 30, S. 33) legt die Linie des bis zum 10. Oktober zu besetzenden Gebiets fest, wobei der Bevölkerungsstand von 1918 mit mehr als 50 % Sudetendeutschen zugrunde gelegt wird. — In der 8. Sitzung des Internationalen Ausschusses (Akten zur Deutschen Auswärtigen Politik, a. a. O., Dok. Nr. 56, S. 60 ff.) wird auch von der Tschechoslowakei diese Linie vom 5. Oktober als Grundlage für die endgültige Abgrenzung des an Deutschland fallenden sudetendeutschen Gebietes angenommen und in aller Form einstimmig der Beschluß gefaßt, daß von Volksabstimmungen abzusehen sei. Hitlers Bestreben war es, die Grenzfestsetzung, an der er wenig Interesse hatte, wohl im Hinblick auf die weitere Behandlung der tschechischen Frage, möglichst zu beschleunigen und sie dem Internationalen Ausschuß zu entziehen (Aufzeichnung eines Telefonats aus Godesberg vom 12. Oktober 1938. Akten zur Deutschen Auswärtigen Politik, a. a. O., Dok. Nr. 53, S. 52 ff.). Als diese Absicht gelungen und die Grenzfestsetzung in die Hand eines deutsch-tschechischen Ausschusses gelegt war (8. Sitzung des Internationalen Ausschusses vom 13. Oktober 1938, Akten zur Deutschen Auswärtigen Politik, a. a. O., Dok. Nr. 56, S. 60 ff.), trat die deutsche Delegation mit äußerster Schärfe auf und erklärte, daß die Linie vom 5. Oktober als Demarkationslinie, nicht als endgültige Feststellung der Grenze gedacht gewesen sei (Akten zur Deutschen Auswärtigen Politik, a. a. O., Dok. Nr. 110, S. 123 ff.). Am 10. November wurden der tschechoslowakischen Delegation in ultimativer Form die deutschen Grenzforderungen übermittelt, die an einzelnen Punkten über die

größeren Städten Innerböhmens und -mährens wie Prag und Brünn und in den von tschechischem Siedlungsgebiet umgebenen Sprachinseln Stecken-Iglau, Wischau und Konitz beheimatet war, verblieb im tschechoslowakischen Reststaat bzw. nach dessen Auflösung im „Protektorat Böhmen und Mähren", innerhalb dessen ihre Glieder die unmittelbare Staatsangehörigkeit des Reiches erhielten.

Bei der Eingliederung in das Deutsche Reich konnte infolge der geographischen Lage das auseinandergezogene und im Osten durch tschechische Bezirke unterbrochene sudetendeutsche Gebiet nicht zu einer Verwaltungseinheit zusammengefaßt werden. Aus den Kreisen längs der schlesischen Gebirge, des Erzgebirges und Oberpfälzer Waldes, in denen der größte Teil der Sudetendeutschen wohnte, wurde der „Reichsgau Sudetenland" mit den Regierungsbezirken Troppau, Aussig und Eger und der Hauptstadt Reichenberg gebildet. Der Regierungsbezirk Troppau blieb durch das von Tschechen bis zur alten Reichsgrenze bewohnte Gebiet zwischen Oberelbe und Glatzer Kessel von dem übrigen Sudetenland getrennt. Das Hultschiner Ländchen, das im Versailler Vertrag 1919 vom Deutschen Reich abgetrennt worden war, kam wieder an den oberschlesischen Regierungsbezirk Oppeln zurück. Das nördliche Böhmerwaldgebiet mit den Kreisen Markt Eisenstein, Bergreichenstein und Prachatitz wurde in den Regierungsbezirk Niederbayern-Oberpfalz, im südlichen Böhmerwaldgebiet die Kreise Kaplitz und Krumau in den „Reichsgau Oberdonau", der Kreis Neubistritz mit dem sudetendeutschen Teil von Gmünd und die südmährischen Kreise Znaim und Nikolsburg mit den sudetendeutschen Teilen von Horn und Waidhofen in den „Reichsgau Niederdonau" eingegliedert.

Der Teil des Teschener Landes (Olsagebiet), der nach dem polnischen Ultimatum vom 30. September 1938 von der ČSR an Polen abgetreten worden war, wurde nach der deutschen Okkupation Polens im September 1939 dem neugebildeten Regierungsbezirk Kattowitz zugeschlagen[1].

Um eine Grundlage für die Ermittlung der im Gesamtgebiet von Böhmen und Mähren-Schlesien 1945 vorhandenen deutschen Bevölkerung zu schaffen, geht man zweckmäßigerweise von der tschechoslowakischen Volkszählung vom 1. Dezember 1930 aus. Diese enthält die letzte amtliche Nationali-

---

Grenze vom 5. Oktober hinausgingen und die Tendenz zeigten, die Grenzziehung weniger nach dem ethnographischen Prinzip als nach vorwiegend strategischen und wirtschaftlichen Gesichtspunkten vorzunehmen. Eine Einigung darüber ist zwischen Deutschland und der Tschechoslowakei am 20. November 1938 erfolgt und in der letzten (9.) Sitzung des Internationalen Ausschusses vom 21. November 1938 gutgeheißen worden (Akten zur Deutschen Auswärtigen Politik, a. a. O., Dok. Nr. 135 Anlage, S. 145 ff.). Damit war die endgültige Grenzfestsetzung nach Ziffer 6 des Münchener Abkommens vollzogen. Die dazugehörigen Karten sind bei den Akten von den Herausgebern der deutschen Aktenpublikation nicht aufgefunden worden (a. a. O., S. 146). — Abgetreten wurden von der im Jahre 1919 140 493 qkm umfassenden Tschechoslowakei insgesamt 28 995,92 qkm, von denen 22 608,23 qkm zum „Reichsgau Sudetenland" zusammengefaßt wurden. Nach den Gebietsabtretungen an Polen und Ungarn im Jahre 1938 verblieben bei der Zerschlagung der Resttschechoslowakei im März 1939 für das „Reichsprotektorat Böhmen und Mähren" 48 901,48 qkm.

Zum Ganzen vgl. auch Hans Schiefer, Deutschland und die Tschechoslowakei vom September 1938 bis März 1939, Zeitschr. f. Ostforschung, Jg. 4 (1955), S. 48 ff.

[1] Entgegen anderen Untersuchungen (statistischen Berechnungen) über das Schick-

tätenstatistik für die I. Tschechoslowakische Republik und zugleich die letzten amtlich ermittelten Zahlen der Einwohner deutscher Volkszugehörigkeit in ganz Böhmen und Mähren-Schlesien.

Nach den Ergebnissen dieser Zählung betrug die Zahl der in Böhmen und Mähren-Schlesien anwesenden Personen deutscher Volkszugehörigkeit 3 149 820[1]; von diesen wohnten in Böhmen 2 326 090, in Mähren 823 730, d. h. 30,38 % der Gesamteinwohnerzahl dieser Gebiete (10 674 386) bekannten sich zum Deutschtum[2].

Bei einem Vergleich der Ergebnisse der Zählung von 1930 mit denen der amtlichen Volkszählung vom 15. Februar 1921, bei der in Böhmen und Mähren-Schlesien 3 061 369 Personen deutscher Nationalität ermittelt wur-

---

sal der Sudetendeutschen bleiben Engerau und Theben, die 1938 von der Slowakei abgetrennt und dem „Reichsgau Niederdonau" eingegliedert wurden, hier unberücksichtigt; s. hierzu den zweiten Teil (B) der Einleitenden Darstellung.

1 Davon besaßen 78 882 eine fremde, meist die deutsche oder österreichische Staatsangehörigkeit.

2 Die Gesamteinwohnerzahl der Tschechoslowakei nach Nationalitäten gegliedert ergab bei der Volkszählung vom 1. Dezember 1930 folgendes Bild:

	Böhmen	Mähren-Schlesien	Slowakei	Karpatorußland	Tschecho-slowak. Republik	in %
Einwohner insgesamt	7 109 376	3 565 010	3 329 793	725 357	14 729 536	100,0
Tschechen und Slowaken	4 732 070	2 616 969	2 373 054	34 511	9 756 604	66,24
Deutsche	2 326 090	823 730	154 821	13 804	3 318 445	22,53
Madjaren	8 214	3 213	592 337	115 805	719 569	4,89
Russen und Kleinrussen (Ukrainer)	16 769	5 888	95 359	450 925	568 941	3,86
Juden	15 697	21 396	72 678	95 008	204 779	1,39
Polen	3 563	89 126	7 023	610	100 322	0,68
Rumänen	712	254	427	12 777	14 170	0,10
Jugoslawen .. .	2 112	2 637	1 084	193	6 026	0,04
Zigeuner	31	196	31 188	1 442	32 857	0,22
sonstige	4 118	1 601	1 822	282	7 823	0,05
Deutsche mit tschechoslowak. Staatsangehörigkeit	2 270 943	799 995	147 501	13 249	3 231 688	
in %	70,27	24,75	4,55	0,43	100,0	

vgl. Čechoslovakische Statistik — Bd. 98, Reihe VI (Volkszählung, H. 7), Volkszählung in der Čechoslovakischen Republik vom 1. Dezember 1930, I. Teil, hrsg. vom Statistischen Staatsamt, Prag 1934, Tab. 9, S. 80 und Tab. 4, S. 36.

den[1], ergibt sich für die Deutschen eine Zunahme um 88 451, für die Tschechen und Slowaken um 574 324 Personen. Der deutsche Bevölkerungszuwachs (2,6 %) war demnach wesentlich geringer als der tschecho-slowakische (8,5 %).

Der Unterschied erklärt sich einmal aus dem verhältnismäßig geringen Geburtenzuwachs bei den Sudetendeutschen. Er ist zum anderen aber auch auf die unterschiedliche Praxis in den beiden Volkszählungen bei der Ermittlung der Nationalität zurückzuführen. Im Jahre 1921 wurde in der „Anleitung zur Ausfüllung der einzelnen Bogenspalten" in § 8 bestimmt: „Unter Nationalität ist die Stammeszugehörigkeit zu verstehen, deren äußeres Hauptmerkmal in der Regel die Muttersprache ist. Juden können die jüdische Nationalität anführen. Es ist unzulässig, statt der Nationalität die Zugehörigkeit zu einem bestimmten Gebiet anzuführen; es darf somit z. B. nicht eingetragen werden: Hanake, Schlesier u. dgl."[2]. In der „Regierungsverordnung vom 26. Juni 1930" wurde dagegen unter § 21 angeordnet: „Die Nationalität wird in der Regel nach der Muttersprache eingetragen. Eine andere Nationalität als jene, für welche die Muttersprache zeugt, kann nur dann eingetragen werden, wenn die gezählte Person ihre Muttersprache weder in ihrer Familie noch im Haushalt spricht und wenn sie die Sprache jener Nationalität vollkommen beherrscht. Juden können jedoch

---

Nach der Volkszählung vom 15. Februar 1921 wurden folgende Zahlen über die Volkstumsverhältnisse ermittelt:

	Böhmen	Mähren-Schlesien	Slowakei	Karpatorußland	Tschecho-slowak. Republik	in %
Einwohner insgesamt	6 670 582	3 335 152	3 000 870	606 568	13 613 172	100,0
Tschechen und Slowaken	4 401 107	2 373 608	2 025 003	19 945	8 819 663	64,79
Deutsche	2 230 213	831 156	145 844	10 792	3 218 005	23,64
Madjaren	6 135	914	650 597	104 177	761 823	5,60
Russen und Kleinrussen (Ukrainer)	10 505	2 838	88 970	375 117	477 430	3,51
Juden	12 578	23 121	73 628	81 529	190 856	1,40
Polen	3 365	100 156	6 059	558	110 138	0,81
Rumänen	422	151	588	13 667	14 828	0,11
Jugoslawen (Serben, Kroaten, Slowenen)..	2 806	1 795	1 120	171	5 892	0,04
Zigeuner	163	86	8 035	444	8 728	0,06
sonstige	3 288	1 327	1 026	168	5 809	0,04

vgl. Čechoslovakische Statistik — Bd. 9, Reihe VI (Volkszählung, H. 1), Volkszählung in der Čechoslovakischen Republik vom 15. Februar 1921, I. Teil, hrsg. vom Statistischen Staatsamt, Prag 1924, Tab. X, S. 83.

[1] Davon 88 161 Deutsche mit einer fremden Staatsangehörigkeit.
[2] Čechoslovakische Statistik — Bd. 9, S. 14*.

immer die jüdische Nationalität einbekennen. — Es darf nur e i n e Nationalität eingetragen werden. Bekennt jemand zwei Nationalitäten ein oder keine, so ist die Nationalität nach der Muttersprache einzutragen."[1]

Die Verordnung von 1930 „objektivierte" den Begriff der Nationalität. der Zugehörigkeit zu einem Volkstum, indem sie die Muttersprache als allein entscheidendes Kriterium für die Ermittlung der Nationalität und die Beherrschung der Sprache als Norm für die Änderung der Nationalität festsetzte. Den politischen Behörden wurde dadurch die Möglichkeit gegeben, in dem gemischtsprachigen Gebiet entlang der Sprachgrenze, in dem ein Teil der Bevölkerung beide Sprachen beherrschte, und in den Fällen von nationalen Mischehen oder von schwankendem Nationalbewußtsein zu Gunsten der tschechischen und slowakischen Nationalität zu entscheiden[2].

Die verschiedene Dynamik der Bevölkerungsbewegung bei Tschechen und Sudetendeutschen, wie sie in den Volkszählungsergebnissen zum Ausdruck kommt, war also zum Teil nur ein statistischer Vorgang, zum Teil wurde sie durch die Zählpraktiken im Dienste des Staatsvolkes herbeigeführt[3], zum andern Teil allerdings war sie der Ausdruck der Verschlechterung der wirtschaftlichen und sozialen Lage des Sudetendeutschtums, wie sie seit der Auflösung der alten Monarchie sich vor allem für die deutsche Industrie in den böhmischen Randgebieten ergeben hatte. Diese hatte 1918 das große Absatzgebiet der österreichisch-ungarischen Monarchie verloren und sah sich, besonders seit dem Beginn der Weltwirtschaftskrise, vor wachsenden Schwierigkeiten. So waren die sudetendeutschen Gebiete am stärksten von der Arbeitslosigkeit betroffen[4].

Die Bevölkerungsverhältnisse in den sudetendeutschen Gebieten sind aber auch noch in anderer Weise durch die Begründung des tschechoslowa-

---

1 Čechoslovakische Statistik — Bd. 98, S. XIV.

2 Über die Auswirkung dieser Verordnung für die Ermittlung der Nationalitäten, vor allem zu Ungunsten der Minderheiten, spricht sich die Čechoslovakische Statistik S. XLII ff. in voller Offenheit aus.

3 Über solche Zählpraktiken bei der Zählung von 1921 u. a. H. Hassinger, Die Tschechoslowakei, Wien 1925, S. 134 ff.

4 Bezirke mit der größten und mit der geringsten Arbeitslosigkeit (März 1938)

Bezirke mit der größten Arbeitslosigkeit	auf 1000 Berufstätige	auf 1000 Einwohner	Bezirke mit der geringsten Arbeitslosigkeit	auf 1000 Berufstätige	auf 1000 Einwohner
Marienbad	230,4	110,5	Wlaschim	8,4	3,4
Falkenau	200,6	90,6	Beraun	11,5	5,7
Tepl	199,2	87,6	Kladno	12,8	6,1
Elbogen	196,7	93,8	Prag-Land	14,7	7,3
Neudeck	194,1	104,8	Schlan	14,7	6,7
Friedland	187,8	109,2	Brandeis	15,7	7,6
Freudenthal	185,6	92,2	Kralup	16,5	7,9
Tachau	184,7	78,1	Pilgram	16,5	6,8
Craßlitz	180,5	128,4	Ledetsch	17,9	7,0
Preßnitz	179,1	92,1	Jitschin	18,7	8,7
Plan	164,3	71,0	Tabor	19,5	0,6
Römerstadt	154,1	79,9	Kralowitz	19,8	8,4

vgl. Sudetenland. Ein Hand- und Nachschlagebuch über alle Siedlungsgebiete der Sudetendeutschen in Böhmen und Mähren/Schlesien; hrsg. vom Göttinger Arbeitskreis, Kitzingen 1954, S. 157.

kischen Nationalstaats beeinflußt worden: seit 1918 beginnt ein starker Einstrom tschechischer Bevölkerung in das geschlossene deutsche Sprachgebiet, in erster Linie von Militärpersonen, Verwaltungs- und Polizeibeamten mit ihren Familien[1]. Die deutschen Sprachinseln Innerböhmens und Mährens

---

[1] Hierzu einige Beispiele von Stadtgemeinden (nur Einwohner altösterreichischer bzw. tschechoslowakischer Staatsbürgerschaft):

1910*

Stadtgemeinden	Gesamtbevölkerung	darunter Deutsche
Aussig	39 301	35 607
Brüx	25 692	21 372
Dux	12 399	8 048
Reichenberg	36 350	32 893
Troppau	30 762	27 240

Stadtgemeinden	1921** Gesamtbevölkerung	1921** darunter		1930*** Gesamtbevölkerung	1930*** darunter	
		Deutsche	Tschechen		Deutsche	Tschechen
Aussig	37 624	30 544	6 885	41 882	32 878	8 735
Brüx	26 238	17 014	8 802	27 487	17 549	9 740
Dux	12 351	6 324	5 978	12 836	6 504	6 528
Reichenberg	33 020	27 929	4 894	36 644	30 023	6 314
Troppau	13 432	22 008	8 527	33 546	21 987	11 627

* nach W. Winkler, Statistisches Handbuch für das gesamte Deutschtum, Berlin 1927, S. 186.

** nach Čechoslovakische Statistik — Bd. 9, Tab. V, S. 44 f.

*** nach Čechoslovakische Statistik — Bd. 98, Tab. 4, S. 26 ff.

Die starke tschechische Zuwanderung und die dadurch bedingte Abnahme der deutschen Mehrheiten in der Zeit von 1910 bis 1930 sei noch am Beispiel einiger sudetendeutscher Bezirke aus allen Gegenden von Böhmen, Mähren und Schlesien dargestellt.

Gerichts-Bezirk	Von 1000 Staatsangehörigen waren Deutsche			Tschechen u. Slow.			Personenzahl 1930	
	1910	1921	1930	1910	1921	1930	Deutsche	Tschech. u. Slow.
Eger	996,3	950,3	902,9	3,6	45,2	94,1	44 852	4 676
Postelberg	837,7	605,7	570,3	162,0	393,0	424,3	6 942	5 165
Tetschen	985,6	936,9	899,1	14,4	60,7	98,6	65 349	7 165
Braunau	986,0	926,1	904,9	13,4	73,2	94,0	24 361	2 529
Zwittau	972,7	905,6	889,7	27,3	93,5	107,1	23 926	2 932
Jägerndorf	990,0	955,4	925,6	9,5	38,5	69,9	29 793	2 249
Pohrlitz	958,9	754,1	702,0	41,0	230,6	285,8	11 547	4 701
Nikolsburg	963,5	885,5	821,1	18,0	77,0	121,9	29 326	4 354
Neuern	977,0	952,8	928,1	23,0	46,7	70,9	16 967	1 296
Stecken	757,4	563,2	484,9	242,5	435,5	514,3	6 719	7 127

Zusammengestellt nach Čechoslovakische Statistik — Bd. 9, Tab. VI, S. 46 ff. und Bd. 98, Tab. 5, S. 37 ff.; Unveröffentlichtes Manuskript (mschr. hektogr.) mit Vergleichszahlen der Einwohner deutscher bzw. tschechischer Sprache bzw. Na-

waren in besonderem Maße von einer teilweise planmäßig gelenkten tschechischen Expansionsbewegung und Bodenpolitik gefährdet, eine Tatsache, die schon vor dem I. Weltkrieg zu verfolgen war, sich nach der tschechischen Staatsgründung aber noch erheblich verstärkte.

Angesichts der sachlich und statistisch bedingten Verluste der Deutschtumszahlen für Böhmen und Mähren war die deutsche Politik im Jahre 1938 bestrebt, als Grundlage für die Grenzziehung in erster Linie die weiter zurückliegende österreichische Volkszählung von 1910 heranzuziehen[1]. Damit hat sie sich im Prinzip bereits im Münchener Abkommen durchgesetzt. Eine Wirkung dieser Entscheidung und einiger im Anschluß daran vollzogener Grenzregulierungen war es, daß in dem 1938 zum Reich geschlagenen Gebiet eine beträchtliche tschechische Minderheit eingeschlossen war, die sich teils aus den ins sudetendeutsche Gebiet zugewanderten Tschechen rekrutierte, teils auch, wie vor allem im östlichen Teil des Sudetenlandes, geschlossenes tschechisches Siedlungsgebiet umfaßte. Hier setzte nun auch

---

tionalität 1910, 1921, 1930 in Böhmen und Mähren-Schlesien aus dem für die Verhandlungen über die Besetzungslinie in der Tschechoslowakei 1938 bereitgestellten Material (im Besitz von Ministerialrat a. D. Dr. Werner Essen).

[1] Das ist offenbar schon bei der dem Godesberger Memorandum beigegebenen Karte (vgl. oben Seite 5, Anm.) geschehen. Auf der 5. Sitzung des Internationalen Ausschusses in Berlin am 4. Oktober 1938 erklärte der deutsche Vertreter: „Nach dem ausdrücklichen Wortlaut des Münchener Abkommens könnten die Modalitäten der seinerzeitigen Saarabstimmung hierfür (sc. für die Festlegung der Demarkationslinie) als Grundlage dienen. Man müsse sich deshalb auf den Bevölkerungsstand des Zeitpunktes stützen, in dem deutsche Bevölkerung unter die tschechoslowakische Oberhoheit kam. Das heißt, das Stichdatum sei genau wie an der Saar der Oktober 1918. Im Oktober 1918 habe keine offizielle Volkszählung stattgefunden. Man müsse deshalb auf die nächst frühere, das heißt auf die Volkszählung von 1910 zurückgreifen.“ (Akten zur Deutschen Auswärtigen Politik, Serie D, Bd. IV, Dok. 24, S. 29.) — Hitler hatte vorher (2. Okt.) einmal die „Volkszählung von 1930 und andere Volksabstimmungen“ als Grundlage genannt. (Akten zur Deutschen Auswärtigen Politik, a. a. O., Dok. 12 S. 17.)

Die Volkszählung von 1910 nach der Umgangssprache, fremde Staatsangehörige wurden im alten Österreich nicht erfaßt, ergab für Böhmen und Mähren-Schlesien innerhalb des später zur Tschechoslowakei gehörenden Gebietes (ohne das Hultschiner Ländchen) folgende Zahlen (nach Čechoslovakische Statistik — Bd. 9, S. 76*):

	insgesamt	tschechische und slowakische	deutsche	polnische	sonstige
Böhmen	6 725 315	4 244 075	2 477 930	1 541	1 769
Mähren	2 615 457	1 874 129	724 882	14 924	1 522
Troppauer Gebiet	314 789	64 744	248 607	1 374	64
Teschener Gebiet	283 313	113 195	31 812	138 184	122
Zusammen	9 938 874	6 296 143	3 483 231	156 023	3 477

Im Hultschiner Ländchen, das bis zur Abtretung an die Tschechoslowakei zum

nach der Neuordnung von 1938 eine zweite größere Bevölkerungsverschiebung ein.

Der größte Teil der in die Sudetengebiete zugewanderten tschechischen Beamten, Angestellten, Kaufleute verließ bei der deutschen Besetzung des Sudetenlandes seine Wohnorte und ging in das Staatsgebiet der Rest-Tschechoslowakei[1]. Ihnen schlossen sich Zehntausende Sudetendeutscher an, meist aktive Mitglieder der sozialdemokratischen und der kommunistischen Partei und zahlreiche Juden, die das nationalsozialistische Regime ablehnten und

---

Deutschen Reich (Reg.-Bez. Oppeln) gehörte, wurden 1910 folgende Zahlen ermittelt (a. a. O., S. 75*):

Muttersprache	Einwohner
deutsche	6 480
polnische	2 369
andere (meist mährische)	35 951
deutsche und andere	596

Nach der Praxis der tschechoslowakischen Volkszählung von 1930 (s. o. S. 8) wurden im Hultschiner Ländchen von 54 734 Einwohnern 49 957 auf Grund ihres heimatlichen „mährischen" Dialekts als Tschechen gezählt, während sich bei Wahlen immer eine absolute Mehrheit deutscher Stimmen ergab und sich bei der Volkszählung im Jahre 1939 die Bevölkerung des Hultschiner Ländchens zu 99 v. H. zum deutschen Volk bekannte.

1 Nach einer Berechnung des Statistischen Zentralamtes in Prag betrug 1930 (nach den Ergebnissen der damaligen Volkszählung) die Zahl der Tschechen und Slowaken in den später an das Deutsche Reich abgetretenen Gebieten 743 086. (vgl. Statistisches Jahrbuch für das Protektorat Böhmen und Mähren 1941, hrsg. vom Statistischen Zentralamt in Prag, Jg. I (1941), S. 284.) In einer Aufzeichnung des Auswärtigen Amts war die Zahl der an Deutschland gefallenen tschechischen Volkszugehörigen auf 676 478 beziffert worden (nach Volkszählung 1930!); Akten zur Deutschen Auswärtigen Politik, a. a. O., Dok. Nr. 121, S. 135.

Vergleicht man die vom Statistischen Zentralamt in Prag ermittelte Zahl der Tschechen, die 1930 in den später an das Deutsche Reich abgetretenen Gebieten wohnten, mit den Ergebnissen der deutschen Volkszählung von 1939 (vgl. Anmerkungen S. 14), so ergibt sich eine Differenz von rund 425 000.

Unter Berücksichtigung der Änderung der Volkszugehörigkeit jener Bewohner, die bis 1939 zu den Tschechen und Polen gezählt wurden, sich nach der subjektiven Volkstumstheorie dann aber zum Deutschtum bekannten und unter Berücksichtigung der seit 1930 in die sudetendeutschen Gebiete noch übergesiedelten Personen tschechischer Nationalität, dürfte die Zahl der bis Mai 1939 abgewanderten Tschechen an die 500 000 betragen haben.

Alfred Bohmann, Die Kriegs- und Vertreibungsopfer der Sudetendeutschen (Sudetendeutscher Artikeldienst, Jg. 3, Nr. 12, Juni 1954), berechnet auf Grund des Bevölkerungsrückgangs im „Reichsgau Sudetenland" von 3 157 139 Personen am 1. Dezember 1930 auf 2 943 187 Personen bei der Volkszählung vom 17. Mai 1939 unter Zurechnung des Bevölkerungszuwachses die Zahl der abgewanderten Tschechen mit etwa 414 000 Personen, stellt aber gleichzeitig fest, daß die Bevölkerung des Protektorats tatsächlich um 600 000 Personen zugenommen habe. Darin dürften allerdings die seit dem März 1939 ins Protektorat gekommenen Reichsdeutschen einbegriffen sein.

zu fürchten hatten. Viele von ihnen sind allerdings gezwungen oder freiwillig wieder zurückgekehrt[1].

Eine wesentliche Veränderung der Zahl der Deutschen im angegliederten Sudetengebiet dürfte durch diese Bewegungen aber kaum eingetreten sein, da die Rückkehr von sudetendeutschen Staatsangestellten, die nach 1930 ins tschechische Sprachgebiet versetzt worden waren, und die Zuwanderung aus dem Altreich im Herbst 1938 den Abgang der Flüchtlinge wieder wettgemacht haben wird. Bei der reichsdeutschen Volkszählung am 17. Mai 1939 wurde für die dem Reich eingegliederten Gebiete von Böhmen und Mähren-Schlesien eine Gesamtbevölkerung von 3 391 903 Personen festgestellt[2]; 3 365 341 gehörten zur Ständigen Bevölkerung, wovon (ohne jüdische Bevölkerung) 3 201 321 Reichsangehörige waren. Nach einer Sonderauszählung

---

1 Eugen de Witte, Die sudetendeutsche Emigration 1938 (Sudeten-Jahrbuch der Seliger-Gemeinde 1952, S. 97 ff.), spricht von 40 000 geflüchteten deutschen Sozialdemokraten.
Nach einer Äußerung des Hohen Kommissars für Flüchtlingsfragen beim Völkerbund, Sir John Hope Simpson: „Refugees, a review of the situation since September 1938", wurden allein 20 000 deutsche Flüchtlinge von den Tschechen wieder zurückgeschickt, während etwa 10 000 freiwillig zurückkehrten; vgl. W. Jaksch, Benesch war gewarnt, München 1949, S. 75; auch de Witte, a. a. O., S. 99. Die Zahl der aus dem Sudetengau abgewanderten Juden läßt sich annähernd daraus bestimmen, daß sich bei der Volkszählung 1930 20 000 Juden zum Deutschtum bekannten, bei der Volkszählung 1939 im Reichsgau Sudetenland noch 1840 und 251 in den übrigen sudetendeutschen Gebieten (s. S. 14 Anm. 1). Damit ist allerdings nicht gesagt, daß die Abgewanderten ausschließlich oder vorwiegend ins Protektorat gelangt sind.

2 Gesamtbevölkerung in den einzelnen Wohngebieten am 17. Mai 1939:

Gebiete		Wohnbevölkerung	Ständige Bevölkerung*
Reichsgau Sudetenland		2 943 187	2 919 648
Davon:			
Reg.Bez. Aussig	1 328 575		
Reg.Bez. Eger	803 509		
Reg.Bez. Troppau	811 103		
Nördlicher Böhmerwald (Bergreichenstein, Markt Eisenstein, Prachatitz)		90 332	89 971
Südböhmen (Kaplitz, Krumau, Neubistritz, Gmünd)		123 664	123 444
Südmähren (Nikolsburg, Znaim, Horn, Waidhofen)		181 753	179 413
Hultschiner Ländchen		52 967	52 865
	Insgesamt	3 391 903	3 365 341

* d. h. ohne die in den Standorten der Wehrmacht und des Reichsarbeitsdienstes ihrer Dienstpflicht genügenden Soldaten, Arbeitsmänner und Arbeitsmaiden, zumeist Altreichsdeutsche.

Statistik des Deutschen Reichs — Bd. 550, Amtl. Gemeindeverzeichnis für das Großdeutsche Reich auf Grund der Volkszählung 1939, verb. 2. Aufl., Berlin 1944.

der Volkszugehörigkeit und Muttersprache bekannten sich von diesen Reichsangehörigen 3 004 246 als deutsche Volkszugehörige[1]. Unter den Ausländern, Staatenlosen und Personen, deren Staatsangehörigkeit unermittelt und ungeklärt war, befanden sich rund 20 600 deutsche Volkszugehörige[2]. Die deutsche Bevölkerung im Teschener Land, das an Polen abgetreten war, betrug zum gleichen Zeitpunkt rund 20 000 Einwohner[3]. Für das Gebiet des Protektorats Böhmen und Mähren ist die Zahl der Personen

[1] vgl. Sonderauszählung der Volkszugehörigkeit und der Muttersprache 1939, Bd. 38 „Sudetendeutsche Gebiete", Tab. Mz 1—3 und Bd. 6 a „Oppeln (Reg.-Bez.)". Tab. M 1—2 (Photokopie des Manuskripts im Staatsarchiv Marburg, Bestand 702). Nach den Ergebnissen der Sonderauszählung ergibt sich für die Volkszugehörigkeit der Reichsangehörigen (ohne jüdische Bevölkerung, rd. 2000 Personen) in den sudetendeutschen Gebieten folgendes Bild:

Dem Deutschen Reich eingegliederte Gebiete	Reichsangehörige ohne jüdische Bevölkerung	davon nach ihrer Volkszugehörigkeit			
		deutsch	tschech.	slowak.	sonstige
Reichsgau Sudetenland	2 772 595	2 597 321	174 143	339	792
Nördlicher Böhmerwald	88 813	83 505	5 303	3	2
Südböhmen	121 361	119 223	2 076	8	54
Südmähren	166 840	152 850	12 226	1 532	232
Hultschiner Ländchen	51 712	51 347	—	—	365
insgesamt	3 201 321*	3 004 246	193 748	1 882	1 445

* davon nach ihrer Muttersprache

deutsch	tschech.	deutsch u. tschech.	slowak.	deutsch u. slowak.	sonstige	deutsch u. sonstige
2 963 753	207 748	19 463	2 729	312	3 894	3 422

[2] Die Zahlen der Ausländer usw. sind nur für den Reichsgau Sudetenland genau ermittelt (Statistik des Deutschen Reichs — Bd. 552, Heft 5, S. 35), für die übrigen Gebiete liegen vorläufige Zählungsergebnisse vor (die Zahlen für die Personen deutscher bzw. tschechischer Volkszugehörigkeit wurden auf Hundert abgerundet):

	insgesamt	Volkszugehörigkeit	
		deutscher	tschechischer
Ausländer	29 583	8 000	7 900
Staatenlose	2 654	1 900	100
ungeklärt, unermittelt	128 242	10 700	116 000

[3] Nach Berechnungen des Statistischen Zentralamtes in Prag lebten im Jahre 1930 im Teschener Land 18 597 Deutsche. Den natürlichen Geburtenzuwachs einberechnet, dürfte diese Zahl bis 1939 auf 20 000 gestiegen sein. — vgl. Statistisches Jahrbuch für das Protektorat Böhmen und Mähren 1941, S. 285.

deutscher Volkszugehörigkeit mit rund 260 000 anzusetzen[1]. Demnach lebten im Mai 1939 in Böhmen und Mähren-Schlesien insgesamt 3 305 000 einheimische Deutsche[2] gegenüber 3 149 820 nach der Zählung von 1930 und 3 061 369 nach der Zählung von 1921[3].

Nach Ausbruch des Krieges setzten neue Bevölkerungsbewegungen ein. Das stark industrialisierte Sudetenland wurde gleich zu Beginn des Krieges wegen seiner günstigen geographischen Lage inmitten des Reiches zu einem Schwerpunkt der deutschen Kriegsindustrie ausgebaut und zog dadurch zahlreiche Arbeitskräfte aus dem Altreich an. Genannt werden müssen hier z. B. die Kohlehydrierwerke im Brüxer Industriegebiet. Wegen der zunehmenden Gefährdung der westdeutschen Industriegebiete durch die alliierten Bombenangriffe wurden kriegswichtige Betriebe mit ihren Facharbeitern in das lange vom Luftkrieg verschonte Land verlagert. Die Evakuierung der Zivilbevölkerung aus westdeutschen Großstädten und Berlin brachte einen weiteren Bevölkerungszustrom, vor allem in die zahlreichen Kurorte an den Rand-

[1] Nach Berechnungen des Statistischen Zentralamtes in Prag (s. Statist. Jahrbuch für das Protektorat Böhmen und Mähren 1941) lebten im Gebiet des Protektorats im Jahre 1930 insgesamt 249 153 Deutsche (darunter 14 288 mit fremder Staatsangehörigkeit). Bei Berücksichtigung des natürlichen Zuwachses bis 1939 und des Zustroms der sudetendeutschen politischen Flüchtlinge aus den 1938 dem Reich angegliederten Gebieten kann für den Stand von Mai 1939 die Zahl der Deutschen im Protektorat mit rund 260 000 angenommen werden. Sie wird auch dadurch bestätigt, daß bei der Ausgabe der Lebensmittelkarten am 1. Oktober 1940 die Zahl von 261 524 Deutschen (ohne die seit 1939 zugezogenen Altreichsdeutschen) festgestellt wurde; vgl. W. Fischer, Die Bevölkerungsstruktur des Protektorats Böhmen und Mähren, Bd. 1 der Schriftenreihe „Böhmen und Mähren", Prag 1941, S. 15.

[2] Hierzu sind noch schätzungsweise 20 000 Sudetendeutsche zu rechnen, die zum Arbeits- und Wehrdienst einberufen waren und in Standorten außerhalb des Sudetenlandes dienten.

[3] Vergleichszahlen für die einzelnen Verwaltungsgebiete (Reichsgau Sudetenland, die anderen Reichsteilen eingegliederten Gebiete) sind wegen der Durchschneidung der alten Verwaltungsgruppen durch die Grenzziehung von 1938 nicht vorhanden. Um Vergleichsmöglichkeiten zu schaffen, werden im folgenden die Zählungsergebnisse von 1910, 1921, 1930 und 1939 für einzelne, in ihrem Umfang gleichgebliebene Bezirke zusammengestellt.

Politische Bezirke	1910 Bevölk. insgesamt	von Staatsbürgern Umgangssprache		1921 anwesende Bevölkerung		
				insgesamt	Nationalität	
		deutsch	tschech. u. slow.		deutsch	tschech. u. slow.
Eger	69 062	64 039	164	68 278	65 921	2 053
Brüx	101 759	75 342	25 056	102 280	60 614	40 826
Aussig	117 834	108 512	6 392	120 696	99 826	20 342
Tetschen	120 400	115 413	1 490	115 333	106 172	5 844
Freiwaldau	68 820	66 855	62	66 108	68 128	866
Jägerndorf	60 785	58 133	275	59 390	57 660	1 017
Römerstadt	28 497	28 355	4	25 849	25 664	161

Nach Österreichische Statistik, Neue Folge, Bd. 1, Wien 1912 (Volkszählung 1910) und Čechoslovakische Statistik — Bd. 9, VI, 1 (Volkszählung 1921).

gebirgen, die vorwiegend die aus Berlin und anderen Großstädten evakuierten Krankenanstalten, Schulen, Dienststellen usw. aufnehmen mußten. Außerdem wurden auch nichtdeutsche Arbeiter, die zu einem nicht geringen Teil Tschechen waren, in den im Sudetenland gelegenen Rüstungsbetrieben eingesetzt.

Dadurch hatte sich trotz der Abwesenheit Hunderttausender von Männern, die entweder zum Kriegsdienst einberufen oder, in geringerem Maße, zum Arbeitseinsatz in der Industrie Innerböhmens und -mährens verpflichtet waren, die Bevölkerung allein im damaligen Reichsgau Sudetenland in der Zeit von Mai 1939 bis Ende 1944 um 127 712 vermehrt und betrug in der vom 11. Dezember 1944 bis 7. Januar 1945 laufenden Zuteilungsperiode

---

Polit. Bez. = Stadt- u. Landkreis	1930 anwesende Bevölk.			1939 Wohn-Bevölk.	von Reichsangehörig. Volkszugehörigkeit	
	insgesamt	Nationalität deutsch	tschech. u. slow.		deutsch	tschech. u. slow.
Eger	76 978	71 581	5 141	78 777	78 199	40
				(darunter 531 Ausländer usw., zumeist Tschechen)		
Brüx	108 179	62 685	44 996	90 929	64 532	5 228
				(darunter 21 143 Ausländer usw.)		
Aussig	132 977	106 356	26 025	123 264	112 697	3 911
				(darunter 6627 Ausländer usw.)		
Tetschen	125 928	115 575	9 934	118 118	115 497	653
				(darunter 1948 Ausländer usw.)		
Freiwaldau	71 717	68 771	2 712	70 005	69 378	56
				(darunter 570 Ausländer usw.)		
Jägerndorf	61 995	58 748	2 931	63 125	62 337	77
				(darunter 648 Ausländer usw.)		
Römerstadt	27 584	27 088	464	26 935	26 789	25

Im Kreis Eger waren 1939 deutsche Garnisonen in Stärke von 3835 Mann, in ähnlicher Größe dürften 1930 die tschechoslowakischen Garnisonen (mit Soldaten tschechischer Volkszugehörigkeit) gewesen sein; daraus vor allem erklärt sich die starke Differenz bei deutscher und tschechischer Wohnbevölkerung zwischen 1930 und 1939. Für die Differenzen in den anderen Kreisen ist die Anzahl der dort stationierten Soldaten — außer bei Jägerndorf mit deutschen Garnisonen von 1348 Mann — ohne erhebliche Bedeutung; hier sind beim Zahlenvergleich die 1939 als Ausländer und Personen mit ungeklärter Staatsangehörigkeit gezählten Tschechen zu berücksichtigen.

Nach Čechoslovakische Statistik — Bd. 98, VI, 7 (Volkszählung 1930); Statistik des Deutschen Reichs — Bd. 550 (Amtliches Gemeindeverzeichnis auf Grund der Volkszählung 1939) und Sonderauszählung der Volkszugehörigkeit und der Muttersprache 1939.

3 070 899[1]. Im hochindustrialisierten Regierungsbezirk Aussig betrug der Zuwachs allein 118 848, von denen 49 107 auf den Kreis Brüx entfielen[2].

Für die statistische Ermittlung der seit Beginn des Krieges aus dem Altreich zugewanderten und in das Sudetenland evakuierten Deutschen stehen uns keine genauen Unterlagen zur Verfügung. Der Zustrom der Deutschen aus dem Altreich, sei es als Evakuierte, sei es als Dienstverpflichtete in der Kriegsindustrie, ist für den Reichsgau Sudetenland mit über 400 000, für die übrigen angegliederten sudetendeutschen Gebiete und das Protektorat mit etwa 200 000[3] anzusetzen[4].

Mit der im Herbst 1944 einsetzenden Evakuierung der Slowakeideutschen[5] und der Flucht der ostdeutschen Bevölkerung nach Beginn der sowjetischen Offensive auf das Reichsgebiet (Januar 1945) ergoß sich in den letzten Kriegsmonaten ein Bevölkerungsstrom riesigen Umfangs in das Sudetenland und das Protektorat[6]. Zu den etwa 100 000 unterzubringenden Slowakeideutschen kamen annähernd 1,6 Millionen Reichsdeutsche, fast ausschließlich aus den schlesischen Provinzen, deren Fluchtweg in die Sudetenländer führte[7]. Da seit Ende März/Anfang April auch das Ostsudetenland und Mähren Kampfgebiet wurden, ballte sich zur Zeit der Kapitulation die Masse der Flüchtlinge auf dem Weg nach Westen auf böhmischem Gebiet zusammen. Nur einem kleinen Teil war es damals schon gelungen, Bayern zu erreichen oder ins westliche Sachsen auszuweichen; etwa eine Million

---

1 Errechnet auf Grund der Ergebnisse der „Kleinen Verbrauchergruppenstatistik", Statistische Berichte, hrsg. vom Statistischen Bundesamt, Arb. Nr. VIII/19/1, Februar 1953, S. 41.
Anfang März 1944 befanden sich, nach den Angaben der „Großen Verbrauchergruppenstatistik", a. a. O., S. 15, im Reichsgau Sudetenland 92 000 (März 1943: 92 600) ausländische Zivilarbeiter. In den späteren Verbrauchergruppenstatistiken werden Ausländer nicht gesondert aufgeführt.

2 Im Reg.-Bez. Eger wurde dagegen der Stand der Wohnbevölkerung vom Mai 1939 nicht erreicht.
Nach Ausweis der „Kleinen Verbrauchergruppenstatistik" fällt der rechnerische Zuwachs für den gesamten Reichsgau Sudetenland im wesentlichen in die Zeit nach August 1944; vgl. „Kleine Verbrauchergruppenstatistik", a. a. O., S. 41.

3 Zu einem großen Teil waren die Dienstverpflichteten in der Rüstungsindustrie des Protektorats Sudetendeutsche. Das gleiche gilt für die im Protektorat eingesetzten Verwaltungsbeamten. Die Zahl der Evakuierten aus den luftkriegsgefährdeten Städten West- und Mitteldeutschlands im Protektorat war relativ gering, da ausreichende Unterbringungsmöglichkeiten bei deutschen Familien fehlten. Mancherorts wurden höhere Schulen und Internate aus bombengefährdeten Städten des Altreichs in sogenannten Schullagern untergebracht. In einem unveröffentlichten Bericht eines Lehrers aus Berlin, der mit seinen Schülern 1944 ins Protektorat evakuiert wurde, wird die Zahl der Schüler, die sich noch Mitte April 1945 im Protektorat in Lagern befanden, mit rund 14 000 angegeben.

4 Diese Zahlen ließen sich rechnerisch durch einen Vergleich der Volkszählungsergebnisse von 1939 und der noch für 1944 in der „Kleinen und Großen Verbrauchergruppenstatistik" gegebenen Bevölkerungserfassung ermitteln, wobei der natürliche Bevölkerungszuwachs der Sudetendeutschen und die Zahl der zum Kriegsdienst einberufenen Männer (s. S. 18, Anm. 1) berücksichtigt wurden.

5 vgl. dazu den zweiten Teil (B) der Einleitenden Darstellung, S. 166 ff.

6 s. darüber Dokumentation der Verteibung, Bd. I/1.

7 Diese Zahl beruht auf Schätzungen, denen systematische Befragungen der evakuierten und geflohenen Bevölkerung einiger ober- und niederschlesischer Kreise zugrunde liegen; vgl. Dokumentation der Vertreibung, Bd. I/1, S. 59 E.

erlebte den deutschen Zusammenbruch mit seinen bitteren Begleiterscheinungen im Sudetenland und Protektorat. Die zu diesem Zeitpunkt in Böhmen und Mähren-Schlesien anwesenden deutschen Zivilpersonen lassen sich mit mindestens 4,5 Millionen beziffern.

Die Zahl der sudetendeutschen Zivilpersonen, die sich Anfang Mai 1945 in Böhmen und Mähren-Schlesien befanden, betrug — den natürlichen Bevölkerungszuwachs[1] und den Zuwanderungsüberschuß von 1939—1945[2] eingerechnet — fast 3 Millionen, wozu noch rund 500 000 zum Kriegsdienst einberufene Männer hinzuzuzählen sind[3].

---

1 Für die Berechnung des natürlichen Bevölkerungszuwachses im Reichsgau Sudetenland liegen amtliche Unterlagen für die Zeit von Januar 1939 bis Mitte 1944 vor (vgl. Die natürliche Bevölkerungsbewegung im Sudetengau, Reichenberg 1942. — Wirtschaft und Statistik, Jge. 1939—1944). Auf Grund dieser Unterlagen kommt das Statistische Bundesamt zur Berechnung einer natürlichen Bevölkerungszunahme (ohne Berücksichtigung der Kriegsverluste) von 3,65 % für die Zeit bis Mai 1945. Bei Anwendung dieses Hundertsatzes auf die gesamte sudetendeutsche Bevölkerung ergibt sich ein Geburtenzuwachs von rund 121 000.

2 Nach A. Bohmann, Die Kriegs- und Vertreibungsopfer der Sudetendeutschen, a. a. O., betrug der Zuwanderungsüberschuß durch Sudetendeutsche, die vor dem 17. Mai 1939 außerhalb der Sudetenländer lebten und bis 1945 zurückwanderten, rund 30 000 Personen.

3 Bis zum Mai 1944 wurden aus dem Gebiet des Deutschen Reiches (in den Grenzen von 1937) 10,7 Millionen Männer zum Wehrdienst einberufen (vgl. Wirtschaft und Statistik, hrsg. vom Statistischen Bundesamt, Wiesbaden, Jg. 3, H. 7, Juli 1957, S. 271). Entsprechend dieser Quote ist die Zahl der zum Kriegsdienst einberufenen Sudetendeutschen mit rund 500 000 anzusetzen.

II. Die Evakuierung und Flucht der deutschen Bevölkerung aus dem Ostsudetenland und Mähren im Frühjahr 1945.

1. Die militärische Lage.

Bis zum Beginn des Jahres 1945 blieben das Sudetenland und Böhmen-Mähren, von einigen Luftangriffen auf Industrieorte abgesehen, von unmittelbaren Kriegseinwirkungen verschont. Mit der sowjetischen Großoffensive vom 12. Januar 1945, in deren Verlauf die Rote Armee tief nach Ostdeutschland vorstieß, rückte das Kriegsgeschehen bis unmittelbar an die östlichen Grenzen der Sudetenländer[1]. Truppen der 1. Ukrainischen Front (Konjew), die in Richtung Schlesien vorstießen, hatten bereits Ende Januar den gesamten Mittellauf der Oder erreicht, das oberschlesische Industriegebiet von Norden her umfaßt und bis zum 16. Februar besetzt. Während es ihnen von den Brückenköpfen bei Brieg und Steinau aus gelang, Niederschlesien bis auf einen Streifen entlang der Gebirge in ihre Hand zu bekommen, konnte die Heeresgruppe Mitte (Schörner) zunächst an der oberen Oder von Oppeln bis Ratibor und von dort südwärts bis zum Nordrand der Beskiden den sowjetischen Angriff auffangen und den Durchbruch durch die Mährische Pforte vereiteln. Damit war vorerst die drohende Gefahr einer Besetzung des Ostsudetenlandes und seiner wichtigen Industrien gebannt; nur seine östlichen Kreise wurden schon Kampfgebiet. Während der folgenden Wochen konnten die Versuche der Roten Armee, durch die Mährische Pforte nach Mähren und Böhmen einzudringen und das intakte Ostrauer Industriegebiet auszuschalten, in schweren Abwehrkämpfen in der Gegend von Ratibor—Schwarzwasser abgewehrt werden. Das oberschlesische Gebiet westlich der Oder ging jedoch durch einen um den 25. März aus der Gegend von Oppeln geführten Vorstoß verloren, die deutschen Linien wurden an den Nordrand des Altvatergebirges gedrückt. Damit war der Kreis Jägerndorf Kampfgebiet geworden; Ende März befand sich dessen nördlicher Teil in sowjetischer Hand.

Zu diesem Zeitpunkt begann die Großoffensive der 4. Ukrainischen Front (Petrow), die zusammen mit der zu beiden Seiten der Donau angetretenen 2. Ukrainischen Front (Malinowski) mit allgemeiner Stoßrichtung auf Brünn und Wien angesetzt war. Während es Malinowski gelang, nach Preßburg durchzubrechen, scheiterten alle Durchbruchsversuche der aus den Westbeskiden heraus operierenden 4. Ukranischen Front an dem hartnäckigen Widerstand der 1. Panzerarmee und der weiter nördlich in der Mähri-

1 Über den Verlauf der sowjetischen militärischen Operationen und deutschen Gegenmaßnahmen im Jahre 1945 s. Kurt von Tippelskirch, Geschichte des Zweiten Weltkrieges, Bonn 1951, insbesondere S. 611 ff. und S. 666 ff. und Frh. von Weitershausen, Die Besetzung Schlesiens durch die Russen von Januar bis Mai 1945, in: Die Tragödie Schlesiens 1945—1946, hrsg. von Johannes Kaps, München 1952/53, S. 92 ff.; vgl. auch Dokumentation der Vertreibung, Bd. I/1, S. 16 E ff.

schen Pforte eingesetzten 17. Armee. Im Verlauf des April gelang es aber den Sowjets, das Ostrauer Industriegebiet von drei Seiten zu umfassen und in den letzten Apriltagen einzunehmen. Troppau war am 24. April besetzt[1]. Die Flankenbedrohung durch die nach Österreich und Südmähren vorstoßende 2. Ukrainische Front und der wachsende sowjetische Druck zwangen die 1. und 17. Armee zum Rückzug auf Brünn und Olmütz. Brünn ging am 24. April verloren, und in den ersten Maitagen standen die Russen vor Olmütz. Der Rückzug der beiden Armeen mit dem Ziel, die in Westböhmen stehenden Amerikaner zu erreichen, um die Masse der Truppen vor der sowjetischen Gefangenschaft zu retten, setzte zu spät ein. Denn der von Prag ausgehende und bald ganz Böhmen umgreifende tschechische Aufstand sowie die aus Sachsen in Richtung Prag vorstoßenden Truppen Konjews und schließlich der Waffenstillstand verhinderten einen geordneten Rückzug der in Mähren stehenden deutschen Einheiten auf die alliierten Linien. Einzelne Truppenteile, die sich in dem allgemeinen Wirrwarr der Tage nach der Kapitulation bis nach Westböhmen durchschlugen, wurden entweder von den Alliierten nach ihrer Entwaffnung den Sowjets übergeben oder überhaupt am Übergang in das von Alliierten besetzte Gebiet gehindert, bis die nachstoßende Rote Armee sie einholte und gefangennahm[2].

2. Evakuierung und Flucht.

Im Gegensatz zu dem Geschick, das die Bevölkerung Ostdeutschlands nach dem überraschenden und schnellen Vorstoß der Roten Armee aus dem Weichselbogen im Januar 1945 ereilte, vollzogen sich Evakuierungen und Flucht im Ostsudetenland in gelenkten Bahnen und außerdem unter günstigeren klimatischen Bedingungen, da sie erst im März einsetzten. Aber auch hier wurde die Bevölkerung nach dem schnellen Vordringen der sowjetischen Truppen in das benachbarte Oberschlesien und bis an die Grenzen des Sudetenlandes von einer Panik erfaßt, die sich durch das Elend und die Berichte der durchziehenden Flüchtlinge aus Polen und Oberschlesien noch steigerte[3]. Als die sowjetischen Stoßkeile an der Linie Oppeln—Ratibor—Schwarzwasser aufgefangen worden waren und die militärischen Fronten sich in diesem Kampfraum wieder gefestigt hatten, schöpfte man neue

---

1 Das OKW gab den Fall Troppaus am 26. April bekannt.

2 Das Oberkommando der alliierten Streitkräfte gab seinen Truppen den Befehl, die zurückflutenden deutschen Soldaten gefangenzunehmen und sie anschließend wegen Verletzung des Waffenstillstandes den Sowjets zu übergeben. Gleichzeitig sollten sie alle Rückzugsstraßen der Deutschen blockieren, die nach Westen strebenden deutschen Einheiten so lange vor den alliierten Linien festhalten, bis sie von der Roten Armee gefangengenommen werden konnten; vgl. Forrest C. Pogue, The Supreme Command (The United States Army in World War II), Washington 1954, S. 503 f.; vgl. hierzu auch die Berichte Nr. 6 und Nr. 135, S. 777 f.
Nach einer Äußerung Stalins vom 27. Mai 1945 gegenüber dem amerikanischen Sonderbotschafter Hopkins wurden von den Alliierten 135 000 gefangene deutsche Soldaten dem sowjetischen Kommando in der Tschechoslowakei übergeben; vgl. Robert E. Sherwood, Roosevelt und Hopkins, dt. A. Hamburg 1950, S. 735.

3 s. darüber die Berichte Nr. 1, S. 3; Nr. 2, S. 6.

Hoffnung, mußte aber bald erkennen, daß nur ein kurzer Aufschub gewonnen und der Räumungsbefehl jeden Tag zu erwarten war. Denn in den schweren Kämpfen, die in den Monaten März und April in diesem Frontabschnitt tobten und in denen um jede Ortschaft gerungen wurde, schob sich die Kampflinie immer tiefer in das sudetendeutsche Gebiet und nach Mähren hinein.

Bereits im Februar, als noch um das oberschlesische Industriegebiet gekämpft wurde, hatte die Gauleitung des Sudetenlandes eine zentrale Evakuierungsleitstelle für den Regierungsbezirk Troppau eingerichtet[1]. Ihr fiel zunächst die Aufgabe zu, die aus Oberschlesien und Polen einströmenden Flüchtlingstrecks weiterzuschleusen, zugleich aber Vorkehrungen für die Evakuierung der sudetendeutschen Bevölkerung aus den am meisten gefährdeten Bezirken zu treffen. Schon zu diesem Zeitpunkt wurden in den östlichen Kreisen zunächst kranke und gebrechliche Personen, Frauen und Kinder zur Evakuierung in die westlichen Kreise des Regierungsbezirks, den „Schönhengstgau", aufgerufen. Für den Kreis Wagstadt war z. B. der Kreis Hohenstadt als Aufnahmegebiet bestimmt worden, und die Evakuierten wurden in mehreren Eisenbahnzügen dorthin transportiert[2]. Man brachte sie zuerst in Gemeinschaftslagern, meist Schulen unter, wo sie von der NSV betreut wurden, die auch für ihre Unterbringung bei deutschen Familien sorgte, um die Lager für weitere Evakuierte und vor allem für durchziehende Flüchtlinge aus Oberschlesien freizuhalten. Aus dem Kreis Teschen wurden die zur Evakuierung aufgerufenen Frauen und Kinder mit der Bahn bis ins Innviertel transportiert; sie erreichten auch nach Wochen ihre Zielorte. Daneben gelang es nur wenigen Familien zu Verwandten und Bekannten im westlichen Sudetenland oder Altreich zu flüchten, denn die hierzu notwendigen Fahrgenehmigungen wurden nur in den seltensten Fällen erteilt, da die Eisenbahnen durch Militär- und Evakuierungstransporte aus Ostdeutschland schon überlastet waren.

Diese erste vorsorgliche Evakuierung wurde noch nicht mit solcher Härte durchgeführt wie später, als sich der gleiche Vorgang unter unmittelbarem Feinddruck abspielte. Die Evakuierten konnten sogar in den folgenden Wochen zurückgelassene Habe holen oder auch nachschicken lassen. Einzelne der in den Schönhengstgau evakuierten Familien nutzten damals die Gelegenheit aus, weiter in das Westsudetenland oder nach Mitteldeutschland zu Bekannten oder Verwandten zu fahren.

Nachdem Ende Februar die Front sich vorübergehend stabilisiert hatte, wurden weitere Transporte eingestellt. Bis dahin waren immerhin etwa 30 000 Personen von dieser ersten Evakuierungswelle erfaßt worden. Die zurückgebliebene Bevölkerung hoffte, daß sie ihre Heimat nicht zu verlassen brauchte, und begann mit der Frühjahrsbestellung. Die Nähe der Front, an der im März und April erbittert gekämpft wurde, gelegentliche

[1] Die folgende Darstellung der Evakuierung und Flucht der deutschen Bevölkerung aus dem Ostsudetenland und Mähren stützt sich auf Angaben von verantwortlichen Leitern der deutschen Evakuierungsmaßnahmen; sie wurden durch systematische Befragung für alle Kreise dieses Gebietes gewonnen und befinden sich in der Dokumentensammlung.

[2] vgl. Bericht Nr. 2, S. 6.

Bombenangriffe sowjetischer Flugzeuge und die Einziehung fast aller Männer zum Volkssturmeinsatz erzeugten aber eine allgemeine Unruhe, die sich mit dem Zurückweichen der Front auf sudetendeutsches Gebiet verstärkte.

Die Besorgnis erhöhte sich, als die sowjetischen Truppen durch den um den 25. März von Oppeln und Ratibor aus geführten Zangenangriff innerhalb weniger Tage das linke oberschlesische Oderufer in ihre Hand bekamen und die alte Reichsgrenze mit der Tschechoslowakei in dem keilförmig nach Oberschlesien hineinragenden nördlichen Gebiet des Kreises Jägerndorf überschritten. Ein Teil der aus Oberschlesien flüchtenden Trecks wurde von den sowjetischen Angriffsspitzen überrollt, wobei es zu schweren Ausschreitungen und Plünderungen kam. Erst als durch deutsche Gegenstöße die Sowjets zeitweilig zurückgedrängt wurden, konnten die Flüchtenden ihren Weg ins Sudetenland und weiter nach Böhmen fortsetzen. Ihre Berichte beunruhigten die Bevölkerung aufs äußerste, zumal mit den eiligst aufgebotenen Volkssturmeinheiten den zurückgebliebenen Familienangehörigen jeglicher männliche Schutz genommen war.

Die Dienststellen der Partei und der Verwaltung ordneten in dem besonders gefährdeten nördlichen Teil des Jägerndorfer Kreises die Evakuierung an. Die Vorbereitungen für diesen Fall waren zwar getroffen worden, aber der sowjetische Einbruch kam so überraschend, daß einzelne Ortschaften nicht mehr oder nur teilweise von der Zivilbevölkerung geräumt werden konnten. Unter dem Eindruck der alliierten Erfolge an allen Fronten und des steten russischen Vordringens wuchs zudem der Widerstand gegen eine Evakuierung, insbesondere bei der bäuerlichen Bevölkerung. Sie zog es im Angesicht der kommenden Niederlage vor, die Gefahren der Feindbesetzung auf dem eigenen Besitztum und in der vertrauten Umgebung auf sich zu nehmen, statt in der Fremde. Die örtlichen Parteidienststellen und Behörden mußten oft Zwang und Drohungen anwenden, um die Bevölkerung zum Verlassen ihrer Wohnsitze zu bewegen[1]. Dies geschah vor allem dort, wo die Abschnittskommandeure darauf bestanden, einen bis zu 20 km breiten Streifen hinter der Frontlinie von Zivilbevölkerung zu räumen, um ihr unnötige Verluste zu ersparen und in den militärischen Maßnahmen nicht durch die Rücksicht auf die noch anwesenden Einwohner behindert zu sein.

Für die Trecks aus dem Jägerndorfer Land wurde der Kreis Zwittau als Aufnahmegebiet bestimmt. Einzelne Trecks leitete man bis nach Innerböhmen (Pardubitz) weiter. Gleichzeitig wurde auch die Bevölkerung der Stadt Jägerndorf zur Räumung aufgerufen und mit der Eisenbahn, mit Autobussen oder anderen Fahrzeugen durch das Altvatergebirge in die Umgebung von Zwittau gebracht; die Behörden wurden nach Mährisch Schönberg verlegt. In der Stadt, die den ganzen Monat April hindurch zum Kampfgebiet gehörte, blieben nur einige hundert Zivilisten und die zum Volkssturm einberufenen Männer zurück[2]. Erst am 8. Mai wurde Jägerndorf, nachdem die deutschen Truppen nach Westen abgezogen waren, von der Roten Armee besetzt.

---

[1] vgl. Bericht Nr. 1, S. 3 f.
[2] vgl. Bericht Nr. 1, S. 4 f.

Der Kreis Jägerndorf mit seiner ausschließlich deutschen Bevölkerung wurde fast ganz geräumt. Die Kreise Teschen und Troppau dagegen konnten während der Kampfhandlungen nur zum Teil evakuiert werden. Hier wie auch im Hultschiner Ländchen war ein beträchtlicher Teil der Bevölkerung zweisprachig und hoffte, mit den tschechischen oder polnischen Sprachkenntnissen die feindliche Besetzung besser überstehen zu können. Sie widersetzte sich dem Evakuierungsbefehl oder suchte ihn zu umgehen. In einzelnen Dörfern, so z. B. im Hultschiner Ländchen, zogen die unter Zwang in Marsch gesetzten Trecks bis ins nächste Dorf und warteten dort den sowjetischen Einmarsch ab[1]. Troppau dagegen wurde von der deutschen Bevölkerung im April allmählich ganz verlassen, insbesondere unter dem Eindruck der heftigen sowjetischen Bombenangriffe, die in der Stadt starke Zerstörungen anrichteten; sie fiel am 24. April in sowjetische Hand[2]. Aufnahmegebiet waren die Kreise Mährisch Schönberg und Mährisch Trübau. In der Stadt Teschen, aus der bereits im Februar und März ein Teil der nicht voll arbeitsfähigen Bevölkerung mit der Bahn nach Braunau am Inn evakuiert worden war, wurden die Zurückgebliebenen nach dem sowjetischen Durchbruch bei Troppau durch Lautsprecher zur sofortigen Räumung aufgefordert. Aber die notwendigen Transportmittel fehlten, und ausreichende Vorkehrungen waren anscheinend nicht getroffen worden, so daß nur wenige auf den Fahrzeugen der Wehrmacht den Ort verlassen konnten, der am 3. Mai von sowjetischen Truppen besetzt wurde.

Erst kurz bevor die 1. Panzerarmee und die 17. Armee zwischen dem 2. und 5. Mai die große Absetzbewegung nach Westen begannen, ordneten die verantwortlichen Dienststellen für die Kreise Wagstadt, Römerstadt, Neu Titschein und das südliche Troppauer Kreisgebiet die allgemeine Evakuierung an. Sie war organisatorisch vorgeplant, aber jetzt nur noch zum Teil durchführbar. Die Deutschen in den Dörfern des stark tschechisch durchsetzten Kreises Wagstadt wurden z. T. durch SS-Kommandos gezwungen, die Heimatorte zu verlassen[3]. Die ländliche Bevölkerung des Kreises Neu Titschein leistete dem Evakuierungsbefehl größtenteils Folge.

Auf den mit Wehrmachtskolonnen und Trecks verstopften Straßen kamen die Flüchtenden indessen nur langsam vorwärts. Auch boten die endlosen Fahrzeugkolonnen den sowjetischen Tieffliegern ein leichtes Ziel.

In diesem Chaos war keine planmäßige Evakuierung mehr möglich. Den nach Westböhmen zustrebenden Wehrmachtsfahrzeugen schlossen sich überwiegend Flüchtlinge aus Schlesien und den östlichen Gebieten, weniger Sudetendeutsche an. Die Angehörigen der Behörden und exponierte politische Amtsträger versuchten in Dienst- und Privatfahrzeugen nach Westen zu gelangen.

---

[1] So berichtet der Bauer N. N. aus Hultschin, daß z. B. die Bauern seines Heimatortes, die von den Dienststellen der Partei zum Verlassen ihrer Höfe gezwungen worden waren, nur bis in den Nachbarort Bobrownik zogen und dort so lange zögerten, bis sowjetische Truppen einmarschierten. (Seine Schilderung der weiteren Ereignisse nach dem Einmarsch der Roten Armee ist abgedruckt unter Nr. 36.)

[2] vgl. oben S. 20, Anm. 1.

[3] Über die Evakuierung der Stadt Wagstadt s. Bericht Nr. 2.

Von den kurz vor der Kapitulation im Ostsudetenland eingesetzten Wehrmachtseinheiten und den mitziehenden Flüchtlingen konnten nur wenige die amerikanischen Linien erreichen. Hier wurden sie jedoch bitter enttäuscht; denn die amerikanischen Posten verwehrten ihnen den Übertritt ins amerikanisch besetzte Gebiet[1]. Der Masse der noch auf dem Wege befindlichen Flüchtlings- und Wehrmachtskolonnen verlegten die aus Sachsen nach Prag vorstoßenden sowjetischen Truppen und die vorwiegend in den letzten Kriegstagen formierten tschechischen Partisaneneinheiten den Weg nach Westen.

Gleich zu Beginn des Rückzugs der Heeresgruppe Mitte (Schörner) nach Westen lösten sich die als letztes Aufgebot zur Verteidigung der Heimatorte aufgestellten Volkssturmverbände auf. Die Männer suchten zu ihren evakuierten oder geflohenen Familien zu kommen, deren neuer Aufenthaltsort ihnen meist noch bekannt war, und erreichten sie auch größtenteils noch vor dem Einmarsch der Roten Armee[2].

Die deutsche Bevölkerung der Sprachinseln und größeren Städte Mährens, die erst in den letzten Kriegswochen bedroht waren, wurde im allgemeinen noch kurz vor dem Eintreffen der sowjetischen Truppen in Marsch gesetzt und z. B. aus Mährisch Ostrau und Olmütz mit der Eisenbahn oder mit Autobussen nach Böhmen geschafft[3]. Eine beträchtliche Anzahl hatte aus eigener Initiative diese Städte bereits im Laufe des April verlassen und bei Verwandten oder Bekannten in weniger gefährdeten Gebieten Zuflucht gesucht. Soweit diese Flüchtlinge im Ostsudetenland Unterkunft gefunden hatten, mußten sie in den ersten Maitagen erneut fliehen. Für die in kriegswichtigen Industrien beschäftigten Deutschen[4] waren von den Werksleitungen Sondertransporte vorbereitet worden. In den Betrieben des Ostrauer Reviers wurde das Stichwort zur Räumung erst gegeben, als die völlige Einschließung drohte. Am Abend des 30. April verließen die Wagenkolonnen Ostrau in Richtung Neu Titschein—Zwittau. Von dort gelangte eine Gruppe bis Falkenau, eine andere, vorwiegend Reichsdeutsche, erreichte Mitteldeutschland, eine dritte Gruppe kam kurz vor dem Ausbruch des tschechischen Aufstandes in Prag an[5].

In den letzten Apriltagen stießen starke sowjetische Kräfte aus dem unteren Waagtal auf Brünn vor und eroberten die Stadt am 24. April. Die deutschen Bewohner hatten sie aus eigener Initiative oder auf Anordnung der Behörden schon vorher verlassen und waren in kleineren Transporten nach Böhmen und in den Böhmerwald gelangt[6]. Als über Brünn hinaus vorstoßende sowjetische Kampftruppen sich Iglau, der größten deutschen Sprachinsel in Mähren, näherten, machten sich einzelne Einwohner trotz

---

[1] vgl. auch Bericht Nr. 6, S. 20 f. und Bericht Nr. 135, S. 778.

[2] vgl. auch die Berichte Nr. 1, S. 4 und Nr. 2, S. 7.

[3] vgl. auch Bericht Nr. 6, S. 19.

[4] Es handelte sich hier fast ausschließlich um leitende Angestellte, die meist erst während des Krieges diese Posten übernommen hatten; unter ihnen befanden sich viele Reichsdeutsche.

[5] s. darüber Bericht Nr. 4.

[6] vgl. die Berichte Nr. 13, S. 49, Nr. 14, S. 52 f. und Nr. 29, S. 157.

der aussichtslosen militärischen Lage noch in den ersten Maitagen auf den Weg nach Westen. Aber auf den von Wehrmachtskolonnen und Flüchtlingstrecks verstopften Straßen wurden sie gleich nach der Kapitulation von den Prag zustrebenden sowjetischen Truppen überrollt[1]. Die vorwiegend bäuerliche Bevölkerung der südmährischen Kreise verließ ihre Wohnsitze in den letzten Apriltagen auf dem Treckwege und erreichte in mühevollen Märschen ihre Aufnahmeorte im Waldviertel[2].

Im übrigen Sudetenland und im damaligen Protektorat ist es nicht mehr zur Räumung ganzer Ortschaften gekommen. In Reichenberg und einigen anderen Städten des Nordsudetenlandes evakuierte man wegen der Gefahr von Luftangriffen lediglich Frauen mit Kindern in das westliche Sudetenland, einige verließen auch aus eigener Initiative die Stadt und begaben sich zu Verwandten oder Bekannten[3].

Nachdem die Truppen Konjews am 4. Mai von Sachsen aus zum Angriff auf Böhmen angetreten waren und die dünnen deutschen Linien durchstoßen hatten, gaben in einigen nördlichen Kreisen des Regierungsbezirks Aussig die Kreis- und Ortsgruppenleiter der Partei den Evakuierungsbefehl, der aber von der Bevölkerung wegen seiner Sinnlosigkeit nicht befolgt wurde[4]. Nur einige Familien, Angehörige der Behörden und einzelne Personen versuchten auf Wehrmachtsfahrzeugen oder mit Privat- und Dienstwagen in das von Amerikanern besetzte Gebiet zu gelangen[5]. Die Masse der noch zu diesem Zeitpunkt den amerikanischen Linien Zustrebenden

---

[1] vgl. Bericht Nr. 14, vor allem S. 53 und den Bericht des Oberlehrers Hawelka, abgedruckt unter Nr. 33. In einer zusammenfassenden Darstellung berichtet derselbe Vf. ergänzend über die Evakuierungsvorbereitungen in der Iglauer Sprachinsel. Danach war bereits Anfang April von den Parteidienststellen die Weisung gegeben worden, alles für den Treck vorzubereiten. Auch die Treckwege und die Aufnahmeorte im Böhmerwald waren festgelegt. Die rechtzeitige Räumung der Dörfer scheiterte an dem Widerstand der vorwiegend bäuerlichen Bevölkerung, die angesichts des bevorstehenden deutschen Zusammenbruchs ihre Höfe nicht verlassen wollte.

[2] s. darüber den Bericht des Hauptschuldirektors Mathias Krebs aus Neusiedl, Kreis Nikolsburg, abgedruckt unter Nr. 5.

[3] vgl. Bericht Nr. 128, S. 678 ff. — Aus Warnsdorf wurde im Februar 1945 ein Eisenbahntransport mit etwa 600 Frauen und Kindern bis nach Bayern geleitet.

[4] vgl. z. B. Bericht Nr. 16, S. 61. Ähnliche Evakuierungsbefehle wurden in der Stadt Schluckenau, den Kreisen Warnsdorf, Brüx, Saaz und Podersam und anderen Orten des Nordsudetenlandes gegeben.

[5] Vom Reichsstatthalter des Sudetenlandes (Henlein) war in einem geheimen Erlaß angeordnet worden, im Falle einer drohenden Feindbesetzung die Kreisbehörden zu evakuieren und in den Aufnahmeorten eine Art „Notverwaltung" zu errichten. Das scheint aber nur in den wenigsten Fällen, wie z. B. in Teplitz-Schönau, durchgeführt worden zu sein. Personal des Landratsamtes Teplitz-Schönau gelangte bis nach Landek im Kreis Tepl und amtierte dort später auf Anweisung der amerikanischen Besatzungsbehörden bis Mitte Juni 1945 als „Arbeitsvermittlungsstelle". Nach der Auflösung dieser Dienststelle wurde es auf amerikanischen Fahrzeugen nach Bayern gebracht. (Ein ausführlicher Bericht hierüber befindet sich in der Dokumentensammlung.)

waren Flüchtlinge aus den bereits von der Roten Armee besetzten Gebieten und solche, die seinerzeit aus westdeutschen Städten hierher evakuiert worden waren[1].

3. Rückkehr von der Flucht nach Beendigung der Kampfhandlungen.

Der größte Teil der aus dem Ostsudetenland und dem östlichen Protektoratsgebiet geflohenen Deutschen wurde in Westmähren und den unmittelbar benachbarten Bezirken Böhmens vom Ausbruch des tschechischen Aufstandes und vom deutschen Zusammenbruch überrascht. Besonders hart war das Schicksal derjenigen, die sich zu diesem Zeitpunkt im innertschechischen Gebiet befanden; denn neben den Drangsalierungen durch Rotarmisten waren sie der Willkür und den Haßgefühlen der tschechischen Aufständischen, aber auch der Behörden und der Zivilbevölkerung ausgeliefert. Der Verlust der geretteten Habe durch Plünderung und Konfiskation war noch das geringste Übel. Die Not steigerte sich durch Ausschreitungen aller Art und den Entzug der persönlichen Freiheit mit Zwangsarbeit und Internierung. Soweit die Flüchtlinge den Internierungs- und Sammellagern entgehen konnten, schlugen sie sich unter großen Entbehrungen in ihre Heimatorte durch[2].

Im Osten des Schönhengstgaus (Kreise Mährisch Trübau, Zwittau, Landskron und Hohenstadt), wo der größte Teil der aus dem östlicheren Sudetenland geflohenen deutschen Bevölkerung eine Zuflucht gefunden hatte, und auch in anderen Gebieten wurden die Flüchtlinge von den neugebildeten tschechischen Verwaltungsorganen zur sofortigen Rückkehr aufgefordert, und zwar mit dem Hinweis, daß der bei der Flucht zurückgelassene Besitz bei einer längeren Abwesenheit des Besitzers beschlagnahmt würde[3]. Bei der geflohenen Landbevölkerung bedurfte es nicht erst solchen Druckes, sie suchte noch im Wirrwarr des Zusammenbruchs und des sowjetischen Einmarsches, getrieben von der Sorge um Hof und Frühjahrsbestellung, zum Heimatort zurückzukehren. Da aber plündernde Rotarmisten die Hauptverkehrsstraßen unsicher machten, zogen die meisten von ihnen auf kaum befahrbaren Seiten- und Gebirgsstraßen und oft auf weiten Umwegen heimwärts. Meist blieben alle diese Vorsichtsmaßnahmen erfolglos. Trotz Umgehung der von den Sowjets oder Tschechen besetzten Ortschaften und Übernachtung in Wäldern griffen Streifen viele Rückkehrer auf, konfiszierten Pferde und Wagen und lieferten die Menschen in Sammel- und Internierungslager ein. Soweit sie nur vorübergehend festgehalten wurden, mußten sie zu Fuß den Weg fortsetzen, da die Benutzung der Verkehrsmittel für die Deutschen inzwischen verboten worden war[4].

---

1 vgl. z. B. die Berichte Nr. 17, S. 64; Nr. 18, S. 65; Nr. 126, S. 560 ff. und Nr. 128, S. 680; desgl. Alfred Bohmann, Die Ausweisung der Sudetendeutschen, dargestellt am Beispiel des Stadt- und Landkreises Aussig, Marburg 1955, S. 45.

2 s. darüber die Berichte Nr. 6, S. 21 f.; Nr. 13, S. 50 f.; Nr. 14, S. 53; Nr. 29, S. 158 ff; Nr. 135, S. 778 f.

3 vgl. die Berichte Nr. 1, S. 5; Nr. 9, S. 31 f. und Nr. 37, S. 214.

4 vgl. die Berichte Nr. 1, S. 5; Nr. 3, S. 12 ff.; Nr. 5, S. 18 f.; Nr. 9, S. 37; Nr. 29, S. 161; Nr. 37, S. 214.

Die Evakuierten, die seinerzeit mit Autobussen oder der Bahn abtransportiert worden waren, erhielten nur in wenigen Fällen eine Fahrgenehmigung oder wurden, als Deutsche erkannt, aus dem Zug geholt; meist mußten sie auch zu Fuß den Rückweg antreten[1]. Sie ließen das gerettete Gepäck in ihren bisherigen Aufenthaltsorten, in der Hoffnung, es später einmal nach Normalisierung der Verhältnisse, holen zu können. Den wenigsten von ihnen gelang das, da die Tschechen die Aufbewahrung fremden Eigentums strengstens untersagten und die sofortige Ablieferung der von den Flüchtlingen zurückgelassenen Habe anordneten[2].

Die Heimkehrenden fanden ihre Wohnungen und Höfe, soweit sie nicht schon in den Kämpfen zerstört worden waren, entweder ausgeplündert oder beschlagnahmt und von Tschechen besetzt vor[3]. Sie mußten bei Nachbarn, Verwandten oder Bekannten Unterkunft suchen oder wurden gleich in Lager eingewiesen, die vor allem im tschechischen Gebiet vielerorts errichtet worden waren[4].

[1] vgl. Bericht Nr. 2, S. 10 f.; Nr. 6, S. 21 f.; Nr. 29, S. 161; Nr. 126, S. 568; Nr. 135, S. 778 f.

[2] vgl. insbesondere die Berichte Nr. 126, S. 586 und Nr. 127, S. 662.

[3] vgl. die Berichte Nr. 1, S. 5; Nr. 2, S. 11 f.; Nr. 3, S. 14; Nr. 5, S. 19; Nr. 37, S. 214.

[4] vgl. die Berichte Nr. 2, S. 12; Nr. 6, S. 22; Nr. 35, S. 207.

III. Vorgänge bei der Besetzung der Sudetenländer.

1. Ereignisse beim Einmarsch sowjetischer Truppen.

Der größte Teil der Sudetenländer wurde von der Roten Armee kampflos besetzt. Nur die östlichen Kreise von Mähren-Schlesien und einige Orte im Nordsudetenland sind im Kampf erobert worden[1].

Nach dem Vertrag vom 8. Mai 1944 zwischen der Sowjetunion und der tschechoslowakischen Exilregierung übernahm diese die Verwaltung in dem von der Roten Armee besetzten tschechoslowakischen Staatsgebiet[2]. Dadurch

---

[1] Unter den von Sachsen aus nach Böhmen vorstoßenden sowjetischen Truppen befanden sich auch Verbände der polnischen Armee, die nach Beendigung der Kampfhandlungen sofort zurückgezogen wurden; vgl. auch Bericht Nr. 16, S. 60 ff. und Nr. 52, S. 277.

[2] Der Vertrag hatte folgenden Wortlaut:

Abkommen über das Verhältnis zwischen der tschechoslowakischen Verwaltung und dem sowjetischen Oberbefehlshaber nach dem Eintritt sowjetischer Armeen auf das tschechoslowakische Territorium.

Die Regierung der Tschechoslowakischen Republik und die Regierung der Union der Sozialistischen Sowjetrepubliken sind in dem Wunsch, daß das Verhältnis zwischen dem sowjetischen Oberkommando und der tschechoslowakischen Verwaltung auf dem Boden der Tschechoslowakischen Republik nach dem Eintritt der sowjetischen Armeen auf das tschechoslowakische Territorium im Geiste der Freundschaft und Bündnisse zwischen beiden Ländern geregelt wird, in folgendem übereingekommen:

Art. 1. Sobald die sowjetischen (alliierten)* Armeen infolge der Kriegsoperationen das tschechoslowakische Territorium betreten, wird die höchste Macht und Verantwortung, die sich auf die Kriegführung bezieht, im Gebiet der Kriegsoperationen beim Oberbefehlshaber der sowjetischen (alliierten) Armeen liegen.

Art. 2. Es wird ein tschechoslowakischer Regierungsdelegierter für die befreiten Gebiete ernannt werden, dessen Aufgaben folgende sein werden:

a. die Verwaltung auf dem vom Feinde befreiten Gebiet nach den tschechoslowakischen Gesetzen einzurichten und zu führen;

b. dort wieder die tschechoslowakische Wehrmacht aufzubauen;

c. eine tatkräftige Mitarbeit der tschechoslowakischen Verwaltung mit dem sowjetischen (alliierten) Oberbefehlshaber zu sichern und namentlich den örtlichen Behörden auf Grund der Bedürfnisse und Wünsche des sowjetischen (alliierten) Oberbefehlshabers entsprechende Anordnungen zu erteilen.

Art. 3. Die tschechoslowakischen Verbände, die beim Eintritt sowjetischer (alliierter) Armeen in deren Verband sein werden, sollen sofort auf dem tschechoslowakischen Territorium eingesetzt werden.

Art. 4. Für die Sicherstellung einer Verbindung zwischen dem sowjetischen (alliierten) Oberbefehlshaber und dem tschechoslowakischen Regierungsdelegierten wird beim sowjetischen (alliierten) Oberbefehlshaber eine tschechoslowakische Militärmission errichtet werden.

Art. 5. In den Zonen unter dem Oberbefehl des sowjetischen (alliierten) Oberbefehlshabers werden die tschechoslowakischen Regierungsorgane im befreiten Gebiet mit dem sowjetischen (alliierten) Oberbefehlshaber durch einen tschechoslowakischen Regierungsdelegierten in Verbindung sein.

war die deutsche Bevölkerung nicht nur den Drangsalen der sowjetischen Besetzung, sondern zugleich auch, und später weit stärker, den deutschfeindlichen Maßnahmen der von radikalen Elementen beherrschten provisorischen tschechischen Verwaltung ausgesetzt.

Art. 6. Sobald ein Teil des befreiten Gebietes nicht mehr als Zone eigentlicher Kriegsoperationen angesprochen werden kann, wird dort die tschechoslowakische Regierung die volle Ausübung der öffentlichen Macht übernehmen und dem sowjetischen (alliierten) Oberbefehlshaber allseitige Zusammenarbeit und Hilfe durch ihre zivilen und militärischen Organe gewähren.

Art. 7. Alle Personen, die dem sowjetischen (alliierten) Heer auf tschechoslowakischem Territorium angehören, werden der Jurisdiktion des sowjetischen (alliierten) Oberbefehlshabers unterliegen. Alle Personen, die der tschechoslowakischen Wehrmacht angehören, werden der tschechoslowakischen Jurisdiktion unterliegen. Dieser Jurisdiktion unterliegt ebenfalls die Zivilbevölkerung auf dem tschechoslowakischen Territorium, auch selbst dann, wenn es um strafbare Handlungen geht, die gegen die sowjetischen (alliierten) Truppen begangen wurden, ausgenommen solche, die in einer Zone der Kriegsoperationen verübt wurden. Diese unterliegen der Jurisdiktion des sowjetischen (alliierten) Oberbefehlshabers. In Streitfällen wird die Angelegenheit durch ein gegenseitiges Abkommen zwischen dem sowjetischen (alliierten) Oberfehlshaber und dem tschechoslowakischen Regierungsdelegierten gelöst werden.

Art. 8. Über Finanzfragen, die mit dem Eintritt sowjetischer (alliierter) Heere auf das tschechoslowakische Territorium zusammenhängen, wird ein Sonderabkommen geschlossen werden.

Art. 9. Dieses Abkommen tritt sofort nach Unterzeichnung in Kraft. Es ist in zwei Ausfertigungen niedergeschrieben, jede in der tschechoslowakischen und russischen Sprache. Beide Texte sind gleichermaßen gültig.

London, 9. Mai 1944

Laut Vollmacht der Tschechoslowakischen Republik, amtierender Minister für auswärtige Angelegenheiten, Staatsminister Dr. Hubert Ripka e. h.

Laut Vollmacht der Regierung der UdSSR, außerordentlicher und bevollmächtigter Botschafter der UdSSR bei der ČSR, V. Lebedew e. h.

Übersetzt aus: Eduard Beneš, Šest let exilu a druhé světové války (Sechs Jahre des Exils und des Zweiten Weltkriegs), Prag 1946, S. 483 f.

* In der bei Louise W. Holborn (ed.), War and Peace Aims of the United Nations, Bd. II, Boston 1948, S. 767 ff. wiedergegebenen englischen Übersetzung des Textes heißt es hier und im folgenden immer „sowjetischen und alliierten ..." (Sowjet and Allied ...).

vgl. zum Vertragsabschluß auch „Einheit" (deutschsprachige Zeitschrift der tschechoslowakischen Kommunisten in London) Nr. 10 vom 6. Mai 1944, S. 12 und Nr. 11 vom 20. Mai 1944, S. 13.

Durch ein Verfassungsdekret des Präsidenten der Republik vom 3. August 1944 über die vorläufige Verwaltung des befreiten Gebietes der Tschechoslowakischen Republik, veröffentlicht im Amtsblatt der tschechoslowakischen Exilregierung in London unter Nr. 10 und in der Beilage zum tschechoslowakischen Gesetzblatt (Sbírka zákonů a nařízení republiky Československé) von 1947, S. 26, wurde ein „Amt für die Verwaltung des befreiten Gebietes" geschaffen, an dessen Spitze ein Regierungsmitglied stand; vgl. Friedrich Korkisch, Die verfassungsrechtliche Entwicklung in der Tschechoslowakei bis zur Verfassung vom 9. Mai 1948, Zeitschr. f. ausländ. öff. Recht und Völkerrecht, Bd. XIII (1950/51), S. 670 ff.

— Als Bevollmächtigter für die befreiten Gebiete wurde Minister Němec entsandt.

Über die diplomatischen Verhandlungen der tschechoslowakischen Exilregierung mit der Sowjetunion s. unten Kap. IV, 1, S. 42 ff.

Wenn sich auch die sowjetische Kriegführung wenig geändert hatte, so war doch in ihrer Haß- und Vergeltungspropaganda, die sich auch gegen die deutsche Zivilbevölkerung richtete, seit etwa März 1945 ein Wandel eingetreten. Offenbar mit Rücksicht auf die Kampfmoral der Truppe und die innere soldatische Ordnung wurden die Aufrufe zur Rache an den Deutschen eingestellt und Tagesbefehle ausgegeben, die zur Disziplin aufriefen[1]. Dadurch kam es in den letzten Kriegstagen und -wochen nicht mehr zu ähnlichen furchtbaren Exzessen gegen wehrlose Zivilisten wie in Ostpreußen beim ersten Einbruch der Roten Armee in das Reichsgebiet. Doch brachte der Russeneinmarsch noch Schreckliches genug, viele Sudetendeutsche erlebten hier den Tiefpunkt der Erniedrigung.

In den Berichten über die ersten Begegnungen mit sowjetischen Soldaten tritt immer wieder die Schilderung zahlloser Vergewaltigungen und Schändungen von Frauen und Mädchen durch Rotarmisten hervor[2]. Diese Ausschreitungen wurden von der deutschen Bevölkerung als größte Erniedrigung empfunden. Offenbar standen die sowjetischen Soldaten immer noch unter der Einwirkung jener Aufrufe in Soldatenzeitungen und Rundfunksendungen zur persönlichen Rache und Vergeltung, die bei der Besetzung der ersten deutschen Gebiete durch die Sowjetarmee ergangen waren[3].

Im Gesamtvorgang der Vertreibung bildete der Einzug der Roten Armee nur ein kurze Phase und den Auftakt zu einer monate- und jahrelangen Unsicherheit und Bedrängnis bis zur Zerstörung aller Lebensgrundlagen der Deutschen in der Tschechoslowakei. Seine Begleiterscheinungen wurden durch das spätere Vorgehen der Tschechen übertroffen und überschattet.

Wiederholt werden Tschechen als Initiatoren der von den sowjetischen Truppen begangenen Ausschreitungen, seien es Vergewaltigungen oder Plünderungen, genannt. Vor allem aus den gemischtsprachigen Gebieten des Ostsudetenlandes und den deutschen Siedlungen im rein tschechischen Gebiet liegen Nachrichten vor über Denunzierungen Deutscher an die Sowjets aus politischem, manchmal auch aus persönlichem Rachebedürfnis[4]. Ebenso haben manche der von tschechischer Seite angeordneten Maßnahmen die Rotarmisten zu Ausschreitungen ermuntert. So mußten an manchen Orten die Deutschen an ihren Häusern weiße Fahnen hissen, was sie für die sowjetischen Soldaten sofort kenntlich gemacht und diesen den Weg gezeigt hat.

Die noch in ihren alten Wohnstätten und in Freiheit lebenden Frauen und Mädchen konnten sich freilich oft durch rasche Flucht oder in Verstecken dem Zugriff entziehen. Dagegen waren die Frauen in den zur Zeit der deutschen Kapitulation überrollten Trecks völlig hilf- und schutzlos. Auch in den

1 vgl. Dokumentation der Vertreibung, Bd. I/1, S. 69 E, Anm. 1.
2 vgl. insbesondere die Berichte Nr. 2, S. 8; Nr. 7, S. 27; Nr. 8, S. 28; Nr. 10, S. 35 f.; Nr. 11, S. 40; Nr. 18, S. 69; Nr. 28, S. 152; Nr. 29, S. 159 u. 163; Nr. 31, S. 181 ff.; Nr. 32, S. 188; Nr. 50, S. 264; Nr. 52, S. 278; Nr. 62, S. 321; Nr. 126, S. 566 ff. Nr. 128, S. 681 ff. u. a.
3 vgl. Dokumentation der Vertreibung, Bd. I/1, S. 62 E.
4 vgl. z. B. die Berichte Nr. 9, S. 34; Nr. 14, S. 54 und 56; Nr. 15, S. 59; Nr. 35, S. 207; Nr. 45, S. 247 u. a.

von den Tschechen später errichteten und bewachten Internierungs- und Arbeitslagern waren die Deutschen in den meisten Fällen der Gier eindringender Rotarmisten ausgeliefert. Die tschechischen Wachmannschaften versuchten meist nicht, die Eindringlinge an ihrem Treiben zu hindern, oft begünstigten sie es sogar[1]. Andererseits muß hervorgehoben werden, daß einzelne tschechische Lagerkommandanten und Wachsoldaten weibliche Insassen vor Vergewaltigungen zu schützen versuchten[2].

Die furchtbaren Berichte der Flüchtenden und die erschütternden eigenen Erlebnisse führten geradezu zu einer Art Selbstmordpsychose unter der deutschen Bevölkerung während dieser Zeit. Ein Teil derjenigen, die in diesen Tagen Hand an sich legten, gehörte zwar der nationalsozialistischen Funktionärsgruppe an, die Vergeltungsmaßnahmen fürchtete[3], aber die überwiegende Zahl der Opfer entstammte der breiten, politisch nicht hervorgetretenen Bürgerschicht[4]. In Karlsbad und Brüx z. B. stieg die Zahl der Selbstmorde in die Hunderte[5]. Unter dem Eindruck der Ausschreitungen, vor allem der Vergewaltigung der Frauen und Mädchen, gingen ganze Familien in den Tod. Die Verängstigung und Furcht der Bevölkerung hatte einen Grad erreicht, wie er nachher nur noch bei den „wilden" Austreibungen der Deutschen vor der Potsdamer Konferenz festzustellen ist[6].

Zur systematischen Aushebung und Verschleppung von Deutschen durch die Rote Armee für den Arbeitseinsatz in der Sowjetunion, wie es in den Gebieten östlich von Oder und Neiße, in Rumänien, Ungarn und Jugoslawien geschah, ist es weder in den im Kampf eroberten noch in den später besetzten Teilen des Sudetenlandes gekommen; denn zu diesem Zeitpunkt waren auch in den deutschen Ostgebieten und in den Ländern Südosteuropas die Deportationen bereits beendet worden[7].

In einzelnen Ortschaften und Kreisen kam es wohl auch nach der Kapitulation zur Verhaftung von Amtsträgern nationalsozialistischer Organisationen, von Angehörigen des Volkssturms und einzelnen Zivilpersonen, aber eine systematische Aktion wurde nicht durchgeführt[8]. Soweit diese Festgenommenen nicht den tschechischen Behörden übergeben wurden, brachte

---

[1] vgl. Bericht Nr. 2, S. 10; Nr. 24, S. 123; Nr. 28, S. 152; Nr. 29, S. 159 und 163; Nr. 31, S. 181 ff.; Nr. 32, S. 188 und 190; Nr. 34, S. 197 f.

[2] vgl. die Berichte Nr. 34, S. 198; Nr. 97, S. 451 und Dokumentation der Vertreibung, z. Beiheft, S. 19 ff.

[3] vgl. z. B. die Berichte Nr. 9, S. 33; Nr. 127, S. 643 ff.

[4] vgl. die Berichte Nr. 8, S. 29; Nr. 11, S. 40; Nr. 126, S. 566 ff.; Nr. 127, S. 646; Nr. 128, S. 682 u. a.

[5] vgl. Bericht Nr. 127, S. 643; Dr. med. Carl Grimm, der in Brüx im Auftrage der tschechischen Kriminalpolizei die Totenbeschau durchzuführen hatte, beziffert die Zahl der Selbstmorde in Brüx im Mai 1945 mit 150. Während der Internierungs- und Austreibungsaktionen im Juni und Juli stieg die monatliche Gesamtzahl noch an. Nach der Schätzung von Dr. Grimm dürfte allein in Brüx die Zahl der Selbstmorde im ganzen 600—700 (bei etwa 20 000 deutschen Einwohnern) betragen haben, vgl. Bericht Nr. 99, S. 459 Anm. 1.

[6] s. darüber das Kapitel V,1, S. 86 ff. und die dort zitierten Berichte.

[7] Über diese Verschleppungsaktion s. Dokumentation der Vertreibung, Bd. I/1, S. 52 E ff.; Bd. II, S. 41 E ff.; Bd. III, S. 75 E ff. und die dort angeführten Erlebnisberichte.

[8] vgl. z. B. die Berichte Nr. 7, S. 26; Nr. 8, S. 29; Nr. 10, S. 37; Nr. 11, S. 41; Nr. 41, S. 235; Nr. 128, S. 682.

man sie in das Sammellager für Rußlandtransporte, das ehemalige deutsche KZ Auschwitz. Von hier wurden die Arbeitsunfähigen nach einigen Wochen oder Monaten entlassen, die übrigen nach Rußland gebracht. Von ihnen erlag eine beträchtliche Anzahl den Strapazen, den Entbehrungen und unmenschlichen Bedingungen des dortigen Arbeitseinsatzes. Die Überlebenden kehrten erst nach Jahren in ihre Heimatorte oder zu ihren inzwischen in das Altreichsgebiet ausgewiesenen Familien zurück[1].

Schon in den ersten Wochen nach Beendigung der Kampfhandlungen begann der Abzug der sowjetischen Fronttruppen. Für die deutsche Bevölkerung in den Ortschaften entlang den Abzugstraßen bedeutete dies eine Fortsetzung oder Wiederholung der schon beim Einmarsch erlebten Ausschreitungen und Plünderungen[2]. In vielen Fällen mußten Deutsche beiderlei Geschlechts beim Abbau der als Beutegut angesehenen Industriebetriebe mithelfen oder wurden, vor allem im Ostsudetenland, zur Betreuung und zum Abtrieb der konfiszierten Viehherden nach Rußland herangezogen. wovon sie oft erst nach Wochen oder Monaten zurückkamen[3]. Mag auch in einzelnen Fällen die Besatzungsmacht von sich aus die Deutschen zu diesen Arbeiten befohlen haben, so steht doch fest, daß meist tschechische Behörden auf Anforderung die Frauen und Männer zu Hilfsdiensten für die sowjetische Besatzung bestimmten. Für die bis Dezember 1945 in der ČSR verbliebenen sowjetischen Truppen wurden Arbeitskommandos dann fast ausschließlich von den deutschen Insassen der Gefängnisse und Internierungslager gestellt. Ihre Behandlung war unterschiedlich, z. T. waren diese Kommandos wegen der schlechten Behandlung gefürchtet, z. T. aber wegen der guten Verpflegung begehrt, die die Internierten in den Kasernen erhielten[4].

Blieben auch die Rotarmisten in ihrem Verhalten unberechenbar und die Erlebnisse des sowjetischen Einmarsches unvergessen, so läßt sich doch schon in den ersten Monaten der Konsolidierung der Tschechoslowakischen Republik und des beginnenden Verfolgungssystems gegen die Sudetendeutschen feststellen, daß sich sehr oft russische Soldaten schützend und helfend auf die Seite der Verfolgten stellten. Je stärker die Tschechen als Exponenten der Vergeltungspolitik gegen die Sudetendeutschen hervortraten, um so positiver wurde die Haltung der sowjetischen Soldaten beurteilt und in den Berichten geschildert. Die folgenden Maßnahmen in der ČSR gegen die sudetendeutsche Bevölkerung, die in der Vertreibung gipfelten, lassen in den Berichten die Erlebnisse der Zeit des Einmarsches in einem milderen Lichte erscheinen und spiegeln die Enttäuschung auf die Hoffnung wider, die die Sudetendeutschen in der Zeit der Bedrängnis durch die sowjetischen Truppen auf die Tschechen gesetzt hatten[5].

---

1 vgl. z. B. die Berichte Nr. 10, S. 37; Nr. 41, S. 236.

2 vgl. die Berichte Nr. 39, S. 222 ff. und Nr. 126, S. 571 ff.

3 vgl. die Berichte Nr. 12, S. 45; Nr. 14, S. 56; Nr. 54, S. 289 Anm. 1.

4 vgl. z. B. die Berichte Nr. 25, S. 134; Nr. 29, S. 163; Nr. 41, S. 235; Nr. 34, S. 199 ff.; Nr. 128, S. 686 f.

5 vgl. z. B. die Berichte Nr. 8, S. 30; Nr. 9, S. 48; Nr. 11, S. 41; Nr. 126, S. 574 und 588 f.; Nr. 128, S. 683.
Über menschliches Verhalten sowjetischer Soldaten vgl. auch die in „Dokumente der Menschlichkeit aus der Zeit der Massenaustreibungen“, hrsg. vom Göttinger Arbeitskreis, Kitzingen-Main 1950, S. 111, 155, 161 f abgedruckten Berichte.

2. Der Einmarsch der Amerikaner.

a. Die militärische Lage im Westen Böhmens.

Auf ihrem Vormarsch nach Mitteldeutschland schwenkte die amerikanische 3. Armee (Patton) aus dem Raum von Erfurt nach Süden und Südosten, um entsprechend Eisenhowers Operationsplan entlang dem Böhmerwald und der Donau nach Österreich und gegen die sogenannte „Alpenfestung" vorzustoßen[1]. In den letzten Apriltagen überschritten amerikanische Truppen an einigen Punkten die tschechoslowakisch-deutsche Grenze von 1937[2]. Bis zum 4. Mai hatten sie das Egerland — Eger war am 27. April gefallen — und die nach dem Münchener Abkommen von der Tschechoslowakei an Deutschland abgetretenen Böhmerwaldkreise besetzt, die Protektoratsgrenze aber noch nicht überschritten, obwohl keine zusammenhängende deutsche Front existierte, die Rote Armee noch im nordöstlichen Sachsen und Ostmähren in heftige Kämpfe verwickelt war und Böhmen damit vor den Amerikanern offen lag.

Zu diesem Zeitpunkt kam es zu einem lebhaften Telegrammwechsel zwischen dem alliierten Oberbefehlshaber General Eisenhower und dem sowjetischen Generalstabschef General Antonow über ein kombiniertes Zusammengehen der verbündeten Armeen auf tschechoslowakischem Staatsgebiet[3]. Das Ergebnis dieser Verhandlungen war, daß die Sowjetrussen nur einem ameri-

---

[1] Der Plan Eisenhowers, des Oberbefehlshabers der alliierten Streitkräfte im Westen, sah zunächst einen Vorstoß nach Mitteldeutschland bis zum Mittellauf der Elbe vor, wo man mit den sowjetischen Truppen zusammenzutreffen hoffte, und einen späteren Vormarsch der beiden Flügel bis auf eine Linie in gleicher Höhe, die sich von Lübeck bis nach Österreich hinunter erstreckte. Der Südflügel sollte dabei vor allem die sogenannte „Alpenfestung" ausschalten und Verbindung mit den im Donautal vorstoßenden sowjetischen Armeen herstellen (vgl. Dwight D. Eisenhower, Kreuzzug in Europa, dt. Ausgabe, Amsterdam 1948, S. 458 ff.). Entsprechend seinen Vollmachten, in operativen Fragen Kontakt mit dem sowjetischen Oberkommando aufzunehmen, leitete Eisenhower seinen Plan Generalissimus Stalin zu, was den Protest Churchills herausforderte, der an die politische Bedeutung der militärischen Operationen in diesem Raum dachte. Churchill wünschte, daß die alliierten Truppen aus politischen Gründen soweit wie möglich nach Osten vorstoßen und die Tschechoslowakei und Prag befreien sollten (vgl. Winston S. Churchill, The Second World War, Bd. VI, London 1954, S. 400). Es gelang ihm aber weder bei Eisenhower noch bei Präsident Truman, mit seinen Vorstellungen durchzudringen. (vgl. auch Herbert Feis „Churchill, Roosevelt, Stalin, the war they waged and the peace they sought", Princeton, N. J., 1957, S. 609 ff.) Über die weitere Entwicklung dieser Frage, vor allem im Zusammenhang mit dem Prager Aufstand, s. S. 57.

[2] Die ersten amerikanischen Einheiten überschritten die alte Reichsgrenze von 1937 am 19. April bei Gosthausgrün im nordwestlichen Zipfel des Sudetenlandes. Über die amerikanischen militärischen Operationen in Westdeutschland s. Forrest C. Pogue, The Supreme Command (The United States Army in World War II), Washington 1954, vor allem S. 500 ff.; Tippelskirch, a. a. O., S. 446 ff.; George Patton, Krieg wie ich ihn erlebte, dt. Ausgabe, Bern 1950, S. 220 ff. und Eisenhower, a. a. O., S. 456 ff.

[3] vgl. Pogue, a. a. O., S. 503 ff.

kanischen Vorgehen bis auf die Linie Karlsbad—Pilsen—Budweis zustimmten[1]. In den Abendstunden des 4. Mai erreichte die amerikanische 3. Armee der Befehl, bis auf diese Linie vorzustoßen[2]. Am 6. Mai hatten die Truppen Pattons bereits die befohlenen Ziele erreicht. Patton drängte bei seinem Oberbefehlshaber auf einen weiteren Vormarsch nach Innerböhmen, der ihm jedoch nicht gestattet wurde[3].

b. Die Auswirkungen des amerikanischen Vorstoßes auf die sudetendeutsche Zivilbevölkerung. Verteidigungsmaßnahmen und Besetzung.

Der Vorstoß der Amerikaner nach Mitteldeutschland und bis an die Grenzen des Sudetenlandes traf in seinen letzten Etappen kaum auf einen organisierten deutschen Widerstand. Entsprechend den Durchhalteparolen hatten die Funktionäre der NSDAP auch im Westen des Sudetenlandes zur Verteidigung aufgerufen, Panzersperren errichten oder Feldstellungen bauen lassen. Bei der unzulänglichen Bewaffnung der Volkssturm- und auch der wenigen Wehrmachtseinheiten — selbst die notwendigsten Infanteriewaffen fehlten — war jeglicher Widerstand gegen den zahlenmäßig und materiell überlegenen Feind illusorisch. Die Zivilbevölkerung lehnte die sinnlose Verteidigung ihrer Heimatorte ab, um so entschiedener, je mehr ihre Verluste durch die ununterbrochenen Tiefflieger- und Bombenangriffe stiegen[4]. In manchen Orten versuchten einzelne angesehene Einwohner, entweder hinter dem Rücken der Amtsleiter der Partei und der Wehrmachtskommandanten oder auch mit deren stillschweigender Billigung, Kontakt mit den Amerikanern aufzunehmen und den Kampf um die Ortschaft zu verhindern[5]. Wo solche Vorhaben den in diesen Orten stationierten Einheiten der Waffen-SS bekannt wurden, kam es wiederholt vor, daß die Initiatoren verhaftet, in den meisten Fällen vor ein Standgericht gestellt und erschossen wurden[6].

---

[1] Beneš berichtet in seinen Memoiren (Memoirs of Dr. Eduard Beneš — From Munich to New War and New Victory, aus dem tschechischen Original übersetzt von Godfrey Lias, London 1954, S. 253), daß bereits zur Zeit der Teheraner Konferenz im Jahre 1943 zwischen den Westmächten und der Sowjetunion eine Vereinbarung über die Kampfzonen in Mitteleuropa getroffen und die Tschechoslowakei zum Besetzungsgebiet der Roten Armee bestimmt worden war. Aus den bisher veröffentlichten Quellen- und Memoiren-Werken läßt sich diese Behauptung Beneš' nicht bestätigen.

[2] Patton erklärt (a. a. O., S. 230): „Bradleys [des Oberbefehlshabers der amerikanischen 12. Armeegruppe] Instruktionen, die ich an die Korps weitergab, lauteten, daß wir über eine durch Pilsen verlaufende Nordwest-Südwestlinie nicht mit starken Kräften hinausgehen dürften, aber Richtung Prag energisch rekognoszieren sollten."

[3] Patton berichtet darüber (a. a. O., S. 232): „Am sechsten [Mai] wurde eine durch Pilsen verlaufende Haltlinie endgültig festgelegt; darüber hinaus wurden uns die nötigen Vorposten bis acht Kilometer Tiefe gestattet. Ich war sehr unglücklich, denn meinem damaligen und auch heutigen Gefühl nach hätten wir bis an die Moldau gehen und die Russen, falls es ihnen nicht gefiel, zum Teufel schicken sollen. Erst Wochen nachher wurden mir die triftigen Gründe bekannt, die Eisenhower veranlaßten, uns an dieser Linie Halt zu gebieten." — vgl. auch Pogue, a. a. O., S. 504.

[4] vgl. Bericht Nr. 22, S. 87 ff.

[5] vgl. die Berichte Nr. 19, Nr. 20 und Nr. 22.

[6] vgl. z. B. Bericht Nr. 22, S. 87 ff.

Solche Terrormaßnahmen steigerten aber nur die Unruhe der Bevölkerung, die schließlich durch die andauernden Luftangriffe und die unerträgliche Spannung zermürbt war und nicht selten eine rasche Besetzung durch die Amerikaner wünschte[1].

In den größeren Orten, in denen meist auch Garnisonen lagen, konnten wohl Einheiten für die Verteidigung zusammengestellt werden, die noch durch zurückweichende Fronttruppen und das Volkssturmaufgebot verstärkt wurden. Bei der unzureichenden Bewaffnung und der bunten Zusammensetzung aus Soldaten aller Wehrmachtsteile und bei der allgemeinen Kriegsmüdigkeit besaßen diese aber nur geringen Kampfwert. Sie wurden bei den ersten Begegnungen mit amerikanischen Truppen versprengt. Hinhaltenden Widerstand leisteten einige Waffen-SS-Einheiten[2]. Die amerikanische Kampftaktik, durch einen überwältigenden Materialeinsatz Ausfälle an eigenen Menschenleben zu vermeiden, führte selbst dort, wo nur kleine Gruppen deutscher Soldaten oder des Volkssturms Widerstand zu leisten versuchten, zu schweren Zerstörungen und zu Verlusten unter der Zivilbevölkerung[3], die im Gegensatz zum Ostsudetenland vor dem heranrückenden Feind nicht geflohen war. Oft umgingen die amerikanischen Truppen die zur Verteidigung vorbereiteten Orte und konnten im benachbarten Gebiet, wo sie kaum Widerstand fanden, tief in das Hinterland vorstoßen.

Fast nirgends kam es im westsudetendeutschen Gebiet zu schweren Kämpfen, da alle Voraussetzungen für eine erfolgreiche und sinnvolle Verteidigung des Landes fehlten. Man wollte schließlich auch lieber die amerikanische Besetzung über sich ergehen lassen oder in amerikanische Gefangenschaft geraten, als die Schrecken und Ausschreitungen eines Einmarsches der bereits in Sachsen und Mähren stehenden Sowjetarmee durchmachen. Diese Überlegung trug dazu bei, daß den vordringenden amerikanischen Truppen kein ernsthafter Widerstand entgegengesetzt wurde. Die verzweifelten Versuche verantwortlicher deutscher Beamter und auch tschechischer Politiker, die Amerikaner zum weiteren Vordringen zu veranlassen, sprechen für sich[4].

Die Besetzung deutscher Ortschaften durch die Amerikaner läßt sich mit den Ereignissen beim Einmarsch der Sowjettruppen nicht vergleichen. Die Zivilbevölkerung erlitt zwar auch hier in der Kampfzone oder im Hinterland durch Kampfeinwirkungen, vor allem durch die ununterbrochenen Tiefflieger- und Bombenangriffe, Verluste. Bei der Besetzung kam es aber nicht zu Plünderungen, Vergewaltigungen und sonstigen Drangsalierungen. In einzelnen Orten wurden die bisherigen Bürgermeister bis auf Widerruf in ihrem Amt bestätigt oder angesehene Einwohner, die politisch nicht belastet waren, als kommissarische Bürgermeister eingesetzt[5]. Sie waren freilich kaum mehr als Übermittler der Befehle der amerikanischen Militärbehörden, die meist sofortige Ablieferung aller Waffen, Räumung ein-

[1] vgl. die unter Nr. 19 bis Nr. 23 abgedruckten Berichte.
[2] vgl. vor allem Bericht Nr. 22, S. 90 ff.
[3] vgl. die Berichte Nr. 21, S. 81; Nr. 22, vor allem S. 93 ff.
[4] vgl. hierzu insbesondere die Berichte Nr. 19 und Nr. 20.
[5] vgl. z. B. Bericht Nr. 23.

zelner Häuser oder ganzer Straßenzeilen für die vorübergehende Unterbringung der Truppen und Ausgangssperre in den Abend- und Nachtstunden anordneten[1]. Die Einschränkungen der persönlichen Freiheit wurden von der Bevölkerung als unvermeidlich hingenommen; man sah darin mit Recht nur vorübergehende Maßnahmen. Auch die bald einsetzenden Verhaftungen und Internierungen der politischen Amtsträger und exponierten Verwaltungsbeamten erregten zunächst, außer bei den betroffenen Familien, keine nennenswerte Beunruhigung, da es bei Einzelfällen blieb. An den kleineren oder abseits gelegenen Gebirgsdörfern ging der Einmarsch spurlos vorüber.

Aus den Berichten ist zu entnehmen, daß die Bevölkerung trotz aller mit einer feindlichen Besetzung zusammenhängenden Unannehmlichkeiten aufatmete und eine baldige Normalisierung der öffentlichen Verhältnisse erwartete. Die gehässige Haltung einzelner Soldaten oder auch Ortskommandanten, vor allem aus den Reihen der tschechischen Brigade, wurde durch die Hilfsbereitschaft oder das menschliche Verhalten anderer, die trotz aller Fraternisierungsverbote bald Kontakt mit der deutschen Bevölkerung gewannen, wieder aufgewogen[2].

Die Lebensverhältnisse in den rein deutschen Städten und Dörfern unterschieden sich während der ersten Tage und Wochen nach der Besetzung durch die Amerikaner kaum von denen im übrigen alliierten Besatzungsgebiet Deutschlands. In den Orten allerdings, wo eine tschechische Minderheit oder gar eine Mehrheit vorhanden war und die Verwaltung sofort in tschechische Hände überging, setzte bald die Drangsalierung und Entrechtung der Deutschen durch einheimische und mehr noch durch die aus Innerböhmen und Mähren zuströmenden Tschechen ein[3]. Die Verhältnisse im amerikanisch besetzten Gebiet der ČSR unterschieden sich aber doch bis zum Abzug der Besatzungstruppe merklich von denen im übrigen Gebiet der Republik. Die Anwesenheit amerikanischer Truppen übte offenbar einen moralischen Druck auf diejenigen Tschechen aus, die im Taumel der wiedererrungenen Freiheit und staatlichen Souveränität die gesamte sudetendeutsche Bevölkerung für die erlittene Unbill seit 1938/39 bestrafen wollten. Gelegentlich griffen die Amerikaner bei Verschleppungen von Frauen und Kindern zur Zwangsarbeit nach Innerböhmen oder bei anderen ungerechtfertigten Maßnahmen gegen politisch nicht exponierte deutsche Familien ein und verhinderten Gewaltakte von tschechischer Seite[4]. Mit der Stabilisierung der tschechischen Verwaltung in den deutschen Ortschaften im Laufe des Sommers und dem gleichzeitig einsetzenden Abzug der amerikanischen Besatzungstruppen[5] gewannen die administrativen deutschfeind-

---

[1] vgl. die Berichte Nr. 21, S. 82; Nr. 22, S. 98 ff,; Nr. 23, S. 102 f.

[2] vgl. die Berichte Nr. 21 bis Nr. 23.

[3] vgl. insbesondere die Berichte Nr. 21, S. 83 f.; Nr. 23, S. 104.

[4] vgl. die Berichte Nr. 21, S. 83; Nr. 65, S. 232; Nr. 92, S. 419.
vgl. hierzu auch die in „Dokumente der Menschlichkeit aus der Zeit der Massenaustreibungen", a. a. O., S. 18 bis 21 abgedruckten Berichte.

[5] Ursprünglich sollten die Besatzungstruppen sofort nach der Übernahme der Staatsgewalt durch die Tschechen zurückgezogen werden. Als aber die Sowjets den endgültigen Abzug ihrer Einheiten hinauszögerten, entschloß man sich auf amerikanischer Seite, die amerikanischen Einheiten nur in gleichem Verhältnis wie die sowjetischen Verbände abzuberufen; vgl. Pogue, a. a. O., S. 507.

lichen Maßnahmen der immer selbstbewußter auftretenden Tschechen an Wirksamkeit. Immerhin unterblieben im amerikanisch besetzten Westsudetenland jene „wilden“ Austreibungsaktionen, die in der sowjetisch besetzten Zone bereits Ende Mai einsetzten und ungeachtet der Potsdamer Beschlüsse den ganzen Sommer hindurch anhielten[1]. Während im sowjetisch besetzten Gebiet die Reichsdeutschen der Willkür der Tschechen überlassen und unter Zurücklassung ihrer letzten noch geretteten Habe bald nach der deutschen Kapitulation durchweg zu Fuß das tschechoslowakische Gebiet verlassen mußten, wenn sie nicht sogar interniert und zur Zwangsarbeit eingewiesen wurden, überwachten die Amerikaner in ihrem Gebiet den Abtransport der Altreichsdeutschen. Sie betreuten einzelne Flüchtlingslager, in denen sich Reichsdeutsche befanden, die auf diese Weise der Jurisdikton der Tschechen entzogen wurden, und sorgten für den Abtransport auf Heeresfahrzeugen[2]. Dort aber, wo Reichsdeutsche in privaten Haushaltungen untergebracht waren — und das traf bei den meisten zu —, konnten auch die Amerikaner diskriminierende administrative Maßnahmen tschechischer Organe, wie z. B. kurzfristige Räumung der Unterkünfte unter Zurücklassung des Großgepäcks, nicht verhindern, da sich die Tschechen auf ihre Souveränität beriefen und auf das ihnen von den Deutschen während des Krieges zugefügte Unrecht hinwiesen. Immerhin ging der Abtransport im amerikanisch besetzten Gebiet der ČSR unter wesentlich günstigeren Bedingungen vor sich als im sowjetischen Besatzungsgebiet.

Nach Bekanntwerden der Potsdamer Beschlüsse, als die Aussiedlung der Sudetendeutschen zur Gewißheit geworden war, konnten einzelne Sudetendeutsche sogar Hausrat und Möbel mit Hilfe der Amerikaner auf Heeresfahrzeugen nach Bayern bringen und das Land also unter weit besseren Voraussetzungen verlassen als später im Rahmen der Zwangsaussiedlung[3]. Seit dem Abzug der letzten amerikanischen Truppen Anfang Dezember 1945 unterschied sich das Schicksal der in diesem Gebiet lebenden Deutschen kaum noch von dem derer im übrigen Staatsgebiet. Zu jenem Zeitpunkt aber war die Welle der schlimmsten Exzesse bereits abgeklungen.

---

[1] s. darüber Kap. V, 1, S. 105 ff. und die dort angeführten Berichte.

[2] vgl. z. B. oben S. 25, Anm. 5 und „Dokumente der Menschlichkeit aus der Zeit der Massenaustreibungen“, a. a. O.

[3] vgl. Bericht Nr. 61, S. 319 f.; weitere Berichte, die die Flucht sudetendeutscher Familien mit Hilfe von Amerikanern nach Westdeutschland schildern, befinden sich in der Dokumentensammlung.

IV. Zerstörung der Lebensgrundlagen der Sudetendeutschen in der wiedererrichteten Tschechoslowakischen Republik.

1. Vorbereitung der Austreibung durch die tschechoslowakischen Exilpolitiker.

Als im Frühjahr 1945 der größere Teil der Slowakei von der Roten Armee besetzt war, konstituierte sich in Kaschau eine provisorische tschechoslowakische „Regierung der Nationalen Front der Tschechen und Slowaken", ein Koalitionskabinett aus nach Moskau orientierten Kommunisten und Vertretern prowestlich-bürgerlicher Parteien unter dem Vorsitz des bisherigen Botschafters in der Sowjetunion, Zdeněk Fierlinger. Formell war es durch den von London über Moskau aus dem Exil zurückgekehrten Präsidenten Beneš ernannt worden[1]. Diese Regierung beschloß auf ihrer ersten Sitzung am 5. April 1945 ein umfangreiches Programm für den Neuaufbau der Republik, das sich unter Punkt VIII—XI auch mit der Behandlung der Bürger deutscher und madjarischer Nationalität in der wiederhergestellten ČSR befaßte[2]. Hier wurden drei Personengruppen unterschieden:

1. Diejenigen Deutschen und Madjaren, die als „Antinazisten und Antifaschisten" bereits vor dem Münchener Abkommen einen aktiven Kampf für die Erhaltung der Republik geführt haben oder nach der Eingliederung des Sudetenlandes in das Deutsche Reich und der Schaffung des Protektorats wegen ihres Widerstandes gegen das NS-Regime verfolgt wurden oder sich als Flüchtlinge im Exil am Kampf für die Wiedererrichtung der Tschechoslowakei beteiligt haben. Diesen allen sollte die tschechoslowakische Staatsbürgerschaft bestätigt und die eventuelle Rückkehr in die Republik zugesichert werden.

2. Die „übrigen" tschechoslowakischen Bürger deutscher und madjarischer Nationalität; ihre Staatsbürgerschaft sollte aufgehoben werden[3], ihnen aber eine erneute Option für die Tschechoslowakei gestattet sein, über die von den Behörden der Republik in jedem individuellen Fall entschieden würde.

---

[1] vgl. Keesing's Archiv, Jg. 15 (1945), S. 163 B.

[2] Der vollständige Text ist abgedruckt unter Anlage 2, S. 184 ff.

[3] Mit der Besetzung der sudetendeutschen Gebiete nach dem Münchener Abkommen und der Übernahme ihrer Verwaltung durch das Deutsche Reich waren die Sudetendeutschen deutsche Staatsbürger geworden. (Gesetz vom 21. November 1938, RGBl. I/1938, S. 1641). Nach der Schaffung des Protektorats Böhmen und Mähren wurde in einem Erlaß vom 16. März 1939 bestimmt, daß alle volksdeutschen Einwohner des Protektorats ebenfalls deutsche Staatsangehörige sind. (Erlaß des Führers und Reichskanzlers über das Protektorat Böhmen und Mähren vom 16. März 1939, Art. 2, RGBl. I/1939, S. 486.) Nähere Bestimmungen dazu enthält die Verordnung vom 20. April 1939 über den Erwerb der deutschen Staatsangehörigkeit durch die früheren tschechoslowakischen Staatsbürger deutscher Volkszugehörigkeit (RGBl. I/1939, S. 815).

3. Diejenigen Deutschen und Madjaren, die wegen eines Verbrechens gegen die Republik mit einer Verurteilung zu rechnen haben; sie sollten aus der Republik für immer ausgewiesen werden, soweit über sie nicht die Todesstrafe verhängt würde.

Dieses Programm konnte es so erscheinen lassen, als ob sich die Pläne einer Ausweisung nur gegen eine begrenzte Gruppe von Kriegsverbrechern und aktiven Nationalsozialisten richten würden. Aber schon Äußerungen der tschechischen Exilregierung aus der Kriegszeit zeigen, daß man damit nur die Pläne einer Massenaussiedlung zu verschleiern suchte, ohne daß man sich auf eine genaue Zahl festlegen wollte[1].

Beneš und die von ihm gelenkte tschechoslowakische Exilregierung in London hatten diese Pläne mit Zähigkeit vorbereitet. Sie gehörten zusammen mit der Annullierung des Münchener Abkommens, die die Wiederherstellung der Tschechoslowakei in ihren Vor-Kriegs-Grenzen einleitete und gerade damit aber das sudetendeutsche Problem erneut aufwarf, zu den mit größtem Nachdruck verfolgten Zielen. Es mögen darüber mancherlei verschiedenartige Überlegungen angestellt worden sein, sicher ist — soviel läßt sich den spärlichen heute zugänglichen Quellen entnehmen —, daß der extreme Gedanke eines vollständigen „Transfers", also einer Aussiedlung aller Sudetendeutschen und wohl auch der madjarischen und polnischen Minderheiten schon relativ früh aufgetaucht ist. Nach einer Angabe von Hubert Ripka, einem Parteifreund von Beneš, der später in der Exilregierung und in den ersten Nachkriegskabinetten hervortreten sollte, ist er bereits im Dezember 1938 zwischen ihm und dem zurückgetretenen Präsidenten diskutiert worden[2]. Ripka war es auch, der als einer der ersten Politiker im Sommer 1941 „eine organisierte Anwendung des Prinzips der Umsiedlung von Bevölkerungen" nach dem Kriege in einem im „Čechoslovak", dem Zentralorgan der tschechoslowakischen Exilregierung, und der Zeitschrift „Central European Observer" erschienenen Artikel propagierte[3].

1 So in der von Wenzel Jaksch (a. a. O., Benesch war gewarnt! S. 27 f.) mitgeteilten tschechischen Stellungnahme zur Entschließung des Vorstandes der sudetendeutschen sozialdemokratischen Partei vom Juni 1942, wo es heißt: „Wir müssen uns aber der Tatsache bewußt sein, daß es sich wirklich um die Bestrafung vieler tausend Nazisten und Faschisten aller Volksgruppen handeln wird . . . Der Präsident und die tschechoslowakische Regierung wollen keine Schuldigen aus irgendeinem Lager begnadigen! Sollen alle erschlagen werden? Sollen große Gefängnisse oder lebenslängliche Konzentrationslager für sie alle errichtet werden? Oder ist es besser, daß sie alle für immer fortgehen?" (S. 35.) Der Text dieser Stellungnahme ist auch in den Memoiren von Beneš wiedergegeben (engl. Ausgabe, a. a. O., S. 308 ff.).

2 vgl. Elisabeth Wiskemann, Germany's Eastern Neighbours, London—New York 1956, S. 62. Die Vfn. beruft sich auf einen Brief Ripkas. — vgl. auch Beneš, Memoirs, S. 212.

3 In den „Sozialistischen Nachrichten", London, Nr. 19 vom 16. Juli 1941, wird aus der Stellungnahme Ripkas folgendes zitiert: „Es wird notwendig sein, mit allen angemessenen Mitteln, evtl. auch durch eine organisierte Anwendung des Prinzips der Umsiedlung von Bevölkerungen, Deutschland an dem Mißbrauch seiner nationalen Minoritäten für seine pangermanischen Ziele zu verhindern. Jedenfalls sollte man sich bestreben, die kleineren mitteleuropäischen Staaten so zu rekonstruieren, daß sie national möglichst gleichartig sind und daß innerhalb von ihnen die Bedeutung des Minoritätenelements auf ein Mindestmaß herabgesetzt wird."

Beneš selbst bekannte sich hierzu in der Öffentlichkeit wohl zuerst im Herbst und Winter 1941/42 in zwei Aufsätzen in den Zeitschriften „The Nineteenth Century and After“ und „Foreign Affairs“[1]. Hier entwickelte er Hitlers Politik aus dem Alldeutschtum Schönerers und stellte gegen die „neue Ordnung“ Europas der Nationalsozialisten das Bild einer europäischen Nachkriegspolitik, für die der „transfer of population“ als ein systematischerer und radikalerer Lösungsversuch der Minderheitenpolitik gefordert wurde. Wurde somit die Austreibung von Anfang an als Antwort auf das nationalsozialistische System begründet, so rechtfertigte sie Beneš, kommunistische Argumente aufgreifend, gleichzeitig als ein Mittel, die nationale mit der sozialen Revolution zu verknüpfen[2].

Die zunehmende Verschärfung des Terror-Regimes der Gestapo und der SS im „Protektorat“ erleichterte es Beneš, die öffentliche Meinung in England und in der ganzen westlichen Welt auch gegen die Sudetendeutschen zu beeinflussen und propagandistisch den Boden für die Idee der Austreibung zu bereiten. Hier haben nacheinander mehrere Ereignisse die Lage zugespitzt: so die Ernennung Heydrichs zum „Stellvertretenden Reichsprotektor in Böhmen und Mähren“ im September 1941 und die von ihm ergriffenen Maßnahmen und Massenexekutionen, u. a. das Verfahren gegen den Ministerpräsidenten der Protektoratsregierung Alois Eliáš, das mit des-

---

1 In den Aufsätzen: „The New Order in Europe“ (The Nineteenth Century and After, Sept. 1941, Bd. CXXX, S. 150—155) und „The Organization of Postwar Europe“ (Foreign Affairs Bd. 20, 1941/42, S. 266 ff.). Beneš erklärte im ersten Aufsatz: „The problem of national minorities will have to be considered far more systematically and radically than it was after the last war. I accept the principle of the transfer of population.“ (vgl. auch Dokumente zur Austreibung der Sudetendeutschen, bearbeitet von Dr. Wilhelm Turnwald, München 1951, S. XVII.)
In einem Vortrag vor Dozenten und Studenten der Universität Manchester am 5. Dezember 1942 erklärte Beneš, daß er keine ideale Lösung des Minderheitenproblems in Mitteleuropa kenne, weder durch Grenzkorrekturen noch Transfer, keineswegs aber durch besondere nationale Rechte der Minderheiten, denn diese gäben für die Sicherheit der Minderheiten keine Garantie, und die kleineren Nationen würden sie immer als Beschneidung ihrer Souveränität ablehnen müssen. Seiner Meinung nach sei dies Problem in Mitteleuropa wie in Wales zu lösen: „In the last resort the real safety of a minority rests upon the clear enunciation and defense of human, fundamental and democratie rights and not of particular national rights. I should like to have the same solution of State and national questions in Central Europe as this country has in Wales.“ (War and Peace Aims of the United Nations, Bd. I, S. 444 ff.)

2 Der betreffende Abschnitt in „The New Order in Europe“ lautet: „The problem of national minorities will have to be considered far more systematically and radically than it was after the last war. I accept the principle of the transfer of populations. Populations were exchanged, successfully and on a large scale, between Greece und Turkey after the war of 1922. The world courageously accepted this largescale transfer, because it knew that the alternative would have been a systematic massmurder of millions of people. If the problem is carefully considered and wide measures are adopted in good time, the transfer can be made amicably under decent human conditions, under international control and with international support.“ — Den Versuch, die Austreibung sozialrevolutionär zu rechtfertigen, macht Beneš vor allem in seinen Memoiren (s. S. 212, 218). Er nennt hier drei Gruppen von Deutschen, deren Vertreibung die notwendige soziale Revolution befördern würde: „the German bourgoisie, the pan-German intelligentsia and those workers, who have gone over to Fascism“.

sen Hinrichtung endete[1], vor allem aber die Massaker gegen die Bewohner des Dorfes Lidice im Bezirk Kladno, denen Begünstigung der Heydrich-Attentäter vorgeworfen wurde, am 10. Juni 1942[2]. Lidice wurde zum Symbol der Unterdrückung und ein weltbekanntes Ereignis, das der von Beneš verfolgten Politik erheblichen Auftrieb gab. Die (vorsichtig formulierte) Annullierung des Münchener Abkommens durch die britische Regierung am 5. August 1942 ist offensichtlich dadurch erleichtert worden[3]. Gleichzeitig wurde jetzt mehr und mehr der Boden bereitet für die Idee der Austreibung der Sudetendeutschen; sie hatte in den tschechisch-britischen Verhandlungen vom Frühjahr 1942 über das Münchener Abkommen bereits eine Rolle gespielt.

Es bleibt allerdings umstritten, ob und in welchem Umfange Beneš zu diesem Zeitpunkt schon effektive Unterstützung für seine Pläne durch die Alliierten und nicht nur eine grundsätzliche Anerkennung des Transfer-Gedankens erhalten hat. Wir sind darüber vorläufig im wesentlichen auf seine eigenen Mitteilungen angewiesen. Danach glaubte er, wohl nicht ganz zutreffend, schon im Sommer 1942 der Zustimmung der britischen Regierung sicher zu sein[4] und suchte nun auch bei der Sowjetunion und den Vereinigten Staaten diplomatische Rückendeckung für seine Pläne.

---

[1] s. darüber Helmut Heiber, Zur Justiz im Dritten Reich: Der Fall Eliáš, Vjh. f. Zeitgesch., Jg. 3 (1955), Heft 3, S. 275 ff.
Eliáš wurde am 1. Oktober 1941 zum Tode verurteilt und am 19. Juni 1942 im Zuge der Vergeltungsmaßnahmen nach dem Attentat auf Heydrich hingerichtet. vgl. Český národ soudí K. H. Franka (Das tschechische Volk verurteilt K. H. Frank; amtl. Aktenpublikation über den Prozeß gegen K. H. Frank, den ehemaligen deutschen Staatsminister für Böhmen und Mähren und Obersten SS- und Polizeiführer), hrsg. vom tschechoslowakischen Informationsministerium, Prag 1947, S. 68.

[2] s. darüber G. Reitlinger, Die SS — Tragödie einer deutschen Epoche, dt. A. München 1957, S. 215 und Český národ soudí K. H. Franka, vor allem S. 68 f. — Im Verlauf der Vergeltungsmaßnahmen nach dem Attentat auf Heydrich wurde am 24. Juni 1942 auch der kleine Ort Ležáky, 60 km südostwärts von Prag, zerstört. 33 Einwohner wurden erschossen, die übrigen in Konzentrationslager verbracht. Neben Lidice und Ležáky gilt auch die Zerstörung der tschechischen Siedlung Česky Malin in Wolhynien am 13. Juli 1943 als Symbol der Leiden des tschechischen Volkes unter dem deutschen NS-Regime. Česky Malin wurde bei der Bekämpfung der Partisanenbewegung im Rücken der deutschen Ostfront zerstört.

[3] In der Erklärung des Außenministers Eden vor dem Unterhaus am 5. August 1942. Ein Auszug der Rede ist auch wiedergegeben in: Beneš, Memoirs, S. 208. Über die völkerrechtliche Problematik der Kündigung des Münchener Abkommens durch Großbritannien s. Friedrich Korkisch, „Zur Frage der Weitergeltung des Münchener Abkommens", Zeitschr. f. ausländ. öff. Recht und Völkerrecht XII (1944), S. 87 ff.; Hermann Raschhofer, Die Sudetenfrage, ihre völkerrechtliche Entwicklung vom Ersten Weltkrieg bis zur Gegenwart, München 1953, vor allem S. 248 ff. — Über die Bedeutung von Lidice für die vorausgehenden Verhandlungen vgl. W. Jaksch, a. a. O., S. 18.
General de Gaulle als Präsident des Französischen National-Komitees unterzeichnete am 29. September 1942 noch eine weitergehende Erklärung, durch die nicht nur die territoriale Veränderung von 1938 widerrufen, sondern auch die ausdrückliche Anerkennung der Grenzen der ČSR vor 1938 ausgesprochen wurde.

[4] Beneš berichtet darüber selbst: „At the same time Minister Nichols informed us that the British Government had given careful consideration to our attitude in the matter of the transfer from our Republic of minority populations which

Im März 1943 stellte er über den sowjetischen Botschafter Bogomolow eine entsprechende Anfrage an die Moskauer Regierung, erhielt aber zunächst eine ausweichende Antwort[1]. Die sowjetische Regierung erklärte, daß sie noch keine definitiven Pläne über ihre künftige Deutschlandpolitik ausgearbeitet habe und diese von weiteren Absprachen mit der englischen und amerikanischen Regierung abhängen würden. Erst Anfang Juni 1943, als sich Beneš während seines Staatsbesuchs in Washington um ein gutes sowjetisch-amerikanisches Verhältnis bemühte und das Vertrauen Amerikas in die sowjetische Politik zu stärken versuchte, traf eine zustimmende Äußerung Moskaus ein. Jetzt erst soll auch Roosevelt die Einwilligung in eine Aussiedlung der Sudetendeutschen gegeben haben[2].

Beneš hatte also wohl bereits im Sommer 1943 eine gewisse diplomatische Basis für die Realisierung seiner Nachkriegspläne geschaffen, war mindestens bemüht, diesen Eindruck vor der Öffentlichkeit zu erwecken[3]. Er hielt jedoch an der Taktik fest, es weiterhin in der Schwebe zu lassen, welches Ausmaß die Vertreibung der Deutschen aus der wiederherge-

---

had conspired against us and had reached the conclusion, in view of what had happened in 1938 and during the war, that at the time of the final solution of our minority problems after the victorious end of the war the British Government did not intend to oppose the principle to transfer of the minority population from Czechoslovakia in an endeavour to make Czechoslovakia as homogenous a country as possible from the standpoint of nationality." (Beneš, Memoirs, S. 206.) Über die Problematik dieser Frage W. Jaksch, a. a. O., S. 16, der sicher mit Recht meint, daß 1942 höchstens über die Abschiebung von Nazi-Aktivisten gesprochen worden sein dürfte.

1 vgl. Beneš, Memoirs, S. 242 f.

2 In einem Bericht vom 7. Juni 1943 teilte Beneš aus Amerika der Exilregierung in London mit: „He agrees to the transfer of the minority populations from Eastern Prussia, Transylvania and Czechoslovakia. I asked again expressly whether the United States would agree to the transfer of our Germans. He declared plainly that they would. I repeated that Great Britain and the Soviets had already given us their views to the same effect." Beneš, Memoirs, S. 195. — Bestätigungen durch amerikanische Quellen gibt es dafür nicht.

3 So sagte er in einem persönlichen Gespräch mit dem Publizisten Compton Mackenzie im Mai 1944: „I have discussed this transfer in detail with Mr. Churchill and Mr. Eden. The British War Cabinet has accepted this transfer, and they have already officially notified me that they are in favour of it. I have discussed it with Stalin and with Molotov. I have given them a detailed memorandum on the subject, and they have accepted it. I discussed it with Mr. Roosevelt in 1943. He told me: ‚You will have no difficulties from our side. Go right on and prepare it.' The Labour Party has accepted the idea. I have discussed this proposed transfer with many people in Britain, and although some are against it, my impression is that the majority accept it as a necessity."
Und ganz offen erklärte Beneš hier gesprächsweise: „We Czechs realize that we cannot live with Germans. On the other hand, we cannot afford economically or strategically to give them any of the territory into which they have infiltrated through the centuries. I am convinced every Sudeten German who was not activily opposed to Nazism must go, and go immediately, when Czechoslovakia is re-established as a Republic. If these Germans remain it can only mean permanent civil war between them and the Czechs.
About one million Czechs live among the three millions Germans in the Germanic settlements of Czechoslovakia. These Czechs will fight. The other Czechs will rally to help them and after what Czechoslovakia has suffered since Munich the prospect of civil war is intolerable. The only solution is transfer to Germany." (Compton Mackenzie, Dr. Beneš, London 1946, S. 293.)

stellten ČSR haben sollte, ob es sich tatsächlich nur um eine Maßnahme der Reinigung von aktiven nationalsozialistischen und großdeutsch gesinnten Elementen oder, wie er es bereits in seinem Artikel in „The Nineteenth Century and After" gefordert hatte, um die Anwendung eines generellen Prinzips zur radikalen Lösung des Minderheitenproblems handeln sollte. Am 13. November 1942 erklärte er vor dem tschechoslowakischen Staatsrat[1], daß ein größerer oder kleinerer Teil der Sudetendeutschen in der Tschechoslowakei verbleiben solle, und noch im Oktober 1944 äußerte sich Ripka vor der Konferenz der „Vertretung der demokratischen Deutschen aus der ČSR", es würden wohl etwa 800 000 bis 1 000 000 Deutsche die neue Tschechoslowakei nicht verlassen müssen[2].

Seit dem Sommer 1942 führte Wenzel Jaksch für die emigrierten sudetendeutschen Sozialdemokraten einen verzweifelten Kampf gegen die Verbreitung der Idee des Bevölkerungstransfers, die er in einem Briefe an Beneš als „ein gefährliches Stichwort für die Entfesselung eines Bürgerkrieges längs der Sprachgrenzen Böhmens und Mährens", als „undiskriminierte Vergeltung" und „Zerstörung jeder Basis demokratischer Zusammenarbeit für eine Generation" bezeichnete. Die Antwort von Beneš ließ bereits erkennen, in welchem Maße es ihm gelungen war, das Vertreibungsproblem auf die internationale Ebene zu verschieben und durch diplomatische Absprachen mit anderen Mächten radikale Lösungen vorzubereiten[3].

[1] Die Erklärung ist im Auszug wiedergegeben in „Einheit", Nr. 23 vom 21. November 1942, S. 3. — Der Staatsrat war (durch ein Dekret von Beneš in seiner Funktion als Staatspräsident der tschechoslowakischen Staatsorganisation im Exil) am 21. Juli 1940 gebildet worden. Er sollte dem Staatspräsidenten und der Staatsorganisation im Exil beratend zur Seite stehen. Seine 40 Mitglieder wurden jeweils für ein Jahr vom Staatspräsidenten ernannt (vgl. Beneš, Memoirs, S. 128).

[2] „Ich selbst glaube, daß die Zahl der Deutschen, die sich nicht schlecht verhalten haben und denen man ohne Befürchtungen um die Sicherheit und Einheit des Staates die tschechoslowakische Staatszugehörigkeit anerkennen kann, etwa 800 000, vielleicht 1 Million betragen wird. Aber das alles ist heute eine recht willkürliche Schätzung. Jeder von uns kann sich heute leicht irren und deshalb können für keinen von uns diese oder jene Zahlen bindend sein; über die Frage der Anzahl der einen oder anderen Kategorie und ebenso über die Modalitäten der Durchführung der ganzen Angelegenheit kann man nicht vor der Befreiung des Landes nach den konkreten Verhältnissen entscheiden, die man erst an Ort und Stelle zuverlässig feststellen und überprüfen kann." (Hubert Ripka und Gustav Beuer, Die Zukunft der tschechoslowakischen Deutschen, London 1944, S. 15.)

[3] So heißt es in der von W. Jaksch veröffentlichten Erklärung Beneš' vom Juni 1942 (Jaksch, a. a. O., S. 35): „Die Frage des Transfers kann daher nicht ausschließlich nur eine tschechoslowakische Frage sein. Es ist eine solche von gemeinsamer europäischer Bedeutung, die nicht nur die Tschechoslowakei, sondern auch viele andere Staaten betrifft, und sie kann daher als internationales Problem angesehen werden, das bei der abschließenden Regelung der europäischen Nachkriegsverhältnisse berücksichtigt werden muß. Die tschechoslowakische Regierung wird einen definitiven Standpunkt dazu auf Grund der letzten Kriegsereignisse, der Geschehnisse bei uns in der Heimat und auf Grund dessen einnehmen, was die anderen Siegermächte bei ihren Vorbereitungen zum Waffenstillstand und zum Frieden beschließen werden."
Über die publizistische Auseinandersetzung der im Exil lebenden sudetendeutschen sozialdemokratischen Politiker mit den Austreibungsplänen der tschechoslowakischen Exilregierung s. die in „Der Sozialdemokrat" (London), vor allem in den Nrn. 44, 47, 48/1943; 53/1944; 67, 68, 69, 71/1945 erschienenen Artikel.

In diesem Zusammenhang spielte für die Berechnungen und Überlegungen von Beneš das Verhältnis zur Sowjetunion eine entscheidende Rolle, sowohl außenpolitisch wie innenpolitisch hinsichtlich der Behandlung der tschechischen Kommunisten, die in Moskau eine starke Vertretung besaßen. Beneš nahm seit dem Jahre 1943 als sicher an, daß die Rote Armee die Tschechoslowakei besetzen würde[1]. Um einer Entwicklung vorzubeugen, wie sie sich bereits damals für die polnische Exilregierung in London abzeichnete, die schließlich durch Moskau ihren Einfluß auf die Neugestaltung des befreiten Polen verlor, versuchte er für die ČSR einen modus vivendi mit den Sowjets zu finden. Ende 1943 ging er — nicht zur Freude seiner englischen Freunde — nach Moskau und erreichte die Unterzeichnung eines tschechoslowakisch-sowjetrussischen „Vertrags der Freundschaft, der gegenseitigen Hilfeleistung und der Zusammenarbeit nach dem Kriege". In den in Moskau geführten Verhandlungen war noch einmal die Ausweisung der Sudetendeutschen an Hand einer von Beneš vorgelegten Denkschrift erörtert und das sowjetische Einverständnis damit bekräftigt worden[2]. Daß der Aussiedlungsplan überhaupt erst hier zum erstenmal, und zwar von den tschechischen kommunistischen Emigranten aufgeworfen wurde, wie später im Jahre 1946 das Parteiorgan der tschechischen Kommunisten „Rudé Právo" behauptet hat, trifft aber keineswegs zu[3]. Man kann höchstens sagen, daß die Annäherung der tschechischen Exilregierung an die Sowjetunion die Aussichten für eine radikale Lösung der sudetendeutschen Frage erheblich gesteigert hatte.

Indessen blieb die präzise Festsetzung der von der Austreibung betroffenen Personenkreise nach wie vor offen, und die tschechoslowakische Exilregierung war zweifellos zunächst selbst nicht daran interessiert, diesen Schwebezustand, der noch alle Möglichkeiten offenließ, zu beseitigen. Ihre Vertreter versuchten noch mehrfach in den Jahren 1943/44 mit aller Vorsicht, die öffentliche Meinung der westlichen Alliierten für den Gedanken

[1] vgl. Beneš, Memoirs, S. 252.

[2] Táborský, der Sekretär von Beneš, berichtet darüber: „Beneš asked also for Soviet support for his plans to transfer the Sudeten Germans to Germany. In one of the above mentioned memoranda left with Molotov he explained the main principles of his plan. Both Molotov and Stalin promised full help. „That's a trifle, that's easy!" was Molotov's reaction when Beneš explained his proposal of having something like two million or more Sudeten Germans moved in the Reich. And Stalin even went beyond this. Toward the close of their meeting on December 18th he took Beneš to a hanging map of Europe which hung in the Kremlin office. On that map he had already marked the eastern frontiers of a future Germany in red pencil. ... When now with his pencil ready Stalin was waiting for Beneš to express his wish, the Czechoslovak President repeated that he would only desire to straighten somewhat the boundary line and as a example thereof he pointed to the Glatz region. Hardly concealing his astonishment at Beneš moderation Stalin marked off that region for Czechoslovakia. — In the end the Glatz region was assigned to Poland." (Edouard Táborský, Beneš and Stalin — Moscow 1943 and 1945, Journal of Central European Affairs, Bd. 13 (1953/54), S. 167.) vgl. auch Beneš, Memoirs, S. 262.

[3] vgl. hierzu Dokumente zur Austreibung der Sudetendeutschen, 1951, S. XVI. Ein Auszug eines Artikels aus „Rudé Právo". in dem die gleichen Behauptungen aufgestellt werden, ist abgedruckt in „Die Neue Zeitung", München, Nr. 62 vom 4. August 1947.

eines Transfers zu gewinnen und die Austreibungsforderungen publizistisch zu begründen[1]; sie haben dabei den Zusammenhang zwischen einer „Bestrafung“ der Sudetendeutschen und der „endgültigen Lösung des Minderheitenproblems“ festgehalten. Ripka begründete in seiner Schrift „The repudiation of Munich“ die Austreibung mit dem Hinweis, daß die Sudetendeutschen an dem Verlust der staatlichen Freiheit der Tschechoslowakischen Republik mitschuldig geworden seien und sich als willfähige Helfer des pangermanistischen Imperialismus und der Zerstörung des tschechoslowakischen Staates gezeigt hätten. Daher könne es für alle Anhänger Henleins keinen Platz in der neuen Republik geben. Das Selbstbestimmungsrecht der tschechoslowakischen Nation, die grundlegende Voraussetzung, unter der sie frei leben könne, schließe ein uneingeschränktes Recht auf Selbstbestimmung der Sudetendeutschen aus. Die Freiheit des tschechoslowakischen Staates hänge aus politischen und wirtschaftlichen Gründen von den natürlichen Grenzen gegenüber dem Deutschen Reich ab, wie die Erfahrung nach München bewiesen habe. Wenn auch die Zeit für eine offizielle und definitive Regelung dieser Fragen noch nicht reif sei, so würden sie doch von Beneš und seinen Mitarbeitern durchdacht, um zur rechten Zeit konkrete und praktische Pläne bereit zu haben[2].

Auch Beneš erklärte im Oktober 1944 in einem Aufsatz der amerikanischen Zeitschrift „Foreign Affairs“, in dem er die Problematik der sudetendeutschen Frage radikal vereinfachte, daß die Fortführung der Minoritätenpolitik alten Stils nicht mehr möglich sei, wenn diese von einem imperialistischen Staat mißbraucht würde, um seine Expansion voranzutreiben. Die Tschechoslowakei müsse daher den „Transfer“ der größtmöglichen Zahl ihrer deutschen Bewohner ins Auge fassen, allerdings ohne das Heimatrecht (the right of domicile) irgend jemand zu bestreiten, der der Republik die Treue bewahrt habe[3]. Es ist kaum zu überhören, daß hier die Unterscheidung zwischen zwei Kategorien der Sudetendeutschen nur noch untergeordnete Bedeutung hat und die amerikanische Öffentlichkeit auf eine generelle Lösung vorbereitet werden sollte. In diesem Zwielicht einer die letzten Ziele, die radikale Austreibung der Sudetendeutschen, verhüllenden Taktik, blieb die Austreibungsfrage für die Öffentlichkeit bis zum Kriegsende, indem Beneš offiziell von der Ausweisung eines Teiles der Sudetendeutschen sprach und diese mit einer gerechten und notwendigen Bestrafung begründete.

[1] Eine Reihe programmatischer Reden tschechoslowakischer Exilpolitiker aus den Jahren 1943—1945 über die tschechoslowakischen Kriegsziele und die Lösung der sudetendeutschen Frage auf dem Wege des „Transfers“ sind abgedruckt in War and Peace Aims of the United Nations, Bd. II, S. 997 ff.

[2] Hubert Ripka, The repudiation of Munich, London 1943, S. 21 ff.

[3] Eduard Beneš, Czechoslovakia Plans for Peace, Foreign Affairs XXIII, Oktober 1944, S. 26 ff., bes. 35 f.
Anfang Oktober 1945 erklärte Beneš einem Korrespondenten des Daily Herald, er habe seit seiner Rückkehr erfahren, daß die Deutschen, die sich unter nationalsozialistischer Herrschaft gegenüber der Tschechoslowakei loyal verhielten, viel zahlreicher seien, als er in London angenommen habe. Gleichzeitig wies er aber daraufhin, daß nur 300 000 Deutsche in der neuen tschechoslowakischen Republik bleiben dürften; vgl. Keesing's Archiv, Jg. 15 (1945), S. 468 C; vgl. auch Wolfgang Bretholz, Ich sah sie stürzen, Wien—München—Basel 1955, S. 219.

Dabei paßte er seine Forderungen in der sudetendeutschen Frage geschickt an die Stimmung in der öffentlichen Meinung der alliierten Länder an[1] und versuchte den Eindruck zu erwecken, als ließe sich eine inhumane Aktion, wie die Vertreibung von Millionen Menschen, auf humane Weise durchführen.

Vielleicht läßt sich ein Plan dahin verstehen, den er zu dieser Zeit entwickelte. Nach Absprachen mit Mitgliedern der Exilregierung und des Nationalrats arbeitete Beneš ein Zehn-Punkte-Programm aus, in dem er zum ersten Mal seine Absichten konkret darlegte und die Modalitäten der Ausweisung fixierte. Dieser Plan enthielt folgende Richtlinien:

Von dem Grundsatz der deutschen Gesetzgebung ausgehend, daß alle Deutschen in der ČSR Reichsbürger sind, behält sich die tschechoslowakische Regierung vor, zu bestimmen, welche Deutschen die tschechoslowakische Staatsbürgerschaft erhalten können oder sie behalten. Alle anderen Deutschen müssen, was als Grundsatz zu gelten hat, nach Ablauf des allgemeinen staatlichen Fünfjahresplanes, in dessen Rahmen auch die Ausweisung der Deutschen nach einem politischen, wirtschaftlichen, technischen und finanziellen System geregelt wird, das Land verlassen haben. Das Gros ist innerhalb der ersten zwei Jahre, gewisse Kategorien in den ersten Monaten nach dem Zusammenbruch Deutschlands auszuweisen: vor allem Angehörige der SS, der Polizei und der Gestapo; alle nach dem Münchener Abkommen ernannten Beamten; die Funktionäre der SdP, der NSDAP und ihrer Organisationen; Angehörige von uniformierten Formationen, die während des Krieges im Dienste Deutschlands standen; Angehörige der Intelligenzschicht und Exponenten der NS-Fachorganisationen; alle Deutschen, die Nutznießer der Besatzung der Tschechoslowakei waren. Die Ausgewiesenen dürfen eine bestimmte Menge ihrer Habe mitnehmen; das von ihnen zurückgelassene Vermögen wird auf das Konto der tschechoslowakischen Reparationsforderungen gutgeschrieben, woraus sich ergäbe, daß die Schadensersatzleistung vom Deutschen Reich zu regeln sein wird. Bei Personen, die sich an staatsfeindlicher Tätigkeit nicht beteiligt haben und auswandern, sollen von der ČSR zuerkannte Entschädigungen für zurückgelassenes Vermögen über das Reparationskonto kompensiert werden. Da die neue Tschechoslowakei ein Nationalstaat sein wird, werden die Angehörigen von Minderheiten wohl alle individuellen demokratischen Bürgerrechte, aber keine gesetzliche Anerkennung als nationales und politisches Kollektiv erhalten. Staatssprache und Unterrichtssprache (eine Ausnahme können deutsche Volksschulen bilden) werden nur tschechoslowakisch (und ukrainisch) sein. Innerhalb einer bestimmten Anzahl von Jahren soll der Grundsatz verwirklicht werden, daß in jeder Gemeinde der tschechoslowakischen Republik mindestens 67 % der

[1] Wie sehr die Fortdauer des Krieges seinen radikalen Plänen förderlich war, sagt Beneš in seinen Memoiren: „This political objective (the principle of a very radical reduction in the number of the minorities in pre-Munich Czechoslovakia) to which I held consistently throughout the war was pursued as the progress of the war demanded — before and at the beginning of the war cautiously and with moderation, more decidedly and more fundamently as the war proceeded." (Beneš, Memoirs, S. 212.)

Bewohner slawischer Volkszugehörigkeit sind[1]. — Analog dem deutschen Problem soll auch das madjarische behandelt werden[2].

Offenbar diente dieser Plan als Grundlage für das Memorandum, das die tschechoslowakische Exilregierung der European Advisory Commission[3], die die Kapitulationsbedingungen für Deutschland auszuarbeiten hatte, übergab[4]. Nach den Mitteilungen des tschechischen Diplomaten Karel Lisický[5] über den Inhalt dieses Memorandums enthielt es im wesentlichen die gleichen Gesichtspunkte wie das obige Zehn-Punkte-Programm von Beneš. Hierin wurde nach Lisický mit folgenden Zahlen argumentiert: Von den 3,2 Millionen Deutschen, die bei der Volkszählung von 1930 ermittelt wurden, seien 250 000 als Kriegsverluste abzuschreiben, etwa 500 000 Exponenten der Henlein-Bewegung würden aus dem Lande fliehen. Von den restlichen nicht ganz 2,5 Millionen Sudetendeutschen sollten über 1,6 Millionen im organisierten Transfer ausgesiedelt werden. 800 000 Deutsche dürften im Lande zurückbleiben[6].

In die von Deutschland unterzeichnete Kapitulationsurkunde wurden diese Forderungen entgegen den tschechischen Wünschen nicht aufgenom-

---

1 Bei Anwendung dieses Grundsatzes auf die sudetendeutschen Gebiete ergibt sich die oben (S. 43) genannte Zahl von 800 000 Deutschen, die im Lande verbleiben könnten.

2 Dieser Plan, den bereits Wiskemann, a. a. O., S. 67 erwähnt, wurde in der Schrift von Jaromír Smutný, Němci v Československu a jich odsun z republiky (Die Deutschen in der Tschechoslowakei und ihr Abschub aus der Republik), Doklady a rozpravy, Bd. 26, London 1956, veröffentlicht. — s. den vollständigen Wortlaut, abgedruckt unter Anlage 1.
Einige der im Zehn-Punkte-Programm fixierten Grundsätze trug Ripka vor Korrespondenten der schwedischen und schweizerischen Presse am 14. September in London vor. (War and Peace Aims of the United Nations, Bd. II, S. 1036).

3 Die European Advisory Commission wurde auf Beschluß der Moskauer Außenministerkonferenz vom 1. November 1943 aus Vertretern der drei Großmächte, dem britischen Außenminister Eden, dem sowjetischen Botschafter Gusew und dem Botschafter der Vereinigten Staaten Winant in London gebildet.

4 Die Zeitschrift „Der Sozialdemokrat", Nr. 74/75 vom 10. Dezember 1945 meldet, daß dies im November 1944 geschehen ist.

5 Karel Lisický war während des Krieges im Außenministerium der tschechoslowakischen Exilregierung und danach im diplomatischen Dienst der ČSR und ging nach 1948 erneut ins Exil. Seine Mitteilungen machte er im Verlauf der Diskussion über einen Vortrag des ehemaligen Ministers Dr. Jaroslav Stránský im Londoner Beneš-Institut im Februar 1953. Der Vortrag und die anschließende Diskussion sind veröffentlicht in: Jaroslav Stránský, Odsun Němců z ČSR z hlediska národního a mezinárodního (Der Abschub der Deutschen aus der ČSR vom nationalen und internationalen Standpunkt aus), Doklady a rozpravy, Bd. 10, London 1953.

6 Der genaue Wortlaut der Mitteilung Lisickýs ist folgender: „Darüber, wie die tschechoslowakische Regierung das Problem der deutschen Minderheit zu lösen beabsichtigt, hat sie den Großmächten ein umfangreiches Sondermemorandum vorgelegt, um ihre Kapitulationsforderung zu belegen. Soweit es die Arithmetik der deutschen Minderheit betrifft, wurde dort mit der Zahl von 3 200 000 unserer Deutschen, laut Volkszählung aus dem Jahre 1930, folgendermaßen disponiert: etwa eine viertel Million Deutsche muß man auf Kriegsverluste rechnen, und ca. eine weitere halbe Million bedeutender Henlein-Leute wird aus der Tschechoslowakei flüchten. So kommen wir zu der Zahl von nicht ganz zweieinhalb Millionen, wovon man etwas über 1 600 000 durch einen *organisierten* Transfer wird aussiedeln müssen. Es besteht nicht die Absicht, soweit das Ver-

men[1]. Auf ein Verlangen der tschechoslowakischen Exilpolitiker, zu dem vorgelegten Transfer-Plan Stellung zu nehmen, hatte die britische Regierung schon Mitte Januar 1944 mitgeteilt, daß diese Frage erst in Verhandlungen mit den anderen Großmächten geklärt werden müsse. Diese reservierte Haltung der Westmächte hat sich bis Kriegsende und auch in der Zeit vor der Potsdamer Konferenz nicht geändert[2].

Es ist nicht ausgeschlossen, daß Beneš unter dem Eindruck der Zurückhaltung der Alliierten gegenüber der hier vorgelegten Konzeption einen Alternativplan aus den ersten Kriegsjahren aufgriff, worin die Abtretung einiger west- und nordböhmischer Bezirke (u. a. Karlsbads) mit einer Bevölkerungszahl von 600 000 Einwohnern an Deutschland vorgesehen war[3]. Lisický berichtet, daß Beneš im Januar 1945 dem Generalstab die Anweisung gab, auf der Landkarte eine Lösung des Sudetenproblems nach folgendem Schema auszuarbeiten: 800 000 Deutsche verbleiben in der neuen ČSR, 1 700 000 werden ausgewiesen und der Rest von etwa 600 000 fällt mit seinem Wohngebiet an Deutschland. Nach Lisický glaubte Beneš, „daß die Welt die Endlösung der Angelegenheit unserer deutschen Minderheit eher

---

mögen auf Grund einer Strafe dem Gesetz nach nicht verfallen ist, dieses den transferierten Personen zu konfiszieren. In der Regel wird den transferierten Personen erlaubt werden, ihr bewegliches Eigentum, mit Ausnahme solcher Gegenstände, deren Ausfuhr allgemein, d. h. auch für die Tschechen verboten sein wird, mitzunehmen. Der Wert des im Lande verbliebenen Eigentums wird nach allgemein geltenden Schätzungssätzen festgelegt werden. Die transferierten Personen werden Bescheinigungen erhalten, die sie berechtigen werden, den festgelegten Schätzungspreis vom deutschen Staat auf Rechnung der tschechoslowakischen Forderungen an Deutschland ausbezahlt zu bekommen, oder sie werden bei uns mit deutscher Mark, die in unserem Lande eingezogen werden wird, bezahlt werden. — Solche Grundsätze unserer Transfermethode wurden notifiziert; diejenigen, die in der Heimat waren, können diese Grundsätze mit den Tatsachen unserer Transferpraxis konfrontieren.

Es werden 800 000 Deutsche übrigbleiben; diesen werden wir erlauben, bei uns zu bleiben, sie werden aber ihre bisherigen Minderheitenrechte verlieren und für eine Verschmelzung mit den Tschechen in einen Nationalkomplex bestimmt werden. — Während des alten Österreich nannte man es Entnationalisierung. — Nach einer gewissen Übergangszeit einstweiliger Erleichterungen wird es niemandem erlaubt werden, vor den tschechoslowakischen Gerichten und Behörden die deutsche Sprache zu gebrauchen, und niemand wird in der Tschechoslowakei für seine Kinder deutsche Schulen verlangen können."
Übersetzt aus Stránský, a. a. O., S. 26.

1 Dazu erklärte Lisický, während der oben erwähnten Diskussion: „Die einzige Möglichkeit, in der Deutschland gezwungen worden wäre, dem Transfer zuzustimmen, blieb ungenützt." (Stránský, a. a. O., S. 27.)
Den Gedanken, daß die Fundamente der künftigen Friedensordnung, vor allem Grenzregelungen bereits im Waffenstillstandsvertrag verankert werden müßten, vertrat Beneš wiederholt schon seit 1942; vgl. z. B. seine Reden vor dem Liberal Social Council in London am 12. Mai 1942 (War and Peace Aims of the United Nations, Bd. I, S. 430 ff.) und vor dem Tschechoslowakischen Staatsrat in London am 12. Nov. 1942 (ebenda, S. 439 ff.).

2 vgl. Stránský, a. a. O., S. 30.

3 Darüber berichtet Stránský, a. a. O., S. 13. Stránský sieht in diesem Plan nur eine der taktischen Etappen der Bemühungen von Beneš, die Annullierung von München zu erreichen. Gegen diese Ansicht sprechen die daran anknüpfenden Mitteilungen Lisickýs.

annehmen würde, wenn wir bereit wären, so ein Ergebnis auch durch Teil-Gebietskonzessionen zu erkaufen"[1].

Wenn Beneš am Ende auch ohne territoriale Zugeständnisse die Lösung der Sudetenfrage durch radikale Austreibung der Deutschen erreicht hat, so war es doch ein verhängnisvoller Irrtum, wenn er geglaubt haben sollte, eine so radikale Änderung der nationalen, sozialen und rechtlichen Struktur Mitteleuropas wie den „Transfer" von Millionen sozusagen politisch kanalisieren zu können. Der Preis war die Auslieferung der Tschechoslowakei an die Sowjetunion, mit deren Hilfe diese Lösung durchgesetzt werden konnte[2]. Entscheidend war dabei, daß Beneš bereits seit seinem ersten Moskauer Besuch im Dezember 1943 die Kontrolle über das innere Schicksal der Tschechoslowakei zu entgleiten begann, und zwar vor allem durch die Abmachungen, die er mit der Moskauer Gruppe der tschechoslowakischen Kommunisten um Gottwald in der sowjetischen Hauptstadt getroffen hatte. Er mußte ihre Zustimmung zur Bildung einer „Regierung der Nationalen Front" mit dem Zugeständnis eines erheblichen personellen Einflusses der Kommunisten und der Vereinbarung über eine Revolutionierung des gesamten Verwaltungsaufbaus erkaufen[3]. Demnach sollten die sogenannten Nationalausschüsse (Národní Výbory) eine hervorragende Stellung einnehmen und den alten bürokratischen Verwaltungsapparat ablösen, der sich als willfähriges Instrument der deutschen Besatzungsmacht und der Protektoratsregierung erwiesen und damit diskreditiert hatte[4].

Den „Nationalausschüssen" war außerdem noch für die Kriegszeit eine besondere Aufgabe zugedacht. Aus Delegierten der Untergrundorganisationen aller politischen Richtungen proportional gebildet, sollten sie die Widerstandsaktionen gegen die Deutschen und ihre tschechischen Helfer koordi-

---

1 Stránský, a. a. O., S. 30.
Offenbar sind Nachrichten über diesen Alternativplan in die Öffentlichkeit gedrungen und weckten bei vielen Sudetendeutschen des Egerlandes die Hoffnung auf ein Verbleiben ihrer Heimat bei Deutschland; vgl. hierzu vor allem die Berichte Nr. 100 a, S. 467; Nr. 126, S. 606; Nr. 127, S. 659.

2 Lisický erklärte dazu: „Diese [die Sowjets] haben den Transfer bewilligt und uns (sowie auch die Polen) in unserem Transfereifer voll unterstützt, wenn nicht sogar zum Transfer durchaus direkt animiert. Wie sollte ihnen nicht diese Handlung gefallen, durch deren Folgen wir dann unabwendbar und für immer auf Gnade und Ungnade an ihren Schutz gebunden waren" (Stránský, a. a. O., S. 27). — vgl. dazu auch Karel Lisický, Poměr česko-slovenský a problém česko-německý (Das tschechisch-slowakische Verhältnis und das tschechisch-deutsche Problem), Doklady a rozpravy, Bd. 18, London 1954, S. 15.

3 Über die Moskauer Gespräche und Verhandlungen s. Beneš, Memoirs, S. 268 ff.; vgl. hierzu auch Táborský, Beneš and Stalin — Moscow 1943 and 1945, a. a. O., S. 154—181. — Táborskýs Darstellung der Vorgänge in Moskau dient vor allem der Verteidigung von Beneš gegen die nach dem kommunistischen Putsch in der Tschechoslowakei (1948) erhobene Beschuldigung, daß er durch seine Politik die kommunistische Machtergreifung gefördert habe.

4 Die Errichtung demokratisch gewählter Nationalausschüsse als Verwaltungsorgane auf Orts-, Bezirks- und Landesebene war bereits in der Revolution von 1848 und nach der Errichtung der Tschechoslowakischen Republik diskutiert worden. Sie wurden nach 1918 vor allem deswegen nicht eingerichtet, weil durch diese auf demokratische Weise gewählten Institutionen die rein deutschen oder madjarischen Siedlungsgebiete eine weitgehende Selbstverwaltung erhalten hätten; vgl. Beneš, Memoirs, S. 271.

nieren, Zellen der nationalen Erhebung bilden, in den Tagen der deutschen Niederlage die Verwaltung übernehmen und Vollzugsorgan der gegen die Deutschen und Kollaboranten gerichteten Maßnahmen werden. Gleich nach der Rückkehr von seinem Moskauer Besuch hat Beneš am 3. Februar 1944 von London aus zur Bildung von Nationalausschüssen in allen Dörfern, Städten, Bezirken und Ländern der ČSR aufgefordert[1]. In diesen Institutionen konnten indessen die Kommunisten und neben ihnen rechtsradikale Gruppen auf Grund ihrer ausgezeichneten Untergrundorganisationen einen die Zahl ihrer Anhänger weit übersteigenden Einfluß gewinnen; beide Gruppen, so entgegengesetzt ihre sonstigen politischen Ziele waren, einte der Kampf gegen den gemeinsamen Feind. Dieser Einfluß war später um so entscheidender, als auf der anderen Seite die Teile des tschechischen Volkes, die der Kollaboration mit den Deutschen bezichtigt wurden, völlig von der politischen Mitwirkung ausgeschaltet waren. Die Auswirkungen dieser in Moskau gefallenen politischen Entscheidungen trafen in erster Linie die Sudetendeutschen: einmal waren damit die Weichen für ihre Vertreibung endgültig gestellt, zum anderen aber war durch die innere Konstellation im tschechischen Lager, wie sie sich aus den Moskauer Abmachungen Beneš' mit den Kommunisten ergab, allen den Kräften im Lande Auftrieb und freie Bahn gewährt, die die Politik einer brutalen und hemmungslosen Vergeltung für das dem tschechischen Volk angetane Unrecht befürworteten und dann auch durchführten.

Dazu trugen schließlich nicht wenig die Erklärungen der Exilpolitiker über den Moskauer und Londoner Rundfunk bei, die zum bewaffneten Widerstand gegen die Deutschen und alle Kollaborateure aufriefen und sich dabei der schärfsten Tonart bedienten[2]. Wenn es trotz dieser Aufforderungen und des durch die nationale Unterdrückung ins Ungemessene gestiegenen Hasses bis unmittelbar vor Kriegsende, abgesehen von der Slowakei und einigen Gebieten Mährens, nicht zu zusammenhängenden Widerstands- und Aufruhrhandlungen kam, so war dies unter anderem eine Folge des

---

1 In der Rede vor dem Staatsrat am 3. Februar 1944. — vgl. „Einheit" Nr. 4 vom 12. Februar 1944, S. 6.

Die verfassungsrechtliche Stellung der Nationalausschüsse wurde dann durch das Verfassungsdekret vom 4. Dezember 1944 über die Nationalausschüsse und die vorläufige Nationalversammlung geregelt. (Veröffentlicht im „Tschechoslowakischen Amtsblatt" der Exilregierung unter Nr. 18). Dieses Dekret blieb gemäß Regierungsbeschluß vom 3. August 1945 in Geltung und wurde durch die Kundmachung des Innenministers vom 3. August (Slg. Nr. 43) in der tschechoslowakischen Gesetzessammlung veröffentlicht.

Über die grundsätzliche Bedeutung des Dekrets vom 4. Dezember 1944 für die verfassungsrechtliche Entwicklung in der Tschechoslowakei s. Friedrich Korkisch, Die verfassungsrechtliche Entwicklung in der Tschechoslowakei bis zur Verfassung vom 9. Mai 1948, a. a. O., S. 670 ff.

2 In einem Artikel in „The Central European Oberserver", Bd. XX, Nr. 22 vom 12. Nov. 1943, S. 353, der die Zusammenfassung seiner Rundfunkbotschaft vom 27. Okt. 1943 an die Tschechoslowaken bildet, schreibt Beneš: „In our country the end of this war will be written in blood. The Germans will be given back mercilessly and manifold everything that they have committed in our lands

Einsatzes starker, bis zuletzt intakter SS- und SD-Verbände und der Anwesenheit beträchtlicher deutscher Truppen, aber auch relativ günstiger wirtschaftlicher und ernährungsmäßiger Verhältnisse[1]. Um so elementarer war der Ausbruch, als die Kriegsereignisse dieses System zusammenstürzen ließen.

2. Das Schicksal der deutschen Bevölkerung Prags und des ehemaligen Protektorats in den Tagen des tschechischen Aufstandes.

a. Die Situation in Prag bis zum Ausbruch des Aufstandes.

Der tschechische Aufstand gegen die deutsche Herrschaft begann am 5. Mai 1945 in Prag. Die Ereignisse, die sich hier im kulturellen und politischen Mittelpunkt des Landes abspielten, nehmen im Gesamtablauf der Vertreibung der Deutschen aus der ČSR eine besondere Stellung ein; sie gaben den Auftakt zu der für das ganze Staatsgebiet geplanten Verfolgung und Eliminierung der Sudetendeutschen.

Prag, dessen deutsche Bevölkerung bei der letzten tschechischen Volkszählung (1930) 41 701 Personen umfaßt hatte, erlebte nach der Errichtung des Protektorats Böhmen und Mähren einen starken Zustrom deutscher Beamter und Angestellter aus dem Sudetenland und dem alten Reichsgebiet, die teils für die deutschen Protektoratsbehörden, teils für die zahlreichen dort vorhandenen oder neugebildeten Wirtschafts- und Industrieverbände tätig waren. Während des Krieges vergrößerte sich die Zahl der deutschen militärischen, kriegswirtschaftlichen, politischen Dienststellen noch weiter. In den letzten Kriegsmonaten strömten weitere Deutsche als Flüchtlinge

since 1938. The whole nation will be caught up in this struggle, there will be no Czechoslovak who does not take part in this task and there will be no patriot who does not take just retribution for the suffering the nation has experienced."

Nach der Rückkehr aus Moskau erklärte Beneš am 3. Februar 1944 vor dem Staatsrat in London: „Der Umsturz [in der ČSR] muß gewaltsam, muß eine gewaltige Volksabrechnung mit den Deutschen und den faschistischen Gewalttätern, ein blutiger, unbarmherziger Kampf sein." (Einheit, Nr. 4 vom 12. Februar 1944.)

In einem Aufruf General Ingrs, des Befehlshabers der tschechoslowakischen Streitkräfte im Ausland, über den Londoner Rundfunk am 3. November 1944 heißt es: „When our day comes, the whole nation will apply the old Hussite battle-cry: ‚Beat them, kill them, leave none alive.' Everyone should took round now for the appropriate weapon to harm the Germans most. If there is no firearms at hand, any other kind of weapon that cuts or stabs or hits should be prepared and hidden." (News Chronicle, London, 4. Nov. 1944.)

Am 26. Februar 1945 sandten der Londoner und Moskauer Rundfunk gleichzeitig einen Aufruf der tschechischen Nationalen Front, in dem es u. a. heißt: „Greift die verfluchten Deutschen an und erschlagt die Okkupanten, bestraft die Verräter, bringt die Feiglinge und die Schädlinge des nationalen Kampfes zum Schweigen!" (Einheit, Nr. 5 vom 10. März 1945, S. 11.)

[1] O. Forst de Battaglia, Zwischeneuropa von der Ostsee bis zur Adria, Bd. I, Frankfurt 1954, S. 214 f., meint, daß der Polizeiterror gegenüber der Zeit von 1941—43 zuletzt nachgelassen habe.

aus dem Ostsudetenland, Mähren und der Slowakei in die Stadt[1], die außerdem zahlreiche Lazarette aufnahm[2]. Kurz vor dem Ausbruch des Aufstandes befanden sich in Prag im ganzen etwa 200 000 Deutsche, in der Mehrzahl Zivilisten.

Die böhmische Hauptstadt, seit einem Jahrhundert im Brennpunkt der deutsch-tschechischen Auseinandersetzungen stehend, war auch in der Zeit der deutschen Herrschaft der Mittelpunkt der tschechischen Nation geblieben. Hier hatten zu Anfang des Krieges Demonstrationen der tschechischen Studentenschaft am 28. Oktober 1939 stattgefunden, die den Anlaß zu einer Verschärfung der nationalsozialistischen Politik gegeben und zur Schließung der tschechischen Hochschulen geführt hatten. Auf dem Boden der Hauptstadt wurde das Attentat auf Heydrich verübt. Hier befanden sich wichtige Zentren der tschechischen Widerstandsbewegung. Jedoch blieb bis zuletzt in der Stadt eine trügerische Ruhe erhalten, wenn auch manche Vorgänge auf eine bevorstehende Umwälzung deuteten, wie sie mit der sich für Deutschland verschlechternden Kriegslage immer näher heranzurücken schien.

Die deutschen Behörden hatten unter dem Eindruck der aussichtslosen militärischen Lage einen Plan zur Evakuierung der in Prag anwesenden deutschen Bevölkerung ausgearbeitet. Im März 1945 wurde von den verantwortlichen Stellen beschlossen, auf dem Bubna-Bahnhof ständig zwölf Züge bereitzustellen, um Frauen, Kinder und Kranke jederzeit schnell abtransportieren zu können[3]. Vorerst war es jedoch niemanden erlaubt, Prag oder das Protektorat zu verlassen. Erst als die Rote Armee im Süden bei Göding und im Osten bei Mährisch Ostrau die Protektoratsgrenze überschritten hatte, wurde Frauen und Kindern das Verlassen der Stadt gestattet. Mittlerweile waren die bereitgestellten zwölf Züge mit der Zerstörung der von Prag westwärts führenden Eisenbahnlinien durch alliierte Bombenangriffe wertlos geworden. Vorbereitungen zu einem Abtransport mit Autobussen waren nicht getroffen worden. Lediglich einige kleine Moldauschiffe, die einige Hundert Personen aufnehmen konnten, wurden für eine Evakuierung moldau- und elbeabwärts nach Dresden bereitgestellt.

Im April begannen die Familien der aus dem Altreich und dem Sudetenland stammenden Beamten und Funktionäre die Stadt zu verlassen. Alteingesessene Familien blieben trotz oder gerade wegen der katastrophalen militärischen und politischen Situation zurück, in der Hoffnung, den politischen Umsturz in der Heimatstadt besser zu überstehen als auf einer ohne-

---

1 vgl. z. B. die Berichte Nr. 4, S. 16; Nr. 29, S. 161; Nr. 129, S. 720.

2 Nach Angaben von Dr. med. Hans Wagner, Chefarzt des Reservelazaretts XVIII in Prag-Branik, waren in Prag bei Ausbruch des Aufstandes 18 Heereslazarette mit zahlreichen Teillazaretten, in denen sich (einschließlich der in Prag liegengebliebenen Lazarettzüge) etwa 50 000 deutsche Verwundete befanden. (Dokumentensammlung.)

3 Diese Nachricht wird allerdings nur in dem Buche von Wilhelm Dennler, Böhmische Passion, Freiburg 1953, S. 136, überliefert und bisher nicht durch dokumentarische Quellen bestätigt.

hin aussichtslosen Flucht in fremder Umgebung[1]. Bei vielen von ihnen mochte der Entschluß zum Bleiben noch durch ihr gutes Verhältnis zu tschechischen Nachbarn und Bekannten beeinflußt worden sein, von denen sie Schutz und Hilfe in der turbulenten Zeit eines Umsturzes erhofften. Seit jeher war im Prager Deutschtum ein starkes liberales und in nationalen Fragen tolerantes Element vertreten gewesen.

In den letzten Apriltagen ordnete Staatsminister K. H. Frank schließlich Vorbereitungen für eine Evakuierung der deutschen Bevölkerung im Fußmarsch bis in den Böhmerwald an. Durch Anlegung großer Verpflegungslager sollte die Ernährung der Evakuierten sichergestellt werden. Es war ein verzweifeltes Beginnen, das auch die illusorischen Gedankengänge enthüllt, in denen sich einige nationalsozialistische Politiker noch kurz vor der Kapitulation bewegten, als die ganze Entwicklung schon auf die bevorstehende Katastrophe hinwies. Der Evakuierungsplan blieb im Stadium vorbereitender Besprechungen stecken, da sich die Ereignisse in den folgenden Tagen überstürzten[2].

Der Tod Hitlers und die für jedermann sichtbaren Auflösungserscheinungen im militärischen und politischen Bereich ließen das tschechische Selbstbewußtsein gegenüber den deutschen Machthabern wachsen und verstärkten die Aktivität der Untergrundorganisationen. Verschiedene Gruppen hatten wohl schon im Herbst 1944 mit der Planung und den Vorbereitungen für eine umfassende Aufstandsaktion begonnen[3], doch Verhaftungen einzelner Führer durch die nach wie vor intakte SD- und Gestapoorganisation, die Erfahrungen im slowakischen Aufstand vom Sommer 1944, bei dem die in der Nähe stehende Rote Armee passiv blieb und eine Unterstützung der Aufständischen durch die westlichen Alliierten verhinderte[4], wohl auch das Schicksal der polnischen Aufständischen in Warschau bewogen die tschechischen Führer der Widerstandsgruppen des „Národní Odboj" zu vorsichtiger Zurückhaltung und hielten sie von einer verfrühten, ganz Böhmen und Mähren umfassenden Insurrektion ab. Vorbereitungen für die Übernahme der Verwaltung durch die sogenannten Nationalausschüsse (Národní Výbory) waren indessen sowohl im Exil wie in der Untergrundbewegung getroffen worden[5].

In der höheren deutschen Führung, vor allem im Kreise um Karl Hermann Frank, dem deutschen Staatsminister in Böhmen und Mähren und Obersten SS- und Polizeiführer, griff man in den letzten Wochen den Gedanken auf, einer tschechischen antibolschewistischen Regierung die Regie-

[1] vgl. z. B. Bericht Nr. 24, S. 107.

[2] vgl. Dennler, a. a. O., S. 145.

[3] vgl. darüber den Bericht eines Führers der Aufständischen in „Dnešek", Prag, vom 31. 12. 1947, S. 617 ff.

[4] Über den slowakischen Aufstand s. den zweiten Teil (B) der Einleitenden Darstellung, S. 158 ff.

[5] Bereits am 4. Dezember 1944 hatte sich aus Anhängern der Exilregierung ein oberster Nationalrat, dem später Professor Dr. Albert Pražák vorstand, als Untergrundregierung konstituiert („Dnešek" vom 31. 12. 1947). Einige Widerstandsgruppen verweigerten die Anerkennung seiner Autorität, da sie in Opposition zur Politik der Exilregierung standen; vgl. auch die folgende Darstellung und S. 56, Anm. 3.

rungsgewalt zu übertragen und den Amerikanern den Weg nach Prag zu öffnen. Mitglieder der Protektoratsregierung sollten an der Westfront Kontakt mit den westlichen Alliierten aufnehmen und um die Entsendung einer amerikanisch-britischen Delegation nach Prag bitten. Um die Verhandlungsposition der im westlichen Ausland diskreditierten Protektoratsregierung zu stärken, lud Frank den Vorsitzenden einer Untergrundorganisation, die sich gegen die Politik der engen Anlehnung an die Sowjetunion wandte und die Zusammenarbeit mit den Kommunisten ablehnte, den General Vladimír Klecanda zur Teilnahme an dieser Mission ein. Ihr gelang es aber weder an der Westfront noch in der Schweiz, Verbindung mit den Amerikanern aufzunehmen[1]. Der Ausbruch des Prager Aufstandes zerschlug dann auch die Pläne Franks, der Protektoratsregierung die von ihr seit Wochen geforderte volle Regierungsgewalt zu übergeben[2].

Mittlerweile drang die Rote Armee nach der Einnahme von Brünn und Mährisch Ostrau weiter ins Landesinnere vor. Im Westen standen die Amerikaner gegen Ende April an den Grenzen des Protektorats; eine geschlossene deutsche Abwehrlinie war nicht mehr vorhanden, so daß ein zügiges Vorrücken nach Böhmen und Prag möglich war. Der amerikanische Angriff vom 4. Mai, dessen begrenzte Ziele der Öffentlichkeit natürlich nicht bekannt waren, mag die Prager Tschechen in ihrem Entschluß bestärkt haben, jetzt zur gewaltsamen Erhebung gegen die Deutschen zu schreiten, um die Stadt in die Hand zu bekommen, ehe noch sowjetische oder amerikanische Truppen in die Umgebung vorgestoßen waren[3]. Die Initiative mag von verschiedenen Seiten ausgegangen sein: auf der einen Seite von den Nationaltschechen, die den politischen Einfluß der Sowjet-Armee auf die tschechische Politik fürchteten und ihrer künftigen Regierung durch eine aus eigener Kraft vollzogene Befreiung der Hauptstadt eine unabhängigere Stellung verschaffen wollten; auf der anderen Seite aber von den Kommunisten, die gerade einer Machtergreifung der Nationaltschechen, möglicherweise mit amerikanischer Hilfe, zuvorkommen wollten und darum den Aufstand entfesselten, an dessen Ende die Rote Armee als Retterin und Befreierin erschien[4]. Es ist nicht ausgeschlossen, daß sowohl die Anhänger von Beneš als auch die Kommunisten der Bildung einer neuen nationaltschechischen Regierung, die Frank plante, zuvorkommen wollten und den Aufstand auslösten[5].

---

[1] Diese Angaben stützen sich im wesentlichen auf den Bericht von General Klecanda in seiner Verteidigungsrede vom 2. August 1946 vor dem tschechischen Nationalgericht, vor dem er wegen seiner Beteiligung an den oben geschilderten Vorgängen angeklagt und der Kollaboration beschuldigt worden war. Nach seinem Freispruch sollte er sich vor einem Militärgericht verantworten und verübte Selbstmord. Über diese Pläne und Absichten Franks s. auch Dennler, a. a. O., S. 142 ff. und Emil Franzel, Prag im Mai 1945, in „die Welt", Nr. 103—105 vom 4., 5. und 6. Mai 1950.

[2] vgl. hierzu die Aussage Franks, Česky národ soudí K. H. Franka, S. 105; s. auch Anm. 5.

[3] vgl. auch „Dnešek" vom 31. 12. 1947.

[4] Die Auffassung von einer ausschließlich kommunistischen Initiative wird vor allem von Emil Franzel, a. a. O., vertreten.

[5] Nach der Darstellung von Prof. Dr. Otakar Machotka, dem Vizepräsidenten des Revolutionären Nationalrats in einem Interview mit der tschechischen Zeitung „Svobodné Slovo" sollen die Verhandlungen Franks über die Bildung einer

b. Der Verlauf des Aufstandes.

Bis zum 4. Mai herrschte unter der tschechischen Bevölkerung Prags Ruhe; allerdings war ein selbstbewußteres Auftreten der Tschechen unverkennbar[1]. In den Morgenstunden des 5. Mai kam es in der Innenstadt zu Zusammenrottungen, und die Menge begann unter dem Jubel der Zuschauer, deutsche Schilder und Aufschriften zu entfernen oder zu übertünchen. Gleichzeitig tauchten in den tschechischen Vierteln Fahnen mit den tschechischen Nationalfarben und daneben auch solche der Alliierten auf[2]. Deutsche Streifen und einzelne Soldaten wurden entwaffnet und, wenn sie von der Schußwaffe Gebrauch machten, niedergemacht[3]. Um eine systematische Aktion schien es sich vorerst noch nicht zu handeln. Erst als es einer bewaffneten Gruppe gelang, die schwache deutsche Wachmannschaft des Senders Prag II zu überrumpeln und diesen in Besitz zu nehmen, erfolgte über die mit der Sendeanlage gekoppelten Lautsprecher in den Straßen der Stadt der Aufruf zum bewaffneten Aufstand mit der Losung: „Smrt Němcům!" (Tod den Deutschen!) — „Smrt německým occupantům!" (Tod den deutschen Okkupanten!) — „Povstání! Povstání!" (Aufstand! Aufstand!)[4].

Die Stadt verwandelte sich im Nu in einen brodelnden Hexenkessel. Viele der über das ganze Stadtgebiet verteilten deutschen Dienststellen wurden von den Aufständischen überwältigt oder ergaben sich kampflos. In wenigen Stunden war der größte Teil der Stadt, mit Ausnahme des Regierungsviertels um den Hradschin, des SD-Hauptquartiers im Petschek-Palais, der am Stadtrand gelegenen Kasernen und einiger Straßenzüge in Dejwitz, die vorwiegend von Deutschen bewohnt waren[5], in der Hand der Insurgen-

---

tschechischen Nationalregierung darauf Einfluß gehabt haben, daß der Aufstand entgegen den Plänen des Nationalrats vorzeitig ausgelöst wurde. Machotka berichtet: Der Aufstand in Prag sei eigentlich erst für ein oder zwei Tage später vorgesehen gewesen, da alle Vorbereitungen noch nicht beendet waren und weil man vor allem zu dieser Zeit mit dem Abwurf von Waffen rechnete. Er brach bereits am 5. Mai mittags aus, weil gegen 10 Uhr vormittags in der Živnostenská banka (Gewerbebank), der Hauptpost und einigen anderen Stellen Telefonanrufe eintrafen, daß die Amerikaner bereits vor Prag bei Beraun und Dušníky stehen. Später sei sich der Nationalrat darüber klargeworden, daß diese Nachrichten, obwohl unzutreffend, wiederholt und planmäßig durchgegeben wurden, weil in Prag „ein Umsturz zu Gunsten einer gewissen Gruppe aus Gnaden des deutschen Staatsministers, der zu Gunsten einer neuen tschechischen Regierung zurücktreten wollte, verwirklicht werden sollte". Das Interview ist abgedruckt in einer Artikelserie über den tschechischen Nationalrat während der Revolution in „Svobodné Slovo" vom 3., 7., 8., 9. und 11. Mai 1946.)

[1] vgl. Dennler, a. a. O., S. 138 und S. 143 ff.; auch Bericht Nr. 129, S. 720.

[2] vgl. die Berichte Nr. 24, S. 107 f.; Nr. 25, S. 132; Nr. 26, S. 138.

[3] vgl. auch das Interview mit Machotka in „Svobodné Slovo" vom 3. Mai 1946.

[4] vgl. auch Bericht Nr. 24, S. 109 f.
Nach dem im „Dnešek" vom 31. 12. 1947 wiedergegebenen Bericht waren bereits seit Herbst 1944 von Widerstandsgruppen genaue Pläne für eine schnelle Besetzung des Prager Senders ausgearbeitet worden. Noch bevor aber die zwei hierfür bestimmten und gut bewaffneten Gruppen am 5. Mai in Aktion getreten waren, gelang es anderen Aufständischen, den Sender in ihre Hand zu bekommen.

[5] vgl. Bericht Nr. 25, S. 134, und Dennler, a. a. O., S. 161.

ten, denen sich Soldaten der Regierungstruppe[1] und Protektoratspolizei anschlossen und die nun die sogenannte Revolutionsgarde (RG) bildeten.

Die ersten bewaffneten Aktionen der Aufständischen wurden wohl von geheimen Kommandostellen der Widerstandsbewegung dirigiert, waren aber nicht überall aufeinander abgestimmt[2]. Wieweit dabei westlich orientierte Gruppen des „nationalen Widerstandes“ (Národní Odboj) und kommunistische gegeneinander arbeiteten, läßt sich noch nicht im einzelnen überblicken. Schließlich gelang es dem sogenannten Nationalrat unter Vorsitz von Prof. A. Pražák, der von der Kaschauer Regierung unterstützt wurde, auch solche Widerstandsgruppen zur Zusammenarbeit zu bewegen, die sich nicht mit dem Kaschauer Programm identifizierten[3]. Der Nationalrat übernahm die Regierungsgewalt in den von Aufständischen beherrschten Stadtteilen; die militärischen Operationen leitete in seinem Auftrag General Kutlvašr[4]. Der Erfolg der Insurgenten wurde nicht zuletzt durch die unerwartet rasche Überrumpelung zahlreicher deutscher Stützpunkte in der Stadt begünstigt, bei der ihnen auch Waffen in die Hände fielen[5].

Zögernd nur setzte die deutsche Gegenaktion ein und wurde durch die Verwirrung in der obersten Führung und den Mangel an kampfkräftigen Truppen gehemmt, von denen der größte Teil bereits den amerikanischen Linien zustrebte. Der Wehrmachtsbevollmächtigte beim deutschen Staatsminister für Böhmen und Mähren, General Toussaint, alarmierte die in der Nähe Prags stehenden Truppen, vor allem die auf dem Truppenübungsplatz Beneschau und um Böhmisch Brod stationierten Verbände der Wehr-

---

1 Nach dem Erlaß des Führers und Reichskanzlers vom 16. März 1939 über das Protektorat Böhmen und Mähren (RGBl 1939, Teil I, S. 485 ff.) Art. 7, Abs. 3 konnte das Protektorat „für die Aufrechterhaltung der inneren Sicherheit und Ordnung“ eigene Verbände aufstellen. Am 31. Juli 1939 genehmigte Hitler einen Erlaß über die Aufstellung dieser Regierungstruppe, die etwa 7000 Mann und über 200 Offiziere umfaßte (vgl. Nation und Staat, Jg. 13, 1939/40, S. 37). Über ihr mögliches Zusammenwirken mit der Untergrundbewegung ist noch nichts Näheres bekannt, auch nichts darüber, wieweit die Mitglieder der Regierungstruppe nachher der Kollaboration bezichtigt wurden.
vgl. auch Bericht Nr. 24, S. 124.

2 vgl. „Dnešek“, Nr. 46/1948.

3 Nach Machotka, a. a. O., waren die oppositionellen Kräfte der tschechischen Agrarpartei bereits in den letzten Tagen vor Ausbruch des Aufstandes zur Zusammenarbeit mit dem Nationalrat bewogen worden, die Verhandlungen mit anderen Widerstandsgruppen dagegen scheiterten. Eine solche Gruppe, die bei Ausbruch des Aufstandes im Altstädter Rathaus tagte und bei der sich auch der letzte Ministerpräsident der Protektoratsregierung, Bienert, befand, wurde von Vertretern des Nationalrats ausgehoben und Bienert zu einer Rücktrittserklärung gezwungen.

4 Nach einem im „Dnešek“, Nr. 46/1948, abgedruckten Bericht eines amerikanischen Journalisten, der in den Aufstandstagen nach Prag kam, hatte auch der frühere Generalstabschef der tschechoslowakischen Armee und ehemalige Ministerpräsident General Sirový den Posten eines Befehlshabers der Aufständischen übernommen. Nach mündlichen Aussagen von Augenzeugen wurde dagegen General Sirový bereits am 5. Mai 1945 von den Aufständischen verhaftet.

5 Nach einem in der Dokumentensammlung vorliegenden ungedruckten Bericht handelte es sich vor allem um Waffen, die noch wenige Tage zuvor aus dem Dienstgebäude der SA in Prag II in die leicht zugängliche Holzbaracke des Volkssturms auf einer Moldau-Insel gebracht worden waren.

macht und der Waffen-SS, die in aller Eile in Richtung Prag in Marsch gesetzt wurden, aber auf den von Aufständischen blockierten Straßen nur langsam vorankamen. Ihr in den folgenden Tagen von Panzern unterstützter Gegenstoß war im Anfangsstadium erfolgreich — Holleschowitz, Libeň und Pankrác fielen wieder in deutsche Hand — blieb dann aber vor den in Windeseile auf allen wichtigen Straßen errichteten tschechischen Barrikaden liegen. Auch der Versuch, den Sender wieder in deutsche Hand zu bekommen, scheiterte. Dennoch brachte der deutsche Gegenangriff die Aufständischen in eine kritische Situation, und sie sandten über den Rundfunk Hilferufe an die bereits in Pilsen stehenden Amerikaner. Die in London verbliebenen tschechoslowakischen Politiker versuchten die Amerikaner auf diplomatischem Wege zum Entsatz Prags zu bewegen[1]. Aber selbst Churchills Bemühungen, Eisenhower für den Vorstoß nach Prag zu gewinnen, blieben ergebnislos[2], da die Sowjets ihre Zustimmung für den weiteren amerikanischen Vormarsch über die zugestandene Demarkationslinie hinaus verweigerten, um die Besetzung Prags durch ihre eigenen Verbände durchführen zu können[3].

Den bedrängten Aufständischen wurde aber von anderer Seite unerwartete Hilfe zuteil: von den in Böhmen liegenden Formationen der russischen Befreiungsarmee des Generals Wlassow. Die Wlassow-Armee war jahrelang innerhalb der nationalsozialistischen Führung sehr umstritten gewesen; erst gegen Ende 1944 wurden einige wenige Divisionen aus russischen Gefangenen und Überläufern von ihr aufgestellt, eine davon in Beraun in der Nähe von Prag in

---

1 vgl. Pogue, a. a. O., S. 503 f.

2 Churchill, The Second World War, Bd. VI, S. 442, erklärt: „There was no agreement to debar him [Eisenhower] from occupying Prague if it were militarily feasible“ (vgl. dagegen die Äußerungen Beneš' zu dieser Frage; s. o. S. 34, Anm. 1). In diesem Sinne telegrafierte er am 7. Mai an Eisenhower: „I am hoping that your plan does not inhibit you to advance to Prague if you have the troops and do not meet the Russians earlier. I thought you did not mean to tie yourself down if you had the troops and the country was empty.
Don't bother to reply by wire, but tell me when we next have a talk.“
Von der politischen Bedeutung der Besetzung Prags durch alliierte Truppen überzeugt, hatte er bereits am 30. April an Truman telegrafiert:
„There can be little doubt that the liberation of Prague and as much as possible of the territory of Western Czechoslovakia by your forces might make the whole difference to the post-war situation in Czechoslovakia, and might well influence that in near-by countries. On the other hand, if the Western Allies play no significant part in Czechoslovakian liberation that country will go the way of Yugoslavia.
Of course, such a move by Eisenhower must not interfere with his main operations against the Germans, but I think the highly important political consideration mentioned above should be brought to his attention.“

3 vgl. Pogue, a. a. O., S. 503.
Von sowjetischer Seite und von seiten kommunistischer tschechischer Autoren (Bartošek-Pichlík, Hanebná role amerických okupantů v západních Čechách v roce 1945 [Die schändliche Rolle der amerikanischen Okkupanten in Westböhmen im Jahre 1945], Prag 1951) wird es so dargestellt, als ob die Amerikaner absichtlich ihren Vormarsch nach Böhmen gestoppt hätten, um dem deutschen Oberkommandierenden, Schörner, Zeit zu geben, „die revolutionäre Welle zu unterdrücken, die sich im ganzen Lande gleichzeitig mit dem Einmarsch der Sowjetarmee erhob“; vgl. dazu auch Otto Forst de Battaglia, a. a. O., Bd. I, S. 215 f.

Stärke von 18 000 Mann unter dem General Bunischenko. Sie wurde in den Tagen des Aufstandes nach Prag geführt und griff am 7. Mai auf seiten der Aufständischen in die Kämpfe ein. Welche Gedankengänge Wlassow zu diesem Schritt bestimmten, läßt sich nur vermuten; möglicherweise erwartete er den Einmarsch der Amerikaner, deren Sympathien er gewinnen wollte. Er gab, vielleicht von den Tschechen aufgefordert, der Division den Befehl, die sich verzweifelt wehrenden Aufständischen zu entlasten und verhinderte damit ein weiteres Vordringen der deutschen Truppen und die Befreiung der deutschen Internierten und Gefangenen, die sich in tschechischer Hand befanden[1]. Die damit vorbereitete Wendung konnten auch deutsche Flugzeuge nicht mehr aufhalten, die die Verteidigungszentren der Aufständischen bombardierten[2]. Die Luftangriffe forderten vor allem Opfer unter der Zivilbevölkerung und steigerten dadurch die Erbitterung der Tschechen, die sich gegen die internierten Deutschen entlud.

Bereits am späten Abend des 5. Mai hatte Frank durch Vermittlung des Internationalen Roten Kreuzes den Nationalrat zu Verhandlungen aufgefordert unter der Bedingung, daß die Aufständischen ihre Positionen räumten und die Waffen niederlegten. Da die Tschechen ablehnten, erklärte sich Frank schließlich bereit, eine Delegation des Nationalrats im Czernin-Palais, seinem Amtssitz, zu empfangen. Die nun folgenden Verhandlungen brachten aber keine Annäherung der beiderseitigen Standpunkte, da die Parlamentäre die Forderung Franks nach Evakuierung der deutschen Frauen und Kinder unter dem Schutz des IRK sowie freie Rückzugstraßen für die deutsche Armee nur dann garantieren wollten, wenn von deutscher Seite alle Feindseligkeiten eingestellt würden[3]. Als die allgemeine militärische Lage keine andere Wahl mehr zuließ, unterzeichnete General Toussaint am Nachmittag des 8. Mai das für die damalige Situation der Deutschen

---

1 Über diese Vorgänge liegt im einzelnen noch manches Dunkel; Machotka, a. a. O., behauptet, daß die Wlassow-Truppen von sich aus den Aufständischen ihre Hilfe anboten. Er berichtet weiter: „Obwohl die Verteidigungssituation schwer war, war es nicht einfach, mit den Vertretern russischer Einheiten, die eigentlich ihr Volk verraten haben, zu verhandeln. Der Nationalrat hat grundsätzlich jedes politische Abkommen ausgeschlossen. Er erlaubte den Wlassow-Leuten, nur im Einvernehmen mit unserem Militärstab gegen die Deutschen zu kämpfen." Bald jedoch sei es zu Verstimmungen zwischen dem Nationalrat und den Wlassow-Truppen gekommen, so daß diese den Kampf am folgenden Tag einstellten. „In manchen Prager Vierteln haben die Wlassow-Leute ein gutes Stück Arbeit geleistet, und im großen und ganzen haben sie die Stimmung der kämpfenden Einheiten sehr gehoben, die nach den ständigen, scheinbar zwecklosen Hilferufen durch den Rundfunk den Eindruck hatten, daß uns alle verlassen haben."

Reitlinger, Die SS, S. 369 ff., gibt dagegen an, daß „die Tschechen Wlassow baten, ihnen Bunischenkos Division zu leihen, um die SS zu entwaffnen". Er kommt zu dem Schluß, daß die Wlassow-Truppen „zwischen den Fronten und für keine der beiden Seiten" kämpften. Offenbar handelte es sich aber um einen klaren Stellungswechsel der Wlassow-Truppen während des Kampfes.

Über das Eingreifen der Wlassow-Armee s. auch Dennler, a. a. O., S. 161 f.; vgl. auch Bericht Nr. 24, S. 110.

2 vgl. Bericht Nr. 24, S. 110; Dennler, a. a. O., S. 157; Machotka, a. a. O.

3 Über die Verhandlungen der Aufständischen mit Frank s. das Protokoll der Aussage des Vorsitzenden des Nationalrats, Prof. Pražák, im Prozeß gegen Frank

günstige Protokoll über die Kapitulation der ihm unterstehenden Streitkräfte. Den deutschen Truppen wurde freier Abzug gewährt, die Frauen und Kinder wurden dem Schutz des IRK unterstellt, das sie betreuen und für ihren Abtransport sorgen sollte[1].

Die abziehenden Truppen erhielten den Befehl, auf sämtlichen zur Verfügung stehenden Fahrzeugen so viele Zivilisten wie möglich mitzunehmen. Dennoch konnte bis zum 9. Mai, als überraschend die Panzerspitzen Konjews

---

(Český národ soudí K. H. Franka, S. 105). Frank erklärte zu dieser Aussage, daß er nur im Einvernehmen mit Generalfeldmarschall Schörner, dem Oberbefehlshaber der Heeresgruppe Mitte, bindende Absprachen treffen konnte. Er habe aber Schörner nicht erreichen können.

[1] Die Kapitulationsurkunde hatte folgenden Wortlaut:

1. Der Bevollmächtigte des Befehlshabers der deutschen Streitkräfte unterzeichnet ein Abkommen über die Art des Abzuges aller deutschen Streitkräfte, einschließlich Luftwaffe, aller Kommandanturen, Verbände der Waffen-SS und aller staatlich und militärisch organisierten Einheiten im Gebiet und in der Umgebung. Der Anfang des Abzuges der Einheiten wird für den 8. Mai 1945, 18 Uhr, festgelegt.

2. Durch dieses Abkommen werden die seitens des Kommandos der alliierten Kampfkräfte (amerikanische, englische und sowjetische) gestellten Bedingungen nicht beeinflußt.

3. Deutsche Frauen und Kinder, soweit sie mit den Einheiten nicht aus Prag abziehen werden, stehen unter dem Schutze des Internationalen Roten Kreuzes, das sie betreuen und ihren Abtransport besorgen wird.

4. Alle Kriegsgefangenen der alliierten Völker und alle internierten und verhafteten Personen werden sofort entlassen und den tschechischen Polizeibehörden übergeben.

5. Die Waffenablieferung wird folgendermaßen vor sich gehen: alle schweren Waffen werden nach dem Verlassen Prags am Stadtrand abgeliefert und von der tschechoslowakischen Nationalarmee übernommen werden. Flugzeuge verbleiben auf beiden Flugplätzen in Rusin und Gbell.

6. Die Ablieferung aller anderen Waffen an die tschechoslowakische Nationalarmee wird durchgeführt, noch bevor die amerikanische Demarkationslinie erreicht wird. Sämtliche Waffen werden mit Munition abgeliefert, und es wird nichts absichtlich beschädigt werden.

7. Für die Abwicklung der pionier-technischen Angelegenheiten (Sprengladungen in Brücken, unterminierte Straßen und Gebäude) wird der bevollmächtigte General besondere Übergabeeinheiten unter dem Kommando eines Offiziers (Major Zehres) bestimmen.

8. Die Einheiten sind berechtigt, die notwendigen Lebensmittelmengen aus den Magazinen zu entnehmen. Der Rest wird ordnungsgemäß den Organen der tschechoslowakischen Nationalarmee übergeben werden.

9. Die tschechische Bevölkerung wird den abziehenden deutschen Einheiten keine Schwierigkeiten machen.

Beendet, unterzeichnet.

Dr. Albert Pražák e. h., Josef Smrkovský e. h., Dr. Kotrlý e. h., Kapitän Jaromír Nechanský e. h., General Karel Kutlvašr e. h., Oberstleutnant des Generalstabes Frant. Bürger e. h., Oberstleutnant des Generalstabes Jaromír Kadanka e. h.
General der Infanterie Rud. Toussaint e. h.

Nachtrag zum Protokoll vom 8. Mai 1945:

General Toussaint erklärt, die evtl. Widerstandsnester der deutschen Einheiten, die sich seinem Befehle widersetzen werden, mit seinen Kräften zu säubern. Beendet und unterzeichnet.

Toussaint e. h.

Übersetzt aus „Mladá Fronta", Prag, vom 2. Juni 1945.

aus nördlicher Richtung vor Prag auftauchten, nur ein Bruchteil der deutschen Zivilbevölkerung die Stadt verlassen. In die aus Prag abziehenden Nachhuten stießen die sowjetischen Panzer hinein und überrollten sie. Als die sowjetischen Truppen die Stadt erreichten, begannen hier unbeschreibliche Massenausschreitungen gegen die zurückgebliebenen Deutschen[1].

c. Das Schicksal der deutschen Bevölkerung Prags in den Tagen des Aufstandes.

Der Aufstand kam für viele Prager Deutsche völlig überraschend. In den gleich nach seinem Beginn offenbar systematisch durchgeführten Großrazzien wurden die deutschen Familien, ohne Rücksicht auf ihre politische Haltung und persönliche Einstellung zum tschechischen Volk, aus ihren Wohnungen geholt und in Schulen, Kinos oder Kasernen interniert[2]. Sie konnten in den meisten Fällen nicht einmal die notwendigste Kleidung, geschweige denn Verpflegung mitnehmen[3]. In den provisorischen Internierungslagern fehlten alle Voraussetzungen zur geordneten Unterbringung für längere Zeit; besonders kraß waren die Mißstände in den vorwiegend unterirdisch gelegenen Kinos der Stadt, wo die Internierten, meist Frauen und Kinder, eine qualvolle Zeit von mehreren Tagen nur bei künstlicher Beleuchtung und in den Stuhlreihen sitzend verbringen mußten[4]. Hinzu kamen unmenschliche Verhörmethoden und oft bewußt angewandte Schikanen, Mißhandlungen durch die meist jugendlichen Wachmannschaften und den eindringenden Pöbel. Da Verpflegung für die Internierten nicht oder doch nicht ausreichend zur Verfügung stand, wurde der Hunger bald unerträglich, und am meisten litten die Kinder darunter. Die um sich greifende Verzweiflung führte zu zahlreichen Selbstmorden[5].

Besonders schwer war das Los derjenigen Deutschen, die während des Aufstandes oder in den folgenden Wochen wegen begangener oder auch nur unterstellter Verbrechen gegen den tschechoslowakischen Staat oder das tschechoslowakische Volk — ein Begriff, unter dem sehr vieles zusammengefaßt wurde[6] —, aus sonstigen Gründen oder reiner Willkür in die Prager Gefängnisse, unter denen die Strafanstalt Pankrác am meisten gefürchtet war, eingeliefert wurden[7]. Die Behandlung der Internierten oder Verhafte-

---

[1] E. Franzel, a. a. O., gibt an, daß der Aufstand auf beiden Seiten ungefähr 14 000 Tote gefordert habe. Dazu seien nach tschechischen Angaben in den folgenden zwölf Tagen noch 27 000 deutsche Zivilisten als Opfer gekommen.
Radomír Luža, Odsun (Příspěvek k historii česko-německých vztahů v letech 1918—1952), S. 19 nennt die Zahl von 2400 Toten auf tschechischer Seite.

[2] vgl. die Berichte Nr. 24, S. 114 ff,; Nr. 28, S. 149 ff. und Dokumentation der Vertreibung, 2. Beiheft, Ein Tagebuch aus Prag 1945—46, S. 9 ff. E. Franzel, a. a. O., setzt die Internierungsaktion erst auf den 7. Mai an, vermerkt aber, daß sie z. T., so in Weinberge, bereits am 5. und 6. Mai begonnen habe.

[3] vgl. insbesondere die Berichte Nr. 24, S. 114 ff.; Nr. 28, S. 149; weiter auch die Berichte Nr. 26, S. 138 f.; Nr. 27, S. 141.

[4] vgl. z. B. Bericht Nr. 28, S. 150 und Dokumentation der Vertreibung, 2. Beiheft, S. 14 ff.

[5] vgl. z. B. die Berichte Nr. 27, S. 142; Nr. 28, S. 150; Dokumentation der Vertreibung, 2. Beiheft, S. 16 ff.

[6] s. darüber unten S. 73 ff.

[7] vgl. vor allem Bericht Nr. 25.

ten durch fanatisierte und der allgemeinen Psychose des Aufstandes in besonderem Maße verfallene Elemente war grausam. Mit der Anwendung von Drangsalierungsmethoden, in denen man oft das nationalsozialistische System kopierte, wurde nicht gespart[1].

Mittlerweile hatte die Razzia gegen alle Deutschen das gesamte Stadtgebiet erfaßt, das nach dem 8. Mai vollständig von der Revolutionsgarde besetzt war. Auch diejenigen, die während der Tage des Aufstandes in ihren Wohnungen oder Verstecken geblieben waren, wurden nun aufgespürt und interniert[2]. Die Wohnungen der Internierten wurden sofort beschlagnahmt und von tschechischen Familien belegt[3]. Viele Deutsche begaben sich auf den Aufruf des Prager Rundfunks hin in tschechische „Schutzhaft" in dem guten Glauben, auf diese Weise den ärgsten Verfolgungen des entfesselten Mobs zu entgehen. Ihre Enttäuschung über die folgende Entwicklung und über die Haltung der tschechischen Vertreter des IRK, das gemäß der Prager Kapitulationsurkunde den Schutz und Abtransport der deutschen Zivilbevölkerung übernehmen sollte, war ebenso groß wie die derjenigen, die glaubten, daß sich die nationalen Leidenschaften nach wenigen Tagen beruhigen und wieder Ruhe und Ordnung einkehren würden[4].

Um den sowjetischen Panzern den Weg in die Stadt freizumachen, mußten die während des Aufstands errichteten Barrikaden beseitigt werden. Zu diesen Arbeiten zog man die internierten und gefangenen Deutschen heran. In größeren und kleineren Trupps wurden sie von bewaffneten Tschechen an ihre Einsatzorte gebracht. Für diese Frauen und Männer begann jetzt ein furchtbarer Leidensweg. Die Kolonnen wurden bereits auf dem Anmarschweg vom Mob überfallen, der, sehr oft von den Bewachungsmannschaften ungehindert, die wehrlosen Menschen in grausamer Form mißhandelte, so daß einzelne Opfer schon hier den Tod fanden. Während der Aufräumungsarbeiten gingen die Torturen weiter und forderten wieder Todesopfer[5]. In den Lagern verbreiteten sich Angst und Entsetzen, als die Zurückkehrenden von den Mißhandlungen berichteten[6].

In der allgemein von Haß vergifteten Atmosphäre distanzierten sich manche Tschechen, mit denen die einheimischen Deutschen auch während der Protektoratszeit in gutem Einvernehmen gelebt hatten und auf deren Fürsprache sie nun rechneten, von ihren deutschen Freunden und Bekannten, und die nationalen Parolen, die jedes Eintreten für die Deutschen als Kollaboration und als Verbrechen am nationalen Befreiungskampf brandmarkten, nötigten diejenigen, die die Exzesse gegen die deutsche Bevölkerung verurteilten und sich von ihnen fernhielten, zur Passivität[7].

---

1 vgl. die Berichte Nr. 24, S. 115 ff. und 127 f.; Nr. 25, S. 133; Nr. 28, S. 150, s. auch unten S. 76 und die dort zitierten Berichte.
2 vgl. die Berichte Nr. 26 und 28.
3 vgl. die Berichte Nr. 24, 27 und 28 und Dokumentation der Vertreibung, 2. Beiheft.
4 vgl. vor allem Bericht Nr. 24, S. 110 ff.
5 vgl. insbesondere Bericht Nr. 26; weiter die Berichte Nr. 27, S. 141 f.; Nr. 28, S. 150 und Nr. 29, S. 163.
6 vgl. Bericht Nr. 24, S. 118 f.; Nr. 27, S. 142.
7 vgl. z. B. den in Bericht Nr. 24, S. 110 erwähnten Aufruf, der in den Aufstandstagen über den Prager Rundfunk erging, vgl. auch Bericht Nr. 27. S. 141 und Dokumentation der Vertreibung, 2. Beiheft, vor allem S. 42 ff.

Nicht überall jedoch konnte die von radikalen Elementen gesteigerte Psychose der Rache die Lebensgemeinschaft von Deutschen und Tschechen im persönlichen Verhältnis von Mensch zu Mensch zerstören. Viele Berichte lassen erkennen, daß sich Tschechen schützend vor ihre deutschen Bekannten stellten, sie nach Ausbruch des Aufstandes in ihre eigenen Wohnungen aufnahmen oder in sichere Verstecke brachten. Sie setzten dabei ihr Leben aufs Spiel; denn eine Aufdeckung ihres Verhaltens hätte sie unweigerlich zu Kollaborateuren gestempelt[1]. Die während des Aufstands und in den Tagen danach kurzer Hand vorgenommenen Massenexekutionen ohne Gerichtsverfahren an den der Kollaboration beschuldigten Tschechen[2] beweisen, wie sehr sich jene, die den Deutschen beistanden, in Gefahr begaben. Auch später setzten sich einzelne nationalbewußte und für die revolutionären Behörden unverdächtige Tschechen für internierte deutsche Bekannte ein[3]. Einzelne Kommandanten oder Verwalter der Internierungslager bemühten sich auch, das Los der Häftlinge durch Beschaffung von Verpflegung vor allem für die Säuglinge und Kleinkinder zu bessern[4].

Die zuerst in Kinos, Schulen und Kasernen festgehaltenen Prager Deutschen wurden nach einigen Tagen meist in große Sammellager wie das Stadion Strahov, in dem sich zeitweilig 10 000—15 000 Internierte befanden, Reitschule und Stadion Slavia gebracht, wo sich ihre Lage nicht verbesserte. Sie litten hier weiterhin unter quälendem Hunger. In den Nächten drangen Gruppen sowjetischer Soldaten ungehindert oder gar begünstigt von tschechischem Wachpersonal ein und schändeten Frauen und Mädchen[5].

Zusammen mit Prager Deutschen wurden die zahlenmäßig nicht zu erfassenden Massen der deutschen Flüchtlinge, die auf der Flucht vor der Roten Armee aus Mähren, dem östlichen Sudetenland, der Slowakei und besonders aus Schlesien in Prag vom Aufstand überrascht worden waren, in den Prager Lagern interniert oder in Gefängnisse gebracht. Das gleiche Los traf die nach dem Waffenstillstand auf der Rückkehr von der Flucht in der Umgebung der Hauptstadt aufgegriffenen Trecks oder die aus den Prag passierenden Zügen herausgeholten deutschen Rückkehrer[6]. Ihre Lage war in besonderem Maße dadurch erschwert, daß sie ohne jeden Rückhalt in der Stadt waren.

---

1 vgl. die Berichte Nr. 24, S. 109 ff.; Nr. 26, S. 140. Manchmal konnten sich aber auch die Häftlinge oder Internierten durch Bestechung ihr Los erleichtern, vgl. Bericht Nr. 24, S. 119 und Dokumentation der Vertreibung, 2. Beiheft, S. 20 f.

2 vgl. die Berichte Nr. 25, S. 133 f. und Nr. 28, S. 150. Genauere Zahlen darüber lassen sich nicht ermitteln. Otto Forst de Battaglia, a. a. O., nennt als Opfer dieser Lynchjustiz auch den tschechischen Faschistenführer, Propaganda- und Unterrichtsminister Emanuel Moravec, der nach anderen Berichten in der Dokumentensammlung Selbstmord begangen haben soll. Nach E. Franzel, a. a. O., hat Moravec sich in einem Auto, das ihn in einen sicheren Unterstand bringen sollte, erschossen. Zwei Monate später sei seine Leiche exhuminiert und identifiziert worden, sehr zum Ärger der rund drei Dutzend Partisanen, die inzwischen in der tschechischen Presse beschrieben hatten, wie sie ihn töteten.

3 vgl. Bericht Nr. 28, S. 156 und Dokumentation der Vertreibung, 2. Beiheft.

4 vgl. z. B. Bericht Nr. 24, S. 121 und Nr. 26, S. 140.

5 vgl. die Berichte Nr. 24, S. 123; Nr. 29, S. 163 und die Dokumentation der Vertreibung, 2. Beiheft, S. 82 ff.

6 vgl. z. B. die Berichte Nr. 24, S. 130; Bericht Nr. 29, vor allem S. 161 ff.

Grausame Rache wurde an den aufgegriffenen Angehörigen der Waffen-SS, des SD und anderer nationalsozialistischer Organisationen genommen. Sie wurden von der fanatisierten Menge oft grausam gefoltert oder wie andere deutsche Uniformierte und Zivilpersonen gleich an Ort und Stelle niedergemacht[1]. Gerüchte und Nachrichten über Erschießungen und Folterungen tschechischer Geiseln durch deutsche Wehrmachts- und Waffen-SS-Einheiten, die gegen die Aufständischen kämpften, steigerten die Erbitterung der Massen gegen die Deutschen[2].

Bald nach den Tagen des Aufstandes begann die „Säuberung Prags von den Deutschen". Diese wurden teils als Zwangsarbeiter in die Landwirtschaft, teils in das aus der Zeit des nationalsozialistischen Regimes bekannte Konzentrationslager Theresienstadt verbracht, wo viele von ihnen den Tod fanden[3]. Nicht viel besser waren die Zustände in den am Stadtrand gelegenen Prager Lagern, von denen Hagibor besonders genannt werden muß[4].

---

1 Aus zahlreichen in der Dokumentensammlung befindlichen Dokumenten geht hervor, daß die noch lebenden Opfer mit Benzin übergossen, angezündet wurden und einen furchtbaren Tod fanden; unter ihnen befanden sich auch Angehörige der Wehrmacht; vgl. auch Bericht Nr. 24, S. 112 und 126 f.

2 vgl. z. B. die vom Prager Rundfunk verbreiteten Greuelnachrichten (Bericht Nr. 24, S. 110); auch Prof. Machotka, a. a. O., behauptet, daß die deutschen Truppen bei ihrem Angriff auf Liben und Karolinenthal tschechische Frauen und Kinder vor ihren Panzern hergetrieben hätten.

3 vgl. die Berichte Nr. 27, S. 140 ff.; Nr. 28, S. 149 ff.; Nr. 29, S. 163 ff. und Dokumentation der Vertreibung, 2. Beiheft, S. 87 ff. Die Schilderungen über Massentransporte von Prager Deutschen nach Theresienstadt geben ein erschütterndes Bild über die dortigen Verhältnisse, vgl. auch das auf S. 81 wiedergegebene Zitat eines jüdischen Autors.

4 Die dort noch im Jahre 1946 herrschenden furchtbaren Zustände sind der Weltöffentlichkeit durch einen Bericht des britischen Parlamentsabgeordneten R. Stokes, der auf einer Informationsreise durch die ČSR das Lager besichtigte, bekannt geworden. Stokes, dessen Bericht im „Manchester Guardian" am 10. Oktober 1946 (und danach noch in anderen englischen Zeitungen) veröffentlicht wurde, schildert die in Hagibor herrschenden Zustände wie folgt:

„I have before me as I write a week's menu for this camp [Hagibor]. Every single day the same: breakfast — black coffee and bread; dinner — vegetable soup; supper — black coffee and bread. The bread issued every evening amounts to half a pound per person and any left over from supper may be eaten in the morning! The camp kitchen for 700 people consisted of a pokey room 12 ft. × 12 ft. in the cellar of a building. I wondered why so small until I realised that of course there isn't anything to cook! A couple of hot water urns and two old women grating carrots for the midday soup was the total equipment.
On the 3rd September there were 912 people in the camp and the total food issued was:

500 lbs. of bread.	30 lbs. of coffee.
750 lbs. of potatoes.	18 lbs. of butter and margarine mixed.
80 lbs. of sugar.	70 lbs. of green vegetables.

If you add the potatoes and bread together it works out at 1½ lbs. per Person. 1—3 of an ounce of butter or margarine, ³/₄ of an ounce of sugar and ³/₄ of an ounce of green vegetables. No wonder therefore that they submit to slave employment where outside the camp the employer must give food to get any work out of them at all! This explains also why the camp was nearly empty on my first visit — all but the old and aged and a number of socalled ‚dan-

In diesen Lagern verblieben die internierten Prager Deutschen bis zu ihrer Austreibung und Ausweisung[1].

d. Das Schicksal der Deutschen im „Protektorat" in den Tagen des deutschen Zusammenbruchs.

Die Aufrufe des Prager Senders zur bewaffneten Aktion gegen die Deutschen lösten auch im Protektoratsgebiet, wo in einzelnen Gegenden, wie vor allem im böhmisch-mährischen Hügelland und im Brdy-Wald, in letzter Zeit Partisanen bereits aktiv waren, schlagartig den Aufstand aus. Zentren der Erhebung waren die Städte Kladno, Jungbunzlau, Kolin und Königgrätz. Wie in Prag bildeten die Protektoratspolizei und die Untergrundorganisationen, die vor allem in Kladno von linksradikalen Gruppen beherrscht wurden, die Kader der Aufständischen. Sie erhielten Zulauf von der Jugend des

---

gerous persons' who where segrated in a separate compound not being out at work.

Work but no pay

The method of slave selection I witnessed when I turned up two days later at 5.30 a. m. — somewhat to the surprise of the camp officials! About 6 a. m. the employers started to arrive in cars and lorries to select and transport their slaves for the day. They were shown into the ante-room of one of the large huts which I had noticed the previous day was completely empty. Three or four hundred slaves were then let in from the camp, and the visitors made their selection, giving a receipt for the persons carried off; returning them at the end of the day.

I mingled freely amongst employers and slaves and was told that those who showed any unwillingness to go out to work were soundly beaten up — this being dispensed with in honour of my visit.

The slaves receive no pay. I had noticed on my previous visit the special compound tho which reference had already been made, and that few, if any persons during the whole three hours of my visit on a fine sunny day, seemed to move outside the hut. This time I asked to see it and found it about full. All the inmates save for a bare dozen were lying rolled up in their bunks, presumably starving to death. These are ‚dangerous men' — as such they may not go out to work; if they don't go out to work they only get camp food — a half-pound of bread a day and black coffee will not keep body and soul together and admit of movement.

I would put their ration as 750 calories a day, which is below the Belsen level. The only men on their feet besides the hut leader where a dozen young Jews from Poland, who had been put in two days before for not following the daily trek originated by the Russians, who are ejecting all the Jews from their territory into Poland, and they then pass on at the rate of about 1000 a day into Czechoslovakia and away to the Mediteranean. It is significant that for the most part these are young men and healthy, and the women pregnant, but that belongs to a different story, and I only mention it here to illustrate the appalling mix-up that prevails in an otherwise beautiful country."

[1] „Svobodné Slovo" meldet am 2. Oktober 1946 in einem Artikel „Likvidace německé otázky v Praze" (Liquidation der deutschen Frage in Prag) u. a.:

„In diesem Monat werden am 9. und 10. aus Prag zwei Aussiedlungstransporte mit Deutschen abgefertigt werden. Gleichzeitig ist auch eine Revision aller Personen deutscher Nationalität in Groß-Prag im Gange. Personen, die laut amtlicher Eintragungen unter die Aussiedlung fallen, werden sofort in das Aussiedlungszentrum nach Modřany einberufen. Der Rat des Nationalausschusses behandelte gestern 2500 der für die Aussiedlung in Frage kommenden Fälle. Es bleiben noch 12 000 Gesuche von gemischten Ehen und der noch nicht ganz geklärten Fälle übrig, die man wird aber noch ordentlich untersuchen müssen."

Landes, bewaffneten sich mit weggeworfenen oder erbeuteten Waffen, griffen die den amerikanischen Linien zustrebenden deutschen Verbände an und suchten deren Rückzugsstraßen zu blockieren[1]. Begünstigt durch die Verwirrung unter den zurückflutenden und kampfmüden Truppen konnten die Aufständischen den Rückzug erheblich stören und überlegene Verbände zur Kapitulation zwingen. Das war vorwiegend dort der Fall, wo die deutschen Truppen aus Rücksicht auf die mitgeführten und auf den Straßen befindlichen Flüchtlingstrecks nicht an entschlossene Abwehraktionen denken konnten. Andererseits kam es dort, wo disziplinierte Fronteinheiten angegriffen wurden, zu blutigen Gefechten, in denen die Aufständischen den kürzeren zogen und erhebliche Verluste erlitten[2]. Um so ärger wüteten sie dann gegen wehrlose Gefangene und Zivilisten, als die sowjetischen Panzerverbände, von Sachsen auf Prag vorstoßend, die Deutschen zur Kapitulation gezwungen hatten.

Zum Verhängnis wurde der Aufstand für die Flüchtlinge aus dem Ostsudetenland, Mähren und Schlesien, die sich zu diesem Zeitpunkt im Protektorat befanden. Je nach Gutdünken der Revolutionsgarde und der örtlichen Machthaber wurden sie entweder interniert oder nach wiederholten Plünderungen in die Nachbarorte und -bezirke abgeschoben, wo sich die Schikanen wiederholten. In kleineren Gruppen oder in riesigen Kolonnen strebten sie ihren Heimatorten zu, waren ständigen Belästigungen durch Sowjetsoldaten und den Haßausbrüchen der tschechischen Bevölkerung ausgesetzt[3]. Immer wieder wurde unter den Flüchtlingen und Gefangenen nach nationalsozialistischen Funktionären, untergetauchten Angehörigen der SS und des SD gefahndet. Sobald man sie fand oder zu finden glaubte, wurden sie zumeist sofort exekutiert[4].

Gleichzeitig setzte gegen die im tschechischen Gebiet beheimateten Deutschen der Sprachinseln von Iglau, Wischau, Brünn eine Verhaftungs- und Internierungswelle ein, von der sie bis Ende Mai bis auf wenige Ausnahmen erfaßt wurden. Die deutsche Bevölkerung Iglaus wurde in der zweiten Mai-Hälfte nach Stadtvierteln zur Internierung ausgehoben und in die Sammellager Altenberg, Obergoß und Helenenthal getrieben, in denen jegliche Voraussetzungen für die Unterbringung und Versorgung solcher Massen fehlten[5]. Die weiteren Stationen waren Zwangsarbeitseinsatz[6] oder Austreibung nach Österreich[7]. Von der Stadt aus griff die Internierungsaktion auf die deutschen Dörfer der Umgebung über. Soweit die Bauern nicht in dem gro-

---

[1] vgl. insbesondere Bericht Nr. 6, S. 20.
Machotka, a. a. O., berichtet, daß das Übergreifen des Aufstandes von Prag aus auf das übrige noch in deutscher Hand befindliche tschechische Gebiet wesentlich zur Entlastung der Aufständischen in Prag beitrug, indem verschiedene bewaffnete tschechische Verbände, die zum Entsatz Prags aufgebotenen deutschen Einheiten angriffen, sie in Kämpfe verwickelten und damit ihren Einsatz in Prag verzögerten oder gar verhinderten.

[2] vgl. z. B. Bericht Nr. 6, S. 20 f. und Nr. 135, S. 777.

[3] vgl. die Berichte Nr. 6; Nr. 14, S. 53; Nr. 29, vor allem S. 158, 161, 166 f.

[4] vgl. insbesondere Bericht Nr. 29, S. 160 f.

[5] vgl. die Berichte Nr. 31, S. 180 ff.; Nr. 32, S. 187 ff. und Nr. 95, S. 433.

[6] vgl. Bericht Nr. 31, S. 185 f.

[7] vgl. die Berichte Nr. 95, S. 434 f. und Nr. 96, S. 435 ff.

ßen Lager Pattersdorf oder in kleineren Ortslagern interniert wurden, blieben sie als Knechte auf ihren enteigneten und von Tschechen besetzten Höfen oder wurden als Zwangsarbeiter in die benachbarten Gebiete gebracht. Im Laufe des Sommers und Herbstes trieb man noch die letzten in Privatquartieren lebenden Deutschen in die Lager[1]. In Wischau ist die deutsche Bevölkerung bereits Mitte Mai interniert und zur Zwangsarbeit eingesetzt worden[2]. Der größte Teil der Brünner Deutschen wurde nach einer vorübergehenden drei- bis fünftägigen Internierung am 30. Mai zum Verlassen der Stadt aufgerufen und im Fußmarsch zur österreichischen Grenze getrieben, und als die österreichischen Grenzwachen den Abschub verhinderten, in Pohrlitz in einem Getreidesilo untergebracht, wo Hunderte an Entkräftung und an einer Epidemie starben[3]. Die in Brünn Zurückgebliebenen, es handelte sich fast ausschließlich um solche, die gleich nach der Besetzung der Stadt durch die Rote Armee oder nach der Rückkehr von der Flucht in die zahlreichen Lager und Haftanstalten eingewiesen worden

---

[1] vgl. hierzu vor allem Bericht Nr. 33.

[2] Über die Internierungsaktion in der Wischauer Sprachinsel s. Bericht Nr. 34.

[3] s. darüber Bericht Nr. 97, S. 452 ff.

Die Londoner „Daily Mail" brachte am 6. August 1945 einen von Rhona Churchill verfaßten Bericht über die Verhältnisse in der ČSR, in dem sie u. a. auch die Austreibung der Brünner Deutschen schildert:

„Die Geschichte von 6 Millionen Deutschen, zerstreut durch das Sudetenland und andere Teile von der Tschechoslowakei und Polen, ist an sich gräßlich, aber niemand kann behaupten, daß es das uralte Prinzip von Aug' um Aug' übersteige ...

Letzten Monat z. B. entschieden junge Revolutionäre der tschechischen Nationalgarde in Brünn, ihre Stadt zu ‚reinigen'. Kurz vor 9 Uhr abends marschierten sie durch die Straßen und riefen alle deutschen Bürger auf, sich um 9 Uhr vor ihren Haustüren aufzustellen, jeder mit einem Stück Handgepäck, bereit, die Stadt auf immer zu verlassen. Den Frauen wurden 10 Minuten gelassen, ihre Kinder zu wecken und anzukleiden, ein Bündel mit wenigen Habseligkeiten zu nehmen und auf den Bürgersteig hinauszukommen. Hier wurden sie aufgefordert, alle Juwelen, Uhren, Pelze und das Geld den Garden zu übergeben. Nur ihre Eheringe durften sie behalten. Dann wurden sie, die Garden immer in Schußweite hinter ihnen her, der österreichischen Grenze entgegengetrieben. Es war stockfinster, als sie zur Grenze kamen. Die Kinder jammerten, die Frauen stolperten dahin, und die tschechischen Grenzgarden stießen sie über die Grenze den österreichischen Grenzgarden entgegen.

Dann begann eine neue Qual. Die Österreicher weigerten sich, sie anzunehmen; die Tschechen weigerten sich, sie zurückzunehmen. So wurden sie für die Nacht in ein Feld hineingestoßen, und am Morgen wurden einige Rumänen zu ihnen gesandt, sie zu bewachen. Sie sind noch in diesem Feld, das sich inzwischen in ein Konzentrationslager umgewandelt hat. Sie haben nichts zu essen, als was ihnen von Zeit zu Zeit die Wachen geben, sie haben keinerlei Rationen bekommen.

Unter ihnen ist eine Typhusepidemie ausgebrochen, und man sagt, daß sie, zu etwa Hundert täglich, dahinsterben. Fünfundzwanzigtausend Männer, Frauen und Kinder machten diesen Gewaltmarsch von Brünn, unter ihnen eine Engländerin, die an einen Nazi verheiratet ist, eine Österreicherin im Alter von 70 und eine Italienerin im Alter von 86 Jahren.

Konzentrationslager für Deutsche werden nun im ganzen Land errichtet, und die Deutschen werden unterschiedslos in sie hineingetrieben." (zit. nach „Der Sozialdemokrat", Nr. 71 vom 31. August 1945, S. 1124; vgl. auch Keesing's Archiv, Jg. 15, S. 353 J.)

waren, teilten das Schicksal des gesamten Deutschtums in der ČSR[1]. Das gleiche gilt für die Deutschen in den übrigen Städten und Dörfern des tschechischen Siedlungsgebietes. Nur die wenigsten von ihnen blieben in ihren Wohnungen oder konnten dorthin bis zu ihrer Ausweisung zurückkehren[2].

An diesen Deutschen tobte sich die Erbitterung über das nationalsozialistische Regime im Protektorat aus, als dessen schuldige Träger sie behandelt wurden. Hier im innertschechischen Gebiet wurde die „Reinigung" der Republik von den Deutschen zuerst verwirklicht und griff von dort aus auf die reindeutschen Gebiete über.

3. Die Zerstörung der Lebensgrundlagen der deutschen Bevölkerung unter der wiedererrichteten tschechischen Verwaltung.

a. Maßnahmen der politischen Bestrafung und Verfolgung.

Mitte Mai verlegte die provisorische Regierung ihren Sitz von Kaschau nach Prag und begann entsprechend ihrem im April verkündeten Programm[3] die Neuordnung des Staates, bei der die Nationalausschüsse eine entscheidende Rolle spielten. Sie waren z. T. bereits während des Krieges auf Grund des Aufrufs von Beneš und des Verfassungsdekrets vom 4. Dezember 1944 im Untergrund und in den befreiten Gebieten gebildet worden[4] und übernahmen nun gemäß der Regierungsverordnung vom 5. Mai 1945[5] als Träger einer im bisherigen tschechoslowakischen Recht neuartigen Selbstverwaltung zugleich die staatlichen Verwaltungsbefugnisse im Orts-, Bezirks- und Landesbereich[6]. Sie wurden der Kontrolle „des Volkes" unterstellt, das

[1] vgl. die Berichte Nr. 103 und Nr. 115.
Vielfach waren die Geflohenen und Evakuierten schon in ihren Aufnahmeorten interniert und später zur Zwangsarbeit eingesetzt worden, vgl. z.B. Bericht Nr. 29.

[2] vgl. die Berichte Nr. 4; Nr. 6; Nr. 13; Nr. 25; Nr. 30.

[3] s. oben S. 38 und Anlage 2.

[4] s. darüber oben S. 49 f.

[5] Regierungsverordnung vom 5. Mai 1945 über die Wahl und den Wirkungsbereich der Nationalausschüsse (Slg. Nr. 4); sie wurde durch die Regierungsverordnung vom 7. August 1945 (Slg. Nr. 44) abgeändert, der vollständige Wortlaut durch die Kundmachung des Innenministers vom 24. August 1945 (Slg. Nr. 45) veröffentlicht; vgl. auch Friedrich Korkisch, Die verfassungsrechtliche Entwicklung in der Tschechoslowakei bis zur Verfassung vom 9. Mai 1948, a. a. O., S. 677.

[6] Über ihnen stand neben der provisorischen Regierung das provisorische Parlament, das im Herbst 1946 mittelbar von den Ortsnationalausschüssen (Wahlmännersystem), deren Mitglieder ihrerseits nicht vom Volke gewählt worden waren, gewählt wurde und sich aus Mitgliedern der vier Regierungsparteien: tschechische Kommunisten, Sozialdemokraten, Nationalsozialisten, (katholische) Volkspartei und den Massenorganisationen der Werktätigen (Gewerkschaften, „Verband der Ackerbautreibenden", Jugendverband) zusammensetzte. Die 100 Abgeordneten der Slowakei (slowakische Kommunisten, slowakische Demokraten) für das provisorische Parlament (insgesamt 300 Abgeordnete) waren bereits im August nach dem gleichen System gewählt worden; vgl. Keesing's Archiv, Jg 15 (1945), S. 468 G; H. Seton-Watson, The East European Revolution, London 1956, 3. Aufl., S. 179 ff.
Über die verfassungsrechtliche Entwicklung in der Tschechoslowakei nach 1945 s. F. Korkisch, Die verfassungsrechtliche Entwicklung in der Tschechoslowakei bis zur Verfassung vom 9. Mai 1948, a. a. O., S. 670 ff., vor allem S. 677 ff.

das Recht hatte, die Ausschußmitglieder abzuberufen oder durch andere Personen zu ersetzen. Tatsächlich aber stand dieses Recht zunächst den „übergeordneten Organen", d. h. der Regierung zu, deren wichtigste Ressorts in den Händen von Kommunisten lagen[1]. Auf diese Weise konnten Gewährsmänner dieser Partei in den Nationalausschüssen einen beherrschenden Einfluß gewinnen.

Bereits das Dekret vom 4. Dezember 1944 hatte die Sudetendeutschen als „staatlich unzuverlässige Bevölkerung" grundsätzlich von der verantwortlichen Beteiligung an der Verwaltung ausgeschlossen[2] und für die rein deutschen Gemeinden und Bezirke die Ernennung von Verwaltungskommissaren bzw. -kommissionen vorgesehen. Die auf Grund der Regierungsverordnung vom 5. Mai 1945 mit diesem Amt betrauten Personen zeigten fast durchweg eine unversöhnliche Haltung gegenüber den Sudetendeutschen. Im allgemeinen scheint hier der kommunistische Einfluß besonders groß gewesen zu sein; ein englischer Autor spricht geradezu von einem Parteistaat im Staate, der in den Grenzgebieten unter dem Einfluß der kommunistischen Minister des Innern (Nosek) und der Landwirtschaft (Ďuriš) errichtet worden sei[3].

In manchen Orten, wo eine starke tschechische Minderheit ansässig war, hatten sich bereits vor dem deutschen Zusammenbruch Nationalausschüsse gebildet und auch versucht, über Mittelsmänner Kontakt mit den deutschen Behörden zu bekommen, um eine geordnete Verwaltungsübergabe zu erreichen. In der Regel waren solche Aussprachen, wie sie z. B. in Karlsbad[4] und Trautenau[5] stattfanden, ohne Erfolg geblieben, da auf deutscher Seite keiner der Beteiligten die Verantwortung für einen solch folgenschweren Schritt übernehmen wollte oder konnte; er war überdies auch mit dem Risiko verbunden, daß deutsche Unterhändler von den eigenen Landsleuten und dem Regime als Verräter oder Defaitisten bezichtigt und von SD und Gestapo gerichtet wurden.

Sofort nach der deutschen Kapitulation traten in diesen Gegenden die Národní Výbory in Aktion. Das war vorwiegend in den von Tschechen durchsetzten Regierungsbezirken Troppau und Aussig der Fall[6]. Den hier sofort gegen die deutsche Bevölkerung eingeleiteten Maßnahmen wurde aber oft durch die Bindungen, die in jahrzehntelangem Zusammenleben bestanden

---

Die ersten Wahlen (Verfassunggebende Nationalversammlung), bei denen die Kommunisten über 37 % aller Stimmen (40,3 % in Böhmen, Mähren-Schlesien) erhielten, fanden am 26. Mai 1946 statt. Nach ihnen wurde eine unter Führung des Kommunisten Gottwald stehende Koalitionsregierung gebildet, die bis zum 20. Februar 1948 amtierte. Nach dem Staatsstreich vom 25. Februar 1948 wurde die Tschechoslowakei „Volksrepublik".

1 Folgende Ministerien befanden sich in kommunistischer Hand: Innenministerium (Václav Nosek), Unterrichtsministerium und Ministerium für Volksaufklärung (Zdeněk Nejedlý), Landwirtschaftsministerium (Julius Ďuriš), Informationsministerium (Václav Kopecký) und das Ministerium für soziale Fürsorge (Josef Šoltész).

2 Eine nähere Definition dieses Begriffs wurde zunächst nicht gegeben.

3 Seton-Watson, a. a. O., S. 180.

4 vgl. Bericht Nr. 19.

5 vgl. Bericht Nr. 15.

6 vgl. die Berichte Nr. 11, S. 39 f.; Nr. 15; Nr. 16, S. 62; Nr. 37, S. 214; Nr. 42, S. 237; Nr. 52, S. 186.

und sich bewährt hatten, die Schärfe genommen[1]. Mit der Ausweitung der im innertschechischen Gebiet gegen die deutsche Minderheit praktizierten Methoden auf die sudetendeutschen Bezirke mußten dann aber diejenigen einheimischen Tschechen, die eine maßvolle Haltung einnahmen, meist ortsfremden radikaleren Elementen weichen[2].

Die systematische Entrechtung der Sudetendeutschen vollzog sich in den verschiedenen Orten und Gegenden Böhmens und Mährens in sehr verschiedenem Tempo, am langsamsten im allgemeinen in den rein sudetendeutschen Gebieten. Das lag vor allem daran, daß die Tschechen hier erst im Laufe des Sommers einströmten. Eine üble Rolle spielte dabei wieder die „Revolutionsgarde". Sie hatte nach Beendigung der Kampfhandlungen einen starken Zulauf aus denjenigen Bevölkerungsschichten erhalten, die nun ohne ein persönliches Risiko sowohl an dem Nimbus, mit dem die Partisanen umgeben waren, als auch an den ihnen zugedachten Vorteilen im neuen Staat teilhaben wollten[3]. Die Jugendlichen unter ihnen mochten noch aus patriotischem Gefühl oder ungestilltem Betätigungsdrang in die Reihen der Revolutionsgarde eingetreten sein. Unter den Älteren waren die aus bürgerlichen Schichten stammenden Anhänger, die im Kampf gegen die Deutschen eine nationale Befreiungstat gesehen hatten, nun entweder schon in ihren Zivilberuf zurückgekehrt oder in den Hintergrund gedrängt worden[4]. Um

---

[1] vgl. hierzu die Berichte Nr. 11, S. 39 f.; Nr. 44, S. 245; Nr. 126, S. 567; Nr. 127, S. 642 f.; Nr. 128, S. 683 u. 690.

[2] vgl. die Berichte Nr. 11, S. 39 f.; Nr. 42, S. 237; Nr. 44, S. 245; Nr. 126, S. 569 f.; Nr. 127, S. 650 ff.; Nr. 128, S. 683.

[3] Bereits im Programm der provisorischen Regierung vom 5. April 1945 war u. a. besonders den Partisanen und Wiederstandskämpfern eine Bevorzugung bei der Verteilung des konfiszierten Vermögens der Deutschen und Madjaren versprochen worden; s. Anlage 2, S. 196 f. — vgl. auch das Dekret des Präsidenten der Republik vom 21. Juni 1945 (Slg. Nr. 12), § 7, Abs. 6; s. Anlage 5, S. 228.
In einer Notiz über „Privilegien für Mitglieder der Widerstandsbewegung" in: Einheit (London), Nr. 16 vom 11. August 1945, S. 15 heißt es:
„Für Mitglieder der Widerstandsbewegung werden Posten als Staatsbeamte, in Betrieben, Fabriken und in staatlichen und privaten Geschäften reserviert werden. Sie werden bevorzugte Behandlung bei Erteilung von Handelslizenzen und Zuteilung von konfisziertem Land oder industriellem Eigentum der Deutschen erhalten. Das gilt auch mit Bezug auf freies Studium. Als Mitglieder der nationalen Widerstandsbewegung werden angesehen: Mitglieder der Auslandsarmee, der Partisanenabteilungen und der Widerstandsbewegung daheim."

[4] Für die Beurteilung der „Revolutionsgarde" (Partisanen) ist ein im Olmützer „Osvobozený Našinec" (Der befreite Landsmann) am 17. August 1945 erschienener Artikel „Očista Partizanů" (Säuberung bei den Partisanen) aufschlußreich. Dort heißt es:
„Heute ist jedermann ‚Partisan'. Der eine deshalb, weil er einen Partisanen gesehen hat, der andere deshalb, weil er von ihnen etwas gehört hat, der dritte deshalb, weil er sie angeblich unterstützt hat, der vierte erhielt im Mai eine Flinte in die Hand gedrückt, der fünfte arbeitete den ganzen Krieg über gegen die Deutschen usw. Jeder will für seine großartige Tätigkeit und seine Verdienste auch die größten Rechte in Anspruch nehmen. Überall bemüht er sich, sich vorzudrängen und hat in sich nichts von dem, was der echte Partisan hat, was ihm blieb, was er aus den Bergen mitbrachte, aus dem Kampf, nämlich die brüderliche Liebe des einen zum anderen.
Wo sind denn die echten Partisanen? Sie sind schweigend in den Hintergrund gedrängt. Keiner von ihnen kämpfte dafür, daß er einmal in der befreiten Republik Vorteile dafür erhalte. Haben sie ihr Leben deshalb eingesetzt, daß der

so stärker traten jetzt jene Revolutionsgardisten in Aktion, die ihren Patriotismus durch Schikanierung der Deutschen und sadistische Quälereien beweisen wollten. Einzelne Gruppen oder Abteilungen der Revolutionsgarde, denen sich im tschechischen Siedlungsgebiet kein Betätigungsfeld bot, dehnten ihre Aktionen auf die sudetendeutschen Gebiete aus und unternahmen regelrechte Strafexpeditionen, bei denen sie die Bewohner ganzer Ortschaften zusammentrieben, einzelne Personen oder mehrere Einwohner auf Grund von Denunziationen oder nach willkürlicher Auswahl mißhandelten und erschossen und die Häuser und Wohnungen ausplünderten. Nicht selten wurden die Exekutionen öffentlich vor der dazu versammelten Bevölkerung und vor den Augen der Familienangehörigen durchgeführt[1]. Als Beispiel seien hier die Ereignisse in Landskron am 17. und 18. Mai angeführt. Eine Partisaneneinheit trieb hier die männlichen Einwohner der Stadt und einiger Nachbardörfer auf dem Marktplatz zusammen, improvisierte zusammen mit einheimischen Tschechen ein Revolutionsgerichtsverfahren, bei dem über zwanzig Männer unter willkürlichen Beschuldigungen umgebracht und zahlreiche andere bestialisch geprügelt wurden[2].

In manchen Ortschaften setzte sich die Revolutionsgarde für längere Zeit fest und errichtete hier ein Terrorsystem mit systematischen Quälereien der deutschen Bevölkerung[3]. Diese wurden in demagogischen Reden, Presseartikeln und Schriften der Repräsentanten der verschiedensten politischen Richtungen, die jede für sich das größte Verdienst in der Säuberung der ČSR von den Deutschen beanspruchten und sich in der Verdammung der Sudetendeutschen überboten, als gerechte Sühne für die Untaten der NS-Zeit begründet und entschuldigt[4]. Durch ein vor allem unter kommunistischem Einfluß zustande gekommenes Gesetz vom 8. Mai 1946, das an ähn-

---

Staat sie nach Beendigung des Kampfes für ihre heldenhaften Taten ernähre? Nein — alle arbeiten bereits seit langer Zeit, jeder auf seinem Platz, als Muster für die anderen. Ihre Partisanen-Aufgaben übergaben sie der neugebildeten tschechoslowakischen Armee, und der echte Partisan kehrte an seinen Arbeitsplatz zurück. Solange sie nicht dazu gerufen wurden, ging keiner von den Partisanen ins Grenzgebiet, um dort ‚Goldgräber' zu werden. Wer sich heute Partisan nennt, ohne es gewesen zu sein, ist ein charakterloses Individuum, das den echten Partisanen, der dem Feind schwere Verluste zufügte, um seinen guten Namen bringt.“ (Übersetzung aus dem Tschechischen.)

[1] vgl. die Berichte Nr. 2, S. 9; Nr. 37, S. 214 f.; Nr. 39, S. 223 ff.; vgl. auch hierzu die in Bericht Nr. 128, S. 684 geschilderte öffentliche Erschießung auf dem Marktplatz von Kaaden.

[2] s. darüber Bericht Nr. 48, S. 256 ff.

[3] vgl. die Berichte Nr. 11, S. 41; Nr. 37, S. 214; Nr. 39, S. 223 f. u. a.

[4] Ein von der tschechoslowakischen Regierung erlassener und von dem damaligen stellvertr. Ministerpräsidenten Gottwald unterzeichneter Aufruf vom 11. Mai 1945 hatte z. B. folgenden Wortlaut:
„Die neue Republik wird ein slawischer Staat, die Republik der Tschechen und Slowaken sein. Die Deutschen und Ungarn, die sich gegen unsere Völker und gegen die Republik so schwer vergangen haben, werden wir der Staatsbürgerschaft als verlustig betrachten und werden sie schwer bestrafen. Die Nationalausschüsse sollen damit sofort anfangen. Macht alle aktiven Nazisten unschädlich und beschlagnahmt ihr Vermögen zugunsten der Nation und des Staates. ...
Beschlagnahmt und gebt in die Nationalverwaltung das Eigentum von Deutschen, Verrätern und Kollaboranten ... Bereitet auf dem Lande eine Konfiskation des Bodens vor, der dem fremden Adel, Deutschen, Verrätern und Kollaboranten gehörte. Dieser Boden wird unter kleines landwirtschaftliches Volk aufgeteilt

liche Maßnahmen der nationalsozialistischen Revolution erinnert, sind alle Ausschreitungen nachträglich als rechtmäßig anerkannt und sanktioniert worden[1].

Die tschechische Presse, gleich welcher Observanz, trug durch Hetzartikel und Berichte über Unglücksfälle, die lange nach der Kapitulation als Sabotageakte des Werwolfs dargestellt wurden und die fortdauernde Gefährlichkeit der Deutschen erweisen sollten, nicht wenig dazu bei, jedes Vorgehen gegen das Sudetendeutschtum zu rechtfertigen und zu ermutigen[2].

So wurde eine am 31. Juli 1945 wahrscheinlich durch Unachtsamkeit ausgelöste Explosion eines Munitionslagers in dem Aussiger Vorort Schönpriesen von den Tschechen als Sabotageaktion des Werwolfs ausgelegt. Die aufgehetzte Menge veranstaltete daraufhin ein Blutbad unter der deutschen Be-

werden, das nach Herausgabe der zuständigen Gesetze die Verteilung selbst durchführen wird ..." (Übersetzt aus „Čechoslovák", London, vom 18. Mai 1945.) In einer von der nationalsozialistischen Partei (Beneš-Partei) herausgegebenen Broschüre „My a Němci" (Wir und die Deutschen), Prag 1945, die von dem Privatsekretär von Beneš in der Zeit des Exils und späteren Justizministers (seit November 1945) Prokop Drtina und dem Redakteur Ivan Herben verfaßt wurde, finden sich u. a. die Sätze: „Der Teufel spricht deutsch (S. 3). Es gibt keine guten Deutschen, es gibt nur schlechte und noch schlimmere (S. 5). Derjenige tschechische Vater, der seine Kinder nicht zum Haß gegen die deutsche Lügenkultur und Unmenschlichkeit erzieht, ist nicht nur ein schlechter Vaterlandsanhänger, sondern auch ein schlechter Vater ... Wie kann man nur ein tschechisches Kind dazu erziehen, solche deutsche Mitmenschen zu lieben? (S. 7). Das ganze deutsche Volk ist für Hitler, Himmler, Henlein und für Frank verantwortlich, und das ganze Volk muß auch die Strafen für die begangenen Verbrechen tragen. Jeder von uns müßte es als inhuman, unmenschlich betrachten, wenn die Deutschen ihrer totalen Bestrafung entgehen würden (S. 13)."
vgl. auch die Rede des Informationsministers vom 29. Mai 1945 in Prag vor tschechischen Kulturschaffenden. (Teilauszug in: Einheit, Nr. 12 vom 16. Juni 1945, zitiert S. 88, Anm. 2.)
vgl. weiter den Artikel „Austreibung ohne Unterschied! Die tschechischen Kommunisten als Vortrupp maßloser Rachepolitik", Der Sozialdemokrat (London), Nr. 68 vom 31. Mai 1945, S. 1089 ff., in dem weitere Auszüge aus Reden tschechischer Politiker zur Behandlung der Sudetendeutschen zitiert werden.

1 Gesetz vom 8. Mai 1946 über die Rechtmäßigkeit von Handlungen, die im Zusammenhang mit der Wiedererrichtung der Freiheit der Tschechen und Slowagen geschehen sind (Slg. Nr. 115), s. Anlage 19.

2 Als Beispiel sei hier der Artikel „Pozor na ‚loyalitu' Němců!" (Vorsicht bei „Loyalität" der Deutschen), Nové Slovo, Nr. 85 vom 15. August 1945 (in deutscher Übersetzung) zitiert:
„Sämtliche Sabotageakte, Gewalttaten und Morde wurden immer von jenen Deutschen ausgeführt, die schon in der ersten Republik mit Hilfe ihrer destruktiven Politik Sabotage getrieben und Gewaltakte verübt haben. Der Deutsche besitzt keine Seele, und die Worte, die er am besten versteht, sind — nach Jan Masaryk — die Salven von Maschinengewehren. Jetzt wehklagen sie, versuchen sich sinnlos zu rechtfertigen, bezeugen ihre Loyalität; es geht aber nicht an, daß man Menschen, die in der Zeit der Tragödie unseres Volkes mit Genugtuung und Sadismus die langen Spalten der hingerichteten Angehörigen unseres Volkes in der Presse verfolgten, die in den frechen Reihen der sogenannten Hitlerjugend als Führer wirkten, die der kläglich eingegangenen SA angehörten und die im Felde gegen unsere jungen Leute und gegen unsere slawischen Brüder kämpften, Gehör zu schenken; wir dürfen uns auch nicht von slawischer Sentimentalität ergreifen lassen. Diese Menschen dürfen keinen Eingang in unsere Reihen finden, mögen sie auch heute wie immer und als was immer ihr Leben fristen. Sagte nicht das Regierungsprogramm mit genügender Deutlichkeit, daß ‚wir uns von den illoyalen Elementen' befreien müssen? Sie waren es

völkerung, griff sie auf den Straßen an oder holte sie aus den Wohnungen und machte sie nieder. Als die Arbeiter der Firma Schicht A. G. nach Arbeitsschluß über die Elbebrücke zu ihren Wohnungen strömten, wurden sie von einer fanatischen Menge auf der Brücke zusammengeschlagen, z. T. niedergemacht oder in die Elbe geworfen. Selbst vor Frauen und Kindern machte der Mob nicht halt. Polizei und tschechisches Militär versuchten nicht, das Morden zu verhindern, sondern beteiligten sich sogar daran. Die genaue Zahl der Opfer wird sich nie ermitteln lassen. Die Angaben schwanken zwischen 1000 bis 2700[1].

---

zu 90 %. Ich appelliere hier an jene Herren, die den Deutschen die Staatsbürgerschaft zuerkennen: ‚Ich bitte Sie im Namen unserer Heimat, ich bitte Sie im Namen jener, die gelitten haben, die stark geblieben sind und die schreckliche Zeit der deutschen Gewalttaten überdauerten, verleiht die Staatsbürgerschaft nur jener kleinen Schicht von Deutschen, die sich durch ihre Loyalität und ihre antinazistische Tätigkeit legitimieren kann. Alle anderen sind raffinierte, freche, übermütige, verlogene und blutbefleckte Vertreter und Anbeter der unersättlichen Herrschaft der Vergangenheit, sie wollen sich nur deshalb in unsere Reihen einschleichen, um auch in der Zukunft ihre ekelhafte Tätigkeit weiterführen zu können, die sie von ihrem Führer gelernt haben. Durch Eure Hände sind Menschen gegangen, die bestraft gehören, zum Beispiel die Angehörigen der ehemaligen „Schutzpolizei‘, aber wie groß ist unser Erstaunen, wenn wir diese Verbrecher ohne ‚N‘ erblicken, indem sie mit amtlichen Bescheinigungen winken. Erkennen Sie unsere Enttäuschung, wenn wir Männer sehen, die noch gestern deutsche Polizisten waren und die heute Besitzer eines Betriebes sind und die dazu noch mit deutscher Frechheit behaupten, daß ihnen der Staat jene Schäden ersetzen muß, die ihnen im Zuge der Revolution zugefügt wurden. Wir dürfen uns nicht dadurch verwirren lassen, daß jemand ein paar solcher Bescheinigungen mit wertlosen Unterschriften hat.

Ich schlage vor, jene festzuhalten, die bereitwillig solche Unterschriften gaben. Vielleicht erfahren wir dabei einige interessante Dinge."

Eine Reihe solcher Zeitungsmeldungen und Kommentare, in denen Unglücksfälle als Sabotageakte des Werwolfs erklärt und den Deutschen zur Last gelegt wurden, befindet sich in der Dokumentensammlung. Wie haltlos die in den Jahren 1945/46 in der tschechischen Presse gegen die Deutschen erhobenen Anschuldigungen waren, erläuterte der Redakteur Michal Mareš in seinem Artikel: „Mezi dobrem a zlem" (Zwischen Gut und Böse), in „Dnešek" vom 27. Februar 1947, S. 782, indem er darauf hinwies, daß z. B. die in den Nachkriegsjahren im Grenzgebiet häufig vorgekommenen Brände den Deutschen zur Last gelegt wurden, die Beschuldigungen aber verstummten, als sich diese Unglücksfälle auch nach der Aussiedlung der Deutschen wiederholten. — Mareš war einer der schärfsten Kritiker unmenschlicher Maßnahmen gegen die Deutschen in der ČSR, und die Zeitschrift „Dnešek" veröffentlichte als eine der ersten kritische Stimmen zu der diskriminierenden Politik gegenüber den Sudetendeutschen.

1 s. darüber den Bericht eines ehemaligen Funktionärs der tschechischen Verwaltungskommission in Aussig, abgedruckt unter Nr. 53, S. 282 ff., insbesondere S. 285, Anmerkung.

Die den Deutschen zur Last gelegte Explosion in Aussig-Schönpriesen wurde von tschechischer Seite benutzt, um die Weltöffentlichkeit von der andauernden Bedrohung durch die Deutschen im Sudetenland und von der Notwendigkeit ihres baldigen Abschubs zu überzeugen. So erklärte z. B. Minister Ripka in seiner Rundfunkrede vom 20. August 1945 in Prag (nach der in War and Peace Aims of the United Nations, Bd. II, S. 1048, abgedruckten Wiedergabe dieser Rede): „... one should understand the feelings of our people who are being consistently attacked by Werwolf organizations, and whose property is still being destroyed. We witness large-scale sabotage as was recently the case at Ústí nad Labem [Aussig]. Many of our people still do not feel safe until they know that the Germans will go away."

Schon im Kaschauer Programm war die Bestrafung von Personen, die sich entweder eines Kriegsverbrechens schuldig gemacht oder sich gegen den tschechoslowakischen Staat und das tschechoslowakische Volk vergangen hatten, als notwendige Maßnahme angekündigt worden. Diese Forderung wurde dann durch eine Reihe von Dekreten des Präsidenten der Republik vom Mai bis Oktober 1945 erfüllt. Man muß in diesem Zusammenhang zwei Gruppen gesetzlicher Maßnahmen unterscheiden: eine erste strafrechtlicher Natur, die in die Nähe der gegen Kriegsverbrecher und nationalsozialistisch-faschistische Betätigung gerichteten Gesetze des Alliierten Kontrollrats und der anderen europäischen Staaten gehört, allerdings von ihnen in einigen Punkten abweicht. Hierher ist vor allem das Dekret vom 19. Juni 1945 über „die Bestrafung nazistischer Verbrecher, Verräter und ihrer Helfershelfer sowie über die außerordentlichen Volksgerichte" (Slg. N. 16) zu rechnen[1]. Daneben steht eine andere Gruppe von Dekreten, die auf Vermögenskonfiskation gerichtet waren und rein formal mit den bei Kriegsende auch in neutralen Ländern unternommenen Aktionen gegen das Vermögen deutscher Staatsbürger zusammengehören. Allerdings unterscheiden sie sich von diesen sehr erheblich dadurch, daß sie das Vermögen eigener Staatsbürger unter Konfiskation stellen, mit der Begründung, daß diese „nach den Vorschriften einer fremden Besatzungsmacht" deutsche oder madjarische Staatsangehörige geworden seien[2]. In diesem Zusammenhang sind die Dekrete des Präsidenten vom 19. Mai 1945 („Über die Ungültigkeit einiger vermögensrechtlicher Rechtsgeschäfte aus der Zeit der Unfreiheit und über die nationale Verwaltung der Vermögenswerte der Deutschen, der Madjaren, der Verräter und Kollaboranten und einiger Organisationen und Anstalten"), vom 21. Juni 1945 („Über die Konfiskation und beschleunigte Aufteilung des landwirtschaftlichen Vermögens der Deutschen, Madjaren, wie auch der Verräter des tschechischen Volkes") und schließlich vom 25. Oktober 1945 („Über die Konfiskation des feindlichen Vermögens und die Fonds der nationalen Erneuerung") zu nennen[3].

Wenn wir mit der ersten Gruppe beginnen, so steht hier das Dekret vom 19. Juni 1945, das sogenannte Retributionsdekret, im Mittelpunkt. Dieses Dekret, das noch zweimal — am 24. Januar 1946 und 18. Dezember 1946 — abgeändert worden ist, sollte die gesetzlichen Grundlagen „für die Bestrafung der nazistischen Verbrecher, Verräter und ihrer Helfershelfer" legen und setzte gleichzeitig außerordentliche Volksgerichte dafür ein. Es war ein

---

Als weiteres Beispiel sei hier noch ein Bildbericht der tschechischen Zeitschrift „Život" über die Explosionszerstörungen angeführt, in dessen Kommentar es am Schluß heißt (in deutscher Übersetzung): „Aussig ruft und gebietet: Nicht ein Deutscher auf tschechischem Gebiet! Nicht ein Deutscher in Prag! Und wenn er sich unter was immer für einem Mantel von Mischehe oder Loyalität verbirgt. Das Volk wird seiner Regierung folgen, ohne sich etwas abhandeln zu lassen und entschieden bis in (alle) Konsequenzen, und erwartet von ihr energische Taten."

[1] Dieses Dekret wurde durch die Gesetze vom 24. Januar 1946 (Slg. Nr. 22) und vom 18. Dezember 1946 (Slg. Nr. 255) geändert und ergänzt; s. Anlage 4, S. 211 ff.

[2] So im Verfassungsdekret des Präsidenten der Republik vom 2. August 1945 über die Regelung der tschechoslowakischen Staatsbürgerschaft von Personen deutscher und madjarischer Volkszugehörigkeit; s. Anlage 8, S. 240.

[3] Slg. Nr. 5, s. Anlage 3, S. 204 ff.; Slg. Nr. 12, s. Anlage 5, S. 225 ff.; Slg. Nr. 108, s. Anlage 13, S. 263 ff.

Gesetz der politischen Strafjustiz, das sowohl politische wie kriminelle Tatbestände unter Strafrecht stellte und dies rückwirkend für „die Zeit der erhöhten Bedrohung der Republik“ tat, die vom 21. Mai 1938 bis zu einem später auf den 31. Dezember 1946 angesetzten Zeitpunkt festgelegt wurde. Damit fußte das Dekret auf der von Beneš auch in der Exilzeit stets vertretenen These von der staatsrechtlichen Kontinuität der Republik, die für die deutschen Bewohner der 1938 durch das Münchener Abkommen zum Deutschen Reiche geschlagenen Gebiete auch nach streng legalistischer Auffassung — ohne Berücksichtigung der politischen Probleme — niemals die Norm für ihr Verhalten bilden konnte. Hier lag die Fragwürdigkeit des Dekrets, die auch noch durch die rückwirkende Bestimmung der straflichen Tatbestände gesteigert wurde. Analog der gleichzeitigen Regelungen in anderen Ländern hat der tschechische Staat die Verfolgung individueller Verbrechen und Vergehen mit kollektiven Strafmaßnahmen vermischt, die um so schwerer zu rechtfertigen waren, als sie von der Hypothese einer ungebrochenen staatlichen Autorität und Kontinuität ausgingen, die auch nach internationalem Recht nicht angenommen werden konnte. Den Weg, Verbrechen gegen die Menschlichkeit zu verfolgen, weil sie unabhängig von staatlichen Rechtsetzungen Verurteilung verlangen konnten, ist die tschechische Regierung nicht gegangen. Sie stellte vielmehr im Sinne einer rein nationalistischen Politik Verbrechen gegen den tschechischen Staat unter Strafe, womit sie nichts anderes erstrebte als die juristische Begründung für kollektive Maßnahmen gegen die Sudetendeutschen.

Damit befaßt sich vor allem das 1. Hauptstück des Dekrets, das u. a. folgende strafrechtliche Tatbestände, begangen in der „Zeit der erhöhten Bedrohung der Republik“, feststellt:

Verbrechen nach dem Gesetz zum Schutze der Republik vom 19. März 1925, wie z. B. „Anschläge gegen die Republik“ und ihre Vorbereitung (§ 1);

Mitgliedschaft in der SS oder FS (Freiwillige Schutzstaffel) (§ 2);

Tätigkeit als Funktionär oder Befehlshaber in der NSDAP, SdP oder in anderen Organisationen ähnlichen Charakters (§ 3, Abs. 2);

Propagierung oder Unterstützung der faschistischen oder nazistischen Bewegung oder Billigung oder Verteidigung der feindlichen Herrschaft auf dem Gebiet der Republik oder einzelner gesetzwidriger Handlungen ihrer Behörden und Organe in Druck, Rundfunk, Film, Theater oder in öffentlichen Versammlungen; wobei es das Strafmaß erhöhte, wenn diese Handlungen in der Absicht begangen wurden, das moralische, nationale oder staatliche Bewußtsein des tschechoslowakischen Volkes, insbesondere der tschechoslowakischen Jugend zu zerstören (§ 3, Abs. 1).

Von den Verbrechen gegen den Staat werden die Verbrechen gegen Personen und Vermögen geschieden, von denen die letzteren sich gegen Einzelpersonen wie gegen den tschechoslowakischen Staat richten konnten. Als schuldig verbrecherischer Handlungen in diesem Sinne wurden u. a. folgende Personenkreise bezeichnet:

wer im gleichen Zeitraum allein oder im Zusammenwirken mit anderen im Dienste oder im Interesse Deutschlands oder seiner Verbündeten oder einer der Republik feindlichen Bewegung oder ihrer Organisationen oder ihrer Mitglieder den Verlust der Freiheit eines Bewohners der Republik verschuldet oder verursacht hat, daß ihm eine schwere körperliche Verletzung zugefügt wurde;

wer bei gerichtlichen Urteilen etc. oder Verwaltungsentscheidungen oder auf andere Weise daran beteiligt war, daß der Tod oder die schwere körperliche Verletzung oder die Deportation eines Bewohners der Republik verursacht wurde;

wer an der Anordnung oder Durchführung von Zwangs- oder Pflichtarbeit zugunsten der Kriegsanstrengungen Deutschlands oder seiner Verbündeten mitgewirkt hat;

wer unter den gleichen Umständen, zum gleichen Zweck daran beteiligt war, daß dem tschechoslowakischen Staat oder einer juristischen oder physischen Person entgegen den Gesetzen der Republik ihr Vermögen ganz oder zum Teil entzogen wurde;

wer in diesem Zeitraum eine durch die nationale, politische oder rassische Verfolgung hervorgerufene Zwangslage dazu mißbrauchte, sich zum Schaden der Republik, einer juristischen oder einer physischen Person zu bereichern;

wer im Dienste oder Interesse des Feindes oder unter Ausnutzung einer durch die feindliche Besetzung herbeigeführten Lage einen anderen wegen irgendwelcher wirklicher oder erfundener Tat angezeigt hat.

Für alle hier als verbrecherisch bezeichneten Handlungen oder deren Begünstigung wurden Freiheitsstrafen von 5 bis 10 bzw. 20 Jahren, bei erschwerenden Umständen bis zu lebenslänglichem schweren Kerker bzw. die Todesstrafe festgesetzt.

Eine Rechtfertigung dieser Handlungen durch die Vorschriften „eines anderen Rechtes" oder „Organe, die durch eine andere als die tschechoslowakische Staatsgewalt eingesetzt wurden", wurde ausdrücklich verneint, ebenso eine Begründung der Tat mit dem Hinweis auf die Erfüllung einer Dienstpflicht, wenn der Betroffene „mit besonderem Eifer gehandelt und auf diese Weise in erheblichem Ausmaße den normalen Rahmen seiner Pflichten überschritten hat oder wenn er in der Absicht tätig war, den Kriegsanstrengungen der Deutschen Vorschub zu leisten, die Kriegsanstrengungen der Tschechoslowakei und ihrer Verbündeten zu schädigen oder zu vereiteln".

Wo lagen hier die genau fixierbaren Grenzen für strafbare Handlungen und solche, die es nicht waren? Trotz des Vorbehalts, daß die Erfüllung einer Amtspflicht mit besonderem Eifer vorgenommen werden mußte, um sie unter Strafe zu stellen, konnte schon jede normale Beamtentätigkeit ohne ein politisches Wirken im Sinne des Nationalsozialismus eine Anklage und Verurteilung herbeiführen. Hier wie an anderen Stellen ließen die vagen Bestimmungen des Gesetzes weiten Raum für die verschiedensten Auslegungen.

Das zeigte sich schon bei den Verhaftungsaktionen gegen Sudetendeutsche, die gerade im Zeitpunkt der Veröffentlichung des Dekrets des Präsidenten ihren Höhepunkt erreichten und den im Dekret bezeichneten Personenkreis zu erfassen vorgaben. Nicht nur Funktionäre der NSDAP und ihrer Organisationen und Angehörige des ehemaligen Sudetendeutschen

Freikorps, gegen die man besonders scharf vorging[1], wurden von ihnen betroffen, sondern auch in örtlich verschiedenem Grade eine beträchtliche Anzahl politisch nicht belasteter Personen[2]. Politische Beschuldigungen dienten vielfach als Vorwand für die Entfernung wohlhabender Deutscher und ihrer Familien aus ihrem Besitztum, um es ungestörter ausplündern oder tschechischen Interessenten übergeben zu können[3].

Die solcherart eines Verbrechens beschuldigten oder auch nur verdächtigen Personen wurden in die Gefängnisse und, als diese überfüllt waren, in die zahlreich errichteten Lager eingewiesen, wo viele von ihnen unmenschlichen Behandlungs- und Verhörmethoden, Epidemien und Mangelkrankheiten zum Opfer fielen[4].

Es kommt des weiteren hinzu, daß die unterschiedliche Praxis der mit dem Dekret vom 19. Juni 1945 eingerichteten außerordentlichen Volksgerichte, die sofort ihre Tätigkeit aufnahmen, bei den Sudetendeutschen den Eindruck verstärkte, auch in der Rechtsprechung reiner Willkür ausgeliefert zu sein[5]. Gegen die Urteile der Volksgerichte, die bei jedem Kreisgericht errichtet wurden, gab es keine Berufung; sie entschieden unmittelbar über Leben und Tod. Unter den fünf Richtern eines Senats war nur ein Berufsrichter. „Dem Beschuldigten werden", wie es in einem Bericht über

---

1 Das sogenannte Sudetendeutsche Freikorps (Freikorps Henlein) war nach einem Aufruf Konrad Henleins vom 18. September 1938 (Wortlaut des Aufrufs in: Nation und Staat, Jg. 12, S. 36) aus sudetendeutschen Flüchtlingen in Deutschland gebildet worden. Formationen des Freikorps wurden in den letzten Tagen vor dem Münchener Abkommen entlang der deutsch-tschechischen Grenze, vor allem von Sachsen und Bayern aus zu einzelnen Störaktionen im sudetendeutschen Gebiet verwendet. Das Freikorps, das nach L. de Jong (De Duitse Vijfde Colonne in de Tweede Wereldoorlog, Arnheim-Amsterdam 1953, S. 406) 20 000, nach G. Reitlinger (Die SS. Tragödie einer deutschen Epoche, dt. A. Wien-München-Basel 1956, S. 121) 40 000 Mann umfaßte, wurde nach der Eingliederung des Sudetenlandes aufgelöst. — s. darüber Reitlinger, a. a. O., S. 121 f.; Der Prozeß gegen die Hauptkriegsverbrecher vor dem Internationalen Militärgerichtshof, Bde. III, S. 93 ff. und X, S. 124; XV, S. 395 und 586 f.; PS-386; PS-998; PS-1780; PS-3036 und PS-3061.
Nach einer von Dr. Gustav Peters, ehemals Mitglied der SdP und Abgeordneter im tschechoslowakischen Parlament, verfaßten Niederschrift (Zeugenschrifttum — ZS 608 — im Institut für Zeitgeschichte, München) war die Zugehörigkeit zum Sudetendeutschen Freikorps einer der schwerwiegendsten Anklagepunkte im sogenannten Abgeordneten-Prozeß (s. unten S. 78). Über die Behandlung ehemaliger Mitglieder des Freikorps s. auch die Berichte Nr. 36, S. 213; Nr. 51, S. 276; Nr. 68, S. 350.

2 vgl. die Berichte Nr. 10, S. 36 f.; Nr. 18, S. 72 f.; Nr. 41, S. 235; Nr. 45, S. 247 f.; Nr. 47, S. 250 f; Nr. 52, S. 279 f.; Nr. 57, S. 296; Nr. 63, S. 325; Nr. 70, S. 354 und weitere Berichte.

3 vgl. die Berichte Nr. 38; Nr. 40, S. 230; Nr. 69, S. 351 f.
Das willkürliche Vorgehen gegen diese Gruppe wurde nachträglich durch das Verfassungsdekret des Präsidenten der Republik vom 27. Oktober 1945 über die Sicherstellung der als staatlich unzuverlässig betrachteten Personen während der Revolutionszeit (Slg. Nr. 137) legalisiert; s. Anlage 14, S. 276.

4 vgl. die Berichte Nr. 27, S. 146 f.; Nr. 28, S. 155 f.; Nr. 30, S. 170 ff.; Nr. 40, S. 230 ff.; Nr. 41, S. 234 f.; Nr. 45, S. 247 f.; Nr. 47, S. 250 ff.; Nr. 52, S. 280; Nr. 54, S. 287; Nr. 57, S. 297; Nr. 58, S. 301 f.; Nr. 59, S. 308 ff.; Nr. 63, S. 325 f.; Nr. 70, S. 354; Nr. 97, S. 448; Nr. 127, S. 653 ff. und weitere Berichte.

5 vgl. z. B. die Berichte Nr. 30, S. 176; Nr. 46, S. 248 ff. und Nr. 67, vor allem S. 344.

die Volksgerichtsverfahren heißt, „ex offo-Verteidiger zugeteilt, die sich aber in der Regel bei der herrschenden Stimmung in keiner Weise exponieren. Die Verfahren werden rechtlich und prozessual ganz verschieden durchgeführt, meist herrscht ein Massenbetrieb, der die Führung von Zeugen noch mehr erschwert, als es die damals gegebenen Verhältnisse begründen. Sprachliche Schwierigkeiten, Unkenntnis des Dekrets, Voreingenommenheit der Richter und Staatsanwälte verursachen eine Unmenge von Unrecht und unnötiger Härte"[1]. Die eines Verbrechens im Sinne des Dekretes vom 19. Juni Beschuldigten warteten oft monatelang unter härtesten Haftbedingungen auf ihr Verfahren[2]. Oft erfuhren sie überhaupt nicht, wessen man sie beschuldigte. Manche der Verhafteten wurden nach vielen Monaten mit der Erklärung entlassen, es läge nichts gegen sie vor[3]. Viele Prozesse wurden im Schnellverfahren durchgeführt und dauerten oft nur 15 Minuten, wobei meist langjährige Freiheitsstrafen verhängt wurden[4].

Die auf solche Weise Abgeurteilten hatten einen Teil oder die ganze Strafe in Zwangsarbeits-Sonderabteilungen zu verbüßen, die vorwiegend zur Beseitigung von Kriegsmaterial und Trümmern, beim Bau von öffentlichen Gebäuden und Einrichtungen, im Bergbau und in der Land- und

---

1 Nach der Niederschrift von Dr. Gustav Peters. Peters hebt allerdings für den sogenannten Abgeordneten-Prozeß gegen Parlamentarier der SdP die korrekte Haltung der Verteidiger hervor: „Die Anwälte, die uns zugeteilt worden waren, haben eine gute Mitte zwischen ihrer Pflicht als Rechtsbeistände und dem Druck ihrer nationalen Umwelt, wie sie die Erbitterung über das Protektorat und die Revolution geschaffen hatte, gehalten. Keiner von den 15 Anwälten hat seinen Mandanten bewußt oder bösartig im Stich gelassen, wenn auch nicht alle hohen Anforderungen hätten standhalten können."

Über das Verhalten der ex offo-Verteidiger in Volksgerichtsprozessen s. auch die Berichte Nr. 46, S. 248 ff.; Nr. 54, S. 289 f.; vgl. auch Bericht Nr. 67, S. 344.

2 vgl. z. B. die Berichte Nr. 46, Nr. 54 und Nr. 67.

3 vgl. Bericht Nr. 30, vor allem S. 176; Nr. 36, S. 213; Nr. 63, S. 327; Nr. 70, vor allem S. 359; Nr. 104, S. 491 Anm. 1; Nr. 115, S. 513.

Um eventuellen Schadensersatzforderungen solcher unschuldig verhafteter Personen zu begegnen, war im Dekret vom 27. Oktober 1945 über die Sicherstellung der als staatlich unzuverlässig betrachteten Personen während der Revolutionszeit (Slg. Nr. 137) verfügt worden: „Solche Personen haben wegen dieser ihrer Sicherstellung oder einer Verlängerung der vorläufigen Sicherstellung über den gesetzlich zulässigen Zeitraum hinaus keinen Anspruch auf Schadensersatz" (§ 1); s. Anlage 14, S. 276.

4 Justizminister Prokop Drtina erklärte in seinem Rechenschaftsbericht vor dem tschechoslowakischen Parlament im Mai 1947 über die Tätigkeit der Volksgerichte: „Die Volksgerichtsbarkeit war eine revolutionäre Gerichtsbarkeit, aufgebaut auf dem System der Standgerichte und trägt daher alle Merkmale eines solchen Tribunals. Man kann sich nicht wundern, daß es in den Entscheidungen der außerordentlichen Volksgerichte zu verschiedenen Unregelmäßigkeiten gekommen ist. Im Gegenteil, es wäre ein Wunder, wenn die Durchführung einer solchen außerordentlichen Gerichtsbarkeit, die in ihren Entscheidungen fast ausschließlich auf das Laienelement, d. h. auf Richter aus dem Volke und nicht auf Berufsrichter gestützt war, den Unregelmäßigkeiten hätte vorbeugen können." Prokop Drtina, Na soudu národa. Tři projevy ministra spravedlnosti Dr. Prokopa Drtíny o činnosti mimořádných lidových soudů a národního soudu (Das Gericht des Volkes. Drei Reden des Justizministers Dr. Prokop Drtina über die Tätigkeit der außerordentlichen Volksgerichte und des Nationalgerichts.), Prag 1947, S. 17.

Forstwirtschaft eingesetzt wurden[1]. Solche Abteilungen bildete man auch aus den noch nicht verurteilten Häftlingen in den Gefängnissen und Strafanstalten[2].

Gegen Ende der organisierten Ausweisungsaktion wurde ein großer Teil der bis zu fünf Jahren Freiheitsstrafe Verurteilten und Untersuchungshäftlinge, die keine höhere Strafe zu erwarten hatten, in die Ausweisungstransporte eingewiesen[3].

Gewiß mußten alle diejenigen, die wirklicher Verbrechen überführt waren, bestraft werden[4], aber die politischen und rechtlichen Hypothesen, auf denen das Retributionsdekret beruhte, ebenso wie die Verfahrenspraxis schufen statt Recht in vielen Fällen neues Unrecht. So gerieten auch eine Reihe der großen Prozesse gegen Repräsentanten des deutschen Regimes in das Zwielicht politischer Vergeltungsmaßnahmen. Das gilt z. B. für die Verhandlung, die vom 10. Dezember 1946 bis 15. Februar 1947 im Kreisgericht Prag-Süd in Pankrác gegen 16 Abgeordnete und Senatoren der Sudetendeutschen Partei geführt wurde, den sogenannten „Abgeordnetenprozeß"[5].

---

1 Die Zwangsarbeits-Sonderabteilungen wurden auf Grund eines Dekrets des Präsidenten der Republik vom 27. Oktober 1945 (Slg. Nr. 126) geschaffen; s. Anlage 15, S. 277 f.

Über den Arbeitseinsatz von Untersuchungshäftlingen und Verurteilten s. die Berichte Nr. 46, S. 250; Nr. 54, S. 289; Nr. 67, S. 346 ff.; Nr. 103, S. 486 f.

2 Im Mai 1947 arbeiteten von den 18 800 Untersuchungs- oder Strafhäftlingen die sich in den Kreisgefängnissen oder Strafanstalten befanden, 11 654 in Zwangsarbeits-Sonderabteilungen oder in anderen Arbeitsabteilungen; vgl. Drtina, Na soudu národa, S. 72.

3 Justizminister Drtina, der im Juni/Juli 1947 im Parlament wegen dieser Maßnahmen heftig angegriffen wurde, begründete sie mit dem Hinweis, daß man die Häftlinge deswegen ausgewiesen habe, um nicht für ihre Familien, die auf Grund der tschechisch-amerikanischen Vereinbarungen nicht ohne ihren Ernährer ausgewiesen werden konnten (s. u. S. 118 ff.), sorgen zu müssen. Die einzelnen Fälle seien im Justizministerium sorgfältig geprüft worden. Nur kleine Funktionäre der SdP, NSDAP und ihrer Organisationen wurden abgeschoben, nicht aber Angehörige der SS, der Gestapo und des Sudetendeutschen Freikorps. Man wollte vor allem auch verhindern, daß die Häftlinge nach der Verbüßung ihrer Strafe in der ČSR blieben und vielleicht nicht mehr abgeschoben werden konnten. (Drtina, Na soudu národa, S. 47.)

Die Kritik wurde vorwiegend deswegen ausgelöst, weil die zu gleich hohen Strafen verurteilten Tschechen ihre Strafzeit voll verbüßen mußten, während man die Deutschen freiließ. (vgl. hierzu auch „Dnešek" vom 27. Februar 1947, S. 780.)

4 Hier ist vor allem der gegen den letzten Kommandanten von Theresienstadt Karl Rahm vor dem Volkgericht in Leitmeritz geführte Prozeß zu nennen. (vgl. H. G. Adler, Theresienstadt 1941—1945, Das Antlitz einer Zwangsgemeinschaft, Tübingen 1955, S. 735.)

5 Unter Anklage standen hier folgende Männer: Hans Krebs, Georg Böhm, Franz Schreiber, Franz Werner, Ernst Kundt, Hans Westen, Dr. Karl Feitenhansel, Gustav Knöchel, Karl Schlösser, Dr. Gustav Peters, Emil Enheeber, Karl Garlik, Gustav Hocker, Karl Stellwag, Benno Fischer, Dr. Alfred Rosche. Von ihnen sind die sechs zuerst genannten zum Tode verurteilt und hingerichtet worden, der letzte starb vor Verkündigung des Urteils. Ein Angeklagter wurde freigesprochen (Benno Fischer), die übrigen zu Freiheitsstrafen von 3 Jahren bis zu lebenslänglicher Haft verurteilt. Keinem der Angeklagten war Teilnahme

Das Retributionsdekret, das zur Bestrafung und Ausschaltung vorwiegend der Deutschen und ihrer tschechischen Kollaborateure erlassen worden war, wurde nach dem kommunistischen Umsturz erneuert und als Instrument der neuen Machthaber diesmal fast ausschließlich gegen ihre tschechischen politischen Gegner angewandt[1]. Wie eine Reihe weiterer gegen die Deutschen gerichteten Dekrete und Gesetze erwies es sich als Hilfsmittel der Kommunisten zur Verwirklichung ihrer politischen und sozialrevolutionären Ziele.

Von der Idee kollektiver Schuld und Verantwortung gingen auch eine Reihe weiterer gegen die Deutschen (und Madjaren) insgesamt gerichteter demütigender und diskriminierender Maßnahmen aus, die zum großen Teil der nationalsozialistischen Judenpolitik nachgeahmt waren und mit ihr gerechtfertigt wurden[2]. Dazu gehörte die befohlene Kennzeichnung der Deutschen durch besondere weiße oder gelbe Armbinden oder weiße Stoffflecken mit einem aufgezeichneten N (Němec = Deutscher), das Verbot der Benutzung von öffentlichen Verkehrsmitteln und Einrichtungen, die Behinderung der Bewegungsfreiheit durch Sperrstunden mit der Anordnung, den Wohnort über einen Umkreis von 7 km hinaus nicht zu verlassen, und

---

an Verbrechen oder Greueln vorgeworfen worden, sondern Beteiligung an Bestrebungen, die Sudetengebiete von der ČSR zu lösen. Tendenzen zum Anschluß an Deutschland wurden den Sudetendeutschen in der Anklageschrift seit 1848 unterstellt. (Die deutsche Übersetzung der Anklageschrift befindet sich bei der Niederschrift des mitangeklagten und im Januar 1954 nach Verbüßung der 7jährigen Freiheitsstrafe freigelassenen Dr. Gustav Peters.) — Außerhalb dieses Prozesses sind noch 5 weitere Abgeordnete der SdP in Sonderprozessen verurteilt worden, unter ihnen Karl Hermann Frank, der zum Tode verurteilt und am 23. Mai 1947 hingerichtet wurde. Zu nennen ist auch der Prozeß gegen den Primatorstellvertreter von Prag, Professor Pfitzner, der am 2. September 1945 in Prag öffentlich hingerichtet wurde, und der Prozeß gegen den stellvertretenden Reichsprotektor von Böhmen und Mähren, Chef der deutschen Ordnungspolizei und SS-Obergruppenführer Kurt Daluege, der am 20. Oktober 1946 in Prag gehenkt wurde. — Nach Ablauf der Zwei-Jahres-Frist für die Abwicklung der Volksgerichtsprozesse, gerechnet vom Ausbruch der Revolution (5. Mai 1945), gab Justizminister Prokop Drtina vor dem tschechoslowakischen Parlament einen Bericht über die Tätigkeit der Volksgerichtshöfe: Bei 24 außerordentlichen Volksgerichtshöfen wurden insgesamt 132 549 Verfahren eingeleitet, von denen 130 111 erledigt wurden. Von diesen wurden 38 316 Fälle behandelt und 4592 ordentlichen Gerichten übergeben. 40 534 Fälle wurden nicht aufgenommen, die übrigen fielen unter das sogenannte kleine Retributionsdekret (Slg. Nr. 138, 1945; das Dekret betraf allein Tschechen und Slowaken und befaßte sich mit geringfügigeren Vergehen). 713 Personen, darunter 475 Deutsche und 234 Tschechen, wurden zum Tode, 741 Personen, darunter 443 Deutsche und 293 Tschechen, zu lebenslänglichen Freiheitsstrafen verurteilt. 19 888 Personen erhielten Freiheitsstrafen von insgesamt 206 334 Jahren. 745 Verurteilten wurden die Strafen erlassen, 9132 Personen freigesprochen. (Prokop Drtina, Na soudu národa, S. 11 f.)

Nach neuesten Pressemeldungen (Münchener Merkur, Nr. 200 vom 20. August 1957) sollen sich heute noch 123 verurteilte Deutsche in tschechischen Gefängnissen befinden, darunter u. a. der letzte Wehrmachtsbevollmächtigte beim deutschen Staatsminister für Böhmen und Mähren, General Toussaint.

1 Gesetz vom 25. März 1948, durch das die Wirksamkeit des Retributionsdekretes und der Verordnung über die Volksgerichtsbarkeit erneuert und einige ihrer Bestimmungen abgeändert werden (Slg. Nr. 33).

2 vgl. hierzu die Anlagen 26—28.

weitere Beschränkungen der persönlichen Freiheit und Existenz. Auch die Festsetzung der Verpflegungssätze nach den im Dritten Reich für die Juden festgesetzten Rationen ist hier zu nennen, ebenso die Einschränkung der Einkaufszeiten für Deutsche auf so knapp bemessene Fristen, daß oft die zum Arbeitseinsatz herangezogenen Frauen sie gar nicht wahrnehmen konnten[1].

Eine weitere Maßnahme, die über den durch das Dekret vom 19. Juni betroffenen Personenkreis weit hinausging, war die systematische Internierung der Deutschen. Vom innertschechischen Gebiet ausgehend, wo der größte Teil der deutschen Bevölkerung bereits während des Aufstands oder in den Tagen und Wochen danach interniert worden war, griff sie mit dem Erscheinen größerer Partisaneneinheiten und Formationen der Svoboda-Armee[2] auf die sudetendeutschen Gebiete über. In einzelnen Gegenden, vor allem im Ostsudetenland und in dem Gebiet von Saaz—Brüx—Komotau, wurden davon die Bewohner ganzer Dörfer und Städte erfaßt[3]. In vielen Fällen bildete sie im innertschechischen Gebiet wie im Sudetenland den Auftakt zur Austreibung in die sowjetischen Besatzungszonen Deutschlands und Österreichs[4] oder zum Zwangsarbeitseinsatz im innertschechischen Gebiet[5].

---

1 vgl. hierzu die Berichte Nr. 34, S. 205; Nr. 35, S. 208; Nr. 40, S. 229; Nr. 42, S. 239; Nr. 43, S. 241; Nr. 50, S. 269; Nr. 58, S. 306; Nr. 126, S. 572 ff. und 632 ff.; Nr. 127, S. 689 f.; Nr. 128, S. 700.

2 In den ersten Wochen nach Kriegsausbruch wurde in Polen aus Soldaten und Offizieren, die nach der Zerstörung der Tschechoslowakei dorthin geflohen waren, eine tschechoslowakische Freiwilligen-Einheit unter General Prchala aufgestellt, die jedoch nicht mehr zum Einsatz kam und von der Roten Armee interniert wurde. Ein Teil dieser Soldaten gelangte über den Nahen Osten zu den im Westen aufgestellten tschechoslowakischen Verbänden. Aus den in der Sowjetunion Zurückgebliebenen und tschechischen und slowakischen meist kommunistischen Emigranten wurden auf Grund der Vereinbarung vom 18. Juli 1941 zwischen der Sowjetunion und der tschechoslowakischen Exilregierung in London (Text in War and Peace Aims of the United Nations, Bd. I, S. 353) eigene nationale militärische Einheiten unter einem von der Exilregierung mit Zustimmung der Sowjets ernannten Befehlshaber gebildet. Den militärischen Befehl übernahm der spätere General Ludvík Svoboda. Die tschechoslowakischen Verbände wurden unter sowjetischem Oberbefehl an der Ostfront eingesetzt und erhielten Zuwachs durch Überläufer nationalslowakischer Einheiten, die auf deutscher Seite eingesetzt waren, später nach der Rückeroberung Wolhyniens durch die Rote Armee auch aus den dort lebenden tschechischen Siedlern. Spezialeinheiten nahmen am slowakischen Aufstand teil (s. den zweiten Teil [B] der Einleitenden Darstellung, S. 160), das Gros wurde in den Kämpfen am Duklapaß eingesetzt und erlitt dabei schwere Verluste. Nach der Besetzung der Slowakei und der tschechischen Gebiete stellte die Svoboda-Armee, die inzwischen durch Rekrutierungen auf Heimatboden und die Eingliederung von Partisanenverbänden beachtlich gewachsen war, die Kader für den Aufbau der tschechoslowakischen Armee. Eine ihrer ersten Aufgaben war die Besetzung der wirtschaftlich wichtigsten Gebiete des Sudetenlandes, wo sie bald, vor allem bei den Austreibungsaktionen, eine berüchtigte Rolle spielte.

3 vgl. über die Internierungsaktion in Jägerndorf die Berichte Nr. 37, 38, 71 und 72 und die unter 55—60 abgedruckten Berichte über die Internierung der deutschen Bevölkerung im Gebiet von Saaz-Brüx-Komotau.

4 vgl. die Berichte Nr. 31, S. 186; Nr. 59, S. 313; Nr. 71, S. 363 ff.; Nr. 72, S. 374; Nr. 81, S. 391 f.; Nr. 88, S. 406 ff.; Nr. 90, S. 412 ff.

5 vgl. insbesondere die Berichte Nr. 33, S. 196; Nr. 50, S. 265 ff.; Nr. 58, S. 298 ff.; Nr. 59, S. 307 ff.; Nr. 62, S. 322 f.

So wurden auch durchweg die bald nach Kriegsende und später aus der Kriegsgefangenschaft heimkehrenden Sudetendeutschen, ohne Rücksicht darauf, daß sie von den alliierten Gewahrsamsmächten und auch von den Sowjets einzeln oder in geschlossenen Transporten in ihre Heimat entlassen worden waren, gleich nach ihrer Ankunft in der ČSR wieder gefangengesetzt und in die zahlreichen Lager geschafft, wo sie dann oft ein härteres Los zu erleiden hatten als das ihrer bisherigen Kriegsgefangenschaft[1]. Das Schicksal der in den Lagern Zusammengetriebenen unterschied sich vor allem in den ersten Monaten kaum von dem derjenigen Deutschen, die auf Grund der neuen politischen Strafgesetzgebung oder unter willkürlichen Vorwänden verhaftet worden waren und z. T. in denselben Lagern wie die Internierten, meist allerdings von ihnen getrennt, untergebracht worden waren[2].

In einigen dieser Lager, wie vor allem in Theresienstadt, wechselten nur die Opfer: wo vorher jüdische Gefangene unter dem nationalsozialistischen Zwangssystem litten, wurden jetzt Deutsche gequält und mißhandelt. „Bestimmt gab es unter ihnen welche", so lesen wir in dem erschütternden Bericht eines jüdischen Mitgefangenen über das Lager Theresienstadt, „die sich während der Besetzungsjahre manches haben zuschulden kommen lassen, aber die Mehrzahl, darunter viele Kinder und Halbwüchsige, wurden bloß eingesperrt, weil sie Deutsche waren. Nur weil sie Deutsche waren ...? Der Satz klingt erschreckend bekannt; man hatte bloß das Wort ‚Juden' mit ‚Deutsche' vertauscht. Die Fetzen, in die man die Deutschen hüllte, waren mit Hakenkreuzen beschmiert. Die Menschen wurden elend ernährt, mißhandelt, und es ist ihnen um nichts besser ergangen, als man es von deutschen Konzentrationslagern her gewohnt war. Der Unterschied bestand lediglich darin, daß der herzlosen Rache, die hier am Werke war, das von der SS zugrunde gelegte großzügige Vernichtungssystem fehlte" [3].

Nachdem in der angelsächsischen Presse kritische Berichte über die Verhältnisse in der Tschechoslowakei erschienen waren[4], mehrten sich in den westlichen Ländern Stimmen, die die grausame Behandlung der Sudeten-

---

[1] vgl. z. B. die Berichte Nr. 66, S. 335 ff.; Nr. 98, S. 457; Nr. 112, S. 508 f.; Nr. 126, S. 604; s. auch Anlage 27.

[2] Von den zahllosen im tschechischen und sudetendeutschen Gebiet 1945 errichteten Lagern, die in den einzelnen Bezirken und Regionen besonders berüchtigt wurden, seien hier nur folgende genannt: Adelshof und Thomasdorf, Kreis Freiwaldau; Ober Altstadt b. Trautenau; Reichenau, Kreis Gablonz; Theresienstadt; Lerchenfeld b. Aussig; Komotau-Glashütte; Maltheuern und Oberleutensdorf b. Brüx; Rabstein b. Böhmisch Kamnitz; Neu Rohlau, Kreis Elbogen; Auschowitz b. Marienbad; Třemošná b. Pilsen und Chrastavice b. Taus; Týnice und Prosečnice in Innerböhmen; Dubi b. Kladno; Prag-Hagibor; Helenenthal, Obergoß und Pattersdorf in der Iglauer Sprachinsel; Kaunitz-Kolleg und Malmeritz in Brünn; Pohrlitz; Olmütz-Hodolein, des weiteren die Lager um Mährisch Ostrau und Witkowitz. In den meisten Gemeinden befanden sich ein oder mehrere Internierungs-, Arbeits- oder Wohnlager.

[3] H. G. Adler, a. a. O., S. 214.

[4] vgl. z. B. den Bericht von Rhona Churchill in der Londoner „Daily Mail" vom 6. August 1945, in dem sie die Austreibung der Brünner Deutschen, die Errichtung von Konzentrationslagern und die allgemeine rechtlose Lage der Deutschen schildert (zit. oben S. 66, Anm. 3); vgl. auch den Artikel „Das ungeheure Drama", Der Sozialdemokrat (London), Nr. 71 vom 31. August 1945, in dem eine Reihe kritischer Pressestimmen aus England und den USA zitiert werden.

deutschen verurteilten[1]. Wie weit solche Vorhaltungen die Bemühungen tschechischer Regierungsstellen um eine Beseitigung der ärgsten und offenkundigsten Mißstände in den Lagern und Gefängnissen beeinflußt haben, läßt sich nicht mit Bestimmtheit sagen. Zweifellos waren seit dem Sommer 1945 vor allem bürgerliche Kräfte auch aus innerpolitischen Gründen bestrebt, der seit den Revolutionstagen in den Sudetenländern herrschenden chaotischen Zustände Herr zu werden und die Kontrolle über die neuerrichteten Verwaltungs- und Sicherheitsorgane zu gewinnen; sie suchten die radikalen und für ihre Posten unqualifizierten Elemente, die meist für die fortdauernden Ausschreitungen verantwortlich waren, nun möglichst rasch auszuschalten, zumal auch in der tschechischen Öffentlichkeit vereinzelt Kritik an den Methoden der Behandlung der Sudetendeutschen laut wurde[2]. Als einige der ärgsten Schinder wegen Unterschlagung und persönlicher Bereicherung verhaftet worden waren, besserten sich seit Ende des Jahres dann auch die Zustände in einzelnen Lagern[3]. Die Änderung der anfänglichen Bezeichnung Konzentrationslager in Internierungs-, Arbeits- und schließlich Sammellager[4] scheint aus Rücksicht auf die Weltöffentlichkeit vorgenommen worden zu sein, da man mit dem Begriff des Konzentrationslagers zwangsläufig die Vorstellung von Massengrausamkeiten verband. Die Änderung der Lager-Bezeichnung bedeutete aber keineswegs eine gleichzeitige Änderung der geübten Praktiken; denn die Bewachungsmannschaften setzten sich hier wie in den Gefängnissen in der ersten Zeit nach der Wiedererrichtung des Staates aus Angehörigen der Revolutionsgarde und später der Stráž (Sbor) Národní Bezpečnosti (SNB, Wache der nationalen Sicherheit) zusammen. Die SNB, die die Funktionen des Staatssicherheitsdienstes und zugleich der Gendarmerie und Polizei ausübte, war genauso gefürchtet wie die Revolutionsgarde. Bei ihrer überstürzten Aufstellung

---

[1] Eine besondere Initiative entwickelten die Labour-Abgeordneten Stokes und Strauss im britischen Unterhaus. In wiederholten Interpellatioen setzten sie sich für eine menschliche Behandlung der Entrechteten ein. Stokes entschloß sich schließlich im Sommer 1946 zu einer Reise in die ČSR, um sich über die dort herrschenden Zustände zu informieren. Seinen Bericht darüber, in dem die verzweifelte Situation der noch zu dieser Zeit in den Internierungs- und Arbeitslagern befindlichen Deutschen geschildert wird, wurde im „Manchester Guardian" vom 10. Oktober 1946 und in anderen britischen Zeitungen veröffentlicht, vgl. auch S. 63, Anm. 4. — Hier muß auch die Rede Churchills vom 16. August 1945 im Unterhaus erwähnt werden, der in aufsehenerregender Form auf die Vorgänge in Polen und der ČSR vor der Weltöffentlichkeit hinwies. Er ging zunächst auf die Austreibungsaktionen der Polen ein und erklärte dann weiter: „Aber über eine riesige Zahl dieser Menschen fehlt überhaupt jede Nachricht. Wohin sind sie gegangen und welches ist ihr Schicksal? Ähnliche Verhältnisse könnten sich bei der Vertreibung der Sudetendeutschen und der anderen Deutschen aus der Tschechoslowakei wiederholen. Spärliche und vorsichtige Berichte über das, was geschehen ist und noch immer geschieht, sind zu uns gelangt, aber es ist nicht unmöglich, daß sich eine Tragödie ungeheuren Ausmaßes hinter dem Eisernen Vorhang abspielt, der jetzt Europa in zwei Teile scheidet." (Parliamentary Debates — House of Commons, Bd. 413, S. 83.)

[2] Neben dem bereits oben erwähnten „Dnešek" war es vor allem die Zeitschrift „Obzory", die kritischen Stimmen über die unmenschliche Behandlung der Sudetendeutschen Raum gab, vgl. z. B. Nr. 14 vom 7. 12. 1945.

[3] vgl. die Berichte Nr. 38, S. 221; Nr. 40, S. 231; Nr. 57, S. 297 f.; Nr. 62, S. 324.

[4] Koncentrační tábor, Internační tábor, Pracovní tábor, Shromaždovací středisko; vgl. auch die Berichte Nr. 27, S. 144; Nr. 37, S. 216 und Nr. 38, S. 220.

waren zweifelhafte Elemente in ihre Reihen eingeströmt. Offenbar wurden auch ganze Gruppen von Revolutionsgardisten, die in einzelnen Orten stationiert waren, in die SNB übernommen[1]. Es ist daher nicht verwunderlich, daß die Methoden der Revolutionsgarde in den meisten Lagern weiter praktiziert wurden. Andererseits bemühten sich freilich auch einzelne SNB-Männer, wenn sie sich vor einer Denunzierung durch ihre Landsleute sicher fühlten, das Los der Häftlinge und Internierten zu erleichtern[2].

b. Wirtschaftliche Ausschaltung und Enteignung der Sudetendeutschen

Den tiefsten Eingriff in die Lebensverhältnisse von Millionen bildete die Gruppe von Dekreten, die die völlige und entschädigungslose Enteignung aller Personen deutscher (und madjarischer) Nationalität verfügten.

Schon das Dekret des Präsidenten vom 19. Mai 1945 „über die Ungültigkeit einiger vermögensrechtlicher Rechtsgeschäfte aus der Zeit der Unfreiheit und über die nationale Verwaltung der Vermögenswerte der Deutschen, der Madjaren, der Verräter und Kollaboranten und einiger Organisationen und Anstalten"[3] bestimmte, daß das Vermögen „staatlich unzuverlässiger Personen" unter nationale Verwaltung gestellt werden solle (§ 2), was faktisch die Enteignung fast aller Deutschen und Madjaren bedeutete. Denn als staatlich unzuverlässige Personen bezeichnet das Dekret u. a. Personen deutscher oder madjarischer Volkszugehörigkeit (§ 4 a), und zwar alle, „die sich bei irgendeiner Volkszählung seit dem Jahre 1929 zur deutschen oder madjarischen Volkszugehörigkeit bekannt haben oder Mitglieder nationaler Gruppen, Formationen oder politischer Parteien geworden sind, die sich aus Personen deutscher oder madjarischer Volkszugehörigkeit zusammensetzten" (§ 6). Der hier definierte Begriff von „staatlich unzuverlässigen Personen" griff schon weit über den Personenkreis des Dekrets vom 19. Juni 1945 hinaus, und seine Definition war grundlegend für die Behandlung der Deutschen in den Gebieten der Tschechoslowakei nach der Wiedererrichtung der

1 vgl. z. B. die Berichte Nr. 50, S. 265 und Nr. 126, S. 582 f.

2 Neben Revolutionsgardisten wurden auch Angehörige der ehemaligen tschechoslowakischen Gendarmerie in die SNB übernommen. Da die SNB zunächst noch teilweise die früheren Polizeiuniformen trug, nahmen viele Internierte oder Häftlinge irrtümlich an, daß es sich um reguläre Gendarmerie handelte; vgl. z. B. die Berichte Nr. 27, S. 144; Nr. 34, S. 198; Nr. 40, S. 231, und andere. — Die bürgerlichen Parteien erhoben gegen Innenminister Nosek und die kommunistische Partei den Vorwurf, daß die SNB zur Durchsetzung kommunistischer parteipolitischer Ziele mißbraucht werde, und weigerten sich im Parlament, die Statuten der SNB zu billigen; vgl. auch „Svobodné Slovo" vom 25. Mai 1946, wo der kommunistischen Partei vorgeworfen wird, internierte deutsche NS-Propagandafachleute für ihre Wahlagitation zu verwenden. „Svobodné Slovo" knüpfte daran die Feststellung, daß die Öffentlichkeit begreifen wird, „warum die nationalsozialistische Partei [Beneš-Partei] darauf drängt, daß SNB und alle Sicherheitsbehörden dem ganzen Volk und nicht nur einer einzigen Partei dienen sollen. Hätte die kommunistische Partei nicht so einen entscheidenden Einfluß auf unsere innere Sicherheit [gemeint sind wohl Sicherheitsorgane], wäre es auch nicht möglich, für ihre Agitationszwecke festgenommene Deutsche aus Lagern auszuleihen.
Die Öffentlichkeit kann daraus ersehen, wer in Prag den Abschub von Deutschen oder wenigstens der Deutschen, die der kommunistischen Propaganda nützlich sein können, bremst."

3 Slg. Nr. 5; s. Anlage 3, S. 204 ff.

Republik. Jedoch genügte sie noch nicht vollständig, um einen so brutalen Akt wie die Enteignung mehrerer Millionen zu rechtfertigen; hier mußte man noch weiter gehen: die entscheidende gesetzliche Maßnahme hierfür bildete das Verfassungsdekret des Präsidenten der Republik über die Regelung der tschechoslowakischen Staatsbürgerschaft von Personen deutscher und madjarischer Volkszugehörigkeit, das diese, soweit sie nach den Vorschriften einer fremden Besatzungsmacht die deutsche oder madjarische Staatsangehörigkeit erworben hatten, der tschechoslowakischen Staatsbürgerschaft verlustig erklärte[1]. An dieser Stelle überschlug sich die staatsrechtliche Theorie, von der Beneš und die tschechische Regierung bisher ausgegangen waren: sie verneinte die Rechtsgültigkeit des Münchener Abkommens und aller in diesem Zusammenhang stehenden Verträge und Verordnungen, sie hielt an der ungebrochenen staatlichen Kontinuität der ČSR fest, aber sie erkannte ausdrücklich den Staatsangehörigkeitswechsel von 1938 an; d. h. sie behandelte den Wechsel der Staatshoheit über das Territorium als nichtig, hielt aber an dem Wechsel der Staatshoheit über Personen fest. Die Inkonsequenz dieses Verfahrens ist den Schöpfern dieses Gesetzes offenbar durchaus bewußt gewesen. In einem Runderlaß des tschechoslowakischen Ministeriums des Innern zu diesem Dekret finden wir die widerspruchsvollen Sätze: „Die Mehrheit dieser Personen hat die deutsche oder madjarische Staatsangehörigkeit auf Grund der Regelung der Okkupanten selbst erworben. Diese Maßregel würde zwar vom Standpunkt der tschechoslowakischen Rechtsordnung nichtig sein, das Verfassungsdekret hat diesen Akt einer ausländischen Staatsgewalt jedoch ausdrücklich anerkannt und dadurch ex lege alle diese Personen aus dem tschechoslowakischen Staatsverband ausgeschlossen“[2].

Auf so brüchigem Rechtsboden steht die Enteignung (Konfiskation) des Besitzes der Deutschen und Madjaren, die im Dekret des Präsidenten vom 21. Juni 1945 „über die Konfiskation und beschleunigte Aufteilung des landwirtschaftlichen Vermögens der Deutschen, Madjaren, wie auch der Verräter des tschechischen Volkes“[3] und im Dekret vom 25. Oktober 1945 „über die Konfiskation des feindlichen Vermögens und die Fonds der nationalen Erneuerung“[4] festgestellt und legalisiert wurde.

Im Dekret vom 21. Juni 1945 wurde „für die Zwecke der Bodenreform“ und „geleitet vor allem von dem Streben, einmal für immer den tschechischen und slowakischen Boden aus den Händen der fremden deutschen und madjarischen Gutsbesitzer, wie auch aus den Händen der Verräter der Republik zu nehmen“, das landwirtschaftliche Vermögen der Deutschen als enteignet erklärt und die beschleunigte Aufteilung und Zuweisung an tschechische und slowakische Landlose, Siedler etc. verfügt (§ 1, Ziff. 1 a). Davon sollte ausgenommen bleiben das Vermögen von Personen deutscher Nationalität, „die sich aktiv am Kampf für die Wahrung der Integrität und

---

[1] Slg. Nr. 33; s. Anlage 8, S. 240.

[2] s. Anlage 10, S. 247.
Es ist bemerkenswert, daß auch E. Wiskemann, a. a. O., S. 101, Anm. 1, die Begründung für das Dekret vom 2. August 1945 als unlogisch bezeichnet: „If the Czechs did not recognize Munich this was illogical.“ Doch fährt sie fort: „Yet it was true that these people, with rare exception, had welcomed German citizenship.“

[3] Slg. Nr. 12; s. Anlage 5, S. 225 ff.

[4] Slg. Nr. 108; s. Anlage 13, S. 263 ff.

die Befreiung der Tschechoslowakischen Republik beteiligt haben" (§ 1, Ziff. 2). Die entschädigungslose Enteignung alles sonstigen unbeweglichen und beweglichen Vermögens — soweit es noch nicht geschehen war — und aller Vermögensrechte der deutschen juristischen Personen und aller natürlichen Personen deutscher Nationalität verfügte das Dekret vom 25. Oktober 1945. Ausgenommen wurde auch hier nur das Vermögen von Deutschen, „die nachweisen, daß sie der Tschechoslowakischen Republik treu geblieben sind, sich niemals gegen das tschechische und slowakische Volk vergangen haben und sich entweder aktiv am Kampf für ihre Befreiung beteiligt oder unter dem nazistischen oder faschistischen Terror gelitten haben" (§ 1, Ziff. 1). Nach einer weiteren Bestimmung des Dekrets (§ 2, Ziff. 1) blieb von der Konfiskation des beweglichen Vermögens der generell von der Enteignung betroffenen Personen nur der Teil ausgenommen, „der zur Befriedigung der Lebensbedürfnisse oder zur persönlichen Ausübung der Beschäftigung dieser Personen oder ihrer Familienmitglieder unumgänglich nötig ist (wie Kleidung, Federbetten, Wäsche, Hausgerät, Nahrungsmittel und Werkzeuge)". Einzelheiten über den Umfang dieses Vermögens sollte die Regierung auf dem Verordnungswege festsetzen[1].

Das auf Grund des Dekrets vom 25. Oktober 1945 konfiszierte Vermögen, das zunächst Staatseigentum blieb, wurde dann, soweit es sich um Grundstücke, Einfamilienhäuser und kleine gewerbliche Unternehmen im Grenzgebiet handelte, durch das Gesetz vom 14. Februar 1947 (Slg. Nr. 31) den bisherigen Verwaltern und anderen anspruchsberechtigten Personen in Eigentum übergeben[2].

Bereits im Juni 1945 war durch eine Bekanntmachung des Finanzministeriums der Geld- und Wertpapierbesitz der Verfügungsgewalt der deutschen Eigentümer und Besitzer entzogen worden[3]. Sämtliche Zahlungen zugunsten von Deutschen (deutschen Unternehmungen und Institutionen), auch von Löhnen und Dienstbezügen, soweit sie den Betrag von 200 Kč überschritten, mußten auf ein Sperrkonto erfolgen. Gleichzeitig wurde die Hinterlegung aller in- und ausländischen Wertpapiere, von Edelmetallen, Edelsteinen, Wert- und Kunstgegenstände und Briefmarkensammlungen, die sich zum Zeitpunkt der Veröffentlichung der Bekanntmachung in deutschem Besitz befanden, in einem Sperrdepot angeordnet. Als am 1. August 1945 in den sudetendeutschen Gebieten die Reichsmark als gesetzliches Zahlungsmittel außer Kurs gesetzt und im Verhältnis 1 RM = 10 Kč nur bis zu einem Höchstbetrag von 300 Kč umgetauscht wurde, mußte das übrige Bargeld auf Sperrkonten eingezahlt werden und durfte nur mit einer Sondergenehmigung des zuständigen Národní Výbor in Monatsraten bis zu 500 Kč abgehoben werden[4]. Da diese Genehmigung nur in seltenen Fällen erteilt wurde, gerieten vor allem die alten Leute, deren Renten- und Pensionsanspruch generell verfiel, und die Familien, deren Ernährer in Gefangenschaft, zur

[1] vgl. hierzu auch das Kapitel über die Behandlung der deutschen Juden in der neuen ČSR, S. 97 ff., und das Kapitel über die Ausweisung, S. 115 ff.

[2] s. Anlage 21.

[3] Bekanntmachung des Finanzministeriums vom 22. Juni 1945 über die Sicherstellung des deutschen Vermögens; s. Anlage 6, S. 231 ff.

[4] Bekanntmachung des Finanzministeriums vom 29. Oktober 1945 über die Auszahlungen aus gesperrten Einlagen und Sperrkonten der staatlich unzuverlässigen Personen; s. Anlage 16, S. 279 ff.

Zwangsarbeit eingesetzt oder verhaftet waren, in große Not[1]. Auch von der überaus bescheidenen Möglichkeit, Geld- und Wertpapierbesitz umzustellen, die die Währungsreform vom 1. November 1945 bot, konnten Sudetendeutsche keinen Gebrauch machen, da das Konfiskationsdekret vom 25. Oktober ausdrücklich für alle Vermögensrechte, Wertpapiere und Einlagen die entschädigungslose Enteignung anordnete[2].

Die radikalen Enteignungsgesetze sprechen bereits die Sprache der kommunistischen Revolution, nur daß sie sich nicht im kommunistischen Sinne gegen den Klassenfeind, sondern im Sinne eines an seine äußersten Grenzen vorgetriebenen Nationalismus gegen den Nationalfeind richten. Er sollte wirtschaftlich vernichtet werden, damit der von allem Fremden gereinigte Nationalstaat geschaffen werden konnte. So bilden die Enteignungsgesetze die unmittelbare Vorbereitung der Austreibung, sie sind zugleich aber auch Teilaktionen des Sozialisierungsprogrammes, das die Regierung der Tschechoslowakischen Republik bereits im Kaschauer Programm verkündet hatte und mit dessen Verwirklichung seit dem Herbst 1945 begonnen wurde. Der zeitliche Zusammenfall der Konfiskationsdekrete mit dem Beginn der allgemeinen Nationalisierungspolitik fast auf den Tag war kein Zufall; beide gehören in einen untrennbaren Motivzusammenhang. Für die Kommunisten diente auch die Enteignung der Deutschen im letzten der Herstellung einer kommunistischen Staats- und Wirtschaftsordnung; nichtkommunistische Politiker wie Beneš versuchten dagegen Schritte auf dem Wege zum Kommunismus in der ČSR, wie die Verstaatlichungsdekrete vom 24. Oktober 1945[3] u. a., noch mit dem nationalen Argument zu begründen, es handle sich hier großenteils um Unternehmen in deutschem oder madjarischem Besitz[4]. Auf dem Felde der gegen die Deutschen und Madjaren gerichteten Konfiskationspolitik steigerte sich die kommunistische und nationalistische Tendenz gegenseitig zu besonders radikalen Entscheidungen: so wurde der sudetendeutsche und madjarische Besitz von vornherein von den Einschränkungen ausgenommen, die in den Nationalisierungsdekreten noch zugunsten kleinerer privater Betriebe gemacht wurden. Außerdem verloren seine

---

1 vgl. hierzu die Berichte Nr. 39, S. 228; Nr. 40, S. 229; Nr. 68, S. 350 f.; Nr. 126, S. 634; Nr. 128, S. 690.

2 Über die Währungsreform s. Bruno Kiesewetter, Die Wirtschaft der Tschechoslowakei seit 1945, Berlin 1954, S. 21 f.; vgl. auch Bericht Nr. 127, S. 666.

3 Es handelte sich um die Dekrete über die Verstaatlichung der Bergwerke und von Industrieunternehmen (Slg. Nr. 100), der Lebensmittelindustrie (Slg. Nr. 101), der Aktienbanken (Slg. Nr. 102) und der privaten Versicherungsunternehmungen (Slg. Nr. 103). Unter das erste Dekret fielen alle Betriebe, die über einen nach der Industriegruppe verschiedenen Beschäftigungsstand über 150 und 500 Personen hinausgingen oder eine bestimmte Produktionskapazität überschritten. In einer zweiten Nationalisierungswelle, die kurz vor der Verabschiedung der neuen Verfassung begann, sind grundsätzlich alle Betriebe erfaßt worden, die mehr als 50 Personen beschäftigten. Sie betraf insbesondere weitere Unternehmungen der Nahrungsmittelindustrie, Transport- und Bauunternehmungen, die Unternehmungen des Groß- und Außenhandels, die Reisebüros, polygraphische Unternehmungen und solche des Beherbergungswesens, die Bade- und Kuranstalten und Betriebe der Veredelungsindustrie (s. die Gesetze vom 28. April, vom 5. und 6. Mai und vom 22. Dezember 1948; Slg. Nr. 114—126 und Nr. 311); vgl. Korkisch, Die verfassungsrechtliche Entwicklung in der Tschechoslowakei bis zur Verfassung vom 9. Mai 1948, a. a. O., S. 671.

4 vgl. Keesing's Archiv, Jg. 15 (1945), S. 494 A.

Eigentümer jeden, wenn auch noch so geringen Entschädigungsanspruch, den im Sinne des Systems politisch unbelastete tschechoslowakische oder ausländische Eigentümer an die „Kasse der nationalisierten Wirtschaft" erheben konnten, was allerdings spätestens seit dem kommunistischen Staatsstreich vom Februar 1948 in jedem Falle ohne Erfolg blieb.

Schon längst vor den gesetzlichen Enteignungsmaßnahmen, die schließlich alle Lebensgrundlagen der Sudetendeutschen in der ČSR zerstörten und die Vertreibung vorbereiteten, hatte die Durchsetzung der Grenzgebiete mit Angehörigen des tschechischen und slowakischen Volkes begonnen[1]. Hunderttausende von Tschechen strömten in das Sudetenland und ließen sich von den Nationalausschüssen oder Verwaltungskommissionen als Národní Správce (Nationalverwalter) in den deutschen Besitz einweisen[2]. Neben den Tschechen, die das Sudetenland nach der Eingliederung in das Deutsche Reich verlassen hatten und nun zurückkamen, waren es vorwiegend Angehörige der Industriearbeiterschaft der Gebiete von Mährisch Ostrau und Kladno, die vielfach nur materielle Vorteile suchten und größtenteils überhaupt nicht für die Übernahme und Weiterführung der deutschen Betriebe und Bauernhöfe qualifiziert waren. Vielerorts eigneten sich die tschechischen Arbeiter, die während des Krieges in der Industrie und Landwirtschaft des sudetendeutschen Gebietes eingesetzt wurden und dort geblieben waren, den Besitz ihres bisherigen Arbeitgebers an[3].

Die erste Welle dieser Zuwanderer setzte sich neben dem Gebiet entlang der Sprachgrenze vor allem in den ergiebigsten Landstrichen fest und schob sich erst allmählich in die Randbezirke vor. Einzelne Regionen, z. B. in den Gebirgen, in denen die deutschen Bewohner in relativ ärmlichen Verhältnissen lebten, blieben bis auf den Zuzug einiger Verwaltungsfunktionäre von dem tschechischen Einstrom zunächst unberührt. Nur zögernd und stärker erst nach dem Abzug der amerikanischen Truppen begann die Zuwanderung in das Egerland und Böhmerwaldgebiet. Offensichtlich wirkte sich die Anwesenheit der Amerikaner, die sich in dem von ihnen besetzten Gebiet energisch um die Aufrechterhaltung von Sicherheit und Ordnung bemühten, hemmend auf das Treiben derjenigen Tschechen aus, die in den anfänglich chaotischen Verhältnissen nach dem Zusammenbruch der deutschen Verwaltung persönliche Bereicherung durch Raub und Plünderung suchten[4].

Von einer organisierten und kontrollierten tschechischen Durchdringung und Besiedelung des Sudetenlandes konnte in den ersten Monaten nach dem Waffenstillstand kaum gesprochen werden, schon deshalb nicht, weil ein großer Teil der ersten Zuwanderer gar nicht die Absicht hatte, im Grenz-

---

1 Bereits im Regierungsaufruf vom 11. Mai war die Bevölkerung aufgefordert worden, das Eigentum der Deutschen, Verräter und Kollaboranten sicherzustellen und es der öffentlichen Verwaltung zu übergeben (s. oben S. 70, Anm. 4.) In Presseartikeln wurde die Bevölkerung aufgefordert, in die Grenzgebiete zu gehen und sich dort niederzulassen.

2 vgl. die Berichte Nr. 39, S. 224; Nr. 40, S. 229; Nr. 43, S. 240 ff.; Nr. 58, S. 305 ff.; Nr. 64, S. 329; Nr. 97, S. 440; Nr. 98, S. 446; Nr. 126, S. 587 und 632 f.; Nr. 128, S. 691 ff.

3 vgl. z. B. die Berichte Nr. 69, S. 352; Nr. 126, S. 570.

4 Das betont auch Rhona Churchill in ihrem in der „Daily Mail" vom 6. August 1945 veröffentlichten Bericht über die Lage der Deutschen in der ČSR, vgl. „Der Sozialdemokrat" (London) Nr. 71 vom 31. August 1945, S. 1124.

gebiet seßhaft zu werden. Amtliche Maßnahmen, private Willkürakte, Plünderungen und Raubaktionen waren im einzelnen nicht zu unterscheiden[1]. Erst durch die zur Zeit der ersten „wilden“ Austreibungen erlassenen Dekrete und Verordnungen versuchte die Regierung den Zustrom der Tschechen zu lenken und alle deutschen Grenzgebiete mit Ansiedlern systematisch zu durchdringen. Dies war notwendig, da schon nach den ersten Austreibungsaktionen, die Ende Mai einsetzten, zahlreiche Ortschaften z. B. des Ostsudetenlandes von ihren Bewohnern entblößt waren und es nun galt, eine ausreichende Zahl tschechischer Bewohner in diese Regionen zu bringen.

Dafür sprachen innen- und außenpolitische Motive: der „größte Moment in der tschechoslowakischen Geschichte“, von dem die tschechoslowakischen Politiker wiederholt sprachen, sollte rasch genutzt, der Beweis für die Fähigkeit der tschechischen Nation, die Sudetengebiete zu besiedeln und auf ihrer von den Deutschen geschaffenen Höhe zu halten, sofort erbracht werden, um skeptischen Einwänden vor allem in Westeuropa zuvorzukommen[2].

Das Dekret des Präsidenten der Republik vom 17. Juli 1945 über die einheitliche Durchführung der Innenkolonisation[3] und das Dekret vom 20. Juli 1945 „über die Besiedelung des landwirtschaftlichen Bodens der Deutschen, Madjaren und anderer Staatsfeinde durch tschechische, slowakische und andere slawische Landwirte“[4], dessen Bestimmungen durch die Bekanntmachung des Landwirtschaftsministeriums vom 3. August 1945 über die Anmeldungen für eine Bodenzuteilung im Grenzgebiet[5] ergänzt wurden, schufen zusammen mit den einschlägigen gegen die Deutschen gerichteten Gesetzen[6] schon vor der in Potsdam beschlossenen offiziellen Ausweisung die Voraussetzungen, um planmäßig Tschechen und Slowaken in den Sudetengebieten anzusiedeln[7]. Als koordinierendes Organ für diese Aktion wurde im September 1945 ein zentrales Siedlungsamt in Prag errichtet[8]. Aber noch bis zum Beginn der durch die Potsdamer Beschlüsse

---

1 Nach einem in England aufgenommenen Stenogramm einer Meldung des Prager Rundfunks vom 5. Juni 1945 wurde den Nationalausschüssen und Sicherheitsorganen die Weisung gegeben, gegen die im Grenzgebiet auftretenden Elemente, die sich auf Staatskosten an dem konfiszierten Eigentum bereichern, streng vorzugehen. (Die Niederschrift befindet sich im Seliger-Archiv, Stuttgart.)

2 Informationsminister Kopecký erklärte am 29. Mai 1945 vor tschechoslowakischen Kulturschaffenden in Prag: „Wir wollen unseren großen Sieg über die Deutschen zu einer gewaltigen nationalen Offensive ausnutzen, um das Grenzgebiet unseres Landes von den Deutschen zu säubern. General Svoboda schickt seine Truppen und bewährte Partisaneneinheiten, um diese Gebiete von Deutschen zu säubern. Den Truppen werden tschechische Wirtschaftler, tschechische Arbeiter folgen. Mit ihnen werden tschechische Schulen, Theater, Filme, Zeitungen und Künstler kommen.“ (Einheit, Nr. 12 vom 16. Juni, S. 17.)

3 Slg. Nr. 27.

4 Slg. Nr. 28; s. Anlage 7, S. 235 ff.

5 Amtsblatt Nr. 144, s. Anlage 9, S. 242 ff.

6 Vor allem durch die Dekrete vom 19. Mai, 21. Juni und 25. Oktober 1945; s. oben S. 83 ff.

7 Zu diesem Zweck wurden auch die im Ausland, vor allem in Österreich und in der UdSSR lebenden Tschechen, unter diesen die tschechischen Siedler in Wolhynien, zur Rückkehr aufgerufen; vgl. auch G. Frumkin, Populations Changes in Europe since 1939, London 1951, S. 52.

8 Das Statut des Siedlungsamtes Prag wurde durch die Kundmachung des Innenministeriums vom 24. September 1945, Slg. Nr. 72, verkündet.

geregelten Vertreibung der Sudetendeutschen vollzog sich die Ansiedlung der Tschechen weiterhin in wenig geordneter Form. Die Ankömmlinge setzten sich nach eigenem Gutdünken in den einzelnen Orten fest oder zogen solange umher, bis sie unter dem deutschen Besitz das ihren Wünschen entsprechende Objekt fanden und die bisherigen Eigentümer verdrängten[1].

Naturgemäß wurden die ergiebigsten Höfe und die produktivsten gewerblichen Betriebe zuerst besetzt. Da die Národní Správce vielfach nicht die geringsten Kenntuisse von Landwirtschaft oder Betriebsführung besaßen und oft nicht gewillt waren zu arbeiten, verkamen die Höfe und Betriebe, wenn nicht der deutsche Besitzer, um geringen Lohn oder der notwendigsten Lebensmittel wegen, die nötigen Arbeiten verrichtete[2]. Oft verkauften die Nationalverwalter das vorhandene Vieh und die Vorräte oder schafften die beweglichen Güter in ihre Heimatorte und kehrten dann erneut ins Grenzgebiet zurück, um das Verfahren zu wiederholen[3]. Dieser Typus des Národní Správce, im deutschen und tschechischen Volksmund „Goldgräber" (zlatokopce) genannt, war so häufig, daß selbst die tschechische Presse die Vorgänge aufgriff und kritisierte[4], ohne daß sich aber der Zustand änderte.

Um wenigstens einen Teil der Habe dem Zugriff der Nationalen Verwalter zu entziehen, versuchten die deutschen Familien die lebensnotwendigsten Sachen bei Nachbarn und Bekannten oder auch einheimischen Tschechen unterzustellen. Diese Vorkehrungen waren meist vergeblich, da entweder die übrigen Wohnungen und Besitzungen bald ebenfalls besetzt wurden oder die Tschechen die Herausgabe der ihnen anvertrauten Sachen verweigerten[5]. Günstiger war in dieser Hinsicht die Situation der Bewohner

[1] vgl. die Berichte Nr. 39, S. 224 f.; Nr. 43, S. 242 ff.; Nr. 58, S. 301; Nr. 64, S. 329; Nr. 126, S. 598 und 633; Nr. 128, S. 691 f.

[2] vgl. vor allem die Berichte Nr. 43, S. 240; Nr. 44, S. 245; Nr. 45, S. 247; Nr. 126, S. 633.

[3] vgl. insbesondere die Berichte Nr. 39, S. 228; Nr. 45, S. 247 f.; Nr. 51, S. 274 f.

[4] vgl. hierzu den Artikel „Nutnost řádné čístky u našem pohraniči. Potrebujeme železná košťata." (Notwendigkeit einer ordentlichen Säuberung in unserem Grenzgebiet. Wir brauchen eiserne Besen.)
Nach der Aufzählung der Vorstrafen von neun Nationalverwaltern in einem einzigen Dorf heißt es: „Dies sind die echten Beutemacher, gegen die man mit einem eisernen Besen vorgehen muß. Es muß ausgekehrt werden und zwar bald, sonst haben wir im Grenzgebiet eine Menge Schäden und Unannehmlichkeiten. Wie wurden diese Leute nationale Verwalter? Das ging ganz gemütlich. Im allgemeinen verließen sie die Orte, wo sie gut bekannt waren und gingen dorthin, wo man von ihrer früheren Tätigkeit keine Ahnung hatte. Sie setzten sich einfach in Betrieben fest, die sie als besonders ertragreich erachteten, und ernannten sich selbst zu Nationalen Verwaltern im festen Glauben, daß ihre Vergangenheit nicht ans Licht kommen würde, und begannen für sich zu ‚wirtschaften'. Es ist verständlich, daß am Anfang nicht die Vergangenheit von jedem einzelnen von ihnen geprüft werden konnte, denn dafür gab es weder genug Zeit noch genug Leute."
Übersetzt aus: Lidový Večerník (Olmütz), Nr. 75 vom 11. September 1945.

[5] vgl. die Berichte Nr. 38, S. 220; Nr. 126, S. 585 f. und 631; Nr. 127, S. 664; Nr. 128, S. 694 f.
Da sich die Fälle häuften, in denen Deutsche Teile ihres beweglichen Besitzes bei deutschen oder tschechischen Nachbarn und Bekannten unterstellten oder sie verschenkten, um sie vor dem Zugriff der Nationalverwalter und Ämter zu retten, riefen die für die Erfassung des enteigneten deutschen Besitzes zuständi-

der Grenzorte, die die Möglichkeit besaßen, Sachwerte in die benachbarten Dörfer jenseits der Grenze zu schaffen. Nachdem die Aussiedlung zur Gewißheit geworden war, brachten sie in gefahrvollen Grenzgängen nicht nur Haushaltseinrichtungen, sondern auch Erntevorräte und landwirtschaftliche Geräte auf reichsdeutsches Gebiet[1]. Wurden sie dabei durch tschechische Grenzwachen aufgegriffen, war ihnen zumindest eine hohe Geldstrafe gewiß.

Ein besonderes Problem stellte die Übernahme der großen Industriebetriebe im sudetendeutschen Gebiet dar, unter denen sich Firmen von Weltruf, vor allem in der Textil- und Glasindustrie befanden[2]. Es war bei dem Mangel an tschechischen Facharbeitern und dem ungeheuren Bedarf der tschechischen Industrie selbst, für die der Zweijahresplan 1947/48 besonders in der Slowakei neue Investitionen vorsah, fast unlösbar. Die wesentlichen Maßnahmen der tschechischen Politiker: Verstaatlichung der Industriebetriebe, Planwirtschaft und Austreibung überschnitten sich in ihrer Durchführung und in ihren Wirkungen, doch haben sich trotz aller entgegenstehenden Überlegungen die Forderungen der radikalen Austreibung gegenüber den Notwendigkeiten der Wirtschaftspolitik fast immer durchgesetzt[3]. In

---

gen Behörden unter Androhung von schweren Strafen zur Abgabe der verborgenen Habe auf; vgl. z. B. Anlage 28, § 6. In einem in „Hlas" (Die Stimme), Nr. 94 vom 5. Sept. 1945, veröffentlichten Aufruf heißt es (in deutscher Übersetzung): „Die Landesfinanzdirektion, Expositur Troppau, wurde vom Landesnationalausschuß, Expositur Mährisch Ostrau, damit beauftragt, nach verborgenem und verschachertem Besitz von Deutschen und anderen Staatsfeinden zu fahnden. Die Abteilung für Sicherstellung der Landesfinanzdirektion, Expositur Troppau, fordert daher die Bewohner des politischen Bezirkes von Troppau, Weißwasser, Hultschin, Brunnthal, Jägerndorf und Freiwaldau auf, ihr sämtliche Vorfälle zu melden, bei denen es sich um verschachertes und verborgenes Eigentum (Bilder, Teppiche, Schmuck, Radioapparate, Sparbücher, Bargeld, Briefmarkensammlungen, Kunstgegenstände und ähnliches) handelt. Dabei soll der Name und die Adresse desjenigen angeführt werden, wo sich solcher Besitz befindet und der Name und die Adresse desjenigen, der dies mitteilt. Wir machen darauf aufmerksam, daß alle internierten Deutschen nach und nach verhört werden, wem sie ihren Besitz schenkten oder wem sie ihn zur Aufbewahrung übergeben haben. Der Name von Personen, die solche Anzeigen erstatten, wird vollkommen geheimgehalten."

1 vgl. die Berichte Nr. 84, S. 399; Nr. 100 a, S. 468 und Nr. 126, S. 636 ff.; Nr. 128, S. 693.

2 Der Anteil des Sudetengebiets an den in den einzelnen Industriezweigen Beschäftigten betrug 1930 in der Glasindustrie 65 %, in der Textilindustrie 57,6 %, in der Papierindustrie 49,5 %, im Bergbau 37,5 %. (vgl. B. Kiesewetter, a. a. O., S. 68.)

3 Als Beispiel seien hier einige Äußerungen Beneš' in seiner bekannten Rede in Melnik am 14. Oktober 1945 genannt, in der er sich auch ausführlich mit der Ausweisung der Deutschen befaßte. Nachdem er noch einmal die Ereignisse während der Sudetenkrise dargestellt hatte, fuhr er fort: „Ich zog daher meinen unausweichlichen Schluß, auch wenn es für unser Wirtschaftsleben belastend ist, unsere Deutschen müssen von uns fort." (Übersetzt aus: Právo Lidu, Nr. 131 vom 16. Oktober 1945.) Am 28. Oktober 1945 erklärte er: „Es verlassen die Republik nicht weniger als 800 000 Arbeitskräfte. Der Staat wird ärmer, aber das Opfer muß im Interesse des zukünftigen Friedens gebracht werden." (Übersetzt aus: Stránský, a. a. O., 2. Teil, S. 61.)
vgl. auch die Stellungnahme des Vorsitzenden des tschechischen Siedlungsamtes in Prag, Kreysa, dem auch die Erfassung der deutschen Bevölkerung für die Ausweisung oblag, in einem Leitartikel in „Rudé Právo" vom 5. Dez. 1945. K. führte u. a. aus:

gewissen Bereichen spielte die Austreibungspolitik der Sozialisierung in die Hände. Eindeutig überspielt wurden diejenigen Kreise der tschechischen Politik und Wirtschaft, die einen Stamm deutscher Facharbeiter von der Austreibung ausgenommen sein lassen wollten. Es wird noch zu zeigen sein, wie sich diese Frage mit der der Behandlung der „Antifaschisten" verknüpfte.

Angesichts des ungewöhnlichen Bedarfs an Arbeitskräften, den die Wiederingangsetzung der Industrie in der ČSR erforderte, wurden andere, im allgemeinen höchst unzureichende Auswege gesucht, um Abhilfe zu schaffen. In einzelnen Sparten der Industrie, vor allem der Exportindustrie, bahnten sich durch die Enteignung und spätere Austreibung der Deutschen katastrophale Entwicklungen an. So mußten in der Glasindustrie von 2600 Betrieben nicht weniger als 1600 ihre Pforten schließen. In der Textilindustrie fehlten Ende 1946 noch 50 000—60 000 Arbeiter[1]. Die Formen, in denen man solchen Konsequenzen zu begegnen suchte, zeigen erneut das Zusammenspiel nationalstaatlicher und kommunistisch-planwirtschaftlicher Politik. Die tschechische Regierung ging zu dem System über, tschechische Arbeiter aus Innerböhmen in die sudetendeutschen Industriebetriebe zu holen und an ihrer Stelle Sudetendeutsche als Zwangsarbeiter ins tschechische Gebiet zu verschicken.

Um diese Maßnahmen durchführen zu können, wurden nicht nur die Internierten und Häftlinge, sondern alle Deutschen und Madjaren männlichen Geschlechts vom 14. bis zum 60. und weiblichen Geschlechts vom 15. bis zum 50. Lebensjahr unter Arbeitspflicht gestellt. Meist war diese Regelung von den lokalen oder regionalen Behörden gleich nach der Wiedererrichtung der tschechoslowakischen Verwaltung eingeführt[2] und erst durch das Dekret vom 19. September 1945 für alle Personen, die die tschechoslowakische Staatsbürgerschaft verloren hatten, nachträglich sanktioniert worden[3]. Nähere Richtlinien für die Durchführung dieses Dekrets wurden später in der Bekanntmachung des Innenministeriums vom 2. Dezember 1945

„... Schließlich begannen in dieser Zeit auch bei uns anonyme Stimmen zu erscheinen, die freudig diese Gelegenheit [d. h. die in der angelsächsischen Presse lautgewordenen Bedenken gegen die Vertreibung] ergriffen, auf gewisse Uneinigkeiten unter den Verbündeten nach der Londoner Konferenz bezüglich verschiedener Punkte des Potsdamer Abkommens aufmerksam machten und anfingen, mit allem möglichen, hauptsächlich mit wirtschaftlichen Argumenten Unruhe zu verbreiten. Sie drohten mit dem Verlust der Exportproduktion der Aberthamer Handschuhe und der Schluckenauer künstlichen Blumen. Und dabei ging es ihnen um den Verlust ihres traditionellen deutschen faschistischen Verbündeten ..."

In den Richtlinien zur Durchführung des Dekrets über die Arbeitspflicht der Personen, welche die tschechoslowakische Staatsbürgerschaft verloren haben, war ausdrücklich festgelegt worden, daß zugeteilte Arbeitskräfte ohne Rücksicht darauf, ob durch ihre Abschiebung wirtschaftliche Schäden entstehen, für die Aussiedlung freizugeben seien; vgl. Anlage 17, S. 284.

[1] Nach Kiesewetter, a. a. O., S. 115 f. Kiesewetter gibt für die erste Ziffer keine Jahreszahl an.

[2] vgl. z. B. die Anlagen 27 und 29; vgl. auch die Berichte Nr. 31, S. 179; Nr. 36, S. 209.

[3] Dekret des Präsidenten der Republik vom 19. September 1945 über die Arbeitspflicht der Personen, welche die tschechoslowakische Staatsbürgerschaft verloren haben (Slg. Nr. 71); s. Anlage 11, S. 259 ff.

erlassen, deren Wortlaut eine zu Lasten der deutschen Arbeitskräfte gehende weite Auslegung gestattete[1]. Soweit die deutschen Arbeiter — es handelte sich vorwiegend um die in lebenswichtigen Betrieben beschäftigten oder zur Anlernung von Tschechen belassenen Spezialisten — noch länger an ihren Arbeitsplätzen bleiben durften, löste das Gesetz vom 11. April 1946 ihre Arbeits- und Lehrverhältnisse auf und unterstellte sie den gleichen Bedingungen wie die Zwangsarbeiter[2]. Gleichzeitig wurden auch die durch Verhaftung, Austreibung, Verschickung zur Zwangsarbeit usw. beendigten Arbeits- und Lehrverhältnisse für rechtlich aufgelöst erklärt.

Einen großen Teil der zum Arbeitseinsatz gezwungenen Personen deportierte man ins tschechische Gebiet. Sie wurden in Razzien ausgehoben, bei denen die Bevölkerung ganzer Ortschaften zusammengetrieben und abtransportiert wurde, oder aber durch Einzelverpflichtungen, die das jeweilige Arbeitsamt vornahm[3]. Ohne Rücksicht riß man Familien auseinander[4]. Sie fanden oft erst vor der Aussiedlung oder Jahre danach in Deutschland wieder zusammen[5].

Die zum Arbeitseinsatz Verschleppten wurden vorwiegend in Bergwerken, Industriebetrieben und in der Landwirtschaft beschäftigt, wie überhaupt in allen Berufssparten, die schlecht bezahlt wurden oder besonders hohe körperliche Anstrengung erforderten und aus denen die Tschechen abgewandert waren. Besonders harte Arbeits- und Lebensbedingungen bestanden für die deutschen Zwangsarbeiter in den Industriegebieten von Mährisch Ostrau und Kladno und in vielen landwirtschaftlichen Betrieben Innerböhmens[6]. Berüchtigt waren die Arbeitslager des großen Hüttenwerks Witkowitz[7]. Die Behandlung und Verpflegung hingen vielfach nach sowjetischem Vorbild von der Arbeitsleistung nach festgesetzten Normen ab, und da die Ernährung keinesfalls den harten Anforderungen am Arbeitsort entsprach, waren Krankheitsfälle, vorwiegend Hungerödeme, besonders häufig. Aus Schikane setzte man Angehörige der geistigen Berufe zu besonders schweren und gefahrvollen Arbeiten ein. Den ungewohnten körperlichen Anstrengungen waren sie nicht gewachsen; ihr Anteil an den Krankheits- und Todesfällen war deshalb besonders hoch[8].

---

1 s. Anlage 17, S. 282 ff.

2 Gesetz vom 11. April 1946 über die Arbeits- (Lehr-) Verhältnisse der Deutschen, Madjaren, der Verräter und ihrer Helfershelfer (Slg. Nr. 83); s. Anlage 18, S. 288 f.

3 vgl. die Berichte Nr. 37, S. 217 f.; Nr. 39, S. 225 f.; Nr. 49, S. 261; Nr. 50, S. 268 f.; Nr. 56, S. 294 f.; Nr. 62, S. 321 ff. und andere.

4 vgl. die Berichte Nr. 39, S. 223 ff.; Nr. 43, S. 243; Nr. 44, S. 245 f.; Nr. 49, S. 261; Nr. 56, S. 294 f.; Nr. 62, S. 322.

5 vgl. z. B. Bericht Nr. 39, S. 227.
In der Dokumentensammlung befinden sich zahlreiche, in den Grenzdurchgangslagern Wiesau und Furth i. W. aufgenommene Protokolle von Ausgewiesenen, die ohne ihre zum Arbeitseinsatz ins innertschechische Gebiet abtransportierten Angehörigen ihre Heimat verlassen mußten.

6 vgl. insbesondere die Berichte Nr. 36, S. 211 ff.; Nr. 37; Nr. 39, S. 226 f.; Nr. 44; Nr. 49; Nr. 50; Nr. 56; Nr. 62; Nr. 64; Nr. 66; Nr. 70.

7 vgl. die Berichte Nr. 25, S. 136 ff.; Nr. 36, S. 211 ff.; Nr. 37, S. 217 f.; Nr. 39, S. 225 ff.; Nr. 49, S. 261 ff.

8 vgl. vor allem die Berichte Nr. 28, S. 153; Nr. 37, S. 217 f. und Nr. 62, S. 322 f.

In einigen Lagern, in denen Revolutionsgardisten und SNB-Leute nach eigenem Ermessen Strafmaßnahmen trafen und die Insassen quälten, bedeutete die sogenannte Freizeit nur eine Fortsetzung der Demütigungen und Erniedrigungen[1]. Um aber wenigstens tagsüber den Quälereien und dem Mutwillen der Lagerwachen zu entgehen, meldeten sich selbst die Kranken zum Arbeitseinsatz[2]. Die Zustände besserten sich erst, als die Krankheitsfälle sich immer mehr häuften und die Leistungen infolge Unterernährung in einem solchen Maße sanken, daß die Betriebe um die Erfüllung des ihnen im Rahmen der Planwirtschaft auferlegten Solls fürchteten und sich für eine bessere Behandlung und Ernährung der Zwangsarbeiter einsetzten[3].

Für die in die tschechische Industrie und in die Lager gebrachten Personen war es so gut wie unmöglich, aus dem Zwangsarbeitssystem entlassen zu werden. Alle dahingehenden Bemühungen der Familienangehörigen, die nicht selten durch den Zwangsarbeitseinsatz ihres Ernährers in bittere Not gerieten, scheiterten an den polizeistaatlichen Schranken[4]. In einzelnen Fällen hatten Interventionen tschechischer Bekannter einen Erfolg[5]. Völlige Arbeitsunfähigkeit infolge der erlittenen Entbehrungen und Mißhandlungen, die nicht selten jahrelanges Siechtum zur Folge hatten, war oft der einzige Entlassungsgrund[6]. Erst als die Aussiedlungsaktion Anfang 1946 einsetzte, war die Möglichkeit gegeben, die Familienangehörigen für die geschlossene Ausweisung anzufordern, vorausgesetzt, daß ihr Aufenthaltsort überhaupt bekannt war[7].

Die Verschickung ins innertschechische Gebiet war wohl die schlimmste Auswirkung des alle Sudetendeutschen erfassenden Zwangsarbeitssystems. Aber auch die in den Heimatorten verbliebenen Deutschen waren diesem System unterworfen, sie wurden zu allen Arbeiten in der Landwirtschaft, zu Aufräumungsarbeiten, zum Straßenbau herangezogen[8]. Zum Teil mußten

---

1 vgl. die Berichte Nr. 29, S. 165; Nr. 37, S. 216 f.; Nr. 49, S. 262; Nr. 59, S. 309 f.; Nr. 62, S. 323 f.; Nr. 70, S. 356 f.

2 vgl. insbesondere Bericht Nr. 37, S. 216.

3 vgl. z. B. Bericht Nr. 59, S. 311 und Nr. 67, S. 347.

4 vgl. die Berichte Nr. 39, S. 227; Nr. 44, S. 246 f.

5 vgl. z. B. die Berichte Nr. 56, S. 295 und Nr. 66, S. 339.

6 vgl. die Berichte Nr. 27, S. 148 f.; Nr. 37, S. 218; Nr. 62, S. 324.

7 vgl. die Berichte Nr. 27, S. 148; Nr. 39, S. 227.

8 Auch auf diesem arbeitsrechtlichen Gebiet war die Behandlung der Deutschen und Madjaren die Vorstufe wie zugleich die radikalste Anwendungsform von Prinzipien der kommunistischen Staatsordnung. So setzte ein späteres Gesetz vom 25. Oktober 1948 die „Arbeitspflicht", praktisch den Arbeitszwang für alle Männer bis zu 60 Jahren und Frauen bis zu 45 Jahren fest. Hiernach wurden alle Personen, die „die Arbeit verweigern oder eine Bedrohung des demokratischen Regimes oder des Wirtschaftslebens des Landes darstellen", erfaßt. Besonders genannt wurden auch Personen, die auf Grund der Gesetze zum Schutz der Republik zur „Plandurchführung" verurteilt sind. Auch die Einrichtung von Zwangsarbeitslagern sieht das Gesetz vor, ihnen fällt die Aufgabe zu, „bestimmte Klassen von Bürgern über ihre Bürgerpflicht zu belehren und ihre Arbeitskraft im Interesse der Gemeinschaft zu verwenden". Kiesewetter, a. a. O., S. 117. Nach der gleichen Darstellung waren 1951 in der Tschechoslowakei 87 Arbeitslager mit 90 000 Insassen vorhanden, 1952 schon 371 Lager mit 200 000 Insassen. Der Anteil der Sudetendeutschen daran kann nur noch sehr gering sein.

sie in ihren enteigneten Betrieben und auf den Höfen für die Nationalverwalter weiter arbeiten. Die Revolutionsgarde oder SNB nahm für vorübergehend anfallende Arbeiten die Deutschen oft wahllos auf der Straße fest und stellte sie zu Arbeitskolonnen zusammen. In verschiedenen Orten scheute der Národní Výbor nicht davor zurück, die Deutschen beim sonntäglichen Kirchgang aufzugreifen oder an Sonntagen zum Straßenkehren oder zur Instandsetzung der Grünanlagen heranzuziehen, deren Betreten sonst für sie verboten war[1].

c. Die Zerstörung des sudetendeutschen Kirchen- und Schulwesens.

Die gesamte Politik der neuen Tschechoslowakischen Republik zielte nach den Grundsätzen des Kaschauer Programms darauf, die Lebensgrundlagen der Deutschen in der Tschechoslowakei zu untergraben. Diesem von Anfang an offen bekannten Ziele diente auch das Vorgehen gegen die Institutionen des deutschen Kulturlebens, vor allem gegen Kirche und Schule.

Mit Ausnahme der Bevölkerung des Kreises Asch und einiger protestantischer Diasporagemeinden gehörten die Sudetendeutschen der röm.-katholischen Kirche an. Da die Bischofssitze der Diözesen mit Ausnahme von Leitmeritz im tschechischen Gebiet lagen, waren mit Zustimmung des Heiligen Stuhls nach der Eingliederung des Sudetenlandes in das Deutsche Reich für die sudetendeutschen Bistumsanteile Generalvikariate mit selbständigem Jurisdiktionsbereich errichtet worden[2]. Allen kirchenrechtlichen Bestimmungen entgegen wurden diese im Sommer 1945 durch die tschechischen Ordinariate aufgelöst. Das gleiche geschah mit der Theologischen Fakultät der Deutschen Universität Prag und dem dortigen Theologenkonvikt[3]. Auch das Priesterseminar mit der theologischen Lehranstalt in Leitmeritz wurde geschlossen. Die aus dem Kriege heimkehrenden deutschen Theologen nahm man in den im tschechischen Gebiet liegenden Seminaren nicht auf.

Das kirchliche Vermögen galt als deutscher Besitz, wenn es von einem Deutschen verwaltet wurde. Zu seiner Sicherstellung entsandten daher die tschechischen kirchlichen Behörden in die Klöster und andere kirchliche Institutionen tschechische Geistliche, die die Vermögensverwaltung übernahmen[4]. Die deutschen Ordensprovinzen im Sudetenland verfielen auf diese Weise der Liquidation ebenso, wie das andere Kirchenvermögen für die deutschen Gläubigen verloren ging. Caritative Hilfsaktionen für die unverschuldet in Not geratene Bevölkerung waren damit unmöglich geworden.

Aber auch die seelsorgliche Betreuung der Deutschen wurde offensichtlich planmäßig behindert. Wie viele Berichte bezeugen, verbot man den Gebrauch der deutschen Sprache in den Gottesdiensten[5] und wurden deutsche Pfarrer und Ordensgeistliche zur Zwangsarbeit herangezogen und ver-

---

1 vgl. die Berichte Nr. 50, S. 264; Nr. 126, S. 585 f.; Nr. 128, S. 690.

2 Diese und die folgenden Angaben stützen sich auf Mitteilungen der Kirchlichen Hilfsstelle in Frankfurt/M., die von Msgr. Albert Büttner zusammengestellt wurden.

3 vgl. auch das Dekret des Präsidenten der Republik vom 18. Oktober 1945 über die Auflösung der Deutschen Universität Prag; s. Anlage 12, S. 262.

4 vgl. hierzu auch Bericht Nr. 50, S. 265.

5 vgl. Bericht Nr. 35; Nr. 42; Nr. 50.

schleppt[1]. Die Abhaltung des Religionsunterrichts für die deutschen Kinder scheiterte am Einspruch tschechischer Behörden. Mancherorts waren wochenlang auch keine kirchlichen Begräbnisse mehr möglich, da entweder das Betreten des Friedhofs verboten wurde oder überhaupt keine Priester vorhanden waren.

Tschechische Priester übernahmen die Pfarreien, die oft monatelang verwaist geblieben waren. Einzelne dieser Geistlichen und ihrer Oberen vergaßen Amt und Würde und steigerten durch ihr chauvinistisches Verhalten die Verzweiflung unter den Gläubigen[2]. Andererseits bemühten sich tschechische Priester um die seelsorgerische Betreuung vor allem der in ihren Pfarrbezirken befindlichen Häftlinge, Lagerinsassen und Zwangsarbeiter. Nur allzuoft wurden sie allerdings dabei durch den Druck der öffentlichen Meinung, die jeden Kontakt mit Deutschen als nationalen Verrat brandmarkte, und auch durch radikale Lagerkommandanten und Bewachungsmannschaften behindert[3]. Auch die internierten deutschen Geistlichen hatten meist keine Möglichkeit, Gottesdienst zu halten oder den Gläubigen geistlichen Beistand zu leisten[4]. Der deutsche Klerus mußte bis auf wenige Ausnahmen mit seinen Gemeinden das Land verlassen. Das gleiche Schicksal widerfuhr den Klosterschwestern. Einige Kongregationen, die in der Krankenpflege tätig waren, durften wohl zunächst noch bleiben und konnten viel Not unter der deutschen Bevölkerung lindern, in den folgenden Jahren wurden aber auch sie zum Verlassen der ČSR gezwungen[5].

Von der Deutschen Evangelischen Kirche in Böhmen, Mähren und Schlesien, der einzigen rein deutschen kirchlichen Gemeinschaft wurde nach dem offiziellen Abschluß der Austreibung durch ein Gesetz vom 6. Mai 1948 festgestellt, daß sie am 4. Mai 1945 aufgehört habe zu bestehen. Ihr Vermögen wurden in das Eigentum des tschechoslowakischen Staates überführt[6].

Bereits im Kaschauer Programm war die Schließung aller deutschen Schulen in der Tschechoslowakei angekündigt worden[7]. Anfang Juni 1945 wurden sie durch eine Verordnung des Erziehungsministers geschlossen, ohne daß der durch die Kriegsereignisse unterbrochene Unterricht wieder aufgenommen worden war[8]. Eine Aufnahme des Schulbetriebs wäre ohnehin nicht möglich gewesen, da die Lehrer bis auf wenige Ausnahmen ver-

1 vgl. insbesondere die Berichte Nr. 50 und Nr. 66.
2 vgl. z. B. die Berichte Nr. 42, S. 238 f.; Nr. 50, S. 267; vgl. auch Bericht Nr. 29, S. 167.
3 vgl. Bericht Nr. 50, S. 269; Nr. 66, S. 339; Nr. 67, S. 343; Nr. 97, S. 452.
4 vgl. vor allem die Berichte Nr. 50, S. 270; Nr. 66, S. 337 und Nr. 67, S. 343.
5 So traf z. B. Anfang Oktober 1950 ein Sondertransport mit 232 Barmherzigen Schwestern aus Eger in Bayern ein; vgl. „Straubinger Tageblatt" v. 9. 10. 1950.
6 Gesetz vom 6. Mai 1948 über die Liquidierung der Rechtsverhältnisse der Deutschen Evangelischen Kirche in Böhmen, Mähren und Schlesien (Slg. Nr. 131); s. Anlage 23.
7 s. Anlage 2, S. 201.
8 vgl. Keesing's Archiv, Jg. 15 (1945), S. 269 und „Der Sozialdemokrat" (London), Nr. 68 vom 31. Mai 1945, S. 1091 f. Nach einer Meldung von Radio Prag vom 13. Mai hat Unterrichtsminister Nejedlý am 12. Mai, als er vor seinen Mitarbeitern das neue Volksbildungsprogramm der Regierung erläuterte, geäußert: „Selbstverständlich werden alle deutschen Schulen geschlossen werden." Am 14. Mai gab Radio Prag folgende Verlautbarung des Ministers bekannt: „Wo immer eine deutsche Schule (Mittelschule; Red.) besteht, hat der Vorsteher der

haftet, interniert oder in Zwangsarbeit beschäftigt waren[1]. Das gleichzeitige Aufnahmeverbot für Kinder deutscher Volkszugehörigkeit in tschechische Schulen schloß die Jugend von jeder Schulbildung auch in den Grundschulen aus und unterband vor allem für die Tausende deutscher Kinder, die noch nach Abschluß der Aussiedlung im Lande verblieben, jede Aufstiegsmöglichkeit in sozial höherstehende Berufe[2]. Es waren Maßnahmen, die weniger der nationalsozialistischen Schulpolitik im „Protektorat" als der in Polen und den besetzten Gebieten der Sowjetunion glichen.

Als Krönung dieser Aktionen erklärte das Dekret vom 18. Oktober 1945 die Deutsche Universität Prag als „feindliches Institut" und löste sie für immer auf, „um die lang andauernden historischen Bemühungen des ganzen tschechischen Volkes in der Frage der Prager Universität zum Abschluß zu bringen und die Früchte der nationalen Revolution und des Kampfes um die Befreiung der Tschechoslowakischen Republik rechtlich zu sichern"[3]. Es war ein Akt von symbolischer Bedeutung für das Schicksal des Sudetendeutschtums, denn die wechselvolle Geschichte der Prager Universität seit ihrer Gründung war immer ein Spiegelbild des jeweiligen Auf und Ab der jahrhundertelangen Auseinandersetzung zwischen Tschechen und Deutschen im Sudetenraum gewesen. Die rückwirkende Datierung der Auflösung der Deutschen Universität auf den 17. November 1939 sollte eine nationale Demonstration und zugleich eine späte politische Vergeltungsaktion für die Schließung der tschechischen Hochschulen bilden[4]. Tatsächlich hatte die Prager Deutsche Universität, die älteste deutsche überhaupt, schon seit dem Ausbruch des Aufstandes am 5. Mai zu bestehen aufgehört und war in jenen Tagen zum Schauplatz von Exzessen gegen Dozenten und Studenten geworden[5]. Zugleich mit der Deutschen Universität Prag wurden auch die Deutschen Technischen Hochschulen in Prag und Brünn aufgelöst[6].

Konsequent unterdrückte man jede kulturelle Betätigung der Sudetendeutschen und konfiszierte das Vermögen der kulturellen Organisationen, Verbände und Institutionen[7]. Zeitungen und Bücher in deutscher Sprache

---

nächsten tschechischen Schule gleicher oder ähnlicher Art die Gebäude und die Einrichtung zu übernehmen." (a. a. O.)
Nach einer Mitteilung von „Lidová Demokracie" (Prag), zitiert in engl. Übersetzung in „Der Sozialdemokrat", Nr. 69 vom 30. Juni 1945, S. 1107, erließ der Minister für Erziehung am 7. Juni eine Verordnung über die Schließung der sudetendeutschen Schulen und das Verbot jeglicher Art deutscher Erziehung, selbst privater Natur, in den tschechischen Ländern.

1 vgl. z. B. die Berichte Nr. 13, Nr. 41, Nr. 70.

2 Laut Radio Prag wurde vom Minister für Erziehung am 18. Mai die Weisung gegeben: „Der Unterricht deutscher Schüler wird sofort eingestellt. Schüler deutscher Nationalität werden nicht in tschechische Nationalschulen aufgenommen." (vgl. „Der Sozialdemokrat", Nr. 68 vom 31. Mai 1945, S. 1092.)

3 Dekret des Präsidenten der Republik vom 18. Oktober 1945 über die Auflösung der Deutschen Universität Prag (Slg. Nr. 122); s. Anlage 12, S. 262.

4 vgl. oben S. 54.

5 Mehrere Erlebnisberichte befinden sich in der Dokumentensammlung.

6 Dekret des Präsidenten der Republik vom 18. Oktober 1945 über die Auflösung der Deutschen Universität Prag (Slg. Nr. 122); s. Anlage 12, S. 262. Beide Hochschulen wurden ebenfalls rückwirkend vom 17. November 1939 aufgelöst.

7 § 1 des Dekrets vom 25. Oktober 1945 über die Konfiskation des feindlichen Vermögens und die Fonds der nationalen Erneuerung; s. Anlage 13, S. 263.

durften nicht erscheinen[1]. In dem Bestreben, jedes Zeugnis, das von der jahrhundertelangen Anwesenheit deutscher Menschen in den Sudetenländern sprach, auszulöschen, verbot man nicht nur deutsche Ortsnamen, beseitigte die deutschen Schilder und Straßenbezeichnungen, sondern ging in einzelnen Orten so weit, auch die deutschen Inschriften von den Grabdenkmälern zu entfernen[2].

d. Die Behandlung der deutschen Juden und Antifaschisten.

Fast in allen Begründungsversuchen, die Beneš und seine Ratgeber dem „Transfer" der Deutschen aus der Tschechoslowakei gegeben hatten, war der Zusammenhang zwischen einer Bestrafung der Deutschen, die ihnen für ihr Verhalten gegenüber der Republik zukomme, und der Austreibung hervorgehoben worden. Regelmäßig war daher auch ein Vorbehalt zugunsten der „loyalen" Deutschen gemacht worden, die „sich niemals gegen das tschechische und slowakische Volk vergangen und sich entweder aktiv am Kampfe um seine Befreiung beteiligt oder unter dem nazistischen oder faschistischen Terror gelitten haben", wie es z. B. in dem Verfassungsdekret über die Staatsbürgerschaft vom 2. August 1945 heißt[3]. Die Bestimmung der Zahl dieser Deutschen ist das einzige Problem gewesen, das in der internationalen und innertschechischen Diskussion der Vertreibung seit 1944 als noch offen behandelt wurde[4]. Sicher aber ist, daß Beneš und seine Freunde, aber auch Gottwald, von Anfang an bestrebt waren, den Kreis der im Lande Verbleibenden so klein wie möglich zu halten[5]. An diesem Ziel hielten sie trotz einiger Einwirkungsversuche anderer Staaten und mancher, meist wirtschaftlich, in einigen Fällen auch humanitär begründeter Bedenken von tschechischer Seite fest[6].

Über diese Absicht konnten auch die im Kaschauer Regierungsprogramm und in erläuternden Verordnungen und Verlautbarungen des Innenministeriums gegebenen Zusicherungen nicht hinwegtäuschen. In der Verordnung vom 16. Mai 1945 wird festgestellt, daß im Sinne des Regierungsprogramms dem dort bezeichneten Personenkreis die tschechoslowakische Staatsbürger-

1 In den ersten Wochen nach Kriegsende erschien in Nordböhmen die von der Tschechischen Kommunistischen Partei herausgegebene tschechisch-deutschsprachige Zeitung „Rudý Prapor — Rote Fahne". Als noch aus mehreren Orten das Erscheinen doppelsprachiger (meist von den örtlichen Behörden herausgegebener) Zeitungen nach Prag gemeldet wurde, ordnete Innenminister Nosek ihre sofortige Einstellung an. (Nach einer im Stenogramm vorliegenden Meldung von Radio Prag vom 5. Juni 1945; im Seliger-Archiv, Stuttgart.)

2 vgl. die Berichte Nr. 58, S. 306 und Nr. 98, S. 457; W. Bretholz, a. a. O., S. 215.

3 s. Anlage 8, S. 240.

4 s. darüber oben S. 43 ff.

5 Das hat Beneš, Memoirs, S. 220, offen zugegeben.

6 E. Wiskemann greift in ihrem Buche Germany's Eastern Neighbours, S. 67, die von tschechischer Seite (so von Táborský in der Zeitschrift der sozialistischen Exiltschechen in Wien „Naše Cesta" im April 1954 unter dem Titel „Das historische Alibi des Genossen Jaksch") vertretene These auf, Wenzel Jaksch, der Sprecher der emigrierten sudetendeutschen Sozialdemokraten, habe durch sein Verhalten Beneš' Angebot einer partiellen Austreibung — unter Schonung der Sozialdemokraten — „als eine Etappe einer wirklichen sozialen Veränderung" zum Scheitern gebracht. Jaksch habe den Vorschlag Beneš' abgewiesen und mehr als Deutscher denn als Marxist empfunden. Diese These ist unzutreffend. Bei Beneš' „Angebot" (gedruckt bei Wenzel Jaksch, Benesch war gewarnt!,

schaft zu bestätigen ist, und bestimmt, daß diese „staatstreuen" Deutschen und ihre Angehörigen („mit Ausnahme Schuldbeladener") von den Maßnahmen gegen die „übrigen" Deutschen auszunehmen und ihnen von den Nationalausschüssen amtliche Legitimationen auszustellen sind, die sie davor schützen[1]. Diese Sonderstellung sollten vor allem Kommunisten und anerkannte Mitglieder der sozialdemokratischen Partei erhalten. In einer am 10. Juni in der Presse veröffentlichten Verlautbarung des Innenministeriums wurde sie auch auf Personen ausgedehnt, die aus politischen oder rassischen Gründen in deutschen KZ-Lagern waren oder nachweisbare Unterstützung im Kampf gegen das NS-Regime geleistet haben und — was sehr aufschlußreich ist — auch auf unentbehrliche Fachkräfte[2]. In der Praxis erfuhr die von der Regierung zugesicherte Sonderstellung dieser als „staatstreu" oder „unentbehrlich" anerkannten Deutschen gleichwohl manche Einschränkung und hing in den ersten Wochen und Monaten der noch wenig organisierten tschechischen Verwaltung in den sudetendeutschen Gebieten von der Willkür, allzu oft auch der parteipolitischen Einstellung der örtlichen Nationalausschüsse oder Verwaltungskommissionen ab.

S. 27 ff.) handelte es sich um einen kaum ernstgemeinten taktischen Schachzug, mit dem er Verhandlungen mit den deutschen Exilsozialdemokraten über deren Vertretung im Tschechoslowakischen Staatsrat und über die Aufnahme deutscher Sozialdemokraten in die tschechische Armee beendete. Richtig ist nur, daß es zwischen Jaksch' föderalistischem Programm nationaler Autonomie und Beneš' nationalstaatlichen Vorstellungen keine Brücke gab. Über diese Zusammenhänge wird man von der bevorstehenden Veröffentlichung eines größeren Werkes von Wenzel Jaksch weitere Aufhellung erwarten dürfen.

1 Die Verordnung des Innenministers vom 16. Mai 1945 hat folgenden Wortlaut (nach einer Übersetzung aus den Akten der Antifa-Kommission von Tetschen, im Privatarchiv von Roman Wirkner):
„Im Sinne des Programmes der tschechoslowakischen Regierung ist allen deutschen Antinazisten und Antifaschisten, welche schon vor der Zerschlagung der Republik einen aktiven Kampf gegen den deutschen Faschismus geführt haben und welche den Abwehrkampf gegen die deutsche faschistische Okkupation hauptsächlich in der Zeit während des Krieges weiterführten, die tschechoslowakische Staatsbürgerschaft zu bestätigen.
Das Ministerium des Innern bestimmt, daß mit diesen Personen deutscher Nationalität anders verfahren wird als mit den übrigen Deutschen, ebenso mit ihren Angehörigen (mit Ausnahme Schuldbeladener). Diese Deutschen haben das Recht auf Schutz durch die tschechoslowakischen Staatsorgane. Der Národní Výbor hat solchen staatstreuen Deutschen, hauptsächlich den Kommunisten und Sozialisten, deren Mitgliedschaft anerkannt ist, amtliche Bescheinigungen auszustellen, welche sie vor Maßnahmen, welche gegen die übrigen Deutschen von tschechoslowakischer oder von verbündeter Seite durchgeführt werden, schützen."

2 In der auf Anfragen der Nationalausschüsse und Verwaltungskommissionen erteilten Verlautbarung des Innenministeriums heißt es:
„Aus den Maßnahmen, die gegen die Deutschen durchgeführt werden, sind ausgenommen:
1) die, welche aus den KZ-Lagern und Gefängnissen zurückgekehrt sind, soweit sie sich dort aus politischer oder rassischer Unterdrückung befunden haben;
2) die, welche beweisen können, daß sie das tschechische Volk im Kampf gegen den Nazismus tatkräftig unterstützt haben;
3) Angestellte, die zum Aufrechterhalten der Betriebe unbedingt notwendig sind.
Nationalausschüsse, Verwaltungskommissionen sowie auch die Sicherheitsorgane und anderen Organe öffentlicher Verwaltung bieten diesen Personen persönlichen Schutz und auch Schutz ihres Vermögens."
Übersetzt aus „Mladá Fronta" vom 10. Juni 1945.

Die grundsätzlichen Voraussetzungen für eine Sonderbehandlung der „Antifaschisten" schuf dann das Dekret über die Regelung der tschechoslowakischen Staatsbürgerschaft vom 2. August 1945[1]. Ein Runderlaß des Innenministeriums vom 24. August zu diesem Gesetz enthält einige interessante Hinweise auf die Absichten und Meinungen, die in tschechischen Regierungskreisen über das Problem der deutschen Antifaschisten herrschten[2]. In diesen Richtlinien wurde wieder die doppelte Voraussetzung für eine Sonderbehandlung, nämlich Kampf gegen den Nazismus und für die Tschechoslowakische Republik gefordert, darüber hinaus der Umkreis der zuzulassenden Anträge auf Bestätigung der Staatsbürgerschaft mittelbar von vornherein dadurch begrenzt, daß die Zahl der auszugebenden Bescheinigungen über angenommene Anträge auf 200 000 Stück festgesetzt wurde.

Unter diesen Verhältnissen konnten auch die sudetendeutschen Gegner Hitlers und Henleins nur wenig Hoffnung auf erträgliche Daseinsbedingungen in der ČSR und für ihre künftige soziale, kulturelle und politische Stellung haben. Das gilt auch im hohen Grade für die deutschen Juden, die in Böhmen und Mähren, vor allem in der Hauptstadt Prag, einen bedeutenden wirtschaftlichen, aber auch kulturellen Einfluß besessen hatten[3]. Sie waren

---

[1] s. Anlage 8, S. 240 f.

[2] s. Anlage 10, S. 245 ff., vor allem S. 249 ff.

[3] In „Dokumente zur Vertreibung der Sudetendeutschen" wird (S. XVII und 516 f.) ein Briefwechsel zwischen dem Direktor des Yiddish Scientific Institute Yivo in New York, Max Weinreich, und dem Außenminister der tschechoslowakischen Exilregierung, Jan Masaryk, aus dem Jahre 1942 mitgeteilt, in dem Masaryk auf die Frage nach dem Schicksal der böhmischen Juden bei einer Austreibung der Sudetendeutschen erklärt: That Jews are certainly not included in these as yet very hazy plans. — vgl. hierzu auch die Adresse Jan Masaryks an die Teilnehmer einer jüdischen Veranstaltung in New York am 24. Mai 1944, in der er versicherte, daß es in der wiedererrichteten Republik eine Diskriminierung der Juden nicht geben werde (wiedergegeben in: War and Peace Aims of the United Nations, Bd. II, S. 1034 f.).
Nach Peter Meyer, dem Verfasser des Abschnitts Czechoslovakia in dem Werk: The Jews in the Soviet Satellites, by Peter Meyer — Bernard D. Weinryb — Eugene Duschinsky — Nicolas Sylvais, Syracuse (USA) 1953, S. 47 ff., vor allem S. 60 ff., betrug die Zahl der Juden (nach der Volkszählung 1930) in den 1938 abgetretenen Gebieten Böhmens 20 838, Mähren-Schlesiens (einschließlich des an Polen abgetretenen Gebiets von Teschen) 9600, in den bei der ČSR verbliebenen 55 463 (Böhmen) bzw. 31 650 (Mähren-Schlesien). Bei der Volkszählung vom 17. Mai 1939 wurden im Sudetenland noch 1534 Juden gezählt gegenüber 27 037 im Jahre 1930.
Im Protektorat Böhmen-Mähren ergeben sich vom 15. März 1939 bis 1943 folgende Zahlen:

Datum	Zahl der Juden	davon Nicht-Glaubensjuden
15. März 1939	118 310	14 350
31. Dezember 1939	97 961	
31. Dezember 1940	90 041	
30. Juni 1941	88 686	13 088
31. Dezember 1941	74 190	
30. Juni 1942	45 336	
31. Dezember 1942	16 661	
31. März 1943	11 267	5 130
15. Juli 1943	8 695	

1938 und 1939 großenteils in die Machtsphäre der SS und Gestapo gefallen. Ihr Schicksal unterschied sich seither kaum von dem der Juden in anderen vom nationalsozialistischen Reich beherrschten Gebieten: soweit ihnen nicht rechtzeitig die Auswanderung glückte, sind sie größtenteils der Deportation und Vernichtung anheimgefallen. Das in dem böhmischen Städtchen Theresienstadt eingerichtete Lager, durch das die meisten Juden aus dem „Protektorat" geschleust wurden, war nicht im eigentlichen Sinne eine Vernichtungslager wie Auschwitz, sondern ein „Ghetto"-Lager, ist aber für viele aus Böhmen und Mähren stammende Juden — neben solchen aus anderen europäischen Ländern — zum Schicksalsort und zur Stätte grauenvoller Erlebnisse geworden[1]. Ein Chronist, der die Auflösung des Lagers im Mai 1945 schildert, berichtet mit Zurückhaltung über das Verhalten der ersten in Theresienstadt auftauchenden tschechischen Vertreter, die „den Juden gegenüber, gar wenn es sich nicht um Tschechoslowaken handelte, sich in vielen Fällen alles andere eher als freundschaftlich, und mitunter nicht einmal korrekt verhielten"[2].

Auch in der unmittelbaren Nachkriegszeit sind die wenigen noch überlebenden Juden aus Böhmen und Mähren, die sich zu irgendeinem Zeitpunkt seit 1929 zum Deutschtum bekannt hatten, als Deutsche behandelt und verfolgt und, eben einem vernichtenden System entronnen, aufs neue Demütigungen und Entrechtungen ausgesetzt worden[3]. Nach einem Bericht an die Delegierten der jüdischen Religionsgemeinschaften in Böhmen und Mäh-

---

H. G. Adler, a. a. O., S. 57 nennt für den 5. Mai 1945 2803 Juden, für Ende 1946 rund 24 000 (davon ein großer Teil neu zugewandert), während Meyer, a. a. O., für 1946 56 000 Juden (gegenüber 380 000 vor München) und 50 000 tschechoslowakische Juden in der Emigration angibt.

1 Wir besitzen darüber jetzt das ausgezeichnete, mit großem wissenschaftlichem Ernst und äußerster Genauigkeit geschriebene Buch des Theresienstädter Mitgefangenen H. G. Adler, Theresienstadt 1941—1945. Das Antlitz einer Zwangsgemeinschaft, Tübingen 1955.
Nach Adler sind von den jüdischen Bewohnern des Protektorats zwischen dem 15. März 1939 und dem 15. Juli 1943 rund 26 100 Personen abgewandert (S. 7). Die Zahl der in Theresienstadt Verstorbenen wird mit 6152 angegeben (S. 45), die der von Theresienstadt Deportierten und größtenteils Umgekommenen mit 60 382.
Von den böhmisch-mährischen Juden sprach nur ein Teil Deutsch als Muttersprache. Von den 117 180 Personen, die bei der Volkszählung von 1930 sich konfessionell zur mosaischen Religion bekannten, erklärten sich 42 669 (36 %) als Tschechen, 35 657 (30 %) als Deutsche und 36 778 (31 %) als nationale Juden, von denen über zwei Drittel die deutsche Muttersprache gesprochen haben dürften (Adler, a. a. O., S. 297). Adler stellt einen fortschreitenden Prozeß der Assimilation an das Tschechische fest, der sich seit 1933 noch weiter steigerte (S. 298).

2 Adler, a. a. O., S. 211 f.; Dr. J. Rosenberg, Leiter der Repatriierungsabteilung der tschechoslowakischen Regierung, erwähnte in einem Interview mit einer jüdischen Telegrafenagentur in Prag, daß die rückkehrenden Juden in der ČSR gegen eine große Feindseligkeit zu kämpfen hätten; vgl. „Der Sozialdemokrat", Nr. 69 vom 30. Juni 1945, S. 1108.

3 Adler erwähnt (a. a. O., S. 697) als Ausnahme nur den „edlen tschechischen Menschenfreund Přemysl Pitter", der Heime für gerettete jüdische Kinder eingerichtet und dann auch deutsche Kinder aus tschechischen Lagern gerettet habe.

ren vom Oktober 1947[1] mußten sie die Abzeichen für Deutsche tragen und erhielten die jetzt für die Deutschen bestimmten jüdischen Lebensmittelrationen der NS-Zeit. Eine Reihe von ihnen wurde auch in die Internierungslager für Deutsche geschafft[2]. Auch von finanziellen Restriktionen wird berichtet.

Entscheidend für die Lage des Judentums in der neuen ČSR wurde dann die Behandlung, die das Problem der Rückerstattung des jüdischen, unter deutscher Herrschaft eingezogenen Eigentums erfahren hat. Die gesetzliche Grundlage hierfür bildete das Restitutionsgesetz vom 16. Mai 1946[3]. Es enthielt die Bestimmung, daß enteigneter Besitz nur an national zuverlässige Personen zurückzuerstatten sei. Gehörte der ursprüngliche Besitzer zum Kreis der „national unzuverlässigen" Personen, fielen die Ansprüche an den

---

[1] Mitgeteilt von Meyer, a. a. O., S. 80. Der Bericht ist abgedruckt in dem Bulletin der jüdischen Religionsgemeinschaft in Prag „Věstník náboženské obce židovské" IX, 23, S. 327.

[2] Adler, a. a. O., zitiert u. a. (S. 743) auch den in „Dokumente zur Austreibung der Sudetendeutschen" gedruckten Bericht des Arztes Dr. Siegel über das tschechische Konzentrationslager für Deutsche, in dem 6 jüdische Insassen genannt werden. — vgl. auch Bericht Nr. 24, S. 121; Dokumentation der Vertreibung, 2. Beiheft, S. 138 und den Bericht von Rhona Churchill in der Londoner „Daily Mail" vom 6. August 1945 (s. oben S. 66, Anm. 3), in dem sie der Feststellung, daß die Deutschen nun unterschiedslos in die im ganzen Lande errichteten Lager getrieben werden, hinzufügt: „Sogar deutsche Juden und Antinazis, die erst kürzlich aus Konzentrationslagern der Gestapo befreit wurden, sind davor nicht sicher."

Für die Haltung der tschechischen Öffentlichkeit zur Frage der deutschen Juden ist ein im „Lidový Večerník" (Olmütz), Nr. 96 vom 10. Oktober 1945 erschienener Artikel aufschlußreich, in dem gegen eine in der britischen Wochenzeitung „Time and Tide" veröffentlichte Leserzuschrift über das deutsche Judenproblem in der ČSR geschrieben wird:

„Mit Dekret des Präsidenten der Republik Nr. 33 vom 2. 8. 1945, veröffentlicht am 10. 8. 1945, wurde all jenen die tschechoslowakische Staatsbürgerschaft aberkannt, die sich zur deutschen Nationalität bekannt hatten. Jeder einzelne Deutsche muß von neuem um die tschechoslowakische Staatsbürgerschaft ansuchen. Es besteht kein Zweifel, daß ein gewesener tschechoslowakischer Staatsbürger deutscher Nationalität die tschechoslowakische Staatsbürgerschaft wiedererlangt, wenn er allen Bedingungen entspricht, die das angeführte Dekret verlangt, vor allem derjenigen, ob er sich in der Zeit der Bedrohung des Staates als verläßlicher tschechoslowakischer Staatsbürger erwies, ob er sich nicht an Anschlägen gegen die Republik beteiligte, ob er für die Republik gekämpft hat, ob er von den Nazis verfolgt wurde usw. Es ist ganz entschieden unmöglich, daß jemand auf die ‚Liste der Kriegsverbrecher' gesetzt wurde, der kein Kriegsverbrecher ist.

Dem Verfasser unterlief in seinem Schreiben in Time and Tide vom 6. 10. 1945 ein grundlegender Irrtum. Er begründete seine Information auf rassische Motive. Die Frage der tschechoslowakischen Staatsbürgerschaft wird in der Tschechoslowakischen Republik nur auf der Grundlage der Nationalität entschieden.

In der Tschechoslowakei geht es lediglich um die Frage: Tscheche und Slowake oder Deutscher und Ungar. Um nichts anderes. Wenn sich allerdings ein Jude zur deutschen Nationalität bekannt hat, muß er denselben Weg gehen wie jeder andere Bürger deutscher Nationalität, der sich um die tschechoslowakische Staatsbürgerschaft bemüht."

Eine ähnliche Stellungnahme bezog auch Jozef Lettrich, der Vorsitzende des Slowakischen Nationalrats, in einer Rede in Preßburg; nach einem Zeitungsbericht zitiert in: Právo Slovákov na Samostatnost vo svetle Dokumentov — Biela Kniha, bearbeitet von F. Ďurčanský, Buenos Aires 1954, S. 585.

[3] s. Anlage 20; vgl. auch P. Meyer, a. a. O., S. 72 ff.

Staat. Dieser Personenkreis wurde entsprechend den gegen die Sudetendeutschen angewandten Gesetzen auf die sich zur deutschen und madjarischen Nationalität Bekennenden — mit den auch dort gemachten Ausnahmen — fixiert, aber noch um eine Gruppe erweitert: das Restitutionsgesetz rechnete auch Personen hinzu, die die Germanisierung und Madjarisierung auf dem Gebiet der Tschechoslowakischen Republik unterstützt haben. In einer späteren Verordnung des Innenministeriums vom 13. September 1946, die die Behandlung der Juden grundsätzlich regelte, wurde dieses Verhalten definiert als „Aktivität für den Zweck, die deutschen und ungarischen Interessen zu fördern" — gleichgültig ob vor oder nach 1918 —, z. B. durch die Errichtung deutscher oder madjarischer Schulen und kultureller Einrichtungen, durch die Förderung solcher Schulen und anderer Einrichtungen, ebenso durch die wirtschaftliche und moralische Unterstützung irgendeiner irredentistischen Bewegung oder sogar nur die Beschäftigung von Deutschen oder Ungarn in führenden Positionen irgendeines Unternehmens. Obwohl diese Verordnung[1] sonst einige Verbesserungen für die Stellung der Juden enthielt und grundsätzlich alle Personen jüdischer Abstammung, die unter deutscher Besetzung gelebt haben, als Opfer des nationalsozialistischen Terrors im Sinne der Gesetze ansah, zeigte sie doch deutlich die Tendenz, die Lage der Juden, vor allem die Wiedereinsetzung in ihren Besitz zu erschweren, wenn nicht zu verhindern. Nur diejenigen Juden, die den Nachweis führen konnten, daß sie niemals auf kulturellem Gebiet für das Deutschtum eingetreten waren, noch Deutsche oder Madjaren in führenden Stellungen beschäftigt hatten, und schließlich, daß sie bei einer Flucht ins Ausland in den alliierten Armeen gedient hatten, behielten Wohnrecht und Staatsbürgerschaft in der ČSR. Die anderen verloren sowohl Eigentum wie Staatsbürgerrechte und konnten ein Gesuch stellen, aus der Republik auswandern zu dürfen.

Über die tatsächliche Anwendung dieser Bestimmungen und ihr Ausmaß besteht noch keine volle Übersicht. Man muß berücksichtigen, daß die Restitution großer Vermögen und Besitztümer ohnedies durch die Nationalisierungspolitik unmöglich geworden war, hier konnte höchstens statt der reinen Konfiskation die theoretisch bessere Rechtsform der Nationalisierung erwartet werden. Bei kleinerem Besitz ist offenbar der Anteil der Fälle, in denen die Rückgabe verweigert wurde, sehr hoch[2]. Das am häufigsten ins Feld geführte Argument für die Zurückweisung von Restitutionsansprüchen war der Vorwurf, daß die Betroffenen zur „Germanisierung" beigetragen hätten[3]. In der Slowakei, wo den Juden sowohl der Vorwurf der Germanisierung wie Madjarisierung gemacht wurde, war die Lage besonders schlecht[4].

[1] Ausführliche Inhaltsangabe bei P. Meyer, a. a. O., S. 79.

[2] P. Meyer, a. a. O., S. 82, zitiert eine Äußerung im Věstník vom 1. 4. 1947, wonach bis dahin nur 10 % des jüdischen Vorkriegsbesitzes zurückgegeben worden sei. Andererseits beruft er sich auf Material im Besitz des American Jewish Committee, wonach bis Juni 1947 von 6000 im jüdischen Besitz befindlichen Häusern in Prag 3000 zurückgegeben worden seien (S. 83).

[3] E. Wiskemann, a. a. O., S. 123, berichtet dies z. B. — offenbar ohne Kenntnis der allgemeinen gesetzlichen Bestimmungen — von der bekannten Familie Petschek aus Prag, die große Braunkohlenbergwerke besessen hatte, wobei sie hinzufügt „which was true".

[4] P. Meyer, a. a. O., S. 89.

Wie in der sudetendeutschen Frage überhaupt haben sich auch in der Frage der deutschen Juden nationalistische und sozialrevolutionäre Tendenzen miteinander vermengt, nur daß sich für das Restdeutschtum nach der Austreibung die äußere Lage unter kommunistischer Herrschaft später etwas besserte, während der Kurs gegenüber den Juden ständig verschärft wurde: eine bereits nach dem kommunistischen Staatsstreich am 7. April 1948 vorgenommene Revision des Restitutionsgesetzes verneinte die Wiedergutmachungsverpflichtung schließlich für alle Fälle, in denen sie gegen das öffentliche Interesse verstieß[1].

Im allgemeinen nicht viel besser als die Lage der deutschen Juden war die Situation der sudetendeutschen Antifaschisten, soweit sie sich nicht vorbehaltlos, wie die führenden Kommunisten, mit der kollektiven Vergeltungspolitik gegen ihre Landsleute identifizierten[2]. Es waren vorwiegend Mitglieder der Deutschen Sozialdemokratischen Partei in der Tschechoslowakei gewesen, die seit der Eingliederung des Sudetenlandes oder der Errichtung des Protektorats wegen ihrer Ablehnung der nationalsozialistischen Ideologie und ihres Eintretens für die Erhaltung der ČSR verfolgt und zurückgesetzt worden waren, daneben auch vom NS-Regime verfolgte Geistliche und Angehörige der ehemaligen Christlichsozialen Partei[3]. Die gerade für diese Personengruppe gesetzlich vorgesehene Sonderbehandlung[4], vor allem die Zuerkennung der sogenannten Antifa-Legitimation mit dem Recht auf Kennzeichnung als Antifaschist (rote Armbinde) und auf die Lebensmittelzuteilung für Tschechen, hing meist von der parteipolitischen Einstellung der Nationalausschüsse oder Verwaltungskommissionen ab[5]. Vielfach mußten auch Antifaschisten für die Sünden des Regimes, das sie selbst verfolgt hatte, büßen; sie wurden enteignet, willkürlich verhaftet oder auch

[1] P. Meyer, a. a. O., S. 90 f. „Destitution rather than restitution was the lot of most of the Jewish survivors of Nazism."

[2] Karl Kreibich, der Sprecher der sudetendeutschen Kommunisten und spätere tschechoslowakische Botschafter in Moskau, schrieb im Jahre 1945 in der tschechischen Zeitschrift „Tvorba" (Nr. 5):
„Kümmert euch nicht darum, wie viele Deutsche endgültig da sein werden, je weniger, desto besser. Eines aber ist unabänderlich; es darf in der Tschechoslowakischen Republik niemals wieder eine organisierte politische Gruppe der deutschen Minderheit geben, es darf keine eigene deutsche, sei es wirtschaftliche, politische oder kulturelle Richtung geben, auch kein wie immer geartetes deutsches nationales Leben. Es darf kein deutsches Statut geben, und die Erziehung der Kinder muß tschechisch sein, damit die Zahl der Deutschen in der Republik so klein wie möglich ist und damit es keine deutschen Gebiete gibt, d. h. daß es keinen einzigen Bezirk mit einer deutschen Mehrheit gibt." (s. „Der Sozialdemokrat", Nr. 74/75 vom 10. Dezember 1945.)

[3] vgl. Bericht Nr. 117, S. 518 f. und Nr. 118, S. 522 ff.

[4] vgl. außer den oben angeführten Verordnungen des Innenministeriums auch die oben S. 84 f. erwähnten Ausnahmebestimmungen in den Konfiskationsdekreten.

[5] In zahlreichen unveröffentlichten Berichten, die sich in der Dokumentensammlung befinden, wird die ablehnende Haltung der zuständigen tschechischen Behörden geschildert.
vgl. auch den Artikel „Der Marterweg der Antifaschisten" in: Der Sozialdemokrat, Nr. 82/83 vom 31. Dezember 1946. Hier wird die Verhaftung des Antifa-Ausschusses in Teplitz-Schönau im Februar 1946 geschildert. Sämtliche sechs Mitglieder wurden des „Verrats an der Republik" bezichtigt.

ausgetrieben[1]. Selbst dann, wenn es gelang, diese Maßnahmen teilweise rückgängig zu machen, verbitterte doch das erlittene Unrecht, meist war dann auch der zurückgegebene Besitz ausgeplündert. In einzelnen Orten und Bezirken bildeten sich Komitees der Antifaschisten, um ihre Interessen zu wahren und die für die Anerkennung ihres Sonderstatus erforderlichen Verhandlungen zu führen[2]. Später spalteten sich diese Komitees meist in sozialdemokratische und kommunistische Gruppen, von denen die sozialdemokratischen einen gewissen Rückhalt bei der tschechischen sozialdemokratischen Partei fanden[3]. Verschiedentlich übernahmen die Antifa-Komitees in den Orten ohne tschechische Einwohner bereits nach dem Zusammenbruch die Verwaltungsbefugnisse und konnten ungerechtfertigte Maßnahmen der einströmenden tschechischen Verwaltungsfunktionäre mildern oder gar verhindern[4]. Ihr Einfluß sank aber mit dem stärkeren Zustrom der Tschechen in den Sommermonaten 1945.

Eine Ausnahmestellung innerhalb des Personenkreises, für den wegen seiner Verfolgung im Dritten Reich eine Sonderbehandlung vorgesehen war, hatten zunächst die sudetendeutschen Kommunisten. Ihre günstige Position gegenüber allen anderen deutschen Gruppen erklärt sich daraus, daß die kommunistische Partei nur territoriale Organisationen ohne Scheidung der Mitglieder nach der Volkszugehörigkeit kannte, um aus ideologischen Gründen nationale Gegensätze in der Partei nicht aufkommen zu lassen. Daher fanden die deutschen Mitglieder der KP bei ihren tschechischen Genossen Schutz und Unterstützung, die um so wirksamer waren, als die wichtigsten Ressorts in der Prager Regierung, wie vor allem das Innenministerium, Kommunisten unterstanden[5]. Entsprechend der Devise der Parteileitung setzten sich die deutschen Kommunisten meist vorbehaltlos für die kollektive Bestrafung ihrer Landsleute ein, beteiligten sich an den Vergeltungsaktionen und trugen durch Denunzierung deutscher Familien dazu bei, deren Lage zu verschlechtern[6]. Es blieb allerdings nicht aus, daß der in der kommunistischen Partei sich durchsetzende tschechische Nationalismus sich schließlich auch gegen ihre deutschen Mitglieder wandte und diese vielerorts nicht besser behandelt wurden als die übrigen Sudetendeutschen auch[7]. Einzelne von ihnen suchten dem zu begegnen, indem sie ihr Deutschtum verleugneten und möglichst rasch im Tschechentum aufzugehen sich bemühten[8].

---

[1] vgl. die Berichte Nr. 117, S. 519; Nr. 118, S. 523 ff.; Nr. 119, S. 531; Nr. 122, S. 537; weitere Beispiele in „Der Sozialdemokrat", Nr. 81 vom 20. September 1946, S. 1266 ff.

[2] vgl. die Berichte Nr. 117 bis Nr. 123.

[3] vgl. die Berichte Nr. 117, S. 519; Nr. 118, S. 522 ff.; Nr. 119, S. 531; Nr. 122, S. 537; Nr. 123, S. 538.

[4] vgl. z. B. die Berichte Nr. 118, S. 523; Nr. 119, S. 531.

[5] s. oben S. 68 mit Anm. 1.

[6] vgl. z. B. die Berichte Nr. 8, S. 30; Nr. 10, S. 36; Nr. 128, S. 684.

[7] Der größte Teil der deutschen Kommunisten — wie auch der Sozialdemokraten — verließ die Tschechoslowakei im Jahre 1946, s. darüber unten S. 127 ff.

[8] vgl. hierzu auch die Stellungnahme Kreibichs, zitiert S. 103, Anm. 2.

V. Die Austreibung und Ausweisung der Sudetendeutschen.

1. Die Austreibung vor der Potsdamer Konferenz.

Das Kaschauer Programm der tschechoslowakischen Regierung der Nationalen Front hatte die Entschlossenheit des neuen Regimes zur Vertreibung aller Sudetendeutschen noch nicht mit voller Deutlichkeit erkennen lassen[1]. Aber alles, was schon gleich nach Kriegsende gegen die Deutschen geplant und durchgeführt wurde, hat ihre Vertreibung, ihren „Abschub" (odsun) vorbereitet und kann nur so verstanden werden. Der deutschen Bevölkerung in Böhmen und Mähren ist dieser innere Zusammenhang zunächst nicht in voller Klarheit bewußt gewesen; von den diplomatischen Verhandlungen des Exilpräsidenten Beneš mit den Alliierten war ihr kaum etwas bekannt, wohl auch nicht auf dem Wege über die sudetendeutschen Sozialdemokraten in London[2]. Ihre Hoffnung richtete sich vielmehr nach den schreckensvollen Erlebnissen des sowjetischen Einmarsches und in den chaotischen Wirren des deutschen Zusammenbruchs darauf, daß die öffentliche Sicherheit und eine intakte Rechtsordnung unter der zu erwartenden tschechischen Verwaltung wiederhergestellt werden möge[3]. Allerdings sind solche Erwartungen sehr bald durch die sofort einsetzenden Maßnahmen gegen das Deutschtum in den Sudetengebieten aufs bitterste enttäuscht worden, und bald ließ sich an ihnen auch die Absicht der Tschechen erkennen, die Deutschen aus der wiederhergestellten Republik zu entfernen. Einzelne rücksichtslos durchgeführte Austreibungsaktionen in der allerersten Zeit nach Kriegsende konnten noch als spontane Handlungen radikaler Elemente, begangen im Rausch der wiedererrungenen Freiheit, oder einfach als Exzesse erklärt werden. Aber als diese Aktionen, wenn auch in unterschiedlichem Umfang, auf ganze Gebiete übergriffen und den ganzen Sommer 1945 hindurch andauerten, wurde ihre Planmäßigkeit deutlicher. An ihrer Durchführung war neben den örtlichen Nationalausschüssen, der Revolutionsgarde und der SNB vor allem auch die Svoboda-Armee, die mit der Roten Armee eingerückte tschechische Befreiungsarmee unter dem General Svoboda beteiligt[4].

---

[1] s. Anlage 2, vor allem S. 192 f.

[2] s. darüber oben S. 43.

[3] vgl. z. B. die Berichte Nr. 12, S. 46 ff.; Nr. 52, S. 278; Nr. 126, S. 567 f.; Nr. 127, S. 642; Nr. 128, S. 683.

[4] Offenbar war der Svoboda-Armee von vornherein die Aufgabe zugedacht, sofort nach der Besetzung der sudetendeutschen Gebiete die Deutschen auszutreiben. Der Sprecher der Armee bei der Brünner Befreiungsdemonstration am 14. Mai 1945 sagte u. a.:

„... unsere glorreiche Armee ist zu dem einzig möglichen Entschluß gekommen: die Republik als einen nationalen Staat der Tschechen und Slowaken aufzubauen. Wir werden von jenen Deutschen, die nicht in ein Gefängnis oder in ein Konzentrationslager gehen, verlangen, daß sie ihre Bündel packen und dorthin zurückgehen, woher sie gekommen sind."

Informationsminister Kopecký erklärte am 25. Mai 1945 im Prager Rundfunk: „Das tschechoslowakische Militär ist schon in Bereitschaft für die Säuberung des

Zumeist begann die Austreibung der deutschen Bewohner gleich nach dem Auftauchen der Revolutionsgarde und der Svoboda-Armee in den Grenzgebieten. Überfallartig erschienen bewaffnete Trupps in Ortschaften oder Ortsteilen, riegelten sie hermetisch ab und befahlen den Deutschen, innerhalb kurzer Frist die Häuser zu verlassen und sich an bestimmten Punkten zu sammeln[1]. Die Betroffenen hatten vielfach nicht einmal die Möglichkeit, die notwendigsten Sachen zusammenzupacken, und wurden rücksichtslos aus den Wohnungen gedrängt[2]. In grenznahen Orten und Bezirken oder auch dort, wo keine Transportmittel zur Verfügung standen, wurden sie sofort in Kolonnen auf die Grenze zu in Bewegung gesetzt[1]. Von den begleitenden Soldaten oder Revolutionsgardisten zu schnellerem Tempo angetrieben, schleppten sich diese Elendszüge, in denen Frauen mit Kleinkindern und alte und gebrechliche Leute überwogen, unter Verhöhnungen durch die tschechische Bevölkerung und Verbot jeder Hilfeleistung deutscher Bewohner in den durchzogenen Ortschaften, unter Gewalttaten der Begleitmannschaften und Androhung sofortiger Exekution der Zurückbleibenden, die wiederholt auch durchgeführt wurde, in oft tagelangen Märschen den Grenzübergangsstellen zu; am bekanntesten wurden die Leidensmärsche der Brünner Deutschen, der Frauen und Greise aus Jägerndorf und der Männer aus Komotau[4]. Wenn die Entkräfteten und vor allem alten Leute nicht mehr weiterkonnten, wurden sie in einzelnen Fällen auf Pferdewagen oder LKW zur Grenze geschafft.

Das Gepäck war von vornherein begrenzt, da in den meisten Ausweisungsbefehlen nur die Mitnahme von Handgepäck und zu seiner Beförderung nur Handwagen gestattet wurden. Oft sorgten die tschechischen Begleitmannschaften und örtlichen Behörden dann dafür, daß das Gepäck auf Fuhrwerken oder Lastkraftwagen transportiert werden konnte; vielfach mußte es allerdings auch auf dem ganzen Marsch getragen werden, so daß die Erschöpften nicht selten unterwegs gezwungen waren, noch Teile davon

---

Grenzgebietes der Republik von Deutschen und Ungarn und für die Rückerstattung der Reichtümer dieser von altersher slawischen Gebiete in die Hände der Tschechen und Slowaken." — vgl. auch die Äußerungen Kopeckýs vom 29. Mai 1945, oben S. 88, Anm. 2. (Zitate nach „Der Sozialdemokrat", Nr. 68 vom 31. Mai 1945, S. 1089 f.)

Zu Beginn des Jahres 1947 griff der Journalist Michal Mareš nachträglich das Verhalten der in Böhmisch Kamnitz stationierten SNB-Kommandos bei der dortigen Austreibungsaktion vom 5. Juli 1945 an. Die SNB hätte von sich aus die Austreibung befohlen, um die Habe und das Besitztum um so ungestörter ausplündern zu können; vgl. „Dnešek" vom 27. Februar 1947, S. 782. In einem am 6. März 1947 erschienenen Artikel dehnte Mareš seine Anklagen auch auf den Vorsitzenden des Nationalausschusses in Böhmisch Kamnitz aus.

1 vgl. die Berichte Nr. 74, S. 377; Nr. 81, S. 390 f.; Nr. 87, S. 404; Nr. 89, S. 408 f.; Nr. 93, S. 431.

2 vgl. z. B. die Berichte Nr. 71, S. 364; Nr. 72, S. 373; Nr. 74, S. 377; Nr. 87, S. 404; Nr. 88, S. 406 f.; Nr. 94, S. 432.

3 vgl. die Berichte Nr. 71, S. 364 ff.; Nr. 72, S. 374; Nr. 96, S. 434 f.; Nr. 97, S. 445 ff.

4 vgl. die Berichte Nr. 97 (Brünn); Nr. 71 und Nr. 72 (Jägerndorf); Nr. 90 (Komotau); als weitere Beispiele aus anderen Orten des östlichen und nördlichen Sudetenlandes s. die Berichte Nr. 82, Nr. 84, Nr. 85, Nr. 87—91 und Nr. 99, S. 463 Anm. 1

liegen zu lassen[1]. Schon bei der Überprüfung im Heimatort wurde es durchsucht, später an der Grenze einer „Zollkontrolle“ unterworfen und nochmals rigoros verkleinert[2]. Selbst Leibesvisitationen wurden, oft in schamlosester Weise, bei Männern und Frauen vorgenommen[3].

Jenseits der Grenze waren die Ausgetriebenen sich selbst überlassen. Ihr weiteres Schicksal war den Austreibungskommandos gleichgültig, denn sie sahen ihre Aufgabe nur darin, das Land von den Deutschen zu „reinigen“, diese mit geringstem Aufwand auf dem kürzesten Wege außer Landes zu schaffen und sich ihrer so rasch wie möglich zu entledigen. Die aus den Kreisen entlang den schlesischen Gebirgen ausgetriebenen Deutschen wurden davon besonders hart betroffen, denn die Austreibungskommandos versuchten zunächst, die Kolonnen in das polnisch besetzte Schlesien abzuschieben. Da die Vertriebenen vielfach schon im Grenzstreifen von polnischen Grenzwachen gestellt und wieder zurückgewiesen wurden, die Tschechen ihnen aber die Rückkehr in die Heimatorte verweigerten, irrten sie dann tage- und wochenlang im Grenzgebiet umher oder schlugen sich unter furchtbaren Entbehrungen und Bedrängnissen in Fußmärschen nach Sachsen durch, wobei viele durch Hunger und Entkräftung zugrunde gingen. Nur wenige konnten in ihre Heimatorte zurückkehren[4]. Diejenigen, die auf schlesisches Gebiet gelangt waren, gerieten in die gleichzeitigen polnischen Austreibungsaktionen[5]. Andere, die nach Schlesien abzuschieben den Tschechen nicht gelungen war oder die von der polnischen Miliz wieder auf das Gebiet der ČSR zurückgeschafft worden waren, wurden schließlich auf tschechischer Seite in Lager eingewiesen und dann in Eisenbahnzügen nach Sachsen abtransportiert[6].

Außer im Fußmarsch wurden Deutsche aus dem östlichen und nördlichen Sudetenland auch in Bahntransporten mit offenen Waggons abgeschoben, in denen 30—60 Menschen samt Gepäck zusammengepfercht wurden. Diese Transporte gingen in oft mehrtägiger Fahrt bis zur sächsischen Grenze, auch nach Sachsen selbst und bis nach Brandenburg[7].

Da aus dem Sudetenland und gleichzeitig aus dem benachbarten Schlesien in kurzer Zeit Hunderttausende Vertriebene nach Sachsen einströmten, ballten sich hier riesige Menschenmassen zusammen[8], zumal sich noch in

[1] vgl. die Berichte Nr. 71; Nr. 72; Nr. 73, S. 376; Nr. 75, S. 379; Nr. 78, S. 386 f.; Nr. 97, S. 447 ff.

[2] vgl. z. B. die Berichte Nr. 82, S. 393 f.; Nr. 83, S. 396 f.; Nr. 88, S. 405 f.; Nr. 126, S. 621 f.

[3] vgl. die Berichte Nr. 73, S. 376; Nr. 78, S. 387; Nr. 79, S. 388; Nr. 80, S. 390; Nr. 83, S. 397; Nr. 87, S. 404 f.

[4] vgl. die Berichte Nr. 48, S. 260; Nr. 71, S. 369 ff.; Nr. 72, S. 374; Nr. 80, S. 390; Nr. 126, S. 570.

[5] s. darüber Dokumentation der Vertreibung, Bd. I/1, S. 141 E und die dort zitierten Berichte, vgl. auch Bericht Nr. 26, S. 140.

[6] vgl. die Berichte Nr. 71, S. 369 ff.; Nr. 72, S. 374 ff.; Nr. 126, S. 570 ff. Die von Luža, a. a. O., S. 28 aufgestellte Behauptung, daß es in dem Gebiet entlang der schlesischen Grenze (von Reichenberg bis Troppau) vor der Potsdamer Konferenz nicht zu Austreibungen gekommen sei, entspricht nicht den Tatsachen. — vgl. hierzu auch die Berichte Nr. 73 bis Nr. 81.

[7] vgl. die Berichte Nr. 72; Nr. 74; Nr. 75; Nr. 76 und Nr. 126, S. 614 ff.

[8] vgl. die Berichte Nr. 76, S. 382; Nr. 78, S. 387; Nr. 87, S. 405.

diesem Gebiet die Masse der schlesischen Flüchtlinge staute, die nach Beendigung der Kampfhandlungen zu ihren Heimatorten zurückstrebten und denen polnische Miliz den Übergang über die Lausitzer Neiße in östlicher Richtung verwehrte[1]. Phantastische Gerüchte steigerten die Ratlosigkeit der Menge, die wegen der akuten Hungersnot und Seuchengefahr plan- und ziellos von Ort zu Ort geschoben wurde[2]. Manche verloren hier noch durch marodierende Sowjetsoldaten das letzte gerettete spärliche Gepäck[3].

Zu gleichen Austreibungsaktionen kam es in den Österreich benachbarten deutschen Sprachgebieten. Die Abgeschobenen mußten hier fast ausschließlich zu Fuß und unter den gleichen Bedingungen wie im Norden des Landes ihre Heimat verlassen. Vielerorts verhafteten die Partisanenkommandos angesehene Bürger als Geiseln unter Androhung von Repressalien bei einer Störung der Austreibungsaktion[4] oder zwangen die Einwohner durch Terror zur Flucht über die Grenze[5]. Die ohnehin seit Mitte Mai in Lagern internierte Bevölkerung der Iglauer Sprachinsel wurde noch im Juni in einzelnen Transporten nach Österreich geschafft oder, wo dies nicht gelang, zur Zwangsarbeit herangezogen[6]. Am berüchtigsten wurde die allgemein als Todesmarsch bezeichnete Austreibung der Brünner Deutschen. Über zwanzigtausend Männer, Frauen und Kinder, die nicht interniert worden waren, wurden am Vorabend des Fronleichnamstages, am 30. Mai, zusammengetrieben und zur Grenze nach Österreich in Bewegung gesetzt. Die Spitze des Zuges gelangte noch am Abend des folgenden Tages auf österreichisches Gebiet. Als dann die österreichischen Grenzwachen den weiteren Übertritt verhinderten, brachte man die Masse dieser Zwanzigtausend in Getreidesilos und auf freiem Feld in Pohrlitz unter, wo sie nun wochen- und monatelang unter den entsetzlichsten Bedingungen dahinvegetierten. Die Arbeitsfähigen wurden herausgeholt und in der Landwirtschaft beschäftigt, die Alten, Gebrechlichen und Mütter mit Kleinkindern — das war der überwiegende Teil der Ausgetriebenen — blieben zurück. Da insbesondere die hygienischen Voraussetzungen für die Unterbringung so vieler Menschen fehlten, raffte eine Typhusepidemie Hunderte der vom Hunger und den Entbehrungen entkräfteten Lagerinsassen hinweg[7].

In der sowjetischen Besatzungszone Österreichs ging es den ausgetriebenen Sudetendeutschen keineswegs besser als in Sachsen und Brandenburg. Nur allzuoft wurden sie als lästige Eindringlinge empfunden und auch so behandelt[8]. Für viele unter ihnen war der Wanderweg auch noch nicht zu Ende: später, bei Beginn der organisierten Aussiedlung, wurden Zehntau-

---

1 vgl. Dokumentation der Vertreibung, Bd. I/1, S. 142 E.

2 vgl. die Berichte Nr. 73, S. 377; Nr. 83, S. 397; Nr. 87, S. 405; Nr. 126, S. 622 ff.

3 vgl. z. B. die Berichte Nr. 76, S. 383; Nr. 78, S. 387; Nr. 126, S. 626 f.

4 vgl. z. B. Bericht Nr. 94, S. 433; weitere Berichte befinden sich in der Dokumentensammlung.

5 vgl. die Berichte Nr. 68, S. 351; Nr. 69, S. 352 f.; Nr. 70, S. 359; Nr. 93, S. 431.

6 vgl. die Berichte Nr. 95; Nr. 96 und Nr. 33, S. 196.

7 Über die Austreibung der Brünner Deutschen und die Verhältnisse im Lager Pohrlitz s. Bericht Nr. 97, S. 444 ff.; vgl. auch den Bericht von Rhona Churchill in „Daily Mail“ vom 6. August 1945. Rhona Churchill spricht von 25 000 ausgetriebenen Brünner Deutschen.

8 vgl. Bericht Nr. 94, S. 433; Nr. 96. S. 437.

sende von Sudetendeutschen mit Eisenbahntransporten aus Österreich in die amerikanische Besatzungszone Deutschlands gebracht[1].

Der Höhepunkt der ersten „wilden“ Austreibungsaktionen lag in den Monaten Juni und Juli. Neben der rigorosen Räumung ganzer Ortschaften und zumeist ländlicher Gegenden, die durchweg in Form plötzlicher Razzien durch bewaffnete Kommandos vor sich ging, wurden auch, örtlich verschieden, bestimmte soziale Stände und Berufsgruppen erfaßt, wie Verwaltungsbeamte, Lehrer, Angestellte des öffentlichen Dienstes u. ä.[2] Wenn auch nicht festzustellen ist, ob und wie weit diese Auswahl nach einheitlichen Gesichtspunkten vorgenommen wurde, so ist doch das Prinzip deutlich erkennbar, Berufsgruppen, die als Exponenten des deutschen Regimes galten oder die für einen Arbeitseinsatz nicht verwendbaren Personen, vorwiegend alte Leute und Mütter mit mehreren Kindern, zuerst abzuschieben[3]. Die Entscheidung darüber, welcher Personenkreis ausgetrieben werden sollte, hing offenbar auch vom Gutdünken des jeweiligen Národní Výbor, der Verwaltungskommissionen oder des Militärkommandanten ab. Es kam vor, daß auch Fachkräfte, die man für die Fortsetzung der Arbeit in den Versorgungsbetrieben oder die Wiederaufnahme der Produktion in den Fabriken dringend benötigte, ausgetrieben wurden. Oft sind nicht nur örtliche Lebensgemeinschaften, sondern auch Familien auseinandergerissen worden, indem einzelne Familienangehörige als zunächst unentbehrliche Arbeitskräfte zurückgehalten oder zum Arbeitseinsatz in tschechisches Gebiet geschafft wurden.

Die Aufrufe zum Abschub wurden entweder in öffentlicher Kundgebung oder in Form von schriftlichen oder mündlichen Einzelbenachrichtigungen durch Soldaten oder Revolutionsgardisten verbreitet[4]. Zumeist blieben den Betroffenen nur wenige Stunden Zeit[5]. Oft wurden sie bewußt erst am Vorabend oder nachts in den Sperrstunden benachrichtigt, um das Ausweichen in einen anderen Ort zu erschweren und zu verhindern, daß noch Sachwerte bei Nachbarn oder auch tschechischen Bekannten versteckt wurden[6].

Daß es sich bei diesen Austreibungsaktionen sehr oft um planmäßigen Terror handelte, zeigen vor allem die Vorgänge in Saaz und Komotau. Anfang Juni befahl dort die Militärkommandantur allen männlichen Einwohnern im Alter von 13—65 Jahren, sich an bestimmten Plätzen zu sammeln; sie trieb die Saazer nach Postelberg[7], deportierte einen Teil nach Inner-

---

[1] vgl. die Berichte Nr. 69, S. 353; Nr. 70, S. 360; Nr. 94, S. 433. Nach einer Mitteilung des amerikanischen Botschafters in Prag vom August 1947 wurden bis zum 31. März 1947 118 574 Sudetendeutsche — fast ausschließlich Ausgetriebene — in die amerikanische Besatzungszone Deutschlands geschafft.

[2] vgl. z. B. Bericht Nr. 83, S. 396.

[3] vgl. hierzu die Berichte Nr. 29, S. 104; Nr. 59, S. 313; Nr. 60, S. 315; Nr. 126, S. 610, 615 ff.

[4] vgl. die Berichte Nr. 69, S. 352 f; Nr. 71, S. 363 f.; Nr. 73, S. 375; Nr. 78, S. 386; Nr. 86, S. 402; Nr. 92, S. 417.
Einige Beispiele solcher Ausweisungsbefehle s. unter Anlage 30.

[5] vgl. die Berichte Nr. 73, S. 375; Nr. 76, S. 380; Nr. 79, S. 387; Nr. 81, S. 390 f. u. a.

[6] vgl. die Berichte Nr. 77, S. 384; Nr. 78, S. 386; Nr. 80, S. 389, Nr. 82, S. 393; Nr. 83, S. 396; Nr. 85, S. 400.

[7] vgl. die Berichte Nr. 58; Nr. 59 und Nr. 60.

böhmen[1] und wies die anderen in Lager ein, wo sie unter entwürdigenden Verhältnissen bis zur Aussiedlung interniert wurden[2]. Nach einigen Tagen wurden auch die Frauen und Kinder in Arbeits- und Internierungslagern untergebracht[3]. Ein gleiches Schicksal widerfuhr der männlichen Bevölkerung von Komotau, die am 9. Juni interniert wurde. Nachdem Svoboda-Soldaten und Revolutionsgardisten die aus der Menge ermittelten SS-Leute unter sadistischen Quälereien umgebracht hatten[4], trieben sie die 8000—9000 Männer zur sächsischen Grenze, wo aber Offiziere der Roten Armee den Abschub verhinderten und die endlosen Kolonnen zurückschickten. Die Tschechen teilten sie nun in Lager auf und setzten sie zur Zwangsarbeit ein[5].

Offenbar dienten diese Aktionen, die auch aus anderen Orten berichtet werden[6], manchmal nur dem Zweck, die Familien des männlichen Schutzes und der Hilfe zu berauben, um ungestörter plündern und die verängstigten Frauen und Kinder leichter aus den Wohnungen verdrängen zu können, die dann von Tschechen beansprucht wurden. Überhaupt schien dort, wo eine starke tschechische Minderheit ansässig war und nun weitere Tschechen nachzogen, die Austreibung vorwiegend dadurch ausgelöst worden zu sein, daß die Deutschen den Tschechen allein durch ihre bloße Anwesenheit im Wege standen und auf irgendeine Weise entfernt werden mußten. Das dürfte nicht zuletzt die Erklärung für die Vorgänge sein, bei denen man einzelne Orte völlig von ihren deutschen Bewohnern räumte und die Bevölkerung geschlossen zur Zwangsarbeit abtransportierte oder bis auf weiteres in Lager einwies, um sie dann bei der nächsten Gelegenheit nach Deutschland oder Österreich abzuschieben[7].

Auch dann noch, als die in Potsdam versammelten Staatsmänner u. a. die Tschechoslowakei aufforderten, die Austreibungen einzustellen, bis der Alliierte Kontrollrat die Empfehlungen für die weitere Behandlung dieser Frage ausgearbeitet hätte[8], setzte man diese Praktiken fort, die für Zehntausende Sudetendeutscher trostloses Lagerdasein, Zwangsarbeit und völlige Rechtlosigkeit brachten[9].

Die Lager, die im Sudetenland zunächst nur für die Aufnahme politisch belasteter Persönlichkeiten dienen sollten, waren bald überfüllt. Ungeachtet dessen, daß mittlerweile eine Unzahl von Deutschen, für die die politische Strafgesetzgebung nicht zutraf, eingeliefert worden war[10], wurde

---

1 vgl. Bericht Nr. 58, S. 299; Nr. 59, S. 314.
2 vgl. Bericht Nr. 58, S. 299 ff.; Nr. 59, S. 307 ff.
3 vgl. die Berichte Nr. 58, S. 301 ff.; Nr. 60, S. 314 ff.
4 vgl. die Berichte Nr. 55, S. 293; Nr. 90, S. 412.
5 vgl. dazu Bericht Nr. 90, S. 414.
6 vgl. z. B. Bericht Nr. 39, S. 223 ff.; Nr. 58, S. 302.
7 Auf diese Weise wurden Brünn, Jägerndorf und Orte der Iglauer Sprachinsel und viele kleinere Ortschaften schon im Juni/Juli 1945 von Deutschen, bis auf die in Lagern und Gefängnissen untergebrachten, völlig entblößt.
vgl. die Berichte Nr. 97; Nr. 98; Nr. 71; Nr. 72; Nr. 95 und Nr. 96.
8 Artikel XIII der Potsdamer Erklärung; s. S. 115, Anm. 1; vgl. auch William D. Leahy, I was there, London 1950, S. 494.
9 vgl. auch A. Bohmann, Die Vertreibung der Sudetendeutschen, dargestellt am Beispiel des Stadt- und Landkreises Aussig, S. 67 ff., der einen systematischen Überblick über diese Aktionen im Gebiet von Aussig gibt.
10 s. oben S. 76 und die dort zitierten Berichte.

in vielen Fällen von den einzelnen Lagerkommandanten eine nach persönlichen Maßstäben ausgerichtete Vergeltungspolitik durchgeführt, unter der alle Personen, gleich ob im Sinne der neuen politischen Gesetzgebung schuldig oder unschuldig, zu leiden hatten[1]. Bis Ende 1945 schien überhaupt der Willkür der Lagerkommandanten und Wachmannschaften, die sich fast ausschließlich aus Angehörigen der Revolutionsgarde rekrutierten, keine Schranken gesetzt zu sein[2]. Selbst dort, wo es nicht zu unmittelbaren Ausschreitungen kam, wurde der Zustand durch die mangelhafte Ernährung und die improvisierte Unterbringung großer Menschenmassen unerträglich[3]. Vielfach mußten die Lagerinsassen selbst erst die Unterkünfte errichten und die Lager ausbauen. Infolge der Überfüllung der Lager, der primitiven sanitären Vorkehrungen, die jeder Beschreibung spotteten, der Ungezieferplage und der unhygienischen Verhältnisse forderten Epidemien unter den entkräfteten Insassen zahlreiche Opfer[4]. Besonders hoch war auch hier wieder die Sterblichkeitsziffer unter den Kleinst- und Kleinkindern und den alten Leuten. die nicht zur Arbeit außerhalb der Lager geschickt wurden und keine Möglichkeit besaßen, sich zusätzliche Lebensmittel zu beschaffen[5].

Für viele war jedoch das korrekte Verhalten einzelner Tschechen, sei es im Amt oder am Arbeitsort, ein Lichtblick in einer sonst trostlosen Lage. Nicht wenige Sudetendeutsche verdankten der persönlichen Hilfsbereitschaft und dem Entgegenkommen mancher Tschechen, vor allem dort, wo durch jahrelanges Zusammenleben eine gegenseitige menschliche Wertschätzung gewachsen war und von der jeweiligen politischen Konstellation unberührt blieb, eine Erleichterung ihres schweren Schicksals[6]. Eine besondere Würdigung verdient die Hilfsaktion des Tschechen Přemysl Pitter für deutsche Kinder, die ihre Eltern durch die Kriegs- und Nachkriegsereignisse, vor allem in den tschechischen Lagern, verloren hatten und in den Massenlagern verwahrlosten und zugrunde gingen. Wie er unter dem

---

[1] vgl. insbesondere die Berichte Nr. 52; Nr. 57; Nr. 58; Nr. 59; Nr. 60; Nr. 63 und Nr. 92.

[2] vgl. vor allem die Berichte Nr. 31; Nr. 32; Nr. 47; Nr. 57; Nr. 58; Nr. 59; Nr. 60; Nr. 63; Nr. 66 und Nr. 92.
Das Verhalten der Wachmannschaft im Internierungslager Kolin, wo es am 22. August 1945 zu schweren Mißhandlungen der Insassen, zu Schändungen der Frauen und zu Plünderungen kam, was in der tschechoslowakischen Öffentlichkeit durch Berichte gemäßigter Zeitungen viel Aufsehen erregte, war, verglichen mit den in anderen Lagern und vor allem in den Gefängnissen herrschenden Zuständen nur ein kleines Beispiel des unmenschlichen Systems, dem die deutsche Bevölkerung unterworfen war. — Auf eine Anfrage im tschechoslowakischen Parlament erklärte Justizminister Drtina, daß er den vollen Sachverhalt nicht gekannt habe, vgl. Drtina, Na soudu národa, S. 57. Über die Vorgänge im Lager Kolin s. die Berichte in „Dnešek" vom 15. Mai 1947, S. 109 f. und vom 19. Juni 1947, S. 187 f.

[3] vgl. die Berichte Nr. 59, S. 307 ff.; Nr. 60, S. 314 f.; Nr. 66, S. 335 ff. und Nr. 92, S. 419 ff.

[4] vgl. insbesondere Bericht Nr. 27, S. 146 f.; Bericht Nr. 97, S. 451 f.

[5] vgl. insbesondere die Berichte Nr. 66, S. 337; Nr. 71, S. 364 ff.

[6] vgl. z. B. die Berichte Nr. 32, S. 194; Nr. 36, S. 210 ff.; Nr. 49, S. 263; Nr. 51, S. 275 f.; Nr. 52, S. 280; Nr. 54, S. 289, Anm. 1; zahlreiche weitere Beispiele in: Dokumente der Menschlichkeit aus der Zeit der Massenausweisungen, S. 164—194.

nationalsozialistischen Regime den jüdischen und tschechischen Waisen in Heimen ein menschenwürdiges Dasein zu verschaffen suchte, nahm er sich jetzt der hilflosen und in den Lagern dem sicheren Untergang ausgesetzten deutschen Kinder an, brachte sie gegen den anfänglichen Widerstand der tschechischen Behörden in den von ihm errichteten Heimen unter und rettete Hunderten von ihnen das Leben[1]. Mitunter wurden auch einzelne Sudetendeutsche, die in Lager eingewiesen worden waren, von den Betrieben, in denen sie gearbeitet hatten, zurückgefordert und so vor dem Lagerleben bewahrt[2].

Im ganzen waren im Verlauf der ersten Austreibungswelle etwa 700 000 bis 800 000 Sudetendeutsche aus der Tschechoslowakei, in erster Linie aus dem Ostsudetenland, den Industriebezirken des Nordsudetenlandes, der Iglauer Sprachinsel, den südmährischen Kreisen und aus Brünn entfernt worden[3], davon schätzungsweise 150 000 nach Österreich[4]. Zehntausende waren in Lager eingewiesen oder nach Innerböhmen und -mähren zum Arbeitseinsatz verschleppt worden. Die Masse der Deutschen saß aber noch in den Heimatorten. Sie sah sich auch weiterhin einem unverminderten Druck ausgesetzt, und viele von ihnen zwang der individuelle Terror in den Herbstmonaten zum Verlassen der Heimat[5]. Daneben schoben die Tschechen auch jetzt noch kleinere Transporte vorwiegend mit alten und kranken Leuten über die Grenze ab[6].

Unter dem Eindruck der Vorgänge im sowjetisch besetzten Gebiet und aus Furcht, daß die dort praktizierten Methoden nach Abzug der Amerikaner auch auf das Egerland und Böhmerwaldgebiet ausgedehnt werden würden, entschlossen sich einzelne Familien, vor allem solche, die auf der Flucht vor der Roten Armee oder auch später in der amerikanischen Zone der ČSR Zuflucht gefunden hatten, mit den im Dezember abziehenden amerikanischen Truppen das Land zu verlassen[7]. Da die Aussiedlung seit den Potsdamer Beschlüssen ohnehin gewiß war, zogen sie es vor, schon jetzt unter wesentlich günstigeren Bedingungen aus der Heimat zu gehen. Viel-

[1] vgl. H. G. Adler, a. a. O., S. 697.

[2] vgl. z. B. die Berichte Nr. 55, S. 293 und Nr. 90, S. 414.

[3] In einem Artikel in „Stráž Severu" (Wacht des Nordens), Reichenberg, vom 6. Januar 1946, in dem sich der Chefredakteur dieses Blattes, Dr. Josef Veverka, mit der Verzögerung des Abschubs der Deutschen auseinandersetzt, wird die Zahl der bis Ende 1945 aus der ČSR in die sowjetische Besatzungszone Deutschlands vertriebenen Deutschen mit 700 000—800 000 angegeben.
E. Wiskemann, a. a. O., S. 106, stellt fest, daß zur Zeit der Potsdamer Konferenz sich die Zahl der Sudetendeutschen in der ČSR um eine Million verringert hatte (im Vergleich zu 1938). Die Feststellung stützt sich auf die Zahl der an Deutsche ausgegebenen Lebensmittelkarten. — Dabei muß aber berücksichtigt werden, daß zu jenem Zeitpunkt der größte Teil der zum Wehrdienst einberufenen Männer noch in Gefangenschaft war.

[4] vgl. oben S. 109, Anm. 1.

[5] vgl. z. B. Bericht Nr. 70, S. 359; Nr. 93, S. 432; Nr. 126, S. 634 ff.

[6] Nach Angaben der tschechoslowakischen Delegation bei den Verhandlungen vom 8./9. Januar 1946 über die Modalitäten der organisierten Ausweisung wurden noch nach der Potsdamer Konferenz und bis Ende 1945 70 000 Deutsche in die Sowjetzone Deutschlands ausgewiesen; s. Anlage 31 (Punkt 2 e der Besprechungsthemen).

[7] vgl. z. B. Bericht Nr. 61, S. 320; vgl. auch oben S. 37, Anm. 3.

fach konnten sie durch privates Entgegenkommen amerikanischer Offiziere und Soldaten größere Sachwerte auf Heeresfahrzeugen über die Grenze schaffen[1].

Die Austreibungsaktionen von Kriegsende bis in den Spätsommer 1945 scheinen zwar nicht von einer offiziell damit betrauten zentralen Stelle gelenkt worden zu sein wie die spätere organisierte Ausweisung, ihre Durchführung wäre aber ohne die Weisung und das Wissen hoher Regierungsstellen nicht möglich gewesen. Die planmäßige Verwendung der Svoboda-Armee bei den Austreibungen im Regierungsbezirk Aussig und auch die Bereitstellung des umfangreichen Eisenbahnmaterials für den Abtransport von Hunderttausenden sprechen dafür[2]. Wieweit die Initiative für diese Aktionen auf kommunistischer Seite lag, läßt sich noch nicht sicher feststellen. Dafür spricht aber schon die Tatsache, daß sie sich nur auf das von sowjetischen Truppen besetzte Gebiet erstreckten und in der amerikanischen Besatzungszone ausblieben, wenn auch eine unmittelbare Beteiligung der Roten Armee in den vorliegenden Berichten nirgends bezeugt wird und Angehörige sowjetischer Militärbehörden in einzelnen Fällen den Abschub der Deutschen sogar verhinderten[3]. Für kommunistische Lenkung spricht aber auch die Kritik, die von einigen nichtkommunistischen tschechischen Blättern an den Vorgängen geübt wurde[4]. Die Mahnung zur Mäßigung, die auch Beneš in einer Rede in Pilsen am 15. Juni aussprach, war dagegen nicht ein Abrücken von der Austreibung selbst, sondern nur ein Versuch, den vor allem in England laut gewordenen Vorwürfen und Bedenken zu begegnen[5], damit das Vertreibungsprogramm in seiner Gesamheit auf der bevorstehen-

[1] Darüber befinden sich zahlreiche Berichte in der Dokumentensammlung; vgl. auch: Dokumente der Menschlichkeit aus der Zeit der Massenausweisungen, S. 22.

[2] vgl. auch die Erklärung des Vorsitzenden des tschechoslowakischen Amtes für Aussiedlung, Dr. Miroslav Kreysa, in einem Vortrag in Warschau Mitte Juli 1947. Kreysa führte aus, daß neben den Nationalausschüssen der Revolutionsgarde, dem Militär und der Polizei die Initiative auch von Dienststellen des erst entstehenden staatlichen Verwaltungsapparates ausging. (Keesing's Archiv Jg. 16/17, S. 1150 E.) — s. auch Bericht Nr. 99, S. 463, Anm. 1.

[3] vgl. Bericht Nr. 90, S. 414 und Nr. 92, S. 419.
So verhinderten (nach einem Bericht von Dr. Karl Grimm, Teilabdruck unter Nr. 99) sowjetische Grenzwachen auch den Abschub von etwa 1000 Frauen und Kindern aus Brüx, die nach der großen Internierungsaktion vom 2. Juni wegen Arbeitsunfähigkeit nicht zum Arbeitseinsatz kamen und Mitte des Monats zur sächsischen Grenze geschafft wurden. — Nach Bericht Nr. 78, S. 386, behauptete die tschechische Bezirksverwaltungskommission in Friedland (Isergebirge) in ihren Ausweisungsbefehlen von Mitte Juni, daß diese im Einvernehmen mit dem Kommando der sowjetischen Armee ergehen (s. einen solchen Ausweisungsbefehl unter Anlage 31), was aber auf deren Anordnung widerrufen werden mußte.

[4] So vor allem in der katholischen Wochenschrift „Obzory" und im „Dnešek".

[5] Nach einer in Keesing's Archiv, Jg. 15 (1945), S. 275 E (17. Juni 1945) wiedergegebenen Meldung soll die britische Regierung der tschechoslowakischen Regierung in einer Note mitgeteilt haben, daß Großbritannien

1. nicht seine Zustimmung zu einer Massendeportation der deutschen Minderheit gebe,
2. auf alle Fälle der Ansicht sei, daß die Regelung dieser Frage nicht die Tschechoslowakei allein betreffe, sondern auch in den Wirkungsbereich der Kontrollmächte falle.

den alliierten Konferenz nicht gefährdet würde[1]. Der Sanktionierung der bereits begonnenen Vertreibung des gesamten Sudetendeutschtums galten daher alle diplomatischen Bemühungen der tschechoslowakischen Regierung. Ministerpräsident Fierlinger vergewisserte sich Ende Juni während seines Moskauer Besuchs noch einmal der sowjetischen Unterstützung für die tschechischen Pläne[2]. In einer Note, die den Botschaftern der Vereinigten Staaten, Großbritanniens und der Sowjetunion am 3. Juli überreicht wurde, ersuchte die tschechoslowakische Regierung um die Aufnahme des Vertreibungsprogramms in die Tagesordnung der Potsdamer Konferenz[3] und legte den drei Großmächten am 22. Juli einen Plan für die Ausweisung der Deutschen vor[4]. Die Potsdamer Konferenz hieß dann auch den Bevölkerungs-„Transfer" aus Polen, der Tschechoslowakei und Ungarn im ganzen gut, knüpfte daran allerdings die Aufforderung, u. a. auch an die tschechoslowakische Regierung, vorerst weitere Austreibungen aufzuschieben, bis der Kontrollrat das ganze Problem geprüft habe[5]. Offensichtlich geschah dies

1 Beneš erklärte in Pilsen:
„Die Regierung ist sich der Bedeutung des Verrats der Deutschen und Ungarn im Jahre 1938 wohl bewußt, und sie hat deshalb mit Recht den Beschluß gefaßt, die Republik von diesen verräterischen Elementen zu säubern. Diese Aufgabe ist sehr umfassend, und wir können sie deshalb nicht allein lösen, wir müssen im Einklang mit der Sowjetunion, Großbritannien und den Vereinigten Staaten vorgehen. Ich bezweifle keineswegs, daß es zu einem Einverständnis in der Behandlung dieses wichtigen Problems kommen wird. Es ist uns bekannt, daß die Deutschen viele Gebiete unseres Landes aus eigenem Antrieb und im Bewußtsein ihrer Schuld verlassen haben, aber in einer Reihe von Fällen hat man auch unserseits nicht korrekt gehandelt. Ich habe deshalb angeordnet, daß diese Mißstände abgestellt werden. Ich richte an euch den Appell, in dieser bedeutsamen Frage Geduld und Vernunft zu zeigen, bis das sudetendeutsche Problem in Übereinstimmung mit unseren Alliierten gelöst wird. Ich kann euch zusichern, daß dieses große Problem eine befriedigende Erledigung finden wird."
s. Keesing's Archiv, Jg. 15 (1945), S. 275 E.
Im gleichen Sinne äußerte er sich in einer programmatischen Rede in Melnik am 14. Oktober 1945:
„Aber unser ganzes Vorgehen in Sachen ihres [der Deutschen] Abschubes in das Reich muß menschlich, anständig, richtig, moralisch begründet, genau geplant und mit allen Alliierten fest vereinbart sein. Auch hier darf unser Volk seinen Ruf eines demokratischen und menschlich würdigen Regimes durch nichts beflecken. Dies erklärte in vollem Einverständnis mit mir schon gestern der Vorsitzende der Regierung, Fierlinger, im tschechischen Rundfunk, es erklärte dies die Regierung als Gesamtheit, und ich betone dies heute auch selber. Alle untergeordneten Organe, die sich hiergegen versündigen, werden sehr entschieden zur Ordnung gerufen werden. Die Regierung wird in keinem Falle erlauben, daß der gute Ruf der Republik durch unverantwortliche Elemente geschädigt werde. Das wollte ich heute hier euch, aber auch unserer ganzen tschechischen Öffentlichkeit sagen. Die Aufgaben, die unser Staat hat, sind ungeheuer, und es ist notwendig, daß sie uns unbedingt gelingen. Wenn wir uns die große historische Tragweite der Umsetzung der Deutschen, z. B. nur für unseren Staat selbst ausdenken, dann sehen wir, daß dies eine tatsächlich revolutionäre Tat sein wird, die unserem ganzen nationalen Leben einen völlig neuen Charakter geben wird und das wiedergutmachen wird, was in vergangenen Zeiten und in den schweren Zeiten unserer Geschichte gegen uns geschehen ist. Und ähnlicher großer Aufgaben haben wir mehr."
Übersetzt aus „Právo Lidu", Nr. 131 vom 16. Oktober 1945.

2 vgl. Keesing's Archiv, Jg. 15 (1945), S. 318 D.

3 nach Luža, a. a. O., S. 23.

4 vgl. Keesing's Archiv, Jg. 15 (1945), S. 232 E.

5 Text s. folgende Seite.

aus der Befürchtung, daß ein unkontrolliertes Einströmen großer Massen Vertriebener zu chaotischen Verhältnissen in den Besatzungszonen Deutschlands führen könnte. Angesichts des vollen diplomatischen Sieges, den die tschechische Regierung in der Frage des „Odsun" damit grundsätzlich erreicht hatte, kam sie dieser Forderung der Großmächte nach. Eine Fortsetzung der Austreibung riesiger Menschenmassen mit den bisherigen Methoden wäre ohnehin nicht gegen den Willen der Großmächte möglich gewesen, welche die Regierungsgewalt in Deutschland übernommen hatten.

2. Die Ausweisung nach der Potsdamer Konferenz.

Nach Artikel XIII der Potsdamer Vereinbarungen erkannten die drei Großmächte an, daß die Überführung der deutschen Bevölkerung oder von Bestandteilen derselben, die in der Tschechoslowakei (Polen und Ungarn) zurückgeblieben waren, nach Deutschland durchgeführt werden müsse und erklärten gleichzeitig, daß jede Überführung „in ordnungsgemäßer und humaner Weise" erfolgen solle[1]. Damit gab die Konferenz den Tschechen praktisch freie Hand, auch die noch in der ČSR befindliche deutsche Bevölkerung nach Deutschland zu überführen, knüpfte allerdings die Bedingung daran, daß die im Gange befindliche „wilde" Austreibung gestoppt und erst eine die gegenwärtige Lage in Deutschland berücksichtigende Vorbereitung getroffen werden müsse[2].

---

[1] Der Wortlaut des Art. XIII lautet:

XIII. Ordnungsgemäße Überführungen deutscher Bevölkerung.

Die Konferenz erzielte folgendes Übereinkommen über die Ausweisung (removal) Deutscher aus Polen, der Tschechoslowakei und Ungarn:

Die drei Regierungen haben die Frage unter allen Gesichtspunkten beraten und erkennen an, daß die Überführung von deutscher Bevölkerung oder Bestandteilen derselben, die in Polen, der Tschechoslowakei und Ungarn zurückgeblieben sind, nach Deutschland durchgeführt werden muß. Sie stimmen darin überein, daß jedwede Überführungen, die stattfinden werden, in ordnungsgemäßer und humaner Weise erfolgen sollen.

Da der Zustrom einer großen Zahl Deutscher nach Deutschland die Lasten vergrößern würde, die bereits auf den Besatzungsbehörden ruhen, halten sie es für wünschenswert, daß der Alliierte Kontrollrat in Deutschland zunächst das Problem unter besonderer Berücksichtigung der Frage einer gerechten Verteilung dieser Deutschen auf die einzelnen Besatzungszonen prüfen soll. Sie beauftragen demgemäß ihre jeweiligen Vertreter beim Kontrollrat, ihren Regierungen so bald wie möglich über den Umfang zu berichten, in dem derartige Personen schon aus Polen, der Tschechoslowakei und Ungarn nach Deutschland gekommen sind, und eine Schätzung über Zeitpunkt und Ausmaß vorzulegen, zu dem die weiteren Überführungen durchgeführt werden könnten, wobei die gegenwärtige Lage in Deutschland zu berücksichtigen ist.

Die Tschechoslowakische Regierung, die Polnische Provisorische Regierung und der Alliierte Kontrollrat in Ungarn werden gleichzeitig von Obigem in Kenntnis gesetzt und ersucht, inzwischen weitere Vertreibungen (expulsions) einzustellen, bis die beteiligten Regierungen den Bericht ihrer Vertreter beim Kontrollrat geprüft haben."

vgl. Amtsblatt des Alliierten Kontrollrats in Deutschland, Ergänzungsblatt Nr. 1 (in englischer, französischer, russischer und deutscher Sprache), Berlin 1946, S. 19 f. Einige offensichtliche Übersetzungsfehler in der deutschen Ausgabe des Amtsblattes wurden korrigiert; vgl. auch die Wiedergabe des Textes in: Quellen zur Entstehung der Oder-Neiße-Linie, hrsg. von Gotthold Rhode und Wolfgang Wagner, Stuttgart 1956, S. 266.

[2] An diese Formulierung des Artikels XIII der Potsdamer Vereinbarungen knüpfte

Dieser Potsdamer Beschluß entsprach in seinem Ergebnis den Zielen der konsequenten Politik der tschechoslowakischen Exilregierung und der späteren provisorischen Regierung. Allerdings genügte das Tempo, mit dem die Alliierten an die Vorbereitung der Sache gingen, durchaus nicht der Eile, die die Tschechen hatten. Die ungemein schwierigen Verwaltungs-, Wirtschafts- und Verkehrsverhältnisse in dem von den Großmächten besetzten Reichsgebiet, die bereits vollzogene Aufnahme von ungeheuren Flüchtlingsmassen aus den ostdeutschen Provinzen, die Notwendigkeit, alle Maßnahmen mit den anderen Vertreibungsländern abzustimmen, militärische Rücksichten auf die im Gange befindliche Demobilisierung, all dies machte schwierige Überlegungen notwendig und sprach gegen jede Überstürzung.

Die Aufforderung der Großmächte, weitere Vertreibungsaktionen einzustellen, und die damit erzwungene Unterbrechung der schon laufenden Massenaustreibung verstimmte die Tschechen[1]. Je länger die Vorschläge des Kontrollrats für die Durchführung des „Transfers" auf sich warten ließen, um so mehr wuchs das tschechische Mißtrauen, daß die in Potsdam gegebenen Zusagen eingehalten würden[2]. Die tschechische Presse begann bald den guten Willen der Westmächte überhaupt zu bezweifeln. Besonders übel wurden

---

sich eine interessante Diskussion im Anschluß an den Vortrag von J. Stránský im Beneš-Institut in London. In ihr stellte Karel Lisický die These auf: Man könne diesen Beschluß der Potsdamer Konferenz nicht dahin auslegen, wie das auch Stránský getan habe, daß die drei Großmächte die Vertreibung der Deutschen „gutgeheißen und unterstützt" haben. Das träfe wohl zweifellos auf die sowjetische Regierung zu, denn die Vertreibung der Deutschen, die sie unterstützt habe, bedeutete die Bindung der Tschechoslowakei an die Sowjetunion. Daß auch die Westmächte die Vertreibung im Prinzip gutgeheißen haben, könne nicht behauptet werden. Der Wortlaut des Art. XIII (und was hier als Kollektivstandpunkt der drei Großmächte protokolliert sei) besage demgegenüber keine Gutheißung der Vertreibung, sondern die Anerkennung nach Beratung „unter allen Gesichtspunkten", daß die Überführung der Deutschen, nachdem ihre Vertreibung — eines der vielen faits accomplis des Zweiten Weltkrieges und der tschechischen „Nationalrevolution" — bereits monatelang im Gang war, notwendig sei, und zwar mit der gleichzeitigen Bestimmung, daß sie organisiert und human durchgeführt werden soll. Lisický kommt zu dem Schluß, daß die Anerkennung gewisser Tatsachen nicht ihre Gutheißung bedeute oder gar die Verpflichtung einschließe, für ihre Aufrechterhaltung einzustehen; vgl. Stránský, a. a. O., S. 27 f. Wieweit tatsächlich die Formulierung des Art. XIII bei den Potsdamer Beratungen auf vorausgegangene Meinungsverschiedenheiten vor allem zwischen der Sowjetunion und Großbritannien hindeutet, kann ohne Kenntnis der Akten nicht entschieden werden.

[1] Nach einer Reuter-Meldung vom 20. August 1945 erklärte Ripka in einer Rundfunkansprache, die Ausweisung der Deutschen gehöre zu den vordringlichsten Aufgaben der tschechischen Regierungspolitik. Wörtlich erklärte Ripka: „Es handelt sich dabei um einen fundamentalen Grundsatz unserer politischen und wirtschaftlichen Konsolidierung. Dieser Bevölkerungsabschub liegt nicht nur im Interesse der Tschechoslowakei, sondern ist eine unumgängliche Voraussetzung für die Beibehaltung des Friedens. Die Tschechen freuten sich daher über den bezüglichen Beschluß von Potsdam, konnten jedoch die Verschiebung der Deportation nicht begrüßen. Wir sind uns der Schwierigkeiten der Alliierten bewußt, indessen können wir kaum Vorbereitungen für die Umorganisation und den Neuaufbau der Grenzgebiete treffen, bis wir wissen, wann die Deutschen sie verlassen werden." (Keesing's Archiv, Jg. 15 [1945], S. 385 G; vgl. auch die Inhaltswiedergabe dieser Rundfunkrede in: War and Peace Aims of the United Nations, Bd. II, S. 1048 ff.)

[2] Anfang Oktober forderte der Alliierte Kontrollrat in Deutschland (laut UP-Meldung vom 4. 10. 45) die Regierung der Tschechoslowakei (und Polens) erneut

die sich mehrenden Proteste in der angelsächsischen Presse gegen die brutale Behandlung der Sudetendeutschen vermerkt[1].

Ungeachtet dessen wurden jetzt aber die technischen Vorbereitungen für die organisierte Austreibung getroffen und im August 1945 dafür besondere Organe geschaffen: im Mittelpunkt ein Spezialreferat im Innenministerium, dessen Leiter den Rang eines Regierungsbeauftragten für den „Odsun", Abschub der Deutschen hatte[2]. Ihm waren Gebietsbeauftragte unterstellt (in Böhmen neun, in Mähren vier), in deren Kompetenzbereich die Referate für den „Odsun" bei den Bezirksnationalausschüssen und Ortsnationalausschüssen fielen. Im Bereich des ganzen Staates wurden Sammellager für die zur Austreibung bestimmten Deutschen (in Böhmen 75, in Mähren 29, in der Slowakei 3) eingerichtet, die je 1200 Personen umfassen sollten. Außerdem wurden Reservelager in der Nähe der Grenzübergangsstationen vorbereitet[3]. Vieles davon war nur eine Zusammenfassung und Steuerung längst vorher eingeleiteter Einzelmaßnahmen. Praktisch lief die Einrichtung der Sammellager darauf hinaus, daß die bereits in vorhandene Lager eingewiesenen Deutschen ohne Rücksicht auf die darin herrschenden vielfach unhaltbaren

---

auf, den Abtransport von Deutschen einzustellen, bis ihre ordnungsgemäße Überführung entsprechend den Bestimmungen der Potsdamer Konferenz durchgeführt werden könne, wozu sich die Regierung bereit erklärte. (vgl. Keesing's Archiv, Jg. 15 [1945], S. 462 E.) — Bis zu dieser Zeit war es entgegen den Potsdamer Bestimmungen auch in der Tschechoslowakei wiederholt zu Austreibungsaktionen gekommen. Bei den amerikanisch-tschechischen Besprechungen vom 8./9. Januar 1946 über die Modalitäten der Überführung in die amerikanische Besatzungszone Deutschlands gaben die Tschechen auf Befragen an, daß 70 000 bis 75 000 Deutsche „in organisierten Transporten" nach dem Potsdamer Abkommen in die Sowjetzone ausgewiesen wurden; s. Anlage 31, S. 332, Punkt e der Besprechungen.

1 Mehrere Zeitungsartikel und Kommentare, u. a. aus der sozialdemokratischen „Právo Lidu" und der kommunistischen „Rudé Právo" befinden sich in der Dokumentensammlung.
Wiederholt nahmen tschechoslowakische Politiker, so auch Ministerpräsident Fierlinger und Staatspräsident Beneš hierzu Stellung, hielten den westlichen Alliierten vor, daß sie, ganz im Gegensatz zur Sowjetunion, nicht immer volles Verständnis für die Anliegen und die Besorgnisse der Tschechen zeigen, und versicherten ihrem Volk, daß die Ausweisung der Sudetendeutschen in jedem Falle durchgeführt werde. In seiner Rede in Melnik am 14. Oktober 1945 erklärte Beneš: „In letzter Zeit werden wir aber in der internationalen Presse kritisiert, weil die Umsiedlung der Deutschen bei uns in einer unwürdigen und unzulässigen Weise durchgeführt werde. Wir tun angeblich dasselbe, was die Nazisten uns getan haben; dadurch würden wir unsere eigene nationale Tradition und unseren bisher unberührten sittlichen Ruf antasten. Wir würden angeblich einfach die Nazisten in ihren grausamen unzivilisierten Methoden nachahmen. — Mögen diese Vorwürfe vielleicht in Einzelheiten wahr sein oder auch nicht, ich erkläre ganz kategorisch: unsere Deutschen müssen ins Reich fortgehen, und sie werden in jedem Falle fortgehen." (Übersetzt aus „Právo Lidu" vom 16. Oktober 1945.)

2 E. Wiskemann, a. a. O., S. 104, behauptet, daß Ripka ohne Erfolg die Schaffung eines „Vertreibungsministeriums" unter nicht-kommunistischer Kontrolle vorgeschlagen habe. Durch die Bekanntmachung des Innenministeriums vom 24. September 1945, Slg. Nr. 72, über das Statut des Siedlungsamtes in Prag wurde schließlich in § 9 Abs. 2 a festgelegt, daß es zu den Aufgaben des Siedlungsamtes gehöre, „die Richtlinien für den Abschub der Bevölkerung aus den Gebieten vorzuschlagen, die neu besiedelt werden sollen und dabei mitzuwirken". Vorsitzender des Siedlungsamtes wurde M. Kreysa, der sich in einem programmatischen Artikel („Rudé Právo" vom 5. Dezember 1945) zum Abschub der Deutschen äußerte.

3 Diese Mitteilungen macht Luža, a. a. O. S. 23 f.

Zustände festgehalten wurden und daß man die ins innertschechische Gebiet gebrachten Deutschen nach dem Abschluß ihrer Arbeit nicht mehr nach Hause entließ, sondern in Sammellager einwies. Auch die noch in Freiheit lebenden Deutschen wurden Anfang Dezember für die Ausweisung registriert[1].

In ihrer Note vom 16 August 1945, in der die tschechoslowakische Regierung zu den Potsdamer Beschlüssen Stellung nahm, soll sie auch, nach einer tschechischen Quelle[2], dem Alliierten Kontrollrat ein Programm übersandt haben, wonach 2,5 Millionen Deutsche für die Ausweisung aus der ČSR in Frage kamen. Diese Zahl wurde dann in dem am 20. November vom Kontrollrat angenommenen Gesamtprogramm des „Transfers" der deutschen Bevölkerung aus allen Vertreibungsgebieten berücksichtigt. Danach sollten 1 750 000 Sudetendeutsche in die amerikanische, 750 000 in die sowjetische Besatzungszone aufgenommen werden; 10 % der Gesamtzahl sollten bereits im Dezember 1945 ausgesiedelt werden[3]. Jedoch lief dann die organisierte Aussiedlungsaktion tatsächlich erst Ende Januar 1946 an. Die Modalitäten für die Überführung in die amerikanische Besatzungszone wurden vorher in Verhandlungen von Vertretern der amerikanischen Besatzungsbehörden in der US-Zone mit Vertretern der tschechoslowakischen Regierung am 8. und 9. Januar festgelegt[4].

Nach diesem Abkommen sollten die „Auswandernden" mit hinreichender Kleidung (wie Unterwäsche, passenden Anzügen, Mänteln und Schuhen) ausgerüstet sein,

[1] Kreysa („Rudé Právo" vom 5. Dezember 1945) stellt den Zweck dieser Registrierung wie folgt dar (in deutscher Übersetzung):
„Damit es nicht in Wirklichkeit manchen Deutschen gelinge, aus den Abschubsverzeichnissen herauszuschlüpfen, hat das Innenministerium eine schlagartige, karteimäßige Konskription aller Deutschen zum 1. Dezember 1945 angeordnet. Diese Konskription wird gerade durchgeführt. Es ist die Sache aller Orts- und Bezirksnationalausschüsse, der Verbände der nationalen Sicherheit, aber auch eines jeden von uns dafür zu sorgen, daß auf keinen von denen vergessen wird, die im Jahre 1938 so sehnsüchtig riefen: Wir wollen ins Reich."

[2] Luža, a. a. O., S. 23.

[3] Dieser Plan zur Überführung der deutschen Bevölkerung aus der Tschechoslowakei, Polen, Ungarn und Österreich in die vier Besatzungszonen Deutschlands wurde vom Koordinierungskomitee in seiner Sitzung vom 16. November angenommen und zur Gutheißung an den Kontrollrat weitergeleitet. In dem am 17. November abgefaßten Protokoll des Alliierten Sekretariats beim Kontrollrat heißt es u. a.:
„3. Während der Besprechungen über diesen Plan in der 21. Sitzung des Koordinierungskomitees wurde mit Genugtuung festgestellt, daß von allen Vertretern bei der Formulierung dieses Plans im Prisoners of War and Displaced Persons Directorate ein besonders augenfälliger Geist der Zusammenarbeit zur Schau getragen wurde.
4. Das Sowjetmitglied stellte fest, seine Delegation habe diesen Plan schweren Herzens angenommen." (Europa-Archiv, August 1947, S. 823.) — Kreysa, der Leiter des tschechischen Siedlungsamtes, erklärte in „Rudé Právo" vom 5. 12. 45, daß der Plan auf der Initiative des sowjetischen Militärgouverneurs Schukow beruhte. (Schukow führte damals den Vorsitz im Kontrollrat.)

[4] Das Protokoll dieser Verhandlungen, das von der amerikanischen Militärregierung den Länderregierungen ihrer Besatzungszone zugestellt wurde, s. Anlage 31, S. 328 ff. Über die Verhandlungen berichtet auch Luža, a. a. O., S. 24. Wilkemann, a. a. O., S. 125, spricht von „arrangements", die der amerikanische Oberst Nicholson in Prag getroffen habe. Vermutlich handelt es sich hierbei um die Verhandlungen vom 8./9. Januar 1946. Im Protokoll werden namentlich von

Gepäck mit einem Gewicht von 30—50 kg und 1000 RM mitnehmen dürfen,

von den Tschechen mit einem für mindestens drei Tage reichenden Lebensmittelvorrat und auf der Fahrt im tschechischen Staatsgebiet mit warmer Verpflegung versehen werden,

zu Transporten von durchschnittlich 1200 Personen in 40 Eisenbahnwaggons, die bei schlechtem Wetter geheizt werden könnten, zusammengefaßt werden;

Familien sollten nicht auseinandergerissen und Kranke in den ersten Transporten nicht mitgenommen werden.

Die Auswahl der auszusiedelnden Personen, die Vorbereitung der Ausweisung und die ärztliche Betreuung der Ausgewiesenen lag in den Händen des tschechischen Innenministeriums, für den Abtransport selbst war das Verteidigungsministerium verantwortlich[1].

In die ersten Transporte — der erste traf am 25. Januar 1946 aus Budweis im Grenzübergangslager Furth im Wald ein[2] — wurden vorwiegend die bereits in den Lagern befindlichen Personen eingereiht. Bis zum 24. Februar wurden täglich 4 Züge mit 4800 Personen abgefertigt[3]. Meist wurden schon bestehende Konzentrations- oder Internierungslager in den einzelnen Bezirken als Sammelstellen für die Auszuweisenden eingerichtet[4]. Die Aufrufe zur Ausweisung ergingen vielfach noch unter ähnlichen Bedingungen wie bei den ersten Austreibungsaktionen[5], und nicht selten wurden die Betroffenen mit Gewalt aus ihren Wohnungen geholt und zu Fuß oder auf Pferdefuhrwerken und Lastkraftwagen in die Sammellager abgeführt, wo sie einige Tage oder auch wochenlang bis zum endgültigen Verlassen der Heimat bleiben mußten[6]. Im Lager nahmen Zollbeamte die Kontrolle des Gepäcks vor; häufig beraubte man hier die Ausgewiesenen noch der wertvollsten Kleidungsstücke und Gegenstände, vor allem dann, wenn das Gepäck

---

der tschechoslowakischen Vertretung nur Oberst Dastich, als Teilnehmer der amerikanischen Vertretung Major Davis und Oblt. Rainer von der Militärregierung in Bayern angeführt.

1 s. Anlage 31, Sitzung vom 8. Januar, Besprechungsthemen b—g und Sitzung vom 9. Januar, Besprechungsthema b.

2 Dieser am 25. Januar an der bayerischen Grenze übernommene Transport von 1200 Ausgewiesenen wurde nach Würzburg weitergeleitet; vgl. „Amtliches Zahlenmaterial zum Flüchtlingsproblem in Bayern", Statistischer Informationsdienst des Bayerischen Staatsministeriums des Innern, München, Oktober 1946 (Mskr. f. d. Dienstgebrauch), S. 21; darin befindet sich eine vollständige Liste der bis 1. Nov. 1946 nach Bayern geschleusten Transporte. Das Datum des Grenzübertritts wird auch von Luža, a. a. O., S. 24, bestätigt. Der von Wiskemann, a. a. O., S. 125 als der erste bezeichnete Transport aus Marienbad wurde erst am folgenden Tag übernommen. Für ihre nach englischen Zeitungsberichten verfaßte, sehr günstige Darstellung dieses offenbar vor der Presse groß herausgestellten Transportes liegt kein Erlebnisbericht zum Vergleich vor.

3 Luža, a. a. O., S. 24.

4 vgl. z. B. Bericht Nr. 29, S. 168; Nr. 97, S. 448, Anm. 1; Nr. 99, S. 459; Nr. 102 bis 105 u. a.

5 vgl. z. B. die Berichte Nr. 99, S. 463; Nr. 100 a, S. 467; Nr. 100 c, S. 473; Nr. 101, S. 482 f.; Nr. 106, S. 495; Nr. 109, S. 499 f.; Nr. 128, S. 701.

6 vgl. die Berichte Nr. 99, S. 459 ff.; Nr. 100 e, S. 479 ff.; Nr. 101, S. 482 f.; Nr. 109, S. 499 ff.; Nr. 128, S. 702 ff.

das vorgeschriebene Gewicht von 30, später 50 bis 75 kg überschritt[1]. Nur zu oft hingen diese Kontrollen von der Willkür der Beamten ab, die je nach ihrer politischen oder menschlichen Haltung großzügig verfuhren oder radikal das Gepäck dezimierten[2]. Obgleich die Tschechen in den Verhandlungen vom 8. und 9. Januar 1946 den Ausgewiesenen ein Mindestgepäck von 30 kg zugesprochen hatten, wurde es bis Mai 1946 meist auf 25 kg beschränkt[3]. Unter diesen Bedingungen konnten nicht einmal die notwendigsten Kleidungsstücke, geschweige denn unentbehrliche Haushaltsgegenstände, die zu diesem Zeitpunkt in Deutschland nicht zu beschaffen waren, mitgeführt werden. Generell scheint es aber gestattet worden zu sein, Bargeld in Höhe von 1000 RM mitzunehmen[4]. Unterschiedlich war auch die Versorgung der Transporte mit Lebensmitteln und die sanitäre Betreuung[5]. Entgegen den getroffenen Vereinbarungen befanden sich in vielen der Transporte Familien, deren arbeitsfähige Mitglieder in der Tschechoslowakei zurückgehalten wurden[6].

Alle diese Mißstände führten schließlich zu Interventionen der Amerikaner bei der tschechoslowakischen Regierung, durch die im April neue Vereinbarungen des Repatriierungsausschusses des Alliierten Kontrollrats mit den tschechischen Behörden erreicht wurden[7]. Danach sollten vom 1. Mai

1 vgl. die Berichte Nr. 99, S. 461; Nr. 101, S. 483 f.; Nr. 102, S. 485; Nr. 105, S. 492; Nr. 106, S. 495; Nr. 107, S. 496 f.; Nr. 109, S. 500; Nr. 111, S. 505 f.; Nr. 114, S. 512 f.; Nr. 127, S. 673.

2 vgl. die Berichte Nr. 99, S. 461; Nr. 100 b, S. 471; Nr. 100 c, S. 474; Nr. 102, S. 485; Nr. 127, S. 675; Nr. 128, S. 701.

3 Wenn Luža, a. a. O., S. 24, davon spricht, daß in die amerikanische Zone ein Gepäck von 75 kg mitgenommen werden durfte, so trifft das für die erste Zeit keineswegs zu.

4 vgl. die Berichte Nr. 99, S. 462; Nr. 100 a, S. 470; Nr. 101, S. 484; Nr. 105, S. 494; Nr. 106, S. 495; Nr. 127, S. 676; Nr. 128, S. 703. Bei einzelnen Transporten, vorwiegend solchen, die im innertschechischen Gebiet abgefertigt wurden, erhielten die Ausgewiesenen allerdings nur 200 oder 500 RM; vgl. z. B. Dokumentation der Vertreibung, 2. Beiheft, S. 279, s. auch Anlage 32, S. 335.

5 vgl. die Berichte Nr. 100 b, S. 471; Nr. 102, S. 485 f.; Nr. 108, S. 498 f.; Nr. 111, S. 507.

6 In einem Antrag des Ausschusses für das Flüchtlingswesen beim Länderrat der US-Zone an die Militärregierung, in dem die Amerikaner aufgefordert werden, Transporte, die im Widerspruch zu den am 8. und 9. Jan. 1946 getroffenen Vereinbarungen (s. Anlage 31, S. 328 ff.) stehen, nicht zu übernehmen, heißt es: „Nach übereinstimmenden Mitteilungen ist bei fast jedem Flüchtlingstransport festzustellen, daß die abtransportierten Familien auseinandergerissen und die arbeitsfähigen Männer in der Tschechoslowakei zurückgehalten werden. So waren beispielsweise bei dem Transportzug
am 15. 2. von Freudenthal nach Augsburg unter 595 Personen 50 arbeitsfähige Männer;
am 16. 2. von Marienbad nach Würzburg unter 1295 Personen 70 arbeitsfähige Männer;
am 17. 2. von Mähr. Gronau nach Bayreuth unter 1200 Personen 80 arbeitsfähige Männer;
am 28. 2. von Kaplitz nach Nürnberg unter 1200 Personen 64 arbeitsfähige Männer;
am 2. 3. von Znaim nach Schweinfurth unter 1200 Personen 40 arbeitsfähige Männer.
Diese Beispiele können beliebig fortgesetzt werden."

7 s. die Anordnung der Militärregierung vom 23. 4. 1946, Anlage 32, S. 334 f. Nach Luža, a. a. O., S. 24, fanden diese erneuten Verhandlungen am 9. und

1946 ab 6 Züge täglich abgefertigt werden; die Ausgewiesenen durften 50 kg Gepäck und anstelle von 1000 nur 500 RM mitnehmen[1]. Die Vertreter der USA behielten sich vor, nicht vollzählige Familien aus den Transporten vor dem Übertritt der deutschen Grenze auszuscheiden. Auf Grund von Gesuchen deutscher Dienststellen bei der amerikanischen Militärregierung und den amerikanischen Verbindungsstäben in der ČSR wurde die Absperrung der Waggontüren während des Transports im tschechoslowakischen Gebiet abgestellt, desgleichen wurden die rücksichtslosen Körpervisitationen bei Frauen durch tschechische Kontrollorgane verboten[2].

So begannen sich ab Mai 1946 die Bedingungen der Ausweisung zu bessern. Auch entsprachen jetzt die tschechischen Behörden in größerem Maße den Anträgen der deutschen Familien um Freigabe ihrer zur Zwangsarbeit eingesetzten Angehörigen für die Aussiedlung[3]. Aber immer noch hatten die Sudetendeutschen Ursache genug zu Beschwerden und Beanstandungen. So wurde ihnen, die jeglicher Habe beraubt und meist in Lagern festgehalten waren, des öfteren von den Tschechen wertloses Zeug zugeteilt, nur damit sie das Mindestgewicht des Gepäcks vorweisen konnten[4]. Diese Vorfälle waren der Anlaß für neue Besprechungen zwischen Vertretern der amerikanischen Militärregierung und tschechoslowakischen Regierungsstellen am 15. Juni 1946 in Prag, bei denen neue Richtlinien für die Ausweisung vereinbart wurden[5]. Ab Juli sollte jeder Ausgewiesene 70 kg Gepäck mitnehmen dürfen und angemessen bekleidet sein; für diejenigen, die nicht mehr über die notwendige Kleidung verfügten, sollte diese beschafft werden. Noch einmal wurde vereinbart, die Familien geschlossen, vor allem mit ihren Ernährern auszusiedeln. Die verstärkten amerikanischen Kontrollen führten dazu, daß diese Vereinbarungen auch größtenteils eingehalten wurden. Häufig kam es aber auch vor, daß Deutsche den amerikanischen Kontrollorganen Mißstände bei der Ausweisung verschwiegen, um ja nicht noch vor der Grenze aus dem Transport entfernt zu werden und weiter den menschenunwürdigen Lebensbedingungen in der ČSR ausgeliefert zu sein[6].

Niedergedrückt von dem ihnen angetanen Leid meldeten sich zahlreiche Sudetendeutsche freiwillig zum Abtransport[7]. Nicht selten suchten sie sogar

---

10. April 1946 in Prag statt. Luža schreibt: „Grundsätzlich wurde festgestellt, daß der Abschub human und geordnet verläuft" („lidsky a spořádaně"). Gegen diese Feststellung spricht der Inhalt der getroffenen Abmachungen, die zeigen, daß der „Transfer" sehr vieles zu wünschen übrig ließ.

[1] vgl. z. B. die Berichte Nr. 100 b, S. 472; Nr. 100 d, S. 477 f.; Nr. 107, S. 497; Nr. 111, S. 506.

[2] Nach einem Sachbericht des Leiters des Grenzlagers Furth i. Wald vom 24. November 1954.

[3] vgl. z. B. die Berichte Nr. 39, S. 227 f.; Nr. 107; Nr. 110; vgl. auch Dokumentation der Vertreibung, 2. Beiheft, S. 254, 267 ff.

[4] vgl. z. B. die Berichte Nr. 28, S. 156; Nr. 29, S. 168; Nr. 30, S. 176; Nr. 103, S. 488; Nr. 112, S. 510; s. auch Bericht Nr. 54, S. 291.

[5] Die neuen Vereinbarungen gab Oberstleutnant Harry S. Messec von der amerikanischen Militärregierung, Abteilung für Kriegsgefangene und Verschleppte, am 3. Juli 1946 in Berlin bekannt; vgl. den Artikel „Adequate Clothing, Funds Supplied to Sudeten Germans", News of Germany vom 4. Juli 1946.

[6] vgl. z. B. Bericht Nr. 104, S. 490.

[7] vgl. die Berichte Nr. 28, S. 156; Nr. 29, S. 168; Nr. 30, S. 176; Nr. 34, S. 206; Nr. 98, S. 458; Nr. 110, S. 503; Nr. 111, S. 505; Nr. 127, S. 672.

ihre baldige Zulassung zu den Transporten durch persönliche Zuwendungen (Geld und Wertsachen) an die zuständigen tschechischen Funktionäre zu erkaufen[1]. Auch Familien, von denen einzelne Angehörige zum Arbeitseinsatz ins innertschechische Gebiet gebracht waren, meldeten sich zur Ausweisung, um damit die Freigabe ihrer Angehörigen aus dem Zwangsarbeitssystem zu erreichen[2]. Dies ist allerdings keineswegs immer gelungen. Es werden vielmehr zahlreiche Fälle berichtet, bei denen die zur Ausweisung Aufgerufenen nicht mehr die Möglichkeit besaßen, ihre zur Zwangsarbeit eingesetzten Angehörigen noch rechtzeitig freizubekommen[3]. Oft war dies schon allein deswegen nicht möglich, weil ihr Aufenthaltsort nicht bekannt war. Es ist verständlich, daß die in den Internierungs- und Arbeitslagern festgehaltenen Personen, und unter ihnen vor allem die seit dem deutschen Zusammenbruch unter grausamsten Bedingungen im innertschechischen Gebiet Internierten, sich am stärksten darum bemühten, ihre Freiheit wiederzugewinnen, was nur auf dem Wege der Ausweisung möglich war[4].

Als in den Sommermonaten auch die Ausweisung in die Sowjetzone begann, drängten sich die Menschen zu den Transporten, die in die amerikanische Zone gingen, um nicht weiter im sowjetischen Einflußbereich und unter dem in ihm herrschenden System leben zu müssen[5]. Um so größer war dann die Enttäuschung, wenn diese Züge doch in die Sowjetzone geleitet wurden[6].

Unter dem Eindruck der konsequenten tschechischen Entrechtungspolitik, die alle Voraussetzungen für ein Weiterleben in der ČSR entzog, empfand der Großteil der sudetendeutschen Bevölkerung die Ausweisung für den Augenblick nicht in ihrer ganzen Schwere, sondern eher als eine Befreiung von einem unerträglichen Druck[7]. Daraus läßt sich auch erklären, daß in der Schilderung der Erlebnisse, wie sie die Berichte geben, die Ausweisung selbst oft nur kurz erwähnt wird[8]. Sie trat im Bewußtsein zurück gegenüber dem Erlebnis der Rechtlosigkeit, des kümmerlichen Vegetierens in Dachkammern, Abstellräumen und Lagern aller Art, gegenüber Erniedrigungen aller Art. Das tschechische Verfolgungssystem hatte den Deutschen die Heimat zerstört, bevor sie sie verlassen mußten[9].

---

1 vgl. Bericht Nr. 99, S. 465; vgl. auch den Artikel „Přicházím z periferie republiky", Dnešek vom 4. Juli 1946, von M. Mareš, in dem er betont, daß Deutsche vielfach Bakschisch geben, um möglichst bald in die Transporte eingereiht zu werden.

2 vgl. Bericht Nr. 27, S. 148; Nr. 99, S. 460 f.; Nr. 112, S. 509 f.

3 vgl. auch oben S. 120, Anm. 7 und Bericht Nr. 112, S. 510, Anmerkung.

4 vgl. Bericht Nr. 28, S. 156; Nr. 30, S. 176.
vgl. auch Dokumentation der Vertreibung, 2. Beiheft, S. 198 ff.

5 vgl. die Berichte Nr. 100 d, S. 478; Nr. 100 e, S. 481; Nr. 101, S. 483; Nr. 108, S. 498; Nr. 110, S. 503; Nr. 111, S. 505.

6 vgl. z. B. Bericht Nr. 100 c, S. 474.

7 vgl. die Berichte Nr. 99, S. 465; Nr. 100 a, S. 470; Nr. 100 d, S. 479; Nr. 102, S. 486; Nr. 105, S. 494; Nr. 110, S. 504; Nr. 111, S. 508; Nr. 114, S. 513; Nr. 115, S. 515 f.

8 vgl. die Berichte Nr. 25, S. 137 f.; Nr. 28, S. 156; Nr. 29, S. 168; Nr. 30, S. 176; Nr. 34, S. 206; Nr. 37, S. 219; Nr. 39, S. 228; Nr. 40, S. 233; Nr. 41, S. 237; Nr. 102, S. 485 f.; Nr. 104, S. 489 ff.; Nr. 109, S. 501; Nr. 114, S. 512 f.

9 vgl. z. B. die Berichte Nr. 98, S. 458; Nr. 99, S. 465; Nr. 100 a, S. 470; Nr. 108, S. 497; Nr. 110, S. 503; Nr. 111, S. 506; Nr. 127, S. 672.

Wenn man den Ausweisungsprozeß von seiner organisatorischen Seite her betrachtet, so ist er als technische Prozedur ohne größere Störungen abgewickelt worden. Man kann dies als ordnungsmäßiges Verfahren im Sinne der Potsdamer Beschlüsse bezeichnen, doch sicherlich nicht als ein menschliches, die kalte Nüchternheit der Durchführung trägt schon wieder unmenschliche Züge. Rein statistisch ergibt sich folgendes Bild[1]:

von Beginn der Ausweisung bis Ende April wurden täglich 4 Züge mit je etwa 1200 Personen abgefertigt,

von da ab bis Mitte Juli[2] täglich 6 Züge,

von da ab bis 3. November täglich 4 Züge,

von da ab bis Ende November täglich 3 Züge.

Die vorgesehene Anzahl der Züge und ihre jeweilige Personenzahl konnte offensichtlich nicht immer eingehalten werden: auf dem Höhepunkt der Ausweisungsaktion in die amerikanische Zone, in den Monaten Mai und Juni 1946, sind je etwa 130 000 Vertriebene angekommen. Als in den Herbstmonaten die Unterbringungsmöglichkeiten in der amerikanischen Besatzungszone erschöpft waren, wurde durch die amerikanische Militärregierung Ende November die Übernahme weiterer Ausweisungstransporte aus der ČSR verweigert[3]. Im ganzen Jahr 1946 sind nach Angaben des Bayerischen Staatskommissars für das Flüchtlingswesen 1111 Eisenbahnzüge mit 1 183 370 Ausgewiesenen aus der Tschechoslowakei in der US-Besatzungszone eingelaufen; davon gingen 661 Transporte (690 879 Personen) nach Bayern und 450 Transporte (492 491 Personen) nach Hessen und Württemberg-Baden[4]. Über das Lager Furth i. W. sind mit allgemeinen Transporten, Sondertransporten und Einzelpermits und als Grenzgänger insgesamt 651 648 Sudetendeutsche eingetroffen, durch das Lager Wiesau gingen rund 587 000 Personen[5]. Außerdem wurden noch etwa 100 000 Sudetendeutsche, die 1945 nach Österreich ausgetrieben worden waren, in die amerikanische Besatzungszone Deutschlands aufgenommen[6]. Hinzu kamen Zehntausende der 1945 in die sowjetische Besatzungszone Ausgetriebenen, die von dort aus in die amerikanische Zone gingen, desgleichen Tausende von Familien und Einzelpersonen, die sich seit Mai 1945 dem in der ČSR herrschenden Terror durch

[1] Diese Aufstellungen beruhen z. T. auf amtlichen Quellen (wie z. B. Akten des Bayerischen Staatskommissariats für das Flüchtlingswesen, des Süddeutschen Länderrats — Ausschuß für das Flüchtlingswesen), zum anderen auf den Angaben von Luža, Wiskemann; A. Bohmann, Das System der Austreibung, a. a. O.

[2] Luža, a. a. O., S. 24 spricht vom 15. Juni.

[3] vgl. Lucius D. Clay, Entscheidung in Deutschland, Frankfurt/M. 1950, S. 350.

[4] vgl. Amtliches Zahlenmaterial zum Flüchtlingsproblem in Bayern, 1. und 2. Heft.

[5] Nach einem Sachbericht des Leiters des Grenzlagers Furth im Wald vom 24. November 1954 und einem Bericht des kath. Flüchtlingsseelsorgers für das Grenzübergangslager Wiesau vom 28. 11. 1946.
Bereits Ende Oktober 1946 gab der tschechoslowakische Innenminister Nosek in der Verfassunggebenden Nationalversammlung bekannt, daß die Umsiedlung der Deutschen abgeschlossen sei; von den z. Zt. der Potsdamer Konferenz in der ČSR lebenden 2,5 Millionen Deutschen seien 2 165 000 nach Deutschland überführt worden, davon 1 415 000 in die amerikanische Besatzungszone. (Keesing's Archiv, Jg. 16/17, S. 907 J.)

[6] Der amerikanische Botschafter in Prag gab im August 1947 bekannt, daß bis zum 31. März 1947 118 574 Sudetendeutsche aus Österreich in der US-Besat-

eine Flucht nach dem Westen Deutschlands entzogen, und sudetendeutsche Kriegsgefangene, die nach ihrer Entlassung nicht mehr in die Heimat zurückkehren konnten[1].

Am 10. Juni 1946 setzte die Ausweisung in die sowjetische Besatzungszone ein, nachdem sowjetisch-tschechische Verhandlungen am 3. und 4. Mai 1946 in Berlin und am 1. Juni 1946 in Prag stattgefunden hatten[2]. Sie hielt in unverminderter Stärke bis zum 18. Oktober an, ohne daß hierfür völlig zuverlässige zahlenmäßige Nachweise möglich sind. In dieser Zeit wurden in die Sowjetzone Deutschlands eingeschleust[3]:

vom 10. Juni bis 21. Juni täglich 2 Züge,

von da ab bis 30. Juni täglich 3 Züge,

von da ab bis 18. Oktober täglich 6 Züge[4].

Im allgemeinen wurden die Transporte unter ähnlichen Bedingungen wie die für die amerikanische Zone bestimmten zusammengestellt und abgewickelt, doch wird verschiedentlich über größere Mißstände berichtet, da hier offenbar die sowjetische Militärregierung weniger darauf achtete, ob die Ausgewiesenen das notwendigste Gepäck usw. besaßen[5]. Die schlechte Organisation des Weitertransports in die Zielorte schuf große Erbitterung unter den betroffenen Menschen. Die Züge wurden oft tagelang planlos hin und her geschoben und mußten nicht selten unterwegs um- oder ausgeladen werden, ohne daß für den sofortigen Weitertransport der Ausgewiesenen Sorge getragen war. Diese wurden durchweg erst in die Quarantänelager eingewiesen, von wo sie dann nach Wochen auf einzelne Ortschaften verteilt wurden[6].

Insgesamt wurden nach tschechischen Angaben bis Ende Oktober 1946 etwa 750 000 Sudetendeutsche in die Sowjetzone ausgewiesen[7]. Doch auch nach dem offiziellen Abschluß der Ausweisungsaktion sind von den sowje-

---

zungszone Deutschlands aufgenommen worden seien; vgl. hierzu den Artikel „US-Zone nicht mehr aufnahmefähig", Frankfurter Neue Presse vom 25. August 1947.

1 Nach der oben erwähnten Verlautbarung des amerikanischen Botschafters in Prag betrug die Zahl der vor Beginn der organisierten Ausweisung oder auf illegalem Wege nach Westdeutschland gekommenen Sudetendeutschen 325 439; vgl. „Frankfurter Neue Presse" vom 25. August 1947. Diese Angaben lassen sich aus anderen Quellen nicht bestätigen.

2 Darüber Luža, a. a. O., S. 24. Über das Ergebnis berichtet Luža nur, daß die Übereinkunft „ähnlich dem tschechoslowakisch-amerikanischen Abkommen" gewesen sei.

3 Nach Luža, a. a. O., S. 25. Luža führt aus, daß daneben auch Schiffstransporte durchgeführt wurden. Diese Angaben lassen sich aus den vorliegenden Berichten für die Zeit der geordneten Ausweisung nicht bestätigen.

4 Nach Keesing's Archiv, Jg. 16/17 (1946/47), S. 1150 E, gab der Vorsitzende des tschechoslowakischen Siedlungsamtes, Dr. Miroslav Kreysa, in Warschau bekannt, daß während der Sommermonate 1946 1700 Eisenbahnzüge mit ausgewiesenen Sudetendeutschen in die Sowjetzone geleitet worden wären. Es handelt sich hier offenbar um eine falsche Wiedergabe der Zahl (700).

5 Das wird in zahlreichen Berichten, die sich in der Dokumentensammlung befinden, bezeugt.

6 vgl. z. B. Bericht Nr. 100 c, S. 475 f.

7 Nach einer Mitteilung des Innenministers Václav Nosek Ende Oktober 1946 in der Nationalversammlung; vgl. Keesing's Archiv, J. 16/17 (1946/47), S. 907 J.

tischen Besatzungsbehörden noch weitere Transporte übernommen worden[1].

Die Transporte in alle Zonen wurden in den ersten Monaten auf örtlicher und regionaler Basis zusammengestellt. Da aber aus einzelnen Orten oder Bezirken gleichzeitig oder nacheinander Transporte sowohl in die amerikanische als auch in die sowjetische Besatzungszone abgingen und die Transporte aus größeren Orten in die verschiedensten Aufnahmegebiete gelangten, wurden die örtlichen Lebensgemeinschaften fast regelmäßig zerrissen. Das Aufteilungssystem in den Aufnahmegebieten brachte es mit sich, daß selbst bei geschlossener Aussiedlung der Bewohner ganzer Ortschaften diese doch im Aufnahmeland zerstreut wurden[2]. Die in den Jahren 1945 und 1946 nach Innerböhmen und -mähren zum Arbeitseinsatz verbrachten Sudetendeutschen wurden in manchen Fällen gleich von ihren Arbeitsorten aus ausgesiedelt, ohne daß ihnen eine vorherige Rückkehr in die Heimatorte gestattet wurde[3].

Die Sperrung der westlichen Besatzungszonen für Ausweisungstransporte aus der ČSR ab November 1946 bedeutete für die damals zurückgebliebenen oder in der Tschechoslowakei zurückgehaltenen Deutschen[4] eine Fortdauer ihrer rechtlosen Lage. Unter ihnen befanden sich Tausende von Männern, deren Familien bereits ausgesiedelt worden waren und wegen der Abwesenheit des Ernährers in bittere Not gerieten, andererseits Familien, deren männliche Angehörigen nicht mehr aus der Kriegsgefangenschaft in die ČSR zurückkehren konnten und in Westdeutschland geblieben waren[5]. Um wenigstens die Familien zusammenzuführen, gestattete die amerikanische Militärregierung Mitte des Jahres 1947 wöchentlich 50 Personen die Einreise in die amerikanische Besatzungszone[6]. Die Einreisegenehmigungen erteilte das Allied High Commission Permit Office in Prag. Die Ausreisenden durften 100 kg Gepäck mitnehmen. Verpflegung und Transportbedingungen waren wesentlich besser als bei den Transporten des vorhergehenden Jahres. In den Jahren 1947/48 konnten in solchen Transporten 5125 Sudetendeutsche die ČSR verlassen[7].

---

1 vgl. Luža, a. a. O., S. 25.

2 Bohmann, Das System der Austreibung, a. a. O., macht dies an den Abgangsbahnhöfen der Transporte wie an ihren Zielen deutlich. So sind allein 44 Transporte aus Karlsbad abgegangen, von denen 10 in Augsburg, 2 in Fulda (nach einigen wahllos herausgegriffenen Aufnahmelagern) angekommen sind.

3 vgl. z. B. Bericht Nr. 29, S. 168; Nr. 44, S. 246.

4 Nach tschechischen Angaben 400 000 (Keesing's Archiv, Jg. 16/17, S. 964 J).

5 Nach einem Brief des Präsidiums des Bayerischen Roten Kreuzes vom 26. Februar 1948 an den Länderrat der amerikanischen Besatzungszone waren allein von 340 000 im Gebiet von Hessen ansässig gewordenen sudetendeutschen Ausgewiesenen 6000 Familienangehörige als zwangsweise in der ČSR zurückgehalten gemeldet worden. (Aus den Akten des Länderrats-Ausschusses für Flüchtlingswesen.)
R. Stokes, a. a. O., berichtet darüber: „In several of the camps I found large numbers of Sudeten Germans men whose families had long since been expelled to Germany but who had been detained for slave labour or other reasons. In one camp 99 per cent of them had been detained more than a year and many though interrogated months ago had not received any findings."

6 Diese Aussiedlungsaktion lief nach längeren Vorbereitungen im August 1947 an.

7 Nach einem Sachbericht des Leiters des Grenzlagers Furth im Wald vom 24. November 1954.

Daneben versuchten Hunderte illegal die Grenze zu überschreiten[1]. Nach dem kommunistischen Staatsstreich im Februar 1948 setzte noch einmal ein von den Tschechen organisierter, nicht auf Vereinbarungen mit der amerikanischen Militärregierung beruhender Abschub von Sudetendeutschen ein. Auf Lastkraftwagen schaffte man Tausende von ihnen ins Grenzgebiet und schob sie dann in Gruppen bis zu 50 Personen nach Bayern ab[2]. Die deutschen Grenzwachen besaßen die strikte Anweisung der Militärregierung, den Grenzübertritt dieser Ausgewiesenen zu unterbinden[3]. Wenn auch im allgemeinen nicht danach gehandelt wurde, so blieb es doch nicht aus, daß der Übertritt einzelner Gruppen, die von bewaffneten Tschechen begleitet den Grenzstreifen betraten, verhindert wurde. Die Tschechen versuchten dann den illegalen Abschub an weniger gut bewachten Grenzstellen. Das Gepäck der auf solche Weise Ausgewiesenen wurde meist auf Lastkraftwagen nachgeschickt[4].

Im Rahmen dieser nicht auf Vereinbarungen mit den Amerikanern beruhenden Ausweisung schoben die Tschechen 24 009 Sudetendeutsche im Laufe des Jahres 1948 nach Westdeutschland ab[5]. Insgesamt sind in den Jahren 1947/48 30 587 Sudetendeutsche nach Westdeutschland gelangt[6]. 1949 ebbte der Zustrom ab. Die Zahl der „illegalen Grenzgänger" ging auf etwa 5000 zurück[7].

Noch immer befanden sich aber Zehntausende von Angehörigen der nach Westdeutschland ausgewiesenen Familien in der ČSR. Am 26. Oktober 1949 beantragte daher die Regierung der Bundesrepublik bei der Alliierten Hohen Kommission die Überführung von 20 000 Sudetendeutschen aus der ČSR zu ihren Familien nach Westdeutschland[8]. Nachdem diese ihre Zustimmung gegeben hatte, erzielte das amerikanische Permit Office in Prag in

---

1 Im Jahre 1947 wurden in Furth im Wald, dem Aufnahmelager für das amerikanische Besatzungsgebiet Deutschlands, 1453 illegale Grenzgänger registriert. (Nach einem Sachbericht des Leiters des Grenzlagers Furth im Wald vom 24. November 1954.)

2 vgl. Bericht Nr. 124, S. 540 ff.

3 Während der Aufnahme der ohne Vereinbarung ausgewiesenen Sudetendeutschen polizeilich behindert werden mußte, fand eine beträchtliche Zahl tschechischer politischer Flüchtlinge Asyl in der amerikanischen Besatzungszone.

4 vgl. Bericht Nr. 124, S. 540 ff.

5 Darunter befanden sich Einzelreisende mit Permits. (Nach einem Sachbericht des Leiters des Grenzlagers Furth im Wald vom 24. November 1954.)

6 Die Zahl der in die Sowjetzone ausgewiesenen Sudetendeutschen läßt sich nicht ermitteln. Wiskemann, a. a. O., S. 128 f., gibt ohne Quellenangabe die Gesamtzahl der in den Monaten November 1946 bis Januar 1947 ausgewiesenen Sudetendeutschen mit 23 366 an, über 25 000 hätten das Land in den folgenden Monaten (bis Herbst 1947) verlassen.
Luža, a. a. O., S. 27, berichtet, daß 1947/48 12 824 Deutsche ausgewiesen wurden. Bis Mitte Juni 1949 hätten außerdem an die 30 000 Deutsche das Land „freiwillig" verlassen.

7 Von ihnen wurden 3575 im Grenzdurchgangslager Furth im Wald registriert. (Nach dem Sachbericht des Leiters dieses Lagers.)
Luža, a. a. O., gibt die Gesamtzahl der aus der ČSR bis Mitte Juni 1949 ausgewiesenen Deutschen mit 5 303 Personen an.
Gleichzeitig wurde die Alliierte Hohe Kommission ersucht, der Zusammenführung von 25 000 Deutschen aus Polen und den besetzten deutschen Ostgebieten mit ihren in Westdeutschland lebenden Familien zuzustimmen; s. Anlage 38, S. 356.

Verhandlungen mit dem tschechoslowakischen Innenministerium, an denen auch Vertreter des Internationalen Roten Kreuzes teilnahmen, ein Übereinkommen, in dem das Verfahren und die technischen Einzelheiten dieser Aktion festgelegt wurden[1]. Die Transporte wurden in den Sammellagern Reichenberg und Eger zusammengestellt und setzten sich durchschnittlich aus 350 Personen zusammen. Der Abtransport ging ausschließlich in Personenzügen vor sich. Außer Devisen, echtem Schmuck und neuwertigen Textilien durften die Aussiedler ihre ganze bewegliche Habe, die in Güterwagen noch vor dem Verlassen der ČSR oder auch danach über die Grenze gebracht wurde, mitnehmen[2]. Diese letzte Aussiedlungsaktion, die am 17. März 1950 begann, wurde von der tschechoslowakischen Regierung am 28. April 1951 eingestellt. Bis zu diesem Zeitpunkt waren in 49 Transporten[3] 16 832 Sudetendeutsche nach Westdeutschland gekommen[4].

In den folgenden Jahren wurde nur einer beschränkten Zahl von Deutschen die Ausreise aus der ČSR gestattet. Es waren fast ausschließlich solche Personen, die die langjährige Haft, zu der sie auf Grund des Retributionsgesetzes verurteilt worden waren, verbüßt hatten und nun zu ihren Familien nach Westdeutschland ausreisten. Oft mußten sie monatelang auf die Ausreisegenehmigung warten, die sie auch nur nach wiederholten persönlichen Vorsprachen bei den zuständigen tschechischen Behörden erhielten[5].

Nach den offiziellen Erklärungen der Staatsmänner der Tschechoslowakischen Republik und nach dem Wortlaut der Gesetze sollten die „loyalen" Deutschen, die der Republik die Treue gehalten und gegen Hitler und Henlein Widerstand geleistet hatten, von jeder Verfolgung und damit auch vom „Abschub" verschont bleiben. Über den zahlenmäßigen Umfang des Kreises dieser Personen waren schon von der tschechoslowakischen Exilregierung sehr verschiedene Äußerungen bekannt geworden; auch nach der Wiedererrichtung der Republik wurde die darüber bestehende Unklarheit nicht geringer[6]. Die im Dekret vom 2. August 1945 für die „Antifaschisten" vorgesehene Regelung schränkte sich praktisch immer mehr auf eine Sonderbehandlung bei der Ausweisung ein, da die sudetendeutschen Gegner des NS-Regimes im allgemeinen kaum anders als die übrigen Sudetendeutschen behandelt wurden. So zeigte der größte Teil von ihnen, sogar die meisten deutschen Kommunisten, angesichts der Zerstörung der deutschen Lebensgemeinschaft in der Tschechoslowakei kein Verlangen, in einem in seiner Struktur völlig veränderten tschechischen Nationalstaat zu verbleiben, der ihnen zwar theoretisch die Staatsbürgerrechte zubilligte, von ihnen aber tatsächlich das völlige Aufgehen im Tschechentum verlangte.

So haben vor allem sudetendeutsche Sozialdemokraten schon sehr früh eine rege Initiative entfaltet, um ihre Gesinnungsgenossen nach Deutschland zu überführen. Bereits im Juni 1945, als die „wilden" Austreibungen

---

1 s. Anlage 38, S. 356.

2 Nach einem Sachbericht des Leiters des Grenzlagers Furth im Wald vom 24. November 1954.

3 Darunter befanden sich ein Sondertransport mit 232 Klosterschwestern und ein Transport mit Geisteskranken.

4 Aus den Akten des Bundesministeriums für Vertriebene, Flüchtlinge und Kriegsgeschädigte.

5 vgl. hierzu auch Bericht Nr. 125, S. 545 ff.

6 s. oben S. 43, 47 f. und 97 ff.

einen ersten Höhepunkt erreichten und auch auf Antifaschisten übergriffen, beschlossen in den nördlichen Kreisen des Sudetenlandes Vertreter sudetendeutscher Sozialdemokraten, eine geschlossene Aussiedlung der Mitglieder ihrer Partei und deren Angehöriger vorzubereiten. Sie entsandten Beauftragte nach Sachsen und Thüringen; mit der Landesregierung von Thüringen und der dortigen sozialdemokratischen Parteiorganisation schlossen sie eine auch von der sowjetischen Militärregierung gebilligte Vereinbarung über die Aufnahme von 100 000 sudetendeutschen Sozialdemokraten[1]. Auf Grund dieser Regelung verließen schon im November 1945 die ersten Transporte sudetendeutscher Sozialdemokraten, meist aus dem Kreis Tetschen, ihre Heimat. Sie durften ihre bewegliche Habe mit Ausnahme von Möbeln mitnehmen. Die Fortführung dieser Unternehmung scheiterte dann aber am Widerstand kommunistischer Kräfte und der sowjetischen Militärverwaltung, vor allem in Sachsen, die offenbar durch den starken Zustrom sudetendeutscher Sozialdemokraten einen noch stärkeren Widerstand gegen die angestrebte Vereinigung der kommunistischen und sozialdemokratischen Partei der sowjetischen Besatzungszone befürchteten[2]. Nur 6000 von der ursprünglich vereinbarten Zahl von 100 000 sudetendeutschen Sozialdemokraten waren in der sowjetischen Besatzungszone aufgenommen worden[3].

Inzwischen war durch die Initiative von Alois Ullmann aus Aussig, einem Funktionär der ehemaligen Deutschen Sozialdemokratischen Partei in der ČSR, im September 1945 in Prag eine Zentralorganisation — nach ihrem Initiator „Organisation Ullmann" genannt — gebildet worden, die die Vorbereitung der Ausreise von Sozialdemokraten und schließlich auch von Mitgliedern der ehemaligen Christlichsozialen Partei[4] in die Hand nahm. Dieser Organisation gelang es durch Vermittlung tschechoslowakischer Behörden, Vereinbarungen mit der amerikanischen Militärregierung für Deutschland über die Aufnahme von 40 000 „Antifaschisten"-Familien in die amerikanische Besatzungszone zu treffen und auch die gesetzlichen Voraussetzungen für die Ausreise zu schaffen[5].

Ursprünglich bestanden diese in einer vom Innenministerium am 26. November 1945 erlassenen Weisung über die „Aussiedlung der deutschen Antifaschisten in die russische Zone Deutschlands", die nach Verhinderung

---

[1] s. Anlage 34 a; vgl. auch Bericht Nr. 118, S. 526.

[2] vgl. Bericht Nr. 118, S. 527. Nach einer Auskunft des Vfs. machten vor allem die zuständigen Landesbehörden von Sachsen, in denen der kommunistische Einfluß vorherrschte, Schwierigkeiten bei der Durchschleusung der Transporte. Trotz der Intervention der thüringischen Landesregierung bei der zentralen Umsiedlerstelle für die sowjetische Besatzungszone (s. Anlage 34 b) und der Anweisung sowjetischer Dienststellen, die Transporte ungehindert durch Sachsen passieren zu lassen (s. Anlage 34 c), konnte die Aktion nicht fortgeführt werden, da sie nach der im Frühjahr 1946 stattgefundenen Zwangsvereinigung der KPD und SPD in Thüringen von den Kommunisten, die den leitenden Posten in der Aussiedlungsbehörde in Weimar übernahmen, verhindert wurde.
Bezeichnend für die Haltung der sowjetischen Militärregierung in dieser Angelegenheit ist die in Anlage 34 c abgedruckte Anweisung. Dort ist von nur 30 000 Antifaschisten die Rede, obwohl die Aufnahme von 100 000 vereinbart war.

[3] vgl. auch Bericht Nr. 118, S. 526.

[4] Über die Aussiedlung von Antifaschisten im Rahmen der Organisation Ullmann s. Bericht Nr. 117.

[5] vgl. auch Anlage 32, S. 335 (unter Punkt 4).

weiterer sozialdemokratischer Transporte nach Thüringen nun allein den Kommunisten zugute kam[1]. Mit Hilfe der tschechischen sozialdemokratischen Partei erwirkten Vertreter der „Aktion Ullmann“ die Richtlinien des Innenministeriums vom 17. Januar 1946[2]. Hier wurde aber die Zahl der zur Ausreise zugelassenen Sozialdemokraten auf 50 000, die der Kommunisten auf 45 000 festgelegt, was bei dem früheren Mitgliederstand beider Parteien die Sozialdemokratie außerordentlich benachteiligte. Nach weiteren Interventionen der „Aktion Ullmann“ über die tschechische sozialdemokratische Partei faßte schließlich die Regierung den Beschluß vom 15. Februar 1946, der die Beschränkungen aufhob, im übrigen erneut die Modalitäten der Ausreise von deutschen Antifaschisten fixierte[3]. Danach wurde den deutschen Antifaschisten formell das Recht der „Auswanderung“ in die sowjetische und amerikanische Zone Deutschlands unter Mitnahme ihres gesamten beweglichen Eigentums bestätigt „zu dem Zweck, den Okkupationsorganen in Deutschland eine wirksame Unterstützung bei der Bildung demokratischer Verhältnisse in Deutschland mit Hilfe der in der ČSR befindlichen Personen zu gewähren“. Als Antifaschisten wurden nur Personen anerkannt, die „vor der Okkupation Mitglieder der Kommunistischen oder Deutschen Sozialdemokratischen Partei (in der ČSR) waren“; später, in dem Rundschreiben des Innenministeriums vom 15. März 1946, wurde die Möglichkeit geschaffen, in der Begrenzung dieses Personenkreises etwas großzügiger zu verfahren, so daß in einzelnen Fällen auch Mitglieder der ehemaligen Christlichsozialen Partei einbezogen wurden[4]. Die „Aktion Ullmann“ übernahm es

---

[1] s. Anlage 35, S. 346 f.

[2] s. Anlage 36, S. 348 f.

[3] s. Anlage 37, S. 352 ff.

[4] s. Anlage 37, S. 352, Anm. 3; vgl. auch die Berichte Nr. 120, S. 533; Nr. 121, S. 535. E. Wiskemann, a. a. O., S. 126, unterscheidet zwei Gruppen: 1. „proven anti-Nazis“, die mit ihrem ganzen beweglichen Besitz abreisen durften, dazu für ihr zurückgelassenes Eigentum Verwalter ernennen und über Austauschmöglichkeiten verhandeln konnten, die allerdings durch den Februar-Putsch von 1948 gegenstandslos geworden seien; 2. andere Sudetendeutsche, „who had not been actively anti-Nazi but had been able to show that they had never in any way supported Henlein or Hitler“; sie durften ihren beweglichen Besitz mitnehmen, mußten aber ihren Hausbesitz zurücklassen.
Diese Darstellung E. Wiskemanns, die dafür wie so oft in ihrem Buch keine Quelle nennt, trifft nicht generell zu. Wie aus den vorliegenden Berichten hervorgeht, wurden solche Unterscheidungen von den Bezirksbehörden eigenmächtig getroffen (entgegen den von der Regierung erlassenen Richtlinien, vgl. Anlage 37, S. 352, Anm. 3). Sie sind nur für den Bezirk Tetschen belegt (s. Bericht Nr. 118 und Nr. 119), in dem sich ein relativ großer Anteil von Antifaschisten befand. Hier trafen die tschechischen Behörden diese Unterscheidung, um die Zahl der Bevorzugten zu drosseln. Aus den zahlreichen Berichten von Sudetendeutschen, die ihre Heimat in Antifaschisten-Sondertransporten verließen, geht hervor, daß auch die Mitnahme des beweglichen Eigentums wegen des knappen zur Verfügung gestellten Transportraumes größtenteils nur in beschränktem Umfang und gegen Ende 1946 fast gar nicht mehr möglich war (s. die unter Nr. 117—123 abgedruckten Berichte).
Nach übereinstimmenden Berichten verschiedener Organisatoren der „Aktion Ullmann“ wurde in einzelnen Orten Verfolgten des NS-Regimes die Möglichkeit eingeräumt, einen Verwalter für ihr zurückgelassenes Eigentum zu ernennen (s. auch Anlage 37, S. 354, Art. 3, letzter Absatz), zumeist scheiterte diese im Regierungsbeschluß vom 15. Februar vorgesehene Regelung an dem Widerstand der örtlichen tschechischen Behörden.

die von den Ortvertrauensleuten und Antifa-Kommissionen aufgestellten Listen, die vom Orts- und Bezirksnationalausschuß geprüft und genehmigt werden mußten, zu sichten und dem Innenministerium zur endgültigen Genehmigung vorzulegen und danach die Einwilligung des amerikanischen Verbindungsoffiziers in Prag einzuholen. Diese umständliche bürokratische Prozedur brachte es mit sich, daß die ersten Transporte erst im Mai 1946 abgefertigt werden konnten. In der Regel stellte das Ministerium für Eisenbahnen eigene Züge (40 Waggons für durchschnittlich 300 Personen) zur Verfügung; da aber der zugeteilte Transportraum nicht ausreichte und die zügige Ausreise der Antifaschisten dadurch noch mehr verzögert worden wäre, wurden Lastkraftwagen-Transporte eingelegt, die von den Teilnehmern selbst finanziert werden mußten[1].

Wurde bei den Transporten im Frühjahr 1946 allgemein großzügig verfahren, so verschlechterten sich die Bedingungen für die Ausreise der Antifaschisten im Laufe der Sommer- und Herbstmonate. In zahlreichen Orten und Bezirken wurde jetzt die Mitnahme der beweglichen Habe, vor allem von Möbeln, bei Antifa-Transporten beschränkt, z. T. sogar ganz unterbunden[2]. Willkürlich strich man Antifaschisten, die tatsächlich wegen ihrer politischen Einstellung unter dem nationalsozialistischen Regime verfolgt worden waren, aus den Transportlisten, entzog ihnen die Sonderausweise und unterwarf sie den gleichen Behandlungsmethoden bei der Ausweisung, die für die Sudetendeutschen generell zutrafen[3]. Andererseits wird berichtet, daß die Behörden oder einzelne einflußreiche Tschechen auch solchen Deutschen, die keineswegs den Status der Antifaschisten fordern konnten, die Aufnahme in die Sondertransporte verschafften, wie überhaupt oft das Gutdünken der tschechischen Ämter für die Zuerkennung des Status eines Antifaschisten ausschlaggebend gewesen zu sein scheint[4].

Im Spätsommer des Jahres 1946 wurde die Lage der noch nicht ausgesiedelten Antifaschisten in einigen Kreisen des Nordsudetenlandes, so im Kreis Tetschen, besonders prekär, da diese Personengruppe nun, nach der Ausweisung der übrigen Deutschen, deutschfeindlichen Maßnahmen weit stärker ausgesetzt war als bisher. Vielfach wurden Antifaschisten, die bereits Sondertransporten zugeteilt waren, aus den Wohnungen verwiesen, ins Landesinnere verschleppt oder in die letzten allgemeinen Ausweisungstransporte eingegliedert. Als alle Proteste der Antifa-Kommissionen diesen Maßnahmen nicht Einhalt gebieten konnten, erwirkte z. B. die Antifa-Kommission des politischen Bezirkes Tetschen von den Bezirks- und Landesbehörden die Unterbringung der von ihr betreuten Antifaschisten in einem von ihr selbst verwalteten Lager, um sie bis zum Abtransport allen Verfolgungen zu entziehen[5].

Die unzureichende Bereitstellung von Transportmitteln und Schikanen der Behörden hatten zur Folge, daß nach der Einstellung der Ausweisungs-

---

[1] vgl. die Berichte Nr. 117, S. 521; Nr. 122, S. 538; Nr. 123, S. 539.

[2] Während bei den ersten Transporten drei bis vier, in einzelnen Fällen auch nur zwei Familien einen Eisenbahnwaggon zur Verfügung gestellt bekamen, mußten bei den späteren Transporten manchmal bis zu 10 Familien in einem Waggon untergebracht werden; vgl. z. B. die Berichte Nr. 120, S. 533; Nr. 122, S. 538.

[3] vgl. vor allem die Berichte Nr. 118, S. 527 f.; Nr. 121, S. 535; Nr. 123, S. 539.

[4] vgl. z. B. die Berichte Nr. 121, S. 535; Nr. 122, S. 538.

[5] s. darüber Bericht Nr. 118, S. 528 ff.

transporte in die amerikanische Besatzungszone Zehntausende von Antifaschisten, meist Sozialdemokraten, in der ČSR zurückbleiben mußten. Immerhin war es der „Aktion Ullmann“ gelungen, rund 82 600 Personen nach Westdeutschland zu überführen[1].

Während etwa 30 000 sudetendeutsche Sozialdemokraten die ČSR nicht mehr verlassen konnten und jahrelang — oft auch vergeblich — auf eine Ausreisegenehmigung warten mußten, glückte es den aussiedlungswilligen sudetendeutschen Kommunisten, vollzählig die ČSR zu verlassen und in die Sowjetzone zu gehen. Übereinstimmend wird berichtet, daß ihre Transporte, die bereits im Herbst 1945 begannen und ohne Störungen fortliefen, bevorzugt abgefertigt wurden. Durch diese Aktionen kamen etwa 30 000 Kommunisten nach Mitteldeutschland[2].

Daß deutsche Juden entweder nach Deutschland ausgewiesen wurden oder dorthin freiwillig übergesiedelt sind, läßt sich aus den vorliegenden Berichten nicht erschließen[3].

Entgegen ihren Erklärungen galt aber das eigentliche Interesse der tschechoslowakischen Regierung weniger dem Problem der Antifaschisten, als der Erhaltung eines genügenden Stammes von Facharbeitern für die im Sudetenland gelegenen Industriebetriebe[4]. Von den Wirtschaftsbehörden der nationalisierten Industrien war die schärfste Kritik am „Odsun“ der Facharbeiter gekommen, und hinter den Kulissen der offiziellen Politik spielte offenbar eine lebhafte Auseinandersetzung um die Zahl der zurückzubehaltenden Spezialisten, die das Regime dringend für die Ausführung seiner Wirtschaftspläne benötigte. Die wirtschaftspolitischen und nationalstaatlichen

[1] vgl. Bericht Nr. 117, S. 521.
Nach dem dort angeführten statistischen Überblick wurden rund 44 500 Personen mit Möbeln, 33 100 ohne Möbel ausgesiedelt. — Von den in die amerikanische Zone geleiteten Antifa-Transporten wurden 26 705 Personen über Furth i. W. geführt (Sachbericht des Leiters des Grenzdurchgangslagers Furth i. W. vom 24. Nov. 1954), rund 50 000, davon 20 000 in Massentransporten, über Wiesau geschleust. (Nach einem Bericht des kath. Flüchtlingsseelsorgers für das Lager Wiesau vom 28. Nov. 1946.)

[2] Nach Angaben von Mitarbeitern Ullmanns. In den Richtlinien des Minsteriums des Innern vom 17. Januar 1946 über die Aussiedlung deutscher Antifaschisten wird die Zahl der Kommunisten, die die ČSR in Sondertransporten verlassen können, mit ca. 45 000 angegeben, vgl. Anlage 36, S. 349.

[3] Luža gibt für 1. November 1946 1876 Deutsche jüdischer Herkunft und deutschen Bekenntnisses als in der ČSR verblieben an; a. a. O., S. 27.
P. Meyer, a. a. O., S. 79 berichtet, daß eine Verordnung des Innenministers erst vom 10. September 1946, also gegen Ende der eigentlichen Austreibungsperiode, die Deportation von Juden in Transporten von Sudetendeutschen verboten habe. Nach der General-Regelung vom 13. September 1946 sollten Juden, denen Germanisierung oder Madjarisierung zum Vorwurf gemacht wurde, zwar ihre Staatsbürgerschaft verlieren, aber nicht zusammen mit Deutschen deportiert werden. Sie konnten ein Gesuch stellen, daß ihnen die Ausreise gestattet würde, was formell ähnlich wie bei den Antifaschisten war. Meyer weist weiter (S. 193, Anm. 13) darauf hin, daß die tschechische Presse im Anschluß an ein Interview des tschechischen Innenministers Nosek vom 20. Februar 1947 davon gesprochen habe, es hätten 2000 Juden freiwillig die ČSR nach Deutschland verlassen. Die kommunistische Zeitung „Rudé Právo“ gab sogar die zehnfache Zahl an. Meyer selbst erwähnt nur 150 Juden, die durch Vermittlung der UNNRA die ČSR verlassen hätten.

[4] Das gibt auch E. Wiskemann, a. a. O., S. 126, zu; vgl. z. B. auch Bericht Nr. 122, S. 537, Anm. 1.

Ziele des neuen Staates standen sich hier diametral entgegen, doch hat sich, auch unmittelbar nach dem kommunistischen Staatsstreich, die nationalistische Tendenz stets als die stärkere erwiesen[1].

Die Lage der nach Abschluß der großen Vertreibungsaktion in der ČSR zurückgebliebenen Deutschen, die sich aus verschiedenen Gruppen zusammensetzten, war zunächst sehr ungünstig. Soweit sie nicht als unentbehrliche Facharbeiter in den Industriebetrieben des Grenzgebiets benötigt wurden, deportierte man sie zu Zwangsarbeiten in das innertschechische Gebiet, wo sie unter kümmerlichsten Bedingungen, die in vielem den Verhältnissen von 1945/46 nicht nachstanden, dahinvegetierten. Von diesen Deportationen wurde jetzt auch ein großer Teil der zurückgebliebenen Antifaschisten betroffen[2]. In vielen Fällen verloren sie jetzt noch das gerettete Eigentum, das sie meist, wenn es sich um unbeweglichen Besitz handelt, erst nach langwierigen Bemühungen wieder zurückerhalten konnten. Erst im Laufe des Jahres 1949 begann sich die tschechische Haltung den zurückgebliebenen oder zurückgehaltenen Deutschen gegenüber zu ändern. Jetzt, wo in der relativ kleinen Restgruppe der Deutschen für den tschechischen Staat keine politische Gefahr mehr gesehen werden konnte[3], machte sich das Interesse an den deutschen Facharbeitern offen bemerkbar, und ihre Lebensbedingungen wurden allmählich erleichtert. Die für die Sudetendeutschen geltenden Ausnahmegesetze wurden nicht nur großzügiger gehandhabt, sondern z. T. auch gar nicht mehr beachtet. Freilich vollzog sich dieser Vorgang erst langsam und wirkte sich nicht überall gleichmäßig aus.

Seinen formalrechtlichen Ausdruck hat er in dem allmählichen Abbau des Verfassungsdekrets vom 2. August 1945 gefunden, das den Sudetendeutschen die tschechoslowakische Staatsangehörigkeit abgesprochen hatte.

---

1 Luža, a. a. O., S. 27, gibt nach dem Stand vom 1. November 1946 eine Zusammenstellung der einzelnen Kategorien der in der ČSR zurückgebliebenen Deutschen, deren Gesamtzahl er für damals auf 239 911 beziffert. Davon sind 32 537 Spezialisten in der Industrie mit Schutzbriefen mit 53 103 Familienangehörigen, dagegen nur 12 985 Deutsche mit provisorischer Bescheinigung über die tschechoslowakische Staatsbürgerschaft. Die übrigen Kategorien sind sehr ungenau (95 502 „Übrige"!), so daß die Aufgliederung sonst wenig Aussagewert besitzt.

2 Die sogenannte „Aktion Ullmann", deren Leitung nach der Ausreise Ullmanns der Sozialdemokrat Lenk übernahm, setzte in diesen Jahren alles daran, diejenigen deutschen Personen, denen in den Gesetzen und Dekreten staatsbürgerliche Gleichberechtigung zugesichert worden war, aus dem Zwangsarbeitssystem zu befreien und konnte auch vielen Einzelnen beim illegalen Grenzübertritt helfen. Nach dem kommunistischen Staatsstreich wurde auch die „Aktion Ullmann" im August 1948 durch ein Regierungsdekret aufgelöst. (Nach einer schriftlichen Mitteilung eines Mitarbeiters von Ullmann.)

3 A. Bohmann und V. Richter, Die Zahl der Deutschen in der Tschechoslowakei im Jahre 1956 (Zur gegenwärtigen Lage der Deutschen in der Tschechoslowakei, Mitteleuropäische Quellen und Dokumente, hrsg. vom Sudetendeutschen Rat, Bd. 2, München 1957, S. 21 ff.), geben aus den vom Statistický Obzor 1956 erstmals veröffentlichten Volkstumszahlen für 1. Januar 1955 165 790 Deutsche in der ČSR an, das sind 1,27 % der Gesamtbevölkerung.
Nach der neuesten Mitteilung des tschechoslowakischen statistischen Amtes ging diese Zahl im Laufe des Jahres 1955 um einige Hundert zurück und betrug am 31. Dezember 1955 165 167; vgl. „Lidová Demokracíe" (Prag), vom 7. September 1957. In der amtlichen Publikation Československo v mapach (erschienen 1953) waren für 1948 180 000 Deutsche angegeben worden.

In diesem Dekret war für einen bestimmten Personenkreis der „loyalen" Deutschen ein Recht eröffnet worden, die Rückgabe der tschechoslowakischen Staatsangehörigkeit zu beantragen. Diese Möglichkeit ist in den folgenden Jahren durch eine Reihe von Verordnungen schrittweise erleichtert worden, ohne daß offenbar die zurückgebliebenen Deutschen viel Gebrauch von ihr gemacht haben[1]. Vor allem vereinfachte die Verordnung vom 29. November 1949 „über die Rückgabe der tschechoslowakischen Staatsbürgerschaft an Personen deutscher Nationalität" das Antragsverfahren für Personen deutscher Volkszugehörigkeit, „die ihre Treueverpflichtung als tschechoslowakische Staatsbürger nicht verletzt und sich insbesondere nicht feindlich gegenüber der volksdemokratischen Ordnung verhalten haben"[2]. Am Ende wurde sogar das Antragsverfahren überhaupt abgeschafft und durch das Gesetz vom 24. April 1953 allen Personen deutscher Nationalität, die in der tschechoslowakischen Republik ihren Wohnsitz und die tschechoslowakische Staatsangehörigkeit noch nicht erworben hatten, diese automatisch zuerkannt[3]. Diese zwangsweise Repatriierung, gegen die den Betroffenen kein Einspruchsrecht zugestanden wurde und die alle gestellten Aussiedlungsanträge erledigte[4], wurde mit den Prinzipien der sozialistischen Nationalitätenpolitik: Gleichberechtigung und Zusammenwirken der Nationen im Aufbau des Sozialismus begründet. Das deutsche kommunistische Organ „Aufbau und Frieden" stellte diese Lösung gegen die „wüste chauvinistische Hetze", die in den Jahren 1945 bis 1948 „die Reaktionäre und Verräter von Beneš bis Slánský" gegen alle Deutschen getrieben hätten und deren Losung „Němec jako Němec" (ein Deutscher ist wie der andere) Gottwald schon 1945 und 1947 die Parole „Není Němec jako Němee" (kein Deutscher ist wie der andere) entgegengestellt habe[5].

Auch sonst traten kommunistische Politiker in öffentlichen Kundgebungen für eine Verbesserung des Status der sudetendeutschen Minderheit ein. Nachdem drei Jahre lang Kinder deutscher Volkszugehörigkeit von jedem Schulbesuch ausgeschlossen waren, wurde ihnen seit 1948 erlaubt, tschechische Schulen zu besuchen; später wurde sogar in einigen Schulen Deutschunterricht eingerichtet, dessen Besuch nur Schülern gestattet ist, die in Tschechisch und Russisch den Durchschnitt des Klassenziels erreicht haben[6].

---

[1] Nach E. Schmied, Das Staatsangehörigkeitsrecht der Tschechoslowakei (Bd. 18 der Sammlung geltender Staatsangehörigkeitsgesetze, Frankfurt/Main 1956), und Kurt Rabl, Die Rechtsstellung der Deutschen in der Tschechoslowakei (Zeitschrift für Ostforschung, 6, 1957, S. 180 ff.) handelt es sich um die Verordnungen vom 13. April 1948 (s. Anlage 22, S. 308), 18. Mai 1949, 29. November 1949 (s. Anlage 24, S. 312), 5. April 1950.

[2] Slg. Nr. 252, s. Anlage 24, S. 312.

[3] s. Anlage 25, S. 314.

[4] Nach Schmied, a. a. O., S. 43, liefen etwa 55 000 Aussiedlungsanträge.

[5] Heinrich Kuhn, Die kulturelle Situation der Deutschen in der Tschechoslowakei (Zur gegenwärtigen Lage der Deutschen in der Tschechoslowakei), S. 26 ff., vor allem S. 36 f.

[6] vgl. Heinrich Kuhn, a. a. O., S. 41. Kuhn nimmt an, daß mindestens 15 000 Kinder deutscher Eltern die deutschen Sprachzirkel in den tschechoslowakischen Schulen besuchen. (a. a. O., S. 46.)
Nach „Aufbau und Frieden", vom Juli 1957, wird ein deutscher Sprachzirkel errichtet, wenn dafür mindestens 10 Anmeldungen vorliegen.

Auch der Gebrauch der deutschen Sprache in der Öffentlichkeit und auf den Ämtern, sogar in Bezirken mit geringen deutschen Minderheiten, wurde wieder zugelassen, und seit November 1951 wird von dem tschechischen Gewerkschaftsverlag „Práce" die deutschsprachige, zweimal wöchentlich erscheinende Zeitung „Aufbau und Frieden" herausgegeben[1]. Durch Gastspiele sowjetzonaler Theater- und Kulturgruppen, durch literarische Vortragsabende und Sprachkurse werden die Deutschen in der ČSR im Geiste kommunistischer Nationalitätenpolitik kulturell betreut[2], doch haben sie noch keineswegs den Stand der ukrainischen und sogar madjarischen Minderheit erreicht, sich vor allem noch nicht wie diese in einem eigenen Kulturverband organisieren können[3].

Soweit man immerhin von einem Wandel in der Stellung der Deutschen sprechen kann, vermag dieser doch nicht darüber hinwegzutäuschen, daß das Deutschtum in der gegenwärtigen tschechoslowakischen Volksrepublik nur noch eine zerstreute Splittergruppe ist, die kaum mit dem in jahrhundertelanger Geschichte durchgeformten Deutschtum Böhmens und Mährens verglichen werden kann[4].

Durch die Austreibung der Deutschen haben diese Länder völlig ihr Gesicht verändert, nicht nur im nationalen, sondern auch im sozialen Sinn. In keinem der Vertreibungsstaaten Ostmitteleuropas ist die Entrechtung, Enteignung und Vertreibung der Deutschen so eindeutig Schrittmacherin des Kommunismus gewesen wie in der Tschechoslowakei. Die nichtkommunistischen Kräfte des tschechischen Volkes, die sich an dieser Politik beteiligt

---

1 Die von der Kominform seit 1948 herausgegebene und auch in der ČSR verbreitete Zeitschrift „Für dauerhaften Frieden, für Volksdemokratie" hat 1955 ihr Erscheinen eingestellt.

2 Das besondere Interesse gilt dabei der jüngeren Generation. Allein zwei Zeitschriften, „Freundschaft" und „Das Rote Halstuch", bemühten sich um eine ideologische Ausrichtung der Jugend im kommunistischen Sinne.

3 vgl. Kuhn, a. a. O., S. 45.

4 Um die Gesamtzahl der aus der ČSR (ohne Karpato-Ukraine) vertriebenen deutschen Bevölkerung zu ermitteln, sollen zuerst einmal alle Ziffern der einzelnen Gruppen zusammengefaßt werden: In der Phase der „wilden" Austreibung sind etwa 750 000 Sudetendeutsche in die sowjetischen Besatzungszonen von Deutschland und Österreich abgeschoben worden (s. oben S. 112). In der Phase der in Potsdam beschlossenen organisierten Ausweisung gelangten im Jahre 1946 aus der ČSR mit allgemeinen Transporten, Sondertransporten und Einzelpermits und als Grenzgänger 1 239 000 Personen in die amerikanische Besatzungszone (s. oben S. 123) und 750 000 mit allgemeinen Transporten in die sowjetische Besatzungszone Deutschlands (s. oben S. 124). Vom Frühjahr 1947 bis Ende 1949 sind im Zuge der Familienzusammenführung, als einzelne Grenzgänger und durch weitere Ausweisungen nach dem kommunistischen Umsturz in der ČSR weitere 35 000 Deutsche nach Westdeutschland und etwa 10 000 in die Sowjetzone gelangt (vgl. oben S. 125 f.). Im Rahmen der 1950 organisierten Familienzusammenführung kamen in der Zeit vom März 1950 bis April 1951 16 832 Sudetendeutsche in die Bundesrepublik (s. oben S. 127). Von den 1945 nach Österreich ausgetriebenen Sudetendeutschen wurden 118 574 vom Frühjahr 1946 bis März 1947 in die amerikanische Besatzungszone Deutschlands aufgenommen (s. oben S. 123, Anm. 6).
In der Zeit vom April 1945 bis zum Beginn der organisierten Ausweisung dürften etwa 100 000 Deutsche aus der ČSR geflohen sein, etwa 200 000 Männer konnten nach ihrer Entlassung aus der Kriegsgefangenschaft nicht mehr in die Heimat zurückkehren (vgl. auch oben S. 124).

haben, sind längst ihrerseits zwischen die Mühlsteine des kommunistischen Regimes geraten. Die utopische Hoffnung des Präsidenten Beneš, die Tschechoslowakei zu einem Ausgleichs- und Vermittlungszentrum zwischen dem westlichen und östlichen System zu machen, ist ebenso zerronnen wie die Machtträume Hitlers, der das tschechische Volk germanisieren wollte und,

---

Zur Zeit der Volkszählung in der Bundesrepublik am 13. September 1950 lebten in:

Bundesrepublik Deutschland	1 912 000
Berlin (West)	5 800
Saargebiet	600
Sowjetische Besatzungszone	914 000
Berlin (Ost)	2 000
	2 834 400
Österreich	140 000
anderen europäischen und außereuropäischen Ländern	30 000
Gesamtzahl	3 004 400

[Für die Bundesrepublik und Berlin (West) vgl. Statistisches Taschenbuch über die Heimatvertriebenen, Wiesbaden 1953, S. 3; für das Saargebiet wurde die Zahl geschätzt (bei der Volkszählung vom 29. Oktober 1946 lebten dort rund 540 Deutsche aus der ČSR); das Ergebnis der Volkszählung in der SBZ vom 31. August 1950 wurde nicht veröffentlicht, die obengenannte Zahl nach Luža, a. a. O., S. 34, der sich auf sowjetische Quellen beruft; die Zahl der in Österreich lebenden Vertriebenen nach W. R. Schließleder, Das österreichische Flüchtlingsproblem, in Integration Nr. 3/4, München 1954, S. 268 f. und Jg. 2 (1955), Nr. 3, S. 176 ff., vgl. auch Berichte und Informationen des Österreichischen Forschungsinstituts für Wirtschaft und Politik, Jg. 6 (1951), Heft Nr. 284; die Zahl der in anderen europäischen und außereuropäischen Ländern lebenden vertriebenen Deutschen aus der ČSR beruht auf Schätzungen nach Pressemeldungen und Angaben aus Kreisen der Landsmannschaft, die zwischen 25 000 bis 30 000 liegen.]

In der für 1950 festgestellten Zahl der Vertriebenen, die am 1. 9. 1939 ihren Wohnsitz im Gebiet der ČSR (Gebietsstand von 1937) hatten, ist auch der Geburtenzuwachs von 1945—50 einbegriffen. Er kann (nach Berechnungen des Statistischen Bundesamtes) mit 95 000 angenommen werden. Die Zahl der persönlich von der Vertreibung betroffenen Deutschen aus der ČSR beträgt demnach 2 909 400.

In der ČSR lebten zu dieser Zeit noch schätzungsweise 250 000 Personen, die sich bei der Volkszählung von 1939 als Deutsche bekannt hatten (von tschechischer Seite wurden etwa 170 000 als Deutsche gezählt — vgl. S. 132, Anm. 3, hinzu kommen 40 000 Hultschiner — vgl. Bericht Nr. 109, S. 499 ff. und 40 000 Deutsche in Mischehen und „schwebendes Volkstum", die nunmehr in der ČSR wieder als Tschechen oder Slowaken gelten). Die Zahl der 1950 außerhalb der ČSR vermutlich noch lebenden Kriegsgefangenen und -vermißten sowie der Zivilinternierten und -vermißten kann auf etwa 6000 geschätzt werden.

Da der tatsächliche Stand der deutschen Bevölkerung von Böhmen, Mähren-Schlesien und der Slowakei im Mai 1945 (vgl. S. 13 ff., S. 18 Anm. 1 und S. 141) unter Berücksichtigung der Kriegsverluste von 215 000 (nach Berechnungen des Statistischen Bundesamtes) auf 3 391 000 angesetzt werden kann, ergibt sich eine Differenz von 225 600 Deutschen, deren Schicksal nicht geklärt ist. Es ist anzunehmen, daß diese Zahl annähernd die Zahl der direkten oder indirekten Opfer der tschechischen Vergeltungs- und Vertreibungspolitik wiedergibt.

Eine Errechnung der Vertreibungsverluste ist in nächster Zeit vom Statistischen Bundesamt zu erwarten.

was trotz des erlittenen Unrechts kein Deutscher vergessen sollte, mit seiner Politik die späteren Verhängnisse erst ausgelöst hat. Böhmen ist vielmehr, was schon der große tschechische Historiker Palacký im 19. Jahrhundert befürchtet hatte, in den Bereich der russischen Macht gefallen, und das tschechische Volk, von jeher stolz auf seine europäische Tradition und Gesinnung, hat seine Freiheit erneut eingebüßt. Die Austreibung der mit ihm durch Jahrhunderte in Glück und Unglück verbundenen Deutschen ist ihm nicht zum Segen geworden: der „Abschub" war die Einleitung zum Abschied vom Westen.

B. Die Vertreibung der Deutschen aus der Slowakei.

I. Siedlungsgebiete, Bevölkerungszahl und soziale Struktur der Deutschen in der Slowakei.

Wie die Sudetendeutschen traf auch die Karpatendeutschen das Schicksal der Vertreibung aus ihrer Heimat[1]. Obwohl die wichtigsten gegen die deutsche Bevölkerung in der Tschechoslowakei erlassenen Gesetze und Maßnahmen für das gesamte Staatsgebiet galten, unterschied sich das Geschick der Karpatendeutschen vor und während der Vertreibung von dem der Sudetendeutschen in erheblichem Maße. Denn aus geschichtlichen, politischen und sozialen Gründen war das Verhältnis der Karpatendeutschen zu den Slowaken ein anderes als das der Sudetendeutschen zu den Tschechen, und auch der Ablauf der politischen Ereignisse in der Slowakei bis zur Vertreibung der Deutschen unterschied sich erheblich von den Vorgängen in den Sudetenländern. Ein weiterer Unterschied ergibt sich aus der soziologischen Struktur und der Siedlungsform der beiden Volksgruppen.

Im Gegensatz zu den Sudetendeutschen, deren Siedlungsgebiete sich fast ausschließlich unmittelbar an das geschlossene deutsche Sprachgebiet anlehnten, lebten die Karpatendeutschen in einzelnen Streusiedlungen, als kleine Splittergruppen in den auf deutsche Gründungen zurückgehenden und nun slowakischen Städten[2] und in den schon stark von Slowaken durchsetzten Sprachinseln: der Zips, dem Hauerland und dem Preßburger Raum.

---

[1] Der Ausdruck „Karpatendeutsche" wurde von dem Historiker R. F. Kaindl geprägt; vgl. dazu sein Werk „Geschichte des Deutschtums in den Karpathenländern, 3 Bde., 1907—1911. Er bezeichnete damit ursprünglich alle in den Karpaten und in der Bukowina lebenden Deutschen. Diese umfassende Bezeichnung geriet nach der politischen Aufsplitterung des Gebietes am Ende des Ersten Weltkrieges in Vergessenheit. Karpatendeutsche nennen sich heute vor allem die Volksdeutschen aus der Slowakei und der Karpato-Ukraine. Das Schicksal des zahlenmäßig nur geringen Deutschtums aus der Karpato-Ukraine (etwa 15 000) kann hier nicht behandelt werden, da ausreichende und verläßliche Nachrichten nicht vorliegen.

[2] Nach der Volkszählung von 1930 lag der Anteil der Deutschen an der Gesamtbevölkerung in Städten mit mehr als 10 000 Einwohnern, außer in Preßburg und Zipser Neudorf, unter 10 Prozent.

	Ges. Bev.	Deutsche	%
Preßburg (Bratislava), Stadtkreis	123 844	35 815	28,9
Tyrnau (Trnava)	23 948	1 135	4,7
Komorn (Komárno)	21 158	1 135	5,4
Neutra (Nitra)	21 238	595	2,8
Neuhäusel (Nové Zámky)	22 457	200	1,3
Trentschin (Trenčín)	11 809	639	5,4
Sillein (Žilina)	17 451	1 570	9,0
Neusohl (Banská Bystrica)	11 347	518	4,6
Altsohl (Zvolen)	11 214	171	1,5
Levice	12 576	252	2,0

Mit ihrer bis ins 12. Jahrhundert zurückreichenden historischen und kulturellen Tradition kann die Zips als die bekannteste deutsche Sprachinsel in der Slowakei gelten. Sie teilte sich in zwei geschlossenere und nur lose zusammenhängende Gebiete. Im Tal der Popper und ihren Nebentälern am Fuße der Hohen Tatra zog sich von Poprad (Deutschendorf) im Westen und Leutschau im Süden bis über den politischen und kulturellen Mittelpunkt Käsmark nach Nordosten auslaufend die siedlungsgeschichtlich ältere Oberzips hin[1]. Südlich davon, im Flußgebiet der Hernad und Göllnitz, dehnte sich von Zipser Neudorf im Norden bis Untermetzenseifen im Süden die Unterzips oder der Gründner Boden aus.

Ober- und Unterzips, die bereits seit dem 13. Jahrhundert von Deutschen besiedelt waren[2], bildeten ursprünglich ein zusammenhängendes deutsches Siedlungsgebiet, das jedoch schon verhältnismäßig früh wieder eingeengt wurde. Die Hussiteneinfälle in der ersten Hälfte des 15. Jahrhunderts vernichteten die deutschen Siedlungen zwischen den beiden Sprachinseln ebenso wie die im oberen Waagtal, die bis dahin die Verbindung zum Hauerland aufrechterhalten hatten[3]. Später dezimierten die Kämpfe des protestantischen Adels gegen die katholische Dynastie die Zahl der deutschen Ortschaften, und die Konfessionspolitik der Habsburger, die ganze Gemeinden der evangelischen Zipser aussiedelten und durch katholische Slowaken ersetzten, trug viel zur Entdeutschung einzelner Landstriche bei[4]. In den einst deutschen Städten der weiteren Umgebung der Zips — zwischen Dobschau im Westen, Kaschau im Süden und Preschau im Osten — hatten

---

	Ges. Bev.	Deutsche	%
Lučenec	15 459	909	5,9
Schemnitz (Banská Štiavnica)	13 395	205	1,5
Rosenberg (Ružomberok)	15 663	1 133	7,2
Zipser Neudorf (Spišská Nová Ves)	12 965	1 512	11,7
Kaschau (Košice), Stadtkreis	70 117	3 560	5,1
Preschau (Prešov)	21 775	1 000	4,6
Michalovce, Gemeinde	11 602	331	2,8

Die Tabelle umfaßt auch die Einwohner fremder Staatsangehörigkeit. Zusammengestellt nach: Čechoslovakische Statistik — Band 98, Reihe VI (Volkszählung, Heft 7), Volkszählung in der Čechoslovakischen Republik vom 1. Dezember 1930, I. Teil, Prag 1934, Tab. 9.

1 Die ersten urkundlich nachweisbaren deutschen Siedler kamen Anfang des 13. Jahrhunderts in die Zips. Ihre Niederlassungen wurden aber durch den Mongoleneinfall von 1241 größtenteils vernichtet; vgl. Johann Liptak, Die Zips, in: Das Deutschtum der Slowakei, Geschichte einer deutschen Volksgruppe im südosteuropäischen Raum; hrsg. von der Arbeitsgemeinschaft der Karpatendeutschen aus der Slowakei, Stuttgart, o. J., S. 48.

2 Über die Siedlungsgeschichte der Zips s. Liptak, Die Zips, a. a. O., S. 48 ff.

3 vgl. Liptak, Die Zips, a. a. O., S. 57.

4 vgl. Adalbert Hudak, Die Kirche unserer Väter. Weg und Ende des deutschen Luthertums in der Slowakei, Stuttgart 1953, vor allem S. 34 ff., und Liptak, Die Zips, a. a. O., S. 66.

sich nur kleinere deutsche Splittergruppen gehalten[1]. Ebenso bekannten sich in Bartfeld, Homenau und Michalovce in der Ostslowakei nur noch einige Hundert Einwohner zum Deutschtum. Aber auch das Kerngebiet der Zips war von Slowaken und im Süden von Madjaren durchsetzt.

Die Ergebnisse der Volkszählung von 1930 ergaben folgendes Zahlenbild[2]: Oberzips 25 162 Deutsche, Unterzips 13 141 Deutsche.

Zu diesen 38 303 Zipser Deutschen müssen noch Splittergruppen des Vorlandes hinzugerechnet werden.

Von den im 13. Jahrhundert gegründeten Bergbaustädten der Mittelslowakei[3] waren im 14. Jahrhundert in den waldreichen Flußtälern deutsche Rodungsdörfer angelegt worden[4]. Die für die Rodungen gebräuchliche Bezeichnung „Hau" kehrt in den Ortsnamen häufig wieder, und danach erhielt diese Sprachinsel den Namen Hauerland[5]. Das Deutschtum in den Städten, als den wirtschaftlichen Mittelpunkten, ist im Laufe der Jahrhunderte fast verschwunden: es wanderte aus oder wurde slowakisiert[6]. Nur die abgelegenen dörflichen Siedlungen hatten ihren deutschen Charakter auch in der Zusammensetzung der Bevölkerung fast rein bewahrt. Es sind dies 25 Ortschaften, die in zwei benachbarten Sprachinseln um die Hauptorte Kremnitz im Quellgebiet der Turz und Deutsch Proben am Oberlauf der Neutra liegen.

Die zahlenmäßig stärkste deutsche Gruppe mit 24 415 Seelen wohnte um Deutsch Proben; in der Kremnitzer Sprachinsel lebten 10 622, in der etwas abseits liegenden Siedlung Hochwies-Paulisch 4692 und verstreut in einzelnen slowakischen Orten der Umgebung, besonders in den Städten, noch 1226 Deutsche. Insgesamt lebten (1930) im Hauerland 41 255 Einwohner deutscher Volkszugehörigkeit[7].

Preßburg, die Hauptstadt der Slowakei, gehört noch zu den Ausläufern des geschlossenen bayrisch-österreichischen Siedlungsgebietes[8]. Der

---

1 vgl. oben S. 137, Anm. 2.

2 Errechnet aus: Čechoslovakische Statistik — Bd. 98.

3 Die sieben sogenannten niederungarischen Bergstädte Karpfen, Königsberg, Pukkanz, Schemnitz, Dilln, Kremnitz, Neusohl und Libethen lassen sich urkundlich zum Teil bis auf die Zeit vor dem Mongoleneinfall von 1241 zurückführen (Karpfen, Dilln, Schemnitz). Sie bildeten die Schwerpunkte des von eingewanderten deutschen Bergleuten betriebenen, einstmals reichen Erzbergbaus. Heute, nach dem Versiegen der Bodenschätze, haben sie kaum noch eine wirtschaftliche Bedeutung.

4 Über die deutsche Besiedlung des Hauerlandes s. Johann Liptak, Das Deutschtum in der Mittelslowakei, in: Das Deutschtum der Slowakei, S. 72 ff., und Ludwig Wohland, Mein Hauerland, Stuttgart o. J., S. 14 ff.

5 vgl. Liptak, Das Deutschtum in der Mittelslowakei, a. a. O., S. 27.

6 vgl. S. 137, Anm. 2.

7 Errechnet aus: Čechoslovakische Statistik — Bd. 98.

8 Über das Preßburger Deutschtum, seine Siedlungsgeschichte und sein Schicksal im Laufe der Jahrhunderte s. Roland Steinacker, Das Deutschtum in Preßburg und in der Westslowakei, in: Das Deutschtum in der Slowakei, S. 11 ff.

während des Mittelalters rein deutsche Charakter der Stadt begann zu verblassen, als sie nach der Schlacht von Mohacz (1526) die Hauptstadt des Königreichs Ungarn wurde und ihre Tore den madjarischen Untertanen öffnete, die dann besonders in den letzten Dezennien der ungarischen Herrschaft immer zahlreicher einströmten. Gleichzeitig setzte die Zuwanderung der umwohnenden Slowaken und auch der Tschechen ein; sie vervielfachte sich, als die Grenzziehung von 1919 die Stadt aus ihren alten politischen Bindungen löste und zur Tschechoslowakei schlug. Die Deutschen, durch Seuchen und Kriege dezimiert, konnten wohl gleichfalls durch Zuzug aus dem benachbarten geschlossenen deutschen Siedlungsgebiet ihren Bestand von rund 32 000 Seelen kontinuierlich halten, ihr prozentualer Anteil an der Gesamtbevölkerung sank aber gegenüber dem sprunghaft anwachsenden Slowaken- und Tschechentum stark ab und betrug 1930 nur noch 28 vom Hundert[1]. Trotzdem blieb Preßburg bis 1945 die Stadt mit dem größten deutschen Bevölkerungsanteil in der Slowakei. In der Umgebung Preßburgs befand sich in den von Slowaken durchsetzten Weinbauerndörfern am Südosthang der Kleinen Karpaten und im Westzipfel der hauptsächlich von Madjaren bewohnten Großen Schüttinsel eine dichtere deutsche Streusiedlung, die sich eng an die Hauptstadt anlehnte. Die deutsche Bevölkerung der Umgebung Preßburgs kann mit etwa 19 000 Personen angegeben werden[2]. — Die Zahl der Deutschen in und um Preßburg betrug damit ca. 52 000.

Insgesamt lebten in der Slowakei — nach den Ergebnissen der tschechoslowakischen Volkszählung von 1930 — 154 821 Deutsche, von denen 147 501

[1] Die Bevölkerung der Stadt Preßburg nach Muttersprache (1880—1910) und Nationalität (1921, 1930):

	Ges. Bev.	Deutsche	%	Madj.	%	Andere	
1880	48 006	31 492	65,6	7 537	15,7	8 977	
1890	52 411	31 404	59,9	10 433	19,9	10 574	
1900	65 867	33 202	50,4	20 102	30,5	12 563	
1910	78 223	32 790	41,9	31 705	40,6	13 728	
1921	93 189	28 173	30,1	22 395	24,0	37 776	Slowaken u. Tschechen (40,5 %)
1930	123 844	35 815	28,1	20 464	16,5	60 821	Slowaken u. Tschechen (49,1 %)
						5 597	Juden
						1 147	Sonstige

Die Tabelle ist zusammengestellt: für 1880—1910 nach Handwörterbuch des Grenz- und Auslandsdeutschtums, Bd. 1, Breslau 1933, S. 668; für 1921 nach Čechoslovakische Statistik — Bd. 9, VI, 1; für 1930 nach Čechoslovakische Statistik — Bd. 98, Tab. 9.

[2] Es sind dies die Gerichtsbezirke

Bratislava (Preßburg Land) mit	8 792	Deutschen
Šamorín (Sommerein) mit	3 269	Deutschen
Modra (Modern) mit	3 368	Deutschen
	15 429	Deutsche

Nach: Čechoslovakische Statistik — Bd. 98, Tab. 9.
Dazu kommt schwächeres Streudeutschtum in den Nachbarbezirken.

tschechoslowakische Staatsbürger waren[1]. Zum Zeitpunkt der slowakischen Volkszählung von 1940 betrug die Zahl der Deutschen in der Slowakei nach dem Gebietsstand von 1937 rund 155 000[2].

Uneinheitlich wie Herkommen und Siedlungsgeschichte der einzelnen deutschen Sprachgruppen in der Slowakei war auch ihre soziologische Struktur. Die deutsche Bevölkerung der Zips stellte einen entsprechenden Anteil an allen Berufsgruppen: Kaufleute, Handwerker, Bauern, Fabrik- und Waldarbeiter. Im Hauerland dagegen hielten sich die Deutschen nur in dem Rückzugsgebiet der abgelegenen Rodungsdörfer als Kleinbauern, Kätner und Wanderarbeiter. Die städtischen Berufsschichten waren fast völlig im Slowakentum aufgegangen. Das Preßburger deutsche Bürgertum jedoch hatte trotz starker madjarischer, slowakischer und tschechischer Konkurrenz einen Teil der städtischen Berufe des Handels und Gewerbes in seiner Hand behalten. Daneben fristete aber ein erheblicher Teil der Deutschen sein Dasein als Arbeiter und Häusler. Die in der Umgebung der Stadt lebende deutsche Bevölkerung gehörte bis auf wenige Ausnahmen dem Bauern- (Weinbauern-) und Arbeiterstand an[3]. — An der Zivil- und Militärverwaltung hatte das Slowakeideutschtum kaum einen Anteil.

Auch in der Verteilung des religiösen Bekenntnisses glich keine der einzelnen Sprachinseln der anderen. Die Zipser Deutschen gehörten zu 60 bis 70 % der evangelischen Kirche an, der Rest der römisch-katholischen. Im Hauerland dagegen bekannte sich die überwiegende Mehrheit der Deutschen zum römisch-katholischen Glauben. Das Preßburger Deutschtum war zu zwei Dritteln römisch-katholisch, zu einem Drittel evangelisch[4].

1 Nach den Ergebnissen der tschechoslowakischen Volkszählung lebten 1920 bzw. 1930 in der Slowakei 2 955 998 bzw. 3 254 189 Personen, die die tschechoslowakische Staatsbürgerschaft besaßen. Nach Nationalitäten gegliedert:

	1920	%	1930	%
Slowaken	1 941 942	65,7	2 224 983	68,4
Tschechen	71 733	2,4	120 926	3,7
Madjaren	634 827	21,5	571 988	17,6
Deutsche	139 880	4,7	147 501	4,5
Russen u. Kleinrussen	85 628	2,9	91 079	2,8
Polen	2 499	0,1	933	0,0
Juden	70 522	2,4	65 385	2,0
Andere	8 967	0,3	31 394	1,0

vgl. Čechoslovakische Statistik — Bd. 98, S. 46* f.
In der Zahl der 1930 anwesenden deutschen Bevölkerung sind etwa 8000—10 000 zum Wehrdienst einberufene Sudetendeutsche einbegriffen, deren Standorte sich in der Slowakei befanden.

2 Diese Zahl setzt sich wie folgt zusammen: Slowakische Republik 130 000 (Volkszählung 1940), Engerau und Theben 6000 (Volkszählung 1939), an Ungarn abgetretene Gebiete der Slowakei 14 000 (bei der Volkszählung von 1930 etwa 12 500), wegen Arbeitsverpflichtungen (in Deutschland) abwesende Männer etwa 5000. — Der Geburtenzuwachs bis Kriegsende kann mit rund 5000 angesetzt werden.

3 vgl. Die Deutschen in der Slowakei und in Karpathorußland, hrsg. von Dr. Eduard Winter, Münster i. W. 1926, S. 19 ff. und Karl Wendelin, Die Sozialstruktur unserer Volksgruppe, Kalender der Deutschen in der Slowakei, Jg. 2, Preßburg 1942, S. 75 ff.

4 vgl. Die Deutschen in der Slowakei und in Karpathorußland, S. 31 ff.

II. Die politische Struktur des Karpatendeutschtums.

Für das Verständnis der politischen Situation, in der sich die Karpatendeutschen befanden, ist es notwendig, die politischen Verhältnisse und Kräfte in der Slowakei selbst zu skizzieren. Bei der Zerschlagung der habsburgischen Doppelmonarchie am Ende des Ersten Weltkrieges, die in den Friedensverträgen von Saint Germain und Trianon sanktioniert wurde, wurden die in der überwiegenden Mehrheit von Slowaken und im Ostteil von Ukrainern (Ruthenen) bewohnten oberungarischen Komitate der Nordkarpaten und des Karpatenvorlandes aus dem Staatsverband des Königreiches Ungarn herausgelöst und der neugegründeten Tschechoslowakischen Republik eingegliedert[1]. Die in dem neuen Staat offenbar werdenden zentralistischen Tendenzen, die vor allem von den das politische Geschehen beherrschenden tschechischen Politikern und Parteien und der von ihnen unterstützten und geförderten slowakischen zentralistischen Parteien, von denen die Agrar-Partei unter Milan Hodža die bedeutendste war, durchgesetzt wurden, riefen bald die Opposition der politischen Kräfte hervor, die für eine Eigenständigkeit der Slowakei eintraten. Das Ringen um die den Slowaken vor der Errichtung des Staates versprochene, aber bis 1938 nicht gewährte

1 Politische Ausgangsbasis für den Zusammenschluß der Slowaken und Tschechen in einem gemeinsamen Staat war — neben den gegen Ende des vorigen Jahrhunderts einsetzenden Bestrebungen aktiver nationaler Gruppen für ein kulturelles und politisches Zusammengehen beider Völker (1896 Gründung der Tschechoslowakischen Gesellschaft in Prag) — das Pittsburger Übereinkommen vom 30. Mai 1918 und die Erklärung der Repräsentanten der slowakischen Parteien in Turz Sankt Martin vom 30. Oktober 1918, die die Slowakei zu einem Bestandteil der am 28. Oktober 1918 ausgerufenen Tschechoslowakischen Republik erklärte.

Das zwischen Vertretern der Slowakischen Liga in Amerika einerseits und Delegierten der Vereinigung nationaler Tschechen sowie der Union katholischer Tschechen und dem Vorsitzenden des Tschechoslowakischen Nationalrats, Th. G. Masaryk andererseits in Pittsburg unterzeichnete Übereinkommen bestimmte u. a.: „Wir genehmigen das politische Programm, das auf die Vereinigung der Tschechen und Slowaken in einem selbständigen Staat aus den Böhmischen Ländern und aus der Slowakei hinzielt.

Die Slowakei wird ihre eigene Verwaltung, ihren Landtag und ihre Gerichte haben.

Das Slowakische wird die amtliche Sprache in der Schule, im Amt und im öffentlichen Leben überhaupt sein.

Die einzelnen Bestimmungen über die Einrichtung des tschecho-slowakischen Staates obliegen den befreiten Tschechen und Slowaken und ihren rechtmäßigen Vertretern." (Braunias, Der Pittsburger Vertrag, Zeitschr. f. Völkerrecht, Jg. 22, 1938, S. 195.)

Die englische Übersetzung des Wortlauts der Erklärung von Turz Sankt Martin abgedruckt in: Jozef Lettrich, History of modern Slovakia, London 1956, S. 288 f.

Autonomie[1] prägte die innenpolitische Situation des Landes bis zur Zerschlagung der Tschechoslowakei.

Träger der Autonomiebewegung war die von Msgr. Andrej Hlinka gegründete Slowakische Volkspartei[2] und daneben die unbedeutendere Slowakische Nationalpartei unter Martin Ruza[3]. Beiden Parteien gelang es zunächst nicht, die Slowaken, deren Mehrheit kaum am öffentlichen Leben teilnahm, für sich zu gewinnen. Das slowakische Volk, zu einem großen Teil ohne eine eigene historische und politische Tradition, war jahrhundertelang durch die ungarische Politik bevormundet worden.

Erst im Laufe der Jahre konnten die Autonomisten durch ihre intensive, auf die nationale Eigenständigkeit der Slowaken gegenüber der tschechischen politischen und kulturellen Bevormundung gerichtete Propaganda die Zahl ihrer Anhänger vermehren. Der starke Zustrom tschechischer Beamter und Lehrer, hervorgerufen und begünstigt durch das Fehlen einer ausreichenden slowakischen Intelligenzschicht, die fast gänzlich im Madjarentum aufgegangen war, gab ihren gegen den Zentralismus gerichteten Argumenten neue Nahrung[4].

Das innenpolitische Spannungsfeld wurde noch durch das Vorhandensein einer starken madjarischen Minderheit bestimmt[5], die, bekannt für ihr stark ausgeprägtes Nationalgefühl und ihre irredentistische Politik, eine schwere Belastung für den neuen Staat bedeutete. Da die slowakisch-ungarische Grenze ausschließlich zugunsten der Slowakei gezogen worden war, schloß sie im Süden des Landes ein fast geschlossenes madjarisches Siedlungsgebiet in die ČSR ein. Bis zum Ende der I. Tschechoslowakischen Republik besaß das Problem der madjarischen Minderheit im slowakischen Teil des Staates die gleiche Bedeutung wie die sudetendeutsche Frage im tschechischen. Der Zurückdrängung des madjarischen Einflusses im kulturellen und politischen Bereich der Slowaken galt daher das besondere Interesse der tschechoslowakischen Behörden, und aus dieser Politik konnte die zahlenmäßig geringe und politisch wenig hervortretende deutsche Minderheit zunächst großen Nutzen ziehen.

---

1 Die Reform von 1927 faßte lediglich die Slowakei, Böhmen, Mähren-Schlesien und die Karpato-Ukraine als Verwaltungseinheiten zusammen.

2 Hlinka, röm.-kath. Pfarrer in Rosenberg, gründete diese Partei am 5. Dez. 1905 mit dem Ziel, den Madjarisierungsbestrebungen der ungarischen Behörden entgegenzutreten (vgl. Lettrich, a. a. O., S. 40, und Joseph A. Mikus, La Slovaquie dans le drame de l'Europe, Paris 1955, S. 24). Eine politische Bedeutung errang sie allerdings erst nach der Errichtung der Tschechoslowakei. In den dreißiger Jahren erfolgte ihre organisatorische Umbildung nach faschistischem Vorbild, und dieser Umstand und das von ihr vertretene autonomistische Programm, das vom nationalsozialistischen Deutschland als willkommenes Hilfsmittel bei der Zerschlagung der Tschechoslowakei benutzt wurde, trug schließlich wesentlich dazu bei, daß sie vom Dritten Reich als Partner der damaligen deutschen Politik akzeptiert wurde.

3 Während die Anhänger der Hlinka-Partei sich ausschließlich aus der katholischen Bevölkerung des Landes rekrutierten, repräsentierte die Nationalpartei, die älteste der slowakischen Parteien (vgl. Lettrich, a. a. O., S. 40), den autonomistischen Flügel der slowakischen Protestanten.

4 vgl. Lettrich, a. a. O., S. 62; vgl. auch oben S. 141, Anm. 1.

5 vgl. oben S. 141, Anm. 1.

Der Prozeß ihres Zusammenwachsens vollzog sich allerdings nur allmählich, denn die weit auseinandergezogenen, von Slowaken durchsetzten deutschen Sprachinseln, voneinander getrennt durch die bewaldeten und schwer passierbaren Höhenzüge der Nordkarpaten, hatten bis zur staatlichen Neuordnung nach dem Ersten Weltkrieg ein isoliertes Dasein geführt und vermochten es nicht, nun aus eigener Kraft zu einer einheitlichen Gruppe zusammenzufinden. Die großartige Vergangenheit, wie sie in der reichen Architektur, den Urkunden und Museen der mit wenigen Ausnahmen schon lange slowakisierten Städte in die Gegenwart herüberreichte oder in der Fülle des Brauchtums und der Volkstrachten der Zips oder des Hauerlandes lebte, änderte nichts an der Tatsache, daß das Deutschtum in der Slowakei eine in ihrem Bestand schwer gefährdete Volksgruppe war. Die Gründe hierfür waren mannigfaltig. Die Veränderung der wirtschaftlichen Struktur im Nordkarpatenraum, vor allem das Versiegen des Bergbaus, die Verlagerung der Handelswege, die beginnende Industrialisierung und die damit verbundene soziologische Umschichtung hatten die frühere Sonderstellung des Deutschtums schon lange aufgehoben. Dazu kam, daß eine tatkräftige geistige und materielle Unterstützung aus den kerndeutschen Gebieten fehlte. Zum geschlossenen deutschen Volksgebiet bestanden kaum noch Beziehungen; das Verhältnis zu Österreich war mit starken Ressentiments belastet, denn gerade die Konfessions-, Handels- und Verwaltungspolitik der Habsburger hatte in den letzten drei Jahrhunderten wesentlich zum Niedergang des Slowakeideutschtums beigetragen.

Die Folge dieser Entwicklung war auf der einen Seite eine durch die wirtschaftliche Zwangslage bedingte starke Auswanderung in die ungarischen Städte, vorwiegend in das um Budapest liegende Industriegebiet[1], aber auch nach Amerika[2], auf der anderen Seite eine stärkere Anlehnung an das Staatsvolkstum, die bis 1918, gefördert durch die ungarische Verwaltungspraxis und Schulpolitik[3], zur Madjarisierung insbesondere der Intelligenz- und Bürgerschicht geführt hatte.

Diesem Prozeß wurde durch die Errichtung der Tschechoslowakischen Republik Einhalt geboten, denn der neue Staat versuchte — zumindest in

---

[1] Es waren fast ausschließlich die wirtschaftlich tüchtigsten Kräfte der deutschen Bevölkerung und Angehörige der Intelligenzschicht. Sie gingen in den meisten Fällen in ein bis zwei Generationen im Madjarentum auf; vgl. Johann Liptak, Deutsches Schicksal in den Nordkarpaten, in: Das Deutschtum der Slowakei, S. 9; ders., Das Deutschtum in der Mittelslowakei, a. a. O., S. 34; ders., Die Zips, a. a. O., S. 78; vgl. auch Das Deutschtum in der Slowakei und in Karpathorußland, S. 18.

[2] Wie stark die Gruppe der Slowakeideutschen in den USA ist, ergibt sich aus der Tatsache, daß allein die Zipser Auswanderer 1920 einen „Zipser Bund in Amerika" gründeten, der eine eigene Zeitung herausgab und in der Zeit zwischen den beiden Weltkriegen das Kulturleben des Zipser Deutschtums in der Heimat durch namhafte Geldspenden erheblich förderte; vgl. Liptak, Die Zips, a. a. O., vor allem S. 78, und Hudak, a. a. O., S. 65.

[3] Das Schulgesetz von 1879 und insbesondere die Lex Apponyi von 1907, die u. a. die Beherrschung der madjarischen Sprache in Wort und Schrift für das 4. Volksschuljahr forderte, bewirkte, daß es 1919 kaum noch deutsche Schulen in der Slowakei gab. Zur ungarischen Schulgesetzgebung und ihrer Auswirkung auf die deutschen Schulen vgl. auch Dokumentation der Vertreibung, Bd. II, Das Schicksal der Deutschen in Ungarn, S. 15 E ff.

den ersten Jahren — durch Errichtung deutscher Minderheitsschulen die engen Beziehungen zwischen der deutschen und der wegen ihrer Irredentapolitik gefährlicheren madjarischen Minderheit zu unterbrechen. Dieses Wohlwollen der tschechoslowakischen Behörden gegenüber dem deutschen Schulwesen in der Slowakei sticht erheblich von der Praxis gegenüber den deutschen Schulen in den Sudetenländern ab. Wie weit aber die Madjarisierung bereits fortgeschritten war, zeigen die Widerstände einzelner deutscher Gemeinden gegen die Errichtung deutscher Schulen; sie forderten stattdessen die Beibehaltung der madjarischen[1]. Erst allmählich wurde sich die deutsche Minderheit ihrer nationalen Eigenständigkeit bewußt. Gefördert wurde diese Entwicklung durch den starken Rückhalt, den sie im neuen Staat beim Sudetendeutschtum fand. Der Deutsche Kulturverband dehnte seine Tätigkeit auch auf die Slowakei aus und trug durch geistige und materielle Unterstützung der Schulen[2] und durch Gründung deutscher Kulturvereinigungen und Ausbau des Genossenschaftswesens wesentlich zur Stärkung des deutschen Volksbewußtseins bei. Da das geeignete Lehrpersonal für die errichteten Schulen fehlte, kam eine beträchtliche Anzahl sudetendeutscher Lehrer ins Land. Auch das Genossenschaftswesen konnte auf Grund der langjährigen Erfahrungen des Sudetendeutschtums ausgebaut werden[3].

---

[1] In Kremnitz z. B. hatten die deutschen Einwohner die Beibehaltung der madjarischen Schule verlangt. Ähnlich verhielten sich die Deutschen in anderen Ortschaften, in denen deutsche Volksschulen errichtet werden sollten. Die Folge war, daß die madjarischen Schulen verweigert und stattdessen slowakische errichtet wurden. In solchen Orten konnten in den späteren Jahren deutsche Schulen überhaupt nicht oder erst nach hartnäckigem Widerstand der Behörden errichtet werden; vgl. Die Deutschen in der Slowakei und in Karpathorußland, S. 26, und Wohland, a. a. O., S. 50.

[2] Die Zahl der deutschen Volksschulen in der Slowakei betrug in den Schuljahren

1920/21 : 109

1922/23 : 110

1923/24 : 116

vgl. Die Deutschen in der Slowakei und in Karpathorußland, S. 26.

Diese Zahl, die noch keineswegs dem prozentualen Anteil des Deutschtums an der Gesamtbevölkerung des Landes und seiner Schulen entsprach, konnte sich in der Folgezeit kontinuierlich halten und erhöhte sich erst nach der Anerkennung der Autonomie und Selbständigkeit der Slowakei, in der die Deutschen größere Rechte erhielten.

1938 betrug die Gesamtzahl der deutschen Schulen 128, im Jahre 1941 schon 175; vgl. Roland Steinacker, Das Deutschtum in Preßburg und in der Westslowakei, a. a. O., S. 25; vgl. auch Nation und Staat, Jg. 13 (1939/40), S. 319. Dort wird die Zahl der deutschen Schulen im Jahre 1941 mit 177 angegeben. Sie wurden von 21 899 Schülern besucht, die von 560 Lehrern betreut wurden.

1943 verfügte die Volksgruppe über 141 Volksschulen, 23 Bürgerschulen, 4 Mittelschulen und 17 Fachschulen; vgl. Karl Hauskrecht, Unsere Volksgruppe im Jahre 1943, Kalender der Deutschen in der Slowakei für das Jahr 1944, hrsg. vom Hauptamt für Presse und Propaganda der Deutschen Partei, Jg. 4, Preßburg, S. 99.

[3] vgl. Liptak, Die Zips, a. a. O., S. 82; desgl. Franz Karmasin, War es so richtig, Vater Raiffeisen? Das deutsche Genossenschaftswesen in der Slowakei, München 1956, S. 7 ff.

Wie sehr sich aber das in mehrere Gruppen zerfallende Slowakeideutschtum von dem geschlossenen Block der Sudetendeutschen unterschied, geht aus seiner parteipolitischen Struktur hervor. Gerade hier blieb die alte Anhänglichkeit an das Madjarentum erhalten. Bis zum Beginn der dreißiger Jahre sah ein großer Teil der deutschen Wähler seine politische Vertretung in der „Deutschen Sektion" der Madjarischen Christlichsozialen Partei und — soweit es die Zips betraf — in der Zipser Deutschen Partei, deren Abhängigkeit von der Madjarischen Nationalpartei offenkundig war[1]. Ein nicht geringer Teil der deutschen Stimmen fiel auch den slowakischen und tschechoslowakischen Parteien zu.

Um den madjarischen kultur- und parteipolitischen Einflüssen innerhalb der deutschen Minderheit zu begegnen und dem Slowakeideutschtum eine geschlossenere parteipolitische Repräsentation zu verschaffen, gründeten einige um die Erhaltung und Förderung des Deutschtums verdiente Männer kurz vor den Parlamentswahlen von 1929 die Karpatendeutsche Partei[2]. Sie schloß mit der „aktivistischen", in der tschechoslowakischen Regierung mitwirkenden sudetendeutschen Partei des Bundes der Landwirte (Minister Spina) und der Deutschen Arbeits- und Wirtschaftsgemeinschaft (Rosche-Gruppe) ein Wahlbündnis, ohne aber ein Mandat erringen zu können[3]. Erst nach dem von der jüngeren Generation durchgesetzten Wahlbündnis mit der Sudetendeutschen Heimatfront (späteren Sudetendeutsche Partei — SdP) Konrad Henleins vor den Wahlen von 1935 konnte sie die Zahl ihrer Anhänger vermehren[4]. Die weitere Folge der Anlehnung an die nach dem Führerprinzip aufgebaute SdP war die im November 1935 vollzogene Union mit dieser Partei[5]. Konrad Henlein übernahm auch den Vorsitz in der Karpatendeutschen Partei, sein Stellvertreter für die Karpatenländer wurde der spätere Volksgruppenführer Franz Karmasin[6]. Die Karpatendeutsche Partei

---

1 vgl. Liptak, Die Zips, a. a. O., S. 82, und Lothar Rossipaul, Die deutsche Volksgruppe in der Slowakei, Nation und Staat, Jg. 12 (1938/39), S. 744 f.

2 Es waren u.a. Dr. Samuel Frühwirt, eine um das Preßburger Deutschtum besonders verdiente Persönlichkeit, D. Carl Eugen Schmidt, evangelischer Pfarrer und Senior in Preßburg (über seine hervorragende Bedeutung für das Preßburger evangelische Deutschtum s. Hudak, a. a. O., S. 68 ff.), der aus dem Sudetenland stammende Fabrikant Manuschek aus Schwedler und Prof. Dr. Roland Steinacker.
Nach einer mündlichen Auskunft von Prof. Dr. Roland Steinacker.

3 Bei diesen Wahlen errang sie insgesamt 18 000 Stimmen; vgl. Roland Steinacker, Das Deutschtum in Preßburg und in der Westslowakei, a. a. O., S. 25; vgl. auch Lothar Rossipaul, Die deutsche Volksgruppe in der Slowakei, Nation und Staat, Jg. 12 (1938/39), S. 745.

4 Stark beeinflußt wurde diese Entwicklung durch Karpatendeutsche, die während ihres Studiums auf den deutschen Hoch- und Fachschulen in Böhmen und Mähren-Schlesien und auf der Deutschen Universität in Prag Verbindung mit der am 1. Oktober 1933 von Konrad Henlein gegründeten deutschen Sammelbewegung aufgenommen hatten. Bei den Wahlen von 1935 konnte die Karpatendeutsche Partei 30 000 Stimmen (bei einer Gesamtzahl von zirka 150 000 Karpatendeutschen) erringen; vgl. Roland Steinacker, Das Deutschtum in Preßburg und in der Westslowakei, a. a. O., S. 25.

5 vgl. Rossipaul, Die Deutsche Volksgruppe in der Slowakei, a. a. O., S. 745.

6 Franz Karmasin, geb. am 2. 9. 1901 in Olmütz, reorganisierte 1926/27 das deutsche Genossenschaftswesen in der Zips und wirkte weiterhin als Sekretär des Deutschen Kulturverbandes in der Slowakei. Er gehörte zu den Mitbegrün-

wurde organisatorisch der SdP angeglichen und schließlich im September 1938 gleichzeitig mit dieser verboten[1]. Das darf aber nicht zu der Annahme führen, als ob die Karpatendeutsche Partei für das Deutschtum der Slowakei die gleiche Bedeutung besessen hätte wie die SdP in den Sudetenländern. Als Repräsentantin der großen Mehrheit der Slowakeideutschen konnte sie zu diesem Zeitpunkt nicht gelten. Die entscheidende Veränderung der politischen Struktur des Karpatendeutschtums brachte erst die Zerschlagung der Tschechoslowakei, die durch das Münchener Abkommen eingeleitet wurde.

Die Slowakische Volkspartei, deren Vorsitz nach dem Tode Hlinkas am 16. August 1938 Dr. Josef Tiso übernahm, hatte seit der Gründung der Tschechoslowakischen Republik für die slowakische Autonomie gekämpft, ohne eine Loslösung von der ČSR zu erstreben[2]. Während der Sudetenkrise nützte sie die für ihre politischen Ziele günstige innen- und außenpolitische Situation und erreichte kurz nach dem Münchener Abkommen die Anerkennung der slowakischen Autonomie[3]. Das autonome Land und seine von Dr. Tiso gebildete Regierung wurden allerdings bald vor schwierige politische

dern der Karpatendeutschen Partei, wurde nach den Wahlen von 1935 (Wahlbündnis der Karpatendeutschen Partei mit der Sudetendeutschen Heimatfront) Abgeordneter im Prager Parlament (Karmasin kandidierte im Wahlkreis Iglau). Nach der Union der Karpatendeutschen Partei mit der Sudetendeutschen Partei 1935 wurde er Stellvertreter Henleins für die Karpatenländer. In der autonomen und selbständigen Slowakei übernahm er als Volksgruppenführer das Staatssekretariat für deutsche Belange in der Slowakei. (Die autonome karpatorussische Regierung erteilte ihm den gleichen Auftrag.)

vgl. auch Nation und Staat, Jg. 12, S. 465 f.

1 vgl. hierzu Franz Karmasin, Deutsche in der Slowakei und der Karpathen-Ukraine, Nation und Staat, Jg. 12 (1938/39), S. 213 und Rossipaul, Die deutsche Volksgruppe der Slowakei, a. a. O., S. 745.

2 Nur eine kleinere Gruppe um den Juristen Prof. Vojtech Tuka vertrat eine radikalere Richtung, ohne sich aber in der Partei durchsetzen zu können. Tuka wurde im Oktober 1929 wegen Hoch- und Landesverrats zu 15 Jahren Kerker verurteilt.

Über Loyalitätserklärungen führender Männer der Volkspartei für die Tschechoslowakische Republik s. Lettrich, a. a. O., S. 80 f.

Lettrich, Repräsentant der Slowakischen Demokratischen Partei in dem von slowakischen Aufständischen im September 1944 gebildeten Nationalrat und nach 1945 Präsident des Slowakischen Nationalrats (nach 1948 emigriert), schildert in seinem Buche History of modern Slovakia, London 1956, die ganze jüngste slowakische Geschichte vom tschechoslowakischen Standpunkt.

Als Gegendarstellung der Ereignisse vom autonomistischen Standpunkt s. Joseph A. Mikus, La Slovaquie dans le drame de l'Europe. Histoire politique de 1918 à 1950, Paris 1955. Mikuš ist Vorsitzender der Kommission für auswärtige Angelegenheiten des Slowakischen Nationalrats in den USA.

3 Dies geschah am 22. November 1938, nachdem das tschechoslowakische Parlament am 18. November die Autonomie der Slowakei (und der Karpato-Ukraine) mit großer Mehrheit gebilligt hatte. Es war eine nachträgliche Sanktionierung der Entwicklung, denn bereits am 6. Oktober hatten sich auf Initiative Tisos in Sillein die slowakischen Parteien (mit Ausnahme der kommunistischen, sozialdemokratischen und jüdischen Partei) zu einer Sammelbewegung für die Autonomie unter der Führung der Volkspartei zusammengefunden und die Anerkennung der Autonomen Slowakei durch die tschechoslowakische Regierung durchgesetzt; vgl. hierzu Mikus, a. a. O., S. 97 ff.; Lettrich, a. a. O., S. 95 ff.; Rabl, Zur jüngsten Entwicklung der slowakischen Frage, Zeitschr. f. ausländ. Recht und Völkerrecht, Bd. 9 (1939/40), S. 284 ff. und Adalbert Hudak, Die Entstehung der selbständigen Slowakei, Karpaten-Jahrbuch 1956.

und wirtschaftliche Probleme gestellt, da Ungarn die vorwiegend von Madjaren bewohnten südlichen Gebiete der Slowakei beanspruchte und diese — d. h. das furchtbare Karpatenvorland — auf Grund des I. Wiener Schiedsspruches (2. November 1938) abgetreten werden mußten[1]. Außerdem fielen nach langwierigen Verhandlungen des deutsch-tschechoslowakischen Ausschusses[2] die beiden vor Preßburg gelegenen Orte Engerau und Theben an Deutschland[3]. Um so stärker trat jetzt die Aktivität der um die Erhaltung des slowakischen Kerngebiets besorgten slowakischen Autonomisten hervor. Die gegen den tschechischen politischen Einfluß gerichteten Maßnahmen der autonomen Regierung führten schließlich zur Absetzung Tisos durch Staatspräsident Hacha am 10. März 1939[4]. Unter unmittelbarer Einflußnahme des Dritten Reiches, das zu einer Zerschlagung der Resttschechoslowakei entschlossen war, und um eine Aufteilung der Slowakei unter die Nachbarstaaten zu verhindern, beschloß der slowakische Landtag am 14. März 1939 die Ausrufung der Slowakischen Republik[5]. Durch den Vertrag vom 18. März 1939 unterstellte sie sich dem Schutz des Deutschen Reiches[6].

So maßgeblich der Einfluß des Dritten Reiches auf dieses Geschehen gewesen ist, so bleibt doch unverkennbar, daß der neue Staat zum damaligen Zeitpunkt von der Mehrheit der politisch interessierten slowakischen Volksschichten befürwortet wurde. Die Gewißheit einerseits, daß das zahlenmäßig so geringe deutsche Volkstum den Bestand des Staates nicht gefährdete, die Slowakei andererseits den ungarischen Annexionsansprüchen nur durch eine enge Anlehnung an das Deutsche Reich begegnen konnte, bestimmte die ausgesprochen deutschfreundliche Politik der slowakischen Regierung. Das von der Hlinka-Partei bereits zur Zeit der Autonomie eingeführte totalitäre

---

1 s. darüber Rabl, Zur jüngsten Entwicklung der slowakischen Frage, a. a. O.

2 s. oben S. 5, Anm. 1.

3 Es waren vorwiegend strategische Gesichtspunkte, die die deutsche Delegation bei den deutsch-tschechischen Verhandlungen über die Grenzziehung nach dem Münchener Abkommen bewogen, auf der Abtretung Engeraus und (als Brückenkopf vor Preßburg) Thebens zu bestehen (darüber und über den Gang der Verhandlungen s. Akten zur Deutschen Auswärtigen Politik, Serie D, Bd. IV, 1951, Dok. Nr. 12, 27, 42, 46, 72, 112 und 119). Die deutsche Volkgruppe hatte sich aus Rücksicht auf die nationalen Gefühle der Slowaken gegen die Abtretung beider Orte ausgesprochen; vgl. Akten zur Deutschen Auswärtigen Politik, a. a. O., Dok. Nr. 112.

4 vgl. hierzu Lettrich, a. a. O., S. 99 ff., und Mikus, a. a. O., S. 97 ff.

5 vgl. hierzu Lettrich, a a. O., S. 123 ff., und Mikus, a. a. O., S. 113 ff. Über den Einfluß des nationalsozialistischen Deutschlands auf diese Entwicklung s. Prozeß gegen die Hauptkriegsverbrecher vor dem Internationalen Militärgerichtshof, deutsche Ausgabe, Nürnberg 1947, Bd. III, S. 169 ff, Bd. XXXI, PS-2801 und PS-2802, Bd. XXXIII, PS-3842; Akten zur Deutschen Auswärtigen Politik a. a. O., Dok. Nr. 168, 174. 180, 184 bis 246; vgl. auch die Darstellung bei Hans Schiefer, Deutschland und die Tschechoslowakei von September 1938 bis März 1939, Zeitschr. f. Ostforschung, Jg. 4 (1955), S. 48 ff., vor allem S. 60 f.

6 s. RGBl 1939, II, S. 607.
Deutschland verpflichtete sich, die Integrität der Slowakei zu schützen. Es erhielt das Recht, in der Westslowakei Truppen zu stationieren. Die Slowakei erklärte sich bereit, ihre militärischen Kräfte und ihre Außenpolitik in engem Einvernehmen mit dem Deutschen Reich auszubauen und zu gestalten.

Regime bildete eine weitere Basis für ein deutsch-slowakisches Einvernehmen.

Unter dieser gewandelten innen- und außenpolitischen Konstellation vollzog sich der Umbau der politischen Organisation des Slowakeideutschtums: denn eine der ersten Maßnahmen der autonomen slowakischen Regierung war die Aufhebung des Verbots der Karpatendeutschen Partei, die nun unter Volksgruppenführer Franz Karmasin nach nationalsozialistischem Vorbild mit enger Anlehnung an die totalitäre Hlinka-Partei organisatorisch und ideologisch als „Deutsche Partei" (DP) umgestaltet und ausgebaut wurde. Alle noch bestehenden deutschen Verbände und Vereinigungen (Deutscher Kulturverband, Sport- und Jugendvereine, Gewerkschaften usw.) wurden der „Partei" eingegliedert, die damit „den Charakter einer einheitlichen Volksorganisation annahm"[1]. Die Zugehörigkeit zur deutschen Volksgruppe bedeutete also zugleich Mitgliedschaft bei der Deutschen Partei.

Von ausschlaggebender Bedeutung war dabei das durch den Regierungsbeschluß vom 10. Oktober 1938 geschaffene „Staatssekretariat für die Angelegenheiten der deutschen Volksgruppe in der Slowakei"[2], das Volksgruppenführer Karmasin noch am gleichen Tage übernahm[3]. Die Befugnisse der deutschen Volksgruppe wurden noch durch die Erklärung des Ministerpräsidenten Tiso vom 27. November 1938 anläßlich der Vorsprache von Vertretern der Volksgruppe unter Führung Karmasins erweitert[4] und schließ-

[1] vgl. Franz Karmasin. Deutsche in der Slowakei und der Karpathen-Ukraine, Nation und Staat, Jg. 12. S. 212 ff.

[2] vgl. Rabl. Zur jüngsten Entwicklung der slowakischen Frage, a. a. O., S. 307. Der Regierungsbeschluß hat folgenden Wortlaut:
„1. Die slowakische Regierung errichtet durch Beschluß ein deutsches Staatssekretariat am Sitz der slowakischen Regierung.
2. Das deutsche Staatssekretariat hat die vorläufige Aufgabe, die Interessen der deutschen Volksgruppe in der Slowakei (nemectvo na Slovensku) zu wahren und die gesetzlichen Maßnahmen zur Sicherung der Rechtsstellung dieser Volksgruppe im Rahmen der Landesselbstverwaltung vorzubereiten.
3. Zu diesem Zwecke hat das deutsche Staatssekretariat das Recht, Verordnungen und Bekanntmachungen auf dem Weg über die Regierung herauszugeben. Jede solche Verordnung muß vom Ministerpräsidenten oder von seinem Stellvertreter unterzeichnet sein.
4. Der Leiter des deutschen Staatssekretariats beteiligt sich am Ministerrat bei der Erörterung volksdeutscher oder gemeinsamer Angelegenheiten.
5. Leiter des deutschen Staatssekretariats ist Ing. Franz Karmasin.
6. Die zur Durchführung der unter Ziff. 2 genannten Zielsetzung notwendigen Mittel werden von der Regierung beigestellt.
7. Mit der Durchführung dieses Ministerbeschlusses wird der Vertreter des Ministerpräsidenten, Justizminister Dr. Ďurčanský betraut."
Abgedruckt bei Rabl, Zur jüngsten Entwicklung der slowakischen Frage a. a. O.

[3] Bald darauf errichtete auch die autonome Regierung der Karpato-Ukraine ein solches Staatssekretariat, mit dessen Leitung ebenfalls Karmasin betraut wurde; vgl. Nation und Staat, Jg. 12, S. 466.

[4] Tiso erklärte u. a.:
„Es ist unser Wunsch und unser Wille — und wir haben dies bereits durch Ihre Betrauung mit dem neugeschaffenen deutschen Staatssekretariat zum Ausdruck gebracht —, der befreundeten deutschen Volksgruppe in der erneuerten Slowakei eine solche Stellung zu sichern, wie sie nach moderner Anschauung und in Übereinstimmung mit den praktischen Erfordernissen und Möglichkeiten

lich in der Verfassung der Slowakischen Republik vom 21. Juli 1939 verankert[1].

Die starke verfassungsrechtliche Position, die die Volksgruppe auf diese Weise erhielt, benützte ihre Führung zur vollständigen organisatorischen Zusammenfassung der deutschen Minderheit in der Deutschen Partei und in ihren zahlreichen Organisationen[2]. Zugehörigkeit zur Deutschen Volks-

---

erwartet werden kann. Die absolute Freiheit des völkischen Bekenntnisses, der Bestand einer eigenen, nach nationalsozialistischen Führungsgrundsätzen aufgebauten Volksorganisation, der Gebrauch aller derjenigen Zeichen und Symbole, die ihre Zugehörigkeit zum deutschen Volk und seiner nationalsozialistischen Weltanschauung versinnbildlichen, ist und bleibt allen deutschen Bürgern dieses Staates gesichert. Kein öffentliches Organ und keine private Person soll und darf Sie daran hindern, sich zu den Werten Ihres Volkstums zu bekennen und diesem Bekenntnis in angemessener Weise Ausdruck zu verleihen. Wir wissen, daß alle politische Loyalität hier und nirgends sonst ihre Wurzel hat und sind deshalb entschlossen, Ihnen diese nationale Bekenntnisfreiheit unter allen Umständen zu sichern."
Rabl, Zur jüngsten Entwicklung der slowakischen Frage, a. a. O., S. 309. Dort auch der vollständige Wortlaut der Erklärung.

1 Die die völkischen Minderheiten betreffenden Paragraphen lauteten:

§ 59

1. Die Volksgruppe nimmt an der Staatsgewalt durch ihre registrierte politische Partei, soweit diese als Vertreterin des politischen Willens der gesamten Volksgruppe angesehen werden kann, teil.
2. Einzelheiten bestimmt ein Gesetz.

§ 91

1. Die Bürger können sich frei zu ihrer Volkszugehörigkeit bekennen
2. Über die Volkszugehörigkeit der Bürger wird ein Kataster geführt.
3. Änderungen im Nationalitätenkataster können nur im Rahmen der Gesetze erfolgen.
4. Einzelheiten bestimmt ein Gesetz.

§ 92

1. Jede auf eine Entnationalisierung abzielende Tätigkeit ist strafbar.
2. Einzelheiten bestimmt ein Gesetz.

§ 93

1. Die Volksgruppen, die auf dem Gebiete der Slowakei beheimatet sind, haben das Recht, sich kulturell und politisch unter eigener Führung zu organisieren.
2. Die Volksgruppen und deren Mitglieder (§ 91) können mit ihrem Muttervolke kulturelle Beziehungen anknüpfen und pflegen.

§ 94

Die Volksgruppen haben das Recht, im öffentlichen Leben und in den Schulen ihre Sprache zu gebrauchen, worüber ein besonderes Gesetz erlassen wird.

§ 95

Die in der Verfassung angeführten Rechte der Volksgruppen gelten insoweit, als die slowakische Minderheit auf dem Gebiete des Mutterlandes der betreffenden Volksgruppe dieselben Rechte tatsächlich genießt.
Wortlaut nach: Verfassungsurkunde der Slowakischen Republik, Bratislava 1939. — Die Verfassung der Slowakischen Republik wurde am 31. Juli 1939 im Slowakischen Gesetzblatt (Slovenský Zákonník) unter Nr. 185 veröffentlicht.

2 Darüber berichtet Karmasin am 6. Dezember 1940: „Unsere Arbeit ist zu einem gewissen Abschluß gekommen. Wir standen auf dem Standpunkt, daß es unsere Aufgabe sei, das deutsche Volkstum in der Slowakei, das durch die jahrzehntelange Magyarisierung und Tschechisierung geschwächt, zum Teil sogar verschüttet war, zu stärken, bzw. wieder zu gewinnen. Wir machen gerade

gruppe war nur über die Mitgliedschaft in der Partei oder ihren Gliederungen möglich, die damit den Charakter einer Zwangsorganisation annahm. Ihr Aufbau wurde unter dem Einfluß der für die ideologische und politische Lenkung der deutschen Volksgruppen geschaffenen reichsdeutschen Dienststellen[1] nach dem Schema der reichsdeutschen NS-Organisationen und der Partei- und Verwaltungshierarchie vollzogen. Das Ergebnis dieser Entwicklung war eine durch die Partei einheitlich organisierte Volksgruppe[2], die auf politischem, kulturellem und wirtschaftlichem Gebiet eine weitgehende Selbstverwaltung besaß[3].

Trotz der einheitlichen äußeren Organisation kann man aber keineswegs auch von einer entsprechenden inneren Geschlossenheit der Volksgruppe sprechen. Die bis zum Einbruch des Nationalsozialismus vorwaltende unpolitische Einstellung des Slowakeideutschtums, seine konfessionelle Spaltung. aber tiefe religiöse Gebundenheit wirkten retardierend auf die Verbreitung nationalsozialistischen Ideenguts. Das deutsche Luthertum in der Slowakei. das den langgehegten Wunsch nach einer eigenen kirchlichen Organisation verwirklichen und 1939 die Deutsche Evangelische Kirche Augsburgischen Bekenntnisse (A. B.) in der Slowakei errichten konnte[4], wehrte sich gegen

---

jetzt vor der Volkszählung die letzten Kraftanstrengungen, um tatsächlich alles, was deutsch war, aufzurufen und in unsere Reihen zu bringen."

Himmler Files, Folder 6.

1 So vor allem der Volksdeutschen Mittelstelle (VOMI); vgl. Dokumentation der Vertreibung, Bd. III, S. 35 E, Anm. 122.

2 Am 15.Oktober 1941 betrug der Stand der Mitglieder der DP 60 997, in der „Freiwilligen Schutzstaffel" (FS), einer nach dem Vorbild der SA und SS und entsprechend der Hlinka-Garde errichteten Volksgruppenorganisation waren insgesamt 6810 Mann erfaßt; die „Deutsche Jugend" (DJ) hatte 18 324 Mitglieder. vgl. Wendelin, Die Sozialstruktur unserer Volksgruppe, a. a. O., S. 75.

Karmasin nennt die Zahl von über 80 000 Mitgliedern der Deutschen Partei; vgl. Franz Karmasin, War es so richtig, Vater Raiffeisen?, S. 18.

3 Innerhalb des Staatssekretariats für die Belange der deutschen Volksgruppe in der Slowakei wurden auf gesetzlichem Wege Hauptämter (z. B. für Volkswirtschaft, Bau- und Siedlungswesen, Presse und Propaganda) errichtet. Die Schulautonomie wurde durch die Errichtung der Deutschen Abteilung im Slowakischen Schul- und Erziehungsministerium zu Beginn des Jahres 1939 gewährleistet (vgl. Nation und Staat, Jg. 12 (1938/39), S. 484 und 561. s. auch o. S. 145, Anm. 2). Im gleichen Jahre genehmigte der slowakische Ministerrat die Errichtung eines selbständigen Zentralverbandes der deutschen Genossenschaften in der Slowakei. (Über die Entwicklung und Bedeutung des Genossenschaftswesens der Volksgruppe s. Franz Rohr, Das Genossenschaftswesen als Rückgrat des Wirtschaftsaufbaues unserer Volksgruppe, Kalender der Deutschen in der Slowakei, Jg. 2., Preßburg 1942, S. 80 ff; Karmasin, War es so richtig, Vater Raiffeisen? — Ausführliche Berichte über die Entwicklung der Volksgruppe auf politischem, kulturellem und wirtschaftlichem Gebiet wurden in: Kalender der Deutschen in der Slowakei, Jg. 2—4 (1942—1944), veröffentlicht.

4 darüber Hudak, Die Kirche unserer Väter, S. 66 f.

Die Verhandlungen des Vorstands des Deutschen Evangelischen Pfarrvereins in der Slowakei mit slowakischen Regierungsstellen und den slowakischen Lutheranern über die Errichtung einer Deutschen Evangelischen Landeskirche in der Slowakei setzten bereits im Herbst 1938 ein. Am 14. Juni 1939 beschloß die gemeinsame Synode aller Lutheraner in Tatra Lomnitz ein Trennungsgesetz. Bischof der neuen Landeskirche wurde Senior (Kirchenrat) Johannes Scherer.

die vom Dritten Reich propagierte Gleichschaltung der Kirche im nationalsozialistischen Sinne durch die „Deutschen Christen“[1]. Nach der Umwandlung der Konfessionsschulen in Gemeindeschulen[2] erhoben die katholischen Bischöfe Bedenken gegen diesen von der Volksgruppe eingeführten Schultypus[3]. Daneben ließ aber auch die durch eine jahrhundertelange Entwick-

---

[1] vgl. Hudak, a. a. O., S. 70. Wortführer der Gegner der Deutschen Christen war Senior Eugen Schmidt, die bedeutendste Gestalt des deutschen Luthertums in der Slowakei.

[2] Sie erfolgte durch eine Vereinbarung, die am 15. Oktober 1941 zwischen Volksgruppenführer Karmasin und dem Beauftragten der slowakischen Bischöfe für die deutschen katholischen Belange, Pfarrer Steinhübel, und dem Bischof der „Deutschen Evangelischen Kirche A. B. in der Slowakei“, Johannes Scherer, geschlossen wurde und hatte folgenden Wortlaut:

Vereinbarung

1. Im Sinne der der Deutschen Volksgruppe gesetzlich zuerkannten Kulturautonomie strebt die Volksgruppenführung die Umwandlung sämtlicher Volksschulen in Gemeindeschulen an. Das Gesetz 308 vom 26. XI. 1940 gibt die Möglichkeit, aus der geschichtlich begründeten und untragbaren Vielfalt der Schultypen die einheitliche Schulform zu entwickeln. Da einheitliche Kirchenschulen infolge der verschiedenen Konfessionen unmöglich sind und auch nur wieder Anlaß zur Zersplitterung und Reibungen geben würden, kann eine vollkommene Einheitlichkeit nur durch die deutsche Gemeindeschule gewährleistet werden.

2. Die religiöse Betreuung der Schüler ist durch den § 10, § 16 Abs. 2, 5, 7, 8, § 17 Abs. 2 und § 19 Abs. 2 des Gesetzes 308 vollkommen gewährleistet. Die Mitberatung der deutschen Orts-Pfarrer bei allen Verwaltungsangelegenheiten der Volksschulen ist durch den § 27 Abs. 2 und § 30 A Abs. gegeben. Wo deutsche Ortspfarrer nicht vorhanden sind, kann eine Vertretung bestimmt werden, die die unten vorgesehene Schiedsrichterkommission vorschlägt.

3. Da die Deutsche Volksgruppe in der Slowakei im Sinne des Punktes 24 des Programms der NSDAP und vieler richtunggebender Aussprüche des Führers aller Deutschen auf dem Standpunkt des positiven Christentums steht, wird die Volksgruppenführung jede Haltung der Mitglieder der Deutschen Partei, ihrer Gliederungen und angeschlossenen Verbände, die im Gegensatz dazu steht, mit allen Mitteln verhindern und für ein reibungsloses Verhältnis zu allen kirchlichen Einrichtungen Sorge tragen.

4. Über alle aus dieser Vereinbarung erwachsenden gegenseitigen Probleme und entstehenden Streitfragen berät eine permanente Schiedsrichterkommission, die aus dem Hauptleiter für Kultur, dem Leiter der Deutschen Abteilung im Ministerium für Schulwesen, dem Beauftragten der katholischen Bischofsämter, Pfarrer Josef Steinhübel und dem bischöflichen Administrator Johannes Scherer besteht. Kann die Schiedsrichterkommission eine Einigung nicht finden, entscheidet der Volksgruppenführer.“

Himmler Files, Folder 6.

[3] Das geht aus einem Schreiben des Leiters der VOMI, SS-Obergruppenführer Lorenz an Himmler vom 3. Februar 1942 hervor. Lorenz berichtet:

„Volksgruppenführer Karmasin hat Ihnen am 6. 11. 1941 das Problem der konfessionellen Schulen innerhalb der deutschen Volksgruppe in der Slowakei und seine Lösung vorgetragen. Zu dem diesbezüglichen Abkommen vom 15. 10. 1941 zwischen der Volksgruppenführung und den entsprechenden kirchlichen Stellen haben Sie Ihre Zustimmung gegeben.

Inzwischen sind neue Schwierigkeiten seitens der katholischen Kirche eingetreten. Im Nachfolgenden gestatte ich mir daher, Reichsführer, Sie über den derzeitigen Stand der Angelegenheit in Kenntnis zu setzen:

Ende Oktober 1941 erklärte der Beauftragte der slowakischen Bischöfe für die deutschen katholischen Belange, Pfarrer Steinhübel, — der den obigen Vertrag unterzeichnete — dem Leiter der deutschen Schulabteilung, Dr. Wodilla, daß von kirchlicher Seite der Punkt 1 des Vertrages nicht eingehalten werden könne und Kirchenschulen belassen werden müßten.

lung bedingte heterogene volkstumspolitische Struktur der deutschen Minderheit eine den neuen politischen Grundsätzen entsprechend einheitliche geistige Ausrichtung nicht zu. Unter den Funktionären der Volksgruppe befand sich zwar eine Reihe überzeugter Nationalsozialisten, doch bei einem großen Teil der in der bisherigen Volkstumspolitik stehenden Kräfte und der deutschbewußten Schicht war es die für das Deutschtum günstige äußere Entwicklung, die sie mit der Identität von Minderheitszugehörigkeit und Parteizugehörigkeit sich abfinden ließen, zumal der totalitäre Staat eine Betätigung außerhalb der Volksgruppe, d. h. der Deutschen Partei, nicht zuließ. Im übrigen versuchte eine nicht unbeträchtliche Zahl von Minderheitsangehörigen lediglich mit praktischem Sinn, Vorteile aus der Mitgliedschaft zu ziehen. Diese Vorteile fielen für den einzelnen Volksdeutschen durchaus ins Gewicht. Neben der kulturellen Betreuung — Einrichtung und Erhaltung von Grund- und höheren Schulen, Ausbildungserleichterung — waren es vor allem soziale Vergünstigen, die die Zugehörigkeit zur deutschen Volksgruppe erstrebenswert erscheinen ließen[1]. So wird es verständlich, daß ein großer Teil auch des schwebenden Volkstums, also der madjarisierten und vor allem slowakisierten Deutschen, sich bereitwillig zur Aufnahme in der Deutschen Partei meldete.

Ein von Bischof Vojtašák herausgegebenes Diözesan-Rundschreiben des Zipser Bistums vom 7. 6. 1941 weist die katholischen Seelsorger an, sämtliche katholischen Kinder, die eine nichtkatholische Schule besuchen, mit dem Kleinen Bann zu belegen.

Nach der Kündigung obiger Vereinbarung bezieht sich diese Weisung auf die katholischen deutschen Schüler der neutralen deutschen Gemeindeschulen, wenn in der gleichen Gemeinde eine katholische slowakische Gemeindeschule vorhanden ist. Worauf es den slowakischen Kirchenstellen dabei ankommt, zeigt ein Fall, der sich in Zipser-Neudorf ereignete:

Seit September 1941 ist die dortige deutsche evangelische Volksschule in eine Gemeindeschule umgewandelt worden; seit der gleichen Zeit wurde hier durch den katholischen Ortspfarrer die Erteilung des Religionsunterrichtes mit dem Hinweis auf obiges Diözesan-Schreiben beharrlich verweigert, obwohl die Abhaltung dieses Unterrichtszweiges gesetzlich gefordert wird.

Mit Rücksicht auf die noch teilweise religionsgebundene Haltung der Mitglieder der Deutschen Partei ist dieser Zustand völkisch gesehen bedenklich, weil die Gefahr besteht, daß die Kinder aus der deutschen Schule genommen werden. Gerade in dieser politischen Auswirkung ist der Zweck des Diözesan-Schreibens, der die Slawisierung bzw. die Verhinderung der Rückvolkung der katholischen deutschblütigen Kinder erzwingen soll, zu sehen.

Bei den entsprechenden außenpolitischen Richtlinien hinsichtlich der Volksgruppenpolitik kann im Einvernehmen mit dem Auswärtigen Amt derzeit lediglich geprüft werden, ob eine Regelung der Angelegenheit durch neu zu erlassende Gesetzes-Bestimmungen für das deutsche Schulwesen in der Slowakei möglich ist, nicht aber eine tatsächliche Abstellung der Mängel in Aussicht gestellt werden." Himmler Files, Folder 6.

[1] Durch die Vermittlung der Volksgruppe konnten mehrere Tausend Slowakeideutsche Arbeit in der reichsdeutschen Industrie finden. Im Januar 1944 arbeiteten 10 000 Volksgruppenangehörige im Reich. (Schreiben des SS-Obergruppenführer Berger an Himmler vom 24. Januar 1944; Himmler Files, Folder 6.) Das Informationsblatt „Der Reichsleiterdienst" vom 28. Dezember 1943 meldete sogar die Zahl von 20 356 Slowakeideutschen, die Ende 1943 im Arbeitseinsatz im Reich standen; vgl. auch Robert Herzog, Die Volksdeutschen in der Waffen-SS, Studien des Instituts für Besatzungsfragen in Tübingen zu den deutschen Besetzungen im 2. Weltkrieg, H. 5, Tübingen 1955, S. 16.

III. Die Einwirkungen des Krieges auf das Deutschtum in der Slowakei.

1. Die Einziehung der Volksdeutschen in der Slowakei zur Waffen-SS.

Bis in die Mitte des Jahres 1944 blieb die Slowakei und damit auch die deutsche Minderheit von unmittelbaren Kriegseinwirkungen verschont. Von einer Lebensmittelrationierung konnte ebenso keine Rede sein, und auch der kriegsbedingte Arbeitseinsatz im Reich wurde wegen der dort gegebenen guten Verdienstmöglichkeiten und der beschränkten Arbeitsmöglichkeiten in der Heimat eher als eine Vergünstigung betrachtet.

Auch der aktive Kriegsdienst der volksdeutschen Männer hielt sich in bescheidenem Rahmen. Bis 1944 dienten sie in zwei nur aus Deutschen gebildeten Abteilungen regulär im slowakischen Heer.

Schon während die für den Ausbau der Volksgruppe günstige politische Konstellation anhielt, begann aber bereits eine Entwicklung einzusetzen, die im letzten für das Slowakeideutschtum verhängnisvoll geworden ist.

Die SS, die vor allem über die Volksdeutsche Mittelstelle Möglichkeiten hatte, auf die einzelnen Volksgruppen einzuwirken und sie den Interessen der reichsdeutschen Politik dienstbar zu machen, begann schon in einem frühen Stadium des Krieges in den deutschen Volksgruppen eine intensive Freiwilligenwerbung zu entfalten. In der Slowakei gelang es ihr sogar, auf die Formationen der Staatspartei, die Hlinka-Garde, organisatorisch und ideologisch Einfluß zu gewinnen[1]. Gleichzeitig versuchte sie auch in der Volksgruppe durch die Errichtung eines „ET-Sturmbanns“ (ET = Einsatz-Truppe), einer Formation der Allgemeinen SS, für ihre politischen Ideen zu werben. Hier stieß sie allerdings auf starken Widerstand der Volksgruppenführung, die sowohl bemüht war, nicht durch eine allzu offenkundige Verbindung mit reichsdeutschen Dienststellen ihre Position gegenüber dem slowakischen Staat zu belasten, als auch keine Organisationen dulden wollte, die sich ihrer Kontrolle entzogen. Gegen die massive Machtpolitik der SS konnte sie sich damit allerdings nicht durchsetzen[2]. Der ET-Sturmbann betrieb eine intensive Freiwilligenwerbung, und da auch manche der im Reich

[1] Im Oktober 1940 setzte Innenminister Mach, der Oberbefehlshaber der halbmilitärischen Hlinka-Garde, den SS-Obersturmbannführer Nageler (bis dahin Leiter der Ergänzungsstelle Donau, Sitz Wien) als Organisator der Hlinka-Garde ein. „Mit starkem Einsatz von Führern der Waffen-SS und der Allg.-SS“ versuchte er die HG nach dem Vorbild der SS zu reorganisieren; Schreiben des damaligen SS-Gruppenführers Berger, Chef des SS-Führungshauptamtes, an Himmler vom 14. Juni 1941, Himmler Files, Folder 6; vgl. auch das im folgenden Anm. 2 abgedruckte Schreiben Bergers an Himmler vom 12. Dezember 1940.

[2] Darüber schreibt Berger an Himmler am 12. Dezember 1940:
„Ich schlage die Aufstellung eines Sturmbannes der Allgemeinen SS in der Slowakei vor. Der Gesandte von Killinger ist damit einverstanden, wenn der Herr Reichsminister des Äußeren seine Zustimmung hierzu erteilt.
Im Augenblick spurt Karmasin nicht richtig. Er ist aufgebracht, daß die Hlinka-

befindlichen Slowakeideutschen für die SS gewonnen werden konnten, kam es im Ergebnis dazu, daß eine relativ hohe Zahl von Slowakeideutschen bei der Waffen-SS Dienst leistete[1].

Die riesigen deutschen Kriegsverluste und die sich immer schwieriger gestaltende Ersatzlage brachten schließlich die nationalsozialistische Reichsführung dazu, immer neue Reserven zu mobilisieren. So ging sie auch dazu über, die von ihr abhängigen Regierungen der südosteuropäischen Länder zu zwingen, die Wehrfähigen deutscher Volkszugehörigkeit zum Dienst in der Waffen-SS und Wehrmacht freizugeben. Nach dem Vorbild der mit Ungarn und Rumänien getroffenen Vereinbarungen über den Kriegsdienst ihrer Staatsbürger deutscher Nationalität in den reichsdeutschen Verbänden[2], forderte die Deutsche Regierung ähnliches auch für die Slowakeideutschen. Sie schloß mit der slowakischen Regierung am 7. Juni 1944 ein Abkommen, das die Ableistung der Wehrpflicht durch die slowakischen Staatsangehörigen

---

Garde durch die SS organisiert und auf die Beine gestellt wird. Die seitherige Tarnung der SS unter ET-Sturmbann ist damit nicht mehr möglich, denn K. macht den Männern in jeder Form Schwierigkeiten."

In einem weiteren Schreiben Bergers an Himmler vom 30. April 1943 heißt es: „Ich habe seinerzeit, als ich den Kampf in der Slowakei auch gegen den Wirtschaftsgruppenführer Karmasin durchführen und ihn mir gefügig machen mußte, den ET-Sturmbann gegründet. Ich hatte hierzu die Genehmigung von Reichsführer SS, die Volksdeutsche Mittelstelle war damit nicht einverstanden. Dank der vorzüglichen Führung durch den SS-Hauptsturmführer Riegler, der mir als einer der besten Nachwuchsführer von SS-Gruppenführer Kaltenbrunner zur Verfügung gestellt wurde, ist der ET-Sturmbann das Ordnungselement in der Volksgruppe der Slowakei geworden. SS-Hauptsturmführer Riegler hat sich durchgesetzt. Alle Bestrebungen Karmasins und des Mannschaftsführers Donath, die SS in irgendeiner Form sich unterzuordnen, mißlangen." Himmler Files, Folder 6.

1 Bei einem großen Teil dieser Freiwilligen waren es nicht zuletzt wirtschaftliche Gesichtspunkte, die sie zum Eintritt in die Waffen-SS bestimmten. Da sie ohnehin der Wehrpflicht unterlagen und die Familien der zum slowakischen Heer eingezogenen Männer wegen der geringen staatlichen Unterstützung häufig in Not gerieten, die Waffen-SS aber verhältnismäßig hohe Zuwendungen machte, zogen viele Männer den Dienst in der Waffen-SS oder in der deutschen Wehrmacht vor. Viele der zum Arbeitseinsatz im Reich befindlichen Männer wurden auch durch moralischen Druck zum Eintritt in die Waffen-SS gezwungen.

Darüber berichtet Berger in seinem Schreiben an Himmler vom 30. April 1943: „Über 750 SS-taugliche Männer haben wir über den Sturmbann im Laufe der Jahre in die Waffen-SS bekommen." Himmler Files, Folder 6.

Am 28. Dezember 1943 standen bei einer Gesamtzahl von 150 000 Volksgruppenangehörigen im Kriegseinsatz:

Waffen-SS	5 390	3,59 %
Deutsche Wehrmacht	237	0,16 %
Slowak. bzw. Ungar. Wehrm.	1 740	1,16 %
Wehrähnliche Verbände	1 000	0,66 %
Zusammen	8 367	5,57 %

Slowakischer Arbeitsdienst (Deutsche Formation) 589

Auszug aus dem Informationsblatt „Der Reichsleiterdienst" vom 28. 12. 1943, in: Studien des Instituts für Besatzungsfragen in Tübingen zu den deutschen Besetzungen im 2. Weltkrieg, Nr. 5, Robert Herzog, Die Volksdeutschen in der Waffen-SS, Tübingen 1955, S. 16.

2 vgl. Dokumentation der Vertreibung, Bd. II, S. 32 E f. und Bd. III, S. 51 E ff. und Anlage 8.

deutscher Nationalität in der deutschen Wehrmacht—Waffen-SS vorsah[1]. Noch im gleichen Monat begann die zwangsweise Einberufung der in der Kriegsindustrie und -wirtschaft entbehrlichen Männer. Gleichzeitig wurden die in

---

[1] Formell war das Abkommen zweiseitig und sah auch den Wehrdienst deutscher Staatsangehöriger slowakischer Nationalität in der slowakischen Armee vor. Es hat folgenden Wortlaut:

„Das Großdeutsche Reich und die Slowakische Republik von dem Wunsche geleitet, im Sinne des Nationalitätenprinzips während der Dauer dieses Krieges zu ermöglichen, daß slowakische Staatsangehörige deutscher Volkszugehörigkeit ihre Wehrpflicht in der deutschen Wehrmacht—Waffen-SS erfüllen und daß deutsche Staatsangehörige slowakischer Volkszugehörigkeit ihre Wehrpflicht in der slowakischen Wehrmacht ableisten, sind übereingekommen, zu diesem Zwecke ein Abkommen zu schließen.

Zu Bevollmächtigten wurden ernannt:

Es folgen die Namen der beiderseitigen Bevollmächtigten.

Artikel 1.

Slowakische Staatsbürger deutscher Volkszugehörigkeit erfüllen ihre Wehrpflicht während der Dauer dieses Krieges in der deutschen Wehrmacht—Waffen-SS.

Die Fürsorge und Versorgung der Versehrten und Hinterbliebenen, sowie den Angehörigenunterhalt trägt der Slowakische Staat. Wenn aber ein in der deutschen Wehrmacht Wehrdienst leistender slowakischer Staatsangehöriger auf diese Ansprüche gegenüber dem Slowakischen Staat verzichtet, wird die Fürsorge und Versorgung sowie der Unterhalt vom Großdeutschen Reich nach den dort geltenden Vorschriften getragen.

Artikel 2.

Deutsche Staatsangehörige slowakischer Volkszugehörigkeit erfüllen ihre Wehrpflicht während der Dauer dieses Krieges in der slowakischen Wehrmacht.

Die Fürsorge und Versorgung der Versehrten und Hinterbliebenen sowie den Angehörigenunterhalt trägt das Großdeutsche Reich. Wenn aber ein in der slowakischen Wehrmacht Wehrdienst leistender Staatsangehöriger auf diese Ansprüche gegenüber dem Großdeutschen Reich verzichtet, wird die Fürsorge und Versorgung sowie der Unterhalt vom Slowakischen Staat nach den dort geltenden Vorschriften getragen.

Artikel 3.

Deutscher Volkszugehörigkeit im Sinne des Artikels 1 ist, wer bei der letzten slowakischen Volkszählung als Deutscher gezählt wurde.

Slowakischer Volkszugehörigkeit im Sinne des Artikels 2 ist, wer bei der letzten deutschen Volkszählung sich als Slowake bekannt hat." ...

Teilabdruck des deutschen Wortlauts aus Slovenský Zákonník (Slowakisches Gesetzblatt) 1944, Nr. 197. Im Reichsgesetzblatt wurde das Abkommen nicht veröffentlicht.

Über die Vorgänge, die zum Abschluß des Abkommens führten, berichtete Berger an Himmler am 24. Januar 1944:

„Am 21. Januar hatte ich mit den beteiligten Dienststellen eine Besprechung über die Voraussetzungen zur Einführung der Arbeitsdienst- und Wehrpflicht in der Slowakei, nachdem der Gesandte Ludin mit Schreiben vom 18. Januar seine zustimmende Ansicht zu einem Vorschlag von mir mitgeteilt hatte. In Übereinstimmung mit dem Auswärtigen Amt, dem Reichssicherheitshauptamt und der Volksdeutschen Mittelstelle schlage ich folgendes vor:

In der Slowakei wird die Wehrdienstpflicht für die Angehörigen der deutschen Volksgruppe in der Slowakei für die Jahrgänge 08 und jünger eingeführt. Darüber hinaus wird die Arbeitsdienstpflicht für alle 17jährigen Volksdeutschen in der Slowakei ausgerufen. Schwierigkeiten mit der slowakischen Regierung sind nach Ansicht der Deutschen Gesandtschaft in Preßburg nicht zu erwarten. Weitere Jahrgänge im Augenblick dienstpflichtig zu erfassen, halte ich nicht für richtig,

1. um noch den nötigen Spielraum für eventuelle spätere Aushebungen zu haben,
2. ist die Transferlage im Augenblick so, daß bei einer Aushebung der Jahrgänge 08 und jünger die Fürsorgesätze nur unter größten Schwierigkeiten gerade noch

den zwei volksdeutschen Einheiten der slowakischen Armee Dienenden in die Waffen-SS überführt[1].

Die Folge der Zwangsrekrutierungen war ein starker passiver Widerstand der dienstpflichtigen Männer und ihrer Familien gegen diese Maßnahmen. Ein beträchtlicher Teil von ihnen erschien entweder gar nicht zu den Musterungen oder desertierte bei der ersten sich bietenden Möglichkeit. Slowakische Polizei- und SS-Streifen, bestehend aus SS-Reservisten und Angehörigen der deutschen Volksgruppe, veranstalteten Razzien nach den Deserteuren[2]. Es war dies das erste sichtbare Zeichen dafür, daß die An-

gedeckt werden können, während die Bewilligung eines wahrscheinlich notwendigen höheren Betrages beim heutigen Stand des deutsch-slowakischen Clearings nur unter schärfstem politischen Druck zu erreichen sein wird. Im übrigen wird die Fürsorge wie bei den Volksdeutschen Rumäniens gehandhabt, d. h. es wird ein den slowakischen Verhältnissen entsprechender Anerkennungbetrag ausgezahlt, das übrige Geld im Reich angelegt.

3. Da die Volksgruppe erst seit 1939 besteht, können wir m. E. hinsichtlich der Ausschöpfung der Jahrgänge nicht zu hohe Anforderungen stellen, da einerseits 10 000 Mann z. Zt. im Reich in der Rüstung stehen und die nötige Härte einer Kampfzeit der Volksgruppe in der Slowakei fehlt, da sie im Gegensatz zu der deutschen Volksgruppe um Eger herum ziemlich weit vom Deutschen Reich ablag.

Die Arbeitsdienstpflicht der 17jährigen Volksdeutschen in der Slowakei wird so gestaltet, daß auf Grund einer Vereinbarung zwischen RAD, SS-Hauptamt und Volksgruppe jeweils der gesamte Jahrgang ins Reich zur Ableistung einer $^1/_4$-jährigen Dienstpflicht einberufen wird. Schwierigkeiten seitens der slowakischen Regierung sind hierbei nicht zu befürchten ...

Einberufungen, Zurückstellungen und Uk.-Stellungen erfolgen ausschließlich über die SS-Ersatzinspektion Südostraum. Bei Uk.-Stellungen werden die Deutsche Gesandtschaft und die deutsche Volksgruppe gehört.

In der Besprechung ist auch angeregt worden, die im Reich befindlichen jüngeren Volksdeutschen der Slowakei bis zum Jahrgang 1918 gegen alte Jahrgänge der Slowakei auszutauschen, und diese jungen Jahrgänge dann ebenfalls zur Waffen-SS einzuziehen." NO-3067.

Der damalige deutsche Gesandte in Preßburg, Hans Ehard Ludin berichtet:

„In der Zeit meines Antrittes in der Slowakei wußte ich davon, daß Berger Chef des SS-Hauptamtes war. Ich nehme an, daß dies ein Vertrauensposten bei Himmler war. Das gesamte Ersatzwesen war dem SS-Hauptamt unterstellt. In seine Kompetenz fiel auch die Rekrutierung der volksdeutschen SS. Er nahm hiebei die Vermittlung des Auswärtigen Amtes, beziehungsweise der Volksdeutschen Mittelstelle in Anspruch. Die Assentierungen der Volksdeutschen in der Slovakei waren zuerst freiwillig, und im Jahre 1944 wurde durch ein Gesetz der slovakischen Regierung die Zwangsrekrutierung für die SS-tauglichen Volksdeutschen eingeführt. Die slowakische Regierung hat dieses Gesetz auf Veranlassung der Deutschen Gesandtschaft erlassen. Die Deutsche Gesandtschaft handelte im Auftrage der Reichsregierung." Eidesstattliche Erklärung Ludins vom 14. Februar 1947. NO-3058.

[1] vgl. dazu Bericht Nr. 129, S. 713.

[2] Da bereits bei den Freiwilligen der Waffen-SS aus der Slowakei zahlreiche Desertionen vorgekommen waren, hatte Berger in seinem Bericht an Himmler vom 24. Januar 1944, in dem er die Zwangsrekrutierung aller tauglichen Volksdeutschen forderte, vorgeschlagen:

„Um den letzten Drückeberger bei der Aushebung der Wehrpflichtigen zu erfassen und das heute schon übliche Eingreifen der slowakischen Polizei bei etwaiger Fahnenflucht zu vermeiden, wird ein aus SS-Reservisten und Angehörigen der deutschen Volksgruppe gebildetes SS-Streifenkommando, das auch seitens der slowakischen Regierung mit entsprechender Vollmacht auszustatten ist, im Zuge der Einführung der Wehrdienstpflicht errichtet." Himmler Files, Folder 6.

gehörigen der Volksgruppe den nationalsozialistischen Parolen nicht uneingeschränkt Folge leisteten.

2. Der slowakische Aufstand (August bis Oktober 1944).

Nur wenige Wochen nach der Einführung der obligatorischen Dienstpflicht der Slowakeideutschen in der Waffen-SS wurde die Volksgruppe von einem Ereignis betroffen, das ihre Heimat unmittelbar in das Kriegsgeschehen einbezog und die brüchigen Fundamente freilegte, auf denen der junge Staat aufgebaut war. Es kam zum slowakischen Aufstand. Seine Ursachen lassen sich im Grunde bis auf die Zeit der Entstehung der autonomen und darauf der selbständigen Slowakei zurückführen.

Wie oben geschildert, hatte die Hlinka-Partei bei der Ausrufung der Autonomie zunächst die Unterstützung und Mitarbeit der bedeutendsten slowakischen Parteien gefunden. Doch bereits einige Wochen danach fühlten sich diese durch den Totalitätsanspruch der Volkspartei brüskiert und übergangen, und die zuletzt durch die außenpolitische Situation bedingte Initiative der Hlinka-Anhänger bei der Gründung der selbständigen Slowakischen Republik führte sie schließlich in die Opposition. Sie verstärkten das Lager der innerpolitischen Gegner der jungen Republik, ohne aber zunächst eine Aktivität entwickeln zu können, die ohnehin wegen der für Deutschland und seine Verbündeten günstigen Kriegslage wenig Aussicht auf Erfolg gehabt hätte. Erst die nach der deutschen Niederlage von Stalingrad eingetretene Wende der militärischen und politischen Lage rief sie auf den Plan.

Eine besondere Rolle spielte dabei die seit Herbst 1938 verbotene kommunistische Partei[1]. Obwohl sie nur relativ wenige Mitglieder und Anhänger hatte und während des scheinbar guten deutsch-sowjetischen Einvernehmens — entsprechend den Moskauer Weisungen — bis zum Jahre 1941 kaum hervorgetreten war[2], verfügte sie über eine ausgezeichnete Untergrundorganisation, die mit dem Herannahen der Front und unter Mithilfe abgesprungener sowjetischer Agenten immer aktiver wurde[3]. — Neben ihr stand eine zahlenmäßig nicht geringe Gruppe, die für einen gemeinsamen Staat der Tschechen und Slowaken eintrat oder aus religiösen Gründen den herrschenden Staatskatholizismus ablehnte. Ihre stärkste Stütze fand sie in der protestantischen Bevölkerung des Landes[4], die seit der Gründung der ČSR eine wesentliche politische Rolle gespielt hatte und nun ausgeschaltet war. Emigranten beider Gruppen entfalteten von Moskau und London aus lebhafte Propaganda gegen das herrschende Regime.

Nach Abschluß des tschechoslowakisch-sowjetischen Freundschaftsvertrages anläßlich des Besuches von Beneš in Moskau im Dezember 1943[5], schlossen sich in der Heimat beide Gruppen, deren innen- und außenpolitische Ziele keineswegs übereinstimmten, Weihnachten 1943 zum Slowakischen Nationalrat zusammen, der im engen Kontakt mit der tschechoslowakischen

---

[1] vgl. hierzu Mikus, a. a. O., S. 98 ff. und Lettrich, a. a. O., S. 95 ff.

[2] vgl. Lettrich, a. a. O., S. 195.

[3] vgl. Mikus, a. a. O., S. 185 und Lettrich, a. a. O., S. 197.

[4] vgl. Mikus, a. a. O., S. 139 ff. und S. 185 und Lettrich, a. a. O., S. 195.

[5] s. oben S. 44.

Exilregierung arbeiten sollte[1]. Dieser fand bald Unterstützung in den Reihen des Offizierskorps der slowakischen Wehrmacht und Polizei, das größtenteils aus tschechoslowakischem Dienst übernommen worden war und sich durch den Einbruch der Hlinka-Garde in seine Ressorts brüskiert fühlte[2]. Die militärische Vorbereitung des Aufstandes übernahm der Generalstabchef der slowakischen Streitkräfte, Generalleutnant Golian[3]. Unter der Vorspiegelung von Manövern zog er kampffähige Einheiten in der Mittelslowakei zusammen und leitete die Verlagerung von Kriegsmaterial und Versorgungsmaterial dorthin ein, die als Sicherstellung dieser Güter vor den im Juni 1944 einsetzenden alliierten Bombenangriffen auf die Westslowakei deklariert wurde[4].

Unabhängig von den Vorbereitungen der Armee bildeten sich in den unzugänglichen Gebirgsgegenden der Ost- und Mittelslowakei Partisaneneinheiten, die vorwiegend aus abgesprungenen sowjetischen oder in der Sowjetunion ausgebildeten slowakischen und tschechischen Agenten, entwichenen französischen Kriegsgefangenen und geflohenen ausländischen Zwangsarbeitern bestanden[5]. Sie erhielten Zulauf und Unterstützung vor allem aus den Reihen slowakischer und tschechischer Kommunisten. In den Sommermonaten des Jahres 1944 verstärkten sie ihre von der sowjetischen Partisanenleitung in Kiew dirigierten Aktionen gegen die deutschen Nachschublinien und die Anhänger des slowakischen Regimes, kontrollierten weite Landstriche der Mittel- und Ostslowakei und erhielten weiteren Zuzug von seiten der Slowaken[6].

Unter dem Eindruck der herannahenden Front entschlossen sich aber auch dem herrschenden System nahestehende Offiziere zum Handeln, um dem Land unnötige Kämpfe und Zerstörungen zu ersparen. General Malár, der Befehlshaber zweier an den Karpatenpässen stehender slowakischer Divisionen, nahm im Einvernehmen mit dem Verteidigungsminister Čatloš

---

1 vgl. Lettrich, a. a. O., S. 198 ff., dort auch (S. 303—305) der Text des Übereinkommens; vgl. auch Mikus, a. a. O., S. 185, desgl. Jiří Doležal, Slovenské národní povstaní, Prag 1954, S. 99 und Miloš Gosiorovský, Slovenské národné povstánie roku 1944, Československý časopis historický, II (1954), S. 581 f.
Während Lettrich, der als Vertreter der oppositionellen nationaldemokratischen Gruppe an der Vorbereitung des Aufstandes teilnahm, die Initiative bei der Planung und Durchführung des Aufstandes den demokratischen Gruppen zuspricht, stellen Doležal und Gosiorovský die alleinigen Verdienste der von der Sowjetunion unterstützten Kommunisten und Sozialisten in den Vordergrund.
Weitere Literatur zum Slowakischen Aufstand bei Michael Schwartz, Bibliographie zur Geschichte des Slowakischen Aufstandes 1944, Bücherschau der Weltkriegsbücherei, Jg. 28 (1956), S. 458—472; s. auch Jan Reychman, Powstanie Słowackie w 1944 roku w literaturze pięknej i naukowej (Der Slowakische Aufstand im Jahre 1944 in der schönen und wissenschaftlichen Literatur), Przegląd Zachodni, 1949, S. 490 ff.
Über den Wandel der Darstellung des Aufstandes in der Publizistik der Tschechoslowakei nach 1945 s. J. W. Brügel, a. a. O.,; Helmut Slapnicka, Die Geschichte der Tschechoslowakei in neuer Sicht. Tschechisches und slowakisches Schrifttum seit 1948 zur Zeitgeschichte, Vjh. f. Zeitgesch., Jg. 4 (1956), S. 327 f.

2 vgl. Lettrich, a. a. O., S. 200.

3 vgl. Lettrich, a. a. O. und Doležal, a. a. O., S. 104.

4 vgl. Lettrich, a. a. O., S. 201.

5 vgl. Mikus, a. a. O., S. 186; J. W. Brügel, a. a. O., S. 255.

6 vgl. Lettrich, a. a. O., S. 202; vgl. auch Bericht Nr. 131, S. 741.

Verbindung mit der näherrückenden Roten Armee auf, mit dem Ziel, dieser im gegebenen Moment die Pässe zu öffnen und eine schnelle Besetzung der Slowakei unter Vermeidung von Kampfhandlungen und Zerstörungen zu ermöglichen[1]. Die Pläne wurden allerdings durch die nun folgenden, sich überstürzenden Ereignisse vereitelt[2].

Denn noch bevor der Nationalrat seine militärischen Vorbereitungen abgeschlossen hatte, löste die Aktivität der Partisanenverbände den Aufstand aus. In den Tagen zwischen dem 25. und 28. August besetzten sie die wichtigsten Orte der Mittelslowakei (u. a. Turz St. Martin, Vrútky, Rosenberg, Neusohl, Altsohl)[3] und metzelten am 26. August in Turz St. Martin eine auf der Rückfahrt von Rumänien befindliche deutsche Militärkommission, die von General Otto geleitet wurde, bis auf den letzten Mann nieder[4]. Unter dem Zwang dieser Ereignisse gab der Nationalrat am 29. August über den Sender Neusohl das Signal zum Aufstand, konstituierte sich gleichzeitig zu einer provisorischen Regierung und ordnete die allgemeine Mobilmachung an[5]. In den folgenden Tagen besetzten Einheiten der Aufständischen, gebildet aus Verbänden der slowakischen Armee und Partisanen, fast die gesamte Mittel- und Ostslowakei. Die Hoffnung des Nationalrats auf Beteiligung der gesamten Armee bei der Erhebung, erfüllte sich aber nicht, denn die Unentschlossenheit der Truppenkommandanten und die entstandene allgemeine Verwirrung bewirkten schließlich, daß die in der Westslowakei stationierten oder im Feld befindlichen Divisionen von den einmarschierenden deutschen Verbänden entwaffnet und interniert werden konnten[6].

Auch die Erwartungen, die man in die erhoffte Hilfe der Sowjetunion und der Westmächte setzte, blieben unerfüllt. In den folgenden Wochen wurden zwar eine in der Sowjetunion aufgestellte tschechoslowakische Jagdfliegereinheit und eine Fallschirmjägerbrigade sowie Waffen- und Kriegsmaterial in das Aufstandsgebiet eingeflogen, aber der erwartete Vorstoß der Roten Armee in der Slowakei blieb aus[7]. Geplante größere Hilfsaktionen der Westmächte scheiterten an dem sowjetischen Standpunkt, daß die Slowakei zum Operationsgebiet der Roten Armee gehöre[8]. Die tschechoslowakische

---

1 Mikus behauptet, daß Tiso von diesen Plänen gewußt habe, vgl. Mikus, a. a. O., S. 186.

2 General Čatloš, der später zu den Aufständischen überging, wurde interniert und auf dem Luftwege in die Sowjetunion gebracht. Im Prozeß gegen Tiso und seine Mitarbeiter (1946/47) verurteilte ihn das Nationalgericht zu 5 Jahren Kerker; vgl. hierzu Mikus, a. a. O., S. 192 u. 240.

3 vgl. Lettrich, a. a. O., S. 204, desgl. Mikus, a. a. O., S. 187 ff.

4 Nach J. W. Brügel, a. a. O., S. 254, soll die aus 30 Offizieren bestehende Militärmission aus einem Unsicherheitsgefühl das Feuer auf die Slowaken eröffnet haben. Mikus, a. a. O., berichtet, daß es zu diesem Massaker kam, als sich die Deutschen weigerten, ihre Waffen abzugeben. Eine ähnliche Schilderung gibt Doležal, a. a. O., S. 119.

5 s. darüber Mikus, a. a. O., S. 189 ff.; Lettrich, a. a. O., S. 206 ff.; Doležal, a. a. O., S. 119 ff.

6 vgl. Lettrich, a. a. O., S. 204, Mikus, a. a. O., S. 191.

7 s. darüber Lettrich, a. a. O., S. 210 ff.

8 vgl. Beneš, Memoirs, S. 253 und Lettrich, a. a. O., S. 212 ff. Lediglich der Einflug einer amerikanischen und britischen Militärmission, die zugleich einige dringend benötigte Waffen und Medikamente mitbrachten, wurde gestattet.

Exilregierung in London entsandte General Viest als Oberbefehlshaber[1] und Minister Němec als Regierungsbevollmächtigten zu den Aufständischen[2]. Weder ihnen noch dem Slowakischen Nationalrat gelang es aber, den von sowjetischen Interessen diktierten kommunistischen Einfluß und die herrschende Anarchie zu beseitigen[3]. Zu dieser Verwirrung trug die Revolutionierung der Verwaltung in dem Aufstandsgebiet durch die Errichtung von Nationalausschüssen, die den bisherigen Verwaltungsapparat ablösten, nicht wenig bei[4]. Die Masse der durch Drohungen und Einschüchterungen verängstigten bäuerlichen slowakischen Bevölkerung stand dem Geschehen teilnahmslos oder abwartend gegenüber und beugte sich dem Zwang der Umstände[5]; einen stärkeren Widerhall fanden die Parolen der Aufständischen in den Reihen der in der Mittelslowakei lebenden protestantischen Minderheit[6].

Noch am 29. August bat Tiso das Deutsche Reich um Hilfe gegen die Aufständischen[7]. Da nicht genügend deutsche Truppen zur Verfügung standen, beschränkten sich die eilends aufgebotenen Verbände zunächst auf die Entwaffnung der in der Westslowakei stationierten slowakischen Einheiten und der im Osten stehenden Divisionen[8]. Den Oberbefehl übernahm SS-Obergruppenführer Berger, der nach drei Wochen durch den General der Waffen-SS und Polizei Hermann Höffle ersetzt wurde[9]. Erst nach zweimonatigen, für beide Seiten verlustreichen Kämpfen gelang es den deutschen Truppen, die schließlich die Stärke von 8 Divisionen umfaßten, den Aufstand niederzuschlagen und, in den letzten Oktobertagen, Neusohl, das Zentrum der Aufständischen, einzunehmen[10].

Für die in der Mittel- und Ostslowakei lebenden Deutschen kam der Aufstand nicht völlig überraschend, hatten sie doch schon seit Monaten die Bewegungen starker Partisaneneinheiten, die vor allem in den abseits ge-

---

1 General Viest und Brigadegeneral Golian wurden nach der Niederschlagung des Aufstandes gefangengenommen und sind seit dieser Zeit verschollen (wahrscheinlich ermordet); vgl. Lettrich, a. a. O., S. 217; vgl. auch Bericht Nr. 129, S. 713.

2 vgl. oben S. 29, Anm. und Lettrich, a. a. O., S. 207.

3 vgl. Mikus, a. a. O., S. 195; vgl. auch Bericht Nr. 133, S. 759 ff. Wie sehr die politischen Ziele der einzelnen Gruppen unter den Aufständischen voneinander abwichen, geht allein aus der Tatsache hervor, daß die Kommunisten die Ausrufung einer slowakischen Sowjetrepublik anstrebten, ein Teil der Katholiken eine selbständige demokratische Slowakei befürwortete, während die Protestanten für die Erhaltung der Tschechoslowakei eintraten; vgl. hierzu J. W. Brügel, a. a. O., S. 255 und Mikus, a. a. O., S. 193.

4 Über die Vorgeschichte der Nationalausschüsse und ihre Aufgaben in den befreiten Gebieten und der wiedererrichteten ČSR s. o. S. 49 f.

5 vgl. hierzu auch Bericht Nr. 129, S. 717; Nr. 133, S. 758.

6 vgl. Bericht Nr. 129, S. 712.

7 vgl. hierzu Lettrich, a. a. O., S. 204; Mikus, a. a. O., S. 191.
Doležal, a. a. O., S. 116, datiert den Hilferuf Tisos auf den 23. August vor und erklärt die Aktion der Partisanen und Aufständischen als eine spontane Reaktion des slowakischen Volkes auf die drohende Besetzung.

8 s. darüber Mikus, a. a. O., S. 191 und Lettrich, a. a. O., S. 205, vgl. auch Bericht Nr. 129, S. 716.

9 vgl. Reitlinger, Die SS, S. 366; vgl. auch Bericht Nr. 129, S. 717.

10 vgl. Bericht Nr. 129, S. 717.

legenen Dörfern und Gehöften requirierten, beobachtet und die Motorengeräusche der einfliegenden Flugzeuge, die Agenten und Material brachten, hören können[1]. Ihre der Volksgruppenführung und slowakischen Regierungsstellen mitgeteilten Informationen wurden aber entweder ignoriert oder bagatellisiert[2]. Daher waren auch keinerlei Vorbereitungen zum Schutz der deutschen Bevölkerung getroffen, als der Aufstand losbrach.

Bei den nun folgenden Ereignissen mußten die Angehörigen der Volksgruppe aus ihren Einzelerlebnissen heraus den Eindruck gewinnen, als ob die von den Partisanen und Insurgenten unternommenen Aktionen speziell gegen sie gerichtet wären[3]. Tatsächlich aber spielte die Volksgruppe in den Plänen und Maßnahmen der Aufständischen nur insoweit eine Rolle, als sie auf Grund ihrer Nationalität und Organisation als Verkörperung des herrschenden Regimes und seiner deutschen Schutzherren galt[4]. Einzelne Volksgruppenangehörige, vorwiegend kommunistisch gesinnte Bergarbeiter aus dem Hauerland, schlossen sich sogar den Aufständischen an, nahmen an den Kämpfen teil oder übernahmen Funktionen in den örtlichen Verwaltungsbehörden[5]. Für die Masse der Deutschen begann aber eine Zeit spannungsgeladener Unsicherheit und Gefahr.

Da die slowakischen Garnisonen in den Orten des Waagtales, das das Hauerland nach Süden hin abgrenzt, zu den Aufständischen übergegangen waren, befand sich das gesamte mittelslowakische Deutschtum Anfang September 1944 in deren Hand und war von jeder Hilfe von außen abgeschnitten[6]. Plünderungen, Verschleppungen und ähnliche Willkürakte[7] veranlaßten viele Einwohner deutscher Dörfer, wenn es ihnen möglich war, in die umliegenden Bergwälder oder, wie in Krickerhau, in die Kohlengruben zu flüchten[8]. Einzelne konnten sich, durch ihre Angehörigen mit Lebensmitteln versorgt, bis zum Zusammenbruch des Aufstandes verborgen halten und tauchten erst wieder nach dem Einmarsch deutscher Truppen auf oder versuchten, sich zu den deutschen Linien durchzuschlagen. Vielfach wurden sie aber auch gezwungen, sich den Partisanen zu stellen, da man Repressalien

---

1 vgl. die Berichte Nr. 129, S. 711 ff.; Nr. 130, S. 737 f.; Nr. 131, S. 741; Nr. 134, S. 767;

2 vgl. Bericht Nr. 131, S. 742.

3 vgl. Bericht Nr. 129, S. 714 und Bericht Nr. 131, S. 744.

4 vgl. Lettrich, a. a. O., S. 198 ff.

5 vgl. Bericht Nr. 133, S. 760 und Nr. 135, S. 774.
Gosiorovský, a. a. O., S. 593, berichtet, daß die am Aufstand beteiligten Deutschen die Partisaneneinheit „Ernst Thälmann" bildeten. Die Familienangehörigen solcher Volksdeutscher wurden, soweit man ihrer nach der Niederschlagung des Aufstandes habhaft wurde, zur Zwangsarbeit in das deutsche Reichsgebiet abtransportiert. Im Monatsbericht November 1944 des Hauptamtes Volksdeutsche Mittelstelle (NO-5852) heißt es darüber: „Im Gau Halle-Merseburg ist ein Transport Volksgruppenangehöriger aus der Slowakei angekommen, deren Familienangehörigen bei den Partisanen mitgemacht haben. Im Einvernehmen mit dem SD und dem Beauftragten für den Arbeitseinsatz wurden diese Menschen außerhalb der üblichen Rückführung zum Arbeitseinsatz vermittelt."

6 vgl. Bericht Nr. 129, S. 714 und Bericht Nr. 133, S. 758.

7 vgl. Bericht Nr. 129, S. 714 ff.; Nr. 133, S. 760 ff.; Nr. 134, S. 768 ff.; Nr. 135, S. 774 f.

8 vgl. die Berichte Nr. 129, S. 715 und 717; Nr. 133, S. 760; Nr. 135, S. 774; Wohland, a. a. O., S. 164.

gegen ihre Familien oder die übrige Bevölkerung androhte und ergriff[1]. In vielen Orten auch des Hauerlandes verliefen die ersten Wochen der Partisanen- und Insurgentenherrschaft noch verhältnismäßig ruhig[2]. Bei drohenden Zwischenfällen griffen wiederholt die slowakischen örtlichen Behörden oder angesehene slowakische Einwohner gegen das Treiben radikaler ortsfremder Elemente ein und verhinderten Gewalttaten[3]. Radioapparate und Waffen (Jagdgewehre) mußten abgegeben werden, ein Teil der Männer wurde zu Zwangsarbeiten eingezogen[4].

Dort aber, wo radikalere, meist ortsfremde Elemente als Partisanen oder Aufständische auftraten, kam es schon in den ersten Tagen und Wochen zu Mordtaten an Deutschen oder exponierten Nationalslowaken[5]. Viel kleinlicher Nachbarschaftshaß entlud sich nun in Drangsalierungen der deutschen Familien[6]. Aber erst in den letzten Wochen und Tagen des Aufstandes wandelte sich das Partisanenregime in eine Schreckensherrschaft.

Nachdem die Hoffnung der Aufständischen, die gesamte Slowakei und vor allem die Hauptstadt des Landes zu besetzen, sich nicht erfüllt hatte und da die überwiegende Mehrzahl der Slowaken dem Geschehen teilnahmslos gegenüberstand bzw. nur widerwillig mitmachte und der konzentrierte Angriff der deutschen Truppen bald das Herrschaftsgebiet der Insurgenten einengte, gewannen in den einzelnen Aufständischen- und Partisanengruppen die radikalen Elemente die Oberhand. Dies wurde dadurch erleichtert, daß es dem revolutionären Nationalrat von Anfang an nicht gelungen war, die Aktionen der heterogenen Verbände zu kontrollieren[7]. Die zunehmende Gefährdung, die aus dem konzentrierten Vorgehen der z. T. aus Einheiten der Waffen-SS bestehenden deutschen Verbände für die Aufständischen erwuchs, steigerte ihre Verbitterung und verleitete sie zu Repressalien gegenüber den volksdeutschen Einwohnern. Sie richteten sich nicht allein gegen die Funktionäre der Volksgruppe, sondern gegen die deutschen Bewohner insgesamt. Alle Männer, deren man habhaft werden konnte, wurden festgenommen, in Zwangsarbeitslager wie Nováky oder Slovenská L'upča[8] verschleppt oder z. T. in Massenexekutionen umgebracht. Die Massenmorde von Glaserhau[9], Prievidza[10] und die Ermordung der geistigen Führerschicht Deutsch Probens[11] bildeten die furchtbarsten Exzesse dieser Art[12].

---

1 vgl. Bericht Nr. 133, S. 762; Nr. 134, S. 771; Nr. 135, S. 774 f.; Wohland, a. a. O., S. 164.
2 vgl. auch die Berichte Nr. 133, S. 760; Nr. 134, S. 768.
3 vgl. die Berichte Nr. 129, S. 714; Nr. 133, S. 759 f.; Nr. 134, S. 768 und 773 und Wohland, a. a. O., S. 164.
4 vgl. Berichte Nr. 129, S. 718; Nr. 133, S. 763 ff.; Nr. 134, S. 771 ff. und Nr. 135, S. 774.
5 vgl. die Berichte Nr. 129, S. 714 ff.; Nr. 133, S. 760; Nr. 134, S. 768 ff
6 vgl. z. B. Bericht Nr. 133, S. 763.
7 vgl. Lettrich, a. a. O., S. 202 ff.; vgl. auch Bericht Nr. 133, vor allem S. 759 und S. 766.
8 vgl. die Berichte Nr. 133, S. 761 ff.; Nr. 134, S. 786 ff.; Nr. 135, S. 774.
9 s. darüber Bericht Nr. 134.
10 s. darüber Bericht Nr. 133.
11 vgl. Bericht Nr. 129, S. 714 ff. und Wohland, a. a. O., S. 165.
12 vgl. auch die Berichte von Slowaken über die Schreckensherrschaft der Partisanen in der Zeitschrift „Slovakia", veröff. von The Slovak League of America, Bd. VII, Nr. 3—4 (Middletown Pa. 1957), S. 23 ff. u. S. 28 ff.

Von derartigen Massakern wurden nur die deutschen Bewohner der Mittelslowakei, des Zentrums der Aufstandsbewegung, betroffen, also die Arbeiter- und Bauernbevölkerung des Hauerlandes, die ihrer sozialen und geistigen Haltung nach am wenigsten dazu neigte, sich politisch im Sinne eines übersteigerten Nationalismus zu exponieren. Mitbeeinflußt wurde ihr Schicksal durch die Angstpsychose, von der die Partisanen beim Herannahen der deutschen Truppen und der von Himmler entsandten rücksichtslos vorgehenden Sicherheitspolizeikommandos ergriffen wurden[1]. Dazu kam, daß gerade in der Mittelslowakei die protestantischen, tschechoslowakisch gesinnten und von einem fanatischen Haß gegen das herrschende Regime und seine deutschen Beschützer getragenen Elemente überwogen und zusammen mit den Linksradikalen die Initiative an sich rissen[2]. Die verängstigte slowakische bäuerliche Bevölkerung wie auch die kommunalen Verwaltungsbehörden standen den Vorgängen ohne Verständnis gegenüber und suchten zu helfen, wo es unauffällig möglich war[3].

In den übrigen deutschen Siedlungsgebieten der Slowakei kam es während des Aufstandes ebenfalls zu dramatischen Ereignissen, wenn auch nicht zu ähnlichen Ausschreitungen wie in der Mittelslowakei. In den Streusiedlungen der Ostslowakei hatten die Volksdeutschen unter den Requirierungen und Bedrohungen der Partisanen schwer zu leiden, ohne aber größere Menschenverluste beklagen zu müssen[4]. Auch in der Zips operierten die Insurgenten von Anfang an etwas zurückhaltender. Dies wurde nicht zuletzt dadurch beeinflußt, daß die deutsche Bevölkerung der Oberzips eine, wenn auch manchmal durch die Partisanen unterbrochene, Verbindung zu den im Generalgouvernement stationierten deutschen Truppeneinheiten und Dienststellen halten konnte. Unter dem Schutz schwacher deutscher Einheiten konnten nach Ausbruch des Aufstandes Frauen und Kinder in Autobustransporten in die Gegend um Zakopane evakuiert werden, von wo sie nach wenigen Tagen, nachdem deutsche Truppen gegen die Aufständischen eingesetzt worden waren, wieder in ihre Heimatorte zurückkehren konnten[5]. Die Deutschen der Unterzips, die sich nicht weniger durch die Aufständischen bedroht fühlten, meisterten durch entschlossene Selbsthilfeaktionen, die durch kleine von Ungarn aus entsandte deutsche Einsatzkommandos unterstützt wurden, die bedrohliche Lage, ohne allerdings die Aktivität der Partisanenverbände ganz eindämmen zu können[6]. In der Zips kam es zudem relativ früh zu der Aufstellung des Heimatschutzes, einer improvisierten Selbstschutzorganisation der ortsansässigen deutschen Männer, die in Zusammenarbeit mit den wenigen zur Verfügung stehenden deutschen militärischen Einheiten vor allem die Evakuierung der Frauen und Kinder aus den abseits gelegenen und am stärksten gefährdeten deutschen Ortschaften sichern konnte[7].

---

1 vgl. Reitlinger, Die SS, S. 366.

2 vgl. Bericht Nr. 129, S. 712 und 732 und Otto Forst de Battaglia, a. a. O., S. 216 f.

3 vgl. die Berichte Nr. 133, S. 767 und Nr. 134, S. 768, 771, Anm. 1 und 773; vgl. hierzu auch Wohland, a. a. O., S. 164.

4 vgl. hierzu die Berichte Nr. 130, S. 737 f. und Nr. 131, S. 741 ff.

5 Darüber liegen zahlreiche Berichte in der Dokumentensammlung vor.

6 s. darüber Bericht Nr. 131.

7 Über die Bildung des Heimatschutzes s. Bericht Nr. 131, S. 743 ff.

Man kann also, verglichen mit den Ereignissen in der Mittelslowakei, keinesfalls von einer Partisanenherrschaft in der Zips sprechen, denn die Aufständischen konnten nur einige von den Deutschen besiedelte Orte besetzen, und dies auch nur für wenige Tage. Die aus dem Generalgouvernement herbeigezogenen wenigen deutschen Truppen übten sogar auf die in der Zips stationierten und unschlüssigen slowakischen Einheiten einen solchen Druck aus, daß sich diese durch Abstellung von Geschützen an der Niederwerfung des Aufstandes beteiligten[1]. Zu schweren Übergriffen und Mordtaten gegen Deutsche kam es nur in Einzelfällen[2]. Selbst dort, wo die Volksdeutschen zur Zeit der Besetzung durch Partisaneneinheiten von der übrigen Bevölkerung isoliert, d. h. in einzelnen Gebäuden zusammengezogen und bewacht wurden, bestand doch für sie keine unbedingte Gefahr für Leib und Leben.

In Preßburg und seiner näheren Umgebung nahm der Aufstand überhaupt keine ernsteren Formen an. Bei den ersten Alarmnachrichten hatten sich die Angehörigen der deutschen Volksgruppendienststellen im sogenannten Gesandtschaftsviertel (XIII. Bezirk) zusammengezogen und zur Verteidigung vorbereitet, während das Gros der Preßburger Deutschen in seinen Wohnungen verblieb[3]. Da es aber mit Hilfe slowakischer Regierungsstellen frühzeitig gelang, die in ihrer Haltung gegenüber der Aufstandsbewegung unentschlossenen slowakischen Garnisonen in Preßburg und Umgebung zu entwaffnen bzw. in den Kasernen festzuhalten, und da aus dem benachbarten Protektorat und aus Österreich eilends aufgebotene deutsche Einheiten das Gebiet besetzten, konnte sich hier der Aufstand gar nicht entfalten[4].

Der Plan der Aufständischen, die ganze Slowakei in ihre Aktion einzubeziehen, war damit gescheitert. Die Bewegung wurde nach zwei Monaten durch die deutschen Gegenoperationen niedergeschlagen; allerdings gelang es nicht, die Partisaneneinheiten zu vernichten. Sie zogen sich in die unwegsamen Gebirgsgegenden zurück und setzten den Kampf fort[5]. Die nach der Niederschlagung des Aufstandes von Himmler angeordneten harten Vergeltungsmaßnahmen[6] forderten die Opposition auch der bisher der Slowakischen Republik positiv gegenüberstehenden oder abwartenden Bevölkerung heraus und ließen das Land nicht mehr zur Ruhe kommen. Zum Schutz der deutschen Siedlungsgebiete wurde nun von der Volksgruppenführung mit Unterstützung der deutschen Wehrmacht für alle Slowakeideutschen der Heimatschutz aufgestellt[7], ohne daß damit aber eine Sicherung von Gut und Leben der in der Ost- und Mittelslowakei lebenden Deutschen erreicht werden konnte.

[1] Darüber berichtet B. M. aus Käsmark. Der Bericht befindet sich in der Dokumentensammlung.

[2] vgl. Bericht Nr. 131, S. 744.

[3] Nach mündlichen Auskünften von Preßburger Deutschen; vgl. auch Bericht Nr. 129, S. 716.

[4] vgl. hierzu Lettrich, a. a. O., S. 204; Mikus, a. a. O., S. 191 und Reitlinger, Die SS, S. 366; vgl. auch Bericht Nr. 129, S. 716.

[5] s. die Berichte Nr. 129, S. 717; Nr. 131, S. 744 ff.; Nr. 135, S. 775; vgl. hierzu auch Lettrich, a. a. O., S. 215.

[6] vgl. Reitlinger, Die SS, S. 366.

[7] s. darüber die Berichte Nr. 131, S. 744 ff. und Nr. 135, S. 775; vgl. auch Wohland, a. a. O., S. 171.

3. Evakuierung und Flucht der deutschen Bevölkerung aus der Slowakei.

Die große sowjetische Offensive bis zur Weichsel in den Sommermonaten des Jahres 1944, der Abfall Rumäniens und der Vorstoß der 2. und 4. Ukrainischen Front in die ungarische Tiefebene rückten die Slowakei ins unmittelbare Kampfgeschehen. Die entlang der Nordkarpaten stehende deutsche 1. Panzerarmee hielt zwar den sowjetischen Angriffen stand, wurde aber durch den slowakischen Aufstand in ihrem Rücken schwer bedroht. Sie konnte gegenüber den sowjetischen Angriffen auf die Karpatenpässe auch eine festgefügte Front erhalten, mußte aber ihren Südflügel nach dem sowjetischen Vorstoß auf Budapest in den Herbstmonaten bis auf die slowakische Grenze zurücknehmen. Am 18. Oktober überschritten die ersten Einheiten der Roten Armee die Grenzen der Ostslowakei. Die deutsche Gegenoffensive im Raum von Budapest im November-Dezember 1944 vereitelte wohl den sowjetischen Durchbruch im Donautal, konnte aber nicht die allmähliche Rückverlegung der Front bis in die Mittelslowakei verhindern. Ende Januar war Altsohl gefallen und das Hauerland Frontgebiet geworden. Die restliche Slowakei wurde dann während des großen sowjetischen Zangenangriffes besetzt, den die 4. Ukrainische Front (Petrow) von den Beskiden aus, die 2. Ukrainische Front (Malinowski) beiderseits der Donau nach Mähren und Österreich führten. Während die Angriffe Petrows am Widerstand der 1. Panzerarmee scheiterten, gelang es Malinowski, die deutschen Linien zu durchstoßen und am 4. April Preßburg zu nehmen.

Noch vor dem Ausbruch des slowakischen Aufstandes erhielt die Volksgruppenführung von den deutschen militärischen Dienststellen die Mitteilung, daß eine Zurücknahme der Ostfront bis auf die Hohe Tatra geplant sei und die Volksgruppe daher in aller Stille die Evakuierung der Zipser Deutschen vorbereiten möge. Karmasin wandte sich um Unterstützung an die Deutsche Evangelische Landeskirche A. B. in der Slowakei und bat um ihre Mitwirkung[1]. Die von der Kirchenleitung eingeleiteten Vorbereitungen wurden allerdings durch den Ausbruch des Aufstandes verzögert und durch ihn die geplante geschlossene Evakuierung der deutschen Ortschaften unmöglich gemacht[2].

Gleich in den ersten Tagen und Wochen des Aufstandes, als die Zips durch die aus der Mittelslowakei vorstoßenden Aufständischenverbände am stärksten gefährdet war, ordneten die örtlichen deutschen Wehrmachtskommandanten zusammen mit den verantwortlichen Funktionären der Volksgruppe die vorübergehende Evakuierung der Frauen und Kinder in das benachbarte Generalgouvernement bzw. ungarische Grenzgebiet an[3].

Wenn auch der größte Teil der Evakuierten nach wenigen Tagen in seine Heimatorte zurückkehren konnte, so wurde doch die Bevölkerung durch

[1] vgl. Bericht Nr. 129, S. 718, Anm. 1.

[2] Die Kirchenleitung beschloß, den einzelnen Gemeinden versiegelte Briefe zuzusenden, die die genauen Anweisungen für die geschlossene Evakuierung der Ortschaften enthielten und erst im Evakuierungsfalle geöffnet werden sollten; vgl. Bericht Nr. 129, S. 718, Anm. 1.

[3] s. oben S. 164.

die anhaltenden Aktionen der Partisanengruppen in dauernder Unruhe gehalten. Da keine ausreichenden deutschen Truppen für den Schutz der Ortschaften zur Verfügung standen, ordneten die Wehrmachtsstellen, noch während die Kämpfe in der Mittelslowakei anhielten, die Evakuierung der Schulkinder an. Um den Unterricht auch weiterhin aufrechterhalten zu können, wurden die einzelnen Schulen unter dem Schutz der Wehrmacht und des Heimatschutzes mit Lastwagen und Autobussen durch das Partisanengebiet der Hohen Tatra nach Zakopane gebracht und von dort mit der Eisenbahn nach Oberösterreich, in das Ostsudeten- und das Egerland geleitet, wo sie in Gemeinschaftsunterkünften weiterhin von den ebenfalls evakuierten Lehrern betreut wurden[1]. Einzelne erwachsene Familienangehörige, die die Kinder nicht allein lassen wollten, schlossen sich den Transporten an. Die Nachrichten über Gewalttaten der Aufständischen und die Hoffnung, daß es sich nur um eine vorübergehende Maßnahme handeln werde, trugen wesentlich dazu bei, daß diese Aktion ohne größeren Widerstand von seiten der Eltern durchgeführt werden konnte.

Anfang September wurde die Lage der deutschen Streusiedlungen in der Ostslowakei unhaltbar. Sie waren durch die Partisanen von den westlichen deutschen Siedlungsgebieten abgeschnitten und durch die von Osten und Südosten vorstoßenden sowjetischen Truppen bedroht. Mitte September befahl daher die Volksgruppenführung die Evakuierung der deutschen Bevölkerung und Verlagerung des beweglichen Besitzes[2]. Im Laufe der nächsten Wochen wurden nicht nur die Menschen, sondern auch der größte Teil der beweglichen Habe und des Viehs in Eisenbahntransporten, die teils über Nordungarn, teils über Tarnow, Krakau in die Westslowakei geleitet wurden, evakuiert. Die Bevölkerung konnte vielfach erst nach langen Überredungsversuchen zum Verlassen der Heimat bewogen werden. Die zurückgebliebenen Männer verließen Ende Oktober im Treck ihre Wohnsitze, nachdem bereits das Gebiet Kampfzone geworden war[3].

Im Hinblick auf die fortdauernde Unsicherheit der Lage und den Vormarsch der Roten Armee nach Westen, wurde am 27. Oktober 1944 von Berlin die Gesamtevakuierung der Deutschen aus den Streusiedlungen der Ostslowakei und aus der Zips angeordnet[4] und als Aufnahmegebiet zunächst die Westslowakei vorgesehen[5].

Bereits seit Oktober wurden die Frauen und Kinder in den am stärksten gefährdeten Orten der Unter- und später auch der Oberzips zum Verlassen

---

[1] Diese Evakuierungsaktion wird in zahlreichen Berichten geschildert, die sich in der Dokumentensammlung befinden; vgl. darüber auch Liptak, Die Zips, a. a. O., S. 83.

[2] Über die Evakuierung der deutschen Streusiedlungen in der Ostslowakei s. Bericht Nr. 130.

[3] vgl. Bericht Nr. 130, S. 739 f.

[4] vgl. Monatsbericht November 1944 des Hauptamtes Volksdeutsche Mittelstelle, NO-5852. — Die Volksdeutsche Mittelstelle beauftragte SS-Obersturmbannführer Streith mit der Leitung. Aus Angehörigen der Volksgruppe stellte er eine Evakuierungskompanie auf, die Organisation und Durchführung der Aktion übernahm (Nach einer mündlichen Auskunft von Angehörigen der Evakuierungskompanie.)

[5] vgl. Monatsbericht November 1944 des Hauptamtes Volksdeutsche Mittelstelle, NO-5852.

der Heimat aufgerufen. Die nach Westen führenden Eisenbahnlinien waren aber in der Mittelslowakei größtenteils von Partisanen und Aufständischen durch Sprengungen bis November 1944 unterbrochen. Infolgedessen mußten die ersten Transporte nach Norden über Zakopane durch das Generalgouvernement geleitet werden[1], damit sie die Westslowakei, und als sich diese für die Unterbringung ungeeignet erwies[2], die Aufnahmegebiete im Ostsudetenland[3] und im Gebiet von Reichenberg—Saaz erreichen konnten. Die Evakuierten durften einen großen Teil ihrer beweglichen Habe mitnehmen[4]. Diejenigen Familien, aus denen schulpflichtige Kinder bereits vorher abtransportiert worden waren, begaben sich nun an deren Aufenthaltsorte. Der Widerstand vor allem der bäuerlichen Bevölkerung gegen die Evakuierung wuchs, als bekannt wurde, daß die slowakische Regierung die Unterbringung der aus dem unmittelbaren Frontgebiet zu evakuierenden Slowaken in der Zips plane[5]. Um Gewaltmaßnahmen, die dem deutschen Prestige bei den Slowaken abträglich sein mußten, zu vermeiden, wandelte Himmler die Gesamtevakuierung in eine Teilevakuierung um. Nichtsdestoweniger wurde die bereits eingeleitete Verlagerung der kleinen und mittleren Handwerksbetriebe in das Sudetenland und das östliche Österreich fortgesetzt[6]. Aus Reichsdeutschen und Angehörigen der Volksgruppe gebildete Kommissionen sorgten für die Sicherstellung des Betriebsmaterials und seinen Abtransport.

Als sich aber seit Anfang Dezember die Front immer näher heranschob, wurde schließlich doch die restlose Evakuierung der Deutschen aus der Zips angeordnet. In Eisenbahntransporten auf den seit Mitte November wieder benutzbaren Strecken nach Preßburg oder über Zakopane verließen die noch anwesenden Familien ihre Heimat und wurden ebenfalls in die bisherigen Aufnahmegebiete geschleust. Sie konnten ihre bewegliche Habe

---

1 vgl. Bericht Nr. 131, S. 745.

2 vgl. Monatsbericht November 1944 des Hauptamtes Volksdeutsche Mittelstelle, NO-5852.

3 vgl. Bericht Nr. 129, S. 719.

4 vgl. die Berichte Nr. 130, S. 738 ff.; Nr. 131, S. 745.

5 vgl. Monatsbericht November 1944 des Hauptamtes Volksdeutsche Mittelstelle, NO-5852.
SS-Obergruppenführer Lorenz, der Leiter der VOMI, schildert die entstandenen Schwierigkeiten in seinem Schreiben an Himmler vom 13. November 1944:
„Bezüglich der Evakuierung der Deutschen aus der Zips entstehen z. Z. folgende Schwierigkeiten:
1. Die Heeresgruppe hält bei der ungünstigen Verkehrslage eine Gesamtevakuierung bei der z. Z. erfolgten Beruhigung militärischerseits für nicht zweckmäßig.
2. Arbeitskräfte werden für Industrie usw. kriegswichtig gebraucht.
3. Die slowakische Regierung beabsichtigt in von Deutschen freigewordene Gebiete Slowaken zu setzen. Bei deutscher Bevölkerung Auffassung, daß Gebiet daher sicher. Möchte Eigentum den Slowaken nicht überlassen. Erbitte Zustimmung zu folgender Regelung, die m. E. sowohl militärisch als volkstumsmäßig tragbar ist:
a) Zips wird von Frauen und Kindern geräumt.
b) Arbeitseinsatzkräfte bleiben im Gebiet."
Himmler stimmte in seinem Schreiben vom gleichen Datum dem Vorschlag zu. Himmler Files, Folder 6.

6 vgl. Bericht Nr. 130; vgl. auch Monatsbericht November 1944 des Hauptamtes Volksdeutsche Mittelstelle, NO-5852 und NO-5853, S. 26.

entweder in großem Umfang mitnehmen oder in Sondertransporten nach Westen verlagern[1].

Die bäuerliche Bevölkerung der Zips sammelte sich ab Dezember in organisierten Trecks, die das Waagtal entlang zogen und nach Überschreiten der Kleinen Karpaten in Böhmen und Mähren Aufnahme fanden[2]. Auch die zum Heimatschutz einberufenen Männer, die nach dem Wegzug der Familien kaserniert und zu militärischen Formationen zusammengefaßt worden waren, verließen nun die Heimat meist auf dem Treckwege[3].

Nachdem die Sowjet-Armee die deutsche Front in Ungarn in Richtung des Plattensees durchgebrochen hatte und eine Umfassung der Slowakei von Süden zu befürchten war, begann im Januar 1945 die geordnete Evakuierung der Volksdeutschen aus der Mittelslowakei[4]. Schon vorher waren, wie auch in der Zips, die Schulen in geschlossenen Transporten nach Österreich und ins Sudetenland, die zahlreichen im Lande verstreuten KLV-Lager in die Heimatgebiete der Kinder im Reich geschafft worden. Jeder Volksdeutsche hatte ausreichend Zeit, sich für die Bahnfahrt oder den Treck vorzubereiten. Die Organisation ging so weit, daß nicht nur das lebende Inventar abgeschätzt wurde, sondern auch der gesamte Besitz von den deutschen Dienststellen (der DP und dem Heimatschutz) registriert und in seinem Wert bescheinigt wurde[5]. Auffanggebiet für die Deutschen des Hauerlandes war ebenfalls vorwiegend das Sudetenland[6] und das Protektorat. Die Bergleute der Krickerhauer Kohlengruben wurden z. B. in geschlossenen Transporten ins Brüx-Duxer Braunkohlenrevier gebracht, wo sie weiter verwendet werden sollten[7]. Wer einen bestimmten Evakuierungsort außerhalb dieses Gebietes angab, wurde dorthin transportiert. Auf diese Weise gelangten viele Hauerländer nach Österreich[8].

Ein zweiter allgemeiner Aufruf zur Evakuierung Ende März versuchte die letzten Zaudernden noch zum Abzug zu bewegen, bevor die Rote Armee das Gebiet besetzte.

Auch in Preßburg und in den deutschen Orten seiner weiteren Umgebung[9] setzten die Aufrufe und die Vorbereitung zur Evakuierung verhältnismäßig früh ein. Schon im November wurde es den volksdeutschen Privatpersonen offiziell freigestellt, ins Deutsche Reich auszureisen oder zum mindesten ihren beweglichen Besitz zu Bekannten nach Österreich oder nach Deutschland zu schicken[10]. Die Evakuierung der Schulkinder war

---

1 Nach mündlichen Auskünften von Mitgliedern der Evakuierungskompanie.

2 vgl. die Berichte Nr. 129, S. 719 und Nr. 132, S. 748 f. und Liptak, Die Zips, a. a. O., S. 83. Einzelne Trecks gelangten bis in den Böhmerwald.

3 vgl. Bericht Nr. 131, S. 745 ff.

4 Zur Evakuierung der Mittelslowakei vgl. insbesondere Bericht Nr. 135 und Wohland, a. a. O., S. 171 f.

5 vgl. Bericht Nr. 135, S. 776, vgl. auch Wohland, a. a. O., S. 171.

6 vgl. Bericht Nr. 135, S. 776 f.

7 vgl. Wohland, a. a. O., S. 171. Ein großer Teil von ihnen fand sich nach der Ausweisung wieder zusammen und lebt heute z. T. in geschlossenen Siedlungen im Ruhrgebiet.

8 vgl. Wohland, a. a. O., S. 171.

9 Zur Evakuierung des Preßburger Gebietes vgl. insbesondere die Berichte Nr. 136, S. 784 ff.; Nr. 137, S. 790 ff. und Nr. 129, S. 719.

10 vgl. Bericht Nr. 136, S. 785.

im Januar soweit vorangetrieben worden, daß die Schulen geschlossen werden konnten. Der größte Teil der deutschen Bevölkerung verließ Preßburg im Laufe des Januar und Februar[1]. Auch die Volksdeutschen aus den Dörfern am Rande der Kleinen Karpaten und auf der Großen Schüttinsel hatten sich im Laufe der Zeit zögernd zur Ausreise entschlossen. Soweit die Dörfer in der Nähe der Donau lagen, wurden die Einwohner mit Schiffen flußaufwärts evakuiert, die übrigen in Trecks zusammengefaßt oder mit der Bahn nach Österreich geleitet[2]. Im März gestaltete sich die Ausreise für die Nachzügler schon schwieriger, besonders wenn sie noch bewegliches Eigentum mit sich führen wollten. Von den leitenden deutschen Dienststellen wurde schon zum Fußmarsch nach Österreich aufgefordert, da Transportmittel für die Evakuierung nicht mehr zur Verfügung standen. Eine beträchtliche Anzahl der bis dahin zurückgebliebenen Deutschen machte sich jetzt noch auf den Weg und erreichte unter unsäglichen Strapazen Oberösterreich[3]. Auch die Volksgruppenführung verließ am 1. April die Stadt in Richtung Gänserndorf/Österreich[4].

Jene Karpatendeutschen, die aus der Ost- und Mittelslowakei ins Ostsudetenland abtransportiert worden waren, gerieten hier noch einmal in neue Evakuierungsaktionen hinein und suchten unter den gleichen Bedingungen wie die Flüchtlinge und Evakuierten aus dem von der Roten Armee besetzten oder bedrohten Gebiet die im Westsudetenland stehenden amerikanischen Linien zu erreichen[5].

Zu erwähnen wären noch die Schicksale der vor allem in der Zips und dem Hauerland zum Heimatschutz einberufenen Männer. Einem Teil von ihnen gelang es nach der Räumung ihrer Heimat, zu ihren ins Sudetenland evakuierten Familien zu gelangen. Viele jedoch wurden noch in den letzten Kriegswochen den Formationen der Wehrmacht und der Waffen-SS eingegliedert. Soweit sie nicht sofort an der Front eingesetzt wurden, brachte man sie zu einer kurzfristigen Ausbildung auf Truppenübungsplätze des Protektorats. Hier gerieten sie in sowjetische Gefangenschaft[6].

Die Evakuierung der Deutschen aus der Slowakei, die durch die kommenden Ereignisse gerechtfertigt wurde, ist, rein organisatorisch betrachtet, von kleinen Zwischenfällen abgesehen, reibungsloser und flüssiger abgelaufen als die der anderen Räumungsgebiete, was u. a. der selbständigen Organisation der Volksgruppe zuzuschreiben ist. Der innere Widerstand gegen die Aktion bei den zum Verlassen der Heimat aufgerufenen Volksdeutschen selbst war allerdings teilweise recht stark. Die kleinbäuerliche und kleinbürgerliche volksdeutsche Bevölkerung gab ihren Besitz und ihre Heimat nur sehr schwer auf[7]. Die Angst vor den Greueltaten der Sowjets reichte oft nicht

---

1 vgl. Bericht Nr. 136, S. 786.

2 vgl. Bericht Nr. 136, S. 786, Anm. 1.

3 s. darüber den im Karpaten-Jahrbuch 1955, S. 95 ff. abgedruckten Bericht von Dr. Adalbert Kugler.

4 vgl. die Berichte Nr. 129, S. 719; Nr. 136, S. 788.

5 vgl. Bericht Nr. 135, S. 777 ff.

6 vgl. Bericht Nr. 131, S. 747 f. Weitere Berichte befinden sich in der Dokumentensammlung.

7 vgl. die Berichte Nr. 130, S. 739; Nr. 131, S. 745; Nr. 132, S. 748 f.; Nr. 136, S. 786, Anm. 1.

aus, um den Entschluß zur Ausreise fassen zu lassen, so daß mit recht drastischen Druckmitteln — wie Entzug der Rente oder der Versorgungskarten — gearbeitet wurde, um sie zu erzwingen[1].

Ein zahlenmäßig nicht genau zu bestimmender Prozentsatz von Angehörigen der deutschen Volksgruppe ließ sich durch die Räumungsparolen überhaupt nicht ansprechen. Es waren dies Menschen deutscher Abkunft, die, schon stark slowakisiert, während der Kriegszeit wohl die materiellen Vorteile als Volksgruppenangehörige beansprucht hatten, sich aber jetzt auf ihre verwandtschaftlichen oder freundschaftlichen Beziehungen zum Slowakentum und auch zu den Partisanen besannen und nichts für ihre Zukunft befürchten zu müssen glaubten.

Der größere Teil der deutschen Bevölkerung meldete sich wohl zögernd, aber in dem Maße, in dem sich die einzelnen Orte mehr und mehr von Volksdeutschen leerten, immer bereitwilliger zu den angesetzten Transporten. Alle, die als Deutsche irgendwie hervorgetreten waren, sei es, daß sie eine kleine Rolle in der Deutschen Partei, in der kommunalen Verwaltung oder im Kulturleben gespielt hatten, sei es daß Familienangehörige zur Waffen-SS oder zum „Heimatschutz" eingezogen waren oder einen Arbeitsplatz im Reich hatten, waren relativ leicht von der Notwendigkeit der Evakuierung zu überzeugen. Für die meisten Deutschen der Ost- und Mittelslowakei waren die schreckensvollen Erlebnisse des Aufstandes und der Partisanenüberfälle der Beweggrund, ihre Heimat beim Herannahen der Sowjets zu verlassen.

Im ganzen sind im Winter 1944/45 von der auf 140 000 Personen zu schätzenden anwesenden deutschen Bevölkerung etwa 120 000 Personen evakuiert worden[2].

[1] vgl. Bericht Nr. 136, S. 786, Anm. 1.

[2] Hudak gibt die Zahl der nicht evakuierten Zipser, die sich zum lutherischen Glauben bekannten, mit 8000 an; vgl. Hudak, Kirche unserer Väter, S. 72.

Nach den aus fast allen Orten der Zips vorliegenden Berichten und nach mündlichen Auskünften von Mitgliedern der Evakuierungskompanie kann aber die Zahl der dort von der Evakuierung nicht erfaßten Deutschen nur auf insgesamt etwa 4000 geschätzt werden.

In der gesamten Mittelslowakei blieben, wie sich aus einer Umfrage ergibt, nicht mehr als 5000 zurück; in Krickerhau allein waren es einige Hundert, zumeist kommunistisch gesinnte Deutsche.

Nach Schätzungen von Mitgliedern der Evakuierungskompanie blieben in Preßburg etwa 9000, in den deutschen Siedlungen der Westslowakei 3000 bis 4000 Deutsche zurück; vgl. auch Bericht Nr. 136, S. 788 f.

IV. Die Lage der Slowakeideutschen nach dem Einmarsch der Roten Armee und ihre Lebensverhältnisse unter dem neuen Regime der ČSR.

Außer einer verhältnismäßig kleinen Anzahl von Familien und Einzelpersonen, die aus eigener Initiative in der Heimat zurückblieben oder sich dem Abtransport entzogen, sind die Volksdeutschen der Slowakei in ihrer Gesamtheit evakuiert worden. Nur sehr wenige erlebten daher den Einmarsch der sowjetischen Truppen in ihrer Heimat und wurden von den damit verbundenen Gewaltakten und den Zwangsmaßnahmen der sowjetischen Besatzungsarmee in der Slowakei betroffen. Die meisten Slowakeideutschen ereilte dieses Geschick in ihren Evakuierungsorten in Österreich[1], im Sudetenland[2] oder im Protektorat[3]. Da die Zurückgebliebenen zumeist fließend die Landessprache beherrschten, versuchten sie mit Hilfe ihrer slowakischen Bekannten und Verwandten unterzutauchen. Auf diese Weise entzogen sie sich der Fahndung nach Deutschen, ein Teil von ihnen wurde aber zusammen mit Slowaken, die sich unter dem zusammengebrochenen Regime exponiert hatten, zu Zwangsarbeit in die Sowjetunion verschleppt[4]. Viel schlimmer wurde ihre Lage aber, als im Gefolge der Roten Armee die provisorische tschechoslowokische Regierung mit dem Sitz in Kaschau die Verwaltung gemäß dem sowjetisch-tschechoslowakischen Vertrag vom 8. Mai 1944[5] übernahm und die Partisanengruppen die Macht an sich rissen und sich schwere Übergriffe gegen wehrlose Deutsche zuschulden kommen ließen. Unter dem Eindruck der nun für die Volksdeutschen eintretenden Rechtlosigkeit trat die kurze Episode der sowjetischen Besatzung völlig in den Hintergrund.

Die im Gebiet der wiedererrichteten Tschechoslowakischen Republik, meist im Sudetenland untergekommenen Evakuierten, vorwiegend Zipser und Hauerländer, gerieten hier im allgemeinen in die gegen die Sudetendeutschen und die reichsdeutschen Flüchtlinge gerichtete tschechische Politik. Beschlagnahme des geretteten Guts, Internierung[6], Zwangsarbeitseinsatz oder gar die Austreibung in die sowjetische Besatzungszone Deutschlands[7] waren hier ihr Geschick. Auf Grund ihrer slowakischen Sprachkenntnisse gelang es aber einem erheblichen Teil der Karpatendeutschen, sich als Slowaken auszugeben und sich den gegen die Deutschen ergriffenen Maßnahmen zu entziehen.

[1] vgl. Bericht Nr. 137, S. 793 ff.
[2] vgl. die Berichte Nr. 129, S. 720 ff.; Nr. 132, S. 749 f.; Nr. 135, S. 778 ff.
[3] s. darüber oben S. 64 ff.
[4] vgl. hierzu die Kapitel über die Deportationen zu Zwangsarbeit in: Dokumentation der Vertreibung, Bde. I—III. Über die Deportationen aus der Slowakei liegen keine ausführlichen Berichte vor, die Anzahl der davon betroffenen Volksdeutschen ist nicht verläßlich zu ermitteln; vgl. auch Bericht Nr. 131, S. 745.
[5] s. oben S. 28 f.
[6] Von ihr wurden vor allem die im innertschechischen Gebiet befindlichen Evakuierten betroffen. Sie wurden, ohne jemals die Heimat wiedergesehen zu haben, zusammen mit den anderen Internierten im Zuge der großen Ausweisungsaktion nach Deutschland ausgesiedelt.
[7] vgl. die Berichte Nr. 129, S. 721 und Nr. 132, S. 749 ff.; s. auch oben S. 105 ff.

In dem allgemeinen Chaos wurde bei den Geflüchteten nur allzubald der Wunsch wach, sobald als möglich in ihre alten Wohnsitze heimzukehren, die in der Erinnerung noch als Stätten der Geborgenheit und Ordnung weiterlebten. Vielerorts forderten die tschechoslowakischen Behörden oder sowjetische militärische Dienststellen selbst die Evakuierten auf oder zwangen sie, innerhalb kurzer Frist die jetzigen Aufenthaltsorte zu verlassen[1]. Mancher Volksdeutsche konnte sich als Slowake tarnen und in Heimkehrertransporten slowakischer Repatriierter unterkommen. Wer noch Pferd und Wagen besaß, schloß sich mit anderen zu einem kleinen Treck zusammen, der Großteil versuchte auf eigene Faust, sich nach Osten durchzuschlagen[2]. Der Rückwandererstrom setzte im Sommer 1945 ein und hörte endgültig erst 1946 auf, als schon die ersten Ausweisungstransporte aus der Slowakei wieder nach Westen rollten.

Wurden die Rückkehrer während des Transportes als Deutsche erkannt, verloren sie durch Raub und Plünderung die gesamte verbliebene Habe, ja sie hatten sogar um Leib und Leben zu fürchten[3]. So wurden am 18. Juni 1945 in Prerau, einem Bahnknotenpunkt in Mähren, 247 Karpatendeutsche von Revolutionsgardisten aus einem Zuge geholt und erschossen[4]. Wer aber ohne Schaden zu erleiden tatsächlich bis in seinen Heimatort gelangte, sah sich hier Lebensverhältnissen gegenüber, denen er gerade durch die Rückkehr in den alten Wohnsitz zu entrinnen gehofft hatte. Denn die in der wiedererrichteten Tschechoslowakischen Republik gegen die Deutschen erlassenen Dekrete, Gesetze und Verordnungen galten in der Slowakei, die nun seit der Kaschauer Proklamation, unter Wahrung gewisser autonomer, dem Slowakischen Nationalrat zugestandener Rechte[5], wieder Bestandteil des tschechoslowakischen Staates geworden war, ebenso wie in den Sudetenländern[6].

---

[1] vgl. auch Bericht Nr. 135, S. 778 f.

[2] vgl. die Berichte Nr. 132, S. 750 ff.; Nr. 135, S. 779 ff.; Nr. 137, S. 794 ff.

[3] vgl. die Berichte Nr. 132, S. 751 f. und Nr. 135, S. 779 f.

[4] vgl. „Die Toten von Prerau", Südostdeutsche Heimatblätter, hrsg. von Hans Diplich, Jg. 4, Folge 2, München 1955, S. 87 f.

[5] s. darüber Anlage 2, vor allem Abschnitt VI.
Die der Slowakei von der tschechoslowakischen Regierung zunächst mit Rücksicht auf die starken autonomistischen Strömungen zugebilligte Selbstverwaltung wurde allerdings in der folgenden Zeit wieder stark eingeengt und im Jahre 1947, in dem es den kommunistischen Elementen in der Slowakei gelang, die Macht völlig an sich zu reißen, fast völlig beseitigt (s. darüber Mikus, a. a. O., S. 277 ff. und Lettrich, a. a. O., S. 249 ff.). Abgeschlossen wurde diese Entwicklung nach dem kommunistischen Staatsstreich vom Februar 1948; vgl. Mikus, a. a. O., S. 285 ff. und Lettrich, a. a. O., S. 256 ff.

[6] Über das den Deutschen in der neuen Republik zugedachte Schicksal, die Dekrete, Gesetze und Verordnungen, durch die sie aus dem Staatsleben ausgeschlossen und ihrer wirtschaftlichen und nationalen Existenzgrundlagen beraubt wurden, s. o. S. 73 ff. und Anlagen 2—20.
Formell mußten die betreffenden Dekrete noch vom Slowakischen Nationalrat gebilligt und in Kraft gesetzt werden. Einige, wie z. B. das Dekret über die Konfiskation des feindlichen Vermögens vom 25. Oktober 1945, wurden ausdrücklich „im Einvernehmen mit dem Slowakischen Nationalrat" erlassen. Bei anderen Gesetzen ist der Slowakische Nationalrat überhaupt selbständig verfahren. So hat er bereits am 15. Mai 1945 ein „Dekret über die Bestrafung faschistischer Verbrecher, fremder Unterdrücker, Verräter und Kollaboranten

Die Heimkehrer fanden ihre Häuser und Höfe versiegelt[1], von Slowaken bewohnt oder zum mindesten ausgeplündert[2]. Sie mußten sich daher entweder auf dem eigenen Besitz oder bei bekannten Slowaken eine Notunterkunft suchen, in der sie sich mit den wenigen Habseligkeiten, die ihnen noch verblieben waren, und den notwendigsten Haushaltsgeräten, die ihnen mitleidige Nachbarn überlassen hatten, provisorisch einzurichten begannen[3]. Nach der polizeilichen Anmeldung wurden sie aber meist zu Zwangsarbeit herangezogen, mußten die Unterkünfte der sowjetischen Besatzungstruppen reinigen oder, in größeren Kommandos zusammengezogen, bei kärglichster Verpflegung und zumeist auch diffamierender Behandlung, die Schäden ausbessern, die während der Zeit der kurzen Kämpfe und des sowjetischen Einmarsches entstanden waren[4].

Bald wurden dann Orts- und Bezirkslager (am bekanntesten waren Nováky[5] in der Mittelslowakei und Limbach[6] und Engerau im Preßburger Gebiet) errichtet, in die alle Deutschen, deren man habhaft werden konnte, eingewiesen wurden[7]. Die späteren Rückkehrer wurden gleich nach ihrer Registrierung interniert und vom Lager aus zur Arbeit eingesetzt[8]. Unter diese Internierungsaktion fielen wohl alle Deutschen ziemlich vollständig, mit Ausnahme einiger, die sich ihr mit Hilfe slowakischer Freunde oder Verwandten bis zur Ausweisung entziehen konnten[9].

Die Kommandanturen der einzelnen Internierungslager waren in den ersten Monaten nach dem Umsturz fast ausschließlich mit ehemaligen Partisanen besetzt[10], die ihren Haß gegen die Deutschen in systematischer kleinlicher Quälerei oder in unbeherrschten Wutausbrüchen an den Häftlingen ausließen[11]. Gefürchtet waren die Lager indessen in erster Linie wegen des Hungers. Die Unterernährung der Lagerinsassen machte vor allem alte Leute und Kinder gegen Infektionskrankheiten besonders anfällig, so daß die Sterbeziffer bald hoch anstieg[12]. Eine gewisse Erleichterung brachte es,

---

und über die Schaffung eines Nationalgerichts und von Volksgerichten" erlassen, das dem tschecholowakischen Dekret vom 19. Juni 1945 entspricht (vgl. Lettrich, a. a. O., S. 243 ff). Nach diesem Dekret (Sammlung der Dekrete des Slowakischen Nationalrats Nr. 33/1945) stand dem Nationalrat die Ernennung des Präsidenten und der anderen Mitglieder des Nationalgerichts zu. Zum Inhalt vgl. Mikus, a. a. O., S. 228 f.

1 vgl. Bericht Nr. 132, S. 751 ff.

2 vgl. Bericht Nr. 137, S. 799 ff.

3 vgl. die Berichte Nr. 132, S. 751 f.; Nr. 137, S. 803 ff.

4 vgl. Bericht Nr. 137, S. 805 ff.

5 vgl. Bericht Nr. 135, S. 780 ff.

6 vgl. Bericht Nr. 137, S. 808 ff.

7 Über die Lager in der Zips, vor allem Käsmark, vgl. Bericht Nr. 132, S. 752 ff.

8 vgl. Bericht Nr. 132, S. 751 f.

9 Dies wird in einer Reihe unveröffentlichter Berichte erwähnt.

10 vgl. Bericht Nr. 135, S. 781.
Lettrich, a. a. O., S. 248, nennt einige — kommunistisch bestimmte — Organisationen ehemaliger Mitglieder der Widerstandsbewegung, so die „Union der slowakischen Partisanen".

11 vgl. Bericht Nr. 135, S. 781 ff.

12 vgl. die Berichte Nr. 132, S. 753; Nr. 135, S. 781; Nr. 137, S. 810 ff.

daß in den Lagern Besuche empfangen werden durften und auch in der Freizeit und an Feiertagen der Ausgang erlaubt war[1].

Für die arbeitsfähigen Volksdeutschen, Männer wie Frauen, hatten die Internierungslager mehr den Charakter von Zwangsunterkünften als von Haftanstalten. Sie wurden tageweise oder auch für längere Zeiträume von Behörden oder Privatpersonen für eine bestimmte Summe „herausgekauft"[2]. Da die Käufer verpflichtet waren, die Arbeitskräfte außerhalb des Lagers zu verpflegen, litt diese Gruppe nicht so offensichtlich unter Nahrungsmangel. Diese „herausgekauften" Volksdeutschen lebten oft monatelang bei ihrem Arbeitgeber, häufig einem slowakischen Bekannten oder auch Verwandten als Knecht, wechselten dann, wenn ihre Arbeitskraft nicht mehr benötigt wurde oder wenn sie ein günstigeres Angebot hatten, ihren Arbeitsplatz und entzogen sich auf diese Weise der Kontrolle der Lagerleitung.

Bei solchen Existenzbedingungen war die Lebensgemeinschaft der deutschen Volkgruppe längst zerstört, bevor die Austreibung eingesetzt hatte. Dazu trugen auch noch alle diejenigen Maßnahmen bei, die im ganzen Staatsgebiet der ČSR gegen die Deutschen ergriffen wurden. Hierin unterschied sich die Lage in der Slowakei nicht von der in Böhmen und Mähren—Schlesien. Auch hier wurden sämtliche Einrichtungen des deutschen Kulturlebens — Schulen, Vereine, Genossenschaften — aufgelöst und enteignet. Auch vor den kirchlichen Institutionen wurde nicht haltgemacht. Die Deutsche Evangelische Kirche A. B. in der Slowakei wurde im August 1945 aufgelöst und ihr Vermögen der Slowakischen Evangelischen Kirche übergeben. Ebenso ging das Vermögen der deutschen katholischen Kirchengemeinden an die slowakischen über. Gottesdienste in deutscher Sprache wurden verboten. Mit ihren Gemeinden mußten auch die Pfarrer das Land verlassen.

Gleichwohl hat es ganz allgemein auf die Lage der Volksdeutschen in der Slowakei bestimmend eingewirkt, daß hier nicht das deutsche, sondern das madjarische Minderheitenproblem im Vordergrund stand. Nach der Rückgliederung der 1938 an Ungarn gefallenen Gebiete war es bis Ende November 1947 zu erregten Auseinandersetzungen mit Ungarn gekommen, die mit einem begrenzten „Austausch" von slowakischen Madjaren mit ungarischen Slowaken, teilweise aber mit einer gewaltsamen Verpflanzung der Madjaren von der Slowakei nach Böhmen endeten[3]. Dazu traten die heftigen inner-

[1] vgl. Bericht Nr. 132, S. 754 f. und Nr. 137, S. 811.

[2] vgl. die Berichte Nr. 132, S. 753 und Nr. 135, S. 783.

[3] s. darüber Mikus, a. a. O., S. 272 ff. Nach einem Bericht der „Neuen Zürcher Zeitung" vom 13. August 1957 („Die Slowakei unter dem Prager Regime") sollen 300 000 Madjaren von den 650 000, die vor dem Kriege in der Slowakei lebten, zurückgeblieben sein. H. Kuhn, Die kulturelle Situation der Deutschen in der Tschechoslowakei, nennt nach tschechischen Quellen für den 1. Januar 1956 sogar 392 056 Personen (S. 46). Diese hohe Zahl erklärt sich daraus, daß es Ungarn gelungen war, die Ausführung des Abkommens mit der ČSR über den Bevölkerungsaustausch (vom 27. 2. 1946) in wesentlichen Punkten durch seinen Widerstand zu verhindern. In diesem Abkommen war neben dem Austausch einer gleichen Anzahl von Slowaken aus Ungarn mit Madjaren aus der Slowakei der ČSR das Recht zuerkannt worden, sich der Personen madjarischer Nationalität zu entledigen, die sich in irgendeiner Weise gegen die ČSR vergangen hatten. Danach sollten neben 150 000 ausgetauschten noch 300 000 Madjaren vertrieben werden. (Schmied, Das Staatsangehörigkeitsrecht der Tschechoslowakei, S. 38 f.)

slowakischen Spannungen zwischen den der Kollaboration beschuldigten Autonomisten und den gesamtstaatlich-tschechoslowakisch orientierten Gruppen, zwischen bäuerlich-kirchlichen Kreisen und Kommunisten; all dies hat von der deutschen Frage abgelenkt und die Durchführung der gegen die Deutschen gerichteten Maßnahmen im letzten doch gemildert.

Der slowakische Bauer entdeckte bald, daß das neue Regime in seinen Praktiken die propagierte Freiheit in keiner Weise verwirklichte und behielt sein natürliches Gefühl für Recht und Unrecht mehr als der radikalisierte Tscheche[1]. Die Verordnungen als solche blieben wohl in aller Schärfe bestehen. Mit ihnen blieb die offizielle Diffamierung aller Deutschen, aber die private Sphäre, das persönliche Miteinander-Zurechtkommen, war von einem verträglicheren Geist erfüllt. Die kleine Gruppe der fanatischen Deutschenfeinde — Opfer des NS-Regimes, die an den Volksdeutschen Vergeltung üben wollten[2] oder die in der Mehrzahl kommunistisch gesinnten Partisanen — war im öffentlichen Leben nicht mehr allein bestimmend. Willkür und Haßausbrüche wurden Einzelerscheinungen.

Alle diese Erleichterungen, die dem Schicksal der Slowakeideutschen viel von seiner Härte genommen haben, ändern allerdings nichts an der Tatsache, daß die Deutschen in der Slowakei Entrechtete waren, die keine legale Möglichkeit hatten, einen normalen, ihrer Ausbildung und ihrer Fähigkeit entsprechenden Arbeitsplatz zu erhalten oder gar Besitz zu erwerben. Sie lebten gleichsam auf Abruf, jederzeit auf eine weitere Verschlechterung ihrer Situation gefaßt, aber immer noch in der Hoffnung, daß sich die Verhältnisse normalisieren und damit bessern würden[3]. Wer die Ausweglosigkeit der Situation erkannte oder die Unsicherheit dieser aufgezwungenen Lebensführung nicht ertragen konnte, ergriff jede sich bietende Gelegenheit, nach Österreich und von dort weiter nach Westdeutschland zu flüchten[4]. Besonders Rückkehrer, deren Angehörige nach der Evakuierung im Westen geblieben waren und den Flüchtenden dort eine Aufnahmemöglichkeit boten, zogen den Sprung über die grüne Grenze einem ungewissen Leben in der Heimat vor. Der größte Teil der zu dieser Zeit noch in der Slowakei lebenden Deutschen blieb jedoch im Lande, bis auch ihm die anlaufende Ausweisungsaktion keine Wahl mehr ließ.

---

[1] vgl. Berichte Nr. 129, S. 732 f., Nr. 137, S. 801 und 807.

[2] Dort allerdings, wo persönliche Bande die ehemals Verfolgten mit den Deutschen verbanden, setzten sich jene für die Entrechteten ein und suchten ihr Los zu erleichtern, vgl. Bericht Nr. 129, S. 736.

[3] vgl. Bericht Nr. 129, S. 734 f.; Nr. 132, S. 755 f.

[4] vgl. z. B. Bericht Nr. 137, S. 816 ff.

V. Die Ausweisung.

Wie die Sudetendeutschen unterlagen auch die Karpatendeutschen den Ausweisungsbestimmungen der Potsdamer Beschlüsse[1]. In der Slowakei begannen die Vorbereitungen für die Ausweisung im April 1946[2], später als in den Sudetenländern[3]. Zwei zentral gelegene Lager, Nováky[4] in der Mittelslowakei — schon aus der Partisanenzeit als Verschleppungslager bekannt — Deutschendorf (Poprad)[5] in der Zips, wurden in Sammellager umgewandelt, dazu kam das Lager Engerau in der Westslowakei[6]. Hier zog man die deutschen Internierten aus allen übrigen Lagern zusammen und schaffte sie in einzelnen Transporten abwechselnd nach Westdeutschland und in die Sowjetzone. Die große Aussiedlungsaktion begann in den letzten Tagen des Juli und endete im September desselben Jahres[7]. Die Auszusiedelnden wurden, soweit es notwendig war und die Textilien ausreichten, neu eingekleidet. Sie erhielten 1000, später 500 RM[8] und durften 50 bis 100 kg Gepäck mitnehmen.

Hervorzuheben ist die Tatsache, daß die beklagenswerten Begleiterscheinungen der Vertreibungsaktionen in den übrigen ost-mitteleuropäischen Gebieten hier im allgemeinen fehlten. Auch ist es weder zu wilden Austreibungsaktionen vor der Potsdamer Konferenz wie in Böhmen und Mähren[9], noch zu überstürzten organisierten Ausweisungen wie in Ungarn gekommen[10].

Dies lag vor allem daran, daß weder für die politisch führenden Kreise des Slowakentums noch für die tschechoslowakische Regierung die Ausweisung der Karpatendeutschen ein erstrangiges Problem gewesen ist wie die „Endlösung" der sudetendeutschen Frage, der „Odsun". Die Deutschen der Slowakei selbst haben, nachdem sie entrechtet und enteignet, zum größten Teil interniert waren, ähnlich wie die Sudetendeutschen — trotz mancher freundlicheren Züge ihres Loses — die Ausweisung als das Ende einer bitteren Notzeit empfunden[11], so schwer gerade der bäuerlichen Bevölkerung die Trennung von Heimat und Boden wurde.

Vor allem die Internierten empfanden es als Glück, wenn ihnen eine Überweisung in eines der Aussiedlungslager angekündigt wurde. Sie taten

---

1 s. oben S. 115.
2 vgl. die Berichte Nr. 132, S. 755 f. und Nr. 135, S. 783.
3 s. oben S. 119.
4 vgl. die Berichte Nr. 129, S. 727 ff.; Nr. 135, S. 780 ff.
5 vgl. Bericht Nr. 132, S. 755 ff.
6 vgl. die Berichte Nr. 129, S. 728; Nr. 136, S. 789; vgl. auch Luža, a. a. O., S. 23.
7 Es folgten dann später noch Sondertransporte im Rahmen der Familienzusammenführung, vgl. Bericht Nr. 129, S. 735 f.
8 vgl. die Berichte Nr. 132, S. 756 f. und Nr. 135, S. 784.
9 s. oben S. 105 ff. und die dort zitierten Berichte.
10 vgl. Dokumentation der Vertreibung, Bd. II, S. 59 E ff. und die dort zitierten Berichte.
11 vgl. die Berichte Nr. 129, S. 735 f.; Nr. 132, S. 756; Nr. 135, S. 783 f.

alles, um möglichst bald einem Transport eingegliedert zu werden. Die außerhalb der Lager arbeitenden Volksdeutschen meldeten sich freiwillig zurück. Selbst die illegal in der Slowakei lebenden und von den Behörden nicht erfaßten Deutschen ließen sich jetzt registrieren und nahmen die zwei bis drei Monate dauernde Wartezeit willig auf sich, um die Ausweisungstransporte nicht zu versäumen. Für sie alle war es zur Gewißheit geworden, daß ein Weiterleben in einem Lande, das keinem Deutschen mehr Bürgerrechte gewährte, auf die Dauer trotz vieler unzerreißbarer persönlicher Bindungen nicht mehr möglich war. So mußten die Deutschen in der Slowakei den gleichen bitteren Weg aus der ihnen gewaltsam entfremdeten Heimat antreten wie die Deutschen in den Sudetenländern.

Die verhältnismäßig spät anlaufende Aussiedlungsaktion in der Slowakei brachte es mit sich, daß viele der Ausgewiesenen in die Sowjetzone Deutschlands kamen, in die gerade zu diesem Zeitpunkt viele Transporte geleitet wurden[1]. Die Karpatendeutschen, die noch nach der großen Aussiedlungsaktion des Jahres 1946 zurückgeblieben waren — ihre Zahl wird mit 24 000 angegeben[2] —, versuchten in den folgenden Jahren zu ihren nach Deutschland ausgesiedelten oder geflohenen Familienangehörigen zu gelangen, was allerdings bei der beschränkten Zahl der Transporte nur wenigen glückte[3]. Die Mehrzahl von ihnen blieb im Lande unter den gleichen Lebensbedingungen wie die zurückgebliebenen Sudetendeutschen[4].

[1] vgl. Bericht Nr. 132, S. 756; vgl. auch oben S. 124 f. Nur 9 Transporte mit insgesamt 10 880 Personen wurden in die amerikanische Besatzungszone Deutschlands geleitet.

[2] vgl. Bericht Nr. 129, S. 735.

[3] vgl. Bericht Nr. 129, S. 735 f.

[4] s. oben S. 131 ff.

Anlagen

Anlage 1

Der Zehn-Punkte-Plan Beneš' von 1944.

Richtlinien für die Ausweisung der deutschen Bevölkerung aus der wiedererrichteten Tschechoslowakei[1].

1. Angenommen wird der durch die Gesetze des deutschen Reiches bestimmte Grundsatz, daß alle Deutschen in der ČSR Reichsbürger sind. — Die tschechoslowakische Regierung behält sich das Recht vor, zu bestimmen, welche Deutschen die tschechoslowakische Staatsbürgerschaft bekommen oder behalten können.

2. Festgelegt wird der Grundsatz, daß bis spätestens in fünf Jahren diejenigen, die die Entscheidung der ČSR erhalten, daß sie das tschechoslowakische Territorium verlassen sollen, dies tun. Es wird bestimmt werden, welche Menge und welche Art von Eigentum sie mitnehmen können. Für alles andere erhalten sie vom tschechoslowakischen Staat eine Bestätigung, und die Tschechoslowakei wird dieses Vermögen zur Bezahlung der Reparationen von seiten Deutschlands für die in der ČSR verursachten Schäden benützen. Deutschland wird daher zum Ersatz an diese ehemaligen tschechoslowakischen Bürger verpflichtet sein und wird dies nach eigener Entscheidung und Gesetzgebung durchführen.

3. Festgelegt wird der Grundsatz, daß es in der Tschechoslowakischen Republik keine Gemeinde geben darf, die nicht wenigstens 67 % Bevölkerung tschechischer, slowakischer oder karpatorussischer (ukrainischer) Nationalität hätte. Die Regierung wird dementsprechend Vorkehrungen treffen, damit innerhalb einer bestimmten Zahl von Jahren dies verwirklicht werde.

4. Der Staat wird der tschechoslowakische Nationalstaat sein. Die Minderheitsbürger werden alle individuellen demokratischen Bürgerrechte haben, sie werden jedoch gesetzlich nicht als ein nationales und politisches Kollektivum gelten. Vom Staate unterhaltene Schulen werden nur tschechoslowakisch (und ukrainisch) sein. Von diesem Grundsatz können nur deutsche Gemeindeschulen[2] ausgenommen werden. Die Sprache der

---

[1] Übersetzt aus: Jaromír Smutný, Němci v Československu a jich odsun z republiky (Die Deutschen in der Tschechoslowakei und ihr Abschub aus der Republik). Doklady a rozpravy, Bd. 26, London 1956, S. 64—68).
Smutný bemerkt einleitend zu diesem Plan:
„Der Umfang und die verschiedenen Modalitäten des Abschubs wurden bei Beratungen des Präsidenten der Republik mit den Mitgliedern der Regierung und auch mit einigen Mitgliedern des Staatsrates allseitig erwogen. Die Ansichten Dr. Beneš' erfaßt eine Niederschrift, die die grundsätzlichen Linien der Minderheitenpolitik nach dem Kriege enthält und als Unterlage für seine Erwägungen und Diskussionen diente."

[2] d. h. Volksschulen.

Staats-, Landes- und Kreisbehörden wird nur tschechoslowakisch (und ukrainisch) sein. Im übrigen wird es überall eine volle demokratische Toleranz und Übereinstimmung geben. Der Staat wird dezentralisiert werden und die lokale Selbstverwaltung eine vollständige sein.

5. Es wird ein detaillierter Plan des Transfers in politischer, wirtschaftlicher, technischer und finanzieller Hinsicht ausgearbeitet werden. Es wird dies ein umfangreicher Fünfjahresplan im Rahmen des ganzstaatlichen politischen, wirtschaftlichen und sozialen Fünfjahresplanes sein, der sich in jeder Hinsicht in den gesamten Rekonstruktionsplan der Republik hineinfügen wird.

   Das Hauptgros des Transfers soll innerhalb von zwei Jahren durchgeführt werden. Der wirtschaftliche Grundsatz des Transfers soll sein, daß das gesamte Inventar von Industrieunternehmen, Gewerbebetrieben und landwirtschaftlichen Besitzen an Ort und Stelle bleibt und daß bis zu deren Übernahme die bisherigen Eigentümer und Verwalter für deren Zustand haften. Wie angeführt, wird das übernommene Eigentum der ausgesiedelten Deutschen und Ungarn als Reparation betrachtet und Deutschland und Ungarn gutgeschrieben.

6. Gleich in den ersten Monaten nach Deutschlands Fall werden (soweit sie nicht zwecks Bestrafung in der Republik festgehalten werden) bestimmte Kategorien von Bürgern deutscher Nationalität, die es wegen ihres Verhaltens und Vorgehens verdienen, aus der Republik ausgewiesen werden:

   a) alle ehemaligen Bürger der ČSR, die Mitglieder der Gestapo, der SS-Formationen, der deutschen Polizei waren, und alle Beamten deutscher Nationalität, die nach München oder nach dem 15. März 1939 ernannt wurden und diejenigen Beamten, die sich offensichtlich auf die Seite des neuen Regimes schlugen.

   b) Henlein-Funktionäre in der ganzen Republik, Ordner, Hitlerjugend, führende Funktionäre aller anderen Organisationen der Partei (Turner usw.).

   c) Diejenigen, die in uniformierten Verbänden an den Fronten und auch im Hinterland während des Krieges Deutschland dienten, falls sie nicht eine revolutionäre antideutsche Tätigkeit nachweisen oder nachweisen, daß sie tschechischer, slowakischer oder karpatorussischer Nationalität sind.

   d) Lehrer, Professoren, Mitglieder nazistischer Studentenorganisationen, Juristen, Ingenieure — Teilnehmer am Vereins- und politischen Leben nazistischer Fachorganisationen.

   e) Alle Deutschen, die aus der Besetzung der Tschechoslowakei wirtschaftlich und finanziell für sich einen Nutzen gezogen haben oder dies versucht haben.

7. In dem wirtschaftlichen und finanziellen Transferplan muß an die Finanzierung des Transfers jenes Teiles der Bevölkerung gedacht werden, der an der gegenstaatlichen Tätigkeit gegen die ČSR nicht teilgenommen hat. Aus diesem Titel Aussiedlern seitens ČSR zuerkannte

Ersatzleistungen (für zurückgelassenes Eigentum u. ä.) werden mit den tschechoslowakischen Forderungen für die durch die Deutschen in der ČSR verursachten Schäden kompensiert.

8. Bei dem Transferplan wird an die Rückkehr unserer Leute aus Wien, Österreich, eventuell aus Jugoslawien gedacht werden.

9. Es wird ein Plan einer systematischen Organisation der Grenzler, im Rahmen des Staats-, Militär-, Polizei-, Zoll- und Finanzdienstes vorbereitet werden.

10. Analog wird in Sachen des Transfers der ungarischen Bevölkerung aus der Slowakei und Karpatorußland — mit den sich aus der Unterschiedlichkeit der Verhältnisse ergebenden Änderungen — vorgegangen werden. Mit Rücksicht auf die erhebliche Zahl der im ungarischen Staatsgebiet ansässigen Slowaken und Karpatorussen wird es hier zum größten Teil um einen Bevölkerungsaustausch gehen.

Anlage 2

Das Kaschauer Programm.

Programm der neuen tschechoslowakischen Regierung der Nationalen Front der Tschechen und Slowaken, angenommen auf der ersten Sitzung der Regierung am 5. April 1945[1].

I.

Nach mehr als sechs Jahren Fremdherrschaft ist die Zeit gekommen, in der über unserem schwer geprüften Vaterland die Sonne der Freiheit aufgeht. Auf ihrem glorreichen Siegeszug gegen Westen hat die Rote Armee die ersten Teile der Tschechoslowakischen Republik befreit. Auf diese Weise war es dank unserem großen Verbündeten, der Sowjetunion, möglich, daß der Präsident der Republik in das befreite Gebiet zurückkehren und daß hier, wieder auf heimatlichem Boden, die neue tschechoslowakische Regierung gebildet werden konnte.

Die neue Regierung ist die Regierung einer breiten Nationalen Front der Tschechen und Slowaken und wird von den Vertretern aller sozialen Schichten und politischen Richtungen gebildet, die in der Heimat und jenseits der Grenzen den nationalen Befreiungskampf zum Sturze der deutschen und madjarischen Tyrannei geführt haben. Die neue Regierung erachtet es für ihre Aufgabe, an der Seite der Sowjetunion und der übrigen Verbündeten diesen Kampf bis zur vollständigen Befreiung der Republik zu Ende zu führen, mit allen Kräften des tschechischen und des slowakischen Volkes zur völligen Niederwerfung Hitler-Deutschlands beizutragen und die ersten Schritte zum Aufbau eines neuen glücklicheren Lebens unserer Völker im befreiten Vaterland zu tun.

Die Regierung erachtet in ihrer jetzigen Zusammensetzung ihre Sendung für zeitlich begrenzt. Nach der Befreiung der übrigen Teile der Republik und vor allem auch der böhmischen Länder wird eine Vorläufige Nationalversammlung im Sinne des Verfassungsdekretes des Präsidenten der Republik auf der Grundlage von Nationalausschüssen gewählt und einberufen werden. Die Vorläufige Nationalversammlung wird den Präsidenten der Republik bis zur ordnungsgemäßen Wahl in seinem Amte bestätigen, und der Präsident wird eine neue Regierung unter Berücksichtigung einer angemessenen Vertretung aller Schichten unseres nationalen Widerstandes in der Heimat und jenseits der Grenzen ernennen. Diese Regierung und die Vorläufige Nationalversammlung werden dann innerhalb des kürzesten möglichen Zeitraums allgemeine, geheime und direkte Wahlen für die Verfassunggebende Versammlung vorbereiten und durchführen, die eine neue Verfassung der Republik ausarbeiten und eine feste verfassungsmäßige Grundlage für die Zukunft schaffen wird.

II.

Noch verläuft freilich die militärische Front auf dem Gebiet unserer Republik, noch wütet der tödlich verwundete, aber sich verzweifelt wehrende

---

[1] Übersetzt aus der vom tschechoslowakischen Informationsministerium herausgegebenen Publikation: Program prvé domácí vlády Národní fronty Čechů a Slovaků. Sbírka Dokumentů. Prag, o. J., S. 9—29.

Feind in der westlichen Slowakei und in den böhmischen Ländern, noch warten Millionen unserer Brüder und Schwestern auf die Befreiung von dem unerträglichen Joch. Unter diesen Umständen wird es die Hauptaufgabe der Regierung sein, der alles übrige untergeordnet werden muß, die militärischen Anstrengungen der Tschechoslowakei in jeder nur möglichen Weise zu steigern bis zur Befreiung des ganzen Landes und bis zur vollständigen Niederlage Hitler-Deutschlands.

Deshalb wird die Regierung mit allen ihr zugänglichen Mitteln die vorrückende Rote Armee unterstützen — sie wird die rasche Wiederherstellung der zerstörten Eisenbahnen, Straßen, Brücken, sowie auch der Telegrafen- und Telefonverbindungen durchführen und die militärischen Transporte unterstützen, für eine geeignete Unterbringung der sowjetischen Truppen und ihrer Etappen-Einrichtungen Sorge tragen, sich um die verwundeten Rotarmisten kümmern und zur Versorgung eines Teiles der Roten Armee mit Lebensmitteln, Futtermitteln und anderen Bedarfsartikeln beitragen. Die Erfüllung dieser Aufgaben wird die Regierung nachdrücklich auch von den Nationalausschüssen und den übrigen Organen fordern. Den Erfordernissen der Weiterführung des Krieges werden auch alle politischen, wirtschaftlichen, sozialen und kulturellen Maßnahmen untergeordnet, die in dem befreiten Gebiet durchgeführt werden.

In dem befreiten Gebiet wird die Regierung die Mobilisierung der waffenfähigen Bürger der Tschechoslowakei fortsetzen, um den Kern des ersten tschechoslowakischen Korps eine neue tschechoslowakische Armee aufbauen, für eine beschleunigte Ausbildung, Ausrüstung und Bewaffnung der neuen tschechoslowakischen Einheiten und ihren baldigen Einsatz an der Front sorgen. Die Regierung wird auch für die Überführung der tschechoslowakischen Land- und Luftstreitkräfte aus dem Westen in das befreite Gebiet sorgen.

Im Hinterland des Feindes wird die Regierung den allnationalen Kampf der breitesten Massen der Nation gegen die Okkupanten organisieren, sie wird darauf hinwirken, daß das tschechische Volk opferfreudig seinen bisherigen heldenhaften Kampf steigert, daß es nach dem Vorbild der Slowaken und der Partisanengruppen in den böhmischen Ländern das Banner des nationalen Partisanenkrieges im Rücken des Feindes hoch aufrichtet, daß es mit allen Mitteln die deutsche Kriegsproduktion, den Verkehr und die Versorgung lahmlegt und auf diese Weise zur Verkürzung der fremden Okkupation und zur vollständigen und baldigen Vertreibung der Okkupanten beiträgt.

III.

In Würdigung der außerordentlichen Verdienste der Roten Armee um unsere Befreiung sowie ihrer entscheidenen Rolle bei der Sicherung unserer Zukunft und um der unerreichbaren Kriegskunst, der beispiellosen Selbstaufopferung und dem grenzenlosen Heldentum ihrer Angehörigen zu huldigen, hat die Regierung den Wunsch, die kriegerische Zusammenarbeit der tschechoslowakischen Armee mit der Roten Armee noch weiter zu befestigen und erblickt in ihr ein Vorbild für den Aufbau einer neuen, wahrhaft demokratischen, antifaschistischen tschechoslowakischen Armee.

Um eine möglichst enge Zusammenarbeit mit der Roten Armee zu ermöglichen, die im Interesse des Sieges und unserer Zukunft notwendig ist, werden die Organisation, die Ausrüstung und die Ausbildung der neuen tschechoslowakischen Wehrmacht die gleichen sein wie die Organisation, die Ausrüstung und die Ausbildung der Roten Armee. Dadurch wird ein wirksamer Beistand der Roten Armee ermöglicht und eine vollkommene Verwertung ihrer militärischen Erfahrungen erreicht werden.

Die Regierung ist sich bei ihrem Bestreben, so schnell wie möglich auf dem befreiten Gebiete alle Kräfte des Volkes für einen organisierten bewaffneten Kampf gegen unsere Feinde zu mobilisieren, bewußt, daß die große Sendung im gegenwärtigen Ringen um die Freiheit und für die künftige Sicherung der Republik allein eine antifaschistische, nationale Befreiungsarmee konsequent erfüllen kann, eine wahrhaft demokratische Armee, die den Volkswillen ausführt, mit dem Volke verbunden ist, sich des Vertrauens des Volkes erfreut und deshalb in all seine Liebe und Fürsorge eingebettet wird. Die Regierung wird deshalb alles tun, damit beim Aufbau der neuen tschechoslowakischen Wehrmacht der volksdemokratische Charakter der Armee zugrundegelegt, bestätigt und weiter vertieft wird.

Die neue tschechoslowakische Armee ist im Kampf gegen den Hitlerismus entstanden, und ihren Stamm bilden und werden bilden die aktiv mit der Waffe in der Hand kämpfenden Einheiten der Wehrmacht unserer Nationen in der Heimat und jenseits der Grenzen (das erste tschechoslowakische Korps in der UdSSR, unsere Flieger, die tschechoslowakische Panzerbrigade in Frankreich, die slowakischen und tschechischen Partisanen, die Aufstandsarmee in der Slowakei). Auf dieser Grundlage, insbesondere um den Kern des ersten tschechoslowakischen Korps in der UdSSR, wird die neue tschechoslowakische Wehrmacht gebildet.

Die neue tschechoslowakische Armee wird für den augenblicklichen Kampf an der Front errichtet, und zwar sofort im Verlaufe des Kampfes, der noch andauert, und ihre neu ausgebildeten und neuausgerüsteten Einheiten werden so rasch wie möglich in den Kampf an der Seite der Roten Armee eingesetzt werden.

Damit die neue tschechoslowakische Armee ein mächtiges und scharfes Werkzeug des antifaschistischen Kampfes sein kann, muß sie auf Grund einer eisernen, aber demokratischen militärischen Disziplin errichtet werden, auf Grund einer Disziplin höheren Grades, einer bewußten Disziplin, die aus einem klaren Wissen um die nationalen Pflichten und einem vollen Verständnis der gegebenen Aufgaben entspringt.

Damit unsere Armee in einem staatsbewußten, demokratischen und antifaschistischen Geiste erzogen werden kann, hat die Regierung den Wunsch, mit der sogenannten „unpolitischen“ Armee ein für allemal ein Ende zu machen in dem Bewußtsein, daß sich unter diesem Begriff des „Unpolitischen“ eine Geringschätzung der moralischen Faktoren des Kampfes verbirgt und daß hinter ihrem Schleier reaktionäre und antidemokratische Bestrebungen sowie Kapitulationstendenzen wuchern. Es ist ganz im Gegenteil notwendig, daß jeder tschechoslowakische Soldat in Zukunft ein bewußter Kämpfer für die Freiheit der Nation und ein bewußter Verteidiger ihrer Freiheit ist.

Damit bei allen Angehörigen der Wehrmacht eine hohe Kampfmoral und der antifaschistische demokratische Geist gepflegt und auch unter den schwersten Kampfbedingungen und -erprobungen aufrechterhalten werden, wird in allen militärischen Einheiten, Formationen und Instituten die Einrichtung der „Bildungsoffiziere“ geschaffen, welche die Vertreter der zuständigen Befehlshaber im Bereich der Erziehung und Bildung sein und bei den höheren Kommandostellen die Abteilung für Erziehung und Bildung leiten werden. Leitendes Erziehungsorgan wird im Rahmen des Ministeriums für Volksbildung die „Hauptverwaltung für Erziehung und Bildung“ sein, deren Leiter dem Minister für Volksbildung und seinem Stellvertreter unmittelbar unterstellt und auf Vorschlag des Ministers für die nationale Verteidigung oder dessen Vertreters von der Regierung ernannt wird. Den Bildungsoffizieren werden die Voraussetzungen für eine erfolgreiche Erfüllung ihrer Aufgaben im Kampfe und außerhalb des Kampfes zugesichert. Besondere Aufmerksamkeit ist der Ausbildung und dem Bewußtsein der Befehlskader, vor allem auch der Bildungsoffiziere, zuzuwenden.

Die Regierung hebt nachdrücklich hervor, daß die Befehlshaberstellen in der neuen tschechoslowakischen Armee nur Offiziere von aufrichtiger demokratischer, wahrhaft antifaschistischer Gesinnung einnehmen können. Die tschechoslowakische Armee kann stolz sein auf Hunderte und Tausende ihrer Offiziere, welche, treu ihrem Eid für die Republik, standhaft und furchtlos den Kampf gegen die deutschen Tyrannen in der Heimat und jenseits der Grenzen geführt haben und führen, für ihr Vaterland auf den Richtstätten und auf den Schlachtfeldern gestorben sind und ihre patriotische demokratische Gesinnung glänzend bekundet haben. Gleichzeitig aber ist es notwendig, so schnell wie möglich Vorkehrungen für die rascheste Säuberung der Armee von allen verräterischen, kollaborantischen, antidemokratischen und volksfeindlichen Elementen zu treffen und dafür Sorge zu tragen, daß solche Elemente nicht auf Befehlshaberstellen vordringen können. Die Überprüfung der politischen und nationalen Zuverlässigkeit des Offizierskorps wird während der Übergangszeit von den zuständigen militärischen Instanzen durchgeführt in Zusammenwirkung mit den Volksorganen, d. h. mit den Nationalausschüssen und dem Slowakischen Nationalrat wie auch mit den von der Regierung unmittelbar zu diesem Zweck ernannten Organen.

Die Regierung widmet der Schulung eines demokratischen, antifaschistischen Offizierskorps außerordentliche Aufmerksamkeit. Sie wird dafür sorgen, daß sich die Offiziere so weit wie möglich die Kampferfahrungen der Roten Armee und unserer Kampfeinheiten aneignen, sie wird für die Übergangszeit Professoren und Instruktoren von der Roten Armee für das eigene militärische Schulwesen erbitten. Sie wird sich bemühen, eine möglichst große Zahl der geeignetsten Offiziere in die sowjetischen Militärschulen bis zu den höchsten militärischen Lehrstätten und Akademien zu schicken.

Die Rangordnung der Offizierschargen wird vereinfacht, die materiellen Verhältnisse der Offiziere werden verbessert werden. Bei der Festsetzung der Bezüge wird nicht nur auf die Erreichung der Charge gesehen werden, sondern auch auf die tatsächlich ausgeübte Funktion. Besonders qualifizierten Angehörigen der Wehrmacht (Ärzten, Apothekern, Ingenieuren usw.) werden die entsprechenden Offiziersränge zuerkannt. Die Ernennung und

Beförderung der Offiziere wird nicht nur von formellen Regeln abhängen, vielmehr wird eine außerordentliche, schnellere Beförderung (bzw. Ernennung) der Geeignetsten, vor allem derjenigen, die sich im Kampf an der Front ausgezeichnet haben, gefördert werden.

Die Regierung wird dafür sorgen, daß in der neuen tschechoslowakischen Armee die staatsrechtliche Stellung der Tschechen und der Slowaken nach dem Grundsatz „Gleiche unter Gleichen" voll berücksichtigt wird und daß die Slowaken in allen zentralen Institutionen eine angemessene Vertretung erhalten. In der einheitlichen tschechoslowakischen Armee wird die völlige Gleichberechtigung und Gleichwertigkeit der slowakischen und der tschechischen Sprache als Kommando- und Dienstsprachen eingeführt. Im Rahmen der einheitlichen tschechoslowakischen Wehrmacht und unter Wahrung der vollkommenen Einheit der Befehlsgebung und der Heeresorganisationen werden slowakische nationale militärische Einheiten gebildet, wie dies in dem besonderen Abschnitt über den Standpunkt der Regierung zur slowakischen Frage eingehender dargelegt wird. In der Armee werden die kämpferischen Traditionen unserer Nationen, insbesondere die kämpferischen Traditionen unserer militärischen Kampfeinheiten und Partisanen bewahrt und gepflegt werden.

Die Tätigkeit in Partisanenabteilungen wird nach Erprobung in vollem Umfang als Dienst in der neuen tschechoslowakischen Armee anerkannt. Die Offiziersränge in den Partisanenabteilungen werden in der neuen tschechoslowakischen Armee nach einer Überprüfung, gegebenenfalls nach Abschluß eines kurzen Kurses, anerkannt.

Die Regierung wird neue tschechoslowakische Kampfauszeichnungen, Orden und Medaillen einführen, die dem Geiste und den Kampftraditionen unserer Nationen entsprechen.

Die Regierung ist entschlossen, bei der Regelung militärischer Fragen alles zu tun, was eine möglichst schnelle und wirksame Mobilisierung der Wehrkraft des Volkes, ihren Einsatz im Frontkampf und eine erfolgreiche Führung des Kampfes bis zum Endsieg fördern wird.

IV.

Als Ausdruck der nie endenden Dankbarkeit der tschechischen und der slowakischen Nation der Sowjetunion gegenüber wird die Regierung die engste Bundesgenossenschaft mit der siegreichen slawischen Großmacht im Osten zur unabdingbaren Leitlinie der auswärtigen Politik machen. Der tschechoslowakisch-sowjetische Vertrag vom 12. Dezember 1943 über die gegenseitige Hilfeleistung, Freundschaft und Nachkriegs-Zusammenarbeit wird für alle Zukunft die außenpolitische Position unseres Staates bestimmen. Mit Hilfe der Sowjetunion wird die Befreiung der Tschechoslowakischen Republik vollendet werden, damit auf diese Weise mit ihrer Unterstützung für immer deren Freiheit und Sicherheit gewährleistet und den Nationen der Tschechoslowakei unter allseitigem Zusammenwirken mit der Sowjetunion eine ruhige Entwicklung und glückliche Zukunft gesichert werde.

Die Regierung wird von Anfang an die praktische Zusammenarbeit mit der Sowjetunion durchführen, und zwar in jeder Richtung — militärisch, politisch, wirtschaftlich, kulturell —, wobei sie den Wunsch hat, mit der benachbarten ukrainischen sowjetischen Unionsrepublik einen gegenseitigen Vertreteraustausch und wechselseitige Beziehungen zu verwirklichen. Es wird das Bestreben der Regierung sein, bei der endgültigen Zermalmung Hitler-Deutschlands, bei der Vollstreckung der Strafe an Deutschland, bei der Auferlegung der deutschen Reparationen, bei der Festsetzung der neuen Grenzen und bei der Organisation des künftigen Friedens so eng wie möglich an der Seite der Sowjetunion und im Verein mit den übrigen slawischen und demokratischen Staaten zu stehen.

Die Regierung wird ihre wichtige Aufgabe darin sehen, einen festen Bündnisverband mit dem neuen demokratischen Polen zu verwirklichen, damit möglichst bald auch die vorausgesetzte Ausweitung des tschechoslowakisch-sowjetischen Vertrages vom 12. Dezember 1943 in einem dreiseitigen Pakt durchgeführt werden kann, der die Bundesgenossenschaft der Tschechoslowakei, Polens und der Sowjetunion gegen die deutsche Eroberungssucht erhärten würde. Soweit es sich um Polen handelt, wird die Regierung bestrebt sein, die unglückselige Vergangenheit in Vergessenheit geraten zu lassen und das Verhältnis der Tschechoslowakei zu dem neuen Polen von Anfang an auf eine neue Grundlage zu stellen, auf die Grundlage der slawischen Brüderschaft.

Der slawischen Linie ihrer auswärtigen Politik wird die Regierung auch darin folgen, daß sie die freundschaftlichste Verbindung mit dem neuen Jugoslawien anknüpfen und eine Form neuer Beziehungen auch zu dem slawischen Bulgarien finden wird.

Im Verhältnis zu Ungarn macht sich die Regierung völlig den Status des Waffenstillstandes zu eigen, der vor allem dank der Hilfe der Sowjetunion so wesentlich zugunsten der Tschechoslowakei ausgefallen ist, um später, nach Wiedergutmachung allen Unrechts und aller Verbrechen, welche von den madjarischen Okkupanten begangen wurden, die Bestrebungen um eine Annäherung eines neuen und wirklich demokratischen Ungarns ebenso wie eines unabhängigen und demokratischen Österreichs an die benachbarten slawischen Völker und Staaten zu fördern.

Diese hauptsächliche Ausrichtung der tschechoslowakischen auswärtigen Politik, die getragen ist von dem Geiste slawischer Freundschaft, stellt die Regierung auf die breitere Grundlage allgemeiner freundschaftlicher Beziehungen zu den demokratischen westlichen Mächten, die in der antinazistischen Front der Vereinten Nationen stehen. Die freundschaftlichen Beziehungen zu England, dessen Hilfe während des Krieges wir hoch einschätzen, wie auch zu den USA wird die Regierung in ähnlicher Weise stärken wie die besonders enge Freundschaft mit Frankreich, wobei es ihr Bestreben sein wird, daß die Tschechoslowakei einen aktiven Beitrag bei der Errichtung einer neuen Ordnung im befreiten, demokratischen Europa leistet.

V.

In ihrer heimischen Politik wird die Regierung von dem grundlegenden Artikel der tschechoslowakischen Verfassung ausgehen, nach dem das Volk die einzige Quelle der Staatsgewalt ist. Deshalb wird die Regierung das gesamte öffentliche Leben auf einer breiten demokratischen Grundlage aufbauen; sie sichert dem Volke alle politischen Rechte zu und wird einen unerbittlichen Kampf um die Ausrottung aller faschistischen Elemente führen.

Zum Unterschied von dem früheren bürokratischen, volksfremden Verwaltungsapparat werden in den Gemeinden, Bezirken und Ländern als neue Organe der staatlichen und öffentlichen Verwaltung vom Volke gewählte Nationalausschüsse geschaffen. Diese vom Volke gewählten, unter der ständigen Kontrolle des Volkes stehenden und bis auf weiteres vom Volke abberufbaren Nationalausschüsse werden im Bereich ihrer Zuständigkeit alle öffentlichen Angelegenheiten verwalten, neben den Zentralorganen für die öffentliche Sicherheit sorgen und sich einen ihnen untergeordneten demokratischen Beamtenapparat aufbauen. Die Regierung wird ihre Politik über die Nationalausschüsse verwirklichen und sich vollständig auf sie stützen. Alle Organe und Institutionen der Verwaltung und Gewaltausübung, die von den früheren Regimen der Okkupanten und Verräter eingerichtet wurden, werden aufgelöst. Für die vorläufige Verwaltung der Gemeinden und Bezirke mit einer in der Mehrheit staatlich unzuverlässigen, nicht slawischen Bevölkerung werden die Verwaltungsfunktionen angeordnet.

Das befreite Volk wird in die Nationalausschüsse seine besten Vertreter entsenden, ohne Rücksicht darauf, ob sie irgendeiner politischen Partei angehören oder nicht, die sich aber im Kampf gegen die fremden Eindringlinge und Verräter bewährt und durch ihre Taten ihr wirklich vaterländisches Fühlen und ihre demokratische Überzeugung bewiesen haben und beweisen. Zugleich aber werden Volk und Regierung sorgfältig darüber wachen, daß in die Nationalausschüsse keine Elemente eindringen, welche mit den Okkupanten zusammengearbeitet, die Verräter unterstützt und in Diensten des Feindes sich schändliche persönliche Vorteile verschafft haben.

Die Regierung wird die schöpferische Initiative und die öffentliche Tätigkeit der breitesten Volksschichten voll und ganz unterstützen. Neben der unmittelbaren Beteiligung an der Verwaltung und Leitung der staatlichen und öffentlichen Angelegenheiten im Wege der Nationalausschüsse wird das Volk das Recht haben, freiwillige Organisationen verschiedener Art — politische, gewerkschaftliche, kulturelle, sportliche und andere — zu bilden und durch sie seine demokratischen Rechte zu verwirklichen. Dabei wird aber nicht zugelassen werden, daß in diese Organisationen Volksverräter, Faschisten und andere offene oder getarnte Feinde des Volkes eindringen.

Die konsequente Gleichberechtigung der Frauen in allen Bereichen des politischen, wirtschaftlichen und kulturellen Lebens wird durchgeführt werden. Das allgemeine Wahlrecht der Männer und Frauen vom 18. Lebensjahr an wird eingeführt und auch auf die Angehörigen der Wehrmacht ausgedehnt werden. Alle Volksverräter und Helfershelfer des Feindes werden jedoch im Sinne des Dekretes des Präsidenten der Republik über die Bestrafung der Kriegsverbrecher, der Verräter und Kollaboranten und über die Errichtung von Volksgerichten des aktiven und passiven Wahlrechtes entkleidet. Gewährleistet werden voll und ganz die verfassungsmäßigen Freiheitsrechte, insbesondere die persönliche Freiheit, die Versammlungsfreiheit, die Koalitionsfreiheit, die freie Meinungsäußerung durch Wort, Druck und Schrift, die Freiheit des Hauses, das Briefgeheimnis, die Lehr- und Gewissensfreiheit sowie die Freiheit des religiösen Bekenntnisses. Eine Diskriminierung der Bürger der Republik aus rassischen Gründen wird nicht zugelassen werden.

VI.

Die Regierung hält sich, als erste Heimatregierung der Republik, für die Verkörperung der auf neuen Grundsätzen errichteten tschecho-slowakischen staatlichen Gemeinschaft. Indem sie allen alten Streitigkeiten ein Ende bereitet und von der Anerkennung der Slowaken als einem national eigenständigen Volk ausgeht, wird sich die Regierung von ihren ersten Schritten an folgerichtig darum bemühen, daß im tschecho-slowakischen Verhältnis der Grundsatz „Gleiche unter Gleichen" verwirklicht und auf diese Weise die Bruderschaft zwischen den beiden Nationen tatsächlich zur Geltung gebracht werde.

In Anerkennung dessen, daß die Slowaken Herren in ihrem slowakischen Lande sein sollen, ebenso wie die Tschechen in ihrer tschechischen nationalen Heimat, und daß die Republik als gemeinschaftlicher Staat der gleichberechtigten Nationen, der tschechischen und der slowakischen, erneuert wird, gibt die Regierung dieser Anerkennung in wichtigen staatspolitischen Akten Ausdruck. Sie wird den Slowakischen Nationalrat, der sich auf die Nationalität in den Gemeindebezirken stützt, nicht nur als den autorisierten Repräsentanten der selbständigen slowakischen Nation, sondern auch als den Träger der Staatsgewalt auf dem Gebiete der Slowakei (der gesetzgebenden, der Regierungs- und der vollziehenden Gewalt) betrachten, wie dies dem Sonderübereinkommen des Slowakischen Nationalrats mit dem Präsidenten der Republik und der tschechoslowakischen Regierung in London entspricht. Die gemeinsamen Staatsaufgaben wird die Regierung als Zentralregierung der Republik in engstem Zusammenwirken mit dem Slowakischen Nationalrat und dem Kollegium der slowakischen nationalen Beauftragten, als dem vollziehenden Regierungsorgan des Slowakischen Nationalrates, durchführen.

Im Rahmen der neu errichteten einheitlichen tschechoslowakischen Wehrmacht und auf der Gundlage einheitlicher Dienststellen werden nationale slowakische militärische Formationen (Regimenter, Divisionen usw.) gebildet, die überwiegend aus Mannschaften, Unteroffiziers- und Offizierskorps slowakischer Nationalität bestehen und sich der slowakischen Kommando- und Dienstsprache bedienen werden. Offiziere und Unteroffiziere der ehemaligen slowakischen Armee werden in ihrem bisherigen Rang in die tschechoslowakische Armee übernommen, soweit sie sich nicht gegen die nationale Ehre eines Slowaken vergangen haben und keiner strafrechtlichen Verfolgung wegen ihrer Tätigkeit während des früheren Verräterregimes ausgesetzt sein werden, wobei das Gutachten und die Empfehlung des Slowakischen Nationalrates maßgebend sein wird.

Die neue Regierung der Republik wird dafür Sorge tragen, daß bei der Regelung der Verfassungsverhältnisse der slowakischen und der tschechischen Nation slowakische Organe mit gesetzgebender, regierender und vollziehender Gewalt konstituiert werden, wie sie sie heute die slowakische Nation im Slowakischen Nationalrat besitzt.

Über die künftige Aufteilung der Zuständigkeiten zwischen den Organen der Zentralregierung und der slowakischen Regierung werden die legitimen Vertreter der tschechischen und der slowakischen Nation eine Vereinbarung treffen. In den zentralen staatlichen Behörden, Institutionen und Wirtschaftsorganen von gesamtstaatlicher Bedeutung wird den Slowaken bei dieser Regelung eine der Zahl und Bedeutung entsprechende Vertretung garantiert.

VII.

Die Regierung wird dafür sorgen, daß die Frage der Karpato-Ukraine, welche von deren Bevölkerung selbst aufgeworfen wurde, so bald wie möglich geregelt wird. Die Regierung hat den Wunsch, daß diese Frage nach dem in demokratischer Form geäußerten Willen des karpatho-ukrainischen Volkes und in völliger Freundschaft zwischen der Tschechoslowakei und der Sowjetunion geregelt werde und ist überzeugt, daß dies auch tatsächlich der Fall sein wird. Die Regierung wird in diesem Sinne alle notwendigen Vorbereitungen treffen.

VIII.

Die furchtbaren Erfahrungen, welche die Tschechen und Slowaken mit der deutschen und madjarischen Minderheit gemacht haben, die zu einem großen Teil das gefügige Werkzeug einer gegen die Republik gerichteten auswärtigen Eroberungspolitik bildeten, und von denen sich vor allem die tschechoslowakischen Deutschen direkt zu einem Ausrottungsfeldzug gegen das tschechische und das slowakische Volk hergaben, zwingen die wiederhergestellte Tschechoslowakei zu einem tiefgreifenden und dauerhaften Eingriff. Die Republik hat nicht den Wunsch, ihre loyalen deutschen und madjarischen Bürger zu verfolgen, und sie wird sie auch nicht verfolgen, und vor allem nicht diejenigen, welche ihr auch in den schwersten Zeiten die Treue gehalten haben; gegen die Schuldigen aber wird streng und unerbittlich vorgegangen werden, wie dies das Gewissen unserer Völker, das heilige Andenken an unsere zahllosen Märtyrer und die Ruhe und Sicherheit künftiger Geschlechter fordern. Die Regierung wird sich deshalb an folgende Regeln halten:

Den Bürgern der Tschechoslowakischen Republik deutscher und madjarischer Nationalität, welche vor München 1938 die tschechoslowakische Staatsbürgerschaft besaßen, wird die Staatsbürgerschaft bestätigt und die eventuelle Rückkehr in die Republik zugesichert, soweit sie Antinazisten und Antifaschisten waren und soweit sie bereits vor München einen aktiven Kampf gegen Henlein und gegen die madjarischen irredentistischen Parteien und für die Tschechoslowakische Republik geführt haben, soweit sie nach München und nach dem 15. März wegen ihres Widerstandes und ihres Kampfes gegen das damalige Regime und für die Treue zur Tschechoslowakischen Republik von der deutschen und der madjarischen Staatsgewalt verfolgt und in Kerker und Konzentrationslager geworfen wurden oder vor dem deutschen oder dem madjarischen Terror über die Grenzen fliehen mußten und sich dort am aktiven Kampf für die Wiederherstellung der Tschechoslowakei beteiligt haben.

Die tschechoslowakische Staatsbürgerschaft der übrigen tschechoslowakischen Bürger deutscher und madjarischer Nationalität wird aufgehoben. Diese Bürger können von neuem für die Tschechoslowakei optieren, wobei sich die Behörden der Republik das Recht der individuellen Entscheidung über jedes Gesuch vorbehalten. Diejenigen Deutschen und Madjaren, welche wegen eines Verbrechens gegen die Republik und gegen das tschechische und das slowakische Volk vor Gericht gestellt und verurteilt werden, werden der tschechoslowakischen (Staats-) Bürgerschaft für verlustig erklärt und aus der Republik für immer ausgewiesen, soweit über sie nicht die Todesstrafe verhängt wird.

Die Deutschen und Madjaren, welche in das Gebiet der Tschechoslowakei nach München, also seit 1938, eingewandert sind, werden sofort aus der Republik ausgewiesen, soweit sie nicht einem Strafverfahren unterliegen. Eine Ausnahme bilden Personen, welche zugunsten der Tschechoslowakei gearbeitet haben.

IX.

Die Regierung wird es als ihre höchste verantwortungsvolle Aufgabe und als ihre moralische Verpflichtung vor dem tschechischen und dem slowakischen Volke erachten, alle Kriegsverbrecher, alle Verräter, alle bewußten und aktiven Helfer der deutschen oder der madjarischen Unterdrücker zu ergreifen und dem Gericht und der Bestrafung zu übergeben. Diese Aufgabe wird die Regierung ohne jeden Aufschub, ohne Schwanken und ohne Nachsicht gegen irgend jemanden durchführen.

Soweit es sich um die deutschen und madjarischen Kriegsverbrecher handelt, wird die Regierung für ihre sofortige Unschädlichmachung, Einkerkerung und Überstellung an die außerordentlichen Volksgerichte sorgen. Dabei werden bei diesen deutschen und madjarischen Verbrechern nicht nur die an den Völkern der Tschechoslowakei und auf tschechoslowakischem Gebiete begangenen Verbrechen untersucht und bestraft werden, sondern auch ihre an anderen Völkern, vor allem an der Sowjetunion begangenen Verbrechen. Sichergestellte deutsche und madjarische Verbrecher dieser Art werden den sowjetischen Organen übergeben. Es werden Lager zur Konfinierung der deutschen und madjarischen Angehörigen eingerichtet, welche irgendeine Verbindung mit den nazistischen und faschistischen Organisationen, mit deren Apparat und deren bewaffneten und terroristischen Formationen hatten.

Besondere Vorkehrungen wird die Regierung zu dem Zwecke treffen, um die Aburteilung und Bestrafung der Verräter, der Kollaboranten und der faschistischen Elemente aus den Reihen des tschechischen und des slowakischen Volkes zu gewährleisten. In Verbindung mit den Nationalausschüssen werden überall außerordentliche Volksgerichte eingerichtet, deren Zuständigkeit durch den örtlichen Bereich und die Natur des Vergehens bestimmt wird. Für besondere Fälle, die bekannte und besonders verantwortliche Verbrecher betreffen, wird ein Nationalgericht in den böhmischen

Ländern und in der Slowakei eingerichtet. Der Strafverfolgung der Verräter und Kollaboranten werden allgemein die Bestimmungen des Dekretes des Präsidenten der Republik über die Bestrafung der Kriegsverbrecher zugrunde gelegt werden.

Als Hochverräter der Republik wird die Regierung den Protektoratspräsidenten Hácha und alle Mitglieder der Regierung Beran, welche der Unterschrift Háchas unter den sogenannten Berliner Vertrag vom 15. März 1939 ihre Zustimmung gaben und Hitler bei seiner Ankunft in Prag am 16. März 1939 begrüßten, vor das Nationalgericht stellen. Die Regierung wird dafür sorgen, daß alle Mitglieder der Protektoratsregierungen seit dem 16. März 1939, ebenso wie Tiso und die Mitglieder der sogenannten slowakischen Regierungen seit dem 14. März 1939, wie auch des sogenannten slowakischen Landtags vor Gericht gestellt werden. Weiterhin auch die politischen und behördlichen Helfer Háchas, sowie auch die verantwortlichen leitenden Beamten der Protektoratsverwaltung. Abgerechnet wird mit den verräterischen Journalisten, die sich verkauft und den Deutschen gedient haben. Verfolgt werden die Funktionäre des „Kuratoriums für die Erziehung der tschechischen Jugend“[1], die Mitglieder der „Vlajka“, die Ausschußmitglieder und Funktionäre der „Nationalen Gewerkschaftszentrale der Angestellten“, des „Verbandes der Land- und Forstwirtschaft“ und ähnlicher Organisationen, welche den Deutschen dienten, und weiterhin die Funktionäre, welche tschechische und slowakische Menschen der Gestapo in die Hände geliefert, sich aktiv an der Verschleppung von Slowaken und Tschechen zur Zwangsarbeit nach Deutschland beteiligt oder aktiv die Evakuierung der tschechoslowakischen Bevölkerung unterstützt haben und ähnliches. In der Slowakei werden vor Gericht gestellt die aktiven Helfer des Tiso- und Verräterregimes, die Schergen der Hlinkagarde und der slowakischen Gestapo, die Werkzeuge der nazistischen Propaganda Gašpars und insbesondere auch diejenigen, welche aktiv und meuchlings gegen den slowakischen nationalen Aufstand aufgetreten sind und in irgendeiner Weise an den Gewalttaten und Bestialitäten der Deutschen gegen das slowakische Volk teilgenommen haben.

Die Regierung wird mit aller Entschlossenheit die Verräter aus den Reihen der Bank-, Industrie- und Landwirtschaftsmagnaten vor Gericht ziehen, die während der deutschen Vorherrschaft in den Bank-, Industrie-, Handels-, Landwirtschaftsunternehmungen und in Wirtschaftsorganisationen aller Art der deutschen Plünderung und der deutschen Kriegführung Hilfe geleistet haben.

Und wenn auch die bloße Beschäftigung im staatlichen und öffentlichen Apparat der ehemaligen Okkupations- und Verräterregime für sich allein nicht als strafbar angesehen wird, so wird doch unter demokratischer Kontrolle eine individuelle Überprüfung der Tätigkeit eines jeden einzelnen durchgeführt werden, und die Regierung wird alle Vorkehrungen treffen, um den neuen Staatsapparat völlig von allen Elementen zu reinigen, welche sich gegen die Republik und gegen die Nation vergangen haben, von den

[1] Gemeint ist offenbar das „Kuratorium für Jugenderziehung in Böhmen und Mähren“.

faschistischen und faschistenfreundlichen Elementen, von den Elementen, welche während der kritischen Ereignisse der Jahre 1938 und 1939 und in der Zeit der deutschen und madjarischen Okkupation Nation und Staat gegenüber einen Treubruch begangen und ihre Unzuverlässigkeit und Feigheit bewiesen haben. In der gleichen Weise werden alle tschechoslowakischen Bürger ermittelt und verfolgt, welche im Ausland der Republik untreu geworden sind und durch ihre umstürzlerische Tätigkeit dem Feind geholfen haben, sowie diejenigen, welche die Erfüllung ihrer bürgerlichen Pflichten verweigert haben, es sei denn, daß sie unter dem Druck des nazistischen Terrors standen.

Entschlossen, den Faschismus in allen Konsequenzen politisch und moralisch auszurotten, verkündet die Regierung das Verbot aller faschistischen Parteien und Organisationen und wird in keinerlei Form eine Wiederherstellung dieser politischen Parteien zulassen, die sich so schwer an den Interessen der Nation und der Republik vergangen haben (der Agrarpartei, ihres Ablegers, der sogenannten Gewerbepartei, der Nationalen Vereinigung, wie auch derjenigen Parteien, die sich im Jahre 1938 mit der [slowakischen] Volkspartei vereinigt haben). Aus diesen Maßnahmen folgt für ein ehemaliges Mitglied der genannten Parteien, das der Republik treu geblieben ist, keine Beeinträchtigung der moralischen oder politischen Ehre. Den politisch verantwortlichen Funktionären der genannten Parteien, welche sich kompromittiert und schwer an den Interessen der Nation und der Republik vergangen haben, wird die politische Tätigkeit und die Beteiligung an den Organisationen der demokratischen Parteien verboten werden.

X.

Zur Tilgung der von den Okkupanten und ihren verräterischen Helfern am tschechischen und slowakischen nationalen und privaten Vermögen begangenen Verbrechen, zur Ausrottung des fremden und faschistischen Einflusses auf die tschechische und slowakische Wirtschaft und zur Sicherung der Früchte der nationalen Arbeit für die Bedürfnisse der tschechischen und slowakischen Nation werden eine Reihe von Vorkehrungen getroffen werden.

Im Sinne des Dekretes des Präsidenten der Republik über die Sicherstellung des ungestörten Fortgangs des Wirtschaftslebens in der Übergangszeit wird Vermögen aller Art sichergestellt und unter nationale Verwaltung gegeben, soweit es sich im Besitz, im Eigentum oder unter der Verwaltung von Bürgern feindlicher Staaten befindet, insbesondere Deutschlands und Ungarns; von deutschen und madjarischen Bürgern der Tschechoslowakischen Republik, die aktiv der Zerschlagung und Besetzung der Tschechoslowakei Vorschub geleistet haben; von sonstigen Bürgern der Tschechoslowakischen Republik, welche die Nation verraten und aktiv die deutschen und ungarischen Okkupanten unterstützt haben; von Aktien- und anderen Gesellschaften, in deren Verwaltung sich Personen befunden haben, die zu den drei oben angeführten Kategorien gehören.

Sichergestelltes Vermögen, das früher Arbeitern, Beamten, Gewerbetreibenden, Bauern und Angehörigen freier Berufe gehört hat und ihnen im Zuge der nationalen, politischen und rassischen Verfolgung entzogen wurde, wird den früheren Eigentümern bzw. ihren rechtmäßigen Erben sofort zurückgegeben werden. Darüber entscheiden auf Grund eines individuellen Gesuches die zuständigen Nationalausschüsse.

Das übrige sichergestellte Vermögen bleibt bis zur Entscheidung der zuständigen Gesetzgebungsorgane unter nationaler Verwaltung.

Bei den Gemeinschaftsunternehmungen und -organisationen aller Art (den landwirtschaftlichen, Konsum-, Kreditgenossenschaften usw.) wird sofort eine vorläufige nationale Verwaltung eingesetzt, sofern die Mitglieder der betreffenden Genossenschaft selbst nicht die Möglichkeit haben, auf demokratische Weise eine neue Verwaltung zu wählen. Die vorläufige nationale Verwaltung bestellt der zuständige Nationalausschuß (in der Slowakei in wichtigen Fällen der Slowakische Nationalrat) unter aktiver Beteiligung der Mitglieder der Genossenschaft.

XI.

Um dem Rufe der tschechischen und slowakischen Bauern und Landlosen nach einer konsequenten Verwirklichung einer neuen Bodenreform entgegenzukommen und geleitet von dem Streben, vor allem den tschechischen und slowakischen Boden ein für allemal den Händen des fremden deutsch-madjarischen Adels wie auch den Händen der Volksverräter zu entreißen und ihn in die Hände der tschechischen und slowakischen Bauern und Landlosen zu geben — begrüßt die Regierung die Konfiskation des Bodens der Feinde und Verräter, welche der Slowakische Nationalrat durchführt, und seine Aufteilung unter die Kleinlandwirte; die Regierung wird ähnliche Vorkehrungen auf das ganze Gebiet der Republik ausdehnen, wobei sie sich nach folgenden Grundsätzen richten wird:

Es wird ein Nationaler Bodenfonds errichtet. In den Nationalen Bodenfonds wird aller Boden, die Gebäude, das tote und lebende Inventar eingebracht, soweit es gehört: den deutschen und madjarischen Adligen und Großgrundbesitzern, ohne Rücksicht auf ihre Staatsangehörigkeit, wie auch anderen Bürgern feindlicher Staaten, insbesondere Deutschlands und Ungarns; den deutschen und madjarischen Bürgern der Tschechoslowakischen Republik, die der Zerschlagung und Besetzung der Tschechoslowakei aktiv Vorschub geleistet haben; den übrigen Bürgern der Tschechoslowakei, welche das Volk verraten und die deutschen und madjarischen Okkupanten aktiv unterstützt haben; den Aktien- und sonstigen Gesellschaften, die von Personen der obengenannten Kategorien geleitet wurden.

Das oben angeführte Grundeigentum und das mit ihm zusammenhängende Vermögen wird entschädigungslos enteignet. Die zuständigen Nationalausschüsse führen die Konfiskation durch und sorgen mit Hilfe der Bauernkommissionen bis zur Durchführung der Bodenreform für die vorläufige Verwaltung der konfiszierten Objekte.

Der in der Verfügungsgewalt des Nationalen Bodenfonds stehende landwirtschaftliche Boden wird in den böhmischen Ländern an tschechische und in der Slowakei an slowakische und ukrainische Häusler, kleine und mittlere Landwirte sowie auch an landwirtschaftliche Arbeiter aufgeteilt, wobei denjenigen, die sich im nationalen Befreiungskampf bewährt haben, der Vorzug gegeben wird: wie Partisanen, Soldaten, nationalen Untergrundarbeitern, Opfern des fremden Terrors u. a. Die Aufteilung wird durch die Verwaltung des Nationalen Bodenfonds unter aktiver Beteiligung der Nationalausschüsse und von Sonderkommissionen aus den Reihen der Landwirte und der landwirtschaftlichen Arbeiterschaft vorgenommen. Mit Hilfe der Wirtschaftsgebäude und des Inventars der parzellierten Objekte können Genossenschaften für die gemeinschaftliche Benutzung der Gebäude und des Inventars durch die Kleinlandwirte organisiert werden.

Für den Boden, der dem Zuteilungsempfänger in volles Eigentum gegeben wird, wird zum Zwecke der Förderung der Landwirtschaft ein mäßiges Entgelt genommen, das den Wert einer ein- bis zweijährigen Durchschnittsernte (nach der Bonität des Bodens) nicht übersteigt und in Teilzahlungen bis zu 15 Jahren ausgeteilt wird. In berücksichtigungswürdigen Fällen kann auch auf dieses Entgelt verzichtet werden.

XII.

Die Erneuerung des durch die Okkupanten und Verräter zerrütteten Wirtschaftslebens, die Wiederherstellung der vom Feinde vernichteten Werte, die rasche Neubelebung der Erzeugung für die Bedürfnisse des Krieges und der Zivilbevölkerung wie auch die Sicherung von Arbeit und Verdienst für alle arbeitsfähigen Menschen werden große Anstrengungen des gesamten Volkes und aller seiner Organisationen erfordern. Gestützt auf die schöpferische Initiative der breitesten Schichten der Nation wird die Regierung vor allem bemüht sein:

Alle eingestellten Unternehmungen in Gang zu setzen und ihre Erzeugung den Erfordernissen des Krieges und den Rohstoffvorräten anzupassen. Die Reparatur der Gebäude und der Maschinenanlagen in den beschädigten Unternehmungen durchzuführen und die wirkungsvollste Ausnutzung der verfügbaren Maschinen zu organisieren.

Die vorhandenen Vorräte an Rohstoffen aller Art zu mobilisieren, ihre weitere Erzeugung mit örtlichen Mitteln zu organisieren und ihre zweckmäßige Verteilung auf die einzelnen Industriezweige und die einzelnen Unternehmungen durchzuführen.

Die Gewinnung von Brennmaterial aus den örtlichen Quellen zu organisieren und für seine zweckmäßige Verteilung zu sorgen. Die öffentlichen und privaten Elektrizitäts-, Gas- und Wasserwerke sowie die anderen kommunalen Unternehmungen und Energiequellen rasch in Betrieb zu setzen.

Die Post-, Telegrafen-, Telefon- und Rundfunk- (Telekommunikations-) Verbindungen wiederherzustellen, den Fern- und Ortsverkehr, insbesondere die Zufuhr von Nahrungsmitteln vom Lande in die Städte, auszubauen und zu diesem Zwecke alle zu Gebote stehenden Verkehrsmittel zu mobilisieren.

Den Bauern, Häuslern, Gewerbetreibenden und Arbeitern auf dem Lande und in den Städten bei der Reparatur oder beim Wiederaufbau der zerstörten Wohnhäuser und Wirtschaftsgebäude durch Zuteilung von Baumaterialien und Gewährung billiger Kredite und von Geldsubventionen zu helfen. Die Wiederherstellung und die Reparatur der beschädigten öffentlichen Gebäude, militärischen Quartiere, Behörden, Schulen, Krankenhäuser u. ä. vorzunehmen.

Die Privatinitiative der Unternehmer, Handwerker und sonstigen Erzeuger mit Hilfe von Krediten, durch Zuteilung von Rohstoffen, Vergebung von Aufträgen und Sicherung des Absatzes der Fertigerzeugnisse zu fördern.

In den Unternehmungen, die unter nationale Verwaltung gestellt werden, geeignete und initiative technische und kaufmännische Leitungen einzusetzen, die einen erfolgreichen Betrieb der Unternehmungen unter der Gesamtleitung der staatlichen und wirtschaftlichen Organe gewährleisten.

Die Belebung und den Aufschwung eines soliden und genossenschaftlichen Handels durch Gewährung von Geldkrediten und Waren und durch Bekämpfung von Spekulationen und Wucher zu unterstützen.

Ein vollständiges Geld- und Kreditsystem, industrielle Schlüsselbetriebe, ein Versicherungswesen, natürliche und Energiequellen unter staatlicher Gesamtleitung und im Dienst des Wiederaufbaus der nationalen Wirtschaft und der Wiederbelebung von Erzeugung und Handel zu erstellen.

Neben der Hilfe, die das befreite Gebiet von der Sowjetunion erhält und erhalten wird, wird sich die Regierung auch weiterhin darum bemühen, Gegenstände für die erste Hilfe von der internationalen Organisation UNRRA und aus den Mitteln, die auf Grund des amerikanischen „Pacht- und Leih-Gesetzes" gewährt werden, sowie auch durch Ankauf auf dem freien ausländischen Markt zu erhalten.

XIII.

Länger als sechs Jahre haben die Okkupanten mit Hilfe der Verräter unsere Nationen ausgeraubt. Das Plündern durch die Fremden hat jetzt am Vorabend ihrer Vertreibung aus unseren Ländern seinen Höhepunkt erreicht. Der Feind läßt überall hinter sich eine Wüste und hat unser befreites Gebiet in die größten Versorgungs- und Ernährungsschwierigkeiten gestürzt. Die schrittweise Überwindung dieser Versorgungs- und Ernährungsschwierigkeiten, die Sicherung der notwendigsten Nahrungsmittel für das Heer und die Zivilbevölkerung gehören zu den vordringlichsten Aufgaben unserer Kriegsanstrengungen.

Die Regierung appelliert an unsere Landbevölkerung, an die Bauern und die landwirtschaftlichen Arbeiter, an die Männer und Frauen und an die Jugend, für die Bestellung einer jeden Spanne bebauungsfähigen Bodens zu sorgen. Die Ortsnationalausschüsse, die landwirtschaftlichen Genossenschaften, die Organisationen der Bauern und der landwirtschaftlichen Arbeiter sollten es sich angelegen sein lassen, daß der Boden der unter nationale Verwaltung gestellten Güter und Anwesen bestellt wird und daß den Anwesen, deren Eigentümer sich bei der Armee, bei den Partisanen, im feindlichen Hinterland befinden oder dem feindlichen Terror zum Opfer gefallen sind, bei den Feldarbeiten eine organisierte, brüderliche Hilfe zuteil wird. Die Regierung besteht darauf, daß mit der Bestellung des zur Parzellierung bestimmten Bodens keineswegs zugewartet werden darf, wofür sie die zuständigen Nationalausschüsse verantwortlich macht, die dafür sorgen müssen, daß in ihrem Zuständigkeitsbereich jedes Stück Boden rechtzeitig und gut bestellt wird, ohne Rücksicht darauf, in welchem Eigentumsverhältnis es sich im gegebenen Augenblick befindet.

Während der Zeit der Okkupation mußte unser Landvolk die Erzeugnisse seiner schweren Arbeit dem Feinde abliefern, ohne dafür den gebührenden Gegenwert zu erhalten. Nunmehr ist es auf dem befreiten Gebiet die heilige Pflicht unserer Bauern, mit ihrer Produktion das eigene Volk und die Armee zu ernähren, die für die Befreiung des Vaterlandes kämpft. Die Regierung wird im Einvernehmen mit den berufenen Organen der Landwirte neue feste Normen für die Pflichtablieferungen von landwirtschaftlichen Erzeugnissen zu Festpreisen nach der Größe des Anwesens, dem Ausmaß und der Beschaffenheit des Bodens der einzelnen Eigentümer der landwirtschaftlichen Besitzungen festsetzen, um dem Staat die Möglichkeit zu geben, die Armee, die Arbeiterschaft und die sonstige arbeitende Stadtbevölkerung mit billigen Lebensmitteln zu versorgen. Nach Erfüllung dieser Mindestverpflichtungen gegenüber seinem Volk und Staat wird jeder Landwirt die Möglichkeit haben, über die Überschüsse seiner Erzeugung im Rahmen der festgesetzten Preise frei zu verfügen.

Die Regierung wird feste und für die breite Masse der Nation erschwingliche Preise für die normierten Zuteilungen der wichtigsten Lebensmittel festsetzen, die jeder durch unbeschränkte Einkäufe auf dem freien Markt ergänzen kann. Davon, wie die Landbevölkerung ihre Pflicht bei der Steigerung der landwirtschaftlichen Erzeugung und bei der Durchführung ihrer Pflichtablieferungen der Nation und dem Staat gegenüber erfüllen wird, wird es abhängen, in welcher Weise die staatlichen und öffentlichen Organe die Ernährung der Stadtbevölkerung werden sichern können.

XIV.

Im Rahmen der gesteigerten Kriegsanstrengungen und nach Maßgabe der Wiederherstellung und Erweiterung der von den Okkupanten und Verrätern zerstörten Volkswirtschaft ist die Regierung entschlossen, die Grundlagen einer großzügigen Sozialpolitik und sozialen Fürsorge für alle Schichten des arbeitenden Volkes in Stadt und Land zu legen.

Die Regierung wird alle ihre Kräfte dafür einsetzen, daß alle arbeitsfähigen Männer und Frauen eine Arbeitsmöglichkeit und einen ihrer Leistung entsprechenden Verdienst haben. Die Arbeitszeit, die Löhne und die anderen Arbeitsbedingungen werden durch Kollektivverträge gesichert und durch Gesetz geschützt werden. Für Frauen und Jugendliche wird der Grundsatz gleicher Lohn für gleiche Arbeit eingeführt.

Die Regierung wird dafür sorgen, daß alle Arbeitenden für den Fall der Arbeitslosigkeit, der Krankheit, eines Unfalls, der Invalidität und des Alters gesichert sind, und daß diese Fürsorge fortschreitend auch auf beruflich selbständige Personen ausgedehnt wird, soweit sie keine andere Existenzmöglichkeiten haben. Im Vordergrund der sozialen Fürsorge wird eine ausreichende Fürsorge für Mutter und Kind stehen. Die Ausgaben für die Sozialversicherungen aller Art werden in Zukunft im Rahmen des staatlichen Gesamthaushalts gedeckt werden.

Als Kur-, Erholungs- und Urlaubsorte werden dem arbeitenden Volk aus Stadt und Land die Bäder, Sanatorien und Genesungsheime aller Art zugänglich sein. In den Dienst der Gesundheit und der Erholung unseres Volkes werden auch die Schlösser, Sommersitze und Paläste gestellt werden, in denen sich früher der fremde Adel und andere schmarotzende Herrschaften ausbreiteten.

Besondere Aufmerksamkeit wird die Regierung der Existenzsicherung der Opfer des Krieges und des nationalen Befreiungskampfes, der Märtyrer der faschistischen Kerker und Konzentrationslager, der Familienangehörigen der Soldaten und Partisanen, der Kriegsinvaliden wie auch der Witwen und Waisen widmen.

Auf eine breite Grundlage wird die Fürsorge für unsere heranwachsende Generation gestellt. Unsere Jugend beiderlei Geschlechts muß physisch, moralisch und geistig gerüstet sein, um eine würdige Trägerin der Zukunft unserer Nationen zu werden. Den Kindern der Arbeiter, der Bauern und der übrigen arbeitenden Schichten wird materiell das Recht auf die nach ihren Fähigkeiten höchste Bildung zugebilligt und der Weg in ein freudevolles Leben geöffnet. Kinderreichen Familien wird besondere Förderung zuteil.

Soweit die Angehörigen unserer Intelligenz ihrer Nation in der Zeit der Prüfung nicht untreu geworden sind, sind sie berufen, beim Wiederaufbau eines neuen Lebens im befreiten Vaterland eine bedeutungsvolle Rolle zu spielen. Die Regierung wird dafür sorgen, daß unserer zahlreichen und befähigten Intelligenz der Eintritt in öffentliche und private Dienste ohne Partei- oder sonstige Protektion offensteht und daß ihr eine ihren Leistungen entsprechende Lebenshaltung gewährleistet wird.

Alle Arbeitnehmer, Hand- wie Geistesarbeiter, werden das Recht haben, sich freiwillig in gewerkschaftlichen Organisationen zusammenzuschließen und ihre Vertreter frei zu wählen. In den Betrieben, in den Werkstätten und in den Behörden werden die Arbeitgeber Betriebsräte bzw. ihre Vertrauensleute frei wählen. Die gewerkschaftlichen Organisationen und die Betriebsräte werden die rechtmäßigen Vertreter der Arbeitgeber vor den Privatunternehmen und vor den öffentlichen Behörden in allen Fragen der Lohn-, Arbeits- und Sozialpolitik sein.

Die Regierung erachtet die beschleunigte Durchführung der Repatriierung aller treuen Bürger der Republik in ihre Heimat für ihre besondere Aufgabe.

XV.

Die sechs Jahre Okkupation haben uns nicht nur materielle Schäden zugefügt: Nicht geringer, ja in ihren Folgen besonders gefährlich sind die moralischen und intellektuellen Schäden der fremden Oberherrschaft, insbesondere in den Reihen der Jugend. Auch dadurch, daß sie von vielen Bildungsmöglichkeiten ausgeschlossen war, und daß ihr während dieser ganzen Zeit das Gift des Faschismus eingeflößt wurde. Hier ist es also nötig, Hand an die Wurzeln des Übels zu legen. Es genügt jedoch nicht, es zu beseitigen. Notwendig ist auch der Neuaufbau im Geiste der neuen Zeit und der neuen Erfordernisse des Staates.

Es wird eine Säuberung der Schulen und der anderen Kulturinstitute (Theater, Bibliotheken u. ä.) von den Personen durchgeführt, welche in diesem Bereich mit den Okkupanten zusammengearbeitet haben. Beseitigt werden alle in der Zeit der Unfreiheit herausgegebenen Lehrbücher. Es wird eine Überprüfung der Schülerbibliotheken und der öffentlichen Büchereien vorgenommen werden, um das nazistische und faschistische Unkraut daraus zu entfernen. Im Bereich des Zeitungswesens, des Rundfunks und des Films wird eine gründliche Säuberung durchgeführt werden. Alle deutschen und madjarischen Schule in den tschechischen und slowakischen Städten werden geschlossen, darunter auch die Prager Deutsche Universität und die Deutschen Technischen Hochschulen in Prag und Brünn, die sich als die übelsten faschistischen und hitlerischen Brutstätten bei uns erwiesen haben. Auch die deutsche Lehrerschaft der Volks- und Mittelschulen gehörte zu den Hauptstützen des Hitlerismus und des Henleinismus in unseren Ländern, und weil das eine Massenerscheinung ist, werden — bis zur endgültigen Entscheidung über die deutsche Frage — überhaupt alle deutschen Schulen geschlossen.

Die deutschen Gewalttäter haben eine Reihe von Schulen, Bibliotheken und Theatern geschlossen und ihr Inventar vernichtet, insbesondere das der tschechischen Hochschulen. Deshalb werden folgende Maßregeln ergriffen:

Die tschechischen und slowakischen Schulen aller Kategorien, die von den Okkupanten und dem Hácha-Regime geschlossen wurden, werden wiedererrichtet; neu eröffnet werden auch die in der Zeit der Okkupation geschlossenen Bibliotheken und Theater. Das vernichtete Inventar der Bibliotheken und Laboratorien, insbesondere der Universitäten und Technischen Hochschulen, wird ersetzt durch die zu diesem Zwecke verwendbaren Bücherfonds und Laboratoriumseinrichtungen der deutschen Schulen und Institute. Der Hochschul- und Mittelschuljugend, die von der Schließung der Schulen betroffen war, wird die beschleunigte Absolvierung der einschlägigen Lehranstalten ermöglicht werden. Besondere Sorgfalt wird bei der Neueinrichtung der Schulen den Kindergärten, zum Schutze der Kinder berufstätiger Eltern, gewidmet werden, sowie auch den Fach- und Fortbildungsschulen zur beschleunigten Heranbildung des technischen Nachwuchses. Um den Ausfall der für die höheren Schularten besonders qualifizierten Schüler und des Nachwuchses in den anderen Bereichen des kulturellen Lebens zu ersetzen, werden außerordentliche Vorschriften erlassen werden, die dem begabten Nachwuchs den Eintritt in solche Schulen und kulturelle Institutionen auf Grund nachgewiesener Begabung ohne Rücksicht auf die für Normalzeiten geltenden Formalitäten ermöglichen.

In der Slowakei wird das Schulwesen im Rahmen der kulturellen Gesamtpolitik des Staates, sowohl seiner Organisation wie auch seinem Geiste nach, völlig selbständig sein und in Übereinstimmung mit der slowakischen nationalen Ideologie stehen. Die Slowakische Universität in Preßburg wird ebenfalls sowohl in personeller wie auch in materieller Hinsicht vollkommen unabhängig sein, mit der Aufgabe, den spezifisch slowakischen Beitrag innerhalb der wissenschaftlichen Kultur der Tschechoslowakei zu leisten, ebenso wie das Slowakische Nationaltheater und die anderen künstlerischen Anstalten den slowakischen Beitrag innerhalb der künstlerischen Kultur der Tschechoslowakei erbringen werden.

Die neue Zeit und die neue internationale Stellung der Tschechoslowakei fordern nicht minder eine ideologische Revision ihres kulturellen Programms:

Es wird eine konsequente Demokratisierung durchgeführt, und zwar nicht nur dadurch, daß möglichst breiten Massen der Zugang zu den Schulen und den anderen Quellen der Bildung und Kultur ermöglicht wird, sondern auch in ideeller Richtung: durch eine Demokratisierung des Erziehungssystems und der Beschaffenheit der Kultur selbst, die nicht nur einer schmalen Bevölkerungsschicht, sondern dem Volke und der Nation zu dienen hat. Es wird eine Revision unseres Verhältnisses zur deutschen und madjarischen Kultur durch Enthüllung der in ihnen enthaltenen reaktionären Elemente in allen Bereichen durchgeführt werden. Die slawische Orientierung unserer Kulturpolitik wird in Übereinstimmung mit der neuen Bedeutung des Slawentums in der internationalen wie auch in unserer tschechoslowakischen Politik im besonderen verstärkt werden. In diese Richtung werden auch die Lehrpläne unserer Schulen und die kulturelle Orientierung unserer wissenschaftlichen und künstlerischen Anstalten ausgerichtet und verbessert werden. Nicht nur erneuert, sondern auch umgebaut wird das Slawische Institut in ein lebendiges politisch-kulturelles Gebilde mit engen Verbindungen zu den kulturellen Institutionen der anderen slawischen Nationen und Staaten.

Vollkommen neu aufgebaut wird auch in kultureller Hinsicht unser Verhältnis zu unserem größten Verbündeten — der UdSSR. Zu diesem Behuf wird nicht nur alles aus unseren Lehrbüchern und Lehrbehelfen entfernt, was dort an antisowjetischem Inhalt enthalten war, die Jugend wird auch in gebührender Weise über die UdSSR unterrichtet werden. Die russische Sprache wird deshalb im neuen Lehrplan die erste Stelle unter den Fremdsprachen einnehmen. Und es wird auch Vorsorge getroffen werden, daß unsere Jugend die erforderlichen Kenntnisse über Ursprung, Errichtung, Entwicklung, Wirtschaft und Kultur der UdSSR erwirbt. An den Universitäten werden zu diesem Zweck auch neue Lehrstühle errichtet: für die Geschichte der UdSSR, für die Wirtschaft der UdSSR und für das Recht der UdSSR.

All das wird im fortschrittlichen, demokratischen und nationalen Geist durchgeführt werden, wobei unsere Klassiker, die eine Kultur von höchstem Niveau geschaffen und sie zutiefst demokratisch und national gestaltet haben, als Vorbild maßgebend sein werden.

XVI.

Bei Antritt ihres verantwortungsvollen Amtes auf heimatlichem Boden kann die neue Regierung unserem Volk nicht verschweigen, daß der Weg zur endgültigen Befreiung der ganzen Republik und zur Ausheilung der tiefen Wunden, die unseren Nationen von einem zügellosen Feind und niederträchtigen Verrätern zugefügt wurden, noch schwer, dornig, voll von Opfern und anstrengender Arbeit sein wird. Eines jedoch kann die neue Regierung unserem Volk auf dieser wie auf jener Seite der Front versprechen: daß die Regierung nach bestem Wissen und Gewissen das von ihr übernommene Programm erfüllen wird, daß sie sich immer und überall vom Interesse unserer Nationen und unserer Republik wird leiten lassen, daß sie nicht zulassen wird, daß in der befreiten Republik das ausbeuterische Interesse schmarotzender einzelner und Gruppen über die Interessen des arbeitenden Volkes in Stadt und Land die Oberhand gewinnt. Die Regierung vertraut fest auf die großen schöpferischen Fähigkeiten unseres Volkes, sie wird alles tun, um diese schöpferischen Fähigkeiten dadurch zu entfesseln und zu entwickeln, daß sie auf demokratischem Wege die Beteiligung der breitesten Massen unserer Nationen an dem alltäglichen politischen, wirtschaftlichen, sozialen und kulturellen Leben organisieren und fördern wird, um auf diese Weise das Volk wirklich zur alleinigen Quelle der Staatsgewalt werden zu lassen.

Es folgen die Unterschriften der Mitglieder der Regierung in der Reihenfolge ihres Ernennungsdekretes:

Zdeněk Fierlinger

Joszef David, Klement Gottwald, Viliam Široký, Dr. Jan Šrámek, Ján Ursíny, Jan Masaryk, Ludvík Svoboda, Dr. Hubert Ripka, Václav Nosek, Dr. Vavro Šrobár, Dr. Zdeněk Nejedlý, Dr. Jarosvlav Stránský, Václav Kopecký, Bohumil Laušman, Julius Ďuriš, Dr. Ivan Pietor, Antonín Hasal, František Hála, Dr. Jozef Šoltész, Dr. Adolf Procházka, Václav Majer, Dr. Vlado Clementis, Dr. Mikuláš Ferjenčík, Ján Lichner.

Anlage 3

Dekret des Präsidenten der Republik vom 19. Mai 1945 über die Ungültigkeit einiger vermögensrechtlicher Rechtsgeschäfte aus der Zeit der Unfreiheit und über die nationale Verwaltung der Vermögenswerte der Deutschen, der Madjaren, der Verräter und Kollaboranten und einiger Organisationen und Anstalten.

Slg.[1] Nr. 5.

Auf Vorschlag der Regierung bestimme ich:

§ 1

(1) Ausnahmslos alle Vermögensübertragungen und vermögensrechtlichen Rechtsgeschäfte ohne Rücksicht darauf, ob sie bewegliches oder unbewegliches, öffentliches oder privates Vermögen betreffen, sind ungültig, sofern sie nach dem 29. September 1938 unter dem Druck der Okkupation oder der nationalen, rassischen oder politischen Verfolgung vorgenommen wurden.

(2) Die Art und Weise der Geltendmachung der sich aus der Vorschrift des Absatz 1 ergebenden Ansprüche wird durch ein besonderes Dekret des Präsidenten der Republik geregelt, soweit dies nicht bereits durch dieses Dekret geschehen ist.

§ 2

(1) Das im Gebiete der Tschechoslowakischen Republik befindliche Vermögen der staatlich unzuverlässigen Personen wird gemäß den weiteren Bestimmungen dieses Dekretes unter nationale Verwaltung gestellt.

(2) Als Vermögen der staatlich unzuverlässigen Personen gilt auch das von diesen Personen nach dem 29. September 1938 übertragene Vermögen, es sei denn, dem Erwerber war nicht bekannt, daß es sich um derartiges Vermögen handelte.

§ 3

Der nationalen Verwaltung sind alle Unternehmungen (Betriebe) und alle Vermögensmassen zu unterstellen, bei denen dies der stetige Gang der Erzeugung und des Wirtschaftslebens erfordern, insbesondere die verlassenen Unternehmen, Betriebe und Vermögensmassen oder solche, welche staatlich unzuverlässige Personen besitzen, verwalten oder aber gemietet oder gepachtet haben.

§ 4

Als staatlich unzuverlässige Personen sind anzusehen:

a) Personen deutscher oder madjarischer Nationalität.

b) Personen, die eine gegen die staatliche Souveränität, Selbständigkeit. Integrität, die demokratisch-republikanische Staatsform, die Sicherheit und

---

[1] Sammlung der Gesetze und Verordnungen der Tschechoslowakischen Republik (Sbírka zákonů a nařízení republiky Československé).

die Verteidigung der Tschechoslowakischen Republik gerichtete Tätigkeit entfaltet haben, die zu einer solchen Tätigkeit aufreizten oder andere Personen dazu zu verleiten suchten, und planmäßig auf irgendeine Weise die deutschen und madjarischen Okkupanten unterstützten. Als solche Personen sind zum Beispiel die Mitglieder der „Vlajka", der „Rodobrana", der Sturmabteilungen der „Hlinkagarde", die führenden Funktionäre der Gesellschaft für die Zusammenarbeit mit den Deutschen, der Tschechischen Antibolschewistischen Liga, des Kuratoriums für die Erziehung der tschechischen Jugend, der slowakischen Volkspartei Hlinkas, der Hlinkagarde, der Hlinka-Jugend, der nationalen Gewerkschaftszentrale der Arbeitnehmer, des Land- und Forstwirtschafts-Verbandes, der Deutsch-Slowakischen Gesellschaft und anderer faschistischer Organisationen ähnlicher Art anzusehen.

§ 5

Als staatlich unzuverlässig sind von den juristischen Personen diejenigen anzusehen, deren Leitung vorsätzlich und planmäßig der deutschen oder madjarischen Kriegführung oder den faschistischen und nazistischen Zielen gedient hat.

§ 6

Als Personen deutscher oder madjarischer Nationalität sind Personen anzusehen, die sich bei irgendeiner Volkszählung seit dem Jahre 1929 zur deutschen oder madjarischen Nationalität bekannt haben oder Mitglieder nationaler Gruppen, Formationen oder politischer Parteien geworden sind, die sich aus Personen deutscher oder madjarischer Nationalität zusammensetzen.

§ 7

(1) Zur Einführung der nationalen Verwaltung sind zuständig:

a) Bei Geldunternehmungen und -anstalten der Landesnationalrat, in der Slowakei der Slowakische Nationalrat.

b) Bei Bergwerksunternehmungen in den Revieren der zuständige Bezirksnationalrat, bei den Zentralorganen der Bergwerksgesellschaften der zuständige Landesnationalrat, in der Slowakei der Slowakische Nationalrat.

c) Bei Industrie-, Handels- und sonstigen gewerblichen Unternehmungen
   aa) mit einer Zahl bis zu 20 Arbeitnehmern der Ortsnationalausschuß,
   bb) mit einer Zahl von 21 bis 300 Arbeitnehmern der Bezirksnationalausschuß,
   cc) mit einer höheren Zahl von Arbeitnehmern der Landesnationalausschuß, in der Slowakei der Slowakische Nationalrat.

   Bei der Bestimmung der Zahl der Arbeitnehmer entscheidet der normale Betrieb im Jahre 1943.

d) Bei land- und forstwirtschaftlichen Vermögen:
   aa) mit einem Ausmaß bis zu 50 ha der Ortsnationalausschuß,
   bb) mit einem Ausmaß über 50 ha bis zu 100 ha der Bezirksnationalausschuß,

cc) mit einem 100 ha übersteigenden Ausmaß der Landesnationalausschuß, in der Slowakei der Slowakische Nationalrat.

e) Bei Wohnhäusern und Bauparzellen der Ortsnationalausschuß, übersteigt der Wert jedoch 5 000 000 K, der Bezirksnationalausschuß.

f) Bei jedem sonstigen Vermögen

aa) im Werte bis zu 500 000 K der Ortsnationalausschuß,

bb) im Werte über 500 000 K, aber unter 5 Millionen Kronen der Bezirksnationalausschuß,

cc) im Werte über 5 Millionen Kronen der Landesnationalausschuß, in der Slowakei der Slowakische Nationalrat.

g) Haben die unter a) bis f) angeführten Unternehmungen und Vermögen einen gesamtstaatlichen Geschäftsbereich, so führt das ressortmäßig zuständige Ministerium die nationale Verwaltung ein.

(2) Falls die Schätzung des Wertes des Vermögens (Buchst. e und f), das unter nationale Verwaltung gestellt wird, streitig ist, setzt das übergeordnete Organ seinen Wert endgültig fest.

(3) In den Gemeinden und Bezirken, in denen anstelle des Nationalausschusses eine Verwaltungskommission bzw. ein Verwaltungskommissar ernannt wurden oder ernannt werden, gehört die Einführung der nationalen Verwaltung zu deren Zuständigkeit.

§ 8

(1) Die Entscheidung im Sinne des § 7 ist bei den in § 7 Buchst. a), b), c), d) angeführten Unternehmungen im Einvernehmen mit dem Betriebsausschuß (dem Betriebsrat) oder anderen Vertretern der Arbeitnehmer der Unternehmungen zu fällen. Kommt es zu keiner Einigung, so entscheidet das höhere Organ.

(2) Bei land- und forstwirtschaftlichen Vermögen, die 50 ha übersteigen, hat die Entscheidung auch nach Anhören der zuständigen Ortsnationalausschüsse zu erfolgen.

§ 9

Ist Gefahr im Verzuge, vor allem, wenn es sich um ein verlassenes Unternehmen handelt oder wenn staatlich unzuverlässige Personen Einfluß auf das Vermögen oder Unternehmen haben, sind die Bezirksnationalräte auch bei Vorliegen einer andersartigen Zuständigkeit berechtigt, einen vorläufigen nationalen Verwalter bis zur Entscheidung des im Sinne des § 7 zuständigen Organs zu ernennen.

§ 10

(1) Der zuständige Landesnationalausschuß, in der Slowakei der Slowakische Nationalrat, kann nach Anhören des Betriebsrates von Amts wegen die Entscheidungen des Bezirksnationalausschusses oder des Ortsnationalausschusses über die Einführung einer Verwaltung oder die Ernennung nationaler Verwalter abändern und andere Maßnahmen treffen.

(2) Der zuständige Landesnationalrat, in der Slowakei der Slowakische Nationalrat, trifft auch in den Fällen Vorkehrungen zur Einführung einer

nationalen Verwaltung, in denen der Bezirks- oder der Ortsnationalausschuß dies nicht getan hat oder nicht tun konnte.

§ 11

Die nationale Verwaltung ist aufzuheben, sobald die Gründe, aus denen sie eingeführt wurde, wegfallen. Das Organ, das sie eingeführt hat, hebt sie auf.

§ 12

(1) Eine einstweilige nationale Verwaltung ist bei allen Genossenschaftsunternehmungen und -organisationen (landwirtschaftlichen, Konsum-, Kreditgenossenschaften usw.) einzuführen. Diese nationale Verwaltung gewährleistet neben der ordentlichen Geschäftsführung des Unternehmens innerhalb von vier Wochen die Durchführung der Wahl eines neuen geschäftsführenden Organs.

(2) Bei Genossenschaften, deren Betrieb den örtlichen Bereich nicht überschreitet, führt die einstweilige nationale Verwaltung der Ortsnationalausschuß ein; bei Genossenschaften, deren Betrieb zwar den örtlichen Bereich, nicht aber das Gebiet des Bezirks überschreitet, der Bezirksnationalausschuß; bei allen übrigen Genossenschaften der Landesnationalausschuß, in der Slowakei der Slowakische Nationalrat.

(3) Vor Einführung der einstweiligen nationalen Verwaltung sind nach Möglichkeit die Mitglieder der Genossenschaft zu hören.

(4) Die einstweilige nationale Verwaltung wird beendigt, sobald die Mitglieder der Genossenschaft eine neue Leitung gewählt haben.

§ 13

Der zuständige Landesnationalausschuß, in der Slowakei der Slowakische Nationalrat, kann aus wichtigen Gründen eine nationale Verwaltung auch bei Berufs-, Wirtschafts-, Kultus- und Interessenorganisationen und -instituten einführen.

§ 14

(1) Die Entscheidungen über die Einführung und Aufhebung der nationalen Verwaltung, über die Einsetzung und Abberufung der nationalen Verwalter müssen schriftlich ergehen.

(2) Eine Abschrift der Entscheidung ist dem Landesnationalausschuß, in der Slowakei dem Slowakischen Nationalrat zuzustellen.

§ 15

Auf Grund einer Entscheidung gemäß § 14 vollzieht von Amts wegen:

a) bei Liegenschaften das zuständige Gericht die bücherliche Eintragung der Anmerkung der nationalen Verwaltung in die Grundbücher,

b) bei Bergbauberechtigungen das zuständige Gericht, beziehungsweise die zuständige Behörde die Eintragung der Anmerkung der nationalen Verwaltung in die Bergbücher, beziehungsweise in die Bergwerksregister,

c) bei Unternehmungen (Betrieben), die im Handels- (Genossenschafts-), in der Slowakei im Firmenregister eingetragen sind, das zuständige Gericht die Eintragung der Anmerkung der nationalen Verwaltung in das Handels- (Genossenschafts-), in der Slowakei in das Firmenregister.

§ 16

(1) Zum nationalen Verwalter darf nur eine Person bestellt werden, welche die erforderlichen Fachkenntnisse und praktischen Erfahrungen besitzt, moralisch unbescholten und staatlich zuverlässig ist.

(2) In der Regel darf zum nationalen Verwalter weder ein Schuldner noch ein Gläubiger des Unternehmens (Betriebes) oder des Vermögens bestellt werden, falls das nach § 7 zuständige Organ nicht aus stichhaltigen Gründen anders entscheidet.

(3) Die nationale Verwaltung ist in der Regel aus geeigneten Arbeitnehmern des betreffenden Betriebes zu bestellen.

(4) Zum nationalen Verwalter kann kein Mitglied des gemäß § 7 zuständigen Nationalausschusses ernannt werden.

§ 17

(1) Bei kleineren Vermögen, bei kleinen Unternehmungen, bei kleineren gewerblichen Betriebsstätten und ähnl. kann ein einziger Verwalter für mehrere Unternehmungen bzw. Vermögensmassen bestellt werden.

(2) Wenn dies der Umfang der nationalen Verwaltung erfordert, kann das nach § 7 zuständige Organ zum nationalen Verwalter ein Gremium bestellen, das bis zu fünf Mitglieder umfassen darf und die Verwaltung nach dem Mehrheitsgrundsatz führt.

§ 18

Vor Antritt ihres Amtes legen die nationalen Verwalter vor dem nach § 7 zuständigen Organ das Gelöbnis ab, daß sie ihre Pflichten gewissenhaft mit der Sorgfalt eines ordentlichen Wirtschafters in Übereinstimmung mit den wirtschaftlichen, nationalen und sonstigen öffentlichen Interessen erfüllen werden.

§ 19

Bei Ausübung ihrer Tätigkeit haben die nationalen Verwalter die Stellung öffentlicher Organe im Sinne des § 68 des Strafgesetzbuches vom 27. Mai 1852, RGBl. Nr. 117, des § 461 Ges. Art. V/1878, bzw. des § 5 Ges. Art. XI/1914.

§ 20

(1) Rechtshandlungen der Eigentümer, Besitzer und Verwalter der Vermögen, die unter nationale Verwaltung fallen, sind ungültig, wenn sie die Substanz dieser Vermögen betreffen und nach Inkrafttreten dieses Dekretes vorgenommen wurden.

(2) Die bisherigen Eigentümer, Besitzer und Verwalter der Vermögen, die unter nationale Verwaltung gestellt wurden, sind verpflichtet, jeglichen Eingriff in die Geschäftsführung des nationalen Verwalters zu unterlassen.

§ 21

Der nationale Verwalter führt die Verwaltung des unter nationale Verwaltung gestellten Vermögens und ist berechtigt und verpflichtet, alle Vorkehrungen zu treffen, die eine ordnungsmäßige Verwaltung erfordert. Er ist verpflichtet, mit der Sorgfalt eines ordentlichen Wirtschafters zu handeln und haftet für den Schaden, der durch eine Vernachlässigung der Obliegenheiten möglicherweise entsteht.

§ 22

(1) Der nationale Verwalter ist verpflichtet, über seine Wirtschaftsgebarung dem nach § 7 zuständigen Organ innerhalb der von diesem Organ festgesetzten Fristen Rechnung zu legen und jederzeit die erforderlichen oder erbetenen Auskünfte und Aufklärungen zu erteilen.

(2) Zu Vorkehrungen, die nicht zur gewöhnlichen Wirtschaftsführung gehören, wie auch zu allen Geschäften von besonderer Bedeutung, zur Vermietung oder Verpachtung, zu Darlehen, zu grundbücherlichen Belastungen, zur Liquidation u. ähnl. benötigt der nationale Verwalter die Genehmigung des nach § 7 zuständigen Organs.

(3) Das nach § 7 zuständige Organ beaufsichtigt die Wirtschaftsführung des nationalen Verwalters.

(4) Der nationale Verwalter ist verpflichtet, die Richtlinien zu beachten, die ihm das nach § 7 zuständige Organ oder der übergeordnete Landesnationalausschuß, in der Slowakei der Slowakische Nationalrat, bzw. bei Unternehmungen (Betrieben) von gesamtstaatlichem Geschäftsbereich das zuständige Fachministerium gegeben hat.

§ 23

Der nationale Verwalter hat Anspruch auf Ersatz der Barauslagen und auf eine Vergütung, deren Höhe das nach § 7 zuständige Organ festsetzt. Diese Kosten gehen zu Lasten der verwalteten (Vermögens-) Masse.

§ 24

(1) Ein unter nationale Verwaltung gestelltes Vermögen, das Arbeitern, Bauern, Gewerbetreibenden, kleinen und mittleren Unternehmern, Beamten, Angehörigen freier Berufe und Personen in einer ähnlichen sozialen Stellung gehört hat und das sie infolge der nationalen, politischen oder rassischen Verfolgung verloren haben, ist, sofern es sich nicht um die in § 4 genannten Personen handelt, aus der nationalen Verwaltung herauszunehmen und den früheren Eigentümern bzw. ihren Erben unverzüglich zurückzustellen.

(2) Sofern es sich um Arbeiter, Bauern, Gewerbetreibende, kleine und mittlere Unternehmer, Beamte, Angehörige freier Berufe und Personen in einer ähnlichen sozialen Stellung bzw. um ihre Erben handelt, können auch die in § 4 Abs. a) genannten Personen um die Herausnahme ihres Vermögens aus der nationalen Verwaltung und um seine Rückgabe einkommen, wenn sie glaubhaft dartun können, daß sie Opfer der politischen oder rassischen Verfolgung waren und dem demokratisch-republikanischen Staatsgedanken der Tschechoslowakischen Republik treu geblieben sind.

(3) Darüber entscheidet auf Ansuchen das nach § 7 zuständige Organ.

(4) Das sonstige sichergestellte Vermögen verbleibt unter nationaler Verwaltung bis zu einer neuen gesetzgeberischen Regelung.

§ 25

(1) Gegen eine Entscheidung des Ortsnationalausschusses ist die Berufung an den Bezirksnationalausschuß zulässig, der endgültig entscheidet.

(2) Gegen eine Entscheidung des Bezirksnationalausschusses als erster Instanz ist die Berufung an den Landesnationalausschuß, in der Slowakei an den Slowakischen Nationalrat, zulässig.

(3) Die Berufung hat keine aufschiebende Wirkung.

§ 26

Wenn keine strenger zu ahndende strafbare Handlung vorliegt, wird wegen Vergehens mit einer Freiheitsstrafe bis zu 5 Jahren und einer Geldstrafe bis zu 10 Millionen Kronen, gegebenenfalls mit der gänzlichen oder teilweisen Einziehung des Vermögens bestraft:

a) wer die Vorschriften des Dekretes verletzt oder umgeht, insbesondere wer den nationalen Verwalter in der Tätigkeit, zu der er befugt ist, hindert oder sie vereitelt,

b) der nationale Verwalter, der vorsätzlich oder aus grober Fahrlässigkeit eine der ihm durch die vorhergehenden Bestimmungen auferlegten Verpflichtungen verletzt.

§ 27

Die Regierung wird ermächtigt, die finanziellen Mittel sicherzustellen, die erforderlich sind, um die Fortführung der unter nationale Verwaltung gestellten Unternehmungen (Betriebe), deren Betrieb im Interesse des wirtschaftlichen Lebens notwendig ist, zu gewährleisten.

§ 28

(1) Dieses Dekret tritt mit dem Tage der Kundmachung in Kraft[1].

(2) Mit seiner Durchführung wird die Regierung betraut.

Dr. Eduard Beneš e. h.
Zd. Fierlinger e. h.

Gottwald e. h.
Šrámek e. h.
David e. h.
Ján Ursíny e. h.
Široký e. h.
Václ. Nosek e. h.
Dr. V. Šrobár e. h.
Pietor e. h.
Dr. H. Ripka e. h.
J. Ďuriš e. h.
Dr. Šoltész e. h.
A. Procházka e. h.
Svoboda e. h.
Nejedlý e. h.
V. Kopecký e. h.
Gen. Hasal e. h.
Frant. Hála e. h.
J. Stránský e. h.
V. Majer e. h.
B. Laušman e. h.
Dr. V. Clementis e. h.
auch für Min. J. Masaryk.
Gen. Dr. Ferjenčík e. h.
J. Lichner e. h.

[1] Veröffentlicht am 23. Mai 1945. Im wesentlichen gleichlautend die Vo. des Slow. Nationalrates vom 5. Juni 1945 über die nationale Verwaltung (Sbierka nariadení Slovenkej národnej rady, Slg. d. Vo. des Slow. Nationalrats Nr. 50).

Dekret des Präsidenten der Republik vom 19. Juni 1945 über die Bestrafung der nazistischen Verbrecher, der Verräter und ihrer Helfershelfer sowie über die außerordentlichen Volksgerichte.

Slg. Nr. 16.

(in der Fassung der Gesetze vom 24. Januar 1946, Slg. Nr. 22, und vom 18. Dezember 1946, Slg. Nr. 245; der durch diese beiden Gesetze abgeänderte vollständige Wortlaut des Dekretes wurde durch Kundmachung des Justizministers vom 11. Januar 1947, Slg. Nr. 9, neu veröffentlicht).

Nach unnachsichtiger Gerechtigkeit rufen die unerhörten Verbrechen, welche die Nazisten und ihre verräterischen Mitschuldigen der Tschechoslowakei gegenüber begangen haben. Die Verknechtung des Vaterlandes, das Morden, die Versklavung, die Plünderungen und die Demütigungen, deren Opfer das tschechoslowakische Volk war, und alle diese qualifizierten deutschen Bestialitäten, bei denen leider auch untreu gewordene tschechoslowakische Bürger mitgeholfen oder mitgewirkt haben, wobei einige von ihnen auch hohe Ämter, Mandate oder Ränge mißbrauchten, müssen unverzüglich die verdiente Strafe erhalten, damit das nazistische und faschistische Übel von den Wurzeln her zerstört wird. Deshalb bestimme ich auf Vorschlag der Regierung folgendes:

1. Hauptstück.

Verbrechen gegen den Staat.

§ 1

Wer in der Zeit der erhöhten Bedrohung der Republik (§ 18) auf dem Gebiete der Republik oder außerhalb derselben eines der nachstehenden Verbrechen nach dem Gesetz zum Schutze der Republik vom 19. März 1923, Slg. Nr. 50, begangen hat:

Anschläge gegen die Republik (§ 1), wird mit dem Tode bestraft;

wer Anschläge vorbereitet (§ 2), die Sicherheit der Republik bedroht (§ 3), Verrat begangen (§ 4 Nr. 1), sich des Verrates eines Staatsgeheimnisses (§ 5 Nr. 1), des Verrates eines militärischen Geheimnisses (§ 6 Nr. 1, 2 und 3) schuldig gemacht und Verfassungsorganen gegenüber Gewalt angewendet hat (§ 10 Nr. 1), wird mit schwerem Kerker von zwanzig Jahren bis lebenslänglich und bei Vorliegen besonders erschwerender Umstände mit dem Tode bestraft.

§ 2

Wer in der Zeit der erhöhten Bedrohung der Republik (§ 18) Mitglied der Organisationen: „Die Schutzstaffeln der Nationalsozialistischen Deutschen Arbeiterpartei (SS)“ oder „Freiwillige Schutzstaffeln (FS)“ oder „Rodobrana“ oder „Szabadcsapatok“ oder anderer hier nicht genannter Organisationen ähnlichen Charakters war, wird, wenn er keine strenger zu bestrafende Handlung begangen hat, wegen Verbrechens mit schwerem Kerker von fünf bis zu zwanzig Jahren und bei Vorliegen besonders erschwerender Umstände mit schwerem Kerker von zwanzig Jahren bis lebenslänglich bestraft.

§ 3

(1) Wer in der Zeit der erhöhten Bedrohung der Republik (§ 18) die faschistische oder nazistische Bewegung propagiert oder unterstützt hat, oder wer in jener Zeit durch Druck, Rundfunk, Film oder Theater, oder auf einer öffentlichen Versammlung die feindliche Herrschaft auf dem Gebiete der Republik oder einzelne gesetzwidrige Handlungen der Okkupationskommandos sowie der diesen unterstellten Behörden und Organe gebilligt oder verteidigt hat, wird, wenn er keine strenger zu bestrafende Handlung begangen hat, wegen Verbrechens mit schwerem Kerker von fünf bis zwanzig Jahren bestraft, hat er jedoch ein solches Verbrechen in der Absicht begangen, das moralische, nationale oder staatliche Bewußtsein des tschechoslowakischen Volkes, insbesondere der tschechoslowakischen Jugend, zu zerstören, so wird er mit schwerem Kerker von zehn bis zwanzig Jahren, und bei Vorliegen besonders erschwerender Umstände mit schwerem Kerker von zwanzig Jahren bis lebenslänglich oder mit dem Tode bestraft.

(2) Wer in dem gleichen Zeitraum Funktionär oder Befehlshaber in den Organisationen „Nationalsozialistische Deutsche Arbeiterpartei (NSDAP)“ oder „Sudetendeutsche Partei (SdP)“ oder „Vlajka“, „Hlinkagarde“ oder „Swatoplukgarde“ oder in anderen faschistischen Organisationen ähnlichen Charakters war, wird, wenn er keine strenger zu bestrafende Handlung begangen hat, wegen Verbrechens mit schwerem Kerker von fünf bis zwanzig Jahren bestraft.

§ 4

Ein tschechoslowakischer Bürger, der in der Zeit der erhöhten Bedrohung der Republik (§ 18) im Auslande die auf die Befreiung der Tschechoslowakischen Republik in ihrer vormünchnerischen Verfassung und Einheit gerichtete Bewegung lähmte, oder in anderer Weise die Interessen der Tschechoslowakischen Republik bewußt schädigte, insbesondere wer die Sicherheit der für die Befreiung der Republik in der Heimat arbeitenden Bürger gefährdete, wird, wenn er kein strenger zu bestrafendes Verbrechen begangen hat, mit schwerem Kerker von fünf bis zwanzig Jahren bestraft.

Verbrechen gegen Personen.

§ 5

(1) Wer in der Zeit der erhöhten Bedrohung der Republik (§ 18) im Dienste oder im Interesse Deutschlands oder seiner Verbündeten oder einer der Republik feindlichen Bewegung, ihrer Organisationen oder ihrer Mitglieder folgende Verbrechen begangen hat:

a) Nach dem Strafgesetzbuch vom 27. Mai 1852, RGBl. Nr. 117, das Verbrechen der öffentlichen Gewalttätigkeit durch Menschenraub (§ 90), der öffentlichen Gewalttätigkeit durch Behandlung eines Menschen als Sklaven (§ 95), des Mordes (§§ 134 bis 137), des Totschlages (§§ 140 und 141) und der schweren körperlichen Beschädigung (§ 156),

b) nach dem Strafgesetzbuch, Ges. Art. V/1878 das Verbrechen des Mordes (§ 278), des vorsätzlichen Totschlages (§ 279), der schweren Körperverletzung mit Todesfolge (§§ 306 und 307) und des Kindesraubes (§ 317), wird mit dem Tode bestraft.

(2) Wer in dem gleichen Zeitraum, unter den gleichen Umständen und zu dem gleichen Zweck folgende Verbrechen begangen hat:

a) nach dem Strafgesetzbuch vom 27. Mai 1852, RGBl. Nr. 117, das Verbrechen der öffentlichen Gewalttätigkeit durch unbefugte Einschränkung der persönlichen Freiheit eines Menschen (§ 93), der öffentlichen Gewalttätigkeit durch Erpressung (§ 98), der öffentlichen Gewalttätigkeit durch gefährliche Drohung (§ 99) und der schweren körperlichen Beschädigung (§§ 152 und 155),

b) nach dem Strafgesetzbuch Ges. Art. V/1878 das Verbrechen der rechtswidrigen Beschränkung der persönlichen Freiheit des Menschen (§§ 323, 324 und 325), der schweren Körperverletzung (§ 301) und der Erpressung (§§ 350 und 353), wird mit schwerem Kerker von zehn bis zwanzig Jahren bestraft.

§ 6

(1) Wer in dem gleichen Zeitraum der erhöhten Bedrohung der Republik (§ 18) zugunsten der Kriegsanstrengungen Deutschlands oder seiner Verbündeten Zwangs- oder Pflichtarbeit angeordnet sowie derjenige, welcher beim Erlassen und bei der Durchführung einer solchen Anordnung mitgewirkt hat, wird, wenn er kein strenger zu bestrafendes Verbrechen begangen hat, wegen Verbrechens mit schwerem Kerker von fünf bis zu zehn Jahren bestraft.

(2) Wurde jedoch durch eine solche Anordnung ein Bewohner der Republik gezwungen, im Auslande oder unter Verhältnissen oder an Orten zu arbeiten, die sein Leben oder seine Gesundheit gefährdeten, wird der Schuldige ohne Rücksicht auf den Zweck der Arbeit mit schwerem Kerker von zehn bis zu zwanzig Jahren bestraft.

§ 7

(1) Wer allein oder im Zusammenwirken mit anderen in der Zeit der erhöhten Bedrohung der Republik (§ 18) im Dienste oder im Interesse Deutschlands oder seiner Verbündeten oder einer der Republik feindlichen Bewegung oder ihrer Organisation oder ihrer Mitglieder den Verlust der Freiheit eines Bewohners der Republik ohne weitere Folgen verschuldet hat, wird wegen Verbrechens mit schwerem Kerker von fünf bis zwanzig Jahren bestraft. Hat der Schuldige auf diese Weise den Verlust der Freiheit einer größeren Zahl von Einwohnern der Republik verursacht, so kann das Gericht als Strafe schweren Kerker von zwanzig Jahren bis lebenslänglich, unter besonders erschwerenden Umständen die Todesstrafe verhängen.

(2) Wer in dem gleichen Zeitraum, unter den gleichen Umständen, zu dem gleichen Zweck und auf die gleiche Art verursacht hat, daß einem Bewohner der Republik eine schwere körperliche Beschädigung ohne schwere Folgen zugefügt wurde, wird wegen Verbrechens mit schwerem Kerker von

zehn bis zwanzig Jahren, und bei Vorliegen besonders erschwerender Umstände mit Kerker von zwanzig Jahren bis lebenslänglich bestraft. Wurde jedoch davon eine größere Anzahl von Personen betroffen, so kann das Gericht die Todesstrafe verhängen.

(3) Wer in demselben Zeitraum und unter den gleichen Umständen, zu dem gleichen Zweck und auf die gleiche Art durch einen Gerichtsbeschluß, durch ein gerichtliches Urteil, durch eine gerichtliche Anordnung oder durch eine Verwaltungsentscheidung irgendwelcher Art, durch die Vollstreckung eines Urteils, einer Anordnung oder einer Verwaltungsentscheidung oder auf andere Weise den Tod eines Bewohners der Republik, eine schwere körperliche Beschädigung eines Bewohners der Republik mit den in § 156 Strafgesetzbuch, RGBl. Nr. 117/1852, und in den §§ 306, 307 des Strafgesetzbuches Ges. Art. V/1878 angeführten Folgen, oder seine Deportation verursacht hat, wird wegen Verbrechens mit dem Tode bestraft.

Verbrechen wider das Vermögen.

§ 8

(1) Wer in der Zeit der erhöhten Bedrohung der Republik (§ 18) im Dienste oder im Interesse Deutschlands oder seiner Verbündeten oder einer der Republik feindlichen Bewegung, ihrer Organisation oder ihrer Mitglieder folgende Verbrechen begangen hat:

a) nach dem Strafgesetzbuch vom 27. Mai 1852, RGBl. Nr. 117, das Verbrechen der öffentlichen Gewalttätigkeit durch boshafte Beschädigung fremden Eigentums (§ 85) mit den in § 86 Abs. 2 genannten Folgen, der Brandlegung (§ 166) unter den Umständen und mit den Folgen, die in § 167 Buchstaben a) genannt sind, des Raubes (§ 190) unter den Umständen und mit den Folgen, die in § 195 genannt sind,

b) nach dem Strafgesetzbuch Ges. Art. V/1878 das Verbrechen der Brandstiftung (§ 424), des Raubes (§§ 344 und 345) unter den Umständen und mit den Folgen des § 349 Abs. 1 Punkt 2 und Abs. 2,

wird mit dem Tode bestraft.

(2) Wer in demselben Zeitraum und unter den gleichen Umständen und zu demselben Zweck folgende Verbrechen begangen hat:

a) nach dem Strafgesetzbuch vom 27. Mai 1852, RGBl. Nr. 117, das Verbrechen der öffentlichen Gewalttätigkeit durch gewaltsamen Einfall in fremdes unbewegliches Gut (§ 83), der öffentlichen Gewalttätigkeit durch boshafte Beschädigung fremden Eigentums (§ 85, § 86 Abs. 1), der Brandlegung (§ 166) unter den Umständen und mit den Folgen gemäß § 187 Buchst. b) bis g), des Diebstahls (§§ 171 bis 180), der Veruntreuung (§§ 181 bis 183), der Teilnehmung am Diebstahl oder an einer Veruntreuung (§§ 185 und 186), des Raubes (§ 190) unter den Umständen und mit den Folgen gemäß §§ 191 bis 194, der Teilnehmung am Raub (§ 196), des Betruges (§§ 197 bis 201 und 203),

b) nach dem Strafgesetzbuch Ges. Art. V/1878 das Verbrechen des Hausfriedensbruches durch Privatpersonen (§§ 330 und 331), das Vergehen der Beschädigung fremden Eigentums (§§ 418 und 420), das nach den Voraussetzungen des Abs. 1 dieses Paragraphen als Verbrechen zu qualifizieren ist, der Brandstiftung (§§ 422 und 423), des Diebstahls (§§ 333 bis 341), sofern die Tat nicht gemäß Abs. 1 Buchst. b) dieses Paragraphen strafbar ist, der Hehlerei (§ 370), des Betruges (§ 379 in der Fassung des § 50 der Strafrechtsnovelle) unter den in § 383 Abs. 2 angegebenen Umständen mit Ausnahme des § 382, wird mit schwerem Kerker von zehn bis zwanzig Jahren und unter besonders erschwerenden Umständen mit schwerem Kerker von zwanzig Jahren bis lebenslänglich bestraft.

§ 9

Wer allein oder im Zusammenhang mit anderen in der Zeit der erhöhten Bedrohung der Republik (§ 18) im Dienste oder im Interesse Deutschlands oder seiner Verbündeten oder einer der Republik feindlichen Bewegung, ihrer Organisation oder ihrer Mitglieder durch einen Gerichtsbeschluß, durch ein Gerichtsurteil, durch eine gerichtliche Anordnung oder durch eine Verwaltungsentscheidung irgendwelcher Art oder durch die Vollstreckung eines Urteils, einer Anordnung oder einer Verwaltungsentscheidung verursacht hat, daß dem Tschechoslowakischen Staat oder einer juristischen oder physischen Person entgegen den Gesetzen der Republik ihr Vermögen ganz oder zum Teil entzogen wurde, wird, wenn er kein schwerer zu bestrafendes Verbrechen begangen hat, wegen Verbrechens mit schwerem Kerker von zehn bis zwanzig Jahren und bei Vorliegen besonders erschwerender Umstände mit Kerker von zwanzig Jahren bis lebenslänglich bestraft.

§ 10

Wer in der Zeit der erhöhten Bedrohung der Republik (§ 18) eine durch die nationale, politische oder rassische Verfolgung hervorgerufene Zwangslage dazu mißbrauchte, um sich zum Schaden des Staates, einer juristischen oder physischen Person zu bereichern, wird, wenn er sich keine strenger zu bestrafende Tat zuschulden kommen ließ, wegen Verbrechens mit schwerem Kerker von fünf bis zehn Jahren bestraft.

Denunziantentum.

§ 11

Wer in der Zeit der erhöhten Bedrohung der Republik im Dienste oder im Interesse des Feindes oder unter Ausnutzung einer durch die feindliche Besetzung herbeigeführten Lage einen anderen wegen irgendeiner wirklichen oder erfundenen Tat angezeigt hat, wird wegen Verbrechens mit schwerem Kerker von fünf bis zehn Jahren bestraft. Hat der Angeber aber durch seine Anzeige den Verlust der Freiheit eines tschechoslowakischen Bürgers verschuldet, wird er mit schwerem Kerker von zehn bis zwanzig Jahren bestraft. Hatte die Anzeige zur mittelbaren oder unmittelbaren Folge den Verlust der Freiheit einer größeren Zahl von Menschen oder eine schwere Gesundheitsschädigung, so wird als Strafe lebenslänglicher Kerker, hatte sie den Tod irgend jemandes zur Folge, die Todesstrafe verhängt.

Allgemeine Bestimmungen.

§ 12

Nach diesem Dekret wird auch ein Ausländer bestraft, der ein in § 1 angeführtes Verbrechen oder eines der in den §§ 4 bis 9 genannten Verbrechen im Auslande begangen hat, wenn sie einem tschechoslowakischen Staatsbürger oder aber tschechoslowakischem öffentlichen oder privaten Vermögen gegenüber begangen wurden.

§ 13

(1) Eine nach diesem Dekret strafbare Handlung ist nicht dadurch gerechtfertigt, daß die Vorschriften eines anderen Rechtes als des tschechoslowakischen oder Organe, die durch eine andere als die tschechoslowakische Staatsgewalt eingesetzt wurden, sie angeordnet oder zugelassen haben, sie ist auch dadurch nicht entschuldigt, daß der Täter diese unwirksamen Vorschriften für gerechtfertigt gehalten hat.

(2) Es rechtfertigt den Täter auch nicht, daß er seine Dienstpflicht erfüllt hat, wenn er mit besonderem Eifer gehandelt und auf diese Weise in erheblichem Ausmaße den normalen Rahmen seiner Pflichten überschritten hat, oder wenn er in der Absicht tätig war, den Kriegsanstrengungen der Deutschen (ihrer Verbündeten) Vorschub zu leisten, die Kriegsanstrengungen der Tschechoslowakei (ihrer Verbündeten) zu schädigen oder zu vereiteln, oder wenn er aus anderen besonders verwerflichen Beweggründen gehandelt hat.

(3) Unwiderstehlicher Zwang durch Befehl eines Vorgesetzten befreit niemanden von der Schuld, der freiwillig Mitglied einer Organisation wurde, deren Mitgliedschaft die Ausführung eines jeden, auch eines verbrecherischen Befehls auferlegte.

§ 14

Verurteilt das Gericht wegen eines in diesem Dekret genannten Verbrechens und nimmt es nicht von einer Bestrafung Abstand (§ 16 Abs. 2), so spricht es zugleich aus:

a) daß der Verurteilte für eine bestimmte Zeit oder für immer die bürgerlichen Ehrenrechte verliert (§ 15);

b) daß der Verurteilte einen Teil der Freiheitsstrafe oder die ganze Strafe in besonderen Zwangsarbeitsabteilungen verbüßt, die durch ein besonderes Gesetz errichtet werden;

c) daß sein gesamtes Vermögen oder ein Teil seines Vermögens zugunsten des Staates verfällt.

§ 15

Der Verlust der bürgerlichen Ehrenrechte (§ 14 Buchst. a) bedeutet:

1. den dauernden Verlust von Auszeichnungen, Orden und Ehrenzeichen, von öffentlichen Anstellungen, Rängen und Funktionen, von akademischen Würden wie auch den Verlust der Ruhe- und Versorgungsbezüge, Gnadengehälter und sämtlicher sonstiger Bezüge aus öffentlichen Mitteln;

2. bei Unteroffizieren Degradierung und bei Offizieren Kassation;

3. den Verlust der Fähigkeit zum Erwerb, zur Ausübung und zum Wiedererwerb der unter Nr. 1 und 2 angeführten sowie der durch die verlorenen Ränge bedingten Rechte;

4. den Verlust des Wahlrechts und des Rechts, in eine öffentliche Funktion gewählt oder berufen zu werden oder in öffentlichen Angelegenheiten seine Stimme abzugeben;

5. den Verlust der Fähigkeit, eine Funktion in Vereinigungen (Vereinen oder anderen ähnlichen Verbänden) zu versehen;

6. den Verlust der Fähigkeit, Eigentümer, Herausgeber oder Schriftleiter eines periodischen Druckerzeugnisses zu sein oder in irgendeiner Weise bei dessen Herausgabe oder Schriftleitung mitzuwirken wie auch nichtperiodische Druckerzeugnisse zu verlegen, herauszugeben und zu veröffentlichen;

7. den Verlust der Fähigkeit, öffentliche Vorträge oder Reden zu halten;

8. den Verlust der Fähigkeit, an Erziehungs- oder künstlerischen Anstalten oder Unternehmungen zu arbeiten;

9. den Verlust der Fähigkeit, Arbeitgeber oder Mitunternehmer zu sein;

10. den Verlust der Fähigkeit, einen freien Beruf auszuüben;

11. den Verlust der Fähigkeit, Mitglied des Vorstandes (Verwaltungsrates) von Gesellschaften oder Genossenschaften zu sein;

12. den Verlust der Fähigkeit, leitender Beamter eines Privatunternehmens zu sein.

Wer die in diesem Paragraphen enthaltenen Verbote übertritt, wird durch das ordentliche Gericht wegen Übertretung mit Gefängnis von einer Woche bis zu drei Monaten bestraft.

§ 16

(1) Eine Freiheitsstrafe darf nicht unter die untere Grenze des Strafmaßes herabgesetzt, und ihre Art darf nicht in eine mildere umgewandelt werden.

(2) Das Gericht kann die Strafe auch unter die untere Grenze des Strafmaßes herabsetzen und ihre Art in eine mildere verwandeln, in besonders berücksichtigungswürdigen Fällen sogar im Urteilsspruch auf eine Bestrafung verzichten, wenn allgemein bekannt ist oder unverzüglich nachgewiesen werden kann, daß der Angeklagte in der Absicht gehandelt hat, dem tschechischen oder slowakischen Volke oder der Tschechoslowakischen Republik oder ihren Verbündeten oder einem anderen öffentlichen Interesse zu nützen, oder daß er sich später durch seine Tätigkeit um die Befreiung der Republik aus der Gewalt der Feinde, oder um die Wiedergutmachung oder die Verringerung des durch den Feind verursachten Unheils verdient gemacht hat, und daß er nach seiner Bekehrung dann auf dem Wege der Pflicht beharrte. Diese Bestimmung darf aber nicht angewendet werden, wenn der vom Täter herbeigeführte Schaden den ihm nachfolgenden gemeinen Nutzen unangemessen übersteigt.

§ 17

Die nach diesem Dekret strafbaren Verbrechen und die Vollstreckung der Strafe verjähren nicht.

§ 18

Unter der Zeit der erhöhten Bedrohung der Republik ist der Zeitraum von 21. Mai 1938 bis zu dem Tage zu verstehen, der durch eine Regierungsverordnung bestimmt wird[1].

§ 19

Die nach diesem Dekret strafbaren Verbrechen sind immer als besonders verwerflich im Sinne des § 1 Abs. 1 des Gesetzes über das Staatsgefängnis vom 16. Juli 1931, Slg. Nr. 123, anzusehen.

§ 20

Die Begünstigung der nach diesem Dekret strafbaren Verbrechen wird nach den geltenden Strafgesetzen mit folgenden Änderungen bestraft:

1. bei Verbrechen gegen den Staat wird die Begünstigung in gleicher Weise wie diese Verbrechen bestraft;

2. bei diesen Verbrechen ist auch die Begünstigung durch Verbergen nahestehender Personen (§ 39 Nr. 4 des Gesetzes zum Schutze der Republik, Slg. Nr. 50/1923) ebenso wie das Verbrechen strafbar und wird mit schwerem Kerker von einem Jahr bis zu zehn Jahren, wenn dieses Dekret jedoch das Verbrechen selbst mit der Todesstrafe belegt, mit schwerem Kerker von fünf bis zwanzig Jahren bestraft;

3. bei den übrigen Verbrechen wird die Begünstigung mit schwerem Kerker

a) von zehn bis zwanzig Jahren, wenn dieses Dekret das Verbrechen selbst mit der Todesstrafe oder mit schwerem Kerker in Dauer von mehr als zwanzig Jahren belegt,

b) von einem Jahr bis zu zehn Jahren, wenn dieses Dekret das Verbrechen selbst mit einer geringeren Strafe belegt, bestraft.

2. Hauptstück.

Die außerordentlichen Volksgerichte.

§ 21

(1) Den außerordentlichen Volksgerichten steht die Gerichtsbarkeit über alle Verbrechen zu, die nach diesem Dekret strafbar sind, wenn für sie als Täter, Mittäter, Mitschuldige, Teilnehmer oder Begünstiger die in § 2 und § 3 Abs. 2 angeführten Personen strafrechtlich verantwortlich sind; sind für sie andere Personen strafrechtlich verantwortlich, so unterstehen diese der Gerichtsbarkeit der außerordentlichen Volksgerichte dann, wenn der öffentliche Ankläger ihre Verfolgung von diesen (Gerichten) beantragt (§ 24).

(2) Die örtliche Zuständigkeit der außerordentlichen Volksgerichte bestimmt sich nach den Vorschriften der auf dem Gebiet der Republik geltenden Strafprozeßordnungen.

---

[1] Die Regierungsverordnung vom 22. November 1946, Slg. Nr. 217, setzte das Ende der Zeit der erhöhten Bedrohung der Republik auf den 31. Dezember 1946 fest.

Zusammensetzung und Sitz der außerordentlichen Volksgerichte.

§ 22

(1) Das außerordentliche Volksgericht übt seine Gerichtsbarkeit in fünfgliedrigen Senaten aus, bestehend aus einem Vorsitzenden, der Berufsrichter (Zivil- oder Militärrichter) sein muß, und vier Laienrichtern.

(2) Die Vorsitzenden der außerordentlichen Volksgerichte, ihre Stellvertreter und die Berufsrichter (Abs. 1) ernennt der Präsident der Republik auf Antrag der Regierung aus einem zu diesem Zweck von den Bezirksnationalausschüssen aufgestellten Personenverzeichnis. Aus anderen von den Bezirksnationalausschüssen aufgestellten Verzeichnissen ernennt die Regierung die Laienrichter.

(3) Es ist Sache des Vorsitzenden des außerordentlichen Volksgerichtes oder seines Stellvertreters, aus den in Absatz 2 genannten Personen die erforderliche Anzahl von Senaten samt Ersatzleuten zusammenzustellen.

(4) Die außerordentlichen Volksgerichte werden an den Sitzen der Kreisgerichte errichtet, jeder Senat des außerordentlichen Volksgerichts kann jedoch, wenn sich dies als notwendig erweist, an jedem beliebigen Ort des Gerichtssprengels tagen. Die Vollstrecker der Todesstrafe samt der erforderlichen Anzahl von Gehilfen bestellt der Ortsnationalausschuß am Sitze des Kreisgerichts.

(5) Durch Regierungsverordnung wird bestimmt, welches Gelöbnis die Laienrichter ablegen werden und welcher Ersatz der Auslagen und des entgangenen Gewinns ihnen zusteht.

§ 22 a[1]

(1) Es ist eine Bürgerpflicht, das Amt des Laienrichters zu übernehmen und zu bekleiden. Verletzt ein Laienrichter ohne triftige Gründe diese Pflicht insbesondere dadurch, daß er einer Hauptverhandlung ohne ausreichende Entschuldigung fernbleibt, obwohl er ordnungsgemäß geladen war, oder daß er sich ohne Einwilligung des Senatsvorsitzenden vor Schluß der Hauptverhandlung entfernt, auferlegt ihm der Vorsitzende als Ordnungsstrafe eine Geldstrafe bis zu 10 000 Kčs oder Gefängnis bis zu acht Tagen und je nach den Umständen auch den Ersatz der Kosten der vereitelten Hauptverhandlung. Gegen dieses Erkenntnis kann der Betroffene innerhalb von acht Tagen Einspruch erheben, über den der Vorsitzende des außerordentlichen Volksgerichts endgültig entscheidet.

(2) Die Geldstrafe fällt an die Staatskasse.

§ 23

Bei der Abstimmung geben zuerst die Laienrichter die Stimme ab, und zwar die älteren vor den jüngeren.

Der öffentliche Ankläger.

§ 24

(1) Den öffentlichen Ankläger der außerordentlichen Volksgerichte ernennt die Regierung oder in ihrem Auftrag der Justizminister für einen

[1] § 22 a wurde durch Gesetz vom 18. Dezember 1946 eingefügt.

bestimmten Zeitraum, für bestimmte Fälle, oder für die ganze Zeit der Tätigkeit der Gerichte aus den Staatsanwälten oder aus anderen Personen, die den juristischen Doktorgrad erlangt oder die drei juristischen Staatsprüfungen, zumindest aber die judizielle Staatsprüfung abgelegt haben, sofern sie in den zu diesem Zweck von den Bezirksnationalausschüssen aufgestellten Verzeichnissen enthalten sind.

(2) Die öffentlichen Ankläger bei den außerordentlichen Volksgerichten unterstehen dem Justizminister.

Das Verfahren vor den außerordentlichen Volksgerichten.

§ 25

(1) Für das Verfahren vor den außerordentlichen Volksgerichten gelten die Grundsätze des Verfahrens vor den Standgerichten, und zwar in der in den §§ 26 bis 31 dieses Dekretes enthaltenen Fassung. In den Fällen, in denen das Dekret auf die Vorschriften des ordentlichen Verfahrens verweist, sind die Vorschriften der geltenden Strafprozeßordnung gemeint.

(2) Wurde der Angeklagte durch ein Urteil des außerordentlichen Volksgerichts freigesprochen, so ist dadurch seine Verfolgung vor dem zuständigen ordentlichen Gericht, gegebenenfalls vor dem Staatsgericht nach dem Gesetz Nr. 68/1935, oder vor dem für die Rechtssprechung über militärischen Verrat nach dem Gesetz Slg. Nr. 130/1936 und der Regierungsverordnung Slg. Nr. 238/1937 zuständigen Kreisgericht nicht ausgeschlossen. Dieses Gericht urteilt über die Angelegenheit von neuem im ordentlichen Verfahren, wobei die materiell-rechtlichen Bestimmungen dieses Dekretes (§§ 1 bis 20) gelten, in gleicher Weise als ob die schuldige Person gleich von vornherein vor das ordentliche Gericht (§ 21) gestellt worden wäre. Der Antrag, gegen den Beschuldigten auf diese Weise zu verfahren, muß jedoch spätestens innerhalb von drei Monaten vom Tage des freisprechenden Urteils eingebracht werden.

§ 26[1]

(1) Das Verfahren vor dem außerordentlichen Volksgericht wird auf Antrag des öffentlichen Anklägers eingeleitet (§ 24). Schwangere Frauen dürfen nicht vor ein außerordentliches Volksgericht gestellt werden, solange dieser ihr Zustand dauert.

(2) Das ganze Strafverfahren findet in der Regel von Anfang bis zum Ende vor dem außerordentlichen Volksgericht in Form einer Hauptverhand-

---

[1] § 26 Abs. 2 und 3 wurden durch das Gesetz vom 24. Januar 1946, Slg. Nr. 22, abgeändert; ursprünglich lauteten die beiden Absätze folgendermaßen:
„(2) Das ganze Verfahren gegen einen einzelnen Angeklagten findet, soweit möglich, ohne Unterbrechung von Anfang bis zum Ende vor dem außerordentlichen Volksgericht statt. Das Verfahren gegen einen einzelnen Angeklagten darf nicht länger als drei Tage dauern. Diese Frist beginnt in dem Augenblick, in dem der Angeklagte vor Gericht gestellt wurde.
(3) Gelangt das Volksgericht innerhalb einer Frist von drei Tagen zu keinem Urteil, so tritt es die Angelegenheit an das zuständige ordentliche Gericht ab (§ 23 Abs. 2). In diesem Falle entscheidet es auch darüber, ob der Angeklagte in Haft zu belassen ist."

lung, soweit möglich ohne Unterbrechung, statt und muß innerhalb von drei Tagen, gerechnet von dem Augenblick, in dem der Angeklagte vor das Gericht gestellt wurde, vollendet sein. Ist das außerordentliche Volksgericht innerhalb dieser Frist zu keinem Urteil gelangt, so tritt es die Angelegenheit an das zuständige ordentliche Gericht ab (§ 25 Abs. 2). Auch nach Ablauf dieser Frist ist jedoch das Verfahren vor dem außerordentlichen Volksgericht fortzusetzen, wenn dies der öffentliche Ankläger beantragt.

(3) In der Vorerhebung oder in der Voruntersuchung, die dem Verfahren vor dem außerordentlichen Volksgericht möglicherweise vorangeht, hat der öffentliche Ankläger die Rechte und Pflichten des Staatsanwalts.

(4) Ist der Angeklagte nicht erschienen oder kann er aus irgendwelchen Gründen nicht vor Gericht erscheinen, so kann der öffentliche Ankläger beantragen, daß die Hauptverhandlung in Abwesenheit des Angeklagten stattfindet. In einem solchen Falle hat das Gericht einen Offizialverteidiger zu bestellen.

§ 27

Das Verfahren vor dem außerordentlichen Volksgericht ist mündlich und öffentlich. Der Angeklagte hat das Recht, sich selbst einen Verteidiger zu wählen oder das Gericht zu ersuchen, ihm einen Verteidiger zu bestellen, wenn er mittellos ist. Macht der Angeklagte von seinem Recht keinen Gebrauch, so bestellt ihm das Gericht einen Offizialverteidiger. Sowohl der Angeklagte wie auch das Gericht können mit der Verteidigung eine nicht in die Liste der Verteidiger eingetragene Person betrauen, welche das Doktorat der Rechte erworben oder die drei juristischen Staatsprüfungen, zumindest aber die judizielle Staatsprüfung, abgelegt hat.

§ 28

(1) Die Hauptverhandlung vor dem außerordentlichen Volksgericht wird nach Aufruf der Sache und Feststellung der Personalien mit der Darlegung des öffentlichen Anklägers, welche Taten dem Angeklagten zur Last gelegt werden, eröffnet. Die Vernehmung des Angeklagten und die Beweiserhebung richten sich im allgemeinen nach den Vorschriften der Strafprozeßordnung. Die Vernehmungsprotokolle der Mitschuldigen und Zeugen und die Gutachten der Sachverständigen können jederzeit verlesen werden, wenn der Vorsitzende des Senats ihre Verlesung für zweckmäßig erachtet.

(2) Das Verfahren beschränkt sich in der Regel auf die Tat oder die Taten, für die der Angeklagte vor das außerordentliche Volksgericht gestellt wurde. Taten, die nach diesem Dekret nicht strafbar sind, dürfen somit nicht berücksichtigt werden. Werden sie später im Verfahren vor dem außerordentlichen Volksgericht oder vor dem ordentlichen Gericht, gegebenenfalls vor dem Staatsgericht oder vor dem für die Rechtsprechung über militärischen Verrat zuständigen Kreisgericht verfolgt, so ist die durch das außerordentliche Volksgericht bereits verhängte Freiheitsstrafe bei der Bemessung der Strafe zu berücksichtigen.

(3) Das Verfahren vor den außerordentlichen Volksgerichten darf durch die Feststellung der Ansprüche auf Ersatz des durch die Straftat verursachten Schadens nicht verzögert werden.

(4) Die Ermittlung der Mitschuldigen darf zwar nicht verabsäumt werden, die Verkündung und Vollstreckung des Urteils darf dadurch jedoch nicht aufgeschoben werden.

(5) Nach Beendigung des Beweisverfahrens wertet der öffentliche Ankläger dessen Ergebnisse aus und stellt seinen Schlußantrag. Daraufhin erteilt der Vorsitzende das Wort dem Angeklagten und seinem Verteidiger zum Vortrag der Verteidigung. Wenn der öffentliche Ankläger auf deren Ausführungen antwortet, haben der Angeklagte und sein Verteidiger das Recht auf ein Schlußwort.

§ 29

(1) Danach beschließt das Gericht in nichtöffentlicher Beratung das Urteil, wobei es sich nach den einschlägigen Vorschriften über das ordentliche Verfahren richtet, soweit dieses Dekret nichts anderes bestimmt. Für den Beschluß, durch den die Strafe unter die untere Grenze des Strafsatzes herabgesetzt oder die Strafart in eine leichtere umgewandelt oder aber von einer Bestrafung Abstand genommen wird (§ 16 Abs. 2), sind jedoch vier Stimmen erforderlich[1].

(2) Stützt sich der Schuldspruch bei einem Verbrechen, für das dieses Dekret die Todesstrafe vorsieht, nur auf drei Stimmen oder ist das Gericht der Auffassung, daß Umstände vorliegen, die die Todesstrafe unverhältnismäßig hart erscheinen lassen, kann das Gericht als Strafe schweren Kerker von zwanzig Jahren bis lebenslänglich verhängen und unter den in § 16 Abs. 2 angegebenen Voraussetzungen auch diese Bestimmung heranziehen. Die Vorschriften des Absatzes 1 Satz 2 gelten auch hier[2].

(3) Das Urteil ist sofort in einer öffentlichen Sitzung des Gerichtes zu verkündigen.

§ 30

Über das Verfahren vor dem außerordentlichen Volksgericht wird ein Protokoll nach den Vorschriften über das ordentliche Verfahren angefertigt. Dieses Protokoll unterzeichnen alle Mitglieder des Senates und der Schriftführer.

§ 31[3]

(1) Gegen ein Urteil der außerordentlichen Volksgerichte gibt es keine ordentlichen Rechtsmittel. Ein von wem immer eingereichtes Gnadengesuch hat keine aufschiebende Wirkung.

---

[1] Satz 2 wurde durch das Gesetz vom 18. Dezember 1946 hinzugefügt.

[2] Dieser Satz wurde durch das Gesetz vom 18. Dezember 1946 hinzugefügt.

[3] Vor der Neufassung durch das Gesetz vom 24. Januar 1946 hatte § 31 folgenden Wortlaut:

(1) Gegen ein Urteil der außerordentlichen Volksgerichte gibt es keine Rechtsmittel. Ein von wem immer eingereichtes Gnadengesuch hat keine aufschiebende Wirkung.

(2) Die Todesstrafe wird in der Regel innerhalb von zwei Stunden nach der Verkündigung vollstreckt. Auf ausdrückliches Ansuchen des Verurteilten kann die Frist um eine weitere Stunde verlängert werden. Wurde das Verfahren in Abwesenheit des Angeklagten abgehalten, so wird das Todesurteil innerhalb von 24 Stunden nach der Ergreifung des Täters vollstreckt.

(3) Das außerordentliche Volksgericht kann auch entscheiden, daß die Todesstrafe öffentlich vollzogen wird. Dies geschieht insbesondere dann, wenn die

(2) Die Todesstrafe wird innerhalb von zwei Stunden nach der Verkündigung des Urteils vollstreckt. Auf ausdrückliches Ansuchen des Verurteilten kann die Frist um eine weitere Stunde verlängert werden. Wurde das Verfahren in Abwesenheit des Angeklagten durchgeführt, so wird die Todesstrafe innerhalb von 24 Stunden nach der Ergreifung des Verurteilten vollstreckt. Die Vollstreckung der Todesstrafe ist jedoch für einen angemessenen Zeitraum aufzuschieben, wenn dies der öffentliche Ankläger auf Grund eines wichtigen öffentlichen Interesses verlangt.

(3) Die Nichtigkeitsbeschwerde zur Wahrung des Gesetzes ist zulässig.

(4) Über den Antrag auf Wiederaufnahme des Strafverfahrens entscheidet der Gerichtshof erster Instanz, der in der Sache entschieden hat. Dabei richtet er sich nach den Bestimmungen der Strafprozeßordnung über die Wiederaufnahme des Strafverfahrens. Die neue Hauptverhandlung erfolgt jedoch unter den in § 21 angeführten Voraussetzungen vor dem außerordentlichen Volksgericht.

Übergangs- und Schlußbestimmungen.

§ 32

(1) Die Bestimmungen des Gesetzes vom 3. Mai 1934, Slg. Nr. 91, betreffend die Verhängung der Todesstrafe und die lebenslangen Strafen, gelten nicht für die nach diesem Gesetz strafbaren Verbrechen.

(2) Die Bestimmungen des Gesetzes vom 11. März 1931, Slg. Nr. 48, über die Jugendstrafgerichtsbarkeit, bleiben in Geltung.

(3) Soll das Verfahren über Straftaten, die nach diesem Dekret strafbar sind, vor einem ordentlichen Gericht stattfinden und handelt es sich um eine Tat, für die sonst das Schwurgericht zuständig sein würde, so findet das ganze Verfahren vor dem Gerichtshof erster Instanz nach den Vorschriften über das Verfahren bei den diesem Gerichtshof zugewiesenen Straftaten statt[1].

§ 33

Die Wirksamkeit dieses Dekretes wird auf den Zeitraum eines Jahres festgesetzt, gerechnet vom Tage der Kundmachung, es sei denn, daß die gesetzgebenden Gewalten es abändern oder ergänzen oder aber die Zeit seiner Wirksamkeit verkürzen oder verlängern[2].

---

grausame Art, in der das Verbrechen begangen wurde, oder der ruchlose Charakter des Täters, die Zahl seiner Verbrechen oder seine Stellung für eine öffentliche Vollstreckung des Urteils sprechen. In diesem Falle kann das Gericht, um die Öffentlichkeit des Strafvollzuges zu gewährleisten, die Frist von zwei Stunden verlängern, jedoch nicht über 24 Stunden hinaus.

[1] Abs. 3 wurde durch das Gesetz vom 18. Dezember 1946 hinzugefügt.

[2] Das Dekret vom 19. Juni 1945 wurde am 9. Juli 1945 veröffentlicht. Seine Genehmigung, Abänderung und Ergänzung erfolgte durch die Gesetze vom 24. Januar 1946, Slg. Nr. 22, verkündet am 19. Februar 1946, und vom 18. Dezember 1946, Slg. Nr. 245, in Kraft getreten am 9. Januar 1947.

§ 34

Die Durchführung dieses Dekretes wird allen Mitgliedern der Regierung übertragen[1].

Dr. Beneš e. h.
Fierlinger e. h.

David e. h.
Gottwald e. h.
Široký e. h.
Dr. Šrámek e. h.
Ursíny e. h.
Gen. Svoboda e. h.
Dr. Ripka e. h.
Nosek e. h.
Dr. Šrobár e. h.
Dr. Nejedlý e. h.
Dr. Stránský e. h.
Kopecký e. h.
Laušman e. h.
Ďuriš e. h.
Dr. Pietor e. h.
Gen. Hasal e. h.
Hála e. h.
Dr. Šoltész e. h.
Dr. Procházka e. h.
Majer e. h.
Dr. Clementis e. h.
auch für Min. Masaryk
Gen. Dr. Ferjenčík e. h.
Lichner e. h.

1 In der Slowakei erging eine Verordnung des Slowakischen Nationalrates vom 15. Mai 1945 über die Bestrafung der faschistischen Verbrecher, Okkupanten, Verräter und Kollaboranten sowie über die Errichtung einer Volksgerichtsbarkeit (Slg. d. Vo. des Slowakischen Nationalrates Nr. 33). Diese Verordnung wurde abgeändert und ergänzt durch die Verordnungen des Slowakischen Nationalrates vom 25. Juli 1945 (Slg. d. Vo. des Slowakischen Nationalrates Nr. 83) und vom 14. Mai 1946 (Slg. d. Vo. des Slowakischen Nationalrates Nr. 57); der vollständige abgeänderte Wortlaut der Verordnung wurde durch die Kundmachung des Beauftragten für Justiz vom 14. Mai 1946 veröffentlicht (Slg. d. Vo. des Slowakischen Nationalrates Nr. 58). — Eine Durchführungsverordnung hierzu erging am 5. Juni 1945 (Slg. d. Vo. des Slowakischen Nationalrates Nr. 55), das Verfahren wurde in der Verordnung vom 19. Dezember geregelt (Slg. d. Vo. des Slowakischen Nationalrates Nr. 88).

Dekret des Präsidenten der Republik vom 21. Juni 1945 über die Konfiskation und beschleunigte Aufteilung des landwirtschaftlichen Vermögens der Deutschen, Madjaren, wie auch der Verräter und Feinde des tschechischen und des slowakischen Volkes.

Slg. Nr. 12.

Um dem Rufe der tschechischen und slowakischen Bauern und Landlosen nach einer konsequenten Verwirklichung einer neuen Bodenreform entgegenzukommen und geleitet vor allem von dem Streben, ein für allemal den tschechischen und slowakischen Boden aus den Händen der fremden deutschen und madjarischen Gutsbesitzer wie auch aus den Händen der Verräter der Republik zu nehmen und ihn in die Hände des tschechischen und slowakischen Bauerntums und der Landlosen zu geben, bestimme ich auf Vorschlag der Regierung:

§ 1

(1) Mit augenblicklicher Wirksamkeit und entschädigungslos wird für die Zwecke der Bodenreform das landwirtschaftliche Vermögen enteignet, das im Eigentum steht:

a) aller Personen deutscher und madjarischer Nationalität, ohne Rücksicht auf die Staatsangehörigkeit,

b) der Verräter und Feinde der Republik, gleichgültig welcher Nationalität und Staatsangehörigkeit, die diese Feindschaft vor allem während der Krise und des Krieges in den Jahren 1938 bis 1945 bekundet haben,

c) von Aktien- und anderen Gesellschaften und Korporationen, deren Leitung vorsätzlich und planmäßig der deutschen Kriegführung oder faschistischen und nazistischen Zielen gedient hat.

(2) Personen deutscher und madjarischer Nationalität, die sich aktiv am Kampf für die Wahrung der Integrität und die Befreiung der Tschechoslowakischen Republik beteiligt haben, wird das landwirtschaftliche Vermögen nach Absatz 1 nicht konfisziert.

(3) Darüber, ob eine Ausnahme nach Absatz 2 zulässig ist, entscheidet auf Antrag der zuständigen Bauernkommission der zuständige Bezirksnationalausschuß. Zweifelhafte Fälle legt der Bezirksnationalausschuß dem Landesnationalausschuß vor, der sie mit seinem Gutachten zur endgültigen Entscheidung an das Landwirtschaftsministerium weiterleitet, welches im Einvernehmen mit dem Innenministerium entscheidet.

§ 2

(1) Als Personen deutscher oder madjarischer Nationalität gelten Personen, die sich bei irgendeiner Volkszählung seit 1929 zur deutschen oder madjarischen Nationalität bekannten oder Mitglieder nationaler Gruppen,

Formationen oder politischen Parteien wurden, die sich aus Personen deutscher oder madjarischer Nationalität zusammensetzten.

(2) Ausnahmen von der Vorschrift des Absatzes 1 werden durch ein besonderes Dekret festgesetzt.

§ 3

(1) Als Verräter und Feinde der Tschechoslowakischen Republik sind zu betrachten:

a) Personen, die kollektiv oder individuell eine gegen die staatliche Souveränität, die Selbständigkeit, die Integrität, die demokratisch-republikanische Staatsform, die Sicherheit und Verteidigung der Tschechoslowakischen Republik gerichtete Tätigkeit entfaltet haben, die zu einer solchen Tätigkeit aufreizten oder andere Personen dazu zu verleiten suchten und planmäßig und aktiv auf irgendeine Art die deutschen und madjarischen Okkupanten unterstützt haben,

b) von den juristischen Personen diejenigen, deren Leitung planmäßig und aktiv der deutschen oder madjarischen Kriegführung oder den faschistischen und nazistischen Zielen diente.

(2) Darüber, ob eine physische oder juristische Person unter die Vorschriften des Absatzes 1, Buchst. a), b) fällt, entscheidet auf Antrag des zuständigen Bezirksnationalausschusses der Landesnationalausschuß, in dessen Gebiet die betreffende Liegenschaft gelegen ist. Zweifelhafte Fälle legt der Landesnationalausschuß zur endgültigen Entscheidung dem Landwirtschaftsministerium vor, das im Einvernehmen mit dem Innenministerium entscheidet.

§ 4

Unter landwirtschaftlichem Vermögen (§ 1 Abs. 1) ist zu verstehen: der land- und forstwirtschaftlich genutzte Boden, zu ihm gehörende Gebäude und Einrichtungen, die der eigenen land- und forstwirtschaftlichen Wirtschaftsführung dienenden Betriebe, wie auch das bewegliche Zubehör (lebendes und totes Inventar) und alle Rechte, die mit dem Besitz des konfiszierten Vermögens und seiner Teile verbunden sind.

§ 5

(1) Ist das nach § 1 konfiszierte landwirtschaftliche Vermögen vermietet (verpachtet), erlöschen alle Miet- (Pacht-) verträge. Ist jedoch der Mieter (Pächter) eine Person, die einen Anspruch auf Zuteilung von Boden hat (§ 7 Abs. 1), kann ihr die bisherige Nutzung bis zum Ende des Wirtschaftsjahres überlassen werden. Wird das vermietete (verpachtete) landwirtschaftliche Vermögen aus irgendwelchen Gründen nicht zugeteilt, so zahlt der Mieter (Pächter) den Mietzins (Pachtschilling) dem Nationalen Bodenfond (§ 6 Abs. 1). Soweit von der Konfiskation physische oder juristische Personen betroffen sind, die nicht unter § 3 fallen, gewährt ihnen der Nationale Bodenfond auf Antrag des Ortsnationalausschusses Ersatz für laufende Kosten und Investitionen.

(2) Patronatsrechte und -pflichten, die an den nach § 1 konfiszierten landwirtschaftlichen Vermögenswerten haften, gehen mit dem Tage der

Konfiskation unter. In besonders berücksichtigungswerten Fällen gewährt der Nationale Bodenfond eine Entschädigung.

(3) Die Frage der Schulden und Ansprüche, die an den konfiszierten Vermögenswerten (§ 1) haften, wird durch Regierungsverordnung geregelt. Löhne, Pensionen, Abgaben und andere laufende Ausgaben legt bis auf weiteres der nationale Verwalter aus.

§ 6

(1) Auf Grund von § 1 konfisziertes landwirtschaftliches Vermögen wird bis zur Übergabe an die Zuteilungsempfänger vom Nationalen Bodenfond beim Landwirtschaftsministerium verwaltet, der hiermit errichtet wird. Die Regierung wird ermächtigt, das Statut dieses Fonds zu erlassen.

(2) Zusammenhängende Waldflächen im Ausmaß über 50 ha, die nach § 1 konfisziert sind, übernimmt der Staat. Falls die konfiszierten Waldflächen nicht mit dem staatlichen Waldboden zu einem zusammenhängenden Ganzen vereinigt werden können und falls sie 100 ha nicht übersteigen, übergibt sie der Nationale Bodenfond dem zuständigen Nationalausschuß.

§ 7

(1) Von dem durch den Nationalen Bodenfond verwalteten landwirtschaftlichen Vermögen ist Boden an Personen slawischer Nationalität als Eigentum zuzuteilen:

a) an Deputanten und landwirtschaftliche Arbeiter im Ausmaße bis zu 8 ha Ackerland, oder bis zu 12 ha landwirtschaftlichen Boden entsprechend seiner Bonität,

b) an Kleinlandwirte in einem Ausmaße, das ihnen das bisher in ihrem Eigentum stehende Grundeigentum höchstens auf 8 ha Ackerland oder bis zu 12 ha landwirtschaftlichem Boden entsprechend seiner Bonität ergänzt,

c) an vielköpfige Landwirtsfamilien in einem Ausmaße, das ihnen das bisher in ihrem Eigentum stehende Grundvermögen höchstens bis zu 10 ha Ackerland oder bis zu 13 ha landwirtschaftlichem Boden entsprechend seiner Bonität ergänzt,

d) an Gemeinden und Bezirke für öffentliche Zwecke,

e) an Bau-, Landwirtschafts- und andere Genossenschaften, welche aus den nach den Buchst. a), b), c) und f) berechtigten Bewerbern bestehen,

f) an Arbeiter, öffentliche und private Angestellte und Kleingewerbetreibende für den Bau von Eigenheimen oder für die Anlage von Gärten bis höchstens 0,5 ha.

(2) In Bezirken mit einer überwiegenden Bevölkerungsmehrheit deutscher Nationalität bleibt der Boden unter der Verwaltung des Nationalen Bodenfonds für die Erfordernisse der Innenkolonisation, wenn nicht genügend nach Abs. 1 Buchst. a) bis f) qualifizierte Bewerber tschechischer oder anderer slawischer Nationalität vorhanden sind.

(3) Waldboden bis zu 50, bzw. bis zu 100 ha (§ 6 Abs. 2) kann Gemeinden und Waldgenossenschaften zugeteilt werden. Dieser Boden unterliegt der Staatsaufsicht.

(4) Konfiszierte Gebäude, Einrichtungen, die der eigenen land- und forstwirtschaftlichen Wirtschaftsführung dienen, Betriebe der landwirtschaftlichen Industrie, Parkanlagen, Denkwürdigkeiten, Archive u. ä. wie auch alle konfiszierten Liegenschaften können, sofern sie nicht öffentlich-rechtlichen Subjekten zugeteilt werden, als Eigentum zugeteilt werden:

a) an Genossenschaften, die von berechtigten Bewerbern zum Zwecke gemeinsamer Nutzung gebildet werden,

b) ausnahmsweise an die in Abs. 1 Buchst. a) bis c) angeführten einzelnen (Zuteilungsempfänger).

(5) Darüber, ob konfisziertes Vermögen Genossenschaften oder Einzelnen zugeteilt wird, ist nach § 9 zu entscheiden.

(6) Ein Vorzugsrecht auf Zuteilung haben Personen, die sich im nationalen Befreiungskampf ausgezeichnet und verdient gemacht haben, insbesondere Soldaten und Partisanen, ehemalige politische Häftlinge und Deportierte und ihre Familienangehörigen und gesetzlichen Erben, wie auch durch den Krieg geschädigte Bauern. Das Vorzugsrecht ist gehörig nachzuweisen.

§ 8

Das gemäß § 7 zugeteilte Vermögen darf nur mit vorhergehender Genehmigung des Nationalen Bodenfonds veräußert, verpachtet oder belastet werden.

§ 9

(1) Beim örtlichen Nationalausschuß, in dessen Bezirk sich konfisziertes Vermögen befindet, wählen die nach § 7 Abs. 1 Buchst. a), b), c), d) und f) zuständigen Bewerber eine höchstens aus 10 Mitgliedern bestehende örtliche Bauernkommission.

(2) Vertreter der örtlichen Bauernkommissionen wählen auf einer Versammlung eine Bezirks-Bauernkommission beim Bezirksnationalausschuß, die höchstens 10 Mitglieder haben darf.

(3) Die örtliche Bauernkommission arbeitet einen Zuteilungsplan mit einem Entschädigungsantrag (§ 10) für das zugeteilte Vermögen aus und legt ihn der Bezirks-Bauernkommission zur Genehmigung vor.

(4) Die Bezirks-Bauernkommission prüft die vorgelegten Zuteilungspläne und Vergütungsanträge und arbeitet auf ihrer Grundlage einen Zuteilungsplan und Vergütungsentwurf für den ganzen Bezirk aus. Besteht zwischen den von den einzelnen örtlichen Bauernkommissionen vorgelegten Zuteilungsplänen und Vergütungsanträgen kein Widerspruch oder wird zwischen ihnen eine Übereinstimmung erreicht, so ist der Bezirks-Zuteilungsplan und -Vergütungsentwurf nach Genehmigung gemäß Abs. 5 rechtswirksam.

(5) Der Zuteilungsplan der Bezirks-Bauernkommission wird mit dem Vergütungsentwurf unverzüglich dem Landesnationalausschuß vorgelegt, der sie mit seinem Gutachten an das Landwirtschaftsministerium weiterleitet, das den Zuteilungsplan mit dem Vergütungsentwurf abändern kann, wenn wichtige öffentliche oder nationale Interessen bedroht oder die Vorschriften des § 7 Abs. 1 Buchst. a) bis f) nicht beachtet wurden. Soweit

es sich um landwirtschaftliche Industriebetriebe handelt (§ 7 Abs. 4), trifft das Landwirtschaftsministerium, falls es um eine Zuteilung gemäß § 7 Abs. 4 Buchst. b) geht, die entsprechende Entscheidung in Übereinstimmung mit dem Ernährungsministerium.

(6) Kann die Bezirks-Bauernkommission die Widersprüche zwischen den Zuteilungsplänen und Vergütungsanträgen der örtlichen Bauernkommissionen nicht beilegen und kommt kein Kompromiß zustande oder entsteht zwischen den Bezirks-Bauernkommissionen benachbarter Gebiete Uneinigkeit, so legt die Bezirks-Bauernkommission die Angelegenheit dem Landesnationalausschuß vor, der sie mit seinem Gutachten an das Landwirtschaftsministerium zur endgültigen Entscheidung weiterleitet.

(7) Das Landwirtschaftsministerium und der Landesnationalausschuß entsenden zu den Bezirks-Bauernkommissionen Hilfsorgane, die bei den technischen Zuteilungsarbeiten Hilfe leisten.

§ 10

(1) Der Vergütungsantrag ist nach der Ertragsfähigkeit, der Lage, der Entfernung und dem Bebauungsstand (Düngung, Saat und Bepflanzung) und nach den Vermögens- und Familienverhältnissen des Zuteilungsempfängers festzusetzen, und zwar:

a) mindestens in der Höhe des Wertes einer Durchschnitts-Jahresernte auf dem beantragten Ausmaß des Bodens,

b) höchstens in der Höhe von zwei Durchschnitts-Jahresernten auf dem beantragten Ausmaß des Bodens,

c) die Vergütung für die zugeteilten Gebäude ist in Höhe von 1 bis 3 Jahresmieten der zugewiesenen Gebäude festzusetzen. Die Miete kann in jedem Falle in Naturalien ausgedrückt werden.

(2) Die Vergütung für das zugeteilte lebende oder tote Inventar und andere Einrichtungen ist nach den Richtlinien festzusetzen, die die Landesnationalausschüsse ausarbeiten und das Landwirtschaftsministerium genehmigt.

§ 11

(1) Die festgesetzte Vergütung wird abgezahlt:

1. auf einmal spätestens innerhalb von 12 Monaten seit der Besitzübernahme der Zuteilung in Geld oder in Naturalien, oder

2. in Geld- oder in Naturalienraten, und zwar:

a) 10 % der Vergütung für den Boden und für das Zubehör ist bei der Übernahme des zugeteilten Bodens zu zahlen. Auf Antrag der örtlichen Bauernkommission, der schon im Zuteilungsplan (§ 9) einzureichen ist, kann der Nationale Bodenfond den Aufschub der ersten Rate auf höchstens drei Jahre bewilligen;

b) die Restzahlung der Vergütung ist fällig nach einem Abzahlungsplan, der vom Nationalen Bodenfond ausgefertigt wird, spätestens innerhalb von 15 Jahren vom Tage der Übernahme des zugeteilten Eigentums.

(2) In besonders berücksichtigungswerten und sozial begründeten Fällen kann der Nationale Bodenfond auf Antrag der Bauernkommission dem Zuteilungsempfänger die Vergütung erlassen und das betreffende landwirtschaftliche Vermögen vor allem Personen, die ein Vorzugsrecht auf Zuteilung (§ 7 Abs. 6) haben, unentgeldlich zuteilen.

§ 12

Die Vergütung zahlen die Zuteilungsempfänger an den Nationalen Bodenfonds nach einem von ihm erlassenen Plan. Sie wird zur Abdeckung der Schulden und Verpflichtungen verwendet, die auf dem konfiszierten Vermögen ruhen, soweit diese Schulden und Verpflichtungen anerkannt und übernommen werden, weiterhin zum Ersatz der Kriegsschäden und der Schäden, die dem Vermögen von Personen, welche während der Zeit der Okkupation aus nationalen, politischen und rassischen Gründen verfolgt wurden, zugefügt wurden, zur Hebung der landwirtschaftlichen Produktion und für die Innenkolonisation. Eventuelle Überschüsse des Nationalen Bodenfonds fallen an die Staatskasse.

§ 13

(1) In der nach § 10 festgesetzten Vergütung sind alle Ausgaben und Gebühren, die mit der Konfiskation (§ 1), der Zuteilung (§ 7) und der bücherlichen Übertragung des konfiszierten Vermögens verbunden sind, einbegriffen.

(2) Die Eintragung der Zuteilung in die Grundbücher besorgt der Nationale Bodenfond auf eigene Kosten.

(3) Die Vermögensübertragungen nach diesem Dekret sind von Gebühren und Abgaben befreit.

§ 14

Dieses Dekret tritt in den Ländern Böhmen und Mähren-Schlesien mit dem Tage der Verkündigung in Kraft[1]; seine Durchführung obliegt den Ministern der Landwirtschaft, der Finanzen, der Justiz, des Inneren und für Ernährung.

Dr. Beneš e. h.

Fierlinger e. h.

Nosek e. h. — Dr. Stránský e. h.

Dr. Šrobár e. h. — Ďuriš e. h.

Majer e. h.

---

1 Veröffentlicht am 23. Juni 1945.
In der Slowakei war die entsprechende Regelung durch die Verordnung des Präsidiums des Slowakischen Nationalrates vom 27. Februar 1945 (Slg. d. Vo. des Slowakischen Nationalrates Nr. 4) getroffen worden; an ihre Stelle trat die Verordnung des Slowakischen Nationalrates vom 23. August 1945 (Slg. d. Vo. des Slowakischen Nationalrates Nr. 104), deren Wortlaut im wesentlichen dem vorstehenden Dekret entspricht (abgeändert durch die Vo. des Slowakischen Nationalrates vom 14. Mai 1946, Slg. d. Vo. des Slowakischen Nationalrates Nr. 64, und vom 19. Dezember 1947, Slg. d. Vo. des Slowakischen Nationalrates Nr. 89). Der vollständige Wortlaut dieser Verordnung wurde durch die Bekanntmachung vom 24. Dezember 1947 (Slg. d. Vo. des Slowakischen Nationalrates Nr. 1/1948) veröffentlicht.

Bekanntmachung des Finanzministeriums vom 22. Juni 1945, Gesch. Z. 461/45-IV/5 über die Sicherstellung des deutschen Vermögens.

Amtsblatt[1] Nr. 83.

Das Finanzministerium verordnet gemäß § 23 Abs. 1 der Regierungsverordnung vom 23. Juni 1939, Slg. Nr. 155, durch die eine Devisenordnung erlassen wird:

I.

§ 1

Auszahlungen oder Überweisungen aller Art aus Einlagen oder Konten, welche bei den Geldinstituten für Deutsche, für deutsche Unternehmungen und deutsche Institutionen gleich welcher Art geführt werden, sind verboten. Ausnahmen können nur das Finanzministerium oder die von ihm ermächtigten Behörden bewilligen.

§ 2

(1) Eine solche Bewilligung ist nicht erforderlich für Auszahlungen von Konten deutscher Unternehmungen, wenn es sich um die Deckung der tatsächlichen Betriebskosten dieses Unternehmens handelt, deren Notwendigkeit dem die Auszahlung vornehmenden Geldinstitut durch Vorlage von glaubhaften Belegen nachgewiesen wird.

(2) Das die Auszahlung vornehmende Geldinstitut ist verpflichtet, die Ausführung der Auszahlung auf dem vorgelegten Beleg zu vermerken und ein Verzeichnis der Auszahlungen zu führen.

§ 3

Jegliche Übertragung inländischer Einlage- (Spar-) Bücher und Einlagescheine, welche Deutschen (deutschen Unternehmungen oder deutschen Institutionen) gehören, auf andere Personen ist verboten. Ausnahmen können nur das Finanzministerium oder die von ihm ermächtigten Behörden bewilligen.

II.

§ 4

Entnahmen aus Schließfächern und Depositen, wie auch die Entnahme von Kautionen, welche Deutschen (deutschen Unternehmungen und deutschen Institutionen) gehören, sind verboten.

Ausnahmen können nur das Finanzministerium und die von ihm ermächtigten Behörden bewilligen.

III.

§ 5

(1) Sämtliche Zahlungen zugunsten von Deutschen (von deutschen Unternehmungen und deutschen Institutionen) dürfen nur auf ein Sperrkonto

[1] „Úřední list Československé republiky" (Amtsblatt der Tschechoslowakischen Republik).

des Empfängers bei irgendeiner Geldanstalt erfolgen, welche dazu vom Finanzministerium ermächtigt wird.

(2) Einer solchen Ermächtigung bedürfen Devisenbanken mit tschechischer Verwaltung nicht.

§ 6

Von der Hinterlegung auf ein Sperrkonto (§ 5) sind befreit

a) Auszahlungen von Löhnen, Dienstbezügen und Pensionen, wie auch der Kranken-, Invaliden- und Sozialunterstützungen, welche den Gesamtbetrag von 200 K monatlich nicht übersteigen. Beträge, welche diese Grenze übersteigen, müssen auf ein Sperrkonto hinterlegt werden (§ 5),

b) Zahlungen für Waren des laufenden täglichen Bedarfs und für Leistungen beim Betrieb eines Unternehmens oder eines Berufes, soweit es sich dabei um eine übliche Barzahlung handelt.

§ 7

(1) Der Zahlungspflichtige ist verpflichtet, die Zahlung auf ein Sperrkonto bei der berechtigten Geldanstalt (§ 5) zu überweisen, welche ihm der Empfänger bezeichnet.

(2) Wird ihm vom Empfänger keine solche Geldanstalt bezeichnet, so hinterlegt er die Zahlung bei irgendeiner Geldanstalt am Wohnsitz (Sitz) des Empfängers, gegebenenfalls an dem diesen Wohnsitz (Sitz) nächstgelegenen Orte.

IV.

§ 8

(1) Die Deutschen (die deutschen Unternehmungen und deutschen Institutionen) sind verpflichtet, spätestens innerhalb von 15 Tagen nach der Veröffentlichung dieser Bekanntmachung in ein auf ihren Namen lautendes Sperrdepot bei irgendeinem hierzu vom Finanzministerium ermächtigten Geldinstitut zu hinterlegen:

a) in- und ausländische Aktien, Kuxe, festverzinsliche Werte und andere Wertpapiere,

b) Edelmetalle und aus ihnen verfertigte Gegenstände,

c) Edelsteine und Perlen,

d) Wert- und Kunstgegenstände, wie auch Sammlungen solcher Gegenstände,

e) Briefmarkensammlungen und -sätze,

welche sich am Tage des Inkrafttretens dieser Bekanntmachung in ihrem Eigentum, Miteigentum oder Besitz befinden.

(2) Einer Ermächtigung zur Aufnahme dieser Gegenstände (Sammlungen) in Sperrdepots bedürfen Devisenbanken mit tschechischer Verwaltung nicht.

(3) Für die auf diese Weise errichteten Sperrdepots gelten gleichfalls die Vorschriften des § 4 dieser Bekanntmachung.

§ 9

(1) Die durch die Vorschrift des § 8 Abs. 1 dieser Bekanntmachung angeordnete Verpflichtung bezieht sich auch auf Personen, denen durch ein Privatrechtsgeschäft, durch Gesetz oder behördliche Anordnung die Verwaltung oder Verwahrung von Vermögen anvertraut wurde, das unter § 8 fällt, insbesondere den Verwahrer, gesetzlichen Vertreter, den Abwesenheitspfleger, den Konkursverwalter u. ä. sowie auch die Organe, welche derartiges Vermögen sichergestellt haben.

(2) Soweit sich das in § 8 Abs. 1 erwähnte Vermögen in behördlicher Verwahrung befindet, wird die durch die Vorschrift des § 8 Abs. 1 angeordnete Verpflichtung bis zu dem Tage, an dem der Grund für die Verwahrung wegfällt, aufgeschoben.

§ 10

(1) Die zur Verwahrung verpflichteten Personen (§§ 8, 9 und 14) übergeben der Geldanstalt, bei der das Depot errichtet wird, ein Verzeichnis der hinterlegten Gegenstände (Sammlungen) in dreifacher Ausfertigung.

(2) Eine Ausfertigung des Verzeichnisses behält die Geldanstalt, auf der zweiten bestätigt sie den Empfang des hinterlegten Vermögens und reicht sie dem Hinterleger zurück, die dritte übersendet sie dem Finanzministerium.

§ 11

(1) Vom Tage des Inkrafttretens dieser Bekanntmachung an ist den Deutschen (den deutschen Unternehmungen und den deutschen Institutionen) der entgeltliche Erwerb des in § 8 Abs. 1 erwähnten Vermögens im Inlande verboten. Erwerben sie derartiges Vermögen unentgeltlich, so sind sie verpflichtet, es innerhalb von drei Tagen in ein Sperrdepot zu hinterlegen (§ 8).

(2) Andere Ausnahmen von dem Verbot gestatten das Finanzministerium oder die von ihm ermächtigten Behörden.

§ 12

(1) Als Deutsche gelten Personen, die sich bei irgendeiner Volkszählung seit dem Jahre 1929 zur deutschen Nationalität bekannt haben oder Mitglieder nationaler Gruppen oder Formationen oder politischer Parteien geworden sind, in denen sich Personen deutscher Nationalität zusammengeschlossen haben (§ 6 des Dekretes des Präsidenten der Republik vom 19. Mai 1945, Slg. Nr. 5).

(2) Was für die Deutschen gilt, gilt auch für das Reich, für die öffentlichrechtlichen Verbände des Reiches und für andere Organisationen des Reiches.

§ 13

(1) Unter einem deutschen Unternehmen im Sinne dieser Bekanntmachung sind zu verstehen:

a) Fabrikations-, Handels- oder andere Erwerbsunternehmungen, deren Eigentümer ein Deutscher (§ 12) ist,

b) Unternehmungen offener Handelsgesellschaften oder Kommanditgesellschaften, deren Gesellschafter ganz oder zu mehr als der Hälfte Deutsche (§ 12) sind,

c) Unternehmungen von Aktiengesellschaften oder anderen juristischen Personen, in denen Deutsche (§ 12) auf Grund einer überwiegenden Kapitalbeteiligung oder der Mehrheit im Verwaltungs- (Aufsichts-) rat entscheidenden Einfluß haben.

d) Unternehmungen irgendwelcher Art, die ganz oder zum überwiegenden Teil von Deutschen (§ 12) geleitet werden.

(2) In Zweifelsfällen gilt ein Unternehmen als deutsches, wenn es im Laufe des letzten Jahres vor Inkrafttreten dieser Bekanntmachung seine Geschäftsbücher und seine Korrespondenz nur deutsch geführt hat.

(3) Ein Unternehmen, bei dem durch die berechtigten Organe eine nationale Verwaltung eingesetzt worden ist, gilt nicht als deutsches Unternehmen.

(4) Die Zweigniederlassung eines Unternehmens, das seinen Sitz im Reiche hat, gilt als deutsches Unternehmen.

§ 14

Für die richtige Erfüllung der Verpflichtungen und für die Einhaltung der Verbote, welche durch diese Bekanntmachung den deutschen Unternehmungen oder den deutschen Institutionen auferlegt werden, haften

a) bei den Personalgesellschaften sämtliche Gesellschafter,

b) bei den Unternehmungen mit eigener Rechtspersönlichkeit und bei Stiftungen sämtliche Personen, die zu ihrer Vertretung berechtigt oder berufen sind.

§ 15

Sämtliche vorstehenden Bestimmungen gelten entsprechend für Madjaren, madjarische Unternehmungen und madjarische Institutionen.

§ 16

Die Geldanstalten und andere in Betracht kommende Unternehmungen sind verpflichtet, den Organen, welche zur Kontrolle und zur Sicherstellung der in dieser Bekanntmachung vorgesehenen Maßnahmen berufen sind, jegliche Hilfe zu gewähren.

VI.

§ 17

Wer diesen Anordnungen zuwiderhandelt, wird nach den Strafbestimmungen der geltenden Devisenordnung bestraft, falls es sich nicht um ein Delikt handelt, das nach strengeren Vorschriften bestraft wird.

VII.

§ 18

Diese Verordnung tritt mit dem Tage der Kundmachung in Kraft[1].

Der Finanzminister:
Dr. Šrobár.

[1] Veröffentlicht am 10. Juli 1945.

Dekret des Präsidenten der Republik vom 20. Juli 1945

über die Besiedelung des landwirtschaftlichen Bodens der Deutschen, der Madjaren und anderer Staatsfeinde durch tschechische, slowakische und andere slawische Landwirte.

Slg. Nr. 28.

Auf Vorschlag der Regierung bestimme ich:

§ 1

Das auf Grund des Dekretes des Präsidenten der Republik vom 21. Juni 1945, Slg. Nr. 12, über die Konfiskation und die beschleunigte Aufteilung des landwirtschaftlichen Bodens der Deutschen, der Madjaren, wie auch der Verräter und Feinde der tschechischen und der slowakischen Nation, konfiszierte und dem Nationalen Bodenfonds gehörende landwirtschaftliche Vermögen wird, soweit es nicht im Sinne des Konfiskationsdekretes aufgeteilt wird, durch Zuteilung von Boden an berechtigte Bewerber (§ 2) aus Bezirken, in denen ein Mangel an Boden besteht oder in denen für die Landwirtschaft ungünstige Bedingungen herrschen, besiedelt.

§ 2

(1) Um eine Bodenzuteilung im Rahmen der Besiedelung können staatlich und national zuverlässige Angehörige der tschechischen, der slowakischen oder einer anderen slawischen Nation ansuchen, und zwar:

a) Deputanten und landwirtschaftliche Arbeiter,

b) Landwirte mit einem bisherigen Ausmaß landwirtschaftlichen Bodens bis zu 13 ha, sofern sie diesen Boden und die dazugehörigen Baulichkeiten dem Nationalen Bodenfonds übereignen; über das übrige Vermögen können sie frei verfügen;

c) die Familienmitglieder eines Landwirtes gemäß Buchst. b), soweit sie praktische Landwirte sind und das Alter von 18 Jahren erreicht haben;

d) landwirtschaftliche Produktivgenossenschaften, welche aus den unter den Buchstaben a), b) oder c) angeführten berechtigten Antragstellern bestehen;

e) Gemeinden, Bezirke und der Staat für öffentliche Zwecke;

f) andere als die unter Buchst. a) angeführten Arbeiter, öffentliche und private Arbeitnehmer, Kleingewerbetreibende und sozial schwache Angehörige freier Berufe für den Bau eines Eigenheimes oder für die Anlage eines Gartens im Ausmaße bis zu 0,5 ha.

(2) Der gemäß Absatz 1 Buchst. b) dem Nationalen Bodenfonds übereignete Boden wird nach den im Dekret des Präsidenten der Republik, Slg. Nr. 12/1945, angeführten Bedingungen, gegebenenfalls nach diesem Dekret aufgeteilt.

(3) Um eine Bodenzuteilung im Rahmen der Besiedelung können auch Personen ansuchen, welche ihren Wohnsitz am Orte des konfiszierten Ver-

mögens haben, falls sie den in Absatz 1 angeführten Bedingungen entsprechen und sich zur Durchführung einer etwaigen Zusammenlegung der Grundstücke verpflichten.

§ 3

Ein Vorzugsrecht auf Bodenzuteilung nach diesem Dekret haben die berechtigten Bewerber, die sich im nationalen Befreiungskampf ausgezeichnet und verdient gemacht haben, insbesondere Soldaten und Partisanen, ehemalige politische Gefangene und Deportierte, ihre Familienangehörigen und gesetzlichen Erben sowie auch durch den Krieg geschädigte Bauern. Die Voraussetzungen des Vorzugsrechts auf Zuteilung sind ordnungsgemäß nachzuweisen.

§ 4

(1) Die berechtigten Bewerber reichen bei der Ortsbauernkommission ein Zuteilungsgesuch an die zuständige Bezirksbauernkommission ein.

(2) Die Bezirksbauernkommission überprüft die eingegangenen Gesuche um Zuteilung von Siedlungsboden und leitet sie beschleunigt an den Landesnationalausschuß weiter, der die Gesuche mit seinem Gutachten unverzüglich dem Landwirtschaftsministerium vorlegt.

(3) Das Landwirtschaftsministerium erläßt im Rahmen der Vorschriften des Dekretes des Präsidenten der Republik vom 17. Juli 1945, Slg. Nr. 27, über das einheitliche Verfahren der Innenkolonisation, einheitliche Richtlinien für die Besiedelung und teilt unter Berücksichtigung der in dem Gesuch angeführten Umstände und unter Mitwirkung der Bezirksbauernkommission sowie der zuständigen Bezirksnationalausschüsse, den Erfordernissen und Möglichkeiten gemäß, den berechtigten Bewerbern Boden zu im Ausmaße:

a) je nach Bonität bis zu 8 ha Ackerland oder bis zu 12 ha landwirtschaftlichen Bodens;

b) kinderreichen Familien (mindestens 3 Kinder) je nach Bonität bis zu 10 ha Ackerland oder bis zu 13 ha landwirtschaftlichen Bodens, soweit möglich mit den dazu gehörenden Einrichtungen (Wirtschaftsgebäude, lebendes und totes Inventar) und nach durchgeführter Zusammenlegung.

(4) Große Wirtschaftsgebäude, Maschinenanlagen und ähnliche Einrichtungen sind überall dort, wo dies möglich ist, zum Behufe einer zweckmäßigeren Verwertung den von den Zuteilungsempfängern gebildeten Genossenschaften als Eigentum zuzuteilen.

(5) Das Landwirtschaftsministerium und die Landesnationalausschüsse entsenden in die Bezirksbauernkommissionen Hilfsorgane, die bei den technischen Zuteilungsarbeiten helfen.

§ 5

(1) Der Zuteilungsempfänger ist verpflichtet, den Besitz an dem in der Entscheidung über die Bodenzuteilung festgesetzten Tage zu übernehmen.

(2) Der zugeteilte Boden geht mit dem Tage der Übernahme des Besitzes in das Eigentum des Zuteilungsempfängers über. Der Zuteilungsempfänger

ist verpflichtet, den zugeteilten Boden selbst zu bewirtschaften. Er darf ihn nur ausnahmsweise in besonders begründeten Fällen und nur mit Zustimmung des Nationalen Bodenfonds veräußern, verpachten oder in sonstige Nutzung geben. Der zugeteilte Boden darf ohne Genehmigung des Nationalen Bodenfonds, der die Belastung nur in besonders berücksichtigungswürdigen Fällen bewilligen darf, nicht belastet werden.

§ 6

In Gebieten, in denen die bisherige Art der landwirtschaftlichen Erzeugung nicht rentabel ist und in denen die objektiven Gegebenheiten dringend eine Umstellung der landwirtschaftlichen Erzeugung erfordern (Berggebiete u. ähnl.), bleibt der beschlagnahmte Boden bis zur Entscheidung über die Umstellung der landwirtschaftlichen Erzeugung in dem betreffenden Gebiet unter der Verwaltung des Nationalen Bodenfonds.

§ 7

(1) Das landwirtschaftliche Vermögen wird zu Eigentum gegen eine Vergütung zugeteilt, die nach dem Ertrag, der Lage, der Entfernung und dem Zustande der Bearbeitung des Bodens, nach den Familienverhältnissen des Zuteilungsempfängers und in den in § 2 Abs. 1 Buchst. b) angeführten Fällen im Hinblick auf den Wert des überlassenen Bodens festgesetzt wird, und zwar:

a) mindestens in Höhe des Wertes einer Jahres-Durchschnittsernte des beantragten Bodenausmaßes,

b) höchstens in Höhe von zwei Jahres-Durchschnittsernten des beantragten Bodenausmaßes.

(2) Der Wert des überlassenen Bodens (§ 2 Abs. 1 Buchst. b) ist nach den in Absatz 1 angeführten Grundsätzen zu bestimmen.

(3) Die Vergütung für die zugeteilten Baulichkeiten ist in Höhe des ein- bis dreijährigen Mietzinses der zugeteilten Gebäude festzusetzen. Der Mietzins kann in jedem Falle in Naturalien ausgedrückt werden. Die Vergütung für das zugeteilte lebende und tote Inventar und für andere Einrichtungen ist nach den Richtlinien festzusetzen, die von den Landesnationalausschüssen ausgearbeitet und vom Landwirtschaftsministerium genehmigt werden.

(4) Erhält der Zuteilungsempfänger nicht gleichzeitig mit dem zugeteilten Boden die erforderlichen Gebäude und Einrichtungen, und hat er nachweisbar keine Möglichkeiten zu ihrer Beschaffung aus eigenen Mitteln, kann ihm der Nationale Bodenfonds einen billigen langfristigen Kredit gewähren.

(5) Der Nationale Bodenfonds kann einem Zuteilungsempfänger, der gemäß § 2 Abs. 1 Buchst. b) Boden abgetreten hat, die Vergütung teilweise oder gänzlich erlassen.

§ 8

(1) Die festgesetzte Vergütung (§ 7) zahlen die Bewerber nach ihren wirtschaftlichen Möglichkeiten ab, und zwar entweder

a) auf einmal in Geld oder in Naturalien oder spätestens innerhalb von 12 Monaten seit der Übernahme des Besitzes an der Zuteilung,

b) in Raten, in Geld oder in Naturalien in der Weise, daß 10 % der Vergütung bei der Übernahme des zugeteilten Bodens zu zahlen sind. Auf Antrag des Bezirksnationalausschusses (der Bezirksverwaltungskommission) kann der Nationale Bodenfonds auf Grund eines Gutachtens der Ortsbauernkommission einen Aufschub der ersten Rate auf längstens 3 Jahre bewilligen; der Restbetrag des Entgeltes ist auf Grund eines vom Nationalen Bodenfonds aufgestellten Ratenplanes spätestens innerhalb von 15 Jahren zahlbar, gerechnet vom Tage der Übernahme des Besitzes an dem zugeteilten Vermögen.

(2) In besonders berücksichtigungswürdigen und sozial begründeten Fällen kann der Nationale Bodenfonds nach Durchführung von Erhebungen unter Beteiligung der zuständigen Nationalausschüsse und Bauernkommissionen einem Zuteilungsempfänger, vor allem den in § 3 angeführten Personen, die Vergütung erlassen und das betreffende landwirtschaftliche Vermögen unentgeltlich zuteilen.

§ 9

Die von den Zuteilungsempfängern dem Nationalen Bodenfonds gezahlten Vergütungen (§ 7) verwendet dieser Fonds dazu, die auf den konfiszierten Vermögen lastenden Schulden und Verbindlichkeiten zu bezahlen, soweit diese Schulden und Verbindlichkeiten vom Nationalen Bodenfonds anerkannt und übernommen werden, weiterhin zur Milderung der Kriegsschäden und der Schäden, die dem Vermögen der in der Okkupationszeit aus nationalen, politischen oder rassischen Gründen verfolgten Landwirte zugefügt wurden, zur Hebung der landwirtschaftlichen Erzeugung und für die Innenkolonisation. Die Überschüsse des Nationalen Bodenfonds fließen in die Staatskasse.

§ 10

(1) Die gemäß § 7 festgesetzte Vergütung umfaßt alle Spesen und Gebühren, die mit der Konfiszierung und Zuteilung des Bodens, weiterhin mit der Übereignung des eigenen Vermögens an den Nationalen Bodenfonds (§ 2, Abs. 1 Buchst. b), mit der Beförderung der Zuteilungsempfänger samt Familien und Inventar durch die Eisenbahn an den Ort, an dem sich der zugeteilte Boden befindet, sowie auch mit der grundbücherlichen Übertragung des zugeteilten Eigentums und mit dem Austausch des übereigneten Vermögens verbunden sind.

(2) Die zur Durchführung der Zuteilung und gegebenenfalls zur Übereignung von Boden (§ 2, Abs. 1 Buchst. b) erforderlichen Eintragungen in das Grundbuch besorgt der Nationale Bodenfonds.

(3) Die nach diesem Dekret durchgeführten Eigentumsübertragungen, und die einschlägigen Eingaben an die Gerichte und Behörden sind von Stempeln, Gebühren, Steuern und Abgaben befreit.

§ 11

Die Regierung wird ermächtigt, die finanziellen Mittel zur Durchführung der Innenkolonisation bereitzustellen.

§ 12

Dieses Dekret tritt in den böhmischen Ländern, und zwar am Tage seiner Kundmachung in Kraft[1]; es wird vom Landwirtschaftsminister im Einvernehmen mit dem Finanzminister, dem Innenminister, dem Justizminister sowie den Ministern für Verkehr und für Ernährung durchgeführt.

Dr. Beneš e. h.

Fierlinger e. h.

Nosek e. h.

Dr. Šrobár e. h.

Dr. Stránský e. h.

Ďuriš e. h.

Gen. Hasal e. h.

Majer e. h.

---

1 Veröffentlicht am 26. Juli 1945.

Anlage 8

Verfassungsdekret des Präsidenten der Republik vom 2. August 1945 über die Regelung der tschechoslowakischen Staatsbürgerschaft der Personen deutscher und madjarischer Nationalität.

Slg. Nr. 33.

Auf Vorschlag der Regierung und im Einvernehmen mit dem Slowakischen Nationalrat bestimme ich:

§ 1

(1) Die tschechoslowakischen Staatsbürger deutscher oder madjarischer Nationalität, die nach den Vorschriften einer fremden Besatzungsmacht die deutsche oder madjarische Staatsangehörigkeit erworben haben, haben mit dem Tage des Erwerbs dieser Staatsangehörigkeit die tschechoslowakische Staatsbürgerschaft verloren.

(2) Die übrigen tschechoslowakischen Staatsbürger deutscher oder madjarischer Nationalität verlieren die tschechoslowakische Staatsbürgerschaft mit dem Tage, an dem dieses Dekret in Kraft tritt.

(3) Dieses Dekret erstreckt sich nicht auf die Deutschen und Madjaren, die sich in der Zeit der erhöhten Bedrohung der Republik (§ 18 des Dekrets des Präsidenten der Republik vom 19. Juni 1945, Slg. Nr. 16, über die Bestrafung der nazistischen Verbrecher, der Verräter und ihrer Helfershelfer sowie über die außerordentlichen Volksgerichte) bei der amtlichen Meldung als Tschechen oder Slowaken bekannt haben.

(4) Tschechen, Slowaken und Angehörige anderer slawischer Völker, welche sich in diesem Zeitraum, durch Zwang oder besonders berücksichtigungswürdige Umstände genötigt, als Deutsche oder Madjaren bekannt haben, werden nicht nach diesem Dekret als Deutsche oder Madjaren angesehen, wenn der Minister des Inneren eine Bescheinigung über die nationale Zuverlässigkeit genehmigt, die der zuständige Bezirksnationalausschuß (die Bezirksverwaltungskommission) nach Überprüfung der angeführten Tatsachen ausstellt.

§ 2

(1) Personen, welche unter die Bestimmungen des § 1 fallen und nachweisen, daß sie der tschechoslowakischen Republik treu geblieben sind, sich niemals gegen das tschechische und slowakische Volk vergangen und sich entweder aktiv am Kampfe um seine Befreiung beteiligt oder unter dem nazistischen oder faschistischen Terror gelitten haben, bleibt die tschechoslowakische Staatsbürgerschaft erhalten.

(2) Das Gesuch um die Feststellung, daß die tschechoslowakische Staatsbürgerschaft erhalten bleibt, kann innerhalb von 6 Monaten nach Inkrafttreten dieses Dekretes beim örtlich zuständigen Bezirksnationalausschuß (Bezirksverwaltungskommission) oder, wenn der Antragsteller im Ausland wohnt, bei der Vertretungsbehörde eingebracht werden. Die Entscheidung darüber trifft das Ministerium des Inneren auf Vorschlag des Landesnationalausschusses, in der Slowakei des Slowakischen Nationalrates. Diese Personen sind bis zur Erledigung des Gesuches als tschechoslowakische Staats-

bürger zu betrachten, wenn ihnen der Bezirksnationalausschuß (die Bezirksverwaltungskommission) oder die Vertretungsbehörde eine Bescheinigung über die im vorhergehenden Absatz angeführten Umstände ausgestellt hat.

(3) Darüber, ob den Angehörigen tschechoslowakischer militärischer Einheiten, die deutscher oder madjarischer Nationalität sind, die tschechoslowakische Staatsbürgerschaft erhalten bleibt, entscheidet binnen kürzester Frist von Amts wegen das Ministerium des Inneren auf Vorschlag des Ministeriums für nationale Verteidigung. Bis zur amtlichen Entscheidung sind sie als tschechoslowakische Staatsbürger zu betrachten.

§ 3

Personen, welche die tschechoslowakische Staatsbürgerschaft gemäß § 1 verloren haben, können innerhalb von 6 Monaten von dem Tage an, der durch eine in der Sammlung der Gesetze und Verordnungen abgedruckte Kundmachung des Ministers des Inneren beim örtlich zuständigen Bezirksnationalausschuß (Bezirksverwaltungskommission) oder bei der Vertretungsbehörde um ihre Wiederverleihung ansuchen. Über ein solches Ansuchen entscheidet auf Vorschlag des Landesnationalausschusses, in der Slowakei des Slowakischen Nationalrates, das Ministerium des Inneren nach freiem Ermessen; es darf ihm jedoch nicht stattgeben, wenn der Ansuchende die Pflichten eines tschechoslowakischen Staatsbürgers verletzt hat. Soweit durch Regierungsverordnung nichts anderes bestimmt wird, gelten auch für diese Fälle die allgemeinen Vorschriften über den Erwerb der tschechoslowakischen Staatsbürgerschaft.

§ 4

(1) Für die Zwecke dieses Dekretes werden verheiratete Frauen und minderjährige Kinder selbständig beurteilt.

(2) Ansuchen gemäß § 3, welche Ehefrauen und minderjährige Kinder tschechoslowakischer Staatsbürger einreichen, sind wohlwollend zu beurteilen. Bis zur Entscheidung darüber sind die Antragsteller als tschechoslowakische Staatsbürger zu betrachten.

§ 5

Tschechen, Slowaken und Angehörige anderer slawischer Völker, die sich in der Zeit der erhöhten Bedrohung der Republik (§ 18 des Dekrets des Präsidenten der Republik, Slg. Nr. 16/1945) um die Erteilung der deutschen oder madjarischen Staatsangehörigkeit beworben haben, ohne dazu durch Zwang oder besondere Umstände genötigt zu sein, verlieren die tschechoslowakische Staatsbürgerschaft mit dem Tage, an dem dieses Dekret in Kraft tritt.

§ 6

Dieses Dekret tritt mit dem Tage seiner Kundmachung in Kraft[1]; es wird vom Minister des Inneren im Einvernehmen mit den Ministern für auswärtige Angelegenheiten und für nationale Verteidigung durchgeführt.

Dr. Beneš e. h.
Fierlinger e. h.
Masaryk e. h. Gen. Svoboda e. h.
Nosek e. h.

---

[1] Veröffentlicht am 10. August 1945.

Anlage 9

Bekanntmachung des Landwirtschaftsministeriums vom 3. August 1945 über die Einreichung von Anmeldungen um eine Bodenzuteilung im Grenzgebiet nach dem Dekret des Präsidenten der Republik vom 20. Juli 1945, Slg. Nr. 28, über die Besiedelung des landwirtschaftlichen Bodens der Deutschen, der Madjaren und anderer Staatsfeinde durch tschechische, slowakische und andere slawische Landwirte.

Amtsblatt Nr. 144.

1. Das Landwirtschaftsministerium, das die Durchführung der Besiedelung des nach dem Dekret des Präsidenten der Republik vom 21. Juni 1945 über die Konfiskation, Slg. Nr. 12, konfiszierten landwirtschaftlichen Vermögens vorbereitet, fordert alle nach § 2 des Besiedelungsdekretes berechtigten Bewerber auf, eine Anmeldung um eine Zuteilung von Siedlungsboden einzureichen.

2. Berechtigte Bewerber sind gemäß § 2 des Besiedelungsdekretes:

a) Deputanten und landwirtschaftliche Arbeiter,

b) Landwirte mit einem bisherigen Ausmaß landwirtschaftlichen Bodens bis zu 13 ha, sofern sie diesen Boden zusammen mit den dazugehörenden Gebäuden dem Nationalen Bodenfonds übereignen,

c) Familienmitglieder von Landwirten nach Buchst. b), soweit sie ausübende Landwirte sind und das Alter von 18 Jahren erreicht haben,

d) landwirtschaftliche Produktionsgenossenschaften, die von den unter Buchst. a), b) oder c) genannten berechtigten Bewerbern gebildet sind,

e) Gemeinden, Bezirke und der Staat für öffentliche Zwecke,

f) andere als die unter Buchst. a) genannten Arbeiter, öffentliche und private Arbeitnehmer, Kleingewerbetreibende und sozial schwache Angehörige freier Berufe für den Bau eines Eigenheims oder für die Einrichtung von Gärten im Ausmaße bis zu 0,5 ha.

Um eine Bodenzuteilung im Rahmen der Besiedelung können auch Personen ansuchen, die ihren Wohnsitz am Orte des konfiszierten Vermögens haben, wenn sie den in Absatz 1 angeführten Bedingungen entsprechen und sich zu einer etwaigen Zusammenlegung der Grundstücke verpflichten.

Anmerkung:

Zu Buchstabe a): Unter einem Deputanten ist ein Arbeitnehmer auf einem landwirtschaftlichen Vermögen (einschließlich der landwirtschaftlichen Industrie) zu verstehen, bei dem Naturalbezüge (Wohnung, Getreide, Kleidung u. ä.) einen Teil der Entlohnung bilden. Deputanten oder landwirtschaftliche Arbeiter sind auch ihre Familienangehörigen, ihre Verwandten in gerader Linie (Kinder, Geschwister und Geschwisterkinder), ihre Verschwägerten ersten Grades (Schwager, Schwägerin), auch wenn sie sich vorübergehend einem anderen Beruf als der Landwirtschaft gewidmet haben, wenn sie nachweisen, daß sie die notwendigen Fachkenntnisse und Erfahrungen besitzen.

Landwirtschaftliche Arbeiter sind auch die Familienangehörigen eines Landwirts, die in der Landwirtschaft arbeiten. Als landwirtschaftlicher Arbeiter kann auch eine Person angesehen werden, die ursprünglich in der Landwirtschaft gearbeitet hat, sich nunmehr vorübergehend einem anderen Berufe widmet und zur Landwirtschaft zurückzukehren wünscht.

Zu Buchstabe b): Als Kleinlandwirte gelten auch Pächter eines landwirtschaftlichen Vermögens bis zum Gesamtausmaß von 13 ha und Personen, die besondere Fachkenntnisse in der Landwirtschaft (im Gartenbau, im Obstbau, in der Kultivierung von Heil- und Edelpflanzen, in der Kleintierzucht, in der Geflügelzucht, in der Bienenzucht, als Eigentümer von Kleinmühlen) besitzen.

Zu Buchstabe c): Als ausübende Landwirte sind nur solche Familienangehörige eines Landwirtes anzusehen, die tatsächlich in der Landwirtschaft arbeiten.

Zu Buchstabe d): (1) Aus berechtigten Bewerbern (mindestens 20) einschließlich Landlosen und Dorfhandwerkern, welche den Boden bewirtschaften, können zur gemeinschaftlichen Nutzung größerer Flächen landwirtschaftliche Produktionsgenossenschaften gebildet werden, welche nach den Satzungen und der Arbeitsordnung wirtschaften, die vom Landwirtschaftsministerium ausgearbeitet werden.

(2) Aus berechtigten Bewerbern oder aus örtlichen Zuteilungsempfängern können Weidegenossenschaften gebildet werden.

(3) Waldgenossenschaften, die sich um eine Zuteilung bewerben, müssen ihre Satzungen den vom Landwirtschaftsministerium erlassenen Mustersatzungen anpassen.

Zu Buchstabe f): Um eine Zuteilung können sowohl Personen ansuchen, die am Orte wohnen, wie auch solche, deren ständiger Wohnsitz sich außerhalb des Ortes des konfiszierten Vermögens befindet.

Zu Buchstabe a), b), c), f): Zuteilungsbewerber müssen älter als 18 Jahre sein. Ehegatten, die in ehelicher Gemeinschaft leben, werden als einziger Bewerber angesehen.

3. Ein Vorzugsrecht auf die Zuteilung von Boden nach diesem Dekret haben berechtigte Bewerber, die sich im nationalen Befreiungskampf ausgezeichnet und verdient gemacht haben, insbesondere Soldaten und Partisanen, ehemalige politische Häftlinge und Deportierte, ihre Familienangehörigen und gesetzlichen Erben, sowie auch kriegsgeschädigte Bauern. Die Voraussetzung des Vorzugsrechtes auf Zuteilung ist ordnungsgemäß nachzuweisen.

4. Nach § 4 des Besiedelungsdekretes kann das Landwirtschaftsministerium berechtigten Bewerbern Boden zuteilen im Ausmaße:

a) bis zu 8 ha Ackerland oder bis zu 12 ha landwirtschaftlichen Boden nach seiner Bonität,

b) einer kinderreichen Familie (mindestens 3 Kinder) bis zu 10 ha Ackerland oder bis zu 13 ha landwirtschaftlichen Boden nach seiner Bonität, soweit möglich mit den dazugehörigen Einrichtungen (Wirtschaftsgebäude, lebendes und totes Inventar) und nach durchgeführter Zusammenlegung.

5. Die Anmeldungen werden bei der Ortsbauernkommission für die Besiedelung am Orte des ständigen Wohnsitzes der Bewerber eingereicht, falls diese Kommission bisher nicht eingesetzt ist, beim Ortsnationalausschuß (der örtlichen Verwaltungskommission). Die Bewerber aus den Reihen der nationalen Verwalter reichen ihre Gesuche am Orte ihres ursprünglichen Wohnsitzes ein.

Bewerber, die beabsichtigen, um eine Zuteilung im Rahmen einer Genossenschaft anzusuchen, wählen ihren vorläufigen Vorsitzenden, stellvertretenden Vorsitzenden und Schriftführer. Diese besorgen sich beim Orts-, gegebenenfalls beim Bezirksnationalausschuß das Formular der Anmeldung um Bodenzuteilung für eine gemeinschaftliche genossenschaftliche Bewirtschaftung (für jedes Mitglied der Genossenschaft) und ein Formular der gemeinschaftlichen Anmeldung (Anmeldung der Genossenschaft). Jedes der Genossenschaftsmitglieder füllt seine Anmeldung aus und läßt sie sich vom Ortsnationalausschuß im Hinblick auf seine nationale Zuverlässigkeit und seine landwirtschaftliche Befähigung bestätigen. Die auf diese Weise bestätigten Anmeldungen übergeben alle Mitglieder ihrem vorläufigen Vorsitzenden, der auf Grund derselben die Anmeldung der Genossenschaft in zwei Ausfertigungen ausfüllt. Eine Ausfertigung der Anmeldung der Genossenschaft übersendet er dem Landwirtschaftsministerium, Abteilung VII, die zweite Anmeldung der Genossenschaft reicht er bei der Bezirkskommission für die Besiedelung am Wohnsitz ihres vorläufigen Vorsitzenden ein.

Die Gemeinden reichen die Anmeldungen bei der zuständigen Bezirksbauernkommission, falls diese bisher noch nicht eingesetzt ist, beim zuständigen Bezirksnationalausschuß (der zuständigen Bezirksverwaltungskommission) ein, die Bezirke beim zuständigen Landesnationalausschuß.

6. Die Anmeldungen werden auf dem vorgeschriebenen Muster eingereicht, das beim Orts- oder Bezirksnationalausschuß zu erhalten ist. Für die Gesuche um eine Zuteilung für eine gemeinschaftliche genossenschaftliche Bewirtschaftung gibt es besondere Muster (einzeln für jedes Mitglied und gemeinsam für die ganze Genossenschaft)[1].

Der Landwirtschaftsminister:
Julius Ďuriš e. h.

[1] Veröffentlicht am 10. August 1945.

Runderlaß des Ministeriums des Innern vom 24. August 1945 über die Regelung der tschechoslowakischen Staatsbürgerschaft nach dem Dekret vom 2. August 1945[1].

An die Landes- und Bezirksnationalausschüsse (Bezirksverwaltungskommissionen), die Expositur des mährisch-schlesischen Landesnationalausschusses in Mährisch Ostrau, die Nationalausschüsse der Statutarstädte.

Zur Durchführung des Verfassungsdekretes des Präsidenten der Republik vom 2. August 1945, Slg. Nr. 33, über die Regelung der tschechoslowakischen Staatsbürgerschaft der Personen deutscher und madjarischer Nationalität (weiterhin „Dekret" genannt) werden folgende Weisungen erlassen:

(1) Obwohl dies nach dem Zweck und dem Wortlaut des Dekrets selbstverständlich ist, ist es dennoch erforderlich, im vorhinein zu unterstreichen, daß durch das Dekret die Staatsangehörigkeit der bisherigen tschechoslowakischen Staatsbürger geregelt wird, d. h. der Personen, die unstreitig die tschechoslowakische Staatsbürgerschaft besitzen würden, wenn die Besetzung eines Teiles der Tschechoslowakischen Republik durch die Deutschen und Madjaren in den Jahren 1938 und 1939 nicht stattgefunden hätte. Unberücksichtigt bleibt die vorübergehende Besetzung durch Polen, da das von den Polen besetzte Gebiet während des Krieges dann wieder von den Deutschen besetzt wurde. Wo also im Dekret von deutscher oder madjarischer Staatsangehörigkeit gesprochen wird, ist darunter die Zugehörigkeit zu verstehen, die auf Grund der Vorschriften erworben wurde, die infolge der B e s e t z u n g tschechoslowakischen Gebietes erlassen wurden. Nicht hierher gehören also die Staatsangehörigen des Deutschen Reiches (des sogenannten „Altreiches") und Ungarns, die dies auch ohne Besetzung waren und als deutsche oder madjarische Staatsangehörige auf dem Gebiet der Tschechoslowakischen Republik wohnten oder während der Besetzung hierher zuzogen. Als tschechoslowakische Staatsbürger können auch nicht die Personen angesehen werden, welche die tschechoslowakische Staatsbürgerschaft auf eine Art verloren haben, auf die sie sie auch dann verloren hätten, wenn die Besetzung nicht erfolgt wäre, z. B. durch Einbürgerung in einen ausländischen Staat, auch in Deutschland oder Ungarn, durch Legitimation durch einen Ausländer, durch Verheiratung mit einem Ausländer. Besonders häufig werden in dieser Hinsicht die Fälle sein, in denen eine ehemalige tschechoslowakische Staatsbürgerin (auch wenn sie nach den Vorschriften der Okkupanten deutsche oder ungarische Staatsangehörige geworden ist) einen deutschen Staatsangehörigen aus dem Altreich oder einen ungarischen Staatsangehörigen aus Ungarn, insbesondere einen solchen Soldaten oder Beamten geheiratet hat; in einem solchen Falle ist auf die Frau das Dekret nicht anzuwenden — auch wenn es sich um eine Frau tschechischer Nationalität handelt, und diese Frau bleibt der Tschechoslowakischen Republik gegenüber Ausländerin, ebenso wie die aus dieser Ehe hervorgegangenen oder durch sie legitimierten Kinder. Solche Personen können

[1] Übersetzt aus: Věstnik ministerstva vnitra Československé Republiky (Verordnungsblatt des Ministeriums des Innern der Tschechoslowakischen Republik) Jg. XXVII (1945), Nr. 3 vom 15. August 1945. S. 21—26.

die tschechoslowakische Staatsbürgerschaft im Wege der gewöhnlichen Einbürgerung wieder erwerben. Nach dem Dekret wird jedoch die Staatsbürgerschaft der Frauen beurteilt, die während der Besetzung einen Mann geheiratet haben, der tschechoslowakischer Staatsbürger war und infolge der Besetzung deutscher oder ungarischer Staatsangehöriger geworden ist.

(2) Zum Überblick werden die Vorschriften der (deutschen und ungarischen) Okkupanten angeführt, durch die auf dem Gebiete der Tschechoslowakischen Republik die Staatsangehörigkeit der tschechoslowakischen Staatsbürger geregelt wurden. Es sind dies:

a) Der Vertrag zwischen der Tschechoslowakischen Republik und dem Deutschen Reich über Staatsangehörigkeits- und Optionsfragen vom 20. November 1938, Slg. d. Ges. u. Vo. Nr. 300 von 1938. Die dazu durch Runderlaß des Ministeriums des Inneren vom 12. Dezember 1938, Nr. 97 326-1938-7, Verordnungsblatt des Ministeriums des Inneren Nr. 12, Jg. 1938, und vom 20. Januar 1939, Nr. 99 303-1938-7, Verordnungsblatt des Ministeriums des Inneren Nr. 2, Jg. 1939, erlassenen Richtlinien.

b) Der Erlaß vom 16. März 1939 über die Errichtung des Protektorats Böhmen und Mähren, Art. 2, und die Verordnung vom 20. April 1939, RGBl. I S. 815, über den Erwerb der deutschen Staatsangehörigkeit durch frühere tschechoslowakische Staatsangehörige deutscher Volkszugehörigkeit (Amtsblatt des Reichsprotektorates Nr. 8 des Jahres 1939); die Durchführungsbestimmungen im Runderlaß des Ministeriums des Inneren vom 16. Mai 1940, Nr. A-4600-15/5-40-7, Verordnungsblatt des Ministeriums des Inneren Nr. 6/1940, und vom 6. Januar 1942, Nr. A-4600-17/10-41-7, Verordnungsblatt des Ministeriums des Innern Nr. 2/1942.

c) Die Verordnung zur Regelung von Staatsangehörigkeitsfragen gegenüber dem Protektorat Böhmen und Mähren vom 6. Juni 1941, RGBl. I S. 308 (siehe den unter b) angeführten Runderlaß).

d) Die Verordnung vom 4. März 1941, RGBl. I S. 118 über die Deutsche Volksliste und die deutsche Staatsangehörigkeit in den eingegliederten Ostgebieten (gilt für das Teschener Gebiet).

e) Die Verordnung über die Aberkennung der Staatsangehörigkeit des Protektorats Böhmen und Mähren vom 3. Oktober 1939, RGBl. I S. 1997.

f) Der Vertrag zwischen der Tschechoslowakischen Republik und dem Königreich Ungarn über die Regelung der Fragen der Staatsbürgerschaft und Option vom 18. Februar 1939, Slg. d. Ges. u. V., Nr. 43/1939; die Erläuterungen dazu im Runderlaß des Ministeriums des Innern vom 11. März 1939, Nr. 13 588-1939-7, Verordnungsblatt des Ministeriums des Innern Nr. 3/1939.

g) Ges. Art. VI/1939 über den Anschluß der Karpatenukraine an das Gebiet Ungarns vom 23. Juni 1939.

(3) Nach den Bestimmungen des § 1 des Dekretes verlieren die tschechoslowakische Staatsbürgerschaft grundsätzlich alle tschechoslowakischen Staatsbürger deutscher oder madjarischer Nationalität, soweit sie nicht unter

die Bestimmungen des § 1 Abs. 3 und 4 fallen oder soweit sie diese Staatsbürgerschaft nicht gemäß § 2 behalten. Die Mehrheit dieser Personen hat die deutsche oder ungarische Staatsangehörigkeit auf Grund der Regelung der Okkupanten selbst erworben. Diese Verfügung wäre zwar vom Standpunkt der tschechoslowakischen Rechtsordnung nichtig, das Verfassungsdekret hat diesen Akt einer ausländischen Staatsgewalt jedoch ausdrücklich anerkannt und dadurch ex lege alle diese Personen aus dem tschechoslowakischen Staatsverband ausgeschlossen. Der Verlust der tschechoslowakischen Staatsbürgerschaft tritt bei solchen Personen mit dem Tage des Erwerbs der Staatsangehörigkeit der ausländischen Okkupationsmacht ein. Dieser Tag ist bei den Personen deutscher Nationalität aus den Grenzgebieten Böhmens und Mährens der 10. Oktober 1938, bei den Personen deutscher Nationalität des restlichen Gebietes Böhmens und Mährens der 16. März 1939, bei Personen aus dem Teschener Gebiet der 26. Oktober 1939, bei Personen madjarischer Nationalität aus den Grenzgebieten der Slowakei und der Karpatenukraine der 2. November 1938, bei Personen aus der restlichen Karpatenukraine der 16. März 1939. Tschechoslowakische Staatsbürger deutscher und madjarischer Nationalität, die nach den Vorschriften einer ausländischen Okkupationsmacht nicht deren Staatsangehörigkeit erworben haben (hauptsächlich die Deutschen und Madjaren in der Slowakei), verlieren die tschechoslowakische Staatsangehörigkeit an dem Tage, an dem das Dekret in Kraft getreten ist, d. h. am 10. August 1945 (§ 1 Abs. 2).

(4) Alle Personen, die tschechoslowakische Staatsbürger waren und weder deutscher oder madjarischer Nationalität sind, noch gemäß § 1 Abs. 4 und § 5 diesen Personen gleichgestellt werden, sind auch weiterhin tschechoslowakische Staatsbürger geblieben ohne Rücksicht darauf, ob sie nach den Vorschriften der Okkupanten deutsche oder ungarische Staatsangehörige geworden sind oder nicht. Unmaßgeblich ist insbesondere der Umstand, ob Tschechen, die nach dem oben angeführten Vertrag vom 20. November 1938 deutsche Staatsangehörige geworden sind, für die tschechoslowakische Staatsbürgerschaft optiert haben oder nicht, da der Begriff der Nationalität und der Begriff der Staatsangehörigkeit in keiner Weise verwechselt werden dürfen.

(5) Im Dekret wird der Begriff der deutschen und madjarischen Nationalität ebensowenig bestimmt wie der Begriff der tschechischen, slowakischen und sonstigen Nationalität. Der Begriff der Nationalität deckt sich nicht mit dem Begriff der nationalen Zugehörigkeit („Volkszugehörigkeit"), wie ihn sich die Okkupanten für ihre Zwecke zurecht konstruiert haben, um alle Personen, die möglicherweise nach entfernten Vorfahren deutschblütig waren, zu Deutschen erklären zu können. Es ist hier notwendig, bei der Bestimmung der Zugehörigkeit zu einer bestimmten Nationalität die herkömmlichen Gesichtspunkte zu beachten, durch welche die nationale Zugehörigkeit bestimmt wird. In Betracht kommt hier die subjektive Erklärung der betreffenden Person, die durch objektive Kennzeichen, wie das frühere amtliche Bekenntnis zu einer bestimmten Nationalität bei der Volkszählung des Jahres 1930 und bei der im Grenzgebiet Böhmens, Mährens und Schlesiens im Jahre 1939 durchgeführten Volkszählung, polizeiliche Meldungen, Schulanmeldungen, die Meldungen für Zwecke der Lebensmittelkarten (Haushaltslisten),

die Abstammung von Eltern einer bestimmten Nationalität, die Schulbildung, der Sprachgebrauch im Privatleben, die Beteiligung am öffentlichen Leben, insbesondere die Mitgliedschaft in politischen Parteien, in Vereinen, Formationen, Organisationen, in denen Personen einer bestimmten Nationalität vereinigt sind, die Mitgliedschaft in nationalen Kirchengemeinschaften und ähnlichen. Dabei müssen die einzelnen derartigen Tatsachen im Verhältnis zueinander bewertet werden, und man darf sich nicht mit einem einzigen derartigen Merkmal begnügen, besonders, wenn es sich um Umstände handelt, die sich im Laufe der Zeit leicht ändern lassen. Das Dekret selbst erklärt in § 1 Abs. 3, daß Deutsche und Madjaren, die sich in der Zeit der erhöhten Bedrohung der Republik in einer amtlichen Meldung als Tschechen oder Slowaken bekannt haben, nicht als Deutsche oder Madjaren anzusehen sind, die die tschechoslowakische Staatsbürgerschaft verlieren müßten. Auf die Vorteile des § 1 Abs. 3 des Dekrets können sich nur diejenigen Deutschen und Madjaren berufen, die sich in der Zeit der erhöhten Bedrohung der Republik (das ist in der Zeit vom 21. Mai 1938 an), also auch während der Okkupation des Binnenlandes der Republik und während des Krieges, ständig als Tschechen oder Slowaken bekannt haben. Es genügt also nicht, daß ein Deutscher oder Madjare auf Grund dessen, daß er sich kurz vor München oder kurz nachher oder vollends erst nach der Mairevolution von 1945 bei irgendeinem öffentlichen Amt als Tscheche oder Slowake gemeldet hat, als tschechoslowakischer Staatsbürger betrachtet wurde. Da es sich dabei um eine grundsätzliche Abweichung vom gesamten Geist des Dekrets handelt, behält es sich das Ministerium des Innern vor, daß in jedem Falle, in dem es sich um die Ausstellung einer Bescheinigung über die tschechoslowakische Staatsbürgerschaft für die in § 1 Abs. 3 des Dekretes angeführten Personen handelt, die Urkunde dem Ministerium des Inneren vorgelegt wird, das die Zustimmung zur Ausfolgung der Bescheinigung erteilt. Andererseits werden Tschechen, Slowaken und Angehörige anderer slawischer Nationalitäten, die sich in der Zeit der erhöhten Bedrohung der Republik als Deutsche oder Madjaren (gemeint ist hier zur deutschen oder madjarischen N a t i o n a l i t ä t) bekannt haben oder sich um die Verleihung der deutschen oder madjarischen Staatsangehörigkeit, sei es auch erfolglos (§ 5 des Dekrets) beworben haben, als Deutsche oder Madjaren angesehen und verlieren gemäß § 1 Abs. 1 oder 2 und § 5 die tschechoslowakische Staatsbürgerschaft mit Ausnahme der Personen, die sich, durch Zwang oder besonders berücksichtigungswürdige Umstände genötigt, als Deutsche oder Madjaren bekannt oder um die deutsche oder madjarische Staatsangehörigkeit beworben haben. Die zum Bekenntnis der deutschen oder der madjarischen Nationalität gezwungenen Personen behalten die tschechoslowakische Staatsbürgerschaft jedoch nur dann, wenn das Ministerium des Innern die Bescheinigung der nationalen Zuverlässigkeit (Muster A) genehmigt; diese Bescheinigung stellt der Bezirksnationalausschuß (die Bezirksverwaltungskommission) aus, der nach dem Wohnsitz des Antragstellers, falls kein Wohnsitz im Inland vorhanden ist, nach seiner Heimatzuständigkeit, gegebenenfalls nach den weiteren in den allgemeinen Vorschriften über das Verwaltungsverfahren (§ 7 RegVO. Slg. Nr. 8/1928) angeführten Umständen zuständig ist. Vor der Ausstellung der Bescheinigung über die nationale Zuverlässigkeit müssen die angeführten Umstände sorgfältig geprüft werden, vor allem auf Grund eines mit Gründen versehenen Gutachtens der Ortsnationalausschüsse (der Verwaltungskommissionen). Das gilt entsprechend auch für die in § 5 des Dekrets angeführten Personen. Die ausgestellten Bescheinigungen über die nationale Zuverlässigkeit sind dem Ministerium des Innern unmittelbar zur Genehmigung vorzulegen. Um Zeit zu sparen und das Verfahren zu erleichtern, empfiehlt es sich, dort, wo es in einzelnen Gemeinden mehrere solche Fälle gibt, die betreffenden Bescheinigungen hier gemeindeweise gesammelt vorzulegen, und zwar mit einem Verzeichnis der Bescheinigungen in zweifacher Ausfertigung. Die Vordrucke gemäß Muster A erhält der Bezirksnationalausschuß (die Bezirksverwaltungskommission) bei der Druckerei des Innenministeriums; über sie ist genau abzurechnen.

(6) Den Personen, die nach den oben angeführten Vorschriften des Dekrets die tschechoslowakische Staatsbürgerschaft nicht verlieren oder sie behalten, stellt der Bezirksnationalausschuß eine „Bescheinigung über die tschechoslowakische Staatsbürgerschaft" aus (siehe unter Nr. 15). Diese Personen müssen also nicht um irgendeine Neuerteilung oder Wiederverleihung der tschechoslowakischen Staatsbürgerschaft ansuchen, wie dies vielleicht in der Annahme geschieht, daß sie durch den Erwerb der Staatsangehörigkeit der Okkupanten ihre tschechoslowakische Staatsbürgerschaft verloren haben.

(7) Der Verlust der tschechoslowakischen Staatsbürgerschaft gemäß § 1 Abs. 1 und 2 des Dekrets tritt automatisch bereits auf Grund des Dekrets selbst ein, den deklaratorischen Ausspruch darüber, daß dieser Verlust eingetreten ist, erläßt aus konkretem Anlaß ebenfalls die in Absatz 16 angeführte Behörde, oder sie regelt diese Frage im Zusammenhang mit einem anderen Verfahren als präjudizielle Frage.

(8) Gemäß § 2 des Dekrets behalten die tschechoslowakische Staatsbürgerschaft die Personen, die wegen ihrer deutschen oder madjarischen Nationalität gemäß § 1 Abs. 1 und 2 die tschechoslowakische Staatsbürgerschaft verlieren müßten, jedoch nachweisen, daß sie der Tschechoslowakischen Republik treu geblieben sind, sich niemals gegen das tschechische und slowakische Volk vergangen und sich entweder aktiv am Kampf um seine Befreiung beteiligt oder unter dem nazistischen oder faschistischen Terror, sei es aus politischen Gründen (oder wegen ihrer Nationalität) oder aus rassischen Gründen gelitten haben. Um die Feststellung, daß die tschechoslowakische Staatsbürgerschaft beibehalten wurde, ist innerhalb von sechs Monaten vom Inkrafttreten des Dekretes anzusuchen. Dieses Gesuch ist beim örtlich zuständigen Bezirksnationalausschuß (bei der Bezirksverwaltungskommission) einzureichen oder, wenn der Gesuchsteller im Auslande lebt, bei der tschechoslowakischen Vertretungsbehörde. Die örtliche Zuständigkeit richtet sich nach dem Wohnsitz des Gesuchstellers. Dabei ist folgendes Verfahren einzuhalten: Der Bezirksnationalausschuß (die Verwaltungskommission) überprüft die Berechtigung des Ansuchens, er stellt insbesondere auf Grund der vorgelegten Unterlagen und der erforderlichen Erhebungen fest, ob die den Anspruch begründenden Umstände vorliegen. Ist dies der Fall, so stellt er dem Gesuchsteller eine Bescheinigung nach dem beigefügten Muster B aus und übersendet das Gesuch dem übergeordneten

Landesnationalausschuß, bei Gesuchstellern aus der Slowakei dem Bevollmächtigten des Slowakischen Nationalrates für innere Angelegenheiten, die das Gesuch dann zusammen mit dem eigenen Vorschlag dem Ministerium des Inneren zur Entscheidung vorlegen. Das entsprechende Verfahren befolgt auch die tschechoslowakische Vertretungsbehörde im Ausland, die das Gesuch nach vorhergehender Bearbeitung dem Landesnationalausschuß (dem Beauftragten des Slowakischen Nationalrates), in dessen Zuständigkeitsbereich die Heimatgemeinde des Gesuchstellers liegt, falls der Gesuchsteller keine bestimmte Heimatgemeinde besitzt, dem Innenministerium unmittelbar vorlegt. Diese Vorschriften und Anweisungen beziehen sich nicht auf die Angehörigen der tschechoslowakischen Militäreinheiten, die der deutschen oder madjarischen Nationalität angehören, da über die Beibehaltung ihrer tschechoslowakischen Staatsbürgerschaft gemäß Absatz 3 von Amts wegen entschieden wird.

Die Bescheinigung nach Muster B erfolgt auf blauen Formularen, die der Landesnationalausschuß in der Druckerei des Innenministeriums, Prag IV, ehemalige Kadettenanstalt, erhält und den einzelnen Bezirksnationalausschüssen (Bezirksverwaltungskommissionen) auf Verlangen in der erforderlichen Menge zuteilt. Über diese Bescheinigungen muß genau abgerechnet werden, es werden davon 200 000 mit den Nummern 1 bis 200 000 versehene Stücke ausgegeben. Die Kontrolle über die Verteilung führt der Landesnationalausschuß, die Kontrolle über die Ausgabe an die einzelnen Gesuchsteller der Bezirksnationalausschuß (die Bezirksverwaltungskommission). Der Bezirksnationalausschuß (die Bezirksverwaltungskommission) wählt aus seiner Mitte eine in der Regel aus drei Mitgliedern bestehende Beglaubigungskommission, die unverzüglich die Ermittlungen einleitet und darüber entscheidet, ob eine Bescheinigung ausgestellt werden soll. Vor dieser Entscheidung wird ein Gutachten eines drei- bis fünfgliedrigen antifaschistischen Ausschusses eingeholt, der aus erprobten und staatlich zuverlässigen Personen deutscher Nationalität besteht. Über die Verhandlungen dieses antifaschistischen Ausschusses wird ein ordnungsmäßiges Protokoll aufgenommen und von allen Mitgliedern unterschrieben. Wird die Ausstellung der Bescheinigung abgelehnt, so wird darüber ein Bescheid erteilt mit dem Recht, innerhalb von 15 Tagen nach der Zustellung Berufung einzulegen, über die der Landesnationalausschuß endgültig entscheidet. Der Bezirksnationalausschuß (die Beglaubigungskommission) ist verpflichtet, in streitigen Fällen eine Weisung des übergeordneten Landesnationalausschusses einzuholen, die für ihn bindend ist. Das Ministerium des Inneren weist in diesem Zusammenhang nachdrücklich darauf hin, daß im Sinne des Regierungsprogrammes vom 5. April 1945, nach den Richtlinien des Innenministeriums vom 16. Mai 1945 und nach den Weisungen des Innenministeriums, den allgemeinen gegen die Deutschen gerichteten Maßnahmen vom 8. Juni 1945 Punkt 1 und 2 sowie den allgemeinen Maßnahmen im Sinne des angeführten Verfassungsdekrets des Präsidenten der Republik nicht unterliegt, sondern als antinazistisch oder antifaschistisch anzuerkennen und durch die zuständigen Behörden zu legitimieren ist:

1. Wer aus politischen oder rassischen Gründen im Konzentrationslager, im Zuchthaus, im Gefängnis oder in Untersuchungshaft war und nach seiner

Entlassung aus dem Gefängnis seiner Überzeugung treu geblieben ist, oder wer wegen seiner Treue der Republik und wegen seiner Loyalität dem tschechischen oder slowakischen Volke gegenüber in anderer Weise von den nazistischen Behörden verfolgt wurde.

2. Wer vor und in der Zeit der Okkupation einen aktiven Kampf gegen den Nazismus und für die Tschechoslowakische Republik geführt hat.

3. Wer in der Zeit der Okkupation Angehöriger der tschechoslowakischen oder einer verbündeten Armee oder einer Partisanenabteilung war oder in ihren Diensten arbeitete.

4. Wer niemals Mitglied der SS, SA, SdP, NSDAP, NSKK oder anderer nazistischer Gliederungen war, er sei denn dazu gezwungen worden. Als Antifaschist kann also nicht angesehen werden, wer in diesen oder anderen Gliederungen der nazistischen Partei organisiert war, mit Ausnahme derjenigen, die nachweisbar zum Zwecke zersetzender Tätigkeit von einer antifaschistischen Organisation in diese Gliederungen beordert wurden.

5. Die Familienangehörigen derjenigen Deutschen und Madjaren aus der Republik, die

   a) im Kampf für die Befreiung der Republik gefallen oder Invaliden geworden sind,

   b) die in Konzentrationslagern aus politischen oder rassischen Gründen gefangen gehalten wurden und dort gestorben sind,

   c) die wegen ihrer antifaschistischen Tätigkeit ermordet wurden.

   Das bezieht sich freilich nur auf diejenigen Familienmitglieder von Antifaschisten, die sich selbst dem Befreiungskampf des tschechischen und des slowakischen Volkes gegenüber loyal verhalten haben.

6. Auf Personen, die von einigen gegen die Deutschen gerichteten Maßnahmen im Interesse der Aufrechterhaltung des Betriebes wichtiger Werksanlagen oder Wirtschaftsunternehmungen befreit sind, beziehen sich diese Richtlinien nicht.

Bei der Ausstellung der antinazistischen Bescheinigungen nach Muster B müssen der ausstellenden Behörde augenblicklich alle Bestätigungen über die Befreiung von den gegen die Deutschen und die Kollaboranten gerichteten Maßnahmen zurückgegeben werden, gleichgültig von welcher Behörde sie ausgestellt wurden.

Die Ehefrauen und die Kinder der Personen, denen eine Bescheinigung nach Muster B ausgestellt wird, werden selbständig beurteilt, und über ihre Zuverlässigkeit wird eine besondere Untersuchung durchgeführt; für Ehefrauen und Kinder über 14 Jahren wird eine besondere Bescheinigung ausgestellt, Kinder bis zu 14 Jahren werden in die Bescheinigung des Vaters (der Mutter) aufgenommen.

(9) Personen, welche die tschechoslowakische Staatsbürgerschaft gemäß § 1 verloren haben, können um ihre Wiederverleihung ansuchen (§ 3). Das Ansuchen ist im Laufe von sechs Monaten, gerechnet von dem Tage, der durch eine in der Sammlung der Gesetze und Verordnungen abgedruckte Bekanntmachung des Innenministers bestimmt wird, einzureichen. Das Ansuchen ist bei dem für den Wohnsitz zuständigen Bezirksnationalausschuß

(Bezirksverwaltungskommission) einzureichen; dieser Ausschuß führt über das Ansuchen eine besondere Untersuchung durch, deren Ergebnis in den Ermittlungsbogen gemäß Anlage E eingetragen wird, und legt das Ansuchen mit seinem Gutachten dann dem übergeordneten Landesnationalausschuß, in der Slowakei dem Amt des Beauftragten des Slowakischen Nationalrates für innere Angelegenheiten, vor; von da aus wird das Ansuchen mit einem Vorschlag dem Ministerium des Innern zur Entscheidung übersandt. Die im Ausland wohnenden Personen reichen die Gesuche bei der tschechoslowakischen Vertretungsbehörde ein, welche sie nach einer entsprechenden vorhergehenden Behandlung dem für die Heimatgemeinde zuständigen Landesnationalausschuß, gegebenenfalls dem Amt des Beauftragten des Slowakischen Nationalrates für innere Angelegenheiten, übersendet. Das Ansuchen wird so beurteilt wie das Gesuch um Verleihung der tschechoslowakischen Staatsbürgerschaft, und bis zu seiner Erledigung wird der Gesuchsteller nicht als tschechoslowakischer Staatsbürger betrachtet. Ansuchen, die vor der angegebenen Frist eingereicht wurden, sind den Antragstellern zurückzureichen. Besonderheiten, die für Ehefrauen und Kinder tschechoslowakischer Staatsangehöriger gelten, sind in Absatz 12 angeführt.

(10) Die Pflichten eines tschechoslowakischen Staatsbürgers haben insbesondere diejenigen verletzt, die

a) Mitglieder der gesetzgebenden Körperschaft eines feindlichen Staates waren,

b) als Richter oder angestellte Beamte eines feindlichen Staates oder als Delegierte oder Beauftragte eines anderen Gerichts oder einer anderen öffentlichen Behörde durch ein Organ eines feindlichen Staates eingesetzt wurden oder

c) als angestellte Beamte oder als ernannte oder gewählte Funktionäre oder Mitglieder einer Körperschaft, eines Organs oder einer Gliederung der Verwaltung oder der Selbstverwaltung eines feindlichen Staates oder als Delegierte oder Beauftragte bei einer anderen Gliederung der Verwaltung oder der Selbstverwaltung von einem feindlichen Staat, der genannten Körperschaft, dem genannten Organ oder der genannten Gliederung bestellt wurden oder

d) in der Zeit nach dem 29. September 1938 an deutschen oder madjarischen Schulen oder an anderen Schulen unterrichtet haben oder in diesem Zeitraum als Angestellte des höheren Dienstes an ihnen tätig waren, wenn sie dazu von einem feindlichen Staat, einer feindlichen Korporation, Institution, einer feindlichen Anstalt, Schule oder von einer der unten in Punkt h) angeführten Organisation bestellt waren,

e) Offiziere oder Unteroffiziere einer feindlichen bewaffneten Macht waren,

f) Angehörige einer feindlichen bewaffneten Macht waren oder gegen die Tschechoslowakische Republik oder ihre Verbündeten in diesem Kriege gekämpft haben, wenn sie nicht nachweisen, daß sie sich dem widersetzten oder aktiven Widerstand dagegen geleistet haben, oder

g) Angehörige eines feindlichen Sicherheitsdienstes oder einer feindlichen bewaffneten oder auf militärische Art organisierten oder aber einer von einem feindlichen Staat zwar unabhängigen, aber gegen die Ausübung der staatlichen Souveränität und Staatsgewalt gerichteten Formation waren oder

h) auf tschechoslowakischem Staatsgebiet oder anderswo Mitglieder einer Partei, einer Bewegung, einer politischen Gruppe, eines Verbandes, eines Vereins oder einer Formation waren, von denen feststeht, daß sie vom Feind organisiert wurden oder daß sie gegen die staatliche Souveränität der Tschechoslowakischen Republik oder gegen ihre Wiederaufnahme ihrer Ausübung, gegen die Sicherheit, Selbständigkeit, territoriale Integrität, verfassungsmäßige Einheit oder die demokratisch-republikanische Staatsform gearbeitet haben, oder die Mitglieder einer Formation waren, die eine solche staatsfeindliche Tätigkeit unterstützte, oder die Handlungen und Aktionen, welche derartige Ziele verfolgten, ausgeführt oder daran teilgenommen oder sie unterstützt haben oder

ch) Mitglieder der leitenden Beamtenschaft oder satzungsgemäße Organe einer feindlichen Anstalt oder eines feindlichen Unternehmens waren oder von einem feindlichen Staate, einer feindlichen Anstalt oder einem feindlichen Unternehmen oder irgendeiner der in vorhergehendem Punkt h) beschriebenen Organisationen zu Beauftragten bei einer anderen Anstalt oder einem anderen Unternehmen bestellt worden waren oder

i) leitende Personen oder satzungsgemäße Organe eines Wirtschaftsunternehmens waren, das in erheblichem Umfange die feindlichen Kriegsanstrengungen unterstützt hat, oder zu den Personen gehörten, welche die Aufsicht über die Geschäftsführung oder die Arbeitnehmerschaft führten, oder

j) Vertrauensleute waren, die mit einer Mission in feindlichen Diensten betraut waren, oder

k) Inhaber eines Ehrenranges oder einer Auszeichnung waren, die ihnen von einem feinlichen Staat, einer feindlichen Institution oder Organisation verliehen wurde; als eine solche Ehrenauszeichnung wird auch die Verleihung der Urkunde über die Reichsbürgerschaft nach dem deutschen Reichsbürgergesetz vom 15. September 1935 angesehen, oder

l) erwiesenermaßen Verfasser öffentlicher Erklärungen mit einer der Tschechoslowakischen Republik gegenüber feindlichen Haltung sind, einschließlich von Erklärungen in Eingaben an Behörden, oder

m) wegen einer Straftat nach dem Gesetz über die Bestrafung der nazistischen Verbrechen verurteilt wurden oder

n) sich vor dem 29. September 1938 auf deutsches oder madjarisches Gebiet begeben haben, um dort bei den feindlichen Behörden Schutz zu suchen, oder sich in das Ausland begeben haben, um sich einer Verfolgung wegen Straftaten zu entziehen, die sie gegen die Tschechoslowakische Republik begangen haben, oder

o) Angehörige des sogenannten Sudetendeutschen Freikorps oder einer anderen ähnlichen Formation waren, welche eine kriegerische umstürzlerische Tätigkeit gegen die Tschechoslowakische Republik zum Ziele hatte, oder

p) sich nach Inkrafttreten des Waffenstillstandes mit dem Feinde ohne Wissen der zuständigen Behörden aus dem Staatsgebiet entfernten oder, wenn sie sich früher entfernt haben, auf behördliche Aufforderung innerhalb der gesetzten Frist nicht zurückkehren oder

r) in irgendeiner Weise mit dem Feinde aktiv zusammenarbeiteten oder

t) aus den durch die Besetzung des tschechoslowakischen Gebietes durch eine feindliche Macht entstandenen Verhältnissen für sich oder für die ihnen nahe stehenden Personen einen wirtschaftlichen oder finanziellen Vorteil gezogen haben oder zu ziehen suchten.

(11) Gemäß § 4 Abs. 1 werden verheiratete Frauen und minderjährige Kinder für die Zwecke des Dekrets selbständig beurteilt. Diese Bestimmung bedeutet, daß die Staatsbürgerschaft eines jeden Familienmitgliedes selbständig festgestellt wird, d. h., die Ehefrau folgt in der Staatsbürgerschaft nicht dem Ehemann und die minderjährigen Kinder nicht ihrem Vater (ihrer unehelichen Mutter). Es kann also der Fall eintreten, daß der Ehemann wegen seiner deutschen oder madjarischen Nationalität gemäß § 1 Abs. 1 oder 2 die tschechoslowakische Staatsbürgerschaft verliert, die Ehefrau jedoch, falls sie nicht deutscher oder madjarischer Nationalität ist, die tschechoslowakische Staatsbürgerschaft behält; umgekehrt aber, daß der Ehemann die tschechoslowakische Staatsbürgerschaft behält, die Ehefrau jedoch, falls sie deutscher oder madjarischer Nationalität ist, die tschechoslowakische Staatsbürgerschaft verliert. Analog tritt bei Kindern, die deutscher oder madjarischer Nationalität sind, der Verlust der tschechoslowakischen Staatsbürgerschaft ein, auch wenn bei den Eltern oder einem Elternteil der Verlust nicht eintritt oder umgekehrt.

(12) Wenn der Ehemann die tschechoslowakische Staatsbürgerschaft gemäß § 1 Abs. 1 oder 2 des Dekrets nicht verloren hat, weil er nicht Deutscher oder Madjare ist, kann seine Ehefrau, die als Person deutscher oder madjarischer Nationalität die tschechoslowakische Staatsbürgerschaft verloren hat, um die Wiederverleihung der tschechoslowakischen Staatsbürgerschaft gemäß § 3 unter erleichterten Bedingungen ansuchen. Das Gesuch wird dann wohlwollend beurteilt, und bis zur Entscheidung darüber wird die Gesuchstellerin als tschechoslowakische Staatsbürgerin angesehen. Der Bezirksnationalausschuß stellt darüber bei der Einreichung des ordnungsgemäß belegten Gesuchs eine Bescheinigung nach Muster C aus. Dasselbe gilt für die minderjährigen Kinder, deren Eltern oder jedenfalls ein Elternteil die tschechoslowakische Staatsbürgerschaft nicht verloren haben. Die Gesuche für diese Kinder reicht ihr gesetzlicher Vertreter ein, also der Vater, wenn der Vater nicht vorhanden ist oder seine Zustimmung grundlos verweigert, kann die Mutter oder eine andere Person, bei der sich die Kinder in Pflege befinden, das Gesuch mit Zustimmung des Vormundschaftsgerichts (der Vormundschaftsbehörde) einreichen. Ausdrücklich sei bemerkt, daß die Vorschrift über die wohlwollende Beurteilung der Gesuche

der Ehefrau und der Kinder tschechoslowakischer Staatsbürger um die Wiederverleihung der tschechoslowakischen Staatsbürgerschaft unbedingt so auszulegen ist, daß sich dieses Wohlwollen nur auf das in § 3 des Dekretes erwähnte freie Ermessen beziehen kann, daß aber dadurch durchaus keine zwingende Vorschrift dieses Paragraphen berührt wird, nach der dem Gesuchsteller nicht Gehör gegeben werden darf, wenn er die Pflichten eines tschechoslowakischen Staatsbürgers verletzt hat. Es wird darauf hingewiesen, daß eine Bekanntmachung des Innenministers, deren Erlassung gleichzeitig angeordnet wird, bestimmen wird, daß die Frist zur Einreichung eines Gesuches um Wiederverleihung der tschechoslowakischen Staatsbürgerschaft der Ehefrauen und Kinder tschechoslowakischer Staatsbürger auf 6 Monate vom Tage des Inkrafttretens des Dekrets, d. h. vom 10. August 1945 an, festgesetzt wird; für andere Gesuchsteller gilt diese Frist jedoch nicht.

(13) Tschechen, Slowaken und Angehörige anderer slawischer Nationen, die sich in der Zeit der erhöhten Bedrohung der Republik um die Verleihung der deutschen oder der ungarischen Staatsangehörigkeit beworben haben, ohne dazu durch Zwang oder durch besondere Umstände genötigt zu sein, verlieren die tschechoslowakische Staatsbürgerschaft ebenso wie die Personen deutscher oder madjarischer Nationalität. Dies betrifft nicht nur die Verleihung der Staatsbürgerschaft der Okkupanten im eigentlichen Sinne, sondern jeden freiwilligen Antrag auf Erwerb der deutschen oder der ungarischen Staatsangehörigkeit, also auch auf Anerkennung oder Zuerkennung der Staatsangehörigkeit, auf Eintragung in die Nationalitätenliste u. ähnl. Es ist auch nicht entscheidend, ob die fremde Staatsangehörigkeit verliehen (anerkannt, zuerkannt) wurde oder nicht. Der Verlust tritt mit dem Tage des Inkrafttretens des Dekrets ein. Im übrigen gilt für den Verlust der tschechoslowakischen Staatsbürgerschaft das in den Absätzen 3—6 Gesagte.

(14) Bei der Anwendung der Bestimmungen des Dekrets ergeben sich in der Frage, ob eine bestimmte Person sich als Deutscher oder Madjare, also zur deutschen oder madjarischen Nationalität bekannt hat (§ 1 Abs. 4), oder ob sie sich um den Erwerb der deutschen oder der ungarischen Staatsangehörigkeit beworben hat (§ 5) und dazu durch Zwang oder besondere berücksichtigungswürdige Umstände genötigt war, oft sehr erhebliche Zweifel. Da ist es am Platze, sich die bekannten Methoden und Anschauungen der Okkupanten (insbesondere der deutschen) zu vergegenwärtigen, nach denen die deutsche oder ungarische Staatsangehörigkeit eine bedeutende Menge von Personen erhalten hat, über deren tschechische oder slowakische Nationalität keine begründeten Zweifel bestehen. Es handelt sich dabei vor allem um die Ehefrauen von Personen deutscher Nationalität, um Kinder, deren einer Elternteil Deutscher war, aber auch um andere Personen. Für einen Deutschen wurde nach seiner Abstammung aus deutschem Blut auch derjenige gehalten, bei dem ein Großelternteil Deutscher war oder ist; manchmal genügte die bloße Herkunft aus einer Gemeinde, die als eine deutsche angesehen wurde, schließlich genügte auch der bloße deutsche Name. Bei Kindern wurde besonders ihre Erfassung für die deutsche Sache durch ver-

schiedene Praktiken gefordert, wie durch die Androhung, sie den Eltern und anderen gesetzlichen Vertretern auch gegen ihren Willen wegzunehmen, durch die Androhung der Bestrafung wegen der Entfremdung der Kinder vom deutschen Volk. Auch Personen, die ihrer Abstammung nach Tschechen waren, sollten nicht allgemein von der deutschen Staatsangehörigkeit ausgeschlossen werden, weil dadurch angeblich die Eindeutschung rassisch wertvoller fremder Angehöriger erschwert, wenn nicht unmöglich gemacht worden wäre, auf die vom deutschen Standpunkt angeblich nicht verzichtet werden durfte. Von solchen Voraussetzungen ging man bei der planmäßigen Eindeutschung der tschechischen Bevölkerung aus, und es bleibt nun nichts anderes übrig, als die auf diese Weise mit teils größerer, teils geringerer Gewalt dem tschechischen Volk entfremdeten Personen wieder den Reihen der tschechischen (slowakischen) Bürger auf eine Art zuzuführen, die die Gewähr bietet, daß aus ihnen in der Zukunft ordentliche tschechoslowakische Staatsbürger werden; dies wird umso leichter sein, weil es nach den Erfahrungen, welche alle einheimischen Bewohner während der Okkupation gemacht haben, nur wenige geben wird, die sich darnach sehnen dürften, daß die von den Okkupanten eingeführten Verhältnisse wiederkehren.

(15) Den Personen, welche nach dem Dekret tschechoslowakische Staatsbürger geblieben sind oder es wieder werden, wird als Ausweis über ihre Staatsbürgerschaft eine „Bescheinigung über die tschechoslowakische Staatsbürgerschaft“ (Muster D) ausgestellt. Diese Bescheinigungen werden auf Ansuchen der Parteien ausgestellt; von diesen sind Angaben und Belege für den Nachweis über das Vorliegen der tschechoslowakischen Staatsbürgerschaft allerdings nur in dem Umfang zu verlangen, der für die Beurteilung der Sache notwendig ist; Belege, welche die Parteien überhaupt nicht oder aber nicht ohne erhebliche Schwierigkeiten besorgen können, sind nicht zu verlangen. Fehlende notwendige Belege sind durch behördliche Erhebungen zu ersetzen, welche auch hier — wie im gesamten, vom Grundsatz der Offizialmaxime beherrschten Verwaltungsverfahren — volle Rechtswirkung besitzen. Vor allem darf das Hauptgewicht nicht auf die unumgängliche Beschaffung der Heimatscheine gelegt werden. Falls die Heimatzuständigkeit nicht festgestellt oder ermittelt ist, ist in dem Ausweis an Stelle der Heimatgemeinde die Bemerkung aufzunehmen: „bisher nicht ermittelt“. Ergeben sich bei der Ermittlung der Staatsbürgerschaft irgendwelche Zweifel, so ist eine Äußerung des Innenministeriums einzuholen, wobei anzugeben ist, welche Zweifel bestehen. Im Hinblick auf den Grundsatz, daß auch die verheirateten Frauen und die minderjährigen Kinder bei der Feststellung der Staatsbürgerschaft selbständig beurteilt werden, kann der Bezirksnationalausschuß dort, wo dies ausdrücklich verlangt wird, eine besondere Bescheinigung über die tschechoslowakische Staatsbürgerschaft ausstellen. Wird dies nicht ausdrücklich verlangt, so werden die Ehefrau und die minderjährigen Kinder in die Bescheinigung des Ehemannes bzw. des Vaters (der unehelichen Mutter) aufgenommen. Sucht eine verheiratete Frau um eine Bescheinigung über die Staatsbürgerschaft des Ehemannes an, so kann ihr eine solche Bescheinigung ohne die Zustimmung des Ehemannes nicht ausgestellt werden; benötigt sie jedoch eine solche Bescheinigung, so ist in der ihr ausgestellten Bescheinigung über die tschechoslowakische

Staatsbürgerschaft neben der allgemeinen Angabe, daß sie verheiratet ist, der Zusatz hinzuzufügen: „Der Ehemann ... geboren am ..., zuständig in der Gemeinde ..., ist ebenfalls tschechoslowakischer Staatsbürger". Die vorläufigen Bescheinigungen über die tschechoslowakische Staatsbürgerschaft, die nach dem 5. Mai 1945 ausgestellt wurden, werden ohne Rücksicht darauf, von wem und auf welcher Grundlage dies erfolgt ist, für ungültig erklärt (das bezieht sich nicht auf die Bescheinigungen, welche den Auslandstschechen und Auslandsslowaken ausgestellt wurden, die als Repatrianten zurückkehren und sich nun um die Erlangung der tschechoslowakischen Staatsbürgerschaft bewerben). Die um Austellung einer vorläufigen Bescheinigung über die Staatsbürgerschaft eingereichten Gesuche sind weiterhin als Gesuche um Ausstellung ordnungsmäßiger Bescheinigungen über die tschechoslowakische Staatsbürgerschaft anzusehen und zu behandeln. Den Personen, die eine Bescheinigung über die Staatsbürgerschaft beantragen, muß in jedem Falle ein Bescheid erteilt werden, und zwar entweder in der Weise, daß eine Bescheinigung über die Staatsbürgerschaft ausgestellt oder ein ordnungsmäßig begründeter Bescheid darüber erteilt wird, daß die Ausstellung der Bescheinigung abgelehnt wird; dieser Bescheid unterliegt dem ordentlichen Instanzenzug.

(16) Soweit es sich um die sachliche Zuständigkeit für die Entscheidung über die Staatsbürgerschaft nach dem Dekret handelt, ist diese in den einzelnen Fällen oben angegeben. Die Ausstellung der Bescheinigungen über die tschechoslowakische Staatsbürgerschaft und die Entscheidung darüber, wer tschechoslowakischer Staatsbürger ist, steht — soweit im Dekret nichts anderes bestimmt wird — dem Bezirksnationalausschuß (der Bezirksverwaltungskommission) zu, in Statutarstädten mit politischer Verwaltung den Ortsnationalausschüssen. Die Verleihung der tschechoslowakischen Staatsbürgerschaft ist den Landesnationalausschüssen vorbehalten.

(17) Die örtliche Zuständigkeit der Behörden richtet sich gemäß § 7 der Regierungsverordnung über das Verwaltungsverfahren Slg. Nr. 8/1928 in erster Linie nach dem Wohnsitz der Partei, falls die Partei im Inlande keinen Wohnsitz hat, nach ihrem Aufenthalt, falls es auch an einem solchen fehlt, nach der Heimatgemeinde gegebenenfalls nach den weiteren dort angeführten Umständen. Dabei wird daran erinnert, daß die Bekanntmachung des Ministers des Inneren vom 15. Dezember 1926, Slg. d. Ges. u. Vo. Nr. 225, eine bloße behördliche Anweisung ist, und daß die Zuständigkeitsvorschriften der Regierungsverordnung vom 11. Januar 1940, Slg. d. Ges. u. Vo. Nr. 19, ebenso wie diese ganze Verordnung ihre Gültigkeit verloren haben, so daß die oben angeführten allgemeinen Hilfsnormen über die Zuständigkeitsbegründung heranzuziehen sind.

(18) Da die Staatsbürgerschaftsfrage für alle Zweige der öffentlichen Verwaltung und für die Beurteilung der privaten Interessen von großer Wichtigkeit ist, ist es unbedingt erforderlich, daß die Behandlung der Staatsbürgerschaftsangelegenheiten mit jeder nur möglichen Beschleunigung erfolgt. Bei jedem Ausschuß ist ein juristischer Beamter mit der Führung dieses Aufgabenbereiches zu betrauen, der für die ordnungsgemäße Führung persönlich, und zwar strafrechtlich und disziplinar, verantwortlich ist;

ihm sind so viele Hilfskräfte zuzuteilen, daß die Bearbeitung nicht in Rückstand kommt. In Zweifelsfällen ist eine Äußerung oder eine Weisung der übergeordneten Behörde einzuholen. Bei der Vorlage der Gesuche an das Ministerium des Innern ist immer beim „Gegenstand“ neben dem Namen des Gesuchsstellers anzuführen, um welche Art von Gesuch es sich handelt, z. B. „Genehmigung der Bescheinigung über die nationale Zuverlässigkeit (§ 1 und 4 des Dekrets)“ oder „Beibehaltung der Staatsbürgerschaft (§ 2 des Dekrets)“ — „Wiederverleihung der Staatsbürgerschaft (§ 3 des Dekrets)“ usw.

(19) Durch diesen Runderlaß bzw. durch dieses Dekret werden die Staatsbürgerschaftsverhältnisse nur soweit geregelt, als sie mit der Wiederherstellung der Tschechoslowakischen Republik bzw. mit der Regelung der Staatsbürgerschaft von Personen deutscher und madjarischer Nationalität zusammenhängen. Die Vorschriften über den Erwerb und Verlust der tschechoslowakischen Staatsbürgerschaft bleiben einstweilen, bis sie durch eine besondere gesetzliche Vorschrift geregelt werden, in Kraft.

(20) Die Vordrucke nach den Mustern C, D, E sind ebenfalls in der Druckerei des Ministeriums des Innern zu bestellen.

(21) Die Landes- und Bezirksnationalausschüsse haben den Empfang dieses Runderlasses unverzüglich zu bestätigen und bei dieser Gelegenheit zu berichten, daß alles zu seiner Durchführung Erforderliche veranlaßt wurde.

Dekret des Präsidenten der Republik vom 19. September 1945 über die Arbeitspflicht der Personen, welche die tschechoslowakische Staatsbürgerschaft verloren haben.

Slg. Nr. 71.

Auf Vorschlag der Regierung bestimme ich:

§ 1

(1) Zur Beseitigung und Wiedergutmachung der durch den Krieg und die Luftangriffe verursachten Schäden, wie auch zur Wiederherstellung des durch den Krieg zerrütteten Wirtschaftslebens wird eine Arbeitspflicht der Personen eingeführt, die nach dem Verfassungsdekret des Präsidenten der Republik vom 2. August 1945, Slg. Nr. 33, über die Regelung der tschechoslowakischen Staatsbürgerschaft der Personen deutscher und madjarischer Nationalität, die tschechoslowakische Staatsbürgerschaft verloren haben. Die Arbeitspflicht erstreckt sich auch auf Personen tschechischer, slowakischer oder einer anderen slawischen Nationalität, die sich in der Zeit der erhöhten Bedrohung der Republik um die Erteilung der deutschen oder der madjarischen Staatsangehörigkeit beworben haben, ohne dazu durch Zwang oder besondere Umstände gezwungen zu sein (§ 5 des genannten Verfassungsdekretes).

(2) Der Arbeitspflicht nach diesem Dekret unterliegen nicht Personen, auf die sich das Verfassungsdekret Slg. Nr. 33/1945 nach seinem § 1 Abs. 3 und 4 nicht erstreckt, weiterhin nicht Personen, die bis zu einer späteren Entscheidung kraft Gesetzes als tschechoslowakische Staatsbürger zu betrachten sind (§ 2 Abs. 3 und § 4 Abs. 2 des Verfassungsdekretes) und schließlich nicht Personen, denen eine Bescheinigung gemäß § 2 Abs. 2 des Verfassungsdekretes ausgestellt worden ist.

(3) Besondere, im Einvernehmen mit dem Ministerium für auswärtige Angelegenheiten vom Ministerium des Innern erlassene Richtlinien bestimmen, ob und in welchem Umfange der Arbeitspflicht nach diesem Dekret auch Personen deutscher oder madjarischer Nationalität unterliegen, auf die sich das Verfassungsdekret Slg. Nr. 33/1945 nicht erstreckt.

§ 2

(1) Der Arbeitspflicht unterliegen Männer vom vollendeten 14. bis zum vollendeten 60. Lebensjahr und Frauen vom vollendeten 15. bis zum vollendeten 50. Lebensjahr.

(2) Von der Arbeitspflicht sind befreit:

a) körperlich oder geistig untaugliche Personen, solange dieser Zustand dauert,

b) schwangere Frauen, vom Beginn des vierten Monates der Schwangerschaft an,

c) Wöchnerinnen, für die Zeit von sechs Wochen nach der Niederkunft und

d) Frauen, die für Kinder unter sechs Jahren zu sorgen haben.

(3) Die in Absatz 2, Buchst. a) bis c) angeführten Umstände stellt der Amtsarzt fest. Den in Absatz 2, Buchst. d) angeführten Umstand bestätigt der Ortsnationalausschuß (die örtliche Verwaltungskommission).

§ 3

(1) Die der Arbeitspflicht unterliegenden und die von ihr nach § 2 Abs. 2 befreiten Personen sind verpflichtet, sich auf Grund einer öffentlichen oder einer persönlichen Aufforderung innerhalb der festgesetzten Frist persönlich bei dem nach dem Orte ihres Wohnsitzes (Aufenthaltes) zuständigen Ortsnationalausschuß (der örtlichen Verwaltungskommission) zu melden und alle erforderlichen Belege vorzulegen, wie auch die notwendigen Auskünfte zu geben. Soweit dies möglich ist, machen sie innerhalb derselben Frist gegebenenfalls auch die Befreiung von der Arbeitspflicht gemäß § 2 Abs. 2 geltend.

(2) Der Bezirksnationalausschuß (die Bezirksverwaltungskommission) teilt dann die Personen, welche der Arbeitspflicht unterliegen, zur Arbeit zu und stellt gegebenenfalls Arbeitskolonnen zusammen. Die Entscheidung über die Zuteilung zur Arbeit ist endgültig.

§ 4

(1) Eine Person, die zur Arbeit zugeteilt wurde, ist verpflichtet, der ergangenen Zuteilungsanordnung Folge zu leisten, und zwar auch dann, wenn sie der Auffassung ist, daß sie von der Arbeitspflicht gemäß § 2 Abs. 2 befreit ist, solange über ihren Antrag auf Befreiung nicht amtlich entschieden wurde.

(2) Über die Befreiung von der Arbeitspflicht entscheidet der Bezirksnationalausschuß (die Bezirksverwaltungskommission) auf Antrag des Ortsnationalausschusses (der örtlichen Verwaltungskommission), und zwar endgültig.

§ 5

Die Arbeitspflicht erstreckt sich auf die Ausführung von Arbeiten aller Art, die zu den § 1 Abs. 1 angeführten Zwecken geleistet werden und die der zuständige Bezirksnationalausschuß (die Bezirksverwaltungskommission) als im öffentlichen Interesse geleistete Arbeiten anerkennt.

§ 6

(1) Den der Arbeitspflicht unterliegenden Personen steht für die ausgeführte Arbeit ein Entgelt zu, das der Bezirksnationalausschuß (die Bezirksverwaltungskommission) nach den örtlichen Verhältnissen festsetzt.

(2) Der Bezirksnationalausschuß (die Bezirksverwaltungskommission) kann den die Arbeitspflicht leistenden Personen, welche verpflichtet sind, ihren Familienangehörigen Unterhalt zu gewähren, auf Ansuchen eine angemessene Beihilfe zum Unterhalt der Familie bewilligen, soweit das Entgelt gemäß Absatz 1 dazu nicht ausreicht. Die Höhe der Beihilfe setzt

der Bezirksnationalausschuß (die Bezirksverwaltungskommission) nach den örtlichen Verhältnissen fest.

(3) Über die Zuteilung von Lebensmittelkarten für schwer und sehr schwer arbeitende Personen gelten die besonderen Richtlinien des Ernährungsministeriums.

§ 7

Die Bezirksnationalausschüsse (Bezirksverwaltungskommissionen) üben ihre Befugnisse gemäß §§ 3, 4, 5 und 6 im Einvernehmen mit den zuständigen Bezirksämtern für Arbeitsschutz aus.

§ 8

(1) Die zur Arbeit zugeteilten Personen sind verpflichtet, die ihnen auferlegte Arbeit ordentlich und gewissenhaft zu verrichten und alles zu unterlassen, was das Erreichen des Zwecks in dem betreffenden Arbeitsbereich erschweren oder gefährden könnte. Sie sind gehalten, die ihnen auferlegte Arbeit an jedem beliebigen Ort zu leisten, und sind verpflichtet, auch Arbeiten zu verrichten, die nicht zu ihrer normalen Beschäftigung gehören.

(2) Die der Arbeitspflicht unterliegenden Personen sind wegen geringfügigerer Verletzungen der Bestimmungen des Absatzes 1 und der aus der Arbeitspflicht sich ergebenden Obliegenheiten der Disziplinargewalt der Bezirksnationalausschüsse (Bezirksverwaltungskommissionen) nach der Disziplinarordnung, die das Ministerium des Innern erläßt, unterworfen.

(3) Die Ausübung der Disziplinargewalt gegenüber Frauen und Personen männlichen Geschlechts unter 18 Jahren, hat unter Berücksichtigung ihres Geschlechtes und Alters zu erfolgen.

§ 9

(1) Übertretungen der Bestimmungen des § 3 Abs. 1 Satz 1 und des § 4 Abs. 1 bestrafen die Bezirksnationalausschüsse (die Bezirksverwaltungskommissionen) mit Gefängnis bis zu einem Jahr.

(2) In gleicher Weise werden Übertretungen der Bestimmungen des § 8 Abs. 1 bestraft, sofern nicht mit Rücksicht auf die geringere Bedeutung des Vergehens gegen den Schuldigen disziplinarisch vorgegangen wird (§ 8 Abs. 2).

§ 10

Die Gerichte, öffentlichen Ämter und Organe sind verpflichtet, bei der Durchführung dieses Dekretes mitzuwirken.

§ 11

Dieses Dekret tritt mit dem Tage der Kundmachung in Kraft[1] und gilt nur in den Ländern Böhmen und Mähren-Schlesien; es wird vom Minister des Innern im Einvernehmen mit den beteiligten Ministern durchgeführt.

Dr. Beneš e. h.
Fierlinger e. h.
Nosek e. h.

[1] Veröffentlicht am 27. September 1945.

Anlage 12

Dekret des Präsidenten der Republik vom 18. Oktober 1945 über die Auflösung der Deutschen Universität Prag[1].

Slg. Nr. 122.

Um die seit langem andauernden historischen Bemühungen des ganzen tschechischen Volkes in der Frage der Prager Universität zum Abschluß zu bringen und die Früchte der nationalen Revolution und des Kampfes um die Befreiung der Tschechoslowakischen Republik rechtlich zu sichern, bestimme ich auf Vorschlag der Regierung:

§ 1

Die Deutsche Universität Prag, die am 5. Mai 1945, dem ersten Tage des Aufstandes der Prager Bevölkerung, zu bestehen aufgehört hat, wird als ein dem tschechischen Volk feindliches Institut für immer aufgelöst.

§ 2

Die wissenschaftlichen Institute und ihre Einrichtungen, wie auch das gesamte Vermögen der Deutschen Universität Prag fallen an die Karlsuniversität.

§ 3

Dieses Dekret tritt am 17. November 1939 in Kraft[2]; es wird vom Minister für Schulwesen und Kultur durchgeführt.

Dr. Beneš e. h.
Fierlinger e. h.
Dr. Nejedlý e. h.

---

[1] Die Deutschen Technischen Hochschulen in Prag und Brünn wurden durch ein weiteres Dekret vom gleichen Tage (Slg. Nr. 123) ebenfalls aufgelöst.

[2] Veröffentlicht am 17. März 1947.

Dekret des Präsidenten der Republik vom 25. Oktober 1945 über die Konfiskation des feindlichen Vermögens und die Fonds der nationalen Erneuerung.

Slg. Nr. 108.

Auf Vorschlag der Regierung und im Einvernehmen mit dem Slowakischen Nationalrat bestimme ich:

Teil I.

Konfiskation des feindlichen Vermögens.

§ 1

Umfang des konfiszierten Vermögens.

(1) Konfisziert wird ohne Entschädigung — soweit dies noch nicht geschehen ist — für die Tschechoslowakische Republik das unbewegliche und bewegliche Vermögen, namentlich auch die Vermögensrechte (wie Forderungen, Wertpapiere, Einlagen, immaterielle Rechte), das bis zum Tage der tatsächlichen Beendigung der deutschen und madjarischen Okkupation im Eigentum stand oder noch steht:

1. des Deutschen Reiches, des Königreiches Ungarn, von Körperschaften des öffentlichen Rechtes nach deutschem oder ungarischem Recht, der deutschen nazistischen Partei, der madjarischen politischen Parteien und an-
Personenvereinigungen, Fonds und Zweckvermögen dieser oder der mit
derer Formationen, Organisationen, Unternehmungen, Einrichtungen, Personenvereinigungen, Fonds und Zweckvermögen dieser oder der mit ihnen zusammenhängenden Regime, wie auch anderer deutscher oder ungarischer juristischer Personen, oder
2. physischer Personen deutscher oder madjarischer Nationalität mit Ausnahme der Personen, die nachweisen, daß sie der Tschechoslowakischen Republik treu geblieben sind, sich niemals gegen das tschechische und slowakische Volk vergangen haben und sich entweder aktiv am Kampfe für deren Befreiung beteiligt oder unter dem nazistischen oder faschistischen Terror gelitten haben, oder
3. physischer Personen, die eine gegen die staatliche Souveränität, die Selbständigkeit, die Integrität, die demokratisch-republikanische Staatsform, die Sicherheit und die Verteidigung der Tschechoslowakischen Republik gerichtete Tätigkeit entfaltet haben, die zu einer solchen Tätigkeit aufreizten oder andere Personen dazu zu verleiten suchten, planmäßig auf welche Art immer die deutschen oder madjarischen Okkupanten unterstützt oder die in der Zeit der erhöhten Bedrohung der Republik (§ 18 des Dekretes des Präsidenten der Republik vom 19. Juni 1945, Slg. Nr. 16, über die Bestrafung der nazistischen Verbrecher, der Verräter und ihrer Helferfshelfer sowie über die außerordentlichen Volksgerichte)

der Germanisierung oder Madjarisierung auf dem Gebiete der Tschechoslowakischen Republik Vorschub geleistet oder sich der Tschechoslowakischen Republik oder dem tschechischen oder dem slowakischen Volke gegenüber feindselig verhalten haben, wie auch von Personen, die eine solche Tätigkeit bei Personen, welche ihr Vermögen oder Unternehmen verwalteten, geduldet haben.

(2) Die Bestimmungen des Absatzes 1 Nr. 3 gelten auch für juristische Personen, soweit den physischen Personen, welche ihre Mitglieder oder Teilhaber an dem Vermögen oder Unternehmen (Kapitalbeteiligte) sind, eine Schuld an dem Vorgehen des die juristische Person vertretenden Organs beizumessen ist oder soweit diese Personen bei seiner Wahl und Beaufsichtigung die angemessene Sorgfalt außer acht gelassen haben.

(3) Der Konfiskation unterliegt gleichermaßen jegliches Vermögen, das in der Zeit nach dem 29. September 1938 den in den Absätzen 1 und 2 angeführten Subjekten gehörte und in der gemäß Abs. 1 Satz 1 angegebenen Zeit im Eigentume von Personen stand, gegebenenfalls noch steht, in deren Händen es der Konfiskation nicht unterliegen würde, es sei denn, daß die Einbeziehung eines solchen Vermögens in die Konfiskation den Grundsätzen der Billigkeit nicht entsprechen würde.

(4) Darüber, ob die Voraussetzungen für die Konfiskation nach diesem Dekret erfüllt sind, entscheidet der zuständige Bezirksnationalausschuß. Die Entscheidung kann durch eine öffentliche Bekanntmachung zugestellt werden, auch wenn die Voraussetzungen des § 33 der Regierungsverordnung vom 13. Januar 1928, Slg. Nr. 8, über das Verfahren in Angelegenheiten, die in den Wirkungsbereich der politischen Behörden gehören (Verwaltungsverfahren), nicht erfüllt sind. Gegen die Entscheidungen des Bezirksnationalausschusses kann Berufung an den Landesnationalausschuß (in der Slowakei an das zuständige Organ des Slowakischen Nationalrates) eingelegt werden. Der Landesnationalausschuß (in der Slowakei das zuständige Organ des Slowakischen Nationalrates) kann, und zwar auch im Laufe des Verfahrens, die Durchführung des Verfahrens übernehmen und in erster Instanz über die Angelegenheit entscheiden. Wenn der Landesnationalausschuß (in der Slowakei das zuständige Organ des Slowakischen Nationalrates) auf diese Weise in erster Instanz entscheidet, kann gegen seine Entscheidung Berufung an das Innenministerium eingelegt werden. Der Innenminister kann die Art und Weise, in der gemäß diesem Absatz entschieden wird, in Richtlinien näher regeln.

§ 2

Ausnahmen von der Konfiskation und Gewährung einer Entschädigung

(1) Von der Konfiskation ausgenommen ist der Teil des beweglichen Vermögens der in § 1 Abs. 1 Nr. 2 und 3 angeführten Personen, der zur Befriedigung der Lebensbedürfnisse oder zur persönlichen Ausübung der Beschäftigung dieser Personen und ihrer Familienmitglieder unumgänglich nötig ist (wie Kleidung, Federbetten, Wäsche, Hausgerät, Nahrungsmittel und Werkzeuge). Die Einzelheiten über den Umfang dieses Vermögens setzt die Regierung auf dem Verordnungswege fest.

(2) Die Regierung kann durch Verordnung festsetzen, daß das Vermögen eines bestimmten Kreises von Personen, die unter die Bestimmungen des § 1 fallen, teilweise oder gänzlich von der Konfiskation ausgenommen ist.

(3) Der Konfiskation unterliegt nicht das Vermögen, welches Personen, die nicht unter die Bestimmungen des § 1 fallen, in der Zeit nach dem 29. September 1938 unter dem Druck der Okkupation oder infolge der nationalen, rassischen oder politischen Verfolgung verloren haben.

(4) Bei der Konfiskation des Vermögens einer juristischen Person gebührt den an ihr kapitalmäßig beteiligten Personen, soweit sie nicht unter die Bestimmungen des § 1 Abs. 1 und 2 fallen, eine entsprechende Entschädigung. Die Einzelheiten regelt die Regierung im Verordungswege.

(5) Befinden sich Personen, deren Vermögen der Konfiskation unterliegt, als Miteigentümer in Gemeinschaft mit Personen, die nicht unter die Bestimmungen des § 1 fallen, und beträgt ihr Miteigentumsanteil mehr als die Hälfte, so unterliegt das ganze Vermögen der Konfiskation. Personen, die nicht unter § 1 fallen, gebührt jedoch eine Entschädigung in Sachen gleicher Art und gleichen Wertes wie ihr Anteil und, wenn dies nicht möglich ist, in Geld.

Teil II.

Fonds der nationalen Erneuerung.

§ 3

Errichtung und Organisation der Fonds der nationalen Erneuerung.

(1) Zur Besorgung der mit der vorläufigen Verwaltung des konfiszierten Vermögens und seiner Aufteilung zusammenhängenden Aufgaben wird bei jedem Siedlungsamt ein Fonds der nationalen Erneuerung (weiterhin nur Fonds) errichtet. Der Fonds ist eine selbständige juristische Person. Soweit das Statut des Fonds (Absatz 7) nichts anderes bestimmt, vertritt ihn die Finanzprokuratur.

(2) An der Spitze eines jeden Fonds steht ein Präsident, welchen die Regierung auf Vorschlag des Innenministers nach Anhören des Präsidenten des Siedlungsamtes ernennt. Der Präsident vertritt den Fonds nach außen. Ist er verhindert, so vertritt ihn der Vizepräsident des Fonds, den die Regierung auf Vorschlag des Präsidenten des Fonds und nach Anhören des Präsidenten des Siedlungsamtes ernennt.

(3) Der Fonds der nationalen Erneuerung untersteht dem Siedlungsamt, bei dem er errichtet wurde. Der Präsident des Siedlungsamtes und sein Stellvertreter bilden mit dem Präsidenten und dem Vizepräsidenten des Fonds einen Rat, der die Tätigkeit des betreffenden Siedlungsamtes und des ihm unterstehenden Fonds festlegt. Der Rat faßt seine Beschlüsse mit einer Mehrheit von mehr als der Hälfte der Stimmen. Bei Stimmengleichheit entscheidet die Zentralkommission für die Innenkolonisation.

(4) Die Geschäfte des Fonds besorgen die Angestellten des zuständigen Siedlungsamtes, wobei sie dem Präsidenten des Fonds unterstehen.

(5) Das Stammvermögen der Fonds an Geld bilden Vorschüsse aus Staatsmitteln, weiterhin die auf Grund dieses Dekrets konfiszierten Geldeinlagen

und liquiden Forderungen und die nach und nach eingehenden Vergütungen für das zugeteilte Vermögen.

(6) Die Fonds sind von Gebühren und Abgaben für Amtshandlungen befreit.

(7) Das Statut der Fonds und ihre Geschäftsordnung erläßt die Regierung im Verordnungswege auf Vorschlag der Zetralkommission für Innenkolonisation.

§ 4

Ständiger Beirat und Wirtschaftskontrolle.

(1) Bei jedem Fonds wird ein Ständiger Beirat gebildet. In den Ständigen Beirat, der bei dem Fonds am Siedlungsamt in Prag errichtet wird, entsenden das Ministerium des Inneren, das Finanzministerium, die Ministerien für nationale Verteidigung, für Schulwesen und Kultur, das Justizministerium, die Ministerien für Industrie, für Landwirtschaft, für Binnenhandel, für Verkehr, für Arbeitsschutz und soziale Fürsorge, für Gesundheitswesen und Ernährung, sowie der Wirtschaftsrat je einen Vertreter. Mitglieder des Ständigen Beirates, der bei dem Fonds des Siedlungsamtes in Preßburg errichtet wird, sind die Vertreter der Ämter der zuständigen Beauftragten des Slowakischen Nationalrates, wie auch ein Vertreter des Wirtschaftsrates. Die Zentralkommission für Innenkolonisation regelt den Wirkungsbereich der Ständigen Beiräte und erläßt ihre Geschäftsordnung.

(2) Die Wirtschaftsführung der Fonds unterliegt der Kontrolle des Finanzministeriums und des Obersten Rechnungskontrollamtes. Verfügungen des Fonds, gegen die der Vertreter des Finanzministeriums (in der Slowakei über den Finanzbeauftragten des Slowakischen Nationalrates) Einwendungen erhebt, dürfen nicht durchgeführt werden, solange der entstandene Konflikt nicht durch Verhandlungen zwischen den betroffenen Ministerien und, wenn das nicht gelingt, durch eine Entscheidung der Regierung beseitigt wird.

§ 5

Wirkungsbereich der Fonds.

(1) Die Fonds sind namentlich zuständig:

1. alles nach diesem Dekret konfiszierte Vermögen zu ermitteln. Die Bezirksnationalausschüsse sind verpflichtet, ein Verzeichnis jeglichen Vermögens anzufertigen, das auf Grund dieses Dekrets in ihrem Zuständigkeitsbereich konfisziert wird, und diese Aufstellung der zuständigen Gebietsdienststelle des Siedlungsamtes und dem zuständigen Fonds vorzulegen. Die Unterlagen für das Verzeichnis besorgen die Ortsnationalausschüsse. Jeder, der konfisziertes Vermögen besitzt, verwaltet oder verwahrt, ist verpflichtet, es auf Aufforderung des Bezirksnationalausschusses zur Aufnahme in das Verzeichnis anzumelden und pflichtgemäß dafür zu sorgen, solange der damit betraute Fonds oder das damit betraute öffentliche Amt (Organ) keine anderen Verfügungen trifft;
2. im Einvernehmen mit den zuständigen Nationalausschüssen und Ministerien und durch ihre Vermittlung die erforderlichen Vorkehrungen für die Sicherstellung, Übernahme, Aufbewahrung, Erhaltung und Verwal-

tung dieses Vermögens zu treffen, soweit dies nicht geschehen ist. Die Richtlinien für diese Vorkehrungen erläßt das Siedlungsamt im Einvernehmen mit dem Fonds. Auf Ansuchen des Fonds merkt das zuständige Gericht die Konfiskation in den öffentlichen Büchern und Registern an;

3. die zum konfisizerten Vermögen gehörenden Verbindlichkeiten aufzuzeichnen und zu begleichen, wobei nach den Richtlinien vorzugehen ist, welche die Regierung im Verordnungswege erläßt; für Verbindlichkeiten, welche bei dieser Auseinandersetzung nicht befriedigt werden, haftet der Staat nicht;

4. die Übergabe des konfiszierten Vermögens auf Grund der Rahmenpläne (§ 6 Abs. 1) und der endgültigen Zuteilungsentscheidung (§ 8 Abs. 6) durchzuführen;

5. den Zuteilungsempfängern einen Kredit nach den von der Zentralkommission für Innenkolonisation herausgegebenen Richtlinien zu vermitteln.

(2) Der Fonds hat das Recht, die Wirtschaftsführung der nationalen Verwalter zu beaufsichtigen sowie bei den zuständigen Organen ihre Abberufung zu verlangen und ihre Bestellung zu beantragen.

Teil III.

Aufteilung des konfiszierten Vermögens.

Abschnitt 1.

Rahmenpläne und Zuteilungsverordnungen.

§ 6

(1) Das Siedlungsamt arbeitet im Einvernehmen mit den zuständigen Ministerien (in der Slowakei auch mit den Ämtern der zuständigen Beauftragten des Slowakischen Nationalrates) und dem Wirtschaftsrat und nach Anhören der zuständigen Wirtschaftsverbände (in der Slowakei der entsprechenden Wirtschaftsorganisationen) und des Zentralrates der Gewerkschaften (in der Slowakei der Zentrale der Gewerkschaftsverbände) Rahmenpläne aus, in denen insbesondere bestimmt wird:

a) wieviele kleine Vermögenseinheiten in den einzelnen Orten zugeteilt und wie die restlichen behandelt werden sollen,

b) welche mittleren Vermögenseinheiten zugeteilt und wie die restlichen behandelt werden sollen,

c) wie die Industrievermögen und die großen Vermögenseinheiten behandelt werden sollen.

(2) In der im vorhergehenden Absatz angegebenen Art und Weise bereiten die Siedlungsämter Vorschläge für die einzelnen Zuteilungsverordnungen nach der Art des konfiszierten Vermögens vor, das zur Zuteilung bestimmt wird, und setzen darin die Merkmale fest, nach denen die Vermögenseinheiten in kleine, mittlere und große unterschieden werden, die Eigenschaften, welche die Zuteilungsempfänger der betreffenden Vermögensart besitzen müssen, die Richtlinien für die Berechnung der Höhe der Vergütung und die Art ihrer Bezahlung durch die Zuteilungsempfänger, die Bedingungen, unter denen eine Zuteilung erfolgen oder das zugeteilte Vermögen entzogen werden kann, und wie die Vermögenseinheiten behandelt werden sollen. Auf Grund dieser Unterlagen erläßt die Regierung die einzelnen

Zuteilungsverordnungen. Die Durchführung dieser Verordnungen obliegt dem Siedlungsamt, das sie stufenweise nach Umfang und Art des zugeteilten Vermögens durchführen kann.

(3) Auf Grund der Rahmenpläne (Absatz 1) und der Zuteilungsverordnungen (Absatz 2) werden die Zuteilungs- und Vergütungspläne (§§ 10 bis 12) aufgestellt. Das Siedlungsamt hat die Aufgabe zu prüfen, ob die Zuteilungs- und Vergütungspläne diesen Voraussetzungen entsprechen, in welchem Falle sie sie genehmigen. Zuteilungen, welche den Rahmenplänen oder den Zuteilungsverordnungen widersprechen, scheidet das Siedlungsamt aus den Zuteilungs- und Vergütungsplänen aus. Solange die Pläne nicht unter diesem Gesichtspunkte vom Siedlungsamt genehmigt sind, kann die endgültige Genehmigung oder Richtigstellung des Zuteilungs- und Vergütungsplanes durch das zuständige Organ nicht vorgenommen werden.

(4) Eine Zuteilung, die dem Rahmenplan, einer einzelnen Zuteilungsverordnung oder den ordnungsgemäß genehmigten, gegebenenfalls berichtigten Zuteilungs- und Vergütungsplänen (§ 10 Abs. 3, § 11 Abs. 3 und § 12 Abs. 3) widerspricht, ist ungültig. Der Fonds kann innerhalb einer Frist von 6 Monaten von der Zustellung der rechtskräftigen Zuteilungsentscheidung (§ 8 Abs. 6) die Aufhebung der ungültigen Zuteilungsentscheidung durch die übergeordnete Behörde und, wenn es sich um eine Zuteilungsentscheidung des Ministeriums handelt, durch die Zentralkommission für die Innenkolonisation veranlassen.

Abschnitt 2.

Zuteilungsverfahren.

§ 7

Berechtigung des Bewerbers.

(1) Aus dem nach diesem Dekret konfiszierten Vermögen werden (§ 8) einzelne Vermögenseinheiten in das Eigentum berechtigter Bewerber gegen eine Vergütung als Eigentum zugeteilt.

(2) Vermögenseinheiten können Ländern-, Bezirken, Gemeinden und anderen öffentlich rechtlichen Körperschaften, insbesondere Zweckverbänden und kulturellen Körperschaften, Genossenschaften und anderen Bewerbern, die den Zuteilungsbedingungen entsprechen, zugeteilt werden (§ 6, Abs. 2).

(3) Bei der Zuteilung konfiszierten Vermögens sind vor allem zu berücksichtigen Teilehmer am nationalen Widerstand und ihre hinterbliebenen Familienangehörigen, Personen, die durch den Krieg, die nationale, rassische oder politische Verfolgung geschädigt wurden, Personen, die ins Grenzgebiet, welches sie zu verlassen gezwungen waren, oder aus dem Auslande in das Vaterland zurückkehren, und Personen, die infolge der Gebietsveränderungen ihren Wohnsitz in das übrige Gebiet der Tschechoslowakischen Republik verlegt haben. Die Voraussetzungen der Vorzugsstellung müssen gehörig nachgewiesen werden.

§ 8

Zuteilungsentscheidung.

(1) Auf Grund der rechtskräftigen Zuteilungspläne (§§ 10 bis 12) teilt die kleinen Vermögenseinheiten der Bezirksnationalausschuß, die mittle-

ren Vermögenseinheiten der Landesnationalausschuß (in der Slowakei das zuständige Organ des Slowakischen Nationalrates) und das Industrievermögen sowie die großen Vermögenseinheiten das zuständige Ministerium (in der Slowakei im Einvernehmen mit dem Amt des zuständigen Beauftragten des Slowakischen Nationalrates) zu.

(2) In der Zuteilungsentscheidung ist anzuführen:

a) woraus die zugeteilte Vermögenseinheit besteht,

b) welche anderen Rechte und Befugnisse mit der Zuteilung verbunden sind,

c) welche Verbindlichkeiten der Zuteilungsempfänger übernimmt,

d) der Tag, an dem das zugeteilte Vermögen übergeben wird,

e) die Höhe der Vergütung (Übernahmepreis) und die Art ihrer Bezahlung,

f) etwaige Beschränkungen des Zuteilungsempfängers oder andere ihm auferlegte Bedingungen.

(3) Der Zuteilungsempfänger haftet nicht für Verbindlichkeiten, die auf dem ihm zugeteilten Vermögen ruhen, soweit er sie nicht auf Grund der Zuteilungsentscheidung übernommen hat.

(4) Einem Bewerber, der sich durch die Entscheidung des Bezirksnationalausschusses über die Zuteilung benachteiligt fühlt, steht die Berufung an den Landesnationalausschuß (in der Slowakei an das zuständige Organ des Slowakischen Nationalrates) zu. Über die Berufung entscheidet der Landesnationalausschuß (in der Slowakei das zuständige Organ des Slowakischen Nationalrates) endgültig.

(5) Einem Bewerber, der sich durch eine Zuteilungsentscheidung des Landesnationalausschusses (des zuständigen Organs des Slowakischen Nationalrates) benachteiligt fühlt, steht die Berufung an das zuständige Ministerium zu.

(6) Das Organ, welches über die Zuteilung entschieden hat, sendet die rechtskräftige Zuteilungsentscheidung an den zuständigen Fonds, der die Übergabe des zugeteilten Vermögens durchführt.

§ 9

Zuteilungskommission.

(1) Der Ortsnationalausschuß, in dessen Zuständigkeitsbereich sich konfisziertes Vermögen befindet, fordert auf Ersuchen des Siedlungsamtes in der ortsüblichen Art und durch Kundmachung im Amtsblatt des Siedlungsamtes die Zuteilungsinteressenten öffentlich auf, Anmeldungen einzureichen. Die Anmeldungen sind beim Ortsnationalausschuß einzubringen. Aus der Zahl der den Zuteilungsbedingungen (§ 6 Abs. 2) entsprechenden Bewerber, wie auch aus den Mitgliedern des Ortsnationalausschusses, die keine Bewerber sind, ernennt der Ortsnationalausschuß die örtliche Zuteilungskommission, die aus mindestens drei und höchstens zehn Mitgliedern besteht, wobei die Zuteilungsbewerber nicht die Mehrheit bilden dürfen. Die Mitgliedschaft in den örtlichen Zuteilungskommissionen ist ehrenamtlich. Der Ortsnationalausschuß kann die Kommissionsmitglieder jederzeit abberufen. Den Vorsitzenden der örtlichen Zuteilungskommission wählt der Ortsnatio-

nalausschuß aus seinen Mitgliedern. In Gemeinden mit mehr als 10 000 Einwohnern ernennt der Ortsnationalausschuß zu Mitgliedern der örtlichen Zuteilungskommission auch Vertreter der Wirtschaftsverbände (in der Slowakei der entsprechenden Wirtschaftsorganisationen) und des Zentralrates der Gewerkschaften (in der Slowakei der Zentrale der Gewerkschaftsverbände). Wenn ein Mitglied abberufen wird oder aus einem anderen Grunde wegfällt, wird ein neues Mitglied aus der Interessentengruppe gewählt, aus der das Mitglied, das er zu ersetzen hat, hervorgegangen ist. Bei stufenweiser Durchführung der Zuteilungsverordnung (§ 6 Abs. 2 letzter Satz) dürfen für die einzelnen Arten von Vermögenseinheiten verschiedene Zuteilungskommissionen ernannt werden.

(2) Der Bezirksnationalausschuß, in dessen Zuständigkeitsbereich sich konfisziertes Vermögen befindet, fordert auf Ersuchen des Siedlungsamtes öffentlich in der in dem Bezirk üblichen Art und durch Bekanntmachung im Amtsblatt des Siedlungsamtes die Zuteilungsinteressenten auf, Anmeldungen einzureichen. Die Anmeldungen sind beim Bezirksnationalausschuß einzubringen. Aus der Zahl der den Zuteilungsbedingungen (§ 6 Abs. 2) entsprechenden Bewerber und aus Vertretern des Bezirksnationalausschusses, der Wirtschaftsverbände (in der Slowakei der entsprechenden Wirtschaftsorganisationen) und des Zentralrates der Gewerkschaften (in der Slowakei der Zentrale der Gewerkschaftsverbände) ernennt der Bezirksnationalausschuß eine Bezirkszuteilungskommission, die aus höchstens zehn Mitgliedern besteht, wobei die Zuteilungsbewerber nicht die Mehrheit bilden dürfen. Für die Mitglieder der Bezirkszuteilungskommissionen gelten die Vorschriften über die Mitglieder der örtlichen Zuteilungskommission entsprechend. Den Vorsitzenden der Bezirkszuteilungskommission wählt der Bezirksnationalausschuß aus seinen Mitgliedern.

(3) Die Ernennung der Mitglieder der örtlichen Zuteilungskommission überprüft und bestätigt der Bezirksnationalausschuß, die Ernennung der Mitglieder der Bezirkszuteilungskommission überprüft und bestätigt der Landesnationalausschuß (in der Slowakei das zuständige Organ des Slowakischen Nationalrates).

(4) Das Siedlungsamt regelt die Zusammensetzung, die Organisation und die Tätigkeit der örtlichen und Bezirkszuteilungskommissionen im einzelnen und stellt die Geschäftsordnung für sie auf.

§ 10

Die Zuteilungspläne für kleine Vermögenseinheiten.

(1) Die örtliche Zuteilungskommission arbeitet für die kleinen, im Bereiche des Ortsnationalausschusses für die Zuteilung bestimmten Vermögenseinheiten einen Zuteilungsplan mit einem Vorschlag über die für das zugeteilte Vermögen geforderte Vergütung aus. Den Plan legt sie zur öffentlichen Einsichtnahme bei dem Ortsnationalausschuß während 15 Tage aus und macht gleichzeitig auf die Auslage durch eine Bekanntmachung aufmerksam, die sowohl während dieser Zeit auf dessen Amtstafel ausgehängt wird, als auch — spätestens am ersten Tage der Auslage — durch Druck sowie im Amtsblatt des Siedlungsamtes, und zwar mit einer Einspruchsbelehrung, veröffentlicht wird. Jeder tschechoslowakische Staatsangehörige,

der älter als 18 Jahre ist, hat das Recht, gegen diesen Zuteilungsplan und Vergütungsvorschlag innerhalb einer Frist von 15 Tagen, vom letzten Tage der Auslage des Planes an, Einspruch bei der örtlichen Zuteilungskommission zu erheben. Nach Ablauf der Einspruchsfrist legt die örtliche Zuteilungskommission den Zuteilungsplan samt dem Vergütungsvorschlag und die eingegangenen Einsprüche mit ihrer Stellungnahme dazu der Bezirkszuteilungskommission zur Überprüfung vor. Gleichzeitig sendet sie eine Abschrift des Zuteilungsplanes und des Vergütungsvorschlages an das Siedlungsamt (§ 6 Abs. 3), an die Steueradministration und an den Bezirksnationalausschuß (Abs. 2).

(2) Die Bezirkszuteilungskommission überprüft die ihr vorgelegten Zuteilungspläne und Vergütungsvorschläge unter Berücksichtigung der eingelegten Einsprüche. Sie holt Stellungnahmen zur Angemessenheit der in den Plänen vorgeschlagenen Vergütungen von der Steueradministration und von den technischen und den Preis-Organen des zuständigen Bezirksnationalausschusses ein und teilt ihnen mit, wann sie über den einzelnen Zuteilungsplan verhandeln wird, damit sie sich an dieser Verhandlung beteiligen können.

(3) Der Zuteilungs- und Vergütungsplan für die kleinen Vermögenseinheiten ist die Grundlage der Zuteilung, sobald er von der Bezirkszuteilungskommission unter Berücksichtigung des Standpunktes des Siedlungsamtes (§ 6 Abs. 3) genehmigt, gegebenenfalls berichtigt wurde.

§ 11

Die Zuteilungspläne für die mittleren Vermögenseinheiten.

(1) Die Bezirkszuteilungskommission arbeitet für die mittleren im Bereiche des Bezirksnationalausschusses für die Zuteilung bestimmten Vermögenseinheiten einen Zuteilungsplan mit einem Vorschlag über die für das zugeteilte Vermögen geforderte Vergütung aus. Den Plan legt sie zur öffentlichen Einsichtnahme beim Bezirksnationalausschuß während 15 Tage aus und macht gleichzeitig auf die Auslage durch eine Bekanntmachung aufmerksam, die sowohl während dieser Zeit auf dessen Amtstafel ausgehängt wird, als auch — spätestens am ersten Tage der Auslage — durch Druck sowie im Amtsblatt des Siedlungsamtes, und zwar mit einer Einpruchsbelehrung veröffentlicht wird. Jeder tschechoslowakische Staatsangehörige, der älter als 18 Jahre ist, hat das Recht, gegen diesen Zuteilungsplan und Vergütungsvorschlag innerhalb einer Frist von 15 Tagen, vom letzten Tage der Auslage des Planes an, Einspruch bei der Bezirkszuteilungskommission zu erheben. Nach Ablauf der Einspruchsfrist legt die Bezirkszuteilungskommission den Zuteilungsplan samt dem Vergütungsvorschlag sowie die eingegangenen Einsprüche mit ihrer Stellungnahme dazu dem Landesnationalausschuß (in der Slowakei dem zuständigen Organ des Slowakischen Nationalrates) zur Überprüfung vor. Gleichzeitig sendet sie eine Abschrift des Zuteilungsplanes und des Vergütungsvorschlages an das Siedlungsamt (§ 6 Abs. 3), an die Steueradministration und an den Bezirksnationalausschuß (Abs. 2).

(2) Der Landesnationalausschuß (in der Slowakei das zuständige Organ des Slowakischen Nationalrates) holt Stellungnahmen zur Angemessenheit

der in den Plänen vorgeschlagenen Vergütungen von der Steueradministration und von den technischen und den Preis-Organen des zuständigen Bezirksnationalausschusses ein und teilt ihnen mit, wann er über den einzelnen Zuteilungsplan verhandeln wird, damit sie sich an dieser Verhandlung beteiligen können. Gleichzeitig überprüft er die vorgelegten Zuteilungspläne und Vergütungsvorschläge unter Berücksichtigung der eingelegten Einsprüche und der Stellungnahmen der Steueradministrationen und der technischen Organe der Bezirksnationalausschüsse, wobei er diese Pläne ändern kann, wenn dies wichtige öffentliche, namentlich nationale Interessen verlangen.

(3) Der Zuteilungs- und Vergütungsplan für die mittleren Vermögenseinheiten ist die Unterlage für die Zuteilung, sobald er vom Landesnationalausschuß (in der Slowakei vom zuständigen Organ des Slowakischen Nationalrates) unter Berücksichtigung des Standpunktes des Siedlungsamtes (§ 6 Abs. 3) genehmigt, gegebenenfalls berichtigt wurde.

§ 12

Die Zuteilungspläne für Industrievermögen und große Vermögenseinheiten.

(1) Der Landesnationalausschuß (in der Slowakei das zuständige Organ des Slowakischen Nationalrates) arbeitet für das Industrievermögen und die großen Vermögenseinheiten, die in seinem Bereich zur Aufteilung bestimmt sind, einen Zuteilungsplan mit einem Vorschlag über die für das zugeteilte Vermögen geforderte Vergütung aus. Die Pläne sind im Amtsblatt des Siedlungsamtes zu veröffentlichen. Jeder tschechoslowakische Staatsangehörige, der älter als 18 Jahre ist, hat das Recht, gegen diesen Zuteilungsplan und den Vergütungsvorschlag innerhalb einer Frist von 15 Tagen seit Veröffentlichung des Planes beim Landesnationalausschuß (beim zuständigen Organ des Slowakischen Nationalrates) Einspruch einzulegen. Nach Ablauf der Einspruchsfrist legt der Landesnationalausschuß (in der Slowakei das zuständige Organ des Slowakischen Nationalrates) den Zuteilungsplan samt dem Vergütungsvorschlag und die eingegangenen Einsprüche mit seiner Stellungnahme dazu dem zuständigen Ministerium zur Überprüfung vor. Gleichzeitig sendet er eine Abschrift des Zuteilungsplanes und des Vergütungsvorschlages an das Siedlungsamt (§ 6 Abs. 3), das Finanzministerium, das Verkehrsministerium (Absatz 2) und an die Oberste Preisbehörde.

(2) Das Ministerium (in der Slowakei im Einvernehmen mit dem Amt des zuständigen Beauftragten des Slowakischen Nationalrates) überprüft den vorgelegten Zuteilungsplan und Vergütungsvorschlag unter Berücksichtigung der eingelegten Einsprüche und der Stellungnahmen der Ministerien für Finanzen und Verkehr (öffentliche technische Verwaltung) und der Obersten Preisbehörde, die es zum Vergütungsvorschlag einholt.

(3) Der Zuteilungs- und Vergütungsplan für das Industrieeigentum und die großen Vermögenseinheiten ist die Grundlage für die Zuteilung, sobald er durch das Ministerium (in der Slowakei im Einvernehmen mit dem Amt des zuständigen Beauftragten des Slowakischen Nationalrates) unter Berücksichtigung des Standpunktes des Siedlungsamtes (§ 6 Abs. 3) genehmigt, gegebenenfalls berichtigt wurde.

§ 13

Behandlung des zugeteilten Vermögens.

Das nach § 8 zugeteilte Vermögen darf nur nach der in den einzelnen Zuteilungsverordnungen festgesetzten Frist veräußert, vermietet, verpachtet oder belastet werden. Während dieser Frist darf dies nur mit Genehmigung des Fonds geschehen.

§ 14

Die Bezahlung des Übernahmepreises und seine Verwendung.

(1) Die Vergütung (den Übernahmepreis) zahlen die Zuteilungsempfänger dem zuständigen Fonds gemäß der Zuteilungsentscheidung. Ein vom Fonds ausgestellter Nachweis über Rückstände der Vergütung ist im Wege der verwaltungsmäßigen oder der gerichtlichen Zwangsvollstreckung vollstreckbar.

(2) Diese Vergütungen sind zur Bezahlung der auf dem konfiszierten Vermögen ruhenden Verbindlichkeiten zu verwenden, soweit sie bei der Auseinandersetzung (§ 5 Abs. 1 Nr. 3) anerkannt und nicht vom Zuteilungsempfänger übernommen werden, und der Rest ist an die Staatskasse zweckgebunden abzuführen.

Teil IV.

Gemeinsame und Schlußbestimmungen.

§ 15

Verfahren vor den Fonds.

Für das Verfahren vor den Fonds gilt die Regierungsverordnung Slg. Nr. 8/1928 entsprechend.

§ 16

Übergang der Liegenschaften und bücherlichen Rechte auf den Staat.

Den Übergang der Liegenschaften und bücherlichen Rechte, welche nicht anderen Personen zugeteilt werden, auf den Tschechoslowakischen Staat, tragen die Grundbuchgerichte auf Antrag des zuständigen Fonds und, soweit es sich um das in § 18 angeführte Vermögen handelt, auf Antrag des Gesundheitsministeriums unter Berufung auf dieses Dekret in die öffentlichen Bücher ein.

§ 17

Verhältnis zum landwirtschaftlichen Vermögen.

Dieses Dekret bezieht sich nicht auf das landwirtschaftliche Vermögen, soweit es nach dem Dekret des Präsidenten der Republik vom 21. Juni 1945, Slg. Nr. 12, über die Konfiskation und beschleunigte Aufteilung des landwirtschaftlichen Vermögens der Deutschen, Madjaren wie auch der Verräter und Feinde des tschechischen und des slowakischen Volkes, und nach den entsprechenden in der Slowakei geltenden Vorschriften konfisziert wurde.

§ 18

Verhältnis zum Bädervermögen und zu den Heil- und Pflegeanstalten.

(1) Die Bestimmungen der Teile II und III beziehen sich nicht:

1. auf Heil- und Pflege-Anstalten,
2. auf folgendes Bädervermögen:
   a) Liegenschaften mit natürlichen Heilquellen oder mit Mineralwasserquellen, mit Quellen von Heilgasen und Emanationen oder mit Lagerstätten von Heilschlamm, Heilmoor, Heiltorf oder anderen Erdarten,
   b) Liegenschaften, Unternehmungen und Einrichtungen, die der Ausnutzung von natürlichen Heilquellen oder Mineralwassern dienen oder dafür notwendig sind,
   c) Heilbäder-Einrichtungen,
   d) Kur-Wohnungsunternehmungen, die überwiegend Kurgästen dienen oder für sie bestimmt sind oder die Bestandteil von Heilbäder-Einrichtungen sind,
   e) Hilfsunternehmungen der unter den Buchstaben b) bis d) angeführten Einrichtungen und Unternehmungen,
   f) alles Zubehör der unter den Buchstaben b) bis e) angeführten Unternehmungen und Einrichtungen und alles zu ihrem Betrieb dienende Vermögen.

(2) Der Minister für Gesundheitswesen (in der Slowakei im Einvernehmen mit dem Beauftragten des Slowakischen Nationalrates) bestimmt, auf welches Vermögen sich die Bestimmungen des Absatzes 1 beziehen.

(3) Wie mit dem in Absatz 1 angeführten Vermögen zu verfahren ist, bestimmen besondere Vorschriften.

§ 19

Strafbestimmungen.

(1) Wer wissentlich irgendwelche Bestimmungen dieses Dekrets oder der daraufhin erlassenen Verordnungen verletzt, oder wer sich in Machenschaften einläßt, die geeignet sind, die Konfiskation oder die ordentliche Zuteilung des konfiszierten Vermögens zu stören, wird — unbeschadet der gerichtlichen Verfolgung — vom Bezirksnationalausschuß wegen Übertretung mit einer Geldstrafe bis zu 1 000 000 Kčs oder mit Gefängnis bis zu einem Jahr oder mit diesen beiden Strafen bestraft. Im Falle der Uneinbringlichkeit der Geldstrafe ist eine Ersatzgefängnisstrafe nach dem Ausmaße der Schuld bis zu einem Jahr zu verhängen.

(2) Die in Absatz 1 angeführten Übertretungen verjähren in drei Jahren.

§ 20

Mitwirkung der öffentlichen Organe und Behörden.

Alle öffentlichen Behörden und Organe sind verpflichtet, auf Verlangen mit den Fonds der nationalen Erneuerung zusammenzuarbeiten und sie tatkräftig bei der Durchführung ihrer Aufgaben zu unterstützen.

§ 21

Dieses Dekret tritt mit dem Tage der Kundmachung in Kraft[1]; es wird von allen Mitgliedern der Regierung durchgeführt.

Dr. Beneš e. h.
Fierlinger e. h.

David e. h.	Kopecký e. h.
Gottwald e. h.	Laušman e. h.
Široký e. h.	Ďuriš e. h.
Dr. Šrámek e. h.	Dr. Pietor e. h.
Ursíny e. h.	Gen. Hasal e. h.
Masaryk e. h.	Hála e. h.
Gen. Svoboda e. h.	Dr. Šoltész e. h.
Dr. Ripka e. h.	Dr. Procházka e. h.
Nosek e. h.	Majer e. h.
Dr. Šrobár e. h.	Dr. Clementis e. h.
Dr. Nejedlý e. h.	Gen. Dr. Ferjenčík e. h.
Dr. Stránský e. h.	Lichner e. h.

1 Veröffentlicht am 30. Oktober 1945.

Anlage 14

Verfassungsdekret des Präsidenten der Republik vom 27. Oktober 1945 über die Sicherstellung der als staatlich unzuverlässig angesehenen Personen während der Revolutionszeit.

Slg. Nr. 137.

Auf Vorschlag der Regierung bestimme ich:

§ 1

Die Sicherstellung von Personen, die als staatlich unzuverlässig angesehen wurden, durch Behörden oder Organe der Republik, auch außerhalb der gesetzlich statthaften Fälle, oder eine Verlängerung ihrer vorläufigen Sicherstellung (Haft) über den gesetzlich zulässigen Zeitraum hinaus wird für gesetzmäßig erklärt. Solche Personen haben wegen dieser Sicherstellung oder einer Verlängerung der vorläufigen Sicherstellung über den gesetzlich zulässigen Zeitraum hinaus keinen Anspruch auf Schadenersatz.

§ 2

Unter einer Sicherstellung (vorläufigen Sicherstellung) im Sinne dieses Dekrets und anderer gesetzlicher Bestimmungen ist nicht die Zusammenziehung ausländischer Staatsangehöriger zu verstehen, die von der zuständigen Behörde an bestimmten Orten zum Zwecke ihrer späteren Abschiebung durchgeführt wurde. Eine solche Zusammenziehung darf ohne jegliche Beschränkung durchgeführt werden.

§ 3

Dieses Dekret gilt nur für die Fälle der Sicherstellung oder der Verlängerung der vorübergehenden Sicherstellung (Haft) über die gesetzlich zulässige Zeit hinaus, die sich vor dem Inkrafttreten dieses Dekrets ereigneten.

§ 4

Für die Zeit der Gültigkeit des Dekretes des Präsidenten der Republik vom 19. Juni 1945, Slg. Nr. 16, über die Bestrafung der nazistischen Verbrecher, der Verräter und ihrer Helfershelfer sowie über die außerordentlichen Volksgerichte wird die in § 3 des Verfassungsgesetzes vom 9. April 1920, Slg. Nr. 293, über den Schutz der Freiheit der Person, des Hauses und des Briefgeheimnisses (nach §§ 107, 112 und 116 der Verfassungsurkunde) festgesetzte Frist auf 8 Tage verlängert.

§ 5

Dieses Dekret tritt am 30. Tage nach der Kundmachung in Kraft[1] und gilt in den Ländern Böhmen und Mähren-Schlesien; es wird vom Justizminister und vom Innenminister durchgeführt.

Dr. Beneš e. h.

Fierlinger e. h.

Nosek e. h. Dr. Stránský e. h.

---

[1] Veröffentlicht am 26. November 1945.

Dekret des Präsidenten der Republik vom 27. Oktober 1945 über die Zwangsarbeits-Sonderabteilungen.

Slg. Nr. 126.

Auf Vorschlag der Regierung bestimme ich:

§ 1

(1) Nach den Bestimmungen des § 14 Buchst. b) des Dekretes des Präsidenten der Republik vom 19. Juni 1945, Slg. Nr. 16, über die Bestrafung der nazistischen Verbrecher, der Verräter und ihrer Helfershelfer sowie über die außerordentlichen Volksgerichte werden in den Gefängnissen der Kreisgerichte und in den Strafanstalten Zwangsarbeits-Sonderabteilungen (weiterhin nur „Abteilungen" genannt) aufgestellt.

(2) Der Justizminister kann für solche Abteilungen auch besondere Lager errichten und ihre Organisation regeln.

§ 2

(1) Übersteigt der Teil der Freiheitsstrafe oder die Gesamtstrafe, die der Verurteilte in den Abteilungen zu verbüßen hat, nicht fünf Jahre, so wird sie in den Abteilungen vollstreckt, die in der Regel in dem Gefängnis des Kreisgerichtes am Sitze des Gerichtes errichtet sind, welches das Urteil in erster Instanz gefällt hat; übersteigen sie diesen Zeitraum, so wird sie in den Abteilungen vollstreckt, die in der Strafanstalt, gegebenenfalls in dem Lager errichtet wurden, das hierzu durch eine besondere Vorschrift bestimmt wurde.

(2) Die in Absatz 1 aufgestellte Grenze kann vom Justizminister aus wichtigen Gründen herauf- oder herabgesetzt werden.

(3) Hat das Gericht entschieden, daß der Verurteilte nur einen Teil der Freiheitsstrafe in den Abteilungen zu verbüßen hat, so wird zuerst dieser Teil vollstreckt.

§ 3

Die Abteilungen werden insbesondere zur Durchführung von Arbeiten verwendet, die zur Wiederherstellung des Wirtschaftslebens notwendig sind oder zu anderen im öffentlichen Interesse geleisteten Arbeiten, z. B. zur Beseitigung von Kriegsmaterial und Trümmern, zur Reparatur und zum Bau öffentlicher Gebäude und anderer öffentlicher, vor allem Transporteinrichtungen, zu Arbeiten in der Land- und Forstwirtschaft, zur Regulierung der Flüsse u. ä.; gibt es keine derartigen Arbeiten, so können sie zu anderen geeigneten Zwecken verwendet werden. Dies darf jedoch nicht an Orten geschehen, an denen dadurch die Lohn- und Wirtschaftsverhältnisse der arbeitenden Schichten gefährdet würden.

§ 4

Die Sträflinge haben keinen Anspruch auf Entlohnung für die Arbeit in den Abteilungen. Das für ihre Arbeiten vereinbarte Entgelt fällt an den

Staat. Bei der Festsetzung der Höhe dieses Entgelts ist darauf zu achten, daß die Löhne der Arbeiterschaft nicht unterboten werden.

§ 5

Dieses Dekret tritt an dem Tage der Kundmachung in Kraft[1] und gilt in den Ländern Böhmen und Mähren-Schlesien; es wird vom Justizminister im Einvernehmen mit den beteiligten Ministern durchgeführt.

Dr. Beneš e. h.

Fierlinger e. h.

Dr. Stránský e. h.

1 Veröffentlicht am 15. November 1945.

Bekanntmachung des Finanzministeriums vom 29. Oktober 1945, Gesch. Z. 55.842/45, über die Auszahlungen aus gesperrten Einlagen und Sperrkonten der staatlich unzuverlässigen Personen.

Amtsblatt Nr. 363.

Das Finanzministerium bestimmt gemäß § 1 gegebenenfalls gemäß § 15 der Bekanntmachung vom 22. Juni 1945, Gesch.Z. 461/45, über die Sicherstellung des deutschen (madjarischen) Vermögens (veröffentlicht als Nr. 83 des Amtsblattes) und gemäß § 1 der Bekanntmachung vom 25. Juni 1945, Gesch.Z. 6377/45, über die Sicherstellung des Vermögens der Verräter und Kollaboranten (veröffentlicht als Nr. 82 des Amtsblattes):

I.

Die Postsparkasse und die Geldinstitute (Geldunternehmen) werden mit Wirkung vom 1. November 1945 zur Bewilligung von Auszahlungen aus Einlagen oder Konten ermächtigt, die bei ihnen für physische Personen deutscher (madjarischer) Nationalität (§ 12 Abs. 1 der Bekanntmachung Nr. 461/45) geführt werden, sowie auch aus Einlagen (Konten), die bei ihnen für Personen geführt werden, gegen die unter der Beschuldigung des Verrates an der Republik oder der Kollaboration ein Verfahren eingeleitet worden ist (§ 1 der Bekanntmachung Nr. 6377/45).

II.

Bei der Bewilligung dieser Auszahlungen richten sich die Postsparkasse und die Geldinstitute (Geldunternehmen) nach den im Amtsblatt, Teil 1, (Stück 123 vom 23. Oktober 1945) unter Nr. 338 veröffentlichten Richtlinien des Finanzministeriums für die Freigabe der gesperrten Einlagen mit folgenden Abweichungen (Einschränkungen):

1. Bei Erfüllung der Voraussetzungen und Bedingungen des Punktes 1 Absatz 1 der genannten Richtlinien darf den Personen deutscher (madjarischer) Nationalität und den Personen, gegen die unter der Beschuldigung des Verrates an der Republik oder der Kollaboration ein Verfahren eingeleitet wurde (weiterhin „staatlich unzuverlässige Personen" genannt) aus allen ihren Einlagen (Konten) insgesamt höchstens ein Betrag von 500 Kčs monatlich zur Bestreitung ihres Unterhalts und von höchstens je 250 Kčs monatlich zur Bestreitung des Unterhalts der Personen freigegeben werden, für die sie zu sorgen verpflichtet sind. Soweit es sich um Deutsche (Madjaren) handelt, können jedoch diese Auszahlungen nur solchen Personen bewilligt werden, die sich durch eine Bescheinigung des zuständigen Ortsnationalausschusses (der zuständigen örtlichen Verwaltungskommission) über ihre politische Unbescholtenheit, gegebenenfalls durch eine schriftliche Zustimmung des zuständigen Ortsnationalausschusses (der zuständigen örtlichen Verwaltungskommission) zu der beanspruchten Auszahlung, ausweisen.

2. Die Einschränkungen nach dem vorhergehenden Absatz erstrecken sich nicht

a) auf Personen, die zwar unter die Bestimmungen des § 1 Abs. 3 und 4, des § 2 und des § 4 Abs. 2 des Dekretes des Präsidenten der Republik vom 2. August 1945, Slg. Nr. 33, fallen, sich jedoch entweder durch eine Bescheinigung des Ministeriums des Innern über die vorläufige Zuerkennung der tschechoslowakischen Staatsbürgerschaft oder durch eine Bescheinigung der zuständigen politischen Behörde (des Ministeriums des Innern, des Landesnationalausschusses oder des Bezirksnationalausschusses, gegebenenfalls der Bezirksverwaltungskommission) darüber ausweisen können, daß sie bis auf weiteres von keiner der gegen die Deutschen (Madjaren) gerichteten Maßnahmen betroffen werden;

b) auf österreichische Staatsangehörige, sofern sie ihre österreichische Staatsbürgerschaft und ihre politische Unbescholtenheit glaubhaft nachweisen;

c) auf national zuverlässige Familienangehörige von Personen, gegen die unter der Beschuldigung des Verrates an der Republik oder der Kollaboration ein Verfahren eingeleitet wurde; die nationale Zuverlässigkeit ist durch eine Bescheinigung des Ortsnationalausschusses (der örtlichen Verwaltungskommission) nachzuweisen.

Auszahlungen zugunsten der in diesem Absatz angeführten Personen können in dem Umfange freigegeben werden, der in Punkt 1 des Absatzes I der angeführten Richtlinien des Finanzministeriums für die Freigabe gesperrter Einlagen bestimmt ist.

3. Übersteigt die von staatlich unzuverlässigen Personen zur Deckung ihrer außerordentlichen unvermeidbaren Zahlungsverpflichtungen (Punkt 2 des Absatzes I der genannten Richtlinien des Finanzministeriums) beantragte Auszahlung den Betrag von 5000 Kčs, so ist für die Freigabe der Auszahlung neben der Zustimmung der Tschechoslowakischen Nationalbank auch eine Genehmigung des Finanzministeriums erforderlich.

4. Auszahlungen, die von staatlich unzuverlässigen Personen nach den Punkten 3 und 4 des Absatzes I der genannten Richtlinien des Finanzministeriums beantragt werden, sind grundsätzlich unzulässig, es sei denn, daß neben der Zustimmung der Tschechoslowakischen Nationalbank ausnahmsweise auch das Finanzministerium seine Zustimmung erteilt hat.

III.

Mit Wirkung vom 1. November 1945 verlieren ihre Gültigkeit:

1. Der Erlaß des Finanzministeriums vom 23. Juli 1945, Gesch.Z. 13.278/45, durch den die Bezirksnationalausschüsse (die Bezirksverwaltungskommissionen) zur Bewilligung von Auszahlungen oder Überweisungen aus Einlagen und Konten staatlich unzuverlässiger Personen und zur Bewilligung frei verfügbarer Auszahlungen von Löhnen, Dienstbezügen, Pensionen, Kranken-, Sozial- und Unfallunterstützungen ermächtigt werden.

2. Der Erlaß des Finanzministeriums vom 20. Juli 1945, Gesch.Z. 13.080/45, durch welchen den österreichischen Staatsangehörigen Erleichterungen hinsichtlich der freien Verfügbarkeit über die Einlagen und Konten bei den Geldinstituten eingeräumt wurden; unberührt bleibt jedoch derjenige Teil des Erlasses, durch den die österreichischen Staatsangehörigen von der Ver-

pflichtung befreit wurden, ihre Wertgegenstände in ein Sperrdepot bei einem Geldinstitut zu hinterlegen.

3. Der Erlaß des Finanzministeriums vom 21. Juli 1945, Gesch.Z. 13.279/45, über die Freigabe von Zahlungen zur Deckung öffentlicher Steuern, Abgaben und Gebühren sowie auch von Konten staatlicher und gemeinnütziger Unternehmungen; in diesem Zusammenhange wird auf die Bestimmungen des § 17 Abs. 1 des Dekretes des Präsidenten der Republik vom 19. Oktober 1945, Slg. Nr. 91, verwiesen.

4. Sämtliche individuellen Genehmigungen, durch die staatlich unzuverlässigen Personen entweder durch das Finanzministerium oder durch die Bezirksnationalausschüsse (Bezirksverwaltungskommissionen) frei verfügbare monatliche Entnahmen aus ihren Einlagen oder Konten bei den Geldinstituten zur Bestreitung ihres Unterhaltes bewilligt wurden.

5. Sämtliche individuellen Genehmigungen, durch welche staatlich unzuverlässigen Personen vom Finanzministerium oder von den Bezirksnationalausschüssen (Bezirksverwaltungskommissionen) einmalige Entnahmen aus ihren Einlagen oder Konten bei den Geldinstituten bewilligt wurden, soweit diese Genehmigungen bis zum 31. Oktober 1945 nicht ausgenutzt wurden.

IV.

Wer diesen Bestimmungen zuwiderhandelt, wird nach den Strafbestimmungen der geltenden Devisenordnung bestraft, wenn es sich nicht um ein Delikt handelt, das nach strengeren Bestimmungen strafbar ist.

V.

Diese Bekanntmachung gilt im Gebiete Böhmens und des Landes Mähren-Schlesien; sie tritt am 1. November 1945 in Kraft[1].

Der Finanzminister:
Dr. Šrobár e. h.

[1] Veröffentlicht am 3. November 1945

Anlage 17

Bekanntmachung des Ministeriums des Innern vom 2. Dezember 1945 über die Richtlinien zur Durchführung des Dekretes des Präsidenten der Republik über die Arbeitspflicht der Personen, welche die tschechoslowakische Staatsbürgerschaft verloren haben.

Amtsblatt Nr. 500[1].

Durch das Dekret des Präsidenten der Republik vom 15. September 1945, Slg. Nr. 71/1945[2] wurde zum Zwecke der Beseitigung und Wiedergutmachung der durch den Krieg und das Luftbombardement verursachten Schäden sowie auch zur Wiederherstellung des durch den Krieg zerrütteten Wirtschaftslebens eine Arbeitspflicht der Personen eingeführt, welche die tschechoslowakische Staatsbürgerschaft verloren haben.

Das Ministerium des Innern hat im Einvernehmen mit dem Ministerium für Arbeitsschutz und soziale Fürsorge durch den Erlaß vom 2. November 1945, Nr. II-1620-3/11-45-V/4 auch Richtlinien zur Durchführung dieses Dekretes erlassen, deren wesentlicher Teil, soweit er die Verpflichtung der zur Arbeit zugeteilten Personen und die Verpflichtungen der Arbeitgeber betrifft, im folgenden bekanntgemacht wird:

I. Die Verpflichtungen der zur Arbeit zugeteilten Personen:

1. Eine Person, die zur Arbeit zugeteilt wurde, ist verpflichtet, der Zuteilung Folge zu leisten und zwar auch dann, wenn sie der Auffassung ist, von der Arbeitspflicht befreit zu sein, solange der Bezirksnationalausschuß (die Bezirksverwaltungskommission) über ihre Befreiung nicht entscheidet.

Die zur Arbeit zugeteilten Personen sind verpflichtet, die ihnen auferlegten Arbeiten ordentlich und gewissenhaft zu verrichten und alles zu unterlassen, was das Erreichen des Zwecks in dem betreffenden Arbeitsbereich erschweren oder gefährden könnte. Sie sind gehalten, die ihnen auferlegten Arbeiten an jedem beliebigen Orte zu leisten, und verpflichtet, auch Arbeiten zu verrichten, die nicht zu ihrer normalen Beschäftigung gehören.

Die zur Arbeit zugeteilten Personen haben sich dem Arbeitgeber oder dem Leiter der Arbeiten gegenüber anständig zu benehmen und seinen Anordnungen Folge zu leisten. Im gegenseitigen Verhältnis untereinander müssen sie korrekt sein und dürfen keine Streitigkeiten und Schlägereien hervorrufen.

Weiterhin sind diese Personen verantwortlich für sämtliche ihnen anvertrauten Gegenstände und Geräte und sind — abgesehen von einer eventuellen Bestrafung — zum Ersatz des entstandenen Schadens verpflichtet, wenn diese durch ihren Mutwillen oder durch ihre Fahrlässigkeit beschädigt wurden. Kann der Schuldige nicht ermittelt werden, so haftet für den entstandenen Schaden die ganze Arbeitsgruppe.

---

1 Veröffentlicht am 11. Dezember 1945.

2 Das Dekret Slg. Nr. 71 wurde am 19. September erlassen (vgl. Anlage 11, S. 259). Bei dem hier angegebenen Datum des 15. September handelt es sich offenbar um einen Druckfehler im Amtsblatt.

Die zur Arbeit zugeteilten Personen, gegebenenfalls ihre Familienangehörigen, müssen sich selbst, ihre Kleidung, ihre Geräte und ihre Unterkünfte in gehöriger Weise sauber halten.

2. Während der Sommerzeit (d. h. vom 1. April bis 30. September) stehen die zur Arbeit zugeteilten Personen um 5 Uhr auf, während der Winterzeit (d. h. vom 1. Oktober bis zum 31. März) um 6 Uhr, an Sonn- und Feiertagen stets um eine Stunde später, und gehen während der Sommerzeit um 22 Uhr und während der Winterzeit um 21 Uhr schlafen — soweit der Arbeitgeber keine Abweichungen gestattet.

Die tägliche Arbeitszeit umfaßt 8 Stunden, kann jedoch bis auf 10 Stunden täglich ausgedehnt werden. Sonntags- und Feiertagsarbeit ist grundsätzlich erlaubt. Die Mittagspause dauert in der Regel eine Stunde. Das Mittagessen kann mit Rücksicht auf die Arbeits- oder Witterungsverhältnisse unmittelbar auf der Arbeitsstätte gereicht werden.

Die Abendstunden nach der Arbeit sind dem Waschen, der Reinigung und der Instandsetzung der Kleidung, des Arbeitsgeräts und der Unterkunft sowie auch der Erholung vorbehalten. Es ist jedoch nicht gestattet, sich ohne Begleitung des Arbeitgebers oder seines Vertreters während der Nachtstunden oder während der Dämmerung außerhalb der zugewiesenen Unterkunft aufzuhalten.

Näheres kann durch Vorschriften geregelt werden, die vom zuständigen Bezirksnationalausschuß (von der zuständigen Bezirksverwaltungskommission) erlassen werden.

3. Die zur Arbeit zugeteilten Personen sind wegen weniger schwerwiegender Verstöße gegen die Disziplin und die Arbeitsmoral der Disziplinargerichtsbarkeit der Bezirksnationalausschüsse (Bezirksverwaltungskommissionen) unterworfen, die in solchen Fällen folgende Strafen verhängen können:

a) einen Verweis,

b) eine Strafe von 20 bis 100 Kčs (welche der Arbeitgeber von der Arbeitsvergütung abzieht und an den zuständigen Bezirksnationalausschuß [die zuständige Bezirksverwaltungskommission] abführt),

c) die Zuweisung von Sonderarbeiten, gegebenenfalls auch an einer anderen Arbeitsstelle für die Dauer bis zu 5 Tagen (die Gesamtarbeitszeit darf 12 Stunden täglich nicht übersteigen) im Einvernehmen mit dem zuständigen Bezirksamt für Arbeitsschutz.

Die Strafen werden einzeln auferlegt.

Übertretungen der Bestimmungen des § 3 Abs. 1 und des § 4 Abs. 1 sowie erheblicher Verletzungen der in § 7 Abs. 1 des Dekretes Slg. Nr. 71/1945 auferlegten Verpflichtungen bestraft der Bezirksnationalausschuß (die Bezirksverwaltungskommission) mit Gefängnis bis zu einem Jahr.

4. Ist die zur Arbeit zugeteilte Person der Auffassung, daß ihr Unrecht zugefügt wurde, so darf sie nicht eigenmächtig Abhilfe schaffen, sondern hat den Fall in gehöriger Form mündlich oder schriftlich dem Orts- oder Bezirksnationalausschuß (der Orts- oder Bezirksverwaltungskommission) vor-

zutragen. Das Gleiche gilt von Gesuchen aller Art. Der Arbeitgeber gewährt die dazu notwendige Freizeit.

5. Die Pflichten der in Internierungs- oder Arbeitslagern der Bezirksnationalausschüsse (Bezirksverwaltungskommissionen), gegebenenfalls des Amtes für nationale Sicherheit untergebrachten Personen und die Disziplinargewalt über sie werden in den einschlägigen Hausordnungen der Lager geregelt.

II. Die Verpflichtungen der Arbeitgeber:

1. Durch Zuteilung zur Arbeit darf der stetige Fortgang der Abschiebung der Angehörigen der deutschen und der madjarischen Nationalität über die Grenze in keinem Falle unterbrochen werden. Die Arbeitskräfte können nur zeitweilig zugeteilt werden, längstens bis zu dem Zeitpunkt, an dem ihre Abschiebung eingeleitet wird. Sobald über die Abschiebung der zugeteilten Kräfte über die Grenze entschieden ist, muß sie der Arbeitgeber auf seine Kosten zu dem vom Bezirksamt für Arbeitsschutz nach den Weisungen der die Abschiebung durchführenden Organe bestimmten Ort befördern, und zwar ohne Rücksicht darauf, ob durch ihre Abschiebung wirtschaftliche Schäden entstehen.

Ist der Arbeitsplatz so weit vom Ort des bisherigen Wohnsitzes oder Aufenthaltes der zugeteilten Person entfernt, daß ihr eine tägliche Hin- und Rückreise nicht möglich ist, werden den Arbeitgebern grundsätzlich die Familien, für welche die zur Arbeit zugeteilte Person zu sorgen hat, vollständig zugeteilt, also auch die Angehörigen dieser Familie, welche der Arbeitspflicht nicht unterliegen oder arbeitsunfähig sind.

Den zur Arbeit zugeteilten Personen sowie ihren Familienmitgliedern darf es nicht verwehrt werden, an den Arbeitsort die erforderliche Ausstattung (Kleider, Schuhe, Wäsche, Geschirr u. ä.) mitzunehmen, und zwar mindestens in dem für die Abschiebung über die Grenze festgesetzten Umfange.

Der Arbeitgeber ist verpflichtet, für eine angemessene Unterbringung, Verpflegung und Bewachung der zugeteilten Arbeitskräfte, gegebenenfalls auch ihrer Familien zu sorgen. Die Verpflegung der arbeitenden Personen ist entsprechend der geforderten Arbeitsleistung im Rahmen der geltenden Ernährungvorschriften zu regeln. Weiterhin muß der Arbeitgeber ihnen die Gelegenheit und die Mittel bieten, sich selbst sowie ihre Kleidung und Unterkunft sauber zu halten und für ihren Gesundheitszustand zu sorgen. Die zur Arbeit zugeteilten Personen, gegebenenfalls auch die nichtarbeitenden Familienmitglieder sind in würdiger und menschlicher Weise zu behandeln. Personen, die sich gegen diese Anordnung vergehen, werden streng bestraft. Arbeitgebern, welche die bei der Zuteilung deutscher Arbeitskräfte übernommenen Verpflichtungen in irgendeiner Beziehung verletzen, werden die Arbeitskräfte entzogen und keine Ersatzarbeitskräfte mehr zugeteilt.

Der Arbeitgeber ist verpflichtet, die Arbeit so zweckmäßig wie möglich zu organisieren, die zugeteilten Arbeitskräfte mit Arbeitsgerät auszustatten und alle notwendigen Vorkehrungen zur Verhütung von Unfällen der Arbeitenden zu treffen.

2. Der Arbeitgeber zahlt für die tatsächlich ausgeführte Arbeit eine Vergütung in Höhe der Sätze, welche durch die Lohnregelungen in dem betreffenden Arbeitsbereich festgesetzt sind, je nach Lage des Falles auch mit den entsprechenden Zulagen für Überstunden, für Nachtarbeit, für Sonntags- und Feiertagsarbeit, mit Leistungszulagen, Schwerarbeiterzulagen u. ä.

Gibt es keine solche Regelung, so wird eine Vergütung in Höhe des ortsüblichen Lohnes für Arbeiten gleicher oder ähnlicher Art gezahlt.

Bestehen Zweifel darüber, welche Löhne ortsüblich sind, so entscheidet der Bezirksnationalausschuß (die Bezirksverwaltungskommission) im Einvernehmen mit dem Bezirksamt für Arbeitsschutz.

Entspricht die Leistung einer Arbeitskraft nicht den Anforderungen, welche an Arbeiter mit normaler Leistungsfähigkeit gestellt werden, kann die Vergütung nach dem Maße der verminderten Leistung herabgesetzt werden. Die Herabsetzung der Vergütung ist mit der entsprechenden Begründung unverzüglich dem Bezirksamt für Arbeitsschutz anzuzeigen, in dessen Sprengel sich der Arbeitsplatz befindet.

Die Herabsetzung der Vergütung ist rechtlich unwirksam, wenn das Bezirksamt für Arbeitsschutz innerhalb von 15 Tagen von dem Zeitpunkt, zu dem ihm die Anzeige zugegangen ist, mitteilt, daß es der Herabsetzung nicht zustimmt.

Das Ministerium für Arbeitsschutz und soziale Fürsorge kann in begründeten Fällen im Einvernehmen mit dem Ministerium des Innern Abweichungen von den die Zahlung der Arbeitsvergütung regelnden Grundsätzen festsetzen.

Soweit neben der Vergütung in Geld auch Sachbezüge (Wohnung, Verpflegung, Beleuchtung, Beheizung u. ä.) gewährt werden, werden sie auf die Gesamtvergütung für die geleistete Arbeit angerechnet und nach den geltenden, vom zuständigen Landesnationalausschuß für den Bereich der Sozialversicherung aufgestellten Sätzen bewertet, soweit nicht Sondervorschriften abweichende Bestimmungen enthalten.

3. Von der Gesamtbruttovergütung nach dem vorhergehenden Abschnitt führt der Arbeitgeber die Steuerabzüge und die Beiträge für die Sozialversicherung ab, und — wenn ihm eine ganze Familie zugeteilt wurde, die er erhalten muß — auch die Beträge, welche auf den Unterhalt der arbeitsunfähigen oder der Arbeitspflicht nicht unterliegenden Familienmitglieder entfallen. Auch für die Höhe dieser Abzüge sind die von den Landesnationalausschüssen für die Zwecke der Sozialversicherung aufgestellten Sätze maßgebend. Außerdem zieht der Arbeitgeber von der Gesamtvergütung 20 % ab, die er auf ein Sonderkonto bei dem Bezirksnationalausschuß (bei der Bezirksverwaltungskommission) überweist, in dessen Zuständigkeitsbereich die betreffende Person arbeitet. Dorthin überweist er auch die Beträge, welche er dadurch erspart hat, daß er der zugeteilten Person keinen bezahlten Urlaub gewährt, die Vergütung für die sogenannten bezahlten Feiertage sowie auch den gemäß § 1154 b) des Allgemeinen Bürgerlichen Gesetzbuches, gegebenenfalls nach den einschlägigen Vorschriften des Gesetzes über die Privatangestellten, weitergezahlen Lohn.

Die restliche Vergütung wird ausgezahlt:

den frei (außerhalb eines Lagers) lebenden Personen in die Hand, bei den im Lager lebenden Personen an die Lagerverwaltung.

Vergütungen nach diesen Richtlinien werden rückwirkend vom 1. Oktober 1945 bezahlt.

Über die den zugeteilten Personen zustehende Vergütung hat der Arbeitgeber mit den dazugehörigen Belegen versehene Aufzeichnungen in der Weise zu führen, daß es möglich ist, nicht nur die Richtigkeit der Vergütung, sondern auch die Richtigkeit der einzelnen Abzüge zu prüfen. Der Arbeitgeber muß diese Aufzeichnungen samt den Belegen ebensolange aufbewahren wie die Lohnbelege der im freien Arbeitsverhältnis stehenden Personen und den Beauftragten des Bezirksnationalausschusses (der Bezirksverwaltungskommission, des Bezirksamtes für den Arbeitsschutz oder der Lagerverwaltung) die Einsicht in diese Unterlagen gestatten. Durch diese Regelung verlieren alle bisher erlassenen, die Vergütung für die zur Arbeit zugeteilten Personen regelnden Vorschriften ihre Gültigkeit.

4. Für die Sozialversicherung der diesen Richtlinien unterliegenden Personen, mit Ausnahme der in Internierungslagern polizeilich sichergestellten, gelten die allgemeinen Vorschriften über die öffentlich-rechtliche Sozialversicherung. Das Verhältnis dieser Personen den Arbeitgebern gegenüber wird für den Bereich der Sozialversicherung als Arbeits- (Dienst-) Verhältnis angesehen. In gleicher Weise wird die ihnen für die geleistete Arbeit nach den einschlägigen Lohn- und Gehaltsregelungen zustehende Vergütung als anrechnungsfähiger Arbeitsverdienst im Sinne der einschlägigen Vorschriften über die Sozialversicherung angesehen. Bei der Gewährung von Heilfürsorge an Personen, die in Konzentrations- oder Arbeitslagern untergebracht sind, einigt sich der zuständige Träger der Krankenversicherung mit der Lagerverwaltung. Diesen Personen werden die Geldleistungen durch Vermittlung der Lagerverwaltung ausgezahlt.

III. Aufhebung der Zuteilung zur Arbeit:

Zur Aufhebung einer Zuteilung zur Arbeit kommt es:

1. wenn die Person unfähig wird, die ihr auferlegte Arbeit zu leisten (über die Befreiung von der Arbeitspflicht entscheidet der Bezirksnationalausschuß),

2. durch die an das zuständige Bezirksamt für Arbeitsschutz gerichtete Mitteilung des Arbeitgebers, daß er auf die zugeteilten Kräfte nicht mehr reflektiere; — diese Mitteilung ist in der Weise vorzunehmen, daß das Bezirksamt für Arbeitsschutz — sofern es seine Zustimmung erteilt — die auf diese Weise freigewordenen Kräfte rechtzeitig auf eine andere Arbeitsstelle umdisponieren kann,

3. durch Ablauf der Zeit, für welche die Personen dem Arbeitgeber zur Arbeit zugewiesen wurden,

4. vor Ablauf dieser Zeit, wenn sie das Bezirksamt für Arbeitsschutz dem Arbeitgeber wegnimmt, entweder

a) als Strafe wegen der Nichterfüllung der Verpflichtungen oder

b) deshalb, weil es nötig ist, einen dringenden Bedarf mit den bereits für eine Arbeit von geringerer Wichtigkeit zugeteilten Kräften zu befriedigen,

5. durch die Abschiebung,

6. durch den Tod.

Für den Minister:
Dr. Novák e. h.

Anlage 18

Gesetz vom 11. April 1946 über die Arbeits-(Lehr-)Verhältnisse der Deutschen, der Madjaren, der Verräter und ihrer Helfershelfer.

Slg. Nr. 83.

Die Vorläufige Nationalversammlung der Tschechoslowakischen Republik hat folgendes Gesetz beschlossen:

§ 1

(1) Die Arbeits- (Lehr-) Verhältnisse der Personen, welche die tschechoslowakische Staatsbürgerschaft nach dem Verfassungsdekret des Präsidenten der Republik vom 2. August 1945, Slg. Nr. 33, über die Regelung der tschechoslowakischen Staatsbürgerschaft der Personen deutscher und madjarischer Nationalität, verloren haben, erlöschen an dem Tage, an dem dieses Gesetz in Kraft tritt, soweit darin nicht anders bestimmt wird.

(2) Mit dem Ablauf von drei Monaten seit dem Tage, an dem dieses Gesetz in Kraft tritt, erlöschen, soweit sie nicht gemäß § 3 oder § 4 bereits früher erloschen sind, die Arbeits- (Lehr-) Verhältnisse:

a) der in § 1 Abs. 3 des Verfassungsdekrets Slg. Nr. 33/1945 angeführten Personen, wenn sie nicht bis zu diesem Tage der örtlich zuständigen Bezirksbehörde für Arbeitsschutz eine während der Geltungszeit des Verfassungsdekrets ausgestellte Bescheinigung über die tschechoslowakische Staatsbürgerschaft vorlegen oder nachweisen, daß sie ein Gesuch um Ausstellung dieser Bescheinigung eingereicht haben und daß das Gesuch ohne ihr Verschulden bisher nicht rechtskräftig entschieden wurde,

b) der in § 1 Abs. 4 desselben Verfassungsdekrets angeführten Personen, falls sie nicht bis zu diesem Tage der örtlich zuständigen Bezirksbehörde für Arbeitsschutz eine vom Bezirksnationalausschuß (der Bezirksverwaltungskommission) ausgestellte und vom Ministerium des Inneren genehmigte Bescheinigung über die nationale Zuverlässigkeit vorlegen oder nachweisen, daß sie ein Gesuch um Ausstellung dieser Bescheinigung eingereicht haben und daß das Gesuch ohne ihr Verschulden bisher nicht rechtskräftig entschieden wurde,

c) der in § 2 Abs. 1 desselben Verfassungsdekretes angeführten Personen, falls sie nicht bis zu diesem Tage der örtlich zuständigen Bezirksbehörde für Arbeitsschutz eine Bescheinigung des zuständigen Bezirksnationalausschusses (der Bezirksverwaltungskommission oder der Vertretungsbehörde) vorlegen, und

d) der Personen, auf die sich § 4 Abs. 2 desselben Verfassungsdekretes bezieht, wenn sie nicht bis zu diesem Tage der örtlich zuständigen Bezirksbehörde für Arbeitsschutz nachweisen, daß sie ein Gesuch um Wiederverleihung der tschechoslowakischen Staatsbürgerschaft eingereicht haben und daß darüber ohne ihr Verschulden bisher nicht rechtskräftig entschieden wurde.

(3) Arbeits- (Lehr-) Verhältnisse der in Absatz 2, Buchst. c) und d) angeführten Personen, wie auch derjenigen, auf die sich § 2 Abs. 3 des Verfassungsdekretes Slg. Nr. 33/1945 erstreckt, erlöschen an dem Tag, an dem rechtskräftig entschieden wird, daß sie die tschechoslowakische Staatsbürgerschaft nicht behalten oder nicht zurückerhalten.

(4) Soweit sie nicht bereits früher erloschen sind, erlöschen an dem Tage, an dem dieses Gesetz in Kraft tritt, auch die Arbeits- (Lehr-) Verhältnisse der deutschen und madjarischen Staatsangehörigen deutscher und madjarischer Nationalität, auf die sich das Verfassungsdekret Slg. Nr. 33/1945 nicht erstreckt.

§ 2

Personen, deren Arbeits- (Lehr-) Verhältnisse nach den Vorschriften des § 1 erloschen sind, sind verpflichtet, falls dies im öffentlichen Interesse notwendig ist, die Arbeit an ihrem bisherigen Arbeitsplatz unter den Bedingungen fortzusetzen, die für Personen festgesetzt wurden, welche nach dem Dekret des Präsidenten der Republik vom 19. September 1945, Slg. Nr. 71, über die Arbeitspflicht der Personen, welche die tschechoslowakische Staatsbürgerschaft verloren haben, zur Arbeit zugewiesen wurden. Darüber, ob die Fortsetzung der Arbeit im öffentlichen Interesse liegt, entscheidet die Bezirksbehörde für Arbeitsschutz, in deren Zuständigkeitsbereich der Betrieb liegt, nach Anhören des Arbeitgebers, des Betriebsrates des betreffenden Betriebes, der zuständigen Interessenorganisation und des zuständigen Organs der Einheitsgewerkschaft.

§ 3

Soweit die Arbeits- (Lehr-) Verhältnisse der in § 1 angeführten Personen auf irgendeine Art tatsächlich vor Inkrafttreten dieses Gesetzes beendigt wurden, gelten sie mit dem Tage, an dem dies geschehen ist, auch rechtlich als aufgelöst.

§ 4

(1) Die Arbeits- (Lehr-) Verhältnisse der Personen, die einer Straftat nach dem Dekret des Präsidenten der Republik vom 19. Juni 1945, Slg. Nr. 16, über die Bestrafung der nazistischen Verbrecher, der Verräter und ihrer Helfershelfer sowie über die außerordentlichen Volksgerichte für schuldig erkannt wurden, erlöschen an dem Tage ihrer rechtskräftigen Verurteilung und, falls sie bereits vorher sichergestellt oder in Untersuchungshaft genommen wurden, an diesem Tage. Diese Bestimmung bezieht sich jedoch nicht auf Personen, bei denen das Gericht gemäß § 16 Abs. 2 des Dekretes Slg. Nr. 16/1945 auf eine Bestrafung verzichtet hat.

(2) Waren die Arbeits- (Lehr-) Verhältnisse der in Abs. 1 Satz 1 angeführten Personen bereits früher auf irgendeine Art tatsächlich beendet, so gelten sie mit dem Tage, an dem dies geschehen ist, auch rechtlich als aufgelöst.

§ 5

Der Arbeitnehmer, dessen Arbeits- (Lehr-) Verhältnis nach den vorstehenden Bestimmungen erloschen ist, hat keinen Anspruch auf die Leistung, welche ihm sonst nach Gesetz oder Vertrag für den Fall einer vorzeitigen Beendigung des Arbeits- (Lehr-) Verhältnisses zustehen würde.

§ 6

Dieses Gesetz erstreckt sich auf die durch privatrechtliche Verträge begründeten Arbeits- (Lehr-) Verhältnisse. Es gilt nicht für die Arbeitsverhältnisse der öffentlichen Angestellten ohne Unterschied der Art ihres Dienstverhältnisses.

§ 7

Dieses Gesetz tritt am Tage seiner Kundmachung in Kraft[1] und gilt in den Ländern Böhmen und Mähren-Schlesien; es wird vom Minister für Arbeitsschutz und soziale Fürsorge im Einvernehmen mit den beteiligten Ministern durchgeführt.

Dr. Beneš e. h.
Fierlinger e. h.
Dr. Šoltész e. h.

[1] Veröffentlicht am 3. Mai 1946.

Gesetz vom 8. Mai 1946 über die Rechtmäßigkeit von Handlungen, die mit dem Kampf um die Wiedergewinnung der Freiheit der Tschechen und Slowaken zusammenhängen.

Slg. Nr. 115.

Die vorläufige Nationalversammlung der Tschechoslowakischen Republik hat folgendes Gesetz beschlossen:

§ 1

Eine Handlung, die in der Zeit vom 30. September 1938 bis zum 28. Oktober 1945 vorgenommen wurde und deren Zweck es war, einen Beitrag zum Kampf um die Wiedergewinnung der Freiheit der Tschechen und Slowaken zu leisten, oder die eine gerechte Vergeltung für Taten der Okkupanten oder ihrer Helfershelfer zum Ziele hatte, ist auch dann nicht widerrechtlich, wenn sie sonst nach den geltenden Vorschriften strafbar gewesen wäre.

§ 2

(1) Ist jemand für eine solche Straftat bereits verurteilt worden, so ist nach den Vorschriften über die Wiederaufnahme des Strafverfahrens vorzugehen.

(2) Zuständig ist das Gericht, vor dem das Verfahren erster Instanz stattgefunden hat oder, falls ein solches Verfahren nicht stattgefunden hat, das Gericht, das jetzt in erster Instanz zuständig sein würde, wenn die Rechtswidrigkeit der Tat nicht nach § 1 ausgeschlossen wäre.

(3) Trifft mit einer in § 1 genannten Tat eine Straftat zusammen, für die der Angeklagte durch dasselbe Urteil verurteilt wurde, so fällt das Gericht für diese andere Tat durch Urteil eine neue Strafe unter Berücksichtigung des bereits erfolgten Schuldspruches.

§ 3

Dieses Gesetz tritt mit dem Tage der Kundmachung in Kraft[1]; es wird vom Justizminister und vom Minister für nationale Verteidigung durchgeführt.

Dr. Beneš e. h.

Fierlinger e. h.

Dr. Drtina e. h. Gen. Svoboda e. h.

[1] Veröffentlicht am 4. Juni 1946.

Gesetz vom 16. Mai 1946
über die Ungültigkeit einiger vermögensrechtlicher Rechtsgeschäfte aus der Zeit der Unfreiheit sowie über die Ansprüche, die sich aus dieser Ungültigkeit und aus anderen Eingriffen in das Vermögen ergeben.

Slg. Nr. 128.

Die Vorläufige Nationalversammlung der Tschechoslowakischen Republik hat folgendes Gesetz beschlossen:

§ 1

Ungültigkeit von Vermögensübertragungen und anderen vermögensrechtlichen Rechtsgeschäften aus der Zeit der Unfreiheit.

Vermögensübertragungen und vermögensrechtliche Rechtsgeschäfte jeder Art, ohne Rücksicht darauf, ob sie bewegliches oder unbewegliches, öffentliches oder privates Vermögen betreffen, sind ungültig, sofern sie nach dem 29. September 1938 unter dem Druck der Okkupation oder der nationalen, rassischen oder politischen Verfolgung vorgenommen wurden, es sei denn, daß derjenige, auf den das Vermögen übergegangen ist oder der ein anderes vermögensrechtliches Rechtsgeschäft abgeschlossen hat, eine staatlich zuverlässige Person ist und daß nachgewiesen wird, daß die Vermögensübertragung oder das sonstige vermögensrechtliche Rechtsgeschäft gegen ein angemessenes Entgelt entweder auf Veranlassung des ursprünglichen Eigentümers (Berechtigten) oder überwiegend in seinem Interesse vorgenommen wurde.

§ 2

Rechtsfolgen einiger anderer Eingriffe in das Vermögen.

Die gleichen Ansprüche wie aus den gemäß § 1 ungültigen Vermögensübertragungen entstehen aus den Vermögensübertragungen, die nach dem 29. September 1938 durch irgendeine ungültige Rechtsvorschrift (§ 15) oder auf irgendeine Art insbesondere durch einen behördlichen Ausspruch auf Grund einer solchen Vorschrift oder sonst durch einen gerichtlichen oder behördlichen Ausspruch, der als Ausspruch aus der Zeit der Unfreiheit aufgehoben oder abgeändert wird, vorgenommen wurde. Das gilt entsprechend von anderen Eingriffen in das Vermögen, die durch solche ungültige Vorschriften oder auf ihrer Grundlage oder durch solche gerichtliche oder benördliche Aussprüche vorgenommen wurden.

Begrenzung der Ansprüche und ihres Inhalts.

§ 3

Soweit weiterhin Bestimmungen über Ansprüche getroffen werden, werden darunter Ansprüche verstanden, die gemäß §§ 1 und 2 dieses Gesetzes entstehen.

§ 4

(1) Der Anspruch steht demjenigen zu, der durch die ungültige Übertragung Sachen (Rechte) verloren hat oder der durch ein anderes ungültiges

vermögensrechtliches Rechtsgeschäft geschädigt wurde, oder aber seinem Rechtsnachfolger; wenn jedoch die danach berechtigte Person staatlich unzuverlässig ist, steht der Anspruch dem Staate zu als ein nach dem Dekret des Präsidenten der Republik vom 25. Oktober 1945, Slg. Nr. 108, über die Konfiskation des feindlichen Vermögens und die Fonds der nationalen Erneuerung konfisziertes Vermögen. Soweit der Anspruch eine in Unternehmungen (Betrieben) und andere Vermögenseinheiten gemäß Dekret des Präsidenten der Republik vom 19. Mai 1945, Slg. Nr. 5, über die Ungültigkeit einiger vermögensrechtlicher Rechtsgeschäfte aus der Zeit der Unfreiheit und über die nationale Verwaltung der Vermögenseinheiten der Deutschen, der Madjaren, der Verräter und Kollaboranten und einiger Organisationen und Anstalten, in der Slowakei nach der Verordnung des Slowakischen Nationalrates vom 5. Juni 1945, Slg. des Slowakischen Nationalrates Nr. 50, über die nationale Verwaltung, eingeführte nationale Verwaltung zur Geltung bringt, wird sie wie eine staatlich zuverlässige Person behandelt.

(2) Der Anspruch richtet sich gegen denjenigen, der die Sachen (Rechte) durch die ungültige Übertragung erworben hat oder der aus einem anderen ungültigen vermögensrechtlichem Rechtsgeschäft einen Vorteil hatte, oder gegen seinen Rechtsnachfolger, es sei denn der Rechtsnachfolger, der keine staatliche unzuverlässige Person ist, weist nach, daß er weder wußte noch wissen mußte, daß der Eigentumsübergang oder das sonstige vermögensrechtliche Rechtsgeschäft, aus dem sich der Anspruch herleitet, unter dem Druck der Okkupation oder der nationalen, rassischen oder politischen Verfolgung erfolgte. Richtet sich der Anspruch gleichzeitig gegen mehrere Personen, insbesondere gleichzeitig gegen Personen, die nach dem vorhergehenden Satze in erster Linie verpflichtet sind, und gegen ihre Rechtsnachfolger, so haften alle zur gesamten und ungeteilten Hand.

§ 5

(1) Unter staatlich unzuverlässigen Personen werden in diesem Gesetz verstanden:

1. Das Deutsche Reich, das Königreich Ungarn, Körperschaften des öffentlichen Rechts nach deutschem oder ungarischem Recht, die deutsche nazistische Partei, die madjarischen faschistischen Parteien und andere Formationen, Organisationen, Unternehmungen, Einrichtungen, Personenvereinigungen, Fonds und Zweckvermögen dieser oder mit ihnen zusammenhängender Regime, wie auch andere deutsche oder ungarische juristische Personen.

2. Physische Personen deutscher oder madjarischer Nationalität, mit Ausnahme der Personen, die nachweisen, daß sie der Tschechoslowakischen Republik treu geblieben sind, sich niemals gegen das tschechische und das slowakische Volk vergangen haben und sich entweder aktiv am Kampfe für deren Befreiung beteiligt oder unter dem nazistischen oder faschistischen Terror gelitten haben;

3. Physische Personen, die eine gegen die staatliche Souveränität, die Selbständigkeit, Integrität, die demokratisch-republikanische Staatsform, die Sicherheit und die Verteidigung der Tschechoslowakischen Republik gerichtete Tätigkeit entfaltet haben, die zu einer solchen Tätigkeit aufreizten oder

andere Personen dazu zu verleiten suchten, planmäßig auf irgendeine Weise die deutschen oder madjarischen Okkupanten unterstützt oder die in der Zeit der erhöhten Bedrohung der Republik (§ 18 des Dekrets des Präsidenten der Republik vom 19. Juni 1945, Slg. Nr. 16, über die Bestrafung der nazistischen Verbrecher, der Verräter und ihrer Helfershelfer und über die außerordentlichen Volksgerichte) die Germanisierung oder Madjarisierung auf dem Gebiete der Tschechoslowakischen Republik begünstigt oder sich der Tschechoslowakischen Republik oder dem tschechischen oder dem slowakischen Volke gegenüber feindlich verhalten haben, wie auch Personen, die eine solche Tätigkeit bei Personen, welche ihr Vermögen oder Unternehmen verwalteten, geduldet haben.

(2) Die Bestimmungen des Absatzes 1 Nr. 3 gelten auch für juristische Personen, soweit den physischen Personen, welche ihre Mitglieder oder Teilhaber an dem Vermögen oder Unternehmen (Kapitalbeteiligte) sind, eine Schuld an dem Vorgehen des die juristische Person vertretenden Organs beizumessen ist oder soweit diese Personen bei ihrer Auswahl und Beaufsichtigung die angemessene Sorgfalt außer Acht gelassen haben.

(3) Darüber, ob eine physische oder juristische Person unter die Bestimmungen der vorhergehenden Absätze fällt, entscheidet in Zweifelsfällen das gemäß § 1 Abs. 4 des Dekrets des Präsidenten der Republik Slg. Nr. 108/1945 zuständige Organ.

§ 6

(1) Der Anspruch geht auf Rückstellung der Sache (des Rechts) oder auf eine sonstige Wiedereinsetzung in den vorigen Stand, und wenn dies nicht gut möglich ist oder wenn derjenige, dem der Anspruch zusteht, kein Interesse auf Rückstellung der Sache (des Rechts) oder auf eine sonstige Wiedereinsetzung in den vorigen Stand hat, auf einen Ersatz in Geld in Höhe des gemeinen Wertes. Eine Rückstellung der Sache (des Rechts) oder eine sonstige Wiedereinsetzung in den vorigen Stand gilt auch dann als nicht gut möglich, wenn dadurch wichtige öffentliche Interessen bedroht würden. Erklärt das Justizministerium in Einvernehmen mit dem sachlich zuständigen Ministerium, in der Slowakei auch im Einvernehmen mit den Ämtern der zuständigen Beauftragten, daß wichtige Interessen bedroht sein würden, sind die Parteien und das Gericht dadurch gebunden; auf öffentliche Interessen kann man sich nicht berufen, wenn innerhalb von drei Monaten von dem Tage, an dem das Gesuch um Anerkennung der öffentlichen Interessen beim Justizministerium (beim Amt des Beauftragten für Justiz) eingegangen ist, keine Antwort des Justizministerium einlangt.

(2) In besonders berücksichtigungswürdigen Fällen kann eine Geldentschädigung auch dann gewährt werden, wenn Sachen zurückgegeben werden sollten, die derjenige, gegen den sich der Anspruch richtet, für sich, für seine Familie und für seinen Haushalt unumgänglich braucht und ohne die derjenige, dem der Anspruch zusteht, billigerweise auskommen kann.

(3) Was das anbelangt, was nicht zurückgestellt werden kann, weiter was die gezogenen und die vernachlässigten Früchte sowie den Zuwachs angeht, wie auch die auf die Sache aufgewendeten Auslagen und den durch eine Entwertung der Sache (des Rechtes) entstandenen Schadenersatz, gelten für

die Person, gegen die sich der Anspruch richtet, die Bestimmungen des bürgerlichen Rechts über den unredlichen Besitzer. War jedoch diese Person selbst unter dem Druck der Okkupation zur Teilnahme an der ungültigen Vermögensübertragung oder dem sonstigen vermögensrechtlichen Rechtsgeschäft gezwungen worden oder kann es ihr als Verdienst angerechnet werden, daß sie die Sache (das Recht) vor dem Verfall, vor dem Untergang oder vor einer erheblichen Entwertung bewahrt hat, haftet sie nicht für den Ertrag und wird hinsichtlich des Schadenersatzes und der auf die Sache gemachten Aufwendungen wie ein redlicher Besitzer behandelt.

(4) Die Bezahlung der Geldentschädigungen, zu denen nach den vorhergehenden Absätzen derjenige verpflichtet ist, gegen den sich der Anspruch richtet, kann mit Rücksicht auf die sozialen und Vermögensverhältnisse der Parteien aufgeschoben werden oder es kann Leistung in Raten bewilligt werden, insbesondere dann, wenn der zur Entschädigung Verpflichtete eine angemessene Sicherheit leistet.

§ 7

(1) Wer den Anspruch geltend macht, ist verpflichtet, alles zurückzustellen, was er auf Grund der ungültigen Vermögensübertragung oder auf Grund des sonstigen ungültigen vermögensrechtlichen Rechtsgeschäftes erhalten hat, und, wenn er das nicht gut zurückstellen kann, dafür eine angemessene Entschädigung zu gewähren; dabei wird er, sofern es sich um die Rückstellung einer bestimmten Sache handelt, wie ein redlicher Besitzer behandelt. Bei der Rückstellung sind die Ansprüche, welche sich aus § 6 ergeben, abzuziehen.

(2) Für die Leistung dessen, was gemäß Absatz 1 zurückgestellt werden sollte, gelten die Vorschriften des § 6 Abs. 4 entsprechend.

(3) Hat die Person, gegen die sich der Anspruch richtet, selbst einen Druck ausgeübt, damit es zu der Vermögensübertragung oder zu dem sonstigen vermögensrechtlichen Rechtsgeschäft kam, oder hat sie auf irgendeine Weise bei einem solchen Zwang mitgewirkt, oder aber hat sie versucht, den Anspruch zu vereiteln, so fällt das, was gemäß Absatz 1 zurückgegeben werden sollte, in analoger Anwendung des Dekretes des Präsidenten der Republik Slg. Nr. 108/1945 an den Staat.

§ 8

Verjährung des Anspruchs.

Der Anspruch verjährt innerhalb von drei Jahren vom Tage des Inkrafttretens dieses Gesetzes, wenn es sich jedoch um einen Anspruch handelt, der sich aus der Aufhebung oder Abänderung eines gerichtlichen oder behördlichen Ausspruches ergibt (§ 2) innerhalb von drei Jahren von der Rechtskraft der Entscheidung an, welche jenen gerichtlichen oder behördlichen Ausspruch aufgehoben oder abgeändert hat.

§ 9

Geltendmachung des Anspruchs gegenüber der nationalen Verwaltung.

Ein Anspruch auf Rückstellung von Vermögen, daß gemäß § 24 des Dekrets des Präsidenten der Republik Slg. Nr. 5/1945 hätte zurückgestellt werden sollen, kann gegen die über ein solches Vermögen eingeführte nationale Verwaltung vor Gericht erst geltend gemacht werden, wenn das Organ, das die nationale Verwaltung eingeführt hat, das Gesuch um Rückstellung des Vermögens ganz oder zum Teil abweist oder wenn die Entscheidung über ein solches Gesuch dem Gesuchsteller nicht innerhalb von drei Monaten von dem Tage, an dem das Gesuch eingereicht wurde, zugestellt wird.

Art und Weise der Geltendmachung des Anspruchs.

§ 10

(1) Zur Entscheidung über den Anspruch ist das Bezirksgericht zuständig, bei dem die Person, gegen die sich der Anspruch richtet, ihren allgemeinen Gerichtsstand hat, oder nach der Wahl des Berechtigten das Bezirksgericht, in dessen Sprengel sich die Sache befindet, um deren Rückstellung es sich handelt.

(2) Soweit dieses Gesetz nichts anderes bestimmt, gelten für das Verfahren die Bestimmungen des Verfahrens außer Streitsachen.

§ 11

(1) Das Gericht soll mit den Beteiligten in der Regel mündlich verhandeln und dabei darauf hinwirken, daß sie sich im Guten einigen.

(2) Das Gericht kann während des Verfahrens die einstweiligen Verfügungen erlassen, die es im Hinblick auf den geltend gemachten Anspruch für notwendig oder zweckmäßig hält; es kann vor allem demjenigen, der den Anspruch geltend macht, den Besitz der beweglichen Sache überlassen oder ihn in den Besitz der unbeweglichen Sache einweisen, um deren Rückstellung es sich in dem Verfahren handelt. Gegen die Entscheidung über eine einstweilige Verfügung gibt es kein selbständiges Rechtsmittel, das Gericht kann sie jedoch jederzeit auf Antrag oder von Amts wegen aufheben.

(3) Hinsichtlich der Kosten gelten die Grundsätze des streitigen Verfahrens.

§ 12

Auf Ansuchen desjenigen, der den Anspruch geltend macht, ordnet das Gericht an, daß der Antrag in den Grundbuchseinlagen angemerkt wird, in denen eine Eintragung erforderlich ist, um den Anspruch durchzusetzen. Die über den Anspruch ergangene Entscheidung wirkt auch gegen Personen, die nach der Anmerkung grundbücherliche Rechte an der Sache oder an dem Recht, die Gegenstand des Anspruchs sind, erworben haben.

§ 13

Verhältnis zu einem anhängigen Rechtsstreit.

Wurde der Antrag vor Inkrafttreten dieses Gesetzes im ordentlichen Rechtsweg geltend gemacht und ist das Verfahren erster Instanz noch nicht abgeschlossen, so leitet das Gericht die Angelegenheit von Amts wegen in das außerstreitige Verfahren über und gibt sie, nachdem es erforderlichenfalls den Kläger dazu gehört hat, an das nach § 10 zuständige Gericht ab. Die Kosten des durchgeführten streitigen Verfahrens sind dann Bestandteil des weiteren außerstreitigen Verfahrens.

§ 14

Befreiung von Gebühren.

Rechtsgeschäfte, Urkunden, wie auch Grundbuchseingaben und grundbücherliche Eintragungen, durch welche nach diesem Gesetz die Rechtsverhältnisse zwischen den Beteiligten geregelt werden, sind gebührenfrei, auch wenn sie vor dem Tage des Inkrafttretens dieses Gesetzes vorgenommen wurden. Wurde jedoch die Sache an den Rechtsnachfolger des ursprünglichen Eigentümers oder des Geschädigten zurückgestellt oder ihm die Entschädigung gewährt, so wird die Gebühr, gegebenenfalls die Wertzuwachssteuer so bemessen, als ob die Sache oder die Entschädigung durch ein Rechtsgeschäft unter Lebenden oder von Todes wegen unmittelbar vom ursprünglichen Eigentümer (Geschädigten) auf seinen Rechtsnachfolger übergegangen wäre.

Schlußbestimmungen.

§ 15

(1) Unter ungültigen Rechtsvorschriften sind in § 2 Vorschriften zu verstehen, die im Widerspruch zu der tschechoslowakischen Verfassung und den sie abändernden und ergänzenden Gesetzen Eingriffe in das Vermögen der Tschechoslowakischen Republik und der einer nationalen, rassischen oder politischen Verfolgung ausgesetzten Personen vollzogen oder ermöglicht haben.

(2) Ein Verzeichnis der Vorschriften, auf die sich Absatz 1 vor allem bezieht, verlautbart das Justizministerium im Amtsblatt und im Einvernehmen mit dem Amt des Beauftragten für Justiz im Verordnungsblatt [für die Slowakei].

§ 16

(1) Für das Vermögen, daß gemäß § 2 Abs. 3 des Dekrets des Präsidenten der Republik Slg. Nr. 108/1945 der Konfiskation nicht unterliegt, gelten mit Ausnahme der sich aus diesem Gesetz ergebenden Rechte die Bestimmungen des angeführten Dekrets, abgesehen von Abschnitt III, entsprechend. Die Rechtsverhältnisse dieses Vermögens regelt ein besonderes Gesetz, falls nicht seine Rückstellung an die gemäß § 4 Abs. 1 dieses Gesetzes berechtigten Personen erfolgt.

(2) Die Regierung kann durch Verordnung Einzelheiten hinsichtlich der Verwaltung des in Absatz 1 angeführten Vermögens festsetzen und diese Verwaltung einer anderen Behörde oder einem anderen Organ übertragen.

§ 17

Durch dieses Gesetz wird die Bestimmung des § 1 des Dekrets des Präsidenten der Republik Slg. Nr. 5/1945 durchgeführt.

§ 18

Dieses Gesetz tritt mit dem Tage seiner Kundmachung in Kraft[1]; es wird von allen Mitgliedern der Regierung durchgeführt.

Dr. Beneš e. h.

Fierlinger e. h.

Gottwald e. h.	Dr. Drtina e. h.
Dr. Stránský e. h.	Kopecký e. h.
Široký e. h.	Laušman e. h.
Dr. Šrámek e. h.	Ďuriš e. h.
Ursíny e. h.	Dr. Pietor e. h.
Masaryk e. h.	Gen. Hasal e. h.
Gen. Svoboda e. h.	Hála e. h.
Dr. Ripka e. h.	Dr. Procházka e. h.
Nosek e. h.	Majer e. h.
Dr. Šrobár e. h.	Dr. Clementis e. h.
Dr. Nejedlý, auch für Min.	Gen. Dr. Ferjenčík e. h.
Dr. Šoltész	Lichner e. h.

1 Veröffentlicht am 17. Juni 1946.

Gesetz vom 14. Februar 1947 über einige Grundsätze für die Aufteilung des Feindvermögens, das auf Grund des Dekretes des Präsidenten der Republik vom 25. Oktober 1945, Slg. Nr. 108, über die Konfiskation des feindlichen Vermögens und über die Fonds der nationalen Erneuerung konfisziert wurde.

Slg. Nr. 31.

Die Verfassunggebende Nationalversammlung der Tschechoslowakischen Republik hat folgendes Gesetz beschlossen:

Abschnitt I.

Allgemeine Grundsätze für die Aufteilung des konfiszierten Vermögens.

§ 1

Vermögenseinheiten, die nach dem Dekret Slg. Nr. 108/1945 (weiterhin „Konfiskationsdekret" genannt) konfisziert wurden, oder Teile davon, kann das Siedlungsamt und der Fonds der nationalen Erneuerung aus Gründen wirtschaftlicher Zweckmäßigkeit zusammenlegen oder aufteilen.

§ 2

(1) Geldverbindlichkeiten, welche zu dem konfiszierten Vermögen gehören und vor dem 10. Mai 1945 entstanden sind, übernimmt der Fonds der nationalen Erneuerung (weiterhin „Fonds" genannt) und berichtigt sie auf die Art und in dem Umfange, wie dies in den darüber noch zu erlassenden gesetzlichen Bestimmungen vorgeschrieben werden wird. In besonders berücksichtigungswerten Fällen kann der Fonds die Berichtigung einer solchen Verbindlichkeit auch dann übernehmen, wenn sie nach dem 9. Mai 1945 entstanden sind, falls sie nicht durch Verschulden des Zuteilungsempfängers entstanden sind.

(2) Die Berichtigung anderer, zum konfiszierten Vermögen gehörender Verbindlichkeiten kann der Fonds übernehmen (Absatz 1), wenn dies die Beschaffenheit der Verbindlichkeit erlaubt und die Durchführung des Zuteilungsverfahrens dadurch erleichtert wird.

(3) Die Übernahme einer Verbindlichkeit gemäß Absatz 1 oder 2 berührt weder die dem Gläubiger dem Schuldner gegenüber zustehenden Rechte auf Befriedigung noch die persönliche oder die Sachhaftung dritter Personen für die übernommene Verbindlichkeit.

(4) Die Haftung des konfiszierten Vermögens für die nach Absatz 1 oder 2 übernommenen Verbindlichkeiten erlischt; falls sie in die öffentlichen Bücher eingetragen war, löscht das Grundbuchgericht selche Eintragungen auf Antrag des Fonds unter Berufung auf dieses Gesetz.

Abschnitt II.
Abgekürztes Zuteilungsverfahren.

§ 3

Kleine und mittlere Vermögenseinheiten (§ 6 Abs. 2 des Konfiskationsdekretes) werden berechtigten Bewerbern in einem abgekürzten Zuteilungsverfahren gegen eine Vergütung als Eigentum zugeteilt, falls sie nicht in der durch die Rahmenpläne geregelten Art und Weise übertragen wurden oder übertragen werden.

§ 4

(1) Für das abgekürzte Zuteilungsverfahren gelten folgende Grundsätze:

a) Die Errichtung von Zuteilungskommissionen (§ 9 des Konfiskationsdekretes) und die Ausarbeitung von Zuteilungs- und Vergütungsplänen (§§ 10 und 11 des Konfiskationsdekrets) entfällt.

b) Über die Zuteilung entscheidet das Siedlungsamt und zwar bei kleinen Vermögenseinheiten auf Antrag des Ortsnationalausschusses, bei mittleren Vermögenseinheiten auf Antrag des Bezirksnationalausschusses.

c) Der Zuteilungsantrag wird beim zuständigen Nationalausschuß zur öffentlichen Einsichtnahme für die Dauer von 15 Tagen ausgelegt. Der Nationalausschuß macht gleichzeitig auf diese Auslage in der ortsüblichen Weise mit dem Hinweis aufmerksam, daß innerhalb der angegebenen Frist jeder über 18 Jahre alte tschechoslowakische Staatsbürger oder jede Person über 18 Jahre, die nach § 1 oder § 2 des Verfassungsgesetzes vom 12. April 1946, Slg. Nr. 74, über die Zuerkennung der Staatsbürgerschaft an die in das Vaterland zurückkehrenden Landsleute, einem solchen gleichgestellt ist, Erinnerungen zu dem Antrag vorbringen kann.

d) Legt der zuständige Nationalausschuß während der in der Zuteilungsverfügung festgesetzten Frist keinen Zuteilungsantrag vor, so arbeitet den Antrag an seiner Stelle der übergeordnete Nationalausschuß aus; reicht auch dieser während der weiteren in der Zuteilungsverordnung festgesetzten Frist den einschlägigen Antrag nicht ein, so entscheidet das Siedlungsamt ohne Antrag.

e) Den grundsätzlichen Beschlüssen des Rates (§ 3 Abs. 3 des Konfiskationsdekrets) entsprechend kann das Siedlungsamt unter Beachtung der vorgebrachten Erinnerungen nach Äußerung des Landesnationalausschusses, in der Slowakei des Amtes des zuständigen Beauftragten, von dem Antrag des zuständigen Nationalausschusses abweichen, falls die in diesem Gesetz, in dem einschlägigen Rahmenplan oder in der Zuteilungsverordnung aufgestellten Voraussetzungen nicht erfüllt sind oder wenn wichtige Gründe der Siedlungspolitik dafür sprechen.

f) Das Siedlungsamt kann das Zuteilungsverfahren schrittweise nach Gebieten, nach den Arten der Vermögensmassen und nach den einzelnen Arten von Bewerbern durchführen.

g) Die Entscheidungen über die Zuteilung an die Zuteilungsempfänger erläßt das Siedlungsamt. Die Übergabe führt der Fonds durch (§ 5 Abs. 1 Nr. 4 des Konfiskationsdekretes).

(2) Die weiteren Grundsätze des abgekürzten Zuteilungsverfahrens, sowie auch die Einzelheiten können in den Zuteilungsverordnungen geregelt werden, deren Entwurf die Siedlungsämter vorbereiten und die von der Regierung erlassen werden (§ 6 Abs. 2 des Konfiskationsdekretes).

Abschnitt III.

Die Zuteilung von kleinen gewerblichen Unternehmen und von Einfamilienhäusern im Grenzgebiet.

§ 5

(1) Soweit im folgenden nichts anderes bestimmt ist, werden kleine gewerbliche Unternehmungen, die auf Grund des Konfiskationsdekretes im Grenzgebiet oder in anderen durch die einschlägige Zuteilungsverordnung (§ 9) bestimmten Gebietsteilen konfisziert wurden — ausgenommen diejenigen, welche der einschlägige Rahmenplan bezeichnet —, gegen eine Vergütung ihrem bisherigen nationalen Verwalter, Einfamilienhäuser unter denselben Voraussetzungen ihrem bisherigen Benutzer zugeteilt, falls diese darum innerhalb der vom Siedlungsamt im Amtsblatt des Siedlungsamtes und des Fonds der nationalen Erneuerung kundgemachten Frist ansuchen und nachweisen, daß sie außer den übrigen in der einschlägigen Zuteilungsverordnung festgesetzten Bedingungen folgende Voraussetzungen erfüllen, nämlich:

1. daß sie tschechoslowakische Staatsbürger oder diesen gemäß § 1 oder 2 des Verfassungsgesetzes Slg. Nr. 74/1946 gleichgestellt sind,

2. daß sie die tschechische, die slowakische oder eine andere slawische Nationalität besitzen, gerichtlich unbescholten, national und staatlich zuverlässig sind und daß auch ihre, mit ihnen im gemeinsamen Haushalte lebenden Familienangehörigen gerichtlich unbescholten und staatlich zuverlässig und weder deutscher noch madjarischer Nationalität sind; soweit es sich um die Familienangehörigen handelt, kann das Innenministerium im Einvernehmen mit dem Ministerium für nationale Verteidigung Ausnahmen zulassen, sofern es sich nicht um die Frage der staatlichen Zuverlässigkeit handelt. Bis zur Entscheidung über eine solche Ausnahme bleibt die bisherige nationale Verwaltung unverändert bestehen, falls nicht andere wichtige Gründe für ihre Aufhebung vorliegen. Die Bestimmungen über die Nationalität gelten nicht für die in den §§ 1 und 6 des Gesetzes vom 19. Dezember 1946, Slg. Nr. 255, über die Angehörigen der tschechoslowakischen Armee im Ausland und über einige andere Teilnehmer am nationalen Befreiungskampf genannten Personen. Soweit es sich um die Personen handelt, welche in § 84 Abs. 1 des Gesetzes vom 18. Juli 1946, Slg. Nr. 164, über die Fürsorge für Militär- und Kriegsbeschädigte sowie für die Opfer des Krieges und der faschistischen Verfolgung, genannt sind, gelten die Vorschriften über die Nationalität nicht, falls es sich nicht um Angehörige der deutschen oder der madjarischen Nationalität handelt.

3. Wenn es sich um ein kleines gewerbliches Unternehmen handelt,

a) daß sie es persönlich und ordnungsgemäß verwalten und die für seinen Betrieb vorgeschriebenen Bedingungen erfüllen; die Vorschriften über

Erleichterungen bei der Erlangung einer amtlichen Sonderberechtigung oder -genehmigung bleiben unberührt;

b) daß sie es spätestens seit dem 1. Mai 1946 verwalten; diese Bedingung gilt nicht unter der Voraussetzung, daß der Bewerber an dem Tage, an dem er sein Gesuch einreicht, mindestens drei Monate nationaler Verwalter des gewerblichen Kleinunternehmens ist, um dessen Zuteilung er ansucht,

aa) für die in den §§ 1 und 6 des Gesetzes Slg. Nr. 255/1946 und in § 84 Abs. 1 des Gesetzes Slg. Nr. 164/1946 genannten Personen,

bb) für Tschechen und Slowaken und Angehörige anderer slawischer Völker, die in das Gebiet der Tschechoslowakischen Republik nach der Befreiung dieses Gebietes von der feindlichen Okkupation eingewandert (zurückgekehrt) sind oder dorthin entweder auf Grund der amtlichen tschechoslowakischen Umsiedlungsaktion oder ohne Zusammenhang mit ihr einwandern, wenn das Ministerium für soziale Fürsorge aus wichtigen Gründen entscheidet, daß sie den Personen, welche eingewandert (zurückgekehrt) sind oder auf Grund der amtlichen Umsiedlungsaktion einwandern (zurückkehren), gleichgestellt sind;

c) daß sie spätestens seit dem Tage des Inkrafttretens dieses Gesetzes ihren Wohnsitz an dem Orte haben, an dem sich das von ihnen verwaltete gewerbliche Kleinunternehmen befindet oder in dessen unmittelbarer Umgebung, und nirgends sonst eine eigene Wohnung besitzen oder aber diese für den Fall der Zuteilung des gewerblichen Kleinunternehmens aufgeben; die Bedingung eines Wohnsitzes an dem Orte kann demjenigen erlassen werden, der sie ohne eigenes Verschulden nicht erfüllen konnte.

4. Wenn es sich um Benutzer von Einfamilienhäusern handelt, daß sie:

a) nicht ledig sind,

b) spätestens vom Wirksamkeitsbeginn dieses Gesetzes zusammen mit ihrer Familie in dem Einfamilienhaus ihre Wohnung genommen haben,

c) anderswo keine eigene Wohnung haben oder diese für den Fall der Zuteilung des Einfamlienhauses aufgeben,

d) an dem Orte, in dem sich das Einfamilienhaus befindet oder in seiner Umgebung eine ständige ordentliche Beschäftigung haben,

e) bei der Verwaltung (Benutzung) des Einfamilienhauses die Sorgfalt eines ordentlichen Wirtes zeigen.

(2) Betreibt der nationale Verwalter eines gewerblichen Kleinunternehmens noch ein anderes Erwerbsunternehmen, so ist er verpflichtet, diesen Betrieb für den Fall aufzugeben, daß ihm das verwaltete gewerbliche Kleinunternehmen zugeteilt wird; ist das Erwerbsunternehmen ein gewerbliches Unternehmen, so ist er zugleich verpflichtet, auf seine bisherige Gewerbeberechtigung bedingungslos zu verzichten. Ist der Benutzer eines Einfamilienhauses Eigentümer eines Wohnhauses (einer Bauparzelle), so ist er verpflichtet, dieses dem Siedlungsamte und dem Fonds der nationalen Erneuerung für den Fall anzubieten, daß ihm das Einfamilienhaus zugeteilt wird, falls er es nicht innerhalb der in der Zuteilungsverordnung vorgeschriebenen Frist in das Eigentum seines volljährigen Kindes übertägt. Ausnahmen aus sozialen Gründen bei Familien mit mehreren, gegebenenfalls auch mit minderjährigen Kindern setzt die Zuteilungsverordnung fest. Das Siedlungsamt und

der Fonds der nationalen Erneuerung kann die angebotene Liegenschaft gegen Vergütung des Übernahmewertes übernehmen. Die Bewertung der übernommenen Liegenschaft richtet sich nach den gleichen Grundsätzen wie die Bewertung des zugeteilten Vermögens. Mit einer auf diese Weise übernommenen Liegenschaft ist nach den Bestimmungen der Teile II und III des Konfiskationsdekretes und nach diesem Gesetze zu verfahren.

(3) Ein Einfamilienhaus kann auch in das Miteigentum mehrerer, den Bedingungen des Absatzes 1 entsprechender Bewerber oder in das Miteigentum solcher Bewerber und ihrer Familienangehörigen, die mit ihnen im gemeinsamen Haushalte leben, übertragen werden, falls sie darum in ihrem Zuteilungsgesuch ansuchen und weder deutscher noch madjarischer Nationalität sind.

§ 6

(1) Die in den §§ 1 und 6 des Gesetzes Slg. Nr. 255/1946 angeführten Personen, die in keinem Beschäftigungsverhältnis stehen oder die in § 84 Abs. 1 des Gesetzes Slg. Nr. 164/1946 genannten Personen, deren Existenz nicht gesichert ist (weiterhin nur bevorzugte Bewerber genannt), reichen ihre Gesuche um Zuteilung kleiner gewerblicher Unternehmungen in das Eigentum auf einem amtlichen Formular beim Siedlungsamt innerhalb der Frist ein, welche durch eine im Einvernehmen mit dem Ministerium für nationale Verteidigung und dem Ministerium für soziale Fürsorge erlassene und im Amtsblatt veröffentlichte Kundmachung dieses Amtes festgesetzt wird. Das Siedlungsamt teilt jedoch einem bevorzugten Bewerber ein gewerbliches Kleinunternehmen in das Eigentum nur auf Grund der Bestimmungen des § 7 Abs. 7 zu.

(2) Die Bestimmungen des Absatzes 1 erstrecken sich nicht auf bevorzugte Bewerber, die an dem Tage, an dem sie das Gesuch einreichen, wenigstens drei Monate nationale Verwalter des gewerblichen Kleinunternehmens sind, um deren Zuteilung ins Eigentum sie ansuchen (§ 5 Abs. 1 Nr. 3 Buchst. b Punkt aa).

§ 7

(1) Die Nationalausschüsse sind verpflichtet, dem Siedlungsamt unverzüglich die nach § 13 freigewordenen nationalen Verwaltungen gewerblicher Kleinunternehmen zu melden. Die Meldepflicht gemäß § 11 des Gesetzes Slg. Nr. 255/1946 bleibt unberührt.

(2) Zu nationalen Verwaltern gewerblicher Kleinunternehmen, die nach § 13 freigeworden sind, können — und zwar nur mit Zustimmung des Siedlungsamtes — lediglich bevorzugte Bewerber ernannt werden, welche ein Gesuch gemäß § 6 Abs. 1 Satz 1 eingereicht haben und auch den Bedingungen des § 5 Abs. 1 Nr. 1 und 2 entsprechen. Eine andersartige Einsetzung von nationalen Verwaltern ist unwirksam.

(3) Werden auf die in Absatz 2 Satz 1 erwähnte Weise nicht alle Gesuchsteller aus den Reihen der bevorzugten Bewerber befriedigt, so erläßt das Siedlungsamt Anordnungen, nach denen der zuständige Nationalausschuß die bisherigen nationalen Verwalter gewerblicher Kleinunternehmen, die nach dem 1. Mai 1946 eingesetzt wurden, abberuft und an ihrer Stelle nicht berücksichtigte Gesuchsteller einsetzt.

(4) Bevorzugte Bewerber, welche bei dem Verfahren nach Absatz 2 oder 3 nicht berücksichtigt wurden, setzt der zuständige Nationalausschuß auf Grund einer Anordnung des Siedlungsamtes, die im Einvernehmen mit dem Ministerium für nationale Verteidigung, gegebenenfalls auch im Einvernehmen mit dem Ministerium für soziale Fürsorge und nach Anhören des Landesnationalausschusses erlassen wird, als nationale Verwalter gewerblicher Kleinunternehmungen (gegebenenfalls auch außerhalb des Grenzgebietes) ein, und zwar nach Möglichkeit in Unternehmungen derselben Art, um die der bevorzugte Bewerber angesucht hat.

(5) Sind keine Gesuchsteller aus den Reihen der bevorzugten Bewerber unberücksichtigt geblieben, so können an Stelle der nach § 13 abberufenen nationalen Verwalter mit Zustimmung des Siedlungsamtes Gesuchsteller aus den Reihen der übrigen Bewerber, die den Bedingungen des § 5 Abs. 1 Nr. 1 und 2 entsprechen, und zwar vor allem aus den Reihen, der in § 1 des Gesetzes vom 12. April 1946, Slg. Nr. 75, über die Zuerkennung wirtschaftlicher und rechtlicher Erleichterungen an die in das Vaterland insbesondere aus Ungarn zurückkehrenden Landsleute (weiterhin nur Rückkehrer genannt) und erst nach diesen aus den Reihen der übrigen Bewerber unter Beachtung der Bestimmungen des § 7 Abs. 3 des Konfiskationsdekretes eingesetzt werden.

(6) Übernimmt ein bevorzugter Bewerber oder ein Rückkehrer, ohne daß wichtige Gründe vorliegen, nicht die nationale Verwaltung des gewerblichen Kleinunternehmens, in das er nach den Absätzen 2 bis 5 eingesetzt wurde, so verliert er den Anspruch auf Einsetzung als nationaler Verwalter eines solchen Unternehmens im Grenzgebiet. Darüber entscheidet das Ministerium für nationale Verteidigung — bei Rückkehrern das Ministerium für soziale Fürsorge — in Übereinstimmung mit dem Siedlungsamt.

(7) Das Siedlungsamt teilt einem nach den Absätzen 2 bis 5 eingesetzten nationalen Verwalter unter den Voraussetzungen des § 5 Abs. 1 Nr. 1 bis 3 auf eine Anmeldung hin, welche der nationale Verwalter nach Ablauf von drei Monaten seit seiner Einsetzung einreichen kann, das gewerbliche Kleinunternehmen als Eigentum zu. Für gewerbliche Kleinunternehmen, welche nicht auf diese Weise als Eigentum zugewiesen werden dürfen, gelten die Bestimmungen des § 13.

§ 8

(1) Wenn um die Zuteilung eines Einfamilienhauses innerhalb der gemäß § 5 Abs. 1 festgesetzten Frist neben dem bisherigen Benutzer auch ein bevorzugter Bewerber ansucht, der nicht der Benutzer dieses Hauses ist, so legt der zuständige Nationalausschuß die eingereichten Gesuche dem Siedlungsamt mit einem Antrag auf Zuteilung des Einfamilienhauses und mit einem Antrag auf eine Ersatzzuteilung vor (Abs. 3).

(2) Das Siedlungsamt teilt das Einfamilienhaus zu

a) einem bevorzugten Bewerber, welcher die Bedingungen des § 5 Abs. 1 Nr. 1, 2 und 4 Buchst. a), c), d) erfüllt und dessen Berufstätigkeit vom Standpunkt des wirtschaftlichen Aufbaues des Staates und im Interesse der Siedlungspolitik wichtiger ist als die des bisherigen Benutzers,

b) sonst dem bisherigen Benutzer.

(3) Einem bevorzugten Bewerber oder dem bisherigen Benutzer, dem das Einfamilienhaus nicht gemäß Absatz 2 zugeteilt wird, weist das Siedlungsamt, nachdem er gehört wurde, eine Ersatzzuteilung zu, und zwar nach Möglichkeit ein anderes Einfamilienhaus als das, um das er angesucht hat, oder eine bewohnbare Liegenschaft oder einen ideellen Anteil daran oder einen Anteil an der Genossenschaft mit beschränkter Haftung, der eine solche Liegenschaft zugeteilt wird, oder ein Baugrundstück, das sich für den Bau eines Einfamilienhauses eignet.

(4) Die Bestimmungen des § 7 Abs. 6 gelten hier entsprechend.

Abschnitt IV.

Allgemeine und Schlußbestimmungen.

§ 9

Die Zuteilungsverordnung bestimmt, welche Gebietsteile Grenzgebiet im Sinne dieses Gesetzes sind. Sie kann auch bestimmen, daß sich die Vorschriften des Abschnittes III auch auf andere Gebietsteile beziehen.

§ 10

(1) Nach diesem Gesetz dürfen gewerbliche Kleinunternehmungen und Einfamilienhäuser auch juristischen Personen zugeteilt werden.

(2) Die Zuteilungsverordnung setzt die Bedingungen fest, unter denen in Fällen, in denen eine physische Person als Vertrauensmann einer juristischen Person zum nationalen Verwalter einer gewerblichen Kleinunternehmung (zum Benutzer eines Einfamilienhauses) bestellt wurde, dieser juristischen Person aus wichtigen Gründen der Vorzug vor den in § 5 oder in § 8 Abs. 2 Buchst. a) genannten Bewerbern gegeben wird.

§ 11

(1) Demselben Bewerber darf bloß ein einziges gewerbliches Kleinunternehmen oder ein einziges Einfamilienhaus zugeteilt werden; Ausnahmen können durch die einschlägigen Zuteilungsverordnungen eingeräumt werden.

(2) Bewerben sich um die Zuteilung eines gewerblichen Kleinunternehmens (eines Einfamilienhauses) mehrere seiner nationalen Verwalter (Benutzer), welche den aufgestellten Bedingungen entsprechen, und handelt es sich nicht um den in § 5 Abs. 3 angeführten Fall, so sind bei der Zuteilung vor allem die in § 7 Abs. 3 des Konfiskationsdekretes angeführten Personen zu berücksichtigen. Zwischen gleichberechtigten Bewerbern wird nach freiem Ermessen entschieden, wobei besonders die sozialen und Familienverhältnisse und die bessere fachliche Qualifikation zu berücksichtigen sind.

§ 12

Wurde ein Unternehmen zugeteilt, zu dessen Führung nach den geltenden (den anzuwendenden) Vorschriften eine Gewerbeberechtigung oder -erlaubnis erforderlich ist, so ist die zuständige Behörde (das zuständige Organ) verpflichtet, dem Zuteilungsempfänger gleichzeitig die entsprechende Berechtigung (Gewerbeschein, Konzessionsurkunde, Lizenz u. ähnl.) oder die Erlaubnis zu erteilen.

§ 13

(1) Die Nationalausschüsse sind verpflichtet, auf Grund von Anweisungen des Siedlungsamtes und des Fonds der nationalen Erneuerung die nationalen Verwalter konfiszierter gewerblicher Kleinunternehmungen, gegebenenfalls konfiszierter Einfamilenhäuser unverzüglich abzuberufen, wenn sie die in § 5 Abs. 1 Nr. 1, 2 und 3 Buchst. a) und c), gegebenenfalls die in § 5 Abs. 1 Nr. 1, 2 und 4 angeführten Bedingungen nicht erfüllen. Leistet weder der zuständige Nationalausschuß noch der übergeordnete Nationalausschuß dieser Anweisung innerhalb der vom Siedlungsamt und vom Fonds der nationalen Erneuerung festgesetzten Frist Folge, so beruft das Siedlungsamt und der Fonds der nationalen Erneuerung den nationalen Verwalter ab.

(2) Soweit es sich um Einfamilienhäuser handelt, kann das Siedlungsamt auf Grund der Zuteilungsverordnung die Ausnahmen von den Bestimmungen des Absatzes 1 bewilligen, welche im Interesse der Maßnahmen auf dem Gebiet der Wohnungsfürsorge sowie im Interesse kultureller, gesundheitlicher, sozialer oder der aus Gründen der Staatsverteidigung erforderlichen Vorkehrungen notwendig sind.

(3) Die Nationalausschüsse sind verpflichtet, dem Siedlungsamt und dem Fonds der nationalen Erneuerung unverzüglich alle Fälle zu melden, in denen nach dem 1. Mai 1946 ein nationaler Verwalter für ein konfisziertes gewerbliches Kleinunternehmen eingesetzt wurde.

§ 14

(1) Gewerbeberechtigungen oder -bewilligungen, welche nach dem 5. Mai 1945 zur Führung eines Erwerbsunternehmens erworben wurden, erklärt das zuständige Ministerium oder die von diesem ermächtigte Behörde auf Antrag oder nach Anhören des Siedlungsamtes und des zuständigen Gewerbeamtes für ungültig, wenn sie unter Umgehung des Zuteilungsverfahrens erworben wurden oder wenn das Gewerbe (Unternehmen) mit Hilfe konfiszierter Vermögenseinheiten ausgeübt wird.

(2) Das zuständige Ministerium oder die von ihm ermächtigte Behörde prüft die Erteilung der Gewerbeberechtigungen oder -bewilligungen, welche nach dem 5. Mai 1945 zur Führung eines Erwerbsunternehmens im Grenzgebiet (§ 9) erworben wurden, und kann diese Berechtigungen (Bewilligungen) nach Anhören des zuständigen Gewerbeamtes, der Wirtschaftsorganisationen und des Siedlungsamtes aufheben, wenn sie ohne Rücksicht auf die wirtschaftlichen Erfordernisse oder im Widerstreit zu den Grundsätzen und Erfordernissen der Siedlungspolitik erlangt wurden.

(3) Die Bestimmungen des Absatzes 2 erstrecken sich nicht auf Gewerbeberechtigungen oder -bewilligungen zur Führung von Erwerbsunternehmungen, welche bevorzugte Bewerber und solche Personen erworben haben, die ihre früheren Gewerbeberechtigungen oder -bewilligungen infolge politischer, nationaler oder rassischer Verfolgungen verloren haben.

§ 15

(1) Soweit sich aus diesem Gesetz oder aus den zu seiner Durchführung erlassenen Vorschriften nichts anderes ergibt, bleiben die Bestimmungen

des Konfiskationsdekretes unberührt und sind bei der Durchführung dieses Gesetzes anzuwenden.

(2) Die Bestimmungen dieses Gesetzes erstrecken sich nicht auf das in § 18 des Konfiskationsdekretes angeführte Vermögen.

§ 16

Dieses Gesetz wird von allen Mitgliedern der Regierung durchgeführt[1].

Dr. Beneš e. h.

Gottwald e. h.

Dr. Zenkl e. h.
Dr. Šrámek e. h.
Ursiny e. h.
Fierlinger e. h.
Široký e. h.
Masaryk e. h.
Armeegen. Svoboda e. h.
Dr. Ripka e. h.
Nosek e. h.
Dr. Dolanský e. h.
Dr. Stránský e. h.
Dr. Drtina e. h.
Kopecký e. h.

Laušman e. h.
Ďuriš e. h.
Zmrhal e. h.
Dr. Pietor e. h.
Ing. Kopecký e. h.
Hála e. h.
Dr. Nejedlý e. h.
Dr. Procházka e. h.
Majer e. h.
Dr. Franek e. h.
Dr. Clementis e. h.
Lichner e. h.

[1] Veröffentlicht am 17. März 1947.

Anlage 22

Regierungsverordnung vom 13. April 1948 über die Wiederverleihung der tschechoslowakischen Staatsbürgerschaft an Personen deutscher und madjarischer Nationalität.

Slg. Nr. 76.

Die Regierung der Tschechoslowakischen Republik verordnet gemäß § 3 des Verfassungsdekretes des Präsidenten der Republik vom 2. August 1945, Slg. Nr. 33, über die Regelung der tschechoslowakischen Staatsbürgerschaft der Personen deutscher und madjarischer Nationalität (weiterhin nur „Verfassungsdekret" genannt):

§ 1

Für die Wiederverleihung der tschechoslowakischen Staatsbürgerschaft an Personen, welche sie nach § 1 des Verfassungsdekretes verloren haben, gelten, soweit sich aus dem Verfassungsdekret nichts anderes ergibt oder weiterhin nichts anderes bestimmt wird, die allgemeinen Vorschriften über den Erwerb der tschechoslowakischen Staatsbürgerschaft.

§ 2

Über die Gesuche um Wiederverleihung der tschechoslowakischen Staatsbürgerschaft ist innerhalb von 5 Jahren, gerechnet von dem Tage, an dem die Frist für die Einreichung der Gesuche abgelaufen ist (§ 3 Satz 1 des Verfassungsdekretes), zu entscheiden. Den Gesuchen kann jedoch gültig erst entsprochen werden, wenn 3 Jahre, gerechnet von dem Tage, an dem die Frist für die Einreichung der Gesuche abgelaufen ist, verstrichen sind.

§ 3

(1) Die tschechoslowakische Staatsbürgerschaft darf nur einem Gesuchsteller wieder verliehen werden, der die Pflichten eines tschechoslowakischen Staatsbürgers nicht verletzt, keine andere Staatsangehörigkeit erworben und seinen ständigen Wohnsitz im Gebiete der Tschechoslowakischen Republik hat.

(2) Ein Gesuchsteller, der das 14. Lebensjahr erreicht hat oder es spätestens am letzten Tage der für die Einbringung der Gesuche gesetzten Frist erreicht, muß darüber hinaus eine seinen Verhältnissen angemessene Kenntnis der tschechischen oder der slowakischen Sprache nachweisen. In besonders berücksichtigungswürdigen Fällen kann das Ministerium des Inneren die Führung dieses Nachweises ganz oder zum Teil erlassen.

§ 4

Die tschechoslowakische Staatbürgerschaft darf auch einem Gesuchsteller wieder verliehen werden, der das Heimatrecht in irgendeiner Gemeinde der Tschechoslowakischen Republik nicht zugesichert erhalten oder der weder Vermögen noch den für seinen eigenen Unterhalt und für den seiner Familie erforderlichen Verdienst hat.

§ 5

(1) Einem Gesuchsteller, der innerhalb der festgesetzten Frist das Gesuch um Wiederverleihung der tschechoslowakischen Staatsbürgerschaft eingereicht hat, von dem nicht festgestellt wurde, daß er die Pflichten eines tschechoslowakischen Staatsbürgers verletzt hat und von dem nach seinem Verhalten vorausgesetzt werden kann, daß er ein ordentlicher tschechoslowakischer Staatsbürger werden wird, kann der örtlich zuständige Bezirksnationalausschuß eine Bescheinigung darüber ausstellen, daß er bis zur Erledigung des Gesuches als tschechoslowakischer Staatsbürger anzusehen ist.

(2) Der Bezirksnationalausschuß kann diese Bescheinigung jederzeit widerrufen.

(3) Der Bezirksnationalausschuß übt die Zuständigkeit gemäß Absatz 1 und 2 nach den Richtlinien des Ministeriums des Inneren aus.

§ 6

(1) Die Bestimmungen des § 2, des § 3 Abs. 2 und des § 5 erstrecken sich nicht auf Gesuchsteller, die das Gesuch um Wiederverleihung der tschechoslowakischen Staatsbürgerschaft innerhalb der Frist eingereicht haben, deren Beginn durch die Bekanntmachung des Ministers des Inneren vom 25. August 1945, Slg. Nr. 51, über die Frist zur Einreichung von Gesuchen um Wiederverleihung der tschechoslowakischen Staatsbürgerschaft für Ehefrauen und Kinder tschechoslowakischer Staatsbürger festgesetzt wurde.

(2) Die Bestimmungen der §§ 2 und 5 erstrecken sich nicht auf Gesuchsteller, die ein Gesuch um Wiederverleihung der tschechoslowakischen Staatsbürgerschaft innerhalb der Frist eingereicht haben, deren Beginn durch die Bekanntmachung des Ministers des Inneren vom 20. Dezember 1946, Slg. Nr. 254, über die Frist zur Einreichung der Gesuche um Wiederverleihung der tschechoslowakischen Staatsbürgerschaft der Ehegatten von tschechoslowakischen Staatsbürgerinnen, festgesetzt wurde.

§ 7

Diese Verordnung tritt mit dem Tage der Kundmachung in Kraft[1]; sie wird vom Minister des Inneren im Einvernehmen mit den beteiligten Mitgliedern der Regierung durchgeführt.

Gottwald e. h.

Široký e. h.
Lausman e. h.
Zápotocký e. h.
Dr. Clementis e. h.
Armeegen. Svoboda e. h.
Dr. Gregor e. h.
Nosek e. h.
Dr. Dolanský e. h.
Dr. Nejedlý e. h.
Dr. Čepička e. h.

Kopecký e. h.
Fierlinger e. h.
Ďuriš e. h.
Krajčír e. h.
Petr e. h.
Dr. Ing. Šlechta e. h.
Dr. Neuman e. h.
Erban e. h.
Plojhar e. h.
Ing. Jankovcová e. h.

Dr. Šrobár e. h.

[1] Veröffentlicht am 26. April 1948.

Anlage 23

Gesetz vom 6. Mai 1948 über die Liquidierung der Rechtsverhältnisse der Deutschen Evangelischen Kirche in Böhmen, Mähren und Schlesien.

Slg. Nr. 131.

Die Verfassunggebende Nationalversammlung der Tschechoslowakischen Republik hat folgendes Gesetz beschlossen:

§ 1

Die Deutsche Evangelische Kirche in Böhmen, Mähren und Schlesien (weiterhin nur „Kirche" genannt) hat am 4. Mai 1945 aufgehört zu bestehen.

§ 2

Die Matrikeln der Kirche verwalten die Bezirksnationalausschüsse.

§ 3

(1) Das gesamte unbewegliche und bewegliche Vermögen, namentlich auch die Vermögensrechte, das bis zum 4. Mai 1945 im Eigentum der Kirchengemeinden (der Pfarr- oder Kreisgemeinden oder allgemeinen Gemeinden) der Kirche oder ihrer Anstalten, Stiftungen und Fonds stand, geht in das Eigentum des Tschechoslowakischen Staates über.

(2) Das Ministerium für Schulwesen und Kultur bestimmt im Einvernehmen mit dem Ministerium des Inneren, welches Vermögen gemäß Absatz 1 in das Eigentum des Tschechoslowakischen Staates übergegangen ist.

§ 4

Für das in § 3 angeführte Vermögen gelten entsprechend die Bestimmungen der Teile II bis IV des Dekretes des Präsidenten der Republik vom 25. Oktober 1945, Slg. Nr. 108, über die Konfiskation des feindlichen Vermögens und die Fonds der nationalen Erneuerung, sowie des Gesetzes vom 8. Mai 1947, Slg. Nr. 90, über die Durchführung der bücherlichen Ordnung hinsichtlich des konfiszierten feindlichen Vermögens und über die Regelung einiger Rechtsverhältnisse, die sich auf das zugeteilte Vermögen beziehen, wobei das Ministerium für Schulwesen und Kultur im Einvernehmen mit dem Ministerium des Inneren bestimmt, welche Vermögenseinheiten Zwecken des Kultus, der Kirchenverwaltung oder ähnlichen Zwecken zu dienen haben und welche einer Kirche, einer Religionsgemeinschaft oder einer anderen Organisation ähnlicher Art zugeteilt werden.

§ 5

(1) Durch dieses Gesetz wird die Gültigkeit von Handlungen, die bei der Führung der kirchlichen Matrikeln vorgenommen wurden, sowie die Gültigkeit der Ehen, die vor den Seelsorgern der Kirche bis zu dem Tage geschlossen wurden, an dem dieses Gesetz in Kraft getreten ist, nicht berührt.

(2) Unberührt bleiben auch Verfügungen über das in § 3 angeführte Vermögen, die vor Inkrafttreten des Gesetzes nach den Vorschriften über die Konfiskation und die Verteilung des konfiszierten Vermögens vorgenommen wurden.

§ 6

Dieses Gesetz tritt mit dem Tage der Verkündigung in Kraft[1]; es wird von den Ministern für Schulwesen und Kultur und des Inneren durchgeführt.

Dr. Beneš e. h.
Gottwald e. h.
Nosek e. h.
Dr. Nejedlý e. h.

---

1 Veröffentlicht am 4. Juni 1948.

Anlage 24

Regierungsverordnung vom 29. November 1949 über die Wiederverleihung der tschechoslowakischen Staatsbürgerschaft an Personen deutscher Nationalität.

Slg. Nr. 252.

Die Regierung der Tschechoslowakischen Republik verordnet gemäß § 3 des Dekretes des Präsidenten der Republik vom 2. August 1945, Slg. Nr. 33, über die Regelung der tschechoslowakischen Staatsbürgerschaft der Personen deutscher und madjarischer Nationalität:

§ 1

Den Personen deutscher Nationalität, welche die tschechoslowakische Staatsbürgerschaft nach § 1 des Dekretes Slg. Nr. 33/1945 verloren haben, kann der Kreisnationalausschuß auf Vorschlag des Bezirksnationalausschusses die tschechoslowakische Staatsbürgerschaft wiederverleihen, wenn sie ihren ständigen Wohnsitz auf dem Gebiete der Tschechoslowakischen Republik und die Pflichten eines tschechoslowakischen Staatsbürgers nicht verletzt, insbesondere sich dem volksdemokratischen System gegenüber nicht feindlich verhalten haben.

§ 2

(1) Einem Gesuchsteller, der rechtzeitig beim Bezirksnationalausschuß seines Wohnsitzes ein Gesuch um Wiederverleihung der tschechoslowakischen Staatsbürgerschaft eingereicht hat, stellt der Bezirksnationalausschuß eine Bescheinigung darüber aus, daß er bis zur Erledigung des Gesuches als tschechoslowakischer Bürger angesehen wird, falls keine der in § 1 angeführten Hindernisse bekannt sind und wenn nach dem Verhalten des Gesuchstellers anzunehmen ist, daß er ein ordentlicher Bürger wird, der sich an den Aufbaubestrebungen des tschechoslowakischen arbeitenden Volkes beteiligt; diese Bescheinigung wird unter den gleichen Voraussetzungen auch den in das Gesuch aufgenommenen Familienangehörigen ausgestellt.

(2) Der Kreis- oder Bezirksnationalausschuß kann diese Bescheinigung im Laufe des Verfahrens entziehen, wenn er nachträglich feststellt, daß der Gesuchsteller nicht alle im vorhergehenden Absatz und in § 1 angeführten Voraussetzungen erfüllt.

§ 3

(1) Ehegatten können um die Wiederverleihung der Staatsbürgerschaft in einem gemeinsamen Gesuch ansuchen; das Gesuch eines jeden Ehegatten wird selbständig beurteilt. Kinder unter 15 Jahren, welche ein Elternteil in sein Gesuch aufgenommen hat, erwerben die Staatsbürgerschaft zusammen mit ihm.

(2) Die Wiederverleihung der Staatbürgerschaft wird bei Personen über 15 Jahren erst mit der Ablegung eines Gelöbnisses mit folgendem Wortlaut wirksam: „Ich gelobe auf Ehre und Gewissen, daß ich der Tschechoslowakischen Republik und ihrem volksdemokratischen System immer treu und ergeben sein werde und daß ich alle Pflichten ihrer Bürger (ihrer Bürgerin-

nen) ordentlich erfüllen werde." Nur in außergewöhnlichen Fällen kann die Ablegung des staatsbürgerlichen Gelöbnisses vom Ministerium des Inneren erlassen werden.

§ 4

Der Bezirksnationalausschuß übt die in den §§ 1 und 2 bezeichnete Zuständigkeit nach den Richtlinien des Ministeriums des Inneren aus.

§ 5

Die Regierungsverordnung vom 13. April 1948, Slg. Nr. 76, über die Wiederverleihung der tschechoslowakischen Staatsbürgerschaft an Personen deutscher und madjarischer Nationalität wird aufgehoben.

§ 6

Diese Verordnung tritt mit dem Tage der Kundmachung in Kraft[1]; sie wird vom Minister des Inneren im Einvernehmen mit den beteiligten Mitgliedern der Regierung durchgeführt.

Zápotocký e. h.

Nosek e. h.

---

1 Veröffentlicht am 13. Dezember 1949.

Gesetz vom 24. April 1953, durch das einige Personen die tschechoslowakische Staatsbürgerschaft erwerben.

Slg. Nr. 34.

Die Nationalversammlung der Tschechoslowakischen Republik hat das folgende Gesetz beschlossen:

§ 1

(1) Die Personen deutscher Nationalität, welche die tschechoslowakische Staatsbürgerschaft nach dem Dekret Slg. Nr. 33/1945 verloren haben und an dem Tage, an dem dieses Gesetz in Kraft tritt, ihren Wohnsitz im Gebiete der Tschechoslowakischen Republik haben, werden tschechoslowakische Staatsbürger, sofern sie die tschechoslowakische Staatsbürgerschaft nicht bereits früher erworben haben.

(2) Gemeinschaftlich mit dem Ehemann, gegebenenfalls gemeinschaftlich mit dem Vater oder der Mutter, werden die Ehefrau und die minderjährigen Kinder der im vorhergehenden Absatz angeführten Personen tschechoslowakische Staatsbürger, sofern sie das nicht bereits nach dem genannten Absatz geworden sind, falls sie ihren Wohnsitz im Gebiete der Tschechoslowakischen Republik haben und nicht Angehörige eines anderen Staates sind.

§ 2

Dieses Gesetz tritt am Tage seiner Kundmachung in Kraft[1]; es wird vom Minister des Inneren durchgeführt.

Zápotocký e. h.
Dr. John e. h.
Síroký e. h.
Nosek e. h.

[1] Veröffentlicht am 7. Mai 1953.

Kundmachung des nationalen Sicherheitsdienstes in Troppau aus dem Jahre 1945.

Abdruck aus. „Troppauer Heimat-Chronik“, Juli 1955, S. 107[1].

Kundmachung.

Mit sofortiger Gültigkeit wird angeordnet, daß alle Personen deutscher Nationalität vom 6. Lebensjahr an folgende Kennzeichnung tragen: eine weiße Scheibe im Durchmesser von 15 cm und auf ihr, aus schwarzer Leinwand aufgenäht, ein „N“ in der Stärke von 2 cm, dessen Rand 1 cm von der Umrißlinie des Kreises entfernt ist. Diese Kennzeichnung wird auf der linken Brustseite getragen. Deutsche, die in der NSDAP, in der SA, SS, NSV, NSF, NSKK, HJ oder in anderen Gliederungen der Partei organisiert waren, müssen diese Zeichen auch auf dem Rücken tragen (also zwei — eines auf der Brust und das zweite auf dem Rücken).

Allen Deutschen wird die Fahrt mit öffentlichen Beförderungsmitteln, der Besuch öffentlicher und Unterhaltungslokale und Anlagen (Parkanlagen) verboten. Allen Deutschen ist verboten, ab 20 Uhr ihre Wohnungen zu verlassen. Bei Begegnungen eines russischen oder tschechoslowakischen Offiziers müssen die Deutschen den Hut abnehmen und müssen in entsprechendem Abstand vorbeigehen. Der Einkauf in den Geschäften ist eine Stunde vor der Sperre erlaubt.

Die Abzeichen laut angeordnetem Muster muß jeder Deutsche sich selbst anschaffen. Die Nichtbefolgung dieses Befehls ist strafbar. Strafbar macht sich ebenfalls jeder Bürger anderer Nationalität, der auf irgendeine Weise die Deutschen begünstigt oder ihnen hilft.

Die österreichischen Staatsangehörigen unterliegen diesen Bestimmungen nur dann, wenn sie bei der NSDAP, der SA, SS, NSV, NSF, NSKK, HJ oder in einer anderen Gliederung der NSDAP organisiert waren.

Der Hauptmann des nationalen
Sicherheitsdienstes in Troppau:
Dr. Fr. Grim

[1] Dort ist auch ein Faksimile des tschechischen Originals veröffentlicht.

Anlage 27

Kundmachung des Garnisonskommandanten von Neustadt/Tafelfichte.

Fotokopie, 29. Mai 1945, 1 Seite, gedruckt. — In tschechischer und deutscher Sprache. Abdruck des deutschen Wortlauts der Kundmachung.

Garnisonskommando
Nové Město p. Sm.

V Novém Městě, 29. Mai 1945.

Kundmachung Nr. 2.

1. Ich ordne allen Reichsdeutschen an, soweit sie nicht nachweisbar vor dem 30. 9. 1938 auf dem Gebiete der čsl. Republik wohnhaft waren, bis heute 18 Uhr das Gebiet des Čechoslowakischen Staates zu verlassen. Nur das nötigste Handgepäck mit persönlichen Notwendigkeiten im Gewichte von 30 kg ist erlaubt mitzunehmen. Lebensmittel auf 3 Tage.

2. Ich verbiete der gesamten Bevölkerung den Zutritt in den Wald. Arbeitseinheiten aus den Reihen der deutschen Bevölkerung dürfen nur unter Aufsicht der čechischen Wehrmacht den Wald betreten. Durch dieses Verbot, den Wald zu betreten, ist es auch nicht gestattet, Sauerbrunnen zu entnehmen. Jede Unterstützung von Wehrmachtsangehörigen der deutschen Armee, die nicht polizeilich gemeldet sind, in der Form von Lebensmitteln und jeder anderen Hilfe, wird mit dem Tode bestraft.

3. Ich verbiete Privatfahrten auf Motorfahrzeugen. Alle Treibstoffmittel sind an das Garnisonskommando abzuliefern. Kraftfahrzeugbenützung ist nur mit Bewilligung des Garnisonskommandanten erlaubt.

4. Sämtliche privaten Telefongespräche der deutschen Bevölkerung sind verboten.

5. Sämtliche Mitglieder der NSDAP kennzeichnen sich selbst mit dem Hakenkreuz in schwarzer Farbe auf gelben Streifen. Breite der Armbinde 10 cm und Breite der Linie des Hakenkreuzes 15 mm. Diese Armbinde trägt jedes Mitglied der NSDAP — Männer und Frauen — auf dem linken Arm anstatt der weißen Binde. Durchführung bis 16 Uhr. Sämtliche Mitglieder der NSDAP männlich und weiblich, melden sich täglich um halb 8 Uhr früh in der Arbeitsamtsstelle in der Klingerstr.

6. Sollte aus irgendeinem Hause geschossen werden, werden sämtliche Bewohner dieses Hauses erschossen.

7. Für jede Erschießung eines čechischen Soldaten, werden 10 Deutsche erschossen.

8. Jeder von der Wehrmacht zurückgekehrte Soldat hat sich sofort beim Garnisonskommandanten zu melden.

9. Jeder in der letzten Zeit unrechtmäßig erworbene Anzug- und Kleiderstoff ist sofort am Rathaus abzuliefern. Wer die oben angeführten Befehle nicht befolgt, wird verhaftet und bestraft.

Der Garnisonskommandant.

Kundmachung der Bezirksverwaltungskommission von Tetschen-Bodenbach vom 15. Oktober 1945[1].

Nr. 15.

Um eine erhöhte öffentliche Sicherheit zu gewährleisten, wird angeordnet:

§ 1

Personen, denen ein Rundfunkempfänger abgenommen wurde (oder welchen es nicht erlaubt ist, einen solchen Empfänger zu besitzen — zu benützen), wird das (Rundfunk-)Hören bei anderen Besitzern von Rundfunkempfängern verboten. Verboten wird, solchen Personen das Rundfunkhören zu ermöglichen.

§ 2

Da sich bislang auf dem Gebiete der Republik eine große Zahl von Mitgliedern der Gestapo, von Angehörigen der SS, SA und ähnlicher nazistischer Gliederungen aufhält und sich mit falschen Papieren bewegt, wird jedwede Gewährung von Nachtlager, Wohnung, Nahrungsmitteln, Bekleidungsbestandteilen und ähnlichem an Personen deutscher Nationalität verboten. Jeder, der eine solche staatsfeindliche Person berherbergt oder verbirgt, macht sich des Verbrechens der Begünstigung von Kriegsverbrechern schuldig.

§ 3

Jeder, der vom Beherbergen oder Verbergen von Personen deutscher Nationalität weiß und es nicht den Sicherheitsorganen meldet, wird wegen Verbrechens wie in § 2 dieser Kundmachung verfolgt.

§ 4

Die Angehörigen der deutschen Nationalität sind verpflichtet, in ihren Wohnungen, in denen sie angemeldet sind, zu übernachten. Eine Ausnahme kann in Tetschen-Bodenbach die Direktion der nationalen Sicherheit (Meldeamt) und in den anderen Gemeinden die zuständige SNB-Station bewilligen.

Hat ein deutscher (Volks-)Zugehöriger bislang mehrere Wohnungen, dann ist er verpflichtet, dies sofort der zuständigen Ortsverwaltungskommission zu melden, sich nur eine Wohnung vorzubehalten und die übrigen dem zuständigen Wohnungsreferat zur Verfügung zu stellen. Personen deutscher Nationalität, die im hiesigen Bezirk ohne Anmeldung wohnen, werden nach dieser Kundmachung verfolgt.

§ 5

Wohnungseigentümer dürfen Nachtlager nur jenen Personen tschechischer Nationalität gewähren, die sich mit der Bestätigung über ein ordnungsgemäßes Arbeitsverhältnis ausweisen. Ausnahmen gelten für Personen, die

[1] Übersetzt aus: Děčínsko. Věstník okresní správní komise v Děčíně — Podmokleċh" (Das Tetschener Land. Verordnungsblatt der Bezirksverwaltungskommission in Tetschen-Bodenbach). H. 7, 15. Oktober 1945, S. 1—2.

bislang eine Beschäftigung suchen und die sich mit der Bestätigung über eine vorübergehende Unterbringung für die Dauer von längstens drei Tagen ausweisen.

Deutschen Personen darf das Übernachten überhaupt nicht erlaubt werden, wie in § 2 dieser Kundmachung angeführt oder bei den dort festgesetzten Bedingungen.

§ 6

Den in das Reich oder in ein anderes ausländisches Gebiet abgeschobenen Personen ist die Rückkehr auf das Gebiet der Tschechoslowakischen Republik verboten. Zur Rückkehr berechtigt keine Bewilligung, die von reichsdeutschen oder anderen ausländischen Behörden, mit Ausnahme von tschechoslowakischen Vertretungsbehörden, erteilt wurde.

§ 7

Das Aufbewahren, Verbergen von Fahrnissen, Kleidungsstücken und von anderen Gegenständen wie auch immer aus den Wohnungen für abgeschobene Personen ist verboten. Ebenso ist die Gewährung von Nahrungsmitteln, Fahrnissen oder anderen Sachen oder die Vermittlung an diese Personen verboten. Aus diesem Grunde ist Personen deutscher Nationalität der Zutritt zu den Staatsgrenzen auf eine Entfernung von 500 m verboten. Personen deutscher Nationalität, die in der verbotenen Zone arbeiten, weisen sich mit einer Bestätigung der zuständigen SNB-Station aus.

Verboten wird auch die Vermittlung von Korrespondenz oder die Beförderung der erwähnten Gegenstände.

§ 8

Das Überschreiten der Staatsgrenze auf Grund einer ordnungsgemäßen Bewilligung ist nur auf der Straße in Herrnskretschen und am Schneeberg gestattet. Personen deutscher Nationalität ist das Betreten des Waldes streng verboten. Ausnahmen sind nur für Waldarbeiter zulässig, die sich mit einer von der SNB-Station beglaubigten Bestätigung der Forstverwaltung ausweisen.

Gegen eine Person, die die Grenze an anderen Orten überschreitet, und gegen Personen deutscher Nationalität, die zu Unrecht den Wald betreten, wird die Waffe wie gegen einen gefährlichen Verbrecher gebraucht, und sie werden wie ein solcher erschossen.

§ 9

Personen deutscher Nationalität dürfen sich in der Zeit von 20 bis 6 Uhr nicht aus ihren Wohnungen entfernen, mit Ausnahme von Personen, die aus der Arbeit oder in die Arbeit gehen und die sich mit einer Bestätigung des Unternehmens (Betriebsrat) ausweisen, daß sie verpflichtet sind, die Arbeit nach der 20. Stunde zu verlassen oder sie vor der 6. Stunde anzutreten.

§ 10

Den Deutschen wird die Teilnahme an öffentlichen Kundgebungen, allen Unterhaltungen, Film- und Theatervorstellungen, sowie die Benützung von öffentlichen Badeanstalten, Bädern, von Erholungs-, Turn- und Sportunternehmen und Einrichtungen verboten. Gasthausbetriebe dürfen nur jene Personen deutscher Nationalität besuchen, die aus Gründen der Verköstigung auf diese angewiesen sind.

§ 11

Tschechen haben bei Einkäufen, auf den Ämtern und wo immer sonst den Vorzug vor den Deutschen.

§ 12

Die für die Deutschen festgesetzte Einkaufszeit von 15 bis 18 Uhr und am Samstagnachmittag bleibt in Gültigkeit.

Bei Nichteinhaltung wird sowohl der kaufende Deutsche wie auch der Kaufmann bestraft. Ausnahmen gelten nur für die Personen deutscher Nationalität, die sich mit einer besonderen Bestätigung der Bezirksverwaltungskommission ausweisen.

§ 13

Alle Ausländer, die sich bis jetzt nicht bei der Direktion der Nationalen Sicherheit (Ausländerabteilung — Zimmer Nr. 15) in Bodenbach angemeldet haben, wie auch diejenigen, die sich zwar angemeldet haben, denen aber der weitere Aufenthalt in dem hiesigen Bezirke nicht bewilligt (verlängert) wurde, werden zwangsweise ausgesiedelt.

§ 14

Die gesamte Zivilbevölkerung wird aufmerksam gemacht, daß das Tragen jedweder Bestandteile militärischer Uniformen, sowohl der tschechoslowakischen Armee wie auch der ehemaligen deutschen Wehrmacht, SS, SA und ähnlicher Gruppen verboten ist. Desgleichen ist es der Zivilbevölkerung, die nicht eben Militärdienst leistet, verboten, die Uniform der tschechoslowakischen Armee zu tragen.

Jeder, der irgendeinen Bestandteil einer militärischen Uniform, Ausrüstung, auch der ehemaligen deutschen Wehrmacht, der SS und ähnl. besitzt, ist verpflichtet, ihn unverzüglich in Tetschen — Schloß — beim Verwalter des Militärmagazins, Herrn Kahoun, abzugeben.

Zuwiderhandeln gegen diese Anordnung wird nicht nur von den zivilen, sondern auch von den militärischen Behörden verfolgt. Ausnahmen gelten nur für die Organe der SNB; für die übrigen öffentlichen Wachen nur, soweit ihnen das Tragen einer Uniform von der Bezirksverwaltungskommission im Einvernehmen mit dem Garnisonskommando in Tetschen erlaubt wird.

§ 15

Jeder Bürger ist verpflichtet, die Bestätigung über sein Arbeitsverhältnis, die keineswegs älter sein darf als einen Monat, bei sich zu tragen. Diese muß monatlich erbeten, gegebenenfalls verlängert werden.

§ 16

Jede von einem Deutschen besetzte Stelle ist als freie Stelle anzusehen. In dem Falle, daß das Ansuchen eines qualifizierten Tschechen, der sich für den Posten eines Deutschen meldet, abgelehnt wird, hat der Abgelehnte das Recht, von dem nationalen Verwalter und von dem Betriebsrat des Unternehmens eine schriftliche Begründung zu verlangen.

Das Sicherheitsreferat der Bezirksverwaltungskommission wird aus diesem Paragraphen die schärfsten Konsequenzen ableiten.

§ 17

Eine Scheinbeschäftigung, wessen immer, ist sowohl für den Arbeitnehmer wie auch für den Arbeitgeber und die Mitglieder des Betriebsrates strafbar. Die Umgehung dieses Paragraphen wird mit Abschub in Bergwerke bestraft. Die Betriebsräte fordern augenblicklich die Verzeichnisse der Arbeitnehmer an, überprüfen sie und melden Flüchtige (Deserteure) und scheinbeschäftigte Personen dem Sicherheitsreferenten der Bezirksverwaltungskommission in Tetschen.

§ 18

Die Eigentümer — nationaten Verwalter — der unter wirtschaftlichen Gesichtspunkten erstrangigen Unternehmen (Chemie, Metallindustrie, Glasindustrie und ähnl.) sowie der für den täglichen Ablauf des öffentlichen Lebens wichtigen Unternehmen (Verkehr, Gesundheitswesen und ähnl.) legen bis zum 1. November 1945 schriftliche Anträge auf Ausstellung von Schutzbriefen für unersetzliche Fachleute (Erfinder, einmalige Spezialisten, Glasmacher, Ärzte und ähnl.) und für die Angehörigen ihrer Familien vor.

§ 19

Personen deutscher Nationalität müssen, wenn sie beabsichtigen, freiwillig das Gebiet der Republik zu verlassen, auf dem vorgeschriebenen Vordruck, den sie bei der örtlichen Verwaltungskommission erhalten, die Bewilligung zur Abreise von der Bezirksverwaltungskommission in Tetschen-Bodenbach einholen.

§ 20

Die weißen Armbinden, die die Personen deutscher Nationalität zu tragen verpflichtet sind, müssen eine Breite von 10 cm haben und dürfen mit keinerlei Ergänzungen versehen sein (mit Ausnahme von Ärzten, die berechtigt sind, auf der weißen Binde das Rote Kreuz zu haben). Die Binde ist am oberen Teil des Armes so zu tragen, daß sie sich, auch bei der Arbeit, nicht zusammenrollt.

§ 21

Die Eigentümer — nationalen Verwalter — von Gebäuden, Fabriken, Fabriksobjekten, Grundstücken und Wäldern, sind für die Überprüfung und Meldung an die SNB-Station verantwortlich, daß sich auf diesen Objekten nicht Munition, Waffen, Sprengmittel und andere Detonations- und Vernichtungseinrichtungen befinden.

§ 22

Die in dieser Kundmachung angeführten Beschränkungen für Personen deutscher Nationalität beziehen sich nicht auf deutsche Ehefrauen und minderjährige Kinder tschechoslowakischer Staatsangehöriger, soweit sie sich mit einer Bestätigung der Bezirksverwaltungskommission ausweisen, daß sie als tschechoslowakische Staatsbürger anzusehen sind, weiters nicht auf die Eigentümer der blauen Antifaschistenausweise und auf die Eigentümer österreichischer „Bescheinigungen“, die von dem Bevollmächtigten für die Wahrung der Interessen österreichischer Staatsangehöriger ausgegeben worden sind.

§ 23

Die Verletzung dieser Kundmachung oder die Nichtbefolgung wird nach dem Gesetze zur Verteidigung des Staates, dem Gesetze über die Organisation der politischen Verwaltung, dem Gesetze zum Schutz der Republik und nach den übrigen Strafvorschriften mit Geld- oder Freiheitsstrafen, gegebenenfalls mit beiden Strafen und insbesondere mit der Übergabe an ein Internierungslager bestraft.

§ 24

Diese Kundmachung tritt mit dem Tage der Verkündung, d. i. dem [15.] Oktober 1945 in Kraft. Mit dem Inkrafttreten dieser Kundmachung werden die Bestimmungen früherer Kundmachungen, soweit sie im Widerspruche zu dieser Kundmachung stehen, aufgehoben.

§ 25

Durch diese Kundmachung soll die tschechische Bevölkerung geschützt und unterstützt werden. Helft uns und euch selber und meldet jeden, der die Bestimmungen dieser Kundmachung umgeht.

Der Referent für die innere Sicherheit
Jar. Hrůza e. h.

Der Vorsitzende der Bezirksverwaltungskommission
JUDr. Doležal e. h.

Anlage 29

Kundmachung des Arbeitsamtes Mährisch Schönberg über die Arbeitsdienstpflicht der deutschen Bevölkerung.

Original, 27. Juni 1945, 1 Seite (Din A 2), gedruckt. — In tschechischer Sprache.

Übersetzung.

Arbeitsamt Mährisch Schönberg
Nr. 13/45

Kundmachung
über die Arbeitsdienstpflicht im Kreise Mährisch Schönberg.

A. Totale Arbeitspflicht für Personen deutscher Nationalität.
Unter diese Arbeitspflicht fallen:

1. Sämtliche Personen deutscher Nationalität ohne Unterschied des Geschlechtes, die das 10. Lebensjahr vollendet und das 60. Lebensjahr nicht überschritten haben und sich derzeit in ihren Wohnungen oder in Arbeitslagern befinden.

Die Arbeitspflicht bezieht sich nicht:

2. Auf Personen, die älter als 60 Jahre sind.
3. Auf verheiratete Frauen, die Kinder bis zu 3 Jahren oder Familienangehörige, deren Gesundheitszustand eine ständige Pflege erfordert, zu betreuen haben. Verheiratete Frauen mit Kindern von 3—6 Jahren können zu einer halbtägigen Arbeit eingeteilt werden.
4. Auf Personen, die auf Grund eines amtsärztlichen Zeugnisses völlig arbeitsunfähig sind.
5. Auf alle, die sich im Internierungslager oder in Untersuchungshaft befinden.

B. Die Einteilung zur Arbeitspflicht für die im Absatz 1 angeführten Personen wird durchgeführt:

1. Vom Arbeitsamt Mährisch Schönberg.
2. Vom Ortsnationalausschuß und von der Verwaltungskommission, in deren Bereich sich zeitweilig noch Personen deutscher Nationalität aufhalten.
3. Von den Kommandanten der Arbeitslager im Einvernehmen mit dem Arbeitsamt.
4. Vom bisherigen Arbeitgeber.

C. Personen deutscher Nationalität sollen nach Möglichkeit verwendet werden:

1. Zu manuellen Arbeiten gleich welcher Art.
2. Facharbeiter und Handwerker zu Arbeiten, die in ihr Fach fallen, aber unter verschärfter Bewachung und unter Verantwortlichkeit des für das Unternehmen zuständigen Kommissars.

D. Arbeitszeit:

1. Die Arbeitszeit dauert für die ganztägig Verpflichteten 12 Stunden täglich, für die halbtägig Verpflichteten 6 Stunden.
2. Die Arbeitszeit kann durch den Arbeitgeber oder die Kommandanten der einzelnen Arbeitsgruppen im Einvernehmen mit dem Arbeitsamt Mährisch Schönberg bis zu 15 Stunden verlängert werden.

E. Strafbestimmungen:

1. Nachlässige Ausführung der Arbeit wird bestraft: durch Entzug der Lebensmittelkarten, in schwereren Fällen durch schweren Kerker.
2. Sabotage an den Arbeitsstätten, Verlassen des Arbeitsplatzes und Widerstand gegen die Bewachung wird mit den höchsten Strafen geahndet, in schweren Fällen mit der Todesstrafe.

Personen deutscher Nationalität werden von dieser Kundmachung durch den Ortsnationalausschuß, die Verwaltungskommissionen, durch die Arbeitgeber oder durch die Kommandanten der Arbeitslager in Kenntnis gesetzt.

Die Kundmachung gilt ab 27. Juni 1945 bis zum Widerruf.

Mährisch Schönberg, den 27. Juni 1945

Arbeitsamt Mährisch Schönberg
Filípek e. h.

Bezirksnationalausschuß
Mährisch Schönberg
Pospíšil e. h.

Anlage 30

Ausweisungsbescheide aus dem Jahre 1945.

Ausweisungsbescheid aus Landskron.
Fotokopie, 5. Juli 1945, 1 Seite, hektographiert. — In tschechischer Sprache.

Übersetzung.

Verwaltungskommission der Stadt Landskron.

Bescheid

Herrn Leopold Pfitzner mit allen seinen Familienangehörigen

Landskron, Schillerstraße 506.

Gemäß dem Beschluß der Verwaltungskommission der Stadt Landskron wird Ihnen aufgetragen, am 5. 7. 1945 7 Uhr auf dem Marktplatz mit allen Ihren Familienangehörigen zwecks Ausweisung aus der Tschechoslowakischen Republik zu erscheinen.

Zu diesem Zwecke können Sie folgende Gegenstände mit sich nehmen:

1. Lebensmittel, soviel Sie ertragen können, wenigstens für 7 Tage;
2. Kleidung (das Nötigste);
3. Waschmittel (Seife, Paste und Zahnbürste usw.);
4. Wäsche, Kinderwäsche, Garnituren usw.;
5. Geld, Wertpapiere, Einlagebücher u. ä.;
6. Schmuck;
7. Kinderwagen.

Ferner wird Ihnen bewilligt, für den Transport Handwagen mitzunehmen.

Die Wohnung haben Sie in vollkommener Ordnung zu verlassen. Die Nichtbefolgung dieses Bescheides wird bestraft.

Gegen diesen Bescheid gibt es keine Berufung.

Der Verwaltungskommissar:
Josef Losser e. h.

Mitglied der Verwaltungskommission:
Frant. Uher e. h.

Mitglied der Verwaltungskommission:
Josef Hejl e. h.

Losser (Faksimile).

2. Seite:

Pfitzner, Hertha

Pfitzner, Brigitte

Pfitzner, Heinz

Pfitzner, Edith

Pfitzner, Irene.

Ausweisungsschein aus Ebersdorf, Kreis Friedland.
Fotokopie, 15. Juni 1945, 1 Seite, hektographiert. — In tschechischer und deutscher Sprache.

Okresní správní komise ve Frýdlanté v. Č

Frýdlant v Č., dne 15. června 1945

Es folgen Namen und Anschrift der Ausgewiesenen und der tschechische Wortlaut des Bescheides.

Za okresní správní komisí:
V. Kysela v. r.

Übersetzung

Es wird Ihnen aufgetragen, sich mit der ganzen Familie bis zum 18. 6. 1945 10 Uhr vorm. zwecks Abreise aus dem Gebiete der ČSR vorzubereiten. Jede Person kann höchstens 30 kg Gepäck mitnehmen. Die Aufforderung zum Abgang wird noch am morgigen Tage erfolgen, vor der Aufforderung dürfen Sie die Wohnung nicht verlassen.

Ich mache Sie darauf aufmerksam, daß jedwede Beschädigung, Vernichtung und ä. des Eigentums und der Einrichtung des Haushalts sogar mit dem Tode bestraft würde. Diese Auswanderung erfolgt in voller Übereinstimmung mit dem Kommando der Russischen Armee. Die bestimmten Personen sammeln sich in Habartice vor dem Gasthaus Kretscham um 11 Uhr.

Pos. Vel. Habartice, ČSR
por. Vaneš

Ausweisungsbefehl aus Böhmisch Leipa.
Fotokopie, 14. Juni 1945, 1 Seite, gedruckt. — In deutscher Sprache.

Překlad:

Befehl des Militärortskommandanten.

Die Einwohner deutscher Volkszugehörigkeit der Stadtgemeinden Böhmisch Leipa, Alt-Leipa und Niemes, ohne Unterschied des Alters und des Geschlechtes, verlassen am 15. Juni 1945 um 5 Uhr früh ihre Wohnungen und marschieren durch die Kreuz- und Bräuhausgasse auf den Sammelplatz beim Bräuhaus in České Lípě.

In Niemes versammeln sie sich im Raum Kreuzung 200 Meter westlich der Eisenbahnbrücke (Straße in der Richtung Reichstadt).

Diese Anordnug betrifft nicht die nachstehend angeführten Personen und die Familien derselbon:

I. 1. Ärzte, Tierärzte, Apotheker, Pflegepersonal und Feuerwehr.
2. Gewerbetreibende und Angestellte der im Gange befindlichen Versorgungsunternehmungen.
3. Schmiede, Schlosser-Kraftfahrzeug-Reparaturwerkstätten, Schneider und Schuhmacher, die ihr Gewerbe betreiben.

4. Angestellte der im Gange befindlichen Fabriken und Unternehmungen.
5. Angestellte der Eisenbahn, der Post sowie der Verkehrsunternehmungen.

Die unter Nr. 1—5 angeführten Personen haben sich mit einer Bestätigung über die Beschäftigung auszuweisen. Falls sie sich entfernen, werden sie zurückgeführt und entsprechend bestraft.

II. Die Ausweisung findet keine Anwendung auf Angehörige der kommunistischen und der sozialdemokratischen Partei, die sich mit einer Legitimation der Partei legitimieren und nachweisen können, daß sie wegen ihrer Gesinnung oder der bejahenden Einstellung zur ČSR verfolgt, d. h. inhaftiert oder ihres Postens enthoben wurden.

Jeder Einzelperson, auf die sich die Ausweisung bezieht, ist es gestattet mitzunehmen:

a) Lebensmittel auf 7 Tage und
b) die allernotwendigsten Sachen für ihren persönlichen Bedarf in einer Menge, die sie selbst tragen kann;
c) Personalbelege und alle Lebensmittelkarten samt der Haushalts-Stammkarte.

Wertsachen: Gold, Silber und alle aus diesen Metallen hergestellten Gegenstände (Ringe, Broschen usw.), Gold- und Silbermünzen, Einlagebücher, Versicherungen, Bargeld, mit Ausnahme von 100 RM pro Kopf sowie Photoapparate sind in ein Säckchen einzulegen oder in verschnürte Papierpäckchen einzupacken, unter Beischließung eines genauen schriftlichen Verzeichnisses dieser Wertsachen und unter Anführung der genauen Anschrift des bisherigen Wohnortes, der Wohnung und der Hausnummer. Diese Wertsachen in Säckchen werden an der Versammlungsstelle abgegeben.

Ich mache aufmerksam, daß jede Einzelperson einer strengen Leibesvisite unterzogen wird. Auch der Inhalt der Gepäckstücke wird genau überprüft werden. Es ist daher jede Verheimlichung der angeführten Gegenstände bei sich, sowohl in der Kleidung, als auch in den Schuhen und anderen Stellen, so z. B. im Handgepäck, zwecklos und wird bestraft werden.

Haustiere bleiben an Ort und Stelle, das Verzeichnis der Tiere ist unter Angabe der Hausnummer und der Straße gleichzeitig mit den Schlüsseln an der Versammlungsstelle abzugeben.

Unbewegliches Eigentum und Einrichtung, wie verschiedene Maschinen, landwirtschaftliche Maschinen und Geräte, ist an Ort und Stelle zu belassen, jede absichtliche Beschädigung dieses Eigentums oder Einrichtung wird streng bestraft werden. Desgleichen wird die Übergabe der angeführten Gegenstände und Einrichtungen an andere Personen zwecks Aufbewahrung bestraft werden. Schlüssel: Beim Abgang sind alle Haus- und Wohnzimmereingänge sowie die Eingänge der Hofgebäude bzw. der Werks- und Betriebsstätten zu verschließen, die Schlüssel von diesen Gebäuden von allen einzelnen Räumen sind mit Schnur zusammenzubinden und mit der genauen Anschrift der bisherigen Wohnstelle oder der Wohnung auf starkem Papier zu versehen, die an den Schlüsseln mittels Schnur zu befestigen ist. Vor dem Verlassen der Wohnzimmer und der Gebäude muß jede Eingangstür verschlossen und mit einem Streifen Papier so verklebt werden, daß dieser beide Türflügel verbindet und das Schlüsselloch überdeckt. In Häusern, in denen einige Mieter weiter verbleiben, werden bloß alle Eingänge der verlassenen Wohnräume abgesperrt und die Türen mit Papierstreifen überklebt. Nach Übernahme der Schlüssel werden alle Gebäude sofort von Militär- und Gendarmerieorganen durchsucht werden. Personen, welche unberechtigt und absichtlich die Gebäude nicht verlassen haben, haben eine strenge Bestrafung zu erwarten. Kranke, jedoch des Transports in einem Beförderungsmittel fähige Personen, werden von den Angehörigen ihres Haushalts zur Versammlungsstelle gebracht, von wo sie gemeinsam mit Transport durch das Rote Kreuz weiter befördert werden.

Böhmisch Leipa, den 14. Juni 1945.

Der Militärortskommandant: pplk. Voves e. h.

Ausweisungsbefehl aus Ringelshain, Kreis Deutsch Gabel

Fotokopie, 25. Juli 1945, 1 Seite (Din A 5), hektographiert. — In tschechischer Sprache.

Übersetzung.

Ortsverwaltungskommission in Ringelshain, Bezirk Deutsch Gabel.

Ringelshain, den 25. 7. 1945

An die Familie Herrn/Frau Wilhelm Mann

in Ringelshain Nr. 184.

Ausweisungsbefehl.

Ich ordne Ihnen an, daß Sie sich heute bis zur 7. Stunde zum Verlassen des Gebietes der Tschechoslowakischen Republik vorbereiten.

Es ist Ihnen erlaubt, Gepäck von höchstens 30 kg für eine Person mitzunehmen.

Verpflegung für fünf Tage. Von deutschen Banknoten können Sie alle mitnehmen.

Die Schlüssel der Wohnung und des Hauses, versehen mit einem Zettel mit Ihrer Anschrift, übergeben Sie den Sicherheitsorganen.

Für die Ortsverwaltungskommission
(Siegel) (Unterschrift)

Anlage 31

Protokoll der Besprechung zwischen Vertretern der amerikanischen Militärregierung in Deutschland und Vertretern der ČSR vom 8. und 9. Januar 1946 über die Modalitäten der Ausweisung von Sudetendeutschen und ihrer Übernahme in die amerikanische Besatzungszone Deutschlands[1].

1. Besprechungsthemen am 8. Januar 1946:

a) Personalfeststellung.

Die Tschechen gaben die von ihnen vorbereiteten Kennkarten bekannt. Die USA-Vertreter legten die Anforderungen der USA für Personalerfassung dar und bezeichneten die Art der Kennkarten, welche jetzt von den Tschechen in Druck gegeben wurden, als ausreichend. Zusätzlich zu der persönlichen Kennkarte verlangten die Vertreter der USA Namenslisten für jeden Flüchtlingszug in dreifacher Ausfertigung. Die Tschechen erklärten sich damit einverstanden. Eine ärztliche Bescheinigung für jede Gruppe wird Teil dieser Namensliste sein.

b) Kleidung.

Alle Auswandernden sollen nach Übereinkunft mit hinreichender Kleidung ausgerüstet werden, wie Unterwäsche, passende Anzüge, Mäntel und Schuhe. Soweit die Auswanderer im Besitz dieser Kleidungsstücke sind, wird ihnen die Mitnahme gestattet. Wenn ihnen wesentliche Teile davon fehlen, werden die Tschechen die mangelnden Teile bereitstellen.

c) Gepäckbeschränkung.

Die Tschechen erklären, daß das Gepäck auf 30 kg je Person beschränkt sein wird. Die Vertreter der USA wiesen darauf hin, daß dieses Gewicht nicht ausreicht, um genügend Kleidung, Bettzeug, Küchengeschirr und die notwendigsten Gegenstände mitzunehmen, welche bei Niederlassung dieser Auswanderer erforderlich sind, ohne daß sich die Notwendigkeit ergibt, diese wichtigen Gegenstände bei ihrer Ankunft in Deutschland neu zu beschaffen. Es wurde darauf hingewiesen, daß diese Auswanderer gezwungen sind, sich in einem verwüsteten Deutschland niederzulassen und daß alle diese Gegenstände dort nicht erhältlich sind. Die Vertreter der USA forderten, daß ein Minimum von 50 kg pro Person zugelassen würde, und die Tschechen willigten darin ein, mehr als 30 kg zu gestatten, um den Anforderungen gerecht zu werden, daß zum mindesten die notwendigsten Lebensgüter den Auswanderern in Deutschland zur Verfügung stehen.

---

[1] Aus den im Bundesministerium für Vertriebene, Flüchtlinge und Kriegsgeschädigte befindlichen Akten des Länderrats der amerikanischen Besatzungszone Deutschlands, Ausschuß für Flüchtlingswesen.
Dieses Protokoll wurde von der Amerikanischen Militärregierung in Deutschland den Länderregierungen der amerikanischen Besatzungszone zugestellt.

d) Geld und Eigentum.

Die Tschechen fordern, daß jede Familie einen maximalen Geldbetrag von 1000 RM pro Person mitnehmen darf, dagegen keine Wertgegenstände, wie Juwelen, teure Pelze, wertvolle Besitz- oder Museumsstücke. Die Vertreter der USA äußerten sich nicht hierzu, da die Frage als eine rein tschechische angesehen wird. Die Auswanderer werden Eigentum in dem Umfang mitnehmen dürfen, welcher vom tschechischen Finanzministerium gestattet wird.

e) Lebensmittelversorgung.

Die Tschechen geben an, daß jede Familie soviel Nahrungsmittel mitnehmen darf, als sie für ihre Lebensmittelkarten erwerben können. Auf der Fahrt werden sie an den tschechoslowakischen Bahnhöfen mit heißer Mahlzeit versehen. Die Vertreter der USA schlagen vor, daß auf ihren Wunsch hin alle Auswanderer an den Sammelstellen mit einem Vorrat von mindestens dreitägiger Ernährung eintreffen. Die Tschechen erklärten sich damit einverstanden und werden allen Auswanderern, die nicht über diese Verpflegungsmenge verfügen, die fehlende Menge in jedem Zuge ausgeben (Zuteilung gemäß den tschechischen Rationen für Deutsche).

f) Ärztliche Fürsorge und Gesundheitsüberwachung.

Man kam überein, daß die ersten Transporte nur solche Auswanderer umfassen, die bei guter Gesundheit, frei von ansteckenden Krankheiten und ohne Krankenhausbehandlung nach unmittelbarem Eintreffen an ihrem Bestimmungsziel sowie ohne Geisteskrankheiten sind. Schwangere Frauen werden nicht transportiert, wenn sie ihre Niederkunft innerhalb sechs Wochen erwarten oder vor mindestens sechs Wochen niedergekommen sind. Die Tschechen warfen dann die Frage auf, zu welchem Zeitpunkt sie die Kranken, die Hospitalfälle und die Geisteskranken abtransportieren könnten. Die Vertreter der USA verlangten, daß keiner dieser Fälle während der ersten Transporte befördert würde und auch nicht, bevor die verlangten Unterlagen zur Verfügung ständen und die Vertreter der USA ihre Genehmigung gegeben hätten. Die Tschechen erklärten sich damit einverstanden.

g) Waggonmaterial.

Die Tschechen erklärten, daß der Durchschnittszug aus 40 Wagen mit 1200 Leuten bestehen würde. Die USA-Vertreter gaben an, daß dies den USA-Spezifikationen von 30 Personen pro Waggon entspräche. Sie wiesen ferner darauf hin, daß bei schlechtem Wetter die USA darauf bestehen, daß alle Transporte von Flüchtlingen nur in geheizten Wagen durchgeführt werden dürfen. Nach einer langen Debatte willigten die tschechischen Vertreter darin ein, und sie bemerkten, daß der erste Flüchtlingszug Ende Januar bereitgestellt werden könnte und wahrscheinlich eine Höchstzahl von zehn heizbaren Zügen bis zum 15. März.

h) Die USA-Vertreter gaben bekannt, daß die Übergangslager und deren Aufnahmefähigkeit wie folgt sind:

Furth im Wald — zwei Züge täglich,
Hof — zwei Züge täglich,
Bebra — drei Züge täglich.

Die Tschechen gaben an, daß es ihnen nicht bekannt sei, wie sie Bebra erreichen könnten, aber erklärten sich einverstanden — nach lebhaftem Hin und Her —, die Möglichkeit zu untersuchen. USA erklärten sich damit einverstanden, daß das Tschechische Rote Kreuz (ČRK) von der Sowjetregierung in Berlin Durchgangsstrecken erbittet und gleichzeitig die Garantie für unbehinderte Rückführung des Eisenbahnmaterials[1].

i) Die Tschechen erklären sich damit einverstanden, daß Vertreter der USA die Züge vor ihrem Übergang nach Deutschland inspizieren, aber dulden nicht, daß deutsches Personal für diese Tätigkeit innerhalb der Tschechoslowakei Verwendung findet.

j) Die Tschechen schlagen Zwiesel als weiteres Übergangslager vor. Die USA-Vertreter erklärten sich damit nicht einverstanden, gaben bekannt, daß möglicherweise ein Flüchtlingszug in Passau aufgenommen und daß die Aufnahmefähigkeit der Übergangslager Hof und Furth im Wald später auf drei Züge pro Tag erhöht werden könne.

k) USA-Vertreter verweisen darauf, daß angemessenes Begleitpersonal vorzusehen ist, um zu verhindern, daß nicht zugelassene Personen die Züge benützen und damit niemand innerhalb Deutschlands vor Ankunft am Bestimmungsort den Zug verläßt. Die Tschechen erklären sich bereit, pro Zug einen Offizier und zehn Mann als Begleitpersonal zu stellen.

l) Gestellung von Eisenbahnmaterial.

USA-Vertreter geben bekannt, daß im Augenblick keinerlei Bahnmaterial zur Benützung innerhalb der Tschechoslowakei zur Verfügung gestellt werden kann und daß die Tschechen dieses bereitstellen müssen, um die Auswanderer zu den Empfangsstationen in Deutschland zu bringen. Die USA-Vertreter wiesen darauf hin, daß deutsches Bahnmaterial, welches Güter oder Zwangsarbeiter nach der Tschechoslowakei hineinbringt, auf dem Rückwege mit Flüchtlingen beladen werden könnte. Man kam darin überein, daß das tschechische Waggonmaterial und die Lokomotiven bis zu den Empfangsstationen fahren und daß die Vertreter der USA dafür garantieren, daß das gesamte Bahnmaterial und Begleitpersonal pünktlich zurückgelangen. Die Tschechen bemerkten, daß innerhalb der amerikanischen Zone in Deutschland noch tschechisches Transportmaterial sich befände, das sie zurückerwünschten. Die USA-Vertreter versprachen, danach zu sehen und darauf zu achten.

[1] Statt über Hof und Bebra erfolgte dann vom 25. Februar bis 30. Oktober 1946 die Übernahme der Ausweisungstransporte über das neuerrichtete Lager Wiesau, Kreis Tirschenreuth.

m) Die USA-Vertreter warfen sodann die Frage auf, welche Pläne die Tschechen hätten, um die Zahl der Ausgewiesenen im richtigen Verhältnis auf die US- und die russische Zone zu verteilen. Nach längerer Erörterung kam man überein, daß die Tschechen regelmäßig alle 14 Tage Berichte an die Sowjet- und USA-Behörden einreichen, aus denen die Zahl der nach jeder Zone Verschickten hervorgeht und daß im Falle einer ungleichmäßigen Verteilung Schritte unternommen werden, um diese wieder zu berichtigen. Die Vertreter der USA legten dar, daß die Erklärung von Potsdam, wonach die USA-Zone 1,75 Mill. und die Sowjet-Zone 750 000 Flüchtlinge aufnehmen, dahingehend ausgelegt wird, daß 70 Prozent nach der US- und 30 Prozent nach der russischen Zone kommen. Diese Maßnahme ist erforderlich, um die Transporte nach jeder Zone im richtigen Verhältnis durchzuführen und eine gerechte Aufteilung in dem Fall zu gewährleisten, wenn die Gesamtsumme verschieden von der geschätzten Zahl von 2,5 Mill. ausfällt.

Die Sitzung wurde sodann auf den 9. Januar 1946 — 10 Uhr — vertagt.

2. Die Sitzung wurde zu dem vorgenannten Zeitpunkt wieder aufgenommen.

a) Major D a v i s und Oblt. R a i n e r der OMG Bayern nahmen daran teil.

b) Die Vertreter der USA erbaten eine Aufstellung der für die Evakuierung verantwortlichen Ministerien. Oberst D a s t i c h erwiderte, daß das Innenministerium verantwortlich sei für die Auswahl, Personalausweise, Vorbereitung, Verschickung, ärztliche Fürsorge usw. und das Ministerium der nationalen Verteidigung verantwortlich ist für den Transport, für die Kontrolle und für das Ineinandergreifen der Transporte. Die USA forderten die Namen der für die Evakuierung verantwortlichen Beamten.

c) Die Tschechen wiesen von neuem auf die Schwierigkeiten hin, die mit der Benützung von Bebra als Aufnahmestelle verbunden sind. Die USA-Vertreter erwiderten, daß, wenn Bebra nicht benützt werden könne, dadurch die Transportquote der Sudetendeutschen wesentlich vermindert würde. Man kam darin überein, daß die Tschechen und die tschechischen Behörden des Roten Kreuzes alle Möglichkeiten ausschöpfen, um mit Hilfe der Russen die Verwendung von Bebra möglich zu machen.

d) Verbindungsstab.

Man einigte sich, daß die USA mindestens einen amerikanischen Offizier je Kontrollstelle (Donallice[1] für Furth im Wald und Cheb[2] für Hof und Bebra) abstellen und möglicherweise einen zweiten für Prag, welcher die Überwachung am Verladeplatz durchführt. Die USA werden weiterhin an jeder Empfangsstelle einen Offizier einsetzen.

[1] Gemeint ist wohl Domažlice (Taus).
[2] Eger

Die Tschechen stellen einen Verbindungsoffizier an jeder Empfangsstelle bereit sowie bei der OMG Bayern und beim ČRK Berlin.

e) Die Vertreter der USA fragten, wieviel Flüchtlinge bereits offiziell in die Sowjet-Zone befördert wurden. Die Tschechen gaben an, daß 70 000—75 000 in organisierten Transporten seit dem Potsdamer Abkommen ausgewiesen wurden. Die Tschechen erklärten sich bereit, regelmäßige Berichte sowohl an die Sowjets als auch an die USA zu liefern, aus denen die Anzahl der in jede Zone beförderten Deutschen hervorgeht, um einen richtigen Ausgleich zu erzielen.

f) Man kam darin überein, daß Familien nicht getrennt werden sollen und daß, wenn eines der Familienmitglieder eine ansteckende Krankheit bekommt, die Familie und alle mit dem Kranken in Berührung gewesenen Personen in Quarantäne kommen und nicht weitertransportiert werden, bevor nicht einwandfreie ärztliche Bescheinigung über das Erlöschen der Krankheit ausgegeben wird. Die USA-Vertreter fragten nach der Zahl der Waisen. Die Tschechen erwiderten, daß kein Kind ohne Begleitung fahren wird. Alle Waisen oder unehelichen Kinder befinden sich bei Familien. Sämtliche Kinder werden von Erwachsenen begleitet, und die USA-Behörden werden im voraus davon in Kenntnis gesetzt. Größere Gruppen von Kindern werden sich nicht innerhalb der normalen Transporte befinden.

g) Die USA-Vertreter erklärten sich bereit, einen offiziellen Empfangsschein zu entwerfen, der bei der Übernahme jedes Zuges Verwendung findet.

h) Man kam darin überein, daß das ČRK im Laufe der nächsten Woche ein Telegramm abschickt mit der Genehmigung des Transportbeginns und mit näheren Angaben über die Bedingungen, Empfangslager, Versandzahlen usw. Es wird angenommen, daß die Verschickung etwa am 25. Januar im Umfang von einem Zug pro Tag beginnen könne.

i) Reihenfolge der Transporte.

Die Vertreter der USA verlasen das Schreiben DNAN/MEMO (45) 2 des Alliierten Kontrollrates vom 18. Dezember 1945 betreffend das Vorrecht der Verschickung gewisser Kategorien von Deutschen aus der Tschechoslowakei. Die tschechischen Vertreter erklärten, daß es für sie sehr schwierig sei, Unterscheidungen zu treffen und Transporte besonderer Kategorien durchzuführen. Nach längerer Erörterung kam man zu dem Schluß, daß der beste Vorschlag der ist, gebietsweise zu evakuieren und keine Unterscheidungen zu machen, mit Ausnahme solcher in gesundheitlicher Beziehung, wie bereits früher in diesem Protokoll erörtert. Die Tschechen werden besonders geeignete Arbeiter nicht aussondern, sondern ganze Gemeinden verschikken, was auch eine gleichmäßigere Evakuierung zur Folge hat und eine praktische Methode darstellt.

j) Verbindung.

Man wurde sich einig, daß eine Verbindung zwischen den Kontrollpunkten und verschiedenen tschechischen und amerikanischen Behörden notwendig ist. Die Spezialverbindung des USA-Verbindungsbüros in Prag kann benützt werden, um Verbindungen zwischen Prag, München, Frankfurt und Berlin herzustellen. Die Eisenbahntelefonverbindungen können zwischen verschiedenen Kontrollposten, Überwachungsstellen und Empfangsstationen Verwendung finden. Die Tschechen erklären sich einverstanden, wöchentliche Aufstellungen der vorgesehenen Transporte einzureichen und die Empfangsstationen von dem Zeitpunkt des Eintreffens der Züge telefonisch zu verständigen.

Anlage 32

Vereinbarung zwischen den tschechischen Behörden und Vertretern des Repatriierungsausschusses der amerikanischen Militärregierung von Deutschland über die Umsiedlung von Sudetendeutschen nach der amerikanischen Besatzungszone Deutschlands.[1]

Anordnung der Militärregierung von Bayern vom 23. April 1946.

Betr.: Umsiedlung der Sudetendeutschen.

Folgende Vereinbarung zwischen den tschechischen Behörden und Vertretern des Repatriierungsausschusses betreffend die Umsiedlung Sudetendeutscher aus der ČSR nach der amerikanischen Besatzungszone wird hiermit zur Kenntnis gegeben:

Über folgende Punkte wurde ein Übereinkommen erzielt:

1. a) Beginnend mit 1. 5. 1946 werden die täglichen Flüchtlingszüge auf sechs vermehrt. Drei werden jeweils über Eger—Wiesau und drei über Taus—Furth gehen. Die Züge werden um 08.00, 10.00 und 12.00 Uhr in Eger und Taus eintreffen. Im Mai entfällt sonntags der Flüchtlingsverkehr.

   b) Die Züge setzen sich aus Güterwagen zusammen, die entsprechend der Vereinbarung vom 9.—11. 1. 1946 ausgestattet sind. UNRRA- und polnische DP-Garnituren sollen und müssen so viel als möglich herangezogen werden. Die Tschechen besitzen genügend Güterwagen, um im Notfalle aushelfen zu können.

   c) Alle Züge laufen bis zur Endstation. Nur Garnituren tschechischer Herkunft kehren in die ČSR zurück. Die Amerikaner sorgen dafür, daß die tschechischen Garnituren sofort zurückgeschickt werden. Der tschechische Verbindungsmann in Frankfurt hilft den Amerikanern hierbei sowie in allen Verkehrsangelegenheiten.

   d) Tschechische Garnituren sind als solche gekennzeichnet, indem jeder Güterwagen eine Aufschrift „ČSR" trägt sowie einen Vermerk, daß er sofort nach der ČSR zurückgeschickt werden müsse.

   e) Nach der Ankunft der Züge in Wiesau und Furth erlischt die tschechische Verantwortung für die Flüchtlinge. Die Zugwachen kehren entweder auf Lokomotiven oder Begleitwägen zurück. Tschechische Lokomotiven können zum Rangieren der Flüchtlingszüge in Furth und Wiesau benützt werden.

   f) Den Flüchtlingen wird erlaubt, innerhalb der Gepäcksgrenze soviel Nahrungsmittel mitzunehmen, als sie rechtmäßig und unter Berücksichtigung tschechischer Ernährungsvorschriften erworben haben. Die in Furth und Wiesau ankommenden Züge enthalten Marschverpflegung für drei Tage je Kopf.

2. Die Tschechen händigen dem Repatriierungsausschuß eine vollständige Liste von Krankenhaus- und Irrenfällen unter den Sudetendeutschen aus.

---

[1] Aus den Akten des bayerischen Staatskommissars für das Flüchtlingswesen.

Die Listen sind zu unterteilen in:

a) Irre (unterteilt nach der Schwere der Fälle)
b) Schwachsinnige
c) dauernd Bettlägerige
d) vorübergehende Krankenhausfälle
e) Altersschwache
f) Blinde
g) Taube und Stumme
h) Verschiedenes.

Die einzelnen Gruppen sind aufzuteilen in Männer, Frauen und Kinder. Nach Empfang der Aufstellung wird das Repatriierungskomitee mit den zuständigen Einrichtungen Fühlung aufnehmen und die Tschechen über den Zeitpunkt der Inangriffnahme dieser Transporte unterrichten.

3. Es wird vereinbart, daß die Amerikaner Reichsdeutsche aufnehmen, die nach ihrer Aussage in der amerikanischen Besatzungszone wohnten. Sie werden in normalen Flüchtlingszügen verfrachtet, unter der Bedingung, daß sie von den Sudetendeutschen getrennt und eigens aufgeführt werden. Ihre Transporte werden nach den deutschen Ländern, aus denen sie stammen, zusammengestellt, und wenn es möglich ist, nach Reg.-Bezirken. Ungefähr 8000 sind für die amerikanische Zone vorgesehen. Die Amerikaner verpflichten sich, den britischen und französischen Vertretern des Repatriierungsausschusses nahezulegen, die Reichsdeutschen in ihrer Zone aufzunehmen. Sie werden für die britische Zone auf 4000 und für die französische Zone auf 1500 Menschen geschätzt. Diese Reichsdeutschen werden nicht in amerikanischen Garnituren verfrachtet; die Einwilligung, sie durch die amerikanische Zone fahren zu lassen, ist vorgesehen.

4. Es wird vereinbart, daß die Amerikaner in Furth und Wiesau wöchentlich zwei Züge mit je 300 Antifaschisten im Monat Mai übernehmen. Außerdem wird Furth und Wiesau täglich ein Geleit Antifaschisten aufnehmen. Jedes Geleit besteht aus höchstens 12 LKW. Es wird in Eger und Taus, noch bevor es die ČSR verläßt, von einem amerikanischen Offizier inspiziert. Personal und Ausrüstung dieser motorisierten Geleite gehen auf tschechische Kosten. Die LKW mit Antifaschisten rollen bis zum Bestimmungsort, wo die Wagen freigegeben [werden] und sofort nach der ČSR zurückkehren. Die im Abkommen vom 9.—11. 1. 1946 getroffenen Vereinbarungen über Ausweise, ärztliche Begutachtung und Zusammenlassung von Familien werden gewahrt. Die LKW kehren auf gleichem Wege in die ČSR zurück. Die MR von Bayern verhandelt direkt mit den tschechischen Behörden, um diese Bewegung vorzubereiten und ins Werk zu setzen.

5. Die Tschechen gestatten jedem Flüchtling 500 RM mitzunehmen, als Ersatz der bisher gültigen Sätze von 1000, 500 und 200 RM. Die Tschechen verpflichten sich, den Flüchtlingen jene Sparguthaben und Scheckbücher zu belassen, die auf reichsdeutsche Banken ausgestellt sind. Die Amerikaner entscheiden, in welchem Falle der tschechische Plan, dem Transportführer alles Geld der Flüchtlinge auszuhändigen, durchgeführt werden soll oder nicht.

6. Es wird vereinbart, daß Familien, die nicht vollzählig sind, vorläufig nicht ausgewiesen werden. Die Amerikaner werden aber die Annahme von Zügen nicht verweigern, in denen einzelne Fälle von auseinandergerissenen Familien vorkommen. Die betreffenden Familienmitglieder können vom amerikanischen Offizier in Eger und Taus vom Transport entfernt werden.

7. Die Verantwortung der Tschechen für die Überwachung der Flüchtlingszüge erlischt in Furth und Wiesau. Die Tschechen stimmen zu, Transportführer und Wagenälteste zu ernennen. Der Wagen des Transportführers ist kenntlich zu machen. Der Transportführer hat sich beim amerikanischen Offizier und den verantwortlichen Beamten zu melden. Die Wagenältesten haben alle Ausweise der Wageninsassen bis zur Zielstation aufzubewahren.

8. Es wurde vereinbart, daß am 15. 5. 1946 Amerikaner und Tschechen abermals übereinkommen, um Fahrpläne und Transportbedingungen für den folgenden Monat festzulegen. Sollte dies nicht zustandekommen, behalten die hier festgelegten Bedingungen ihre Gültigkeit.

V. J. Blondel
Adjutant
Oberstleutnant

Ausweisungsbescheide aus dem Jahre 1946

Ausweisungsbescheid aus Radischen, Kreis Kaplitz.

Original, April 1946, 2 Seiten, gedrucktes Formblatt. — In tschechischer und deutscher Sprache.

Name und Anschrift des Ausgewiesenen und der tschechische Text des Bescheides.

Z příkasu Okresní správní komise:
(Siegel der Ortsverwaltungskommission Radischen)

Im Falle, daß Sie nicht tschechisch verstehen, steht Ihnen die neben angeführte Übersetzung zur Verfügung.

Freie Übersetzung:

Sie sind zum Transfer in Ihre Heimat (d. h. heim ins Reich) bestimmt worden und werden am 21. 2./46 um 10 Uhr in die Sammelstelle in Kaplitz abtransportiert.

Zum Mitnehmen sind: 2 Decken, 4 Wäschegarnituren, 2 gute Arbeitsanzüge, 2 Paar gute Arbeitsschuhe, 1 guter Arbeitsmantel (Winterrock), 1 Eßschale, 1 Tasse und ein Eßbesteck, 2 Handtücher und Seife, Nähzeug (Nadel und Zwirn), Lebensmittelkarten und die amtlichen Personenausweise und Dokumente.

Weiter können Sie Gegenstände Ihres Personenbedarfes, etwas unverderbliche Lebensmittel und ähnliches mitnehmen. Alle Ihre Sachen dürfen das Gesamtgewicht von 50 kg pro Person nicht überschreiten.

Sämtlicher Schmuck, Wertgegenstände, Geld und Einlagebücher (außer der Reichsmark) schreiben Sie auf und geben Sie in einem Sack mit Ihrem Namen und der Anschrift an dem Ort der Zusammenkunft ab.

Bei dem Verlassen Ihrer Wohnung sind Sie verpflichtet, alle Eingänge zu den Wohnungs- oder Betriebsräumen zuzusperren, die Schlüssel mit einem Kartonschild mit Ihrem Namen und Anschrift zu versehen und am Ort der Zusammenkunft abzugeben.

Die Schlüssellöcher müssen mit den beigelegten Papierstreifen überklebt werden, so daß die Türen ohne Beschädigung der Streifen nicht geöffnet werden können. Auf den Streifen unterschreibt sich der Haushaltsvorstand eigenhändig.

Es wird dringendst darauf hingewiesen, daß nichts von Ihrem Eigentum verkauft, verschenkt, geborgt oder sonstwie veräußert werden darf.

Die Nichtbefolgung dieser Anordnungen wird bestraft.

ACHTUNG!

Dieser Brief ist zur Sammelstelle nach Kaplitz mitzubringen.

Auftrag zur Aussiedlung aus Mährisch Trübau.

Original, April 1946, 1 Seite, gedrucktes Formblatt. — In tschechischer und deutscher Sprache.

Místní národní výbor
Místní správní komise v Mor. Třebová

Betrifft: Auftrag zur Aussiedlung aus dem Gebiete der Čechoslovakischen Republik.

Herrn, Frau K. A.

in Mor. Třebová

Sie werden hiemit verständigt, daß Sie auf Grund des Auftrages des Okresní Národní Výbor in Mähr. Trübau in die amerikanische Okkupationszone nach Deutschland ausgesiedelt werden.

Gemeinsam mit Ihnen werden folgende Ihrer Familienmitglieder ausgesiedelt:

1.	K. E.	5.	
2.	K. H.	6.	
3.	K. H.	7.	
4.		8.	

Ich fordere Sie daher auf, sich zu diesem Zwecke am 16. April 1946 um 7 Uhr mit allen obenbezeichneten Personen auf dem Sammelplatz in Mor. Třebová Internačni tábor Straße Nr. ..... einzufinden.

Vor dem Abgang zur Sammelstelle sind Sie verpflichtet, alle Eingänge (Türen) in die von Ihnen bisher benützten Wohnungen und Betriebsräume abzusperren und das Schlüsselloch mit einem Papierstreifen, welcher mit Ihrem Namen versehen sein muß, so zu überkleben, daß die Schlösser der Türen nicht ohne Beschädigung der Papierstreifen geöffnet werden können.

Die Schlüssel Ihrer bisherigen Wohn- und Betriebsräume sind ordentlich zu einen Bund zusammenzubinden, mit Ihrem Namen und Ihrer bisherigen Anschrift zu versehen und zum Sammelplatz mitzubringen.

Jede Person kann sich Gepäck im Höchstgewichte von 30 kg einschließlich nicht leicht verderblicher Lebensmittel für 7 Tage mitnehmen.

Es ist jedoch gänzlich unzulässig, solche Gegenstände mitzunehmen, deren Ablieferung in die gebundene Aufbewahrung auf Grund der im Amtsblatt der Čechoslovakischen Republik vom 10. Juli 1945 Nr. 44 veröffentlichten Kundmachung des Finanzministeriums vom 22. Juni 1945, Zahl 461/45-IV-5, angeordnet worden ist.

Weiters dürfen nicht mitgenommen werden:

a) Bargeld in čsl. Kronen und anderen Währungen außer Reichsmark, jedoch höchstens nur 1000 RM je Familie,

b) Einlagebücher,

c) wertvolle Uhren, Fotoapparate, Radiogeräte und Schreibmaschinen,

d) wertvolle Teppiche und wertvolle Pelze.

Jede Person muß ordentlich bekleidet und beschuht sein und eine der Jahreszeit entsprechende Zudecke mithaben, ferner eine Eßschale und Eßzeug und alle persönlichen Urkunden, wie Tauf- und Geburtsschein, Heimatschein, die Evidenzkarte, Kennkarte und die Haushaltskarte, welche dem Vertreter des Místní Národní Výbor abzuliefern ist.

Gegenstände, welche nicht ausgeführt werden dürfen und welche auf Grund der gültigen Vorschriften bereits hätten abgeliefert werden sollen, bringen die zur Aussiedlung bestimmten Personen in Päckchen und dessen Inhaltsverzeichnis auf den Sammelplatz mit. Die Päckchen sind mit dem vollen Namen und der bisherigen Anschrift des Besitzers zu versehen.

Die Nichtbefolgung dieser Aussiedlungsvorschriften, besonders die Beschädigung und Zerstörung oder das Verstecken des hinterlassenen Vermögens, welches abgeliefert werden soll, als auch die Beihilfe zu solchen Handlungen wird strenge bestraft.

Der Vorsitzende:
(Siegel) (Unterschrift)

Aufruf zur Ausweisung aus Pochlowitz, Kreis Falkenau.

Fotokopie, 25. Juli 1946, 2 Seiten, gedrucktes Formblatt. — In tschechischer und deutscher Sprache.

Místní správní komise v Pochlovicích
Svolávací lístek

Es folgen der Name des Ausgewiesenen und der tschechische Text des Aufrufs.

Pochlovicích, dne 25. 7. 1946 v. z. předseda MSK
(Siegel) (Unterschrift)
Osídlovací referent.

Übersetzung!

Aufruf!
Die umseitig Angeführten haben
am 28./7. 1946 um 10 Uhr in die Sammelstelle in Falkenau Eger zu kommen, betreffend Aussiedlung nach Deutschland.

Es ist gestattet, Gepäck im Höchstgewichte von 50 kg pro Person einschließlich unverderblicher Lebensmittel für 7 Tage mitzunehmen. Das Handgepäck darf höchstens ein Zudeck, ein Besteck, Personalausweise, Seife, Handtuch und Zahnbürste enthalten, alles im Höchstgewicht von 5 kg, worauf besonders aufmerksam gemacht wird.

Das Gepäck muß mit der genauen Adresse des Besitzers in Druckschrift versehen und gut transportfähig verpackt sein. Gepäck, welches dieser Vorschrift nicht entspricht, wird nicht befördert.

Die ärztliche Untersuchung der Transportfähigkeit erfolgt im Lager. Besorgung ärztlicher Zeugnisse in der Aufenthaltsgemeinde ist nutzlos.

Jeder hat im Lager ordentlich gekleidet, mit gutem Schuhwerk versehen und gründlich gewaschen — Männer rasiert — zu erscheinen.

Persönliche Dokumente (z. B. Tauf- und Heimatschein, Kennkarte) sind mitzunehmen. Die Haushaltskarte ist der Místní správní komise abzugeben.

Vor dem Verlassen der Wohnung ist der Haushaltsvorstand verpflichtet, alle Zugänge zur Wohnung zu versperren. Das Schlüsselloch ist mit einem Streifen zu überkleben, welcher Ihnen von der Místní správní komise übergeben wird. Die Schlüssel werden in einen Umschlag gegeben, welcher mit Ihrer genauen Adresse versehen

a) Mitgliedern der MSK

b) im Sammellager abgegeben wird.

Im Sammellager legt der Haushaltsvorstand eine Bestätigung vor, daß er die Miete, das Wassergeld und den elektr. Strom bezahlt hat.

Achtung!

Nichtbefolgung der Vorschriften zur Aussiedlung, Beschädigungen, Vernichtungen oder Beseitigung des zurückgebliebenen Besitzes sowie Mithilfe zu solchen Handlungen wird gesetzmäßig bestraft.

Besonders wird auf das vorgeschriebene Gewicht des Gepäcks und Handgepäcks aufmerksam gemacht.

Ausweisungsschein aus Türmitz bei Aussig.

Fotokopie, August 1946, 1 Seite, gedrucktes Formblatt. — In tschechischer und deutscher Sprache.

Vypovídací Nález Číslo 243-2.

Es folgen die Namen der Ausgewiesenen und der tschechische Text des Ausweisungsscheines.

Übersetzung.

Ausweisungsschein Nr.

Wir geben Ihnen bekannt, daß Sie mit ihrer ganzen Familie in das deutsche Reichsgebiet ausgesiedelt werden.

Sie stellen sich am 16. 8. 1946 um 6.30 Uhr in Türmitz, Tyršova ul. (gewesene Kaserne).

Abzugeben haben Sie:

1. Diesen Auswanderungsschein.
2. Sämtliche Wohnungs- und Hausschlüssel, versehen mit Schild (Name und Anschrift).
3. Verzeichnis über Möbel und Einrichtungsgegenstände.
4. Wertgegenstände (Gold, Silber, Sparkassenbücher, čechoslovakische und fremde Zahlungsmittel usw.).
5. Haushaltungskennkarte.

Nichtbefolgung dieser Anordnung wird bestraft.

Belehrung. Alle evakuierten Personen statten sich mit warmer Wäsche, Kleidung, Schuhwerk und Decken aus. Lebensmittel für 7—9 Tage. Weiters können mitgenommen werden: Trauring, silberne Uhr (für Personen über 15 Jahre alt), kleinere Gegenstände (Andenken) und Gegenstände des täglichen Gebrauches im Gewicht von 50 kg je Person. Diese Sachen können auf Handwägen geladen werden.

Verhaltungsvorschriften für die ausgewiesenen Deutschen, erlassen vom Bezirksnationalausschuß Falkenau.

Fotokopie, Frühjahr 1946, 1 Seite, hektographierter Handzettel. — In tschechischer und deutscher Sprache.

Okresní národní výbor
ve Falknove n./O.

Pokyny pro předvolané.

Es folgt der tschechische Text der Richtlinien.

Osídlovace referent
Ing. arch. Miloslav Volrab.

Velitel sběrneho střediska.
prap. SNB K. Kroupa.

Übersetzung:

1. Das einzelne Gepäck kann ein Gewicht von 25 kg haben. Schwereres Gepäck wird zur Zollabfertigung so lange nicht übernommen, bis das Gewicht auf 25 kg herabgemindert ist.

2. Es ist Pflicht, alles Gepäck bis zum Abtransport im Zollraum aufzubewahren. In die Unterkunftsräume kann Handgepäck mitgenommen werden, z. B. Personaldokumente, Eßbesteck, immer für eine Person, Toilettartikel und die bewilligten Lebensmittel. Es wird auch eine Decke, ausnahmsweise auch ein Federbett bewilligt.

3. Das Gepäck darf kein größeres Ausmaß als 70 × 100 × 40 cm haben, diese Ausmaße dürfen auf keinen Fall überschritten werden. Keinesfalls werden Säcke verlängerter Form oder alte schwere Holzkoffer bewilligt.

4. Das Gepäck ist mit ordentlichen Haltern (Ohren) für die leichtere Beförderung zu versehen.

5. Es wird empfohlen, das Gepäck vor der Zollrevision nur provisorisch zu schließen.

6. Der Inhalt des Gepäckes ist so zusammenzustellen, daß es immer ein Ganzes bildet, d. h. daß ein Gepäckstück gleichzeitig Wäsche, Kleidung, Gegenstände für den täglichen Gebrauch usw. beinhaltet, damit bei eventueller Abnahme irgend eines Gepäckstückes nicht einseitig ausgestattete Gepäckstücke transportiert werden.

7. Jede Nichteinhaltung der oben angeführten Richtlinien hat zur Folge, daß das Gepäck nicht zum Transport übernommen wird.

Verhaltungsvorschriften für die ausgewiesenen Deutschen, erlassen von der Bezirksverwaltungskommission G r a s l i t z.

Fotokopie, Sommer 1946, 1 Seite, gedruckter Handzettel. — In tschechischer und deutscher Sprache.

O k r e s n í s p r á v n í k o m i s e v K r a s l i c í c h.

Upozornění.

Es folgt der tschechische Text.

Übersetzung:

Aufmerksammachung.

Personen, die für den Abtransport bestimmt sind, haben ihre Wohnung in vollster Ordnung zu verlassen.

Pro Person wird ein Gepäck von 50 kg bewilligt.

Wer mehr als vorgeschriebenes Gewicht haben wird, dem werden die Sachen abgenommen, ohne Rücksicht was für Sachen es sind.

Die übrigen Sachen sind in der Wohnung an Ort und Stelle zu lassen z. B. Vorhänge, Teppiche, Tischlampen, Wandspiegel, Waschschüsseln, Teile der Einrichtung, Tischdecken, 2 Handtücher, in Betten Matratzen, Bettlaken und mindestens je ein Kopfkissen und Zudeckbett, alles frisch bezogen.

Das Gepäck darf nicht in Teppiche oder Überzüge gepackt werden.

Wird bei der Kontrolle festgestellt, daß dies nicht beachtet wurde, wird die betreffende Person nicht in den Transport aufgenommen, sondern ins Inland auf Arbeit geschickt.

Wer sich nicht 24 Stunden nach Erhalt des Einberufungsscheines in der Sammelstelle melden wird, wird von der Polizei vorgeführt.

Okresní správní komise, Kraslice.

Amtliche Dokumente zu den Verhandlungen über die Aufnahme von sudetendeutschen Sozialdemokraten im Lande Thüringen[1].

a) Erklärung des thüringischen Landesamtes des Innern.

Original.

Land Thüringen
Landesamt des Innern

Weimar, den 11. 9. 1945
Fürstenhaus
Fürstenplatz 2

Die Herren Roman Wirkner und Franz Rotter aus Tetschen sind Vertreter der Deutschen Sozialdemokratischen Partei in der Tschechoslowakei und von der Gesamtorganisation beauftragt, die Aufnahme von etwa 100 000 Antifaschisten in das thüringische Landesgebiet vorzubereiten. Die Zusammensetzung dieses Personenkreises gliedert sich im wesentlichen in Industriearbeiter, und zwar der Reihe nach in Metallarbeiter, Eisenbahner, Glasarbeiter, Bauarbeiter, Gewerbetreibende handwerklicher Art, Landwirte und schließlich kaufmännische Beamte.

Zunächst kommt ein geschlossener Transport von 5000 Personen in Frage, der vermutlich über Schöna, Schandau und Dresden übergeleitet werden soll.

Es wird gebeten, für diese Transporte, die geschlossen angebracht und geschlossen durch Sachsen durchgeschleust werden, an der Übernahmestelle in Gera Vorbereitungen zu treffen, daß sie weiter geschlossen in thüringischen Landkreisen angesiedelt werden.

Der Herr Polizeipräsident in Gera und die Landesstelle des Roten Kreuzes werden gebeten, die entsprechenden Maßnahmen zu treffen und mit den beiden Herren zu vereinbaren.

Es erscheint zweckmäßig, wenn ein bevollmächtigter Vertreter der genannten Gruppe in Gera beim Polizeipräsidenten bzw. bei der Kreisflüchtlingsstelle dauernd angesetzt werden wird, um diese Sondertransporte durchzuleiten und die notwendigen Vorbereitungsmaßnahmen und sonstigen Aufgaben durchzuführen.

gez. Unterschrift

---

[1] Aus den Akten der Antifa-Kommission Tetschen (im Privatarchiv Roman Wirkner, Bonn).

b) Ansuchen des thüringischen Landesamtes für Kommunalwesen an die Zentralverwaltung für deutsche Umsiedler in Berlin.

Abschrift.

Land Thüringen
Landesamt für Kommunalwesen
III U 2/45
Fz./Re.

Weimar, den 15. Dezember 1945
Karl-Marx-Platz 2
Tel. 355/356

An die
Zentralverwaltung für deutsche Umsiedler
Berlin-Friedrichsfelde
Alt-Friedrichsfelde 1-2

Das Landesamt für Kommunalwesen hat am 11. 9. 45 die Aufnahme von etwa 100 000 Antifaschisten aus der Tschechoslowakei in das thüringische Landesgebiet gebilligt. Die entsprechenden organisatiorischen Vorarbeiten sind getroffen worden, bisher jedoch nur 4000 Personen angesiedelt, da sich bei der Durchschleusung durch Sachsen ständige Schwierigkeiten ergeben.

Nach den uns von den Vertretern dieser Umsiedler gemachten Mitteilungen sind aus folgenden Bezirken in der Tschechoslowakei bereits rund 16 000 Personen umsiedlungsbereit:

Bezirk:	Familien:	Personen:	männl.	weibl.	Kinder
Tetschen	4 000	10 000	3 100	4 900	2 000
Reichenberg	1 000	4 000	1 200	2 000	800
Dux	500	2 000	600	1 100	300
Insgesamt:	5 500	16 000	4 900	8 000	3 100

Es handelt sich um Funktionäre und deren Familien der ehem. Deutschen Sozialdemokratischen Arbeiterpartei in der Tschechoslowakei, die vom Zentralausschuß der SPD und dem Landesverband der SPD-Thüringen angefordert wurden.

Wir bitten, die Anweisung zur Durchschleusung durch Sachsen nach Thüringen umgehendst erteilen zu wollen.

gez. Unterschrift.

c) Anweisung der Sowjetischen Militär-Administration (SMA)-Berlin an den sowjetischen Leiter der Umsiedlerabteilung des Landes Sachsen.

Abschrift (der deutschen Übersetzung[1]), 2. Januar 1946.

An den

Chef der Umsiedler-Abteilung des Landes Sachsen

Oberstleutnant Wolodin

Auf Grund des Beschlusses des Oberbefehlshabers der SMA-Berlin organisieren Sie die Aufnahme von 30 000 deutschen Umsiedlern (Kommunisten und Antifaschisten aus der Tschechoslowakei)[2].

Die Aufnahme führen Sie durch, wie es früher durchgeführt wurde.

Treten Sie mit den Verwaltern der deutschen und tschechischen Partei in Verbindung, die sich mit dieser Frage für Ihre Provinz befassen, und stimmen Sie mit diesen die Fragen der Aufnahme und der Verteilung auf die ständigen Wohnorte ab. Berücksichtigen Sie, daß sich in den Lagern Ihrer Provinzen keine Zusammenballung von Umsiedlern einführen kann. Bei der Absendung in die anderen Provinzen müssen Sie sich vorher mit der anderen Provinz in Verbindung setzen, in welche die Umsiedler geschickt werden sollen, und Sie müssen denselben vor der Absendung den Bestimmungsort und den Zeitpunkt der Absendung mitteilen.

Über die Bewegung der Kategorien dieser Umsiedler ist der Umsiedler-Abteilung telefonisch Mitteilung zu machen. Deshalb ist über jeden Teiltransport in eine andere Provinz die Angabe der in den Lagern der Provinzen vorhandenen Umsiedler notwendig.

gez. Oberst Isakow

---

1 Übersetzt in der SMA-Berlin. Die in den Akten der Antifa-Kommission Tetschen befindliche Abschrift stammt aus den Akten der Landesverwaltung Sachsen, Abteilung für deutsche Umsiedler.

2 In den Verhandlungen der sudetendeutschen sozialdemokratischen Beauftragten mit der Landesregierung von Thüringen war die Aufnahme von allein rund 100 000 sudetendeutschen Sozialdemokraten (30 000 Familien) vereinbart worden; vgl. auch die Erklärung des thüringischen Landesamtes des Innern vom 11. September 1945.

Anlage 35

Erlaß des tschechoslowakischen Ministeriums des Innern vom 26. November 1945 über die Aussiedlung von deutschen Antifaschisten in die sowjetische Besatzungszone Deutschlands[1].

Nr. B. 300/1477/45

1. Allen Bezirksverwaltungskommissionen, Bezirksverwaltungsausschüssen
2. Den nationalen Sicherheitsbehörden (úřad národní bezpečnosti).

Betrifft: Aussiedlung der deutschen Antifaschisten in die russische Zone Deutschlands.

Zum 1., 2.:

Die russischen Besatzungsbehörden in Deutschland haben die Bereitwilligkeit geäußert, eine größere Anzahl Personen deutscher Nationalität zu übernehmen, welche nachgewiesenermaßen antifaschistischer Gesinnung sind. Solche Deutschen werden wahrscheinlich auch aus dem dortigen Bezirk ausgewählt werden.

Die Auswahl der für diese Aktion in Betracht kommenden Personen und sämtliche Vorbereitungsarbeiten der Aktion treffen die Organe der zuständigen Parteien. Die Beförderung der aussiedelnden Personen von der Sammelstelle in die Aufnahmestationen besorgt die čsl. Militärverwaltung mit Hilfe von Zügen.

Das Innenministerium empfiehlt, dieser Aktion jede nur mögliche Unterstützung angedeihen zu lassen, so daß sie so schnell als möglich durchgeführt werden kann und ohne Verstöße, natürlich unter der Voraussetzung, daß unbedingt vor allem diejenigen Bedingungen erfüllt werden, die im hiesigen Rundschreiben Z. L. B. 300/951/45 vom 18. 10. angeführt sind.

I. Die Aussiedlungsbewilligung ist nicht zu erteilen:

a) Personen, welche sich gegen die ČSR und ihr Volk vergangen haben und daher als Schuldige vor das Volksgericht gehören oder die vor diesen Gerichten als Zeugen gebraucht werden.

b) Personen, welche in für das Wirtschaftsleben besonders wichtigen Unternehmen beschäftigt sind, z. B.: Spezialisten und Facharbeiter oder besonders qualifizierte Kräfte. Diese Umstände sind durch Anhörung der Arbeitsämter, der Betriebsräte und Nationalverwalter oder Besitzer festzustellen, gegebenenfalls der Wirtschaftsgruppe (des Verbandes), die in Betracht kommt usw.

Die Erhebungen müssen mit größtmöglicher Beschleunigung so geführt werden, daß die schnelle Abwicklung der Aktion dadurch keineswegs gestört wird.

---

[1] Dem im folgenden abgedruckten Wortlaut liegt die vom Sekretariat der „Aktion Ullmann“ mit einer Abschrift des tschechischen Wortlauts allen Antifa-Aussiedlungskommissionen und -Vertrauensmännern zugesandte deutsche Übersetzung zugrunde.

II. Die Freimachung des Besitzes:

Der Umfang der Freigabe des Besitzes richtet sich beim Weggang nach einer Sonderbewilligung des Finanzministeriums, mit welcher sich die aussiedelnden Personen oder ihr Bevollmächtigter ausweisen müssen. Wenn diese Sonderbewilligung des Finanzministeriums nicht vorliegt, gelten als Grenzen für die Freigabe des Besitzes beim Aussiedeln die Bestimmungen des § 2 Abs. I des Dekretes ZL 108/45 Slg. d.G.u.V. über die Konfiskation deutschen Eigentums. Die aussiedelnden Personen können in diesem Falle nur diese bewegliche Habe mitnehmen, welche sie unbedingt zur Deckung ihrer Lebensnotwendigkeit oder zur persönlichen Ausübung des Berufes, auch der Familienmitglieder, benötigen, wie Kleider, Betten, Wäsche, Hausgerät, Lebensmittel und Werkzeug.

Sie können aber ohne Sonderbewilligung des Finanzministeriums nicht mitnehmen:

1. Gegenstände, deren Abgabe in gebundene Aufbewahrung durch Kundmachung des Finanzministeriums vom 22. 6. 1945, ZL 461/45-IV-/5 angeordnet worden ist, und zwar:

a) In- und ausländische Aktien, Kurse, fest verzinsbare Werte und andere Wertpapiere;

b) Edelmetalle und daraus angefertigte Gegenstände;

c) Edelsteine und Perlen;

d) wertvolle und künstlerische Gegenstände, sowie auch Sammlungen solcher Gegenstände;

e) Markensammlungen und komplette Sammlungen.

2. Bargeld in Kronen oder anderen Währungen außer Mark, Einlagebücher, wertvolle Teppiche und wertvolle Pelze.

In keinem Fall aber, und zwar ohne Rücksicht auf eine günstigere Bewilligung des Finanzministeriums, dürfen mitgenommen werden:

a) Verschiedene Gegenstände, Urkunden (Rezepte für Spezialerzeugung, Patente u. ä.), deren Preisgabe im Ausland die Konkurrenzfähigkeit beim Export einiger wichtiger inländischer Erzeugnisse gefährden könnte.

b) Sämtliche Urkunden und Schriftstücke von historischer Bedeutung oder politisch staatsfeindlichen und tschechenfeindlichen Inhaltes.

In jedem Falle ist es erforderlich, das gesamte von den deutschen Antifaschisten in der ČSR zurückgelassene bewegliche und unbewegliche Eigentum ordentlich aufzuschreiben und vor Beschädigung und Plünderungen zu sichern. Weisungen über weitere Dispositionen mit dem auf diese Weise sichergestellten Eigentum werden später ergehen.

III. Immer am 1. und 15. jeden Monats sind übersichtliche Berichte über den Verlauf der Aktion einzusenden, mit der Angabe, wieviele Personen deutscher Nationalität bei der Durchführung dieser Aktion definitiv das Gebiet der ČSR verlassen haben.

Für die Richtigkeit:	Der Minister:
gez. Unterschrift	i. V. Dr. Ludwig

Anlage 36

Richtlinien des tschechoslowakischen Ministeriums des Innern vom 17. Januar 1946 über die Aussiedlung deutscher Antifaschisten nach Deutschland[1].

Innenministerium Prag, den 17. Jänner 1946
Nr. B/800/1527

An das
Amt des Regierungsausschusses
in Prag

Betr.: Aussiedlung deutscher Antifaschisten nach Deutschland.
Vorschlag zum Regierungsbeschluß Z. 1011/geh./—45 vom 24. 11. 1945.

Zu dem Zweck, den deutschen Antifaschisten eine wirksame Hilfe zur Bildung demokratischer Verhältnisse in Deutschland zu gewähren, hat das Innenministerium im Übereinkommen mit dem Ministerium für Nationalverteidigung und den Vertretern der deutschen Antifaschisten in der ČSR, mit seinem Erlaß vom 26. 11. 1945, Nr. B 300/1477/45, die Aussiedlung deutscher Antifaschisten aus der ČSR in das russische Okkupationsgebiet in Deutschland geregelt, noch bevor das Ministerium über die im Regierungsbeschluß behandelten Angelegenheiten informiert wurde.

Diese Regelung, die im Interesse einer schnellstmöglichen Durchführung der Aktion getroffen wurde, was die Genehmigung zur Ausreise der in Frage kommenden Personen auf dem Prinzip der Dezentralisierung anbelangt, hat sich jedoch bei der praktischen Durchführung als nicht genügend entsprechend gezeigt, jedoch nicht durch die Schuld des Ministeriums, sondern einerseits aus dem Grunde, weil die Finanzorgane bei der Ausübung ihrer Funktion nicht immer einheitlich vorgingen, andererseits deshalb, weil die dezentralisierte Form durch unerwünschte Elemente zu dem Zweck mißbraucht wurde, um in die Aktion heimlich auch nicht hineingehörige Personen einzuschließen, schließlich auch aus dem Grunde, weil die Instradierung der einzelnen Transporte über die Grenze, sowie deren Übernahme in den ausländischen Stationen, Ungebührlichkeiten aufwies und bisher aufweist, die bei dem gegenwärtigen Mangel unseres Wagenparks die rechtzeitige und beschleunigte Durchführung der ganzen Aktion sehr bedrohten.

Zur Beseitigung dieser aufgetretenen Mängel hat das Innenministerium in Prag im Hinblick auf den Beschluß der 6. Sitzung der zweiten Regierung vom 23. 11. 1945, nach Übereinkommen mit dem Finanzministerium in Prag

dem Ministerium für Nationalverteidigung in Prag,
dem Ministerium des Äußeren in Prag,
dem Ministerium für Verkehr und Technik in Prag,
dem Gesundheitsministerium in Prag,
dem Landwirtschaftsministerium in Prag,

[1] Über den im folgenden abgedruckten Wortlaut (in deutscher Übersetzung) s. Anm. 1 zu Anlage 35, S. 346.

dem Besiedlungsamt in Prag,
dem Fonds für nationale Erneuerung in Prag,
dem Nationalen Bodenfonds in Prag,
der Čsl. Nationalbank in Prag,

sowie mit den Zentralsekretariaten der kommunistischen und der sozialdemokratischen Partei in Prag, diesen Vorschlag zum Regierungsbeschluß über die Regelung der freiwilligen Aussiedlung der Deutschen antifaschistischer Gesinnung aus der ČSR nach Deutschland ausgearbeitet.

I. Auswahl der Personen und Bedingungen der Aussiedlungsgenehmigung:

Für die Aktion kommen nur Angehörige der kommunistischen oder sozialdemokratischen Partei in Frage. Die Auswahl und Aufstellung der Deutschen antifaschistischer Gesinnung werden die Bezirkssekretariate der betreffenden politischen Parteien durchführen. Die Aufstellung wird nach einzelnen Personen, nicht nach Familien durchgeführt.

a) Angehörige der kommunistischen Partei, ca. 45 000 Personen (d. s. ca. 8000 bis 10 000 Familien).

b) Angehörige der sozialdemokratischen Partei, ca. 50 000 (d. s. ca. 10 000 bis 15 000 Familien). Unter dem Begriff Antifaschist ist im Sinne der Bestimmungen des Dekrets des Präsidenten der Republik Nr. 108/1945 Sb, § 1, Abs. 1, Nr. 2, und des Verfassungsdekretes des Präsidenten der Republik Nr. 33/1945 Sb., § 2, Abs. 1, sowie der Weisungen im Rundschreiben des Innenministeriums vom 24. 8. 1945 A 4600-16/8-45 ref. A, eine physische Person deutscher Nationalität zu verstehen, welche nachweist, daß sie der Čsl. Republik treu geblieben ist, sich nie gegen das tschechische oder slowakische Volk vergangen hat und sich entweder aktiv an dem Kampf um seine Befreiung beteiligt oder unter dem nazistischen oder faschistischen Terror gelitten hat.

Die Sekretariate der politischen Parteien übergeben die Aufstellungen der in Frage kommenden Personen in zweifacher Ausfertigung den zuständigen Bezirksverwaltungskommissionen (OSK oder ONV), die aus dem Verzeichnis ausschließen:

1. Personen, die sich gegen die ČSR und ihr Volk vergangen haben oder die bei den Volksgerichten als Zeugen benötigt werden,
2. Personen, die in für das Wirtschaftsleben besonders wichtigen Betrieben beschäftigt sind, wie Fach- und Spezialarbeiter oder besonders qualifizierte Kräfte.

Diese Umstände stellt die OSK (ONV) durch Hören des Arbeitsamtes, des Betriebsrates und des Nationalverwalters bzw. Inhabers des betreffenden Unternehmens, evtl. der Wirtschaftsgruppe oder des in Frage kommenden Verbandes usw. fest.

Das so bearbeitete, mit dem Amtsstempel und der Unterschrift des Referenten versehene Verzeichnis gibt die OSK (ONV) in zweifacher Ausfertigung den zuständigen Bezirkssekretariaten der politischen Parteien zurück, die es auf dem Wege über ihr Zentralsekretariat, welches weitere Überprüfungen durchführt, dem Innenministerium zusenden.

Zuständig für die Bewilligung der Aussiedlung deutscher Antifaschisten aus der ČSR ist ausschließlich das Innenministerium (Sekt. Z).

II. Besitzausstattung:

Die deutschen Antifaschisten, welchen vom Innenministerium die Aussiedlungsgenehmigung erteilt wurde, dürfen, soweit es die Transportmöglichkeiten zulassen, ihr bewegliches Besitztum, einschließlich Möbel, Radioapparate, Fahrräder, Schreib- und Nähmaschinen, sowie Werkzeuge, die zur Ausübung ihrer Beschäftigung sowie von ihren Familienmitgliedern erforderlich sind, mitnehmen.

Aus der Emigration zurückgekehrte deutsche Antifaschisten können außer dem Besitz, der ihnen in der ČSR vor ihrem Abgang gehört hat, auch jene beweglichen Gegenstände mitnehmen, die sie aus der Emigration mitgebracht haben.

Die Ausfuhrgenehmigungen werden vom Finanzministerium oder von den von ihm betrauten Ämtern ausgestellt. Vollkommen unzulässig ist die Mitnahme jener beweglichen Sachen, deren Verzeichnis in den beiliegenden Richtlinien enthalten ist, die vom Finanzministerum herausgegeben werden. Diese Richtlinien bilden einen untrennbaren Bestandteil dieses Vorschlages.

Sämtlicher in der ČSR verbliebener beweglicher und unbeweglicher landwirtschaftlicher und nichtlandwirtschaftlicher Besitz wird von seinem Eigentümer detailliert zusammengestellt und das ordnungsgemäße Besitzerrecht nachgewiesen bzw. bei unbeweglichem Gut durch einen Auszug aus dem Grundbuch (lustrum) entsprechend belegt. Der Besitzer bestimmt einen Treuhänder, den er mit der Verwaltung und Wahrung seiner Interessen an diesem Besitz betraut.

Die Besitzaufstellung wird in drei Ausfertigungen gemacht, von denen eine der Besitzer behält, die zweite der Treuhänder bekommt und die dritte bei der zuständigen OSK (ONV) hinterlegt wird.

Die Aufstellung wird in Gegenwart von Organen der Bezirks- bzw. Ortsverwaltungskommission (ONV, MNV) angefertigt. Alle drei Ausfertigungen werden durch diese Organe ordnungsgemäß bestätigt.

III. Durchführung der Transporte:

Der Transport wird per Bahn oder auf dem Wasser durchgeführt. Der Abschub per Bahn wird vom MNV organisiert, den Transport auf dem Wasser besorgen die Bevollmächtigten der deutschen Antifaschisten. In jedem Eisenbahntransport werden etwa 200 Personen (möglichst nach Familien geführt) enthalten sein.

Die Personen werden in Personenwagen, ihr Eigentum in gedeckten Güterwagen transportiert.

Für jeden Transport in diesem Umfang werden 3 bis 4 Personenwagen und eine entsprechende Anzahl von Güterwagen (Reihe Z) benötigt, die dadurch bestimmt wird, daß das Gewicht des beladenen Zuges die Belastung für zwei Lokomotiven, wie sie für die jeweiligen Strecken bestimmt sind, nicht überschreiten darf, wobei ein Güterwagen annähernd für vier Familien dienen soll. Beim Aufladen im Sammelorte können Garniturenteile nach den örtlichen Verhältnissen auch in mehreren Stationen beigestellt werden. Die Bevollmächtigten der Antifaschisten veranlassen, daß der Transport mindestens 48 Stunden vorher bei den zuständigen Streckenkommandos ordnungsgemäß gemeldet wird und daß der bewegliche Besitz der abgeschobenen Personen in der von der Militärverwaltung bestimmten Frist aufgeladen wird.

Weiters haben sie sich darum zu kümmern, daß jeder Transport von einer Sanitätsaufsicht aus den Reihen der deutschen Antifaschisten begleitet wird.

IV. Entlassung deutscher Antifaschisten aus Internierungs-, Gefangenen- und Arbeitslagern:

Es wird für einen Regierungsbeschluß vorgeschlagen, daß ähnlich wie bei der Durchführung des Dekretes Nr. 137/45 im Sinne der Bestimmungen der betreffenden Personen slawischer Nationalität auch die Angelegenheiten internierter deutscher Antifaschisten zu behandeln sind.

V. Herausnahme der deutschen Antifaschisten aus der allgemeinen Evakuierung:

Das Innenministerium wird mit der größtmöglichen Beschleunigung die Herausnahme der deutschen Antifaschisten aus dem allgemeinen Abschub sofort verfügen, sobald die betreffenden Personen nach Punkt I dieses Vorschlages beglaubigt sein werden.

VI. Vergütung:

Die durch den Transport mit der Eisenbahn und auf dem Wasser entstehenden Kosten werden aus denselben Quellen und Mitteln gedeckt werden, aus denen der normale Transfer der Deutschen aus der ČSR dotiert wird.

Zur Bestreitung der übrigen inländischen Kosten, die mit dem Abschub verbunden sind, bewilligt die Čsl. Nationalbank den in Frage kommenden Personen aus ihren gesperrten Kroneneinlagen die Freigabe eines Betrages bis zur Höhe von Kčs 500,— pro Familie. Das Innenministerium ersucht, diesen Vorschlag auf die Tagesordnung einer der nächsten Beratungen des Ministerrates zu setzen.

Für den Minister:
Dr. Ludwig

Anlage 37

Regierungsbeschluß vom 15. Februar 1946 über die Aussiedlung deutscher Antifaschisten aus der tschechoslowakischen Republik in die russische und amerikanische Zone Deutschlands.[1]

Zu dem Zweck, den Okkupationsorganen in Deutschland eine wirksame Unterstützung bei der Bildung demokratischer Verhältnisse in Deutschland mit Hilfe der in der ČSR befindlichen Personen deutscher Nationalität antifaschistischer Gesinnung zu gewähren, beschließt die Regierung der Čsl. Republik dieses:

Art. 1

Personen deutscher Nationalität, antifaschistischer Gesinnung, werden zu den in diesem Beschluß erwähnten Bedingungen aus der allgemeinen Evakuierung der Deutschen aus dem Gebiete der Čsl. Republik ausgenommen und können im Rahmen einer besonders organisierten Aktion in die russische oder amerikanische Zone auswandern.

Art. 2

Auswahl der Personen und Bedingungen der Ausfuhrbewilligung:

Für die Aktion kommen in Frage nur Personen deutscher Nationalität, antifaschistischer Gesinnung, soweit sie vor der Okkupation Mitglieder der kommunistischen oder Deutschen Sozialdemokratischen Arbeiterpartei waren.

Die Aufnahme dieser Personen führen die Bezirks-Sekretariate der zugehörigen politischen Parteien durch.

Unter dem Begriff Antifaschist ist im Sinne der Bestimmungen § 1 Abs. 1 Nr. 2 des Dekretes Nr. 108/1945 Sb. und § 2 Abs. 1 des Verfassungsdekretes Nr. 33/1945 Sb. sowie der Weisungen im Rundschreiben des Innenministeriums vom 24. August 1945 Nr. A-4600-16/8-45 ref. A[2], zu verstehen eine physische Person deutscher Nationalität, die nachweist, daß sie der Čsl. Republik treu geblieben ist, sich nie gegen die tschechische oder slowakische Nation vergangen hat und sich entweder aktiv am Kampfe um ihre Befreiung beteiligt oder unter dem faschistischen Terror gelitten hat. (Diese Bedingungen entsprechen jenen, unter welchen einer Person deutscher Nationalität eine Bescheinigung nach Muster B ausgestellt werden kann, die an jene ausgegeben wird, die ein begründetes Ansuchen um die Beibehaltung der čsl. Staatsbürgerschaft nach § 2 des Verfassungsdekretes Nr. 33/1945 Sb. abgegeben hat[3].)

---

[1] Dieser Regierungsbeschluß war als Anlage einem Rundschreiben des Ministeriums des Innern vom 23. Februar 1946 (Nr. B — 300/1290 ref. B) beigefügt, in dem die Annulierung des Erlasses des Ministeriums des Innern vom 26. November 1945 bekanntgegeben wurde.
Dem im folgenden abgedruckten Text liegt die vom Prager Sekretariat der „Aktion Ullmann" allen Antifa-Aussiedlungskommissionen und -Vertrauensmännern zugesandte deutsche Übersetzung zugrunde.

[2] s. die Anlagen 13, S. 263; 8, S. 240; 10, S. 250 ff.

[3] Eine weitere Erläuterung hierzu enthält das Rundschreiben des Ministeriums des Innern vom 7. März 1946 (CA-4600-28/2-46) an die Bezirksnationalausschüsse

Die Sekretariate der kommunistischen Partei und der čsl. Sozialdemokratie geben das Verzeichnis der nach ihrer Feststellung in Frage kommenden Personen in zweifacher Ausfertigung den zugehörigen ONV (OSK), die daraus ausschließen:

1. Personen, die nicht nachweisen, daß sie Antifaschisten sind, d. h. auf die Ausgabe der Bescheinigung nach Muster B im Sinne des § 2 des Verfassungsdekretes Nr. 33/1945 Sb. keinen Anspruch haben. Die Entscheidung darüber wird von den ONV bzw. OSK den in Frage kommenden Personen zugestellt, die das Recht haben, durch Berufung an den ZNV innerhalb von 15 Tagen nach der Zustellung beim ONV (OSK) zu rekurieren.

2. Personen, die bei den Volksgerichten als Zeugen gebraucht werden.

3. Personen, die in für das Wirtschaftsleben besonders wichtigen Betrieben beschäftigt sind als Spezial-Fachleute oder besonders qualifizierte Kräfte. Diese Umstände ermittelt der ONV/OSK durch Anhören der Vertreter der Betriebsverwaltungen, des Betriebsrates und des örtlich zuständigen Arbeits-Inspektorates beim Arbeitsamt. Die so geprüften, mit dem Amtsstempel und der Unterschrift des Referenten versehenen Verzeichnisse gibt der ONV (OSK) sodann in zweifacher Ausfertigung den zuständigen Bezirks-Sekretariaten der politischen Parteien zurück, die sie auf dem Wege über ihre Zentralsekretariate, die weitere Überprüfungen durchführen, an das Innenministerium weitersenden.

Art. 3

Besitzabfertigung:

Die deutschen Antifaschisten, denen das Innenministerium die Aussiedlungsbewilligung erteilt hat, können, soweit es die Transportverhältnisse zulassen, ihr bewegliches Eigentum einschließlich Möbel, Radioapparate, Fahrräder, Schreib- und Nähmaschinen, sowie Geräte, die zur Ausübung des Berufes ihrer und ihrer Familienmitglieder notwendig sind, mitnehmen.

Die aus der Emigration zurückgekehrten deutschen Antifaschisten können außer dem Besitz, der ihnen in der ČSR vor dem Abgang gehört hat,

---

(Bezirksverwaltungskommissionen). Darin heißt es (in der für die Antifa-Vertrauensleute angefertigten Übersetzung):

„Der Vorgang einiger ONV/OSK bei der Auslegung des Begriffes ‚Antifaschist' im Zusammenhange mit der freiwilligen Aussiedlung nach Deutschland zum Zwecke der politischen Mitarbeit, entspricht nicht den ausgegebenen Richtlinien im besonderen darin, daß die ONV/OSK nur jene Personen als Antifaschisten anerkennen, die sämtliche Bedingungen für die Erhaltung der čsl. Staatsbürgerschaft nach § 2 des Dekretes des Präsidenten der Republik Nr. 33/1945 Sb. erfüllt haben. Unter jenen Personen, die sich zum freiwilligen Transport nach Deutschland gemeldet haben, sind viele von denen, welche die Bedingungen für die Erhaltung der čsl. Staatsbürgerschaft nicht erfüllt haben, trotzdem sie Antifaschisten sind.

Mit Rücksicht darauf, daß es sich um Personen handelt, welche sich zur Aussiedlung nach Deutschland mit ihren Familien gemeldet haben, damit sie dort am Aufbau eines neuen demokratischen Deutschlands arbeiten können, ersuchen wir, daß solchen Personen keine Schwierigkeiten bereitet werden und daß ihnen die Aussiedlung mit ihrem sämtlichen beweglichen Vermögen gestattet wird."

auch jene beweglichen Sachen mitnehmen, die sie aus der Emigration mitgebracht haben.

Die Ausfuhrbewilligung erteilt das Finanzministerium oder die von ihm betrauten Behörden.

Soweit die Vorschriften der geltenden Devisenordnung bzw. eine besondere Maßnahme der Čsl. Nationalbank nicht ausdrücklich die Ausfuhr größerer Beträge erlauben, kann jede abgehende Person aus ihrem eigenen Vermögen 1000 RM mitnehmen.

Durchaus unzulässig ist die Mitnahme jenes beweglichen Besitzes, dessen Verzeichnis in den Richtlinien, die einen untrennbaren Bestandteil dieses Beschlusses bilden, enthalten ist, außer, wenn das Finanzministerium nach Abs. III, Pkt. 4 der Richtlinien die Ausfuhr erlaubt.

Sämtlicher in der ČSR verbleibender beweglicher und unbeweglicher landwirtschaftlicher und nichtlandwirtschaftlicher Besitz wird durch den Besitzer genau aufgenommen und das Eigentumsrecht ordnungsgemäß nachgewiesen (bei unbeweglichen Gütern durch Auszug aus dem Grundbuch). Der Besitzer bestimmt einen Bevollmächtigten, dem er eine ordentlich gestempelte und unterfertigte Vollmacht übergibt. Die Besitzaufnahme wird in drei Ausfertigungen hergestellt, von denen eine der Besitzer behält, die zweite der bevollmächtigte Treuhänder bekommt und die dritte bei dem zuständigen ONV (OSK) hinterlegt wird. Die Aufnahme wird im Beisein von Organen des MNV (MSK) durchgeführt, welche ihre Richtigkeit auf allen drei Ausfertigungen bestätigen.

Art. 4

Durchführung des Transportes:

Der Transport wird per Bahn oder auf dem Wasser durchgeführt. Die Übersiedlung per Bahn wird das Ministerium für Nationalverteidigung in Prag organisieren. Den Transport auf dem Wasser besorgen die Bevollmächtigten der deutschen Antifaschisten.

Jeder Zugtransport wird etwa 200 Personen enthalten, nach Möglichkeit in Familien gruppiert. Die Personen werden in Personenwagen, ihr Besitz in geschlossenen Güterwagen befördert.

Für einen Transport in diesem Umfange werden 3—4 Personenwagen und die erforderliche Anzahl von Güterwagen (Reihe Z) verwendet, die dadurch bestimmt wird, daß das Gewicht des beladenen Zuges die für die jeweilige Strecke festgesetzte Belastung für zwei Lokomotiven nicht überschreiten darf.

Dabei soll ein Güterwagen annähernd für die Übersiedlung des Besitzes von 4 Familien dienen. Beim Einladen im Zentralorte können Garniturenteile nach den örtlichen Verhältnissen auch in mehreren Stationen beigestellt werden.

Die Bevollmächtigten der Antifaschisten haben es einzurichten, daß der Transport den zuständigen Streckenkommandos ordentlich gemeldet wird und zwar mindestens 48 Stunden vorher und daß das bewegliche Gut der übersiedelnden Personen in der von der Militärverwaltung bestimmten Frist eingeladen wird.

Vor der Abfahrt müssen sich alle übersiedelnden Personen mit einem Zeugnis des Amtsarztes (mit tschechischem und russischem bzw. tschechischem und englischem Text) ausweisen, das nicht älter sein darf als 5 Tage und das, insbesondere was Infektionskrankheiten und Verlausung anbelangt, nach den Vorschriften und Grundsätzen ausgestellt sein muß, die für die allgemeine Evakuierung der Deutschen gelten und in den Richtlinien für die Durchführung dieser Evakuierung, ausgegeben vom Innenministerium mit Erlaß vom 31. 12. 1945 Nr. B-300/1990 angeführt sind.

Das ärztliche Zeugnis kann individuell oder summarisch für den ganzen Transport in Form einer Gesundheitsklausel folgenden Wortlautes gegeben werden:

> „Im Transport sind ..... Personen, nach beiliegendem namentlichen Verzeichnis. Alle Personen wurden ärztlich untersucht und bei ihnen keine Anzeichen oder Verdacht einer Infektionserkrankung epidemischen Charakters festgestellt. Alle Personen sind transportfähig und wurden entlaust. Die letzte Einstäubung mit Puder DDT wurde am .... vorgenommen.
>
> Unterschrift und Stampiglie des Amtsarztes"

Bei individuellen Gesundheitsattesten wird dieser Text entsprechend angepaßt.

Die Bevollmächtigten der Antifaschisten kümmern sich darum, daß jeder Transport von einer Sanitätswache aus den Reihen der Antifaschisten begleitet wird.

Art. 5

Deckung der Kosten:

Die durch den Transport per Bahn oder auf dem Wasser erwachsenden Kosten werden aus den Quellen und Mitteln gedeckt, die für die Deckung der Kosten der allgemeinen Evakuierung der Deutschen bestimmt sind. Zur Bestreitung der übrigen, durch die Übersiedlung im Inlande entstehenden Kosten, gibt die Čsl. Nationalbank den in Frage kommenden Personen aus ihren gebundenen Kroneneinlagen, falls sie solche besitzen, einen Betrag bis zur Höhe von 500 Kčs frei.

Art. 6

Dieser Beschluß tritt mit dem Tage seiner Bekanntmachung in Kraft, durchführen werden ihn die Ministerien des Innern, der Nationalverteidigung, das Finanz- und Gesundheits-Ministerium.

Anlage 38

Übereinkommen vom 31. Januar 1950 über die Zusammenführung von 20 000 Deutschen aus der ČSR mit ihren Familienangehörigen in Westdeutschland[1].

Übersetzung.

US — Hohe Kommission für Deutschland

Von: Hicog Frankfurt

An: Verteiler.

Am 26. 10. 1949 bat die Bundesregierung die Alliierte Hohe Kommission, der Überführung von 45 000 Deutschen und Volksdeutschen aus der ČSR, Polen und den deutschen Gebieten unter polnischer Verwaltung zuzustimmen. Sie schätzte, daß 20 000 Personen aus der ČSR und 25 000 aus Polen und den besetzten deutschen Ostgebieten kommen würden. Zweck der Umsiedlung war, die betreffenden Personen mit ihren bereits in Westdeutschland durch die Aussiedlung im Jahre 1945 und 1946 ansässig gewordenen Angehörigen zusammenzuführen.

Der Rat der Alliierten Hohen Kommission stimmte diesem Ansuchen am 25. 11. 1949 zu und beschloß in der vierten Sitzung des Komitees für Flüchtlinge und DP's am 14. 12. 1949, „den Briten die Führung der Verhandlungen mit den polnischen Behörden und den Amerikanern die Führung der Verhandlungen mit den tschechoslowakischen Behörden zu übertragen."

Am 31. 1. 1950 erzielten das Permit Office der Alliierten Hohen Kommission in Prag und ein Vertreter der Abteilung für verschleppte Personen der US-Hohen Kommission mit der tschechoslowakischen Regierung ein Übereinkommen über die technischen Einzelheiten bei der Umsiedlung der 20 000 in der ČSR befindlichen Personen. Den Unterhandlungen wohnten auch Vertreter des Internationalen Roten Kreuzes bei.

Dies ist der Text des Übereinkommens:

„Im Zusammenhang mit der Auswanderung aus der ČSR im Zuge der Familienzusammenführung der bereits in Deutschland ansässig gewordenen Deutschen von 20 000 Personen deutscher Volkszugehörigkeit werden zwischen dem Permit Office der Alliierten Hohen Kommission einerseits und dem tschechoslowakischen Innenministerium andererseits folgende Verfahren und technische Einzelheiten festgelegt:

1. Allgemeines:

A. Daß die Auswanderung seitens der Betreffenden freiwillig ist und sich gemäß der tschechoslowakischen Auswanderungsbestimmungen vollzieht.

B. Daß hinsichtlich der Eigentums- und Vermögenswerte der Betreffenden die bestehenden Zollbestimmungen für Auswanderung aus der ČSR angewandt werden.

[1] Aus den Akten des Bundesministeriums für Vertriebene, Flüchtlinge und Kriegsgeschädigte.

2. Durchführungsbestimmungen:

A. Das Innenministerium wird dem Permit Office der Alliierten Hohen Kommission nach und nach Listen der betreffenden Personen (insgesamt 20 000) liefern.

B. Nach der Genehmigung werden diese Listen vom Permit Office der Alliierten Hohen Kommission dem Innenministerium zurückgegeben. Auf Grund dieser genehmigten Listen wird das Innenministerium wenigstens einen, ungefähr 400 Personen umfassenden Transport wöchentlich abfertigen, der über Furth i. W. nach Deutschland geleitet wird. Der erste Transport wird Mitte März 1950 stattfinden.

C. Das Permit Office der Alliierten Hohen Kommission wird für jeden Transport sechs Exemplare einer Liste anfordern, auf der Name, Geburtsdaten, Geburtsort und deutsche Bestimmungsadresse jeder angeführten Person verzeichnet sind. Das Permit Office der Alliierten Hohen Kommission wird ebenso zwei ausgefüllte Zuzugsansuchen und drei Paßbilder für jede in den Listen aufgeführte Person anfordern, außer für Kinder unter 16 Jahren, die in Begleitung ihrer Eltern reisen. Wo Kinder unter 16 Jahren allein reisen, sind für sie ebenfalls die notwendigen Unterlagen auszustellen.

D. Sowohl die Listen als auch die Gesuche sollen dem Permit Office der Alliierten Hohen Kommissionn wenigstens vier Arbeitstage vor der vorgesehenen Abreise des Transportes vorliegen.

E. Nach Erhalt der Liste und der Gesuche wird das Permit Office der Alliierten Hohen Kommission provisorische Ausweise für jede aufgeführte Person ausstellen und wird die Liste für die Einreise des Transportes nach Deutschland bestätigen.

F. Wenigstens 24 Stunden vor planmäßiger Abreise des Transportes werden die vollständigen Unterlagen für jeden Transport dem Innenministerium zu übergeben sein. Unmittelbar nach dem Ausladen werden die tschechischen Züge nach der ČSR zurückgehen.

G. Das Internationale Rote Kreuz wird den Aussiedelnden bei der Anfertigung der erforderlichen Unterlagen behilflich sein.

H. Technische Abänderungen dieser Bestimmungen können erst 14 Tage nach Übereinkunft in Kraft treten."

3. Hinsichtlich der Überführung von 25 000 Deutschen aus Polen und aus den polnisch besetzten Gebieten haben die Briten noch keinen endgültigen Bericht vorgelegt, obwohl inoffiziell bekanntgegeben wurde, daß mit den Transporten am 1. 3. 1950 begonnen werden wird. Sowie weitere Unterlagen vorliegen, werden sie bekanntgegeben.

gez. McCloy